W0261269

M. Frese Chr. Kasten C. Skarpelis
B. Zang-Scheucher (Hrsg.)

Software für die Arbeit von morgen

Bilanz und Perspektiven
anwendungsorientierter Forschung

Mit einem Vorwort des Bundesministers
für Forschung und Technologie
Dr. Heinz Riesenhuber

Springer-Verlag
Berlin Heidelberg New York London
Paris Hong Kong Barcelona

Michael Frese, Prof. Dr.
Institut für Psychologie
Universität München
Leopoldstraße 13
D-8000 München 40

Christoph Kasten, M. A.
Constantin Skarpelis, Dipl.-Ing., Dipl.-Wirtsch.-Ing.
DLR Projektträger Arbeit und Technik
Südstraße 125
D-5300 Bonn 2 ·

Birgit Zang-Scheucher, Dipl.-Psych.
Universität München
Institut für Psychologie
Leopoldstraße 13
D-8000 München 40

Herausgegeben für die Deutsche Forschungsanstalt für Luft- und Raumfahrt, Projektträger „Arbeit und Technik".

ISBN-13: 978-3-540-53559-1   e-ISBN-13: 978-3-642-76345-8
DOI: 10.1007/ 978-3-642-76345-8

Dieses Werk ist urheberrechtlich geschützt. Die dadurch begründeten Rechte, insbesondere die der Übersetzung, des Nachdrucks, des Vortrags, der Entnahme von Abbildungen und Tabellen, der Funksendung, der Mikroverfilmung oder der Vervielfältigung auf anderen Wegen und der Speicherung in Datenverarbeitungsanlagen, bleiben, auch bei nur auszugsweiser Verwertung, vorbehalten. Eine Vervielfältigung dieses Werkes oder von Teilen dieses Werkes ist auch im Einzelfall nur in den Grenzen der gesetzlichen Bestimmungen des Urheberrechtsgesetzes der Bundesrepublik Deutschland vom 9. September 1965 in der jeweils geltenden Fassung zulässig. Sie ist grundsätzlich vergütungspflichtig. Zuwiderhandlungen unterliegen den Strafbestimmungen des Urheberrechtsgesetzes.

© Springer-Verlag Berlin Heidelberg 1991

Die Wiedergabe von Gebrauchsnamen, Handelsnamen, Warenbezeichnungen usw. in diesem Werk berechtigt auch ohne besondere Kennzeichnung nicht zu der Annahme, daß solche Namen im Sinne der Warenzeichen- und Markenschutz-Gesetzgebung als frei zu betrachten wären und daher von jedermann benutzt werden dürften.

Sollte in diesem Werk direkt oder indirekt auf Gesetze, Vorschriften oder Richtlinien (z. B. DIN, VDI, VDE) Bezug genommen oder aus ihnen zitiert worden sein, so kann der Verlag keine Gewähr für Richtigkeit, Vollständigkeit oder Aktualität übernehmen. Es empfiehlt sich, gegebenenfalls für die eigenen Arbeiten die vollständigen Vorschriften oder Richtlinien in der jeweils gültigen Fassung hinzuzuziehen.

Gesamtherstellung: Druckhaus Beltz, 6944 Hemsbach
26/3140-543210 – Gedruckt auf säurefreiem Papier

Vorwort des Bundesministers
für Forschung und Technologie
Heinz Riesenhuber

Umfang und Art der Anwendung von Informations- und Kommunikationstechnik und ihrer Software ist zu einem der entscheidenden Einflußfaktoren für Produktivität und Innovationskraft eines Unternehmens nahezu jeder Wirtschaftsbranche geworden. Die jährlichen Ausgaben für Software und die darauf bezogenen Dienstleistungen werden in Kürze in der Bundesrepublik Deutschland die Ausgaben für Hardware übersteigen.

Die Softwaretechnik gewinnt damit auch einen steigenden Stellenwert für die Arbeit immer größerer Teile der Bevölkerung. Mehr als die Komponenten jeder Hardware beeinflußt die Software unmittelbar und mittelbar nahezu die Gesamtheit der Arbeitsbedingungen an den Arbeitsplätzen. Der gezielten Förderung von Forschung und Entwicklung zur menschengerechten Gestaltung von Software wurde daher schon frühzeitig eine hohe Priorität im Programm „Arbeit und Technik" zugewiesen.

Das Hauptinteresse der Förderung gilt den nach wie vor vorhandenen Restriktionen und nicht ausgeschöpften Spielräumen bei der Anpassung der Software an Aufgaben, betriebliche Organisation, Bedürfnisse und Arbeitsvorgänge der Benutzer. Mit der rasanten Geschwindigkeit der technischen Innovationen auf dem Gebiet der Informations- und Kommunikationstechnik (IuK-Technik) konnte die Anwendungsinnovation nicht Schritt halten. Das gesamte Leistungsspektrum der modernen Informations- und Kommunikationstechniken wird von den Anwendern nur partiell und nicht immer mitarbeiter- und aufgabengerecht genutzt.

Die Gründe hierfür liegen beispielsweise in den von Anwendern nur schwer zu bewältigenden höheren Anforderungen vernetzter Systeme sowie ihrer organisatorischen Einbettung. Hierzu soll die Entwicklung von Einführungshilfen und Qualifizierungsinstrumenten Abhilfe schaffen.

Auch der Mangel an flexiblen und komfortablen Organisationsschnittstellen der IuK-Technik und die Defizite im Bereich wenig komplexer und aufeinander abgestimmter Lösungen bremsen die Anwendungsinnovationen. Dies ist u. a. auf die geringe Anwendungs- und Benutzernähe der Softwareentwicklung und der Qualifikation der Entwickler zurückzuführen. Wichtige Impulse hierzu werden insbesondere von den interdisziplinär angelegten Forschungsprojekten zur Entwicklung von Anforderungskriterien, von Verfahren und Unterstützungsinstrumenten für den Softwareentwicklungsprozeß selbst und von Bewertungsinstrumenten für die Benutzerfreundlichkeit und Aufgabenangemessenheit von Software-Prototypen und -Produkten erwartet.

Von langfristiger Relevanz für die Anwendungsqualität der Software ist jedoch die weitere gegenseitige Öffnung der Disziplinen und Akteure im Innovationsprozeß. In der Förderung von Software-Gestaltung und ihrer künftigen Fortführung werden wichtige Schritte hierzu unternommen. Der Transfer von Erkenntnissen und die kooperative Bearbeitung von Forschungsthemen und Entwicklungen werden in zahlreichen Vorhaben zwischen Informatikern, Arbeits- und Organisationswissenschaftlern, Entwicklern, Anwendern und Benutzern intensiv eingeübt und erprobt. Die ersten Versuche haben gezeigt, daß auf diesem Wege sowohl die technische als auch die Anwendungsinnovation wichtige Anstöße erhalten können.

Die umfassende Zwischenbilanz, die in diesem Tagungsband und auf der Tagung „Software für die Arbeit von morgen" gezogen wird, soll Anregungen bieten und die Basis sein für die verstärkte Weiterführung dieses Dialogs. Ich wünsche, daß die Umsetzung dieser Ergebnisse durch praxisorientierte Wissenschaftler und aufgeschlossene Praktiker rasch vorankommt.

Vorwort der Herausgeber

Es gibt international gesehen kaum ein größeres anspruchsvolles Programm zur Verbesserung der Arbeitssituation als das vom Bundesminister für Forschung und Technologie unter Beteiligung der Bundesminister für Arbeit und Sozialordnung und für Bildung und Wissenschaft geförderte Programm „Arbeit und Technik" (früher „Humanisierung des Arbeitslebens"). Dieses Programm hat dazu beigetragen, die anfangs bestehenden arbeitswissenschaftlichen Defizite in der Bundesrepublik zu überwinden und in wichtigen Bereichen auch gegenüber den skandinavischen Ländern und den U.S.A. führend zu wirken. Nicht zuletzt hat dieses Programm dazu beigetragen, den Industriestandort Bundesrepublik zu festigen und ihn bei gleichzeitiger Requalifizierung der Arbeitenden auszubauen.

Dies gilt auch und besonders für den Bereich der arbeitsbezogenen Software-Entwicklung. Hier hat eine umfangreiche Forschung dahingehend eingesetzt, wie die Software für die Arbeit gestaltet sein soll. Das Interessante daran ist, daß damit über die reinen software-ergonomischen Fragen im engeren Sinne hinausgegangen und der Bezug zur Arbeitssituation ernst genommen wurde. Es wird damit der Tatsache, daß Softwaregestaltung immer auch bis zu einem gewissen Grade Arbeitsgestaltung ist, Rechnung getragen. Da Softwaregestaltung immer auch Arbeitsgestaltung ist, kann und darf sie nicht einer Disziplin – etwa der Informatik oder der kognitiven Psychologie – vorbehalten bleiben. Das Programm „Arbeit und Technik" fördert nicht nur Forschungsprojekte unterschiedlicher Disziplinen – wie z. B. Betriebswirtschaft, Arbeits- und Organisationspsychologie, Betriebssoziologie, Arbeitsmedizin, Ingenieurwissenschaften und natürlich auch die Informatik – sondern auch interdisziplinäre Forschung. Neben diesen Forschungsvorhaben kommen in diesem Band auch Beiträge über innovative Entwicklungen zu Wort.

Aus der großen Menge an Forschungen und Entwicklungen, die im Rahmen des Programms von zunächst "Humanisierung des Arbeitslebens" und dann „Arbeit und Technik" ausgeführt wurden, zur Zeit laufen bzw. in Vorbereitung sind, kann in diesem Band nur ein geringer Teil zu Wort kommen. Um den Kongreß und dieses Buch „handhabbar" zu machen, war es notwendig, eine Auswahl zu treffen. Allerdings haben wir zusätzlich auch einige wenige Forschungsgruppen gebeten, Beiträge über Projekte zu liefern, die nicht vom Bundesminister für Forschung und Technologie gefördert wurden. Hier unberücksichtigt gebliebene Beiträge veröffentlichen wir in einem Ergänzungsband.

Die Autoren wurden gebeten, ihre Forschungs- und Entwicklungsprojekte so darzustellen, daß sie auch vom Praktiker verstanden werden. Führungskräften und Organisatoren, EDV-Entwicklern und -Verantwortlichen, Konstrukteuren, Personalwirtschaftlern, Ausbildern, Betriebs- und Personalräten, Ergonomen werden eine Fülle vom praktischen Anregungen und Konsequenzen aus den

Projekten geboten. Kurz: Die Arbeit von Morgen wird durch die Software-
Entwicklung stark mitgestaltet. Die darin bestehenden Chancen können wahrgenommen werden. Dieses Buch ist nicht ein abstraktes Plädoyer dafür, sondern gibt
konkrete Anregungen, wie man vorgehen kann.

Die ganze Bandbreite an Problemstellungen der Gestaltung von Software und
ihrem betrieblichen Einsatz wird dabei abgedeckt. Zunächst werden im ersten Teil
des Bandes neue Entwicklungen in der Informations- und Kommunikationstechnik dargestellt. In einem zweiten folgen aufgabenorientierte Analyseinstrumente,
die eine Voraussetzung für gute Softwaregestaltung bieten. Ein Schwerpunkt des
Programms ist die Qualifizierung; Ansätze und neuere Entwicklungen dazu werden im Teil 3 beschrieben. Verschiedene internationale Ansätze werden im Teil 4
dargestellt. Fragen der Software-Ergonomie werden im Teil 5 besprochen, sowie
Expertensysteme und Wissensverarbeitung im Teil 6. Entwicklungsprojekte
beziehen sich überwiegend auf bestimmte Anwendungsbereiche. Diese werden im
Teil 7 für die Bereiche Produktion und Handwerk, technisches Büro, öffentliche
Verwaltung und Logistik beschrieben. Fragen von Software-Engineering werden
im Teil 8 besprochen. Schließlich kommen Beiträge aus verbands- und
unternehmenspolitischer Sicht im Teil 9 zu Wort.

Diese Beiträge bieten eine Bilanz der bisherigen Forschungs- und Entwick-
lungsaktivitäten. Wir meinen, daß sich diese Bilanz sehen lassen kann. Durch die
starke Orientierung auf die betriebliche Praxis ist es möglich, die hier vorliegenden
Ergebnisse umzusetzen. Wir hoffen, daß dieses Buch dazu beitragen wird, solche
Umsetzungen mit dem Ziel zu inspirieren und zu verstärken, Arbeitstätigkeiten
und Arbeitsbedingungen human, auch unter Beachtung der Wirtschaftlichkeit, zu
gestalten, so daß qualitativ hochwertige Arbeit von motivierten und qualifizierten
Arbeitenden unter menschenwürdigen Arbeitsbedingungen erbracht werden
kann.

München und Bonn, im November 1990

Michael Frese, Christoph Kasten, Constantin Skarpelis, Birgit Zang-Scheucher

Inhaltsverzeichnis

2 Analyse-Instrumente für die Software-Gestaltung

3 Qualifizierung von Benutzern und Entwicklern

Festvorträge

An Ontological Approach to Socio-Technical Systems
A case study in socio-technical system design

John Whiteside[1], Dave Marca[1], Robert Shearer[2], Karen Force[2]

[1]Digital Equipment Corporation, 110 Spit Brook Road, Nashua, NH 03062, (603) 881 2314,
[2]VIA Enterprises, 27K Amato Drive, South Windsor, CT 06074, (203) 280 3364

Abstract

This paper presents a case study of the development and deployment of a computer-based system for supporting collaborative work. One portion of the system, designed to record the promises and requests (i.e., negotiated conditions of satisfaction and due dates) that members of a development team made to one another during the first year of the development project, is discussed. The system was designed and deployed using newly emerging 'applied ontological' methods. To fully explain these methods would require a substantial publication. So, we have chosen to highlight and summarize here only the important facets of this case study, presenting a brief theoretical introduction to applied ontology, an account of applying collaborative consulting to the development and deployment of software, hardware and training for computer-supported group work, examples of coaching for 'breakdown,' 'breakthrough,' 'completion' and 'formulation.' A description is given of how software (i.e., groupware) can be designed to support collaborative coaching, and data on the effectiveness of groupware in the context of collaborative coaching in the workplace.

Introduction

In engaging with the question, "How can interactive systems and interfaces empower individual and group creativity, productivity, and satisfaction while fostering innovation and cooperation?", we present a case study of work recently completed in the development and deployment of tools for computer-supported group work. The entire project from beginning to end was done as a demonstration of and research into collaborative work. Thus the end result, the product, was recursively arrived at using the methodology that was later incorporated into the product itself.

The basic idea was to run the project entirely on the basis of explicit, publically negotiated commitments and to track these in a data base. Figure 1 shows the template we designed (after many iterations) for recording commitments. The first field contains a brief description of the item. The RP (responsible person) is the person who has agreed to do the work. The RQ (requester) is the person who asked for the item to be done. All action items have a due date, and also a status.

Item	RP	RQ	Due	Status
Operational workstation in my office	JW	DM	1-Jul-88	Promised

Fig.1. Teamware Commitment Tracker Template

This commitment tracking was used as the primary project management tool. Eventually the data base grew to over 2000 recorded commitments. Since we were working in a networked environment, each project team member could access and alter the data base at any time. Further, any project member could see a view of the commitment data base tailored to their particular needs. For example, a view of the data base containing one's own actions sorted by date is essentially a to-do list. Alternately, one can create a report showing all the action items one has asked others for, and so on.

The main forum for creating and reviewing commitments was the project team meeting. The conference room for these meetings was equipped with a workstation and high resolution projection equipment which allowed the commitment tracking tool to be projected on the wall so that everyone could see it.

As straightforward as this may seem, we found that explicit commitment tracking requires extraordinary attention to social and organizational issues to be successfully implemented in groups. People may resent having to make explicit commitments. People may worry that a permanent record of broken promises and missed deadlines may be used against them. However, if these issues can be properly managed, our experience is that the rewards in terms of clarity, team productivity, and high team morale are extraordinary.

How can the benefits of commitment tracking be realized? The key issues seem not to be technical at all, rather they are social and organizational. For this reason, the development team worked in conjunction with a team of management consultants to design the system.

1 Background: A Theory of Group Work

Attracted by extensive discussion in the literature, we saw as valuable the ideas of Winograd and Flores (1986), and the scholarly, ontological tradition from which that work springs (Heidegger, 1962; Searle, 1969). Applied ontology is emerging as a recognized discipline with applications to medicine, management, business, computer design, education, government, ecology, and human life generally (Dreyfus, 1989). The central theme of this paper is the application of ontology to Computer-Supported Cooperative Work (CSCW). But first we will introduce ontology briefly, present its application, and explain why it can be important to group work.

Ontology is the study of being, a philosophical discipline concerned with investigating the nature of things. For example, in the sentence, "This is a table," "this" and "a table" are fairly clear in meaning. But what does "is" mean? Ontology is concerned with this question about "is." And although ontological thinkers are suspicious of definitive answers and would much rather keep the inquiry open, one of the fruits of the question about "is" has been that "is" can be found only in language. It appears to be a language phenomenon, since nowhere else can "is" be observed experientially. Further investigation suggests that "a table" itself can only be found if first there is an "is" -- "is a table," or "such a thing as a table exists (is)." So it may well be that even such concrete objects as tables in some sense derive their existence from language, which declares them into being.

Central to ontology is the notion of paradigm. A paradigm is the context, or world view, in which people hold particular circumstances. Railroaders, for example, held themselves to be in the "railroad business" early in this century. Had they shifted their paradigm to the "transportation business", it is possible they would now operate airlines and trucking companies. Similarly, the current paradigm for the workplace seems to be that it is an individual phenomenon, and the result is struggle and effort in an attempt to coordinate individuals and their work. If the paradigm of work were shifted to "team", then possibly coordination would be natural. Applied ontology is concerned with the deliberate generation of paradigm shifts.

What is the value of applied ontology for group work? A fundamental proposition of applied ontology is that a shift in paradigm will result in different possibilities, actions, and results. The ability of paradigm shifts to generate new possibilities is well documented (Kuhn, 1969).

Consulting is a metaphor from the business and organizational development fields. where teams are coached to perform, and where breakthroughs and excellence are the objectives. The name of the game in effective consulting is to speak so that reality occurs differently for the person being coached, a shift in world view which leaves the person empowered to act effectively. At their best, consultants stand outside the work of the team. They do not do the work of the team . At their best they do not command or direct, but rather work with the team and its members before and after the significant action so that the team is empowered to work on its own. The best consultants seem to waste little time finding fault or looking for what is wrong, but rather look for what is missing, the presence of which would empower the team. Traditionally, consultants and workers represent defined roles. Applied ontology suggests the possibility that consulting relationships could occur outside those fixed roles, so that a subordinate could act as a consultant the boss, or team members could be consultants for each other. This we call "collaborative consulting."

Since consultants are concerned with the deliberate generation of paradigm shifts, what would shift a paradigm? What is the manner in which paradigms are created? We suggest it is not just a matter of language, but a particular kind of language. A paradigm is created when we make something distinct, when we (using language) distinguish something which previously was unclear or even unseen. New distinctions start with a new possibility. In the example of the paradigm shift of work from an "individual" to a "team" phenomenon, one would begin by seeing the possibility that work could be a matter of "group." Once that possibility is seen, one begins to discover many ways in which work is a matter of "group" and eventually evidence piles up so that all work is viewed as the effort of a group, and that the individual in his or her work is part of some team. This particular example defines for us the term "groupware" -- it is not a class of systems, but rather a perspective or paradigm through which to view systems. Other distinctions exampled below (breakdown, breakthrough, completion, formulation) are part of a rich body of distinctions which flow from the shift in paradigm from individual to team.

There could be said to be a sort of ontological cascade, in which a distinction, a new possibility, or a paradigm, is the beginning of things, where actions flow out of the paradigm quite naturally, and from the actions flow the results. Coaches, applying ontology, seek to alter actions and results by getting back to their source. So, what are actions, and where can they be found? The literature (Searle, 1969) and our research suggest that action, too, is a matter of language, and can be found in commitments -- speech acts like requesting and promising. Other kinds of speech (descriptions, judgements, representations, and the like) do not seem to cause any significant change; but committed speaking (requests and promises) starts things moving. To be able to distinguish which kinds of speaking generate change, and which kinds alter nothing, is of major value to managers of any enterprise, since only change or alteration can produce desired results.

Our interpretation of the recent literature (eg, Carasik and Grantham, 1988) suggested to us that success in the practical application of these ideas to group work requires special training. Accordingly, the Teamware development team engaged a team of management consultants with expertise in the application of ontological distinctions to business practices. The consulting team claimed, to an initially skeptical development team, that applying the ontological method to a business enterprise would produce unusual increases in productivity. We decided, as a group, to apply the method to a project in which the goal of the project was to produce a complete (i.e., hardware, software, training) system that would support the application of ontological distinctions in groups.

2 An Account of Consulting for Collaboration

We now present an account of the collaborative consulting effort between the development team and the management consulting team. The consulting team's involvement began in January, 1988, which coincided with the beginning of the development project. Initially, the developers knew little of the ontological approach, and the consultants knew little about software development. Both teams were committed from the outset to learn from each other, to have a successful product emerge from their work together, and to produce the product in breakthrough time and at reduced cost.

The project began as a vision for a new possibility of "group work that really works" -- a situation where joint work and collaboration would be foremost, rather than isolated individual achievement. Central to this vision was the idea that people could be empowered by being explicit and straightforward with each other in the matter of making promises and requests, by coaching each other, and by being receptive to consulting. The vision included the possibility of people being continually energized and satisfied by working together. The key to realizing this vision of transformed group work seemed to be in finding a way to incorporate the distinctions of applied ontology into the software itself, in such a way that the paradigm for a new way of working together was supported and strengthened.

As soon as the development team was formed, they were trained by the consulting team in the basics of applied ontology so they could use it in their work, in addition to building it into the software. Initial training consisted of three two-day off-site sessions conducted by the consultants. After this initial training, consulting in the form of frequent visits and phone calls continued throughout the development project. This consulting helped the development team generate new possibilities for the software and hardware, based on the needs of their own group work. During the project, consultants and developers made explicit promises for what each would accomplish by what time, and everyone asked for coaching from other team members with particular expertise. As part of the daily workings of the project, people reviewed the status of promises previously made, declaring breakdowns or acknowledging accomplishments where appropriate.

The net result of this style of collaborative work was that, within a month of startup, a rudimentary computer system that supported coaching in the workplace had been developed and was in continuous use by the team. Iterative refinement of the software tools, based on feedback and usage experience, continued throughout the project. At the end of two months, the software was well enough developed for trial use by another group. The consulting team held a two-day training session for the new group, a facilitator was trained by the development team, and the system was installed as a normal part of that group's work.

3 Coaching from 'Breakdown' to 'Breakthrough'

As an example of how the consulting and development teams worked together, we here recount a specific incident that occurred during the third two-day training session, out of a fairly minor breakdown. To explain this terminology, we say a 'breakdown' occurs when a person does not accomplish a promised action by the date promised, and a 'breakthrough' is an event which in the judgement of the team, is an extraordinary and unpredictable accomplishment that advances the project well beyond what was originally expected. The incident is worth recounting because it shows in capsule form how one of a series of breakdowns was transformed by the development team into a string of breakthroughs, which together enabled the first phase of the project to be completed in 6 months, rather than the scheduled 18 months.

By the third two-day training session, the development team was using requests and promises as a normal part of their work, and was tracking these commitments in a database. A month prior to the training session, which began on a Wednesday, the team leader had promised the programmer that he would have procured a workstation with special software for the programmer's use (see Figure 1). He had promised it by the following Friday and reported in the Wednesday meeting that he would not be able to keep the promise, as getting funding for the equipment was slow, and perhaps not possible. The programmer groaned that the lack of equipment was slowing him down, the leader apologized, and the meeting moved on to the next topic.

The consulting team intervened at this point, coaching the group to go back to the unfulfilled promise and declare a breakdown. They did so, and the programmer was able to lay out the lost time involved, his needs, and what he could have accomplished had he gotten the equipment. The consulting team then invited the development team to recommit to the deadline and to explore new possibilities that might get the equipment installed on time. Several new ideas were invented and explored, such as: borrowing equipment, working after-hours on others' equipment, and having the project leader give the programmer an under-utilized workstation presently sitting on his own desk. The last possibility was settled on, with some considerable excitement on the part of the team. By the simple expedient of moving the workstation over a cubicle divider, the programmer had his fully functional equipment.

After the fact, the solution seems simple and obvious, as indeed it was. Prior to the conversation for possibility, however, the breakdown seemed impossible to resolve. It was an impenetrable wall before which the team had resigned themselves to "just another instance of the difficulty of getting equipment in a large organization." The equipment was ready at 6:00 o'clock that evening, and the programmer calculated that this solution saved the project one month in set-up time and two weeks in installation time. The discussion that saved six person-weeks lasted only about 45 minutes, and was declared a breakthrough.

4 Coaching for Completion

By the Fall of 1988, the consulting team's coaching role was reduced to weekly phone calls with the team leader and bi-monthly attendance at development team's weekly project meeting. At this point, their coaching was aimed specifically at: truing commitments in the light of the larger commitment of the group, generating space for new possibilities, and deepening the ontological distinctions created in the two-day training sessions. Three such ontological distinctions are "beginning," "middle," and "end." From our experience in the workplace, these distinctions do not appear to exist, except as declared.

Three months later, during a phone conversation, the team leader and a consultant generated the possibility that the first phase might be complete, at an "end." A quick review of the deliverables schedule brought the surprised conclusion that, except for minor loose ends, Phase One was indeed complete. The leader announced the end of Phase One at the next project meeting and invited everyone on the development team to a "completion celebration" dinner at a local restaurant. Team members, who were beginning to show signs of some loss of liveliness and creativity, were at first startled by the announcement, and then jubilant. They left the dinner looking forward with anticipation to "what's next".

Why the surprise of the project leader and of the members of the development team? We say this surprise was due to the group's attention being, as it were, mired in the "middle". Team members were fixed on an 18-month project rather than the list of deliverables. From this experience, we strongly suspect that burn-out may be a function of a perceived "unending middle," where work is just one thing after another, and nothing ever feels complete. The surge of energy by the development team after the dinner is a normal reaction to the declared completion of a major activity, and in our experience this declaration too often is missing in the workplace.

5 Coaching for Formulation

Entering the next phase of the project was seen as a new "beginning," formulating the possibility of Phase Two and plans for the fulfillment of that possibility. Most of the coaching in Phase Two was done (a) by the members of the development team and (b) by invited visitors at team meetings. Coaching on the development team took the form of team members working with each other to address breakdowns, generate new possibilities for specific problems, and listen committedly to requests and promises. The renewed energy from completing Phase One came at an excellent time, as the development team was faced with a number of hardware problems which resisted solution -- and they were resolved quickly. The beginning of Phase Two also brought into the development team a product manager and marketing experts, more coaches and players on the team.

Visitors also functioned as coaches. From the beginning of the project, the development team wanted the entire company to be "abuzz" with the possibility of their collaboration system. Otherwise the product would never make it to market. A strategy of inviting significant managers to attend project meetings and major working sessions was initiated. This practice was so successful that rarely does the development team now work without outside observers being present. The benefit from this kind of work style is enormous because, rather than being protective or defensive of the product, the development team treats visitors' criticisms and suggestions as coaching for new ideas and requirements. Through this work practice, the development team created, in effect, large numbers of expert coaches out of multitude of interested visitors. The net result has been high levels of interest, continued feedback from a variety of skilled people throughout the company, and requests by a number of groups to use the system and to ultimately become test sites. Significantly, the interest expressed is not casual -- the outside groups want the productivity gains which the collaboration system affords.

6 Performance Data of Collaborative Coaching on the Project

So what does work look like when an entire project is managed strictly from what people say they will do? As described in the Introduction, part of the commitment of the project was to build software for managing the requests and promises people made to each otherwhile they worked. This commitment tracking software was able to record all the important requests and promises the team made to each other during their work, as well as recording the changing status of each commitment. (It is important to note here that the software was designed and used within the context of actual project work. This way, we knew that the software would support the exact way we wanted to interact with each other.) By using this tool, we were able to compile a factual account of an action-oriented style of work. The data presented in this Section summarizes the entire database of requests and promises of the Project team, including the negotiation history for each commitment.

Figure 2 shows the generation and disposition of action items for the project over a period of 12 months. During that year, the core team consisted of 4 to 7 people. As in any project, there was a spectrum of involvement. The net effect was that the core team interacted with each other and roughly 20 other people, and so the activities of around 25 people are reflected in the data of Figure 2. To summarize the interaction: the heaviest user of the software generated an average of 7 action items per week throughout the year. The lightest user generated only 1 request throughout the year. As might be expected, the composition of the group, and the extent of involvement by others, varied considerably throughout the year, as project needs changed.

The top line of Figure 2 shows the number of new promises generated by the team members which were entered into the database. For our work style, a promise was deemed anything that a team member felt was important to record. The next line down on the graph shows the number of items accomplished in that month. The lowest line shows the total of all slipped, re-negotiated, and failed action items. Where the number of new promises exceeds the sum of the other two categories, it means the total number of tracked commitments in the database grew that month.

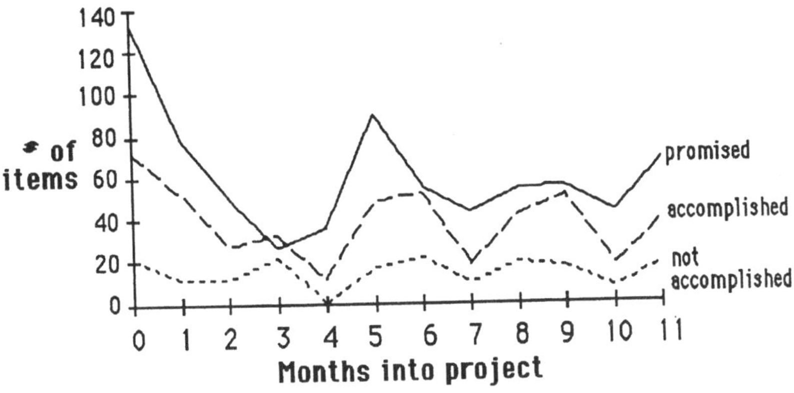

Fig.2. Items Promised, Accomplished, and Not Accomplished

Notice that Figure 2 gives a striking correlation between promises and accomplishments. When the team made many promises, they got a lot done. When
they didn't make so many promises, they didn't get as much done. All this was
was their strong subjective sense as well -- each of us felt we contributed more to
the final system when we were acting from the promises we had personally made.
What one makes of these data depends on one's perspective. From our perspective
of managment and accomplishment through collaborative coaching, we see promises and productivity being strongly correlated. This suggests to us that creating a
work environment which incorporates collaborative coaching will yield increases
in productivity beyond what is traditionally expected.

With regard to productivity beyond the expected, the project accomplished all its
major project goals in six months. The expectation from one organization which
partially funded the project was that the project should have taken about two years.
Our projection was 18 months. What accounted for this kind of productivity?
Figure 3 gives a second perspective of our work interactions that can explain this
jump in productivity. The figure displays the relationship between the number of
'breakdowns' in the project and the number of 'breakthroughs' that occurred the
following month. Notice how the number of breakthroughs increased as the number of breakdowns also increased. Even with the small numbers represented in
Figure 3, the positive relationship suggests that major value is added to the project
when one or more 'breakdowns' are generated and subsequently resolved. From our
experience as a team, we assert that the relatively small number of breakthroughs
we generated had a huge impact on the productivity of the project.

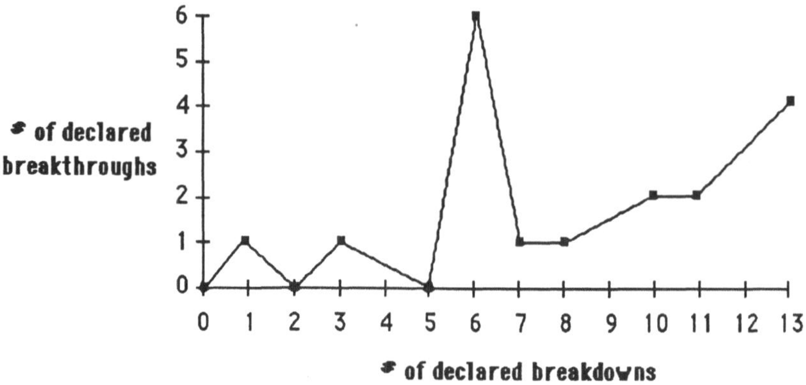

Fig.3. Breakthroughs That Followed Breakdowns

Conclusions

From a project management perspective, the collaboration between the development team and consulting team was an unqualified success. As of this writing, the project leader estimates a three-fold productivity increase, with respect to the original estimates for the project. Unexpected was the internal demand for the collaboration system. For example, the initial meeting room created by the project is in constant use, and has been the site of over 600 computer-supported meetings during the past year. Also, in one form or another, the system is now in use by over 20 teams ranging from software development, project management, financial, equipment procurement, and product design.

These very positive results and experiences contrast with more negative experiences reported in the literature concerning the installation of an action-item tracking and commitment management software product (Carasik and Grantham, 1988). Our strong feeling is that the training and coaching component of the system, both initial coaching and follow-up over an extended period, are essential for the success of this class of groupware tools. Fundamentally, groupware implies a new paradigm for work itself where the concern is for teamwork, collaboration, support, coaching, and compassion, coupled with new organizational and reward systems that support these values. In conclusion, we feel that collaborative coaching in the workplace has merit, and can create a place for people to work where their accomplishments are beyond what they now experience as the norm.

7 References

R. P. Carasik and C. E. Grantham, "A case study of CSCW in a dispersed organization", Proc. CHI'88 Human Factors in Computing Systems, (May 15-19, 1988, Washington DC), ACM Press, New York, 1988, pp 61-66.

Hubert Dreyfus (Organizer), Applied Heidegger Conference, Philosopy Department, University of California at Berkely, Berekely, California, Sept 8-10, 1989 (proceedings forthcoming).

Pelle Ehn, Work-Oriented Design of Computer Artifacts, Almqvist & Wiksell International, Stockholm, Sweden: 1988.

Martin Heidegger, Being and Time, trans. J. Macquarrie and E. Robinson, Harper and Row, New York: 1962.

Thomas Kuhn, The Structure of Scientific Revolutions, The University of Chicago Press, Chicago: 1962.

David Marca, "Experiences In Building Usable Meeting Support Software", Proceedings of the First Groupware Technology Workshop, Xerox PARC, Palo Alto, California: 1989.

J. R. Searle, Speech Acts, Cambridge University Press, Cambridge, England: 1969.

John Whiteside and Dennis Wixon, "Contextualism as a world hypothesis for the reformation of meetings", Proceedings of the Conference on Computer-Supported Cooperative Work, September 26-28, 1988, Portland, Oregon: ACM Order # 612880.

Terry Winograd and Fernando Flores, Understanding Computers and Cognition, Ablex, Norwood, New Jersey: 1986.

menschen denken
maschinen denken lassen

Helmut Volkmann
Siemens AG, ZFE IS INF, Otto-Hahn-Ring 6, D-8000 München 83

Zusammenfassung

Faszinierende technische Möglichkeiten sind in den Dienst des Menschen und der Gesellschaft zu stellen. Sinnvolle Applikationen können Fortschritt bewirken, wenn die Komplexität beherrscht wird. Intelligenter gemachte Technik erfordert auch mehr Intelligenz ihrer Schöpfer und Nutzer.

Abstract

Fascinating technological possibilities have to be of service to mankind and society. Sensemaking applications effect progress if the complexity can be dominated. More intelligent technology requires even more intelligence of the creators and users.

Arbeitsplätze sind sozio-technische Systeme. Dieser viel gebrauchte und viel zitierte Begriff muß seinem Gehalt nach auch umgesetzt werden. Die Steigerung der Komplexität erfolgt sowohl im Sozio- als auch im Technikkomplex und in der symbiotischen Integration auch in den Wechselwirkungen. Es geht um mehr als Ergonomie und Akzeptanzvorsorge als Auslegung sozialverträglicher und/oder menschengerechter Technikgestaltung. Es geht in Zukunft schlicht darum, die komplexer werdende Technik konsequent in den Dienst des Menschen und der Gesellschaft zu stellen. Anwendungsforschung tut Not und Technikwirkungsforschung ist unabdingbar. Beide müssen von Anfang an zu der technologisch orientierten - schärfer akzentuiert - der technisch dominierten Forschung als gleichberechtigte Komplexe treten.

Besteht, wenn dies alles bewußt geworden ist - und das Forschungs- und Entwicklungsprogramm Arbeit und Technik hat dazu maßgeblich beigetragen; viele einzelne Erfolge können vermerkt werden - noch ein weitergehender Informations- und Handlungsbedarf?

Diskussionen führen schnell zur Polarisierung von Meinungen, weil die Kontexte der Beteiligten sich fundamental unterscheiden. Ein methodischer Ansatz, Kontexte anzunähern, zumindest Kontextdifferenzen aufzudecken, ist, in einem Prozeß die Komplexität der Betrachtungen zunächst ausweitend zu verallgemeinern und dann wieder einengend auf Objekte gemeinsamen Handelns zu fokussieren. Die Betrachtung ist in sechs, durch Fragen geleitete Prozeßstadien, gegliedert.

1   Prozeß-Stadium Start (S)

Was ist geschehen?
Komplexität beherrscht die Gesellschaft

Menschen denken?

Nicht allein Wissen und Zugang zu Informationen, sondern auch Denkgewohnheiten und Denkgepflogenheiten bestimmen Orientierungen und Kontexte, Sichten und Vorgehensweisen, Lösungsmöglichkeiten und Lösungsansätze.

Angesichts drückender und höchst komplexer Probleme in der Gesellschaft wird vielfach ein vernetztes, ganzheitlich orientiertes Denken gefordert (8, 15). Das ist schwierig zu praktizieren, zumindest sehr ungewohnt.

Das Problem liegt einerseits in der Komplexität der Aufgabenstellungen; andererseits sind die Fähigkeiten der Beteiligten und Betroffenen, vom Denken her methodisch und arbeitstechnisch mit Komplextät umzugehen, nicht ausreichend entwickelt. Das Prinzip der Entsprechung (9) wird verletzt:

Komplexe Problem- und/oder Aufgabenstellungen müssen durch entsprechend komplex gestaltete Lösungssysteme angegangen, durchgearbeitet und durchgesetzt werden.

Andernfalls entspricht die Komplexität der Lösung nicht der Komplexität der Aufgabenstellung. Meist kommt es zur Unterdimensionierung in den Komplexitätsentsprechungen und damit zu nicht optimalen Lösungen.

Hier kommen Denkgewohnheiten zum Zuge, die auf Reduktion von Komplexität ausgerichtet sind. Das Problem wird analysiert und zerlegt, Lösungen setzen an den Komponenten an und passen nicht mehr zu einem Ganzen zusammen. Die Folgen sind mangelnde Akzeptanz mit der Notwendigkeit von ständigen Nachbesserungen.

Und wenn in diesen Prozessen der Reduktion das Maß an beherrschbarer Komplexität nicht erreichbar ist, dann kommt es auch zur Verdrängung von Komplexität, Leugnung von Komplexität, gar Vergewaltigung von Komplexität durch einseitigen Einsatz von Macht.

Zwar ergibt sich in Folge ständiger Nachbesserungen ein gewisser Fortschritt der evolutionären Entfaltung, teilweise jedoch sind diese Fortschritte mit erheblichen Opfern verbunden.

Angesichts der herausfordernden Problemstellungen in der Gesellschaft, die zu großen Teilen globale Ausmaße erreichen - und das gilt nicht nur für das Thema Umwelt - muß dieses Verfahren der Komplexitätsbewältigung versagen, hat sogar schon versagt, sonst wäre die Gesellschaft nicht mit derartigen Problemstellungen konfrontiert.

Man sagt, die Gesellschaft befinde sich auf dem Wege zur Informationsgesellschaft (13) und/oder Kommunikationsgesellschaft (11). Hoffnungen werden auf die neuartigen Informationstechnologien und den Faktor 'Information' gegründet.

Eine berechtigte Hoffnung unter Einlösung der Bedingungen zur besseren Bewältigung von Komplexität, eine trügerische Hoffnung, wenn die Beteiligten in der Komplexitätsbeherrschung versagen.

Eines ist wahr, so sarkastisch es klingen mag: Die Probleme von heute sind die Geschäfte von morgen und übermorgen: Problemlösungsgeschäfte! Die Bewältigung der Probleme und die Erschließung der Geschäftsmöglichkeiten erfordern hoch komplexe und kreative Informationsarbeiten durch den Menschen.

Die Herausforderung ist auch, informatische Lösungsansätze zu finden, zu gestalten und zu praktizieren, ohne selbst neue Probleme zu produzieren. Dies gilt auch für die durch Informationstechnik unterstützten Arbeitsplätze. Inwieweit wurde diese Herausforderung von der Informatik bisher angenommen und gemeistert?

2 Prozeß-Stadium Analyse (A)

Warum ist/wird was geschehen?
Wir sind Opfer unserer Gedankenzwänge

An Menschen denken!

Zunächst gilt es, die Ausgangslage für den notwendig werdenden Wandel zu analysieren. Zwei Aspekte seien herausgegriffen:

- die Konsequenzen aus der zögernden und nacheilenden Einbeziehung des Menschen in die Technikgestaltung

-    die weitere Verschiebung der Grenzen der Arbeitsteilung
     zwischen Mensch und Maschine; wird es zukünftig verstärkt
     eine Denkteilung?

Die vorwiegend technologieorientierten Ansätze entdecken den Menschen als Teil der sozio-technischen Systeme schrittweise. Zunächst wirkt der Mensch in Form der Human-Factors, die als störend eingestuft werden und dann selbstverständlich mit entsprechenden Mitteln der Automatisierung beseitigt werden. Im nächsten Schritt wird der Benutzer entdeckt. Drastisch ausgedrückt, er war und ist ein unbekanntes Wesen; teilweise nicht intelligent genug, eine (intelligente) Maschine richtig zu bedienen. Natürlich kommt es zu Lösungen wie ergonomischen Ansätzen und verbesserter Gestaltung von Benutzeroberflächen.

Dann wird festgestellt, daß es immer noch an Akzeptanz mangelt. Psychologen und Organisatoren kommen zur Hilfe. Modelle werden aufgestellt, in denen der Mensch in seiner Rolle, als Teil des sozio-technischen Systems, modelliert wird.

Das nächste Problem: Die Spezialisten modellieren an der Realität vorbei. Weitere Lösungsansätze sind Requirements-Engineering und partizipative Systementwicklung.

Die nächste Entdeckung wird sein, was erst teilweise bewußt und gewürdigt wird, daß der Mensch zwar nicht in seiner Rolle, aber als Mensch leidet, daß unliebsame mentale Wirkungen auftreten, die er mit nach Hause nimmt. Mentale Modelle sind für Lösungsansätze entsprechend zu erweitern.

Alles durchaus richtige, auch sinnvolle und wirksame Maßnahmen, die auf keinen Fall unterlassen werden dürfen. Es ist der Weg der evolutionären Entfaltung in der Hauptströmung.

Hinter dieser evolutionären Vorgehensweise der schrittweisen Entfaltung steht ein Bild vom Menschen, das zwar niemand bewußt angestrebt, das sich aber zwangsläufig als Konsequenz ergeben hat:

-    Es ist ein Menschenbild, daß der Benutzer zunächst nicht so
     richtig zur Technik paßt. In einem mühsamen Anpassungsprozeß werden Korrekturen vorgenommen mit dem Risiko,
     daß der Mensch passend gemacht wird.

- Es ist ein Menschenbild vom krank werdenden Benutzer, was natürlich vermieden werden soll und zu dessen Gesundung dazu nachträglich Lösungen gesucht werden.

Demgegenüber schreitet die technische Entwicklung fort und bietet technisch faszinierende Möglichkeiten. Auf der anderen Seite kommt es zur gesellschaftspolitischen Auseinandersetzungen aus Gründen wie:

(1)   Angst vor der Substitution von Arbeitsplätzen aller Art

(2)   Angst der Experten, daß die Weitergabe ihrer Expertise an Maschinen sie überflüssig macht

(3)   Sorge um Beherrschung der Komplexität, wenn die Maschinen zunehmend intelligenter gemacht werden

(4)   Sorge vor Mißbrauch aller Art bis hin zum Gefühl, Automaten ausgeliefert zu sein, weil Entscheidungen auf Maschinen übertragen werden

Solche Ängste und Sorgen sind berechtigt, vor allem auch dann, wenn die Entwicklung weiter dem charakterisierten Menschenbild folgt und Dysfunktionalitäten nur schrittweise nachträglich geheilt werden.

Die Perspektiven einer erweiterten Nutzung der Technik sind bedeutend und herausfordernd. Um sie beurteilen zu können, bedarf es einer erweiterten Auseinandersetzung mit den Applikationen und der Arbeitsorganisation für den Menschen. Die sich anbahnende Entwicklung hat ein Vorbild in der industriellen Arbeitsteilung:

- Zur Arbeitsteilung der Handhabungen zwischen Menschen und Maschinen, die auch die Nutzung der Informationstechnik in Büro und Fabrik bestimmt hat, kommt eine Arbeitsteilung des Denkens, eine Denkteilung.

- Die bei der Arbeitsteilung zu beobachtende Entwicklung wird sich bei der Denkteilung wiederholen, nämlich

zunächst Nachahmung und Substitution der menschlichen Leistungen durch die Maschine (Mechanisierung)

dann Anreicherung der maschinellen Leistungen (Automatisierung)

dann aber auch Anreicherung des vom Menschen wahrnehmbaren Leistungsrepertoires (Job-Enrichment)

Diese Entwicklung ist wahrscheinlich kaum zu verhindern. Es sollten vielleicht nicht einmal Behinderungen versucht werden. Was aber verhindert werden muß, ist, daß die mit der Verlagerung der Arbeits- und Denkteilung bewirkten zusätzlichen Wirkungen nicht vorab gründlich eruiert werden.

Die Arbeitsteilung war möglich, weil auf ein Arbeitsrepertoire des Menschen rückgegriffen werden konnte, das sich seit Jahrtausenden entwickelt hat und das in der Industriegesellschaft arbeitswissenschaftlich operational immer weiter vervollkommnet wurde; zunächst auch zu Lasten des Menschen (Taylorismus).

. Die ersten Schritte der Denkteilung machen wiederum von einem Repertoire an Denkmethodik Gebrauch, das sich seit Jahrtausenden entwickelt hat, ohne daß denkwissenschaftlich operational bisher ausreichend der Arbeitswissenschaft Vergleichbares geschaffen wurde.

Es darf sich auf keinen Fall wiederholen, daß wir den Benutzer als arbeitenden Rollenträger, den Benutzer als denkenden Menschen und schließlich den Menschen als Individuum immer erst nachträglich entdecken und ständig in einem Prozeß der Nachbesserungen verharren.

Es fehlt an Orientierung der Menschen für die Menschen. Was wollen wir überhaupt?

3 Prozeß-Stadium: Transzendenz (T)

Was wollen wir überhaupt?
Die Zukunft aktiv gestalten

Menschen denken!

Eine derartige Frage leitet einen Versuch ein, bisher die Hauptströmungen bestimmende Grenzen zu überschreiten und durch bewußte Transzendenz Begrenzungen sprengen, die in falsche Richtungen weisen. Die Suche nach richtigen Richtungen bedarf aber der Orientierung. Für die Gewinnung von Orientierung lassen sich viele Quellen nutzen. Auswahl und Deutung der Quellen führt selbst zu Auseinandersetzungen; mit geeigneter Methodik und Didaktik versehen, vielleicht aber auch zu weiterführenden Auseinandersetzungen. Auswahl und Deutung sind zwar stets subjektiv, aber im Kontext ihrer Kombinationen begründbar.

Eine äußerst kühne Hypothese zur Wahrnehmung weiterer Chancen hat der Zukunftsforscher Willis Harman formuliert (6):

> Wir könnten die erste Gesellschaft in der Geschichte sein, die fähig ist, die fundamentale Transformation zu identifizieren, während diese noch als Prozeß stattfindet, und so handeln, daß die sozialen Opfer, die sie begleiten, reduziert werden.

Die Verfolgung der Hypothese schließt nicht aus, sich um Fortschritt zu bemühen, so wie er beispielsweise in Anlehnung an den Biologen Julian Huxley durch Karl W. Deutsch interpretiert wird (4):

> "Wenn die Menschen in mehr Umgebungen leben können, wenn sie mehr Verhaltensmöglichkeiten und damit mehr Wahlmöglichkeiten haben ein größeres Repertoire von Dingen, die sie tun können, zwischen denen sie wählen können, wenn sie also größere und verschiedene Freiheitsräume erwerben, dann machen sie Fortschritt. Wenn sie ihren Horizont, ihr Leben und ihre Wahlmöglichkeiten verkleinern und verengen, dann machen sie einen Rückschritt. Beides gibt es in Ökosystemen und beides gibt es in der menschlichen Geschichte".

Der Preis für mehr Optionalität ist Komplexität. Die Herausforderung bleibt die Beherrschung der Komplexität.

Die Hoffnungen ruhen auf der Informationstechnik. Technik an sich ist 'wertfrei', wird vielfach argumentiert. Es kommt lediglich auf die sinnvolle Verwendung an. Neil Postman hat deutlich gemacht, wie verhängnisvoll diese Annahme sein kann, wenn sie nicht kritisch genug hinterfragt wird. Auf eine kurze Aussage gebracht (12):

> Jede neue Technik trägt ihre Applikation sinnvoller und weniger sinnvoller, möglicherweise auch verhängnisvoller Art in sich. Sie ermöglicht neue Anwendungen, die bisher nicht oder so nicht realisiert werden konnten und sie bewirkt damit Wirkungen auf die Menschen, Organisationen und Gesellschaften.

Es geht nicht darum, möglichen technischen Fortschritt zu bremsen. Worauf es ankommt, ist, die Argumente der Vorteile und Nachteile öffentlich zu vergleichen; und alle Beteiligten sollten nur dann zur Tat schreiten, wenn die Vorteile im Konsens vieler die Nachteile fundamental überwiegen.

Es scheint wohl doch etwas mehr Gestaltung vonnöten zu sein, die der Bedingung zur Beherrschung von Komplexität durch ein evolutionär

ganzheitlich orientiertes und vernetztes Denken gerecht werden muß.
Die Gesellschaft wird deshalb nicht allein durch die Probleme herausge-
fordert, sondern auch durch den notwendigen Wandel des Denkens, um
überhaupt Voraussetzungen zu erlangen, damit die Probleme komple-
xitätsgerecht angepackt werden können. Dieser Wandel ist selbst von
erheblicher Komplexität.

4 Prozeß-Stadium: Occasionen (O):

Was können wir wagen?
Ideen für den Fortschritt wagen!

Menschen denken lassen

Den Menschen muß Gelegenheit gegeben werden, neue Ideen zu
wagen. Sie brauchen Freiraum, günstige Gelegenheiten (Occasionen) zu
erspähen und mit Gedanken anzureichern, ohne daß die Ideen unmittelbar mit Argumentationen konfrontiert werden, die aus Restriktionen des Machbaren bzw. Nichtmachbaren, aus mangelnden Ressourcen, aus bestehenden Ängsten und vorherrschenden politischen, wirtschaftlichen, aber auch wissenschaftlichen Konstellationen resultieren.
Derartige Argumentationen vom ersten Moment an behindern die Entfaltung von Ideen.

Ein solcher Freiraum wird bisher allenfalls Künstlern zugestanden;
warum nicht auch Politikern und Unternehmern, Forschern und Ingenieuren, aber auch Betroffenen? Was könnten wir dann wagen!

Wir könnten wagen, ganz naive Ansätze zu nutzen. Die als Überschrift
genutzte Wortfolge "menschen denken maschinen denken lassen" ist in
der angebotenen Anordnung eine Menge, die Null-Sinn ergibt. Trotzdem ist das kleine Gedankenexperiment erweiterbar. Eine Null-Sinn-
Menge hat - in einen Prozeß eingeführt - eine Wirkung, einem chemi-
schen Katalysator vergleichbar. Sie bewirkt Wirkungen, ohne selbst
Verbindungen mit den Objekten der Betrachtung einzugehen. Die Null-
Sinn-Menge ist ein kleines Beispiel für eine arbeitsmethodische Wag-
nis-Idee.

,, Wir können wagen, Quellen zur Impulsgebung zu nutzen, die bisher
in der wissenschaftlichen und praktischen Gestaltungsarbeit keine
Rolle gespielt haben. Alles, was geeignet ist, Orientierung zu bieten,
läßt sich einbeziehen, auch Religion und Esotherik, Philosophie und
Musik, darstellende Kunst und Architektur (1, 3, 5, 7, 14).

Wir können es wagen, auf der gesellschaftlichen Ebene anzusetzen und Probleme mit erweiterten Methoden der Komplexitätsbewältigung zu bearbeiten und erst im zweiten Durchgang nach technischen und informationstechnischen Lösungsmöglichkeiten Ausschau zu halten. Ein Hilfsmittel, um die Gedankenzwänge zu sprengen, ist die Prozeß-stadien-Betrachtung.

Wir können wagen, gesellschaftliche Zustände zu bilanzieren: Ähnlich wie für Unternehmen monetäre Wirtschaftsbilanzen vorgelegt werden, lassen sich die informationalen Zustände von Organisationen und Gruppen feststellen.

Wir können zu prognostizieren wagen, daß große Organisationen in noch überschaubarer Zeit Vision-Management und Vision-Engineering betreiben, daß sie eigene Zukunftswerkstätten einrichten, daß sie von gesellschaftlichen Erfordernissen her ihre Geschäftsmöglichkeiten eruieren: Problemlösungsgeschäfte. Sie werden ein Portfeuille gewagter Ideen anlegen.

Wir können wagen, komplexe Arbeits- und Denkmethoden für die Eruierung von Wagnis-Ideen anzubieten. Bewährte Methoden der Zukunftsgestaltung und des Innovationsmanagements werden integriert. Es kommt zu verstärktem Einsatz bildlich-graphischer Verständigungsmittel, vielleicht sogar zu einer komplexen Bildersprache für immaterielle Sachverhalte.

Und dann können wir auch wagen, die Proportionierung der Denk- und Arbeitsteilung zwischen den Menschen und den informationstechnischen Applikationen auf Basis (neuartiger) Informationsmaschinen schrittweise zu wandeln. Aber die Akzente müssen anders gesetzt werden:

- Der Ansatz der substituiven Denkteilung darf nicht dominieren.

- Der Ansatz der Bereicherung des Denkrepertoires auf Seiten des Menschen und nicht vorrangig auf Seiten der Maschine über positiv zu bewirkende Wirkungen ist dagegen zu verfolgen.

- Die Anreicherung des maschinellen Repertoires ist dann zu verfolgen und zu begrüßen, wenn sie gleichzeitig im Dienste der Anreicherung des menschlichen Repertoires steht.

Wir können wagen, verstärkt maschinelle Unterstützung bei komplexen, kreativen Informationsarbeiten zu nutzen. Die Integration von Computer- und Medienleistungen eröffnet völlig neue Perspektiven.

Wir können sogar die Vermutung wagen, daß die notwendig werdende stärkere Auseinandersetzung mit mentalen Phänomen und Effekten bei der geistigen Arbeit des Menschen Anregungen für neue informatische Lösungsansätze bietet; aber nicht in Form einer Nachahmung von Gehirnfunktionalität, sondern in Orientierung am Geist-Gehirn (17).

Wir können es wagen, mit den Darstellungsmöglichkeiten virtueller Welten durch informationstechnische Applikationen komplexere, immaterielle Informationsräume zu erschließen, deren Objekte immaterieller Art sind. Politiker und Unternehmer, Gestalter und Ingenieure müssen sich mit Störungen, Problemen, Aufgaben, mit Wirkzusammenhängen und Wirkungen, mit Entscheidungen und Handlungen auseinandersetzen. Entscheidend ist die Akzentverschiebung vom Materiellen zum Immateriellen.

Und wir können wagen, die ersten Wagnis-Ideen in Perspektiven umzusetzen.

5   Das Prozeß-Stadium Resultierende (R)

Was soll geschehen?
Orientierung durch Transparenz bieten

Menschen denken,
maschinen denken lassen

Die Ausgangslage für die Konzeption von Resultierenden - natürlich zunächst in mehreren Alternativen szenarienhaft aufbereitet - ist durch die bewußt erweiterten Fragestellungen des Wollens und Wagens reichhaltiger, wenn auch komplexer als eine Ausgangslage, die im wesentlichen "nur" durch Fragestellungen des Was und Warum aufbereitet wird. Allerdings werden zunehmend Entscheidungen verlangt, damit die Restriktionen des Machbaren und Sinnvollen berücksichtigt werden.

Aus der Analyse der Trends der Denk- und Arbeitsteilung sind Konsequenzen zu ziehen. Die Trends sind umzulenken und in ihren Akzentsetzungen so zu fokussieren, daß das konsensfähige Wollen nicht nur erhalten bleibt, sondern zur Gestaltung genutzt wird. Ein methodisch didaktisches Instrumentarium bietet Sicherungshilfe, wenn es, gepaart mit "gesundem Menschenverstand", richtig genutzt wird.

Angesichts der zu bewältigenden Komplexität der Problem- und Aufgabenstellungen und der Notwendigkeit, die Komplexität der Objekte und Prozesse zu jedem Zeitpunkt beherrschen zu müssen, wäre es unsinnig, auf informationstechnische Applikationen zu verzichten, wenn die Erfordernisse dadurch erfüllbar werden.

Der Hebel muß deshalb zunächst nicht bei der Substitution menschlicher Denkleistungen durch die Maschine, sondern bei der Bereicherung menschlicher Denkleistungen mit Hilfe informationstechnischer Applikationen ansetzen. Die Nutzung der Technik ist nicht Selbstzweck, sondern Mittel für den Zweck, Fortschritt durch Erweiterung der Optionalitäten zu bewirken. Auf eine kurze Formel gebracht, läßt sich die anzustrebende Resultierende charakterisieren als

$$F((O,K,t), = g\left(\begin{array}{c} Menschen \\ denken \end{array} \right) X \left(\begin{array}{c} maschinen \\ denken\ lassen \end{array} \right))$$

(F = Fortschritt, O = Optionalität, K = Komplexität, t = Zeit)

Der Wirkzusammenhang ist multiplikativ und in seiner inneren Wechselwirkungsstruktur hoch komplex:

- Eine Vernachlässigung oder gar Verkümmerung des menschlichen Denkens in Kreativität und Komplexitätsbeherrschung führt zu Einbußen an Optionalität und gefährdet den Fortschritt.

- Eine Unterlassung maschineller Denkunterstützung führt angesichts der Komplexität der Problemstellungen aber dazu, daß der notwendige Fortschritt als Gewinn von Optionalität auch nicht erreicht wird.

Befürchtungen und Ängste, ungünstige Konstellationen, aber auch Mißbrauch und Dysfunktionalitäten müssen bei jedem praktischen Schritt natürlich analysiert werden (Wirkungsforschung, nicht nur Technikwirkungsforschung ex ante!) und durch Heranführung von Ideen und Ressourcen aus dem Wagnis-Ideen-Pool überwunden werden.

Ein erster praktischer Ansatz sind beispielsweise Balance-Rechnungen, deren Aufstellung die Auflagen von Postman erfüllen, aber auch die Fortschrittscharakterisierung von Deutsch transparent machen.

Balance-Rechnungen in Form von sogenannten Informationsbilanzen sind im Prinzip einfach und der gängigen Wirtschaftsbilanzierung nachempfunden (16):

- Alle informationalen Potentiale orientierender, methodischer und didaktischer Art, alle Ressourcen an Wissen und Ideen, die geeignet sind, die Optionalität zu erhöhen, gehören auf die Aktivseite.

- Alle Ressourcen und Potentiale, die die Optionalität einschränken, behindern oder gar vergrößern - dazu gehören Probleme und Befürchtungen, Schwächen und Ängste, aber auch Erwartungen und Ansprüche - gehören auf die Passivseite.

Der Lösungsansatz ist auf die Auseinandersetzung der Darlegung unmittelbar selbst anwendbar. Die Antworten auf die Fragen des Wollens und Wagens haben eher die Aktivseite bereichert. Die Fragen des Was und Warum haben eher Positionen auf der Passivseite vergrößert. Sicher ist die Bewertung der Positionen eine schwierige Aufgabe. Die Aufgabe ist aber für einen ersten Lösungsansatz präzisiert.

Informationstechnische Applikationen der Balance-Rechnung liefern einen Beitrag zur Veranschaulichung komplexer Problem- und Aufgabenstellungen. Sie sind auf allen Ebenen der Gesellschaften in Organisationen, in Gruppen als Zustandbilanzen einsetzbar. Sie sind Hilfen für den notwendigen intersubjektiven Diskurs zwischen Beteiligten und Betroffenen. Mehr leisten sie nicht, aber auch nicht weniger.

Balance-Rechnungen in Form von Informationsbilanzen sind ein Beispiel einer neuartigen, informationstechnischen Applikation für komplexe, kreative Informationsarbeiten - realisierbar auf Basis bestehender Technik - mit Wirkungen auf das Denken der Beteiligten und nicht ausgerichtet auf Substitution von Denkprozessen. Im Gegenteil! Ohne tatkräftige Mitwirkung der Beteiligten können Informationsbilanzen nicht aufgestellt werden. Trotzdem sind auch zu diesem Lösungsansatz weitere Wirkungsüberlegungen anzustellen.

Was aber muß geschehen, damit brauchbare Ansätze fruchtbar gemacht werden können, um aus der Ideenphase in eine Innovationsphase überwechseln zu können?

6   Das Prozeß-Stadium 'Innovation' (I):

Was muß geschehen, damit ......?
Die Rückkehr der Unternehmer

Menschen denken:
maschinen denken lassen

Innovationen werden zwar von Erfindungen und Ideen (Inventionen) angestoßen, brauchen aber eine äußerst günstige Konstellation von Wirkfaktoren, wenn sie erfolgreich zum Einsatz kommen sollen und eine Breitenwirkung (Diffusion) erreichen sollen. Das Spektrum der begünstigenden Wirkfaktoren ist im Sinne der angestrebten, erweiterten Optionalität sogar noch komplexer. Daher sind etwaige gewagte Innovationen für Mißerfolge auch noch um ein Vielfältiges anfälliger.

Erfahrungen der innovativen Praxis der industriellen Entwicklung lehren, daß günstige Konstellationen für Innovationen durch zwei Ansätze bewirkt werden:

1.   Setzung geeigneter gesellschaftlicher, politischer und wirtschaftlicher Rahmenbedingungen (z.B. demokratisch-marktwirtschaftliche Gesellschaftsordnung mit freier Entfaltung der Individuen im privaten Lebensbereich und Arbeitsbereich, insbesondere auch der Unternehmer)

2.   Bereitstellung geeigneter Infrastrukturen, von denen Innovationen Gebrauch machen können (beispielsweise Verkehrsnetze)

Dieses Konzept für die Zukunftsgestaltung wird durch Förderung der Informationstechnologie und Schaffung informationstechnischer Kommunikationsnetze fortgeführt. Einige Gruppen fordern angesichts des weltweiten Innovationswettbewerbs noch Verstärkungen, andere Gruppen verweisen auf Akzeptanzproblematiken und gesellschaftspolitische Komplikationen. Wo liegt das Problem?

Rahmenbedingungen und Infrastruktur bedingen zwar den Raum für unternehmerische Entfaltung, aber sie bestimmen ihn nicht allein. Der Unternehmer im allgemeinen und der Forschungsunternehmer im besonderen muß die Erfordernisse der Gesellschaft erkennen und durch marktfähige Leistungen befriedigen.

Sicherung und Erweiterung von Optionalität im gesellschaftlichen Fortschritt geht mit erhöhter Komplexität einher. Die damit verbundenen Aufgabenstellungen werden durch die hoch komplexen Arbeitsplätze bearbeitet. Hier sind Durchbrüche der Informationstechnik nur zu erwarten, wenn es zu attraktiven Applikationen kommt.

Die unternehmerische Initiative muß daher durch applikationsorientierte Akzentsetzungen in den Rahmenbedingungen und Bereitstellung einer applikationsfördernden Infrastruktur in der richtigen Richtung angereizt werden.

Das Problem und damit zugleich die Herausforderung ist, daß die richtige und gesicherte innovative Erfahrung auf ein qualitativ anderes Niveau, das den Übergang von der Industriegesellschaft zur Informationsgesellschaft gerecht wird, transponiert werden muß:

- Die bereitzustellende Infrastruktur darf nicht allein auf die materielle, informationstechnische Basis abgestellt werden, sie muß zumindest durch eine immateriell orientierte Infrastruktur, ein Orientierung ermöglichendes und Information bereitstellendes Netzwerk ergänzt werden (10).

- Die gesellschaftlichen, politischen und wirtschaftlichen Rahmenbedingungen müssen unter Ausnutzung der demokratisch marktwirtschaftlichen Gesellschaftsordnung auch auf die Beherrschung der informationalen und immateriellen Wirkzusammenhänge ausgerichtet werden.

Die Transposition ergibt sich nicht aus den Hauptströmungen der extrapolativen Forschungen und Entwicklungen. Sie ist nur mit Hilfe von bewußt angestrebten Durchbrüchen zu bewerkstelligen (2).

Derartige Durchbrüche können aus dem Technology Push resultieren. Die entscheidenden Impulse aber werden aus dem Problemdruck der Gesellschaft kommen, der zu marktgängigen Leistungen, zu einem Problemlösungsgeschäft führt. Der interdisziplinär ausgeprägte Wissensbedarf erfordert ein unternehmerisch-kooperatives Netz kleiner Einheiten, auch innerhalb großer Organisationen. Es kommt auf die Organisation kommunikativer Begegnungen an, bei denen komplexere Denk- und Arbeitsmethoden zum Einsatz kommen, aber auch informationstechnische Unterstützung genutzt werden kann.

Die unternehmerische Aufgabe ist, Wagnis-Ideen und Wagnis-Kapital zusammenzubringen. Die notwendige Forschung muß transdisziplinär gestaltet werden, sie liegt noch im Vorfeld wissenschaftlicher Forschung. Verbund- und Wagnis-Ideen-Forschung tut Not!

Literatur

Berendt, Joachim Ernst (1985). Nada Brahma. Die Welt ist Klang. Frankfurt a.M. (1)

Bezold, Clement; Olson, Robert L. (1986). The Information Millenium. Alternative Futures. A Report for the Information Industry Association. Washington. (2)

Brown, Lester R. et al. (1987). A World watch Institute Report on Progress Toward a Sustainable Society (3)

Deutsch, Karl. W. (1983). Soziale und politische Aspekte der Informationsgesellschaft, in: Sonntag, W. Phillip (Hrsg.): Die Zukunft der Informationsgesellschaft. Frankfurt a.M. (4)

Gebser, Jean (1986). Ursprung und Gegenwart. Teil 1: Die Fundamente der aperspektivischen Welt. Teil 2: Die Manifestationen der aperspektivischen Welt. (1949, 1953) 2. Auflage.dtv. München (5)

Harman, Willis (1976). An Incomplete Guide to the Future. New York, London (6)

Hartmann, Nicolai (1964). Der Aufbau der realen Welt. Berlin. S. 173 ff. (7)

Jungk, Robert; Müller, Norbert, R. (1983). Zukunftswerkstätten. Mit Phantasie gegen Routine und Resignation. München (8)

Kirsch, Werner; Eser, Werner-Michael; Gabele, Eduard (1979). Das Management des geplanten Wandels in Organisationen. Stuttgart. (9)

Lipnack, Jessica; Stamps, Jeffrey (1982). Networking. People connecting with People. Linking Ideas and Resources. (10)

Lutz, Christian (1986). Die Kommunikationsgesellschaft. Ein Leitbild für die Politik und Wirtschaft Westeuropas. Rüschlikon. (11)

Postman, Neil (1990). Informing ourselves to Death. Vortrag auf der 20. Jahrestagung der Gesellschaft für Informatik, Oktober 1990, Stuttgart. (12)

Sonntag, W. Phillip (Hrsg.) (1983). Die Zukunft der Informationsgesellschaft. Frankfurt a.M. (13)

Teilhard de Chardin, Pierre (1983). Der Mensch im Kosmos, München (14)

Vester, Frederic (1988). Leitmotiv vernetztes Denken. Für einen besseren Umgang mit der Welt. München. (15)

Volkmann, Helmut (1988). Gestalt-Analyse, Informationsanalyse. Vortrag OECD, Tokyo. (16)

Volkamnn, Helmut (1990). Denkmaschinen. In: Siemens Zeitschrift F+E - Spezial. Frühjahr 1990, Berlin und München (mit weiteren Literaturhinweisen) (17)

Vorträge zum Förderprogramm

Ansätze und Impulse der Forschungsförderung zur menschengerechten Software-Gestaltung - Bisherige Beiträge des Programms "Arbeit und Technik zur Entwicklung und Anwendung von Software

Christoph Kasten
DLR - Projektträger Arbeit und Technik, Südstraße 125, 5300 Bonn 2

Zusammenfassung

In der Forschung zur Gestaltung von Software und ihrer betrieblichen Nutzung hat das Programm "Arbeit und Technik" neue Themenschwerpunkte gesetzt und neue Pfade gelegt, die Wissenschaft, Entwicklung und Anwendung aus eigener Kraft bisher nicht angehen konnten. Ganzheitlicher Gestaltungsansatz, Interdisziplinarität und Benutzerbeteiligung charakterisieren den spezifischen Beitrag des Programms, den es nach fünf Jahren Förderung zu bilanzieren gilt.

Abstract

In the research on software design and application the "Work & Technology"-Programme has brought up new subjects and opened new paths which science, development and practical application could not go by their own. Approaches that are holistic, interdisciplinary and participative characterize the specific contribution of the programme. A resumé after five years of promotion is given.

Software als Technik der Zukunft, in Gestalt der Informations- und Kommunikations-Technik des überproportional wachsenden Dienstleistungssektors und als bedeutsame Komponente der Technologien des Produktionssektors nimmt seit der Ausschreibung des Förderangebots "Menschengerechte Softwaregestaltung" 1986 im Programm "Arbeit und Technik" eine immer wichtigere Rolle ein. Neben der bisher dominanten Hardware der Produktionstechniken liegt sie zur Zeit im Zentrum des Technikgestaltungsinteresses des Programms. Gerade der systemische Charakter der Software stellt eine Herausforderung für das Programm dar. Die absehbare Ausbreitung der Software an nahezu allen Arbeitsplätzen in den verschiedenen Wirtschaftsbranchen, ihre Betriebsteile und Unternehmen überspannende und verschränkende Funktion und ihr Einfluß auf alle Dimensionen der Arbeitsbedingungen sprechen den ganzheitlichen Ansatz des Programms an. Die weit in die Zukunft reichenden massiven Wirkungen der Software-Technik für die Arbeitswelt und ihre im Vergleich zu herkömmlichen Technologien eher kurzzyklischen Innovationsschübe stellen einen engen Zusammenhang zu den Präventionsabsichten des Programms her. Wurden die Belastungswirkungen der Software-Technik zunächst in der arbeitswissenschaftlichen Forschung im Vergleich etwa zur Hardware der Produktionstechnologien eher vernachlässigt, ist ihre in jüngster Zeit auch in der europäischen Forschung neu bewertete Dimension von hoher Relevanz für eine der beiden Hauptzielsetzungen des Programms "Arbeit und Technik", den Schutz der Gesundheit durch Abbau und Abwehr gefährdender Belastungen. Weniger Zweifel bestand zu Beginn der Förderung an der Einordnung der Software als Gestaltungsfeld der weiteren Programmzielsetzung, durch menschengerechte Gestaltung von Arbeit und Technik den arbeitenden Menschen auch in seiner beruflichen und allgemeinen Entwicklung zu fördern. Die Zusammenhänge zwischen Softwaregestaltung und Qualifikation sowie Handlungs- und Dispositionsspielräumen treten deutlicher zu Tage.

Nicht zuletzt der Arbeitspsychologie - "Lastigkeit" der ersten Förderphase des Schwerpunktes - alleine 7 Vorhaben der ersten Stunde stammen von Arbeitspsychologie-Instituten - ist es zu verdanken, daß hinsichtlich der Belastungsdimension über vorhandene engere kognitionswissenschaftliche Ansätze hinaus weitere Fundierungen und eine Verbreiterung der Themenstellung geleistet wurden.

Der anfänglich starke Widerhall der Ausschreibung des Schwerpunktes bei der Arbeitspsychologie ergab jedoch keine Abkehr von der deutlich interdisziplinären Auslegung des Förderangebotes. Die Interdisziplinarität der Ziele, Themen und Methoden, die auf dem ganzheitlichen Gestaltungsansatz fußt, spiegelt sich in den disziplinenübergreifenden Arbeiten und - durchmischten Forschungsteams der Arbeitspsychologen selbst und der hinzutretenden Arbeitswissenschaftler wider. Ihre Vorhaben gingen auch enge Kooperationen mit Software-Häusern ein, die die Chance nutzten, neue arbeitspsychologische und arbeitswissenschaftliche Erkenntnisse in die Entwicklung einzubringen - ein enges Verhältnis von wissenschaftlicher Forschung und Umsetzung wie es nur aus dem Bereich der Ingenieurwissenschaften bekannt ist. Ein interdisziplinäres Zusammengehen von Arbeitspsychologen und Arbeitswissenschaftlern einerseits und Informatikern andererseits wie überhaupt eine Beteiligung letzterer an dem Programmschwerpunkt sind erst in jüngerer Zeit zustandegekommen. Auch Organisationssoziologen und Arbeitspädagogen, denen wichtige Aufgaben im Zusammenhang des Organisationsbezugs und der Qualifizierung von Benutzern/innen und Entwicklern/innen zukommen, haben sich der Beteiligung an Forschungen zur Softwaregestaltung weitgehend enthalten. Sie sind jedoch überproportional mit Beiträgen in den betrieblichen Modellversuchen vertreten, in deren Rahmen Software im betrieblichen Kontext gestaltet wird und sich Interdisziplinarität mit hoher Intensität und Verschränkung bei gemeinsamer Problemanalyse und Entwicklung von Gestaltungslösungen entfaltet.

Die Interdisziplinarität, wie sie sich in anderen Schwerpunkten des Programms schon langjährig bewährt hat, ist eine essentielle Voraussetzung für den auch im Schwerpunkt Software-Gestaltung von Anfang an verfolgten ganzheitlichen Gestaltungsansatz. Zielsetzung ist es hierbei, wirtschaftliche und technische Aspekte mit Gesichtspunkten der Arbeitsorganisation, der Personalentwicklung und des Arbeits- und Gesundheitsschutzes zu verbinden, um die jeweiligen Gestaltungspotentiale in diesen Feldern in einem Prozeß der wechselseitigen Optimierung für menschengerechte und zugleich wirtschaftliche Lösungen auszuschöpfen. Dabei wird die Technikgestaltung dem Primat der Aufgaben- und Organisationserfordernisse untergeordnet. Auf die Anwendungsebene bezogen bedeutet Ganzheitlichkeit weiter, entsprechend dem systemischen Charakter der Software die verschiedenen Organisationseinheiten und -elemente vertikal und horizontal (bspw. Verwaltung und Fertigung) und auch unternehmensübergreifende Strukturen (bspw. Beziehungen Hersteller - Zulieferer) ins Blickfeld zu rücken und in die Gestaltung einzubeziehen. Ganzheitlichkeit heißt auch in den Gestaltungsprozeß Benutzer/innen, Anwender/innen, Entwickler/innen und Hersteller mit ihren Bedürfnissen, Interessen und Handlungsbedingungen zusammenzuführen. Das ganzheitliche Innovationsverständnis begründete in der bisherigen Förderung eine Reihe interessanter Schwerpunktsetzungen von denen hier nur einige genannt sein sollen: Werkstattprogrammierung, Systemgestaltung und Benutzungsqualifizierung, Funktionsaufteilung Mensch/System, Software-Gestaltung und Dienstleistungsqualität, softwaretechnische Unterstützung qualifizierter und Gruppen-Arbeit.

Einen besonderen Stellenwert erhielt der Aspekt der Benutzungsqualifizierung. Im Gegensatz zu den in der Praxis vorherrschenden Qualifizierungsstrategien der eher oberflächlichen Bedienungseinweisung und -schulung wird in einer Vielzahl von Vorhaben die Absicht verfolgt, die Benutzer/innen zu einer differenzierten und möglichst eigenständigen Anwendung der Software als Werkzeug mit ihrem gesamten Leistungspotential zu befähigen. Den spezifischen Zugangsvoraussetzungen oder -barrieren verschiedener Beschäftigtengruppen wird dabei ebenso Rechnung getragen wie an neuen Konzepten der Systemflexibilität gegenüber unterschiedlichen Qualifikationen, der benutzungsseitigen Systemanpassungen und der tutoriellen Systeme angeknüpft.

Die Beteiligung der Benutzer/innen an der Gestaltung der Software und ihrer Nutzung ist ein weiterer Ansatz, der die programmgeförderte Software-Forschung und -Entwicklung prägt. Software-Entwicklungsmethodiker sehen in der Beteiligung von Benutzer/innen inzwischen den erfolgversprechendsten Weg aus der Qualitätskrise der Software. Hiermit wird ebenfalls eine Herangehensweise praktiziert, die sich zuvor in anderen Programmschwerpunkten insbesondere bei der Organisations- und Arbeitsschutz-Gestaltung bewährt und zur Ergebnisumsetzung in die Arbeitswelt beigetragen hat. Zur aktiven Einbeziehung der Benutzer/innen als Experten der Anwendung werden vor allem neue Entwicklungsverfahren und -instrumente, Handlungsanleitungen und Qualifizierungsbausteine entwickelt und Erfahrungen zu den Voraussetzungen der benutzungsseitigen Softwareanpassung gesammelt. Überdies kann schon jetzt auf mehrere beispielhafte praxistaugliche Software-Produkte verwiesen werden, die an einer in die Reihen der Benutzer/innen verlängerten Entwicklungswerkbank entstanden sind.

Aufgrund der Erkenntnis, daß sich die Chancen der Diffusion neuer Konzepte menschengerechter Technikgestaltung durch eine Verankerung bei den Technik-Entwicklern/innen selbst erhöhen, ist auch deren Arbeit mit in das Hauptfeld der geförderten Forschung zur Softwaregestaltung gerückt. Erhebliche Defizite bei den Werkzeugen, Methoden und Verfahren, aber auch der Qualifikation für die benutzungs- und anwendungsorientierte Software-Entwicklung sind aufzufüllen. Nicht zuletzt sind die Arbeitssituation im weiteren Sinne, die Belastungskonstellationen und Arbeitsorganisation zu überprüfen und ggf. zu verbessern als Voraussetzung für motivierte und qualifizierte Entwicklungsarbeit, die Benutzer/innen wiederum zugutekommen kann.

Integration und Differenzierung: die Arbeit der Zukunft und ihre Anforderungen an die Software

Constantin Skarpelis
DLR, PT Arbeit und Technik, Südstr. 125, 5300 Bonn 2

Zusammenfassung
Die meisten Vorhaben des Programms Arbeit uns Technik sind zwischen den pragmatischen betrieblichen Projekten zur Deckung aktueller Bedarfe und den Untersuchungen zur Abschätzung der Chancen und Risiken künftiger Entwicklungen angesiedelt: Sie zielen auf betriebliche Lösungen ab, die die Potentiale neuer Techniken und Organisationskonzepte für die Arbeit nutzen und die voraussehbaren Risiken vermeiden. Der Gestaltung der Software kommt in diesem Kontext eine erhebliche Bedeutung zu. Hier wird über die Anforderungen künftiger Arbeit an die Software und ihre Umsetzung in Förderkonzepte des Programms Arbeit und Technik referiert.

Abstract
Most of the projects of the Work and Technology-Programme are located between in-firm-pilot-projects to meet current needs and studies to assess the chances and risques of future developments: they aim at practical solutions which use the potential of new techniques and organization concepts and avoid the anticipated risques. The design of software plays an important part in this context. At this place the requirements of work for software design and their implementation into promotion concepts of the Work and Technology-Programme are discussed.

1 Die Zukunft der Arbeit

Faßt man die Erfahrungen mit den Entwicklungen des letzten Jahrzehnts im Bereich der Arbeit zusammen und unterstellt man, daß die gerade in diesem Jahrzehnt erstellten und vieldiskutierten Prognosen (IAB, BIBB, PROGNOS, META-Studie usw.) über die Zukunft der Beschäftigung und ihres Wandels unter Berücksichtigung

- einerseits der Bedarfe des Marktes nach Gütern und Dienstleistungen und
- andererseits des Einflusses der neuen Techniken und des Wandels der Organisationsstrukturen

zutreffen, so zeichnet sich eine weitgehende Übereinstimmung über die Formen, die die Arbeit der Zukunft annehmen wird, ab: Der Bedarf nach höherwertigen Tätigkeiten wächst. Der Anteil geistiger Arbeit nimmt dabei zu. In der Zukunft werden die Menschen sich viel stärker als bislang informieren und Neues lernen, sie werden mehr planen und entwickeln, Prozesse steuern und überwachen sowie Systemfehler entdecken und korrigieren. Mehr als in der Vergangenheit werden sie mit der Anforderung konfrontiert werden, Auswirkungen auf Arbeitsbereiche in ihrem Tun zu berücksichtigen, die sich nicht mehr an die Grenzen ihres Arbeitsplatzes, ihrer Abteilungen oder ihres Betriebes beschränken, oft sogar größere, spezifische Teile der Umwelt miteinschließen. Neue, anspruchvolle Dienste werden notwendig. Wissen und Erfahrung der Beschäftigten werden mit steigender Automatisierung nicht entbehrlicher, sondern wichtiger. Der Wert der Arbeit steigt. Das gilt sowohl für Wirtschaftssektoren, deren Beschäftigtenzahl sich verringert, als auch für Branchen und Tätigkeitsbereiche mit potentiell wachsenden Anteilen an der Gesamtbeschäftigung.

In absehbarer Zukunft werden die Erwartungen des Marktes hinsichtlich besserer und nach individuellen Wünschen gestalteter Produkte sowie qualitativ höherwertiger Dienstleistungen stetig wachsen. Die Fähigkeit, den Bedarf an Innovationen in der Güterproduktion und in dem Dienstleistungssektor, einschließlich des staatlichen Sektors, der für die Angebote an intelligenten Infrastrukturleistungen zuständig ist, zu decken, entwickelt sich im Kontext der Internationalisierung des Wettbewerbs zu einer Überlebensfrage. Die Bedeutung, die dem Menschen in diesem Zusammenhang bei der Planung, Entwicklung, Herstellung und dem Einsatz von Innovationen zukommt, läßt sich deutlicher als in der Vergangenheit skizzieren; Indem die Menschen

- ihre - oft über Gebühr in Anspruch genommene - Anpassungsfähigkeit und universelle Einsetzbarkeit,
- ihre Kreativität und ihre Fähigkeit auch in unerwarteten und unvorhersehbaren Situationen reagieren und steuern zu können,
- ihre Kenntnisse und ihre Erfahrungen,
- ihre Lernfähigkeit und ihre Intuition,
- ihren Pragmatismus und ihre Konfliktfähigkeit,
- ihr Assoziationsvermögen und ihre Motivation

in den Arbeitsprozeß einbringen sowie höher entwickelte Formen der Organisation entwerfen, gestalten, anwenden und nutzen, repräsentieren sie den einzigen Produktionsfaktor, der in der Lage ist, neue Qualitäten in der Entwicklung, Produktion, Verteilung und Anwendung von Gütern und Diensten zu schaffen. Gerade dieser Sachverhalt erzwingt, mehr als es jede ethikbezogene Überlegung vermag eine stärkere Beachtung menschlicher Bedürfnisse in der Arbeitswelt. Angesichts der großen Bedeutung der Software für die Gestaltung der Arbeitsbedingungen und aufgrund ihres wachsenden Anteils am Gesamtbestand der eingesetzten Technik kommt ihrer menschengerechten Gestaltung eine - sowohl human als auch wirtschaftlich gesehen - Schlüsselstellung zu.

Nach einer nahezu universellen Zustimmung zum Gestaltungsaspekt der Ganzheitlichkeit bei der Definition von Aufgaben (und der damit implizierten Absage an das für Jahrzehnte industriepolitisch verfestigte Leitbild einer extremen und starren Arbeitsteilung) kommt es gerade für die Softwareentwickler darauf an, Aspekte, wie

- Anforderungsvielfalt,
- Befriedigung von Kooperationserfordernissen,
- Unterstützung von Lernmöglichkeiten,
- Stärkung der Autonomie oder
- Schaffung von Individualisierungsmöglichkeiten

bei ihren Entwürfen zu beachten und in ihren Produkten umzusetzen.

2 Die Softwarekrisen und Möglichkeiten ihrer Begegnung

Die angedeuteten Erwartungen an die Software-Entwickler korrespondieren keineswegs ausreichend mit den Einschätzungen der Bedeutung der Software seitens der Arbeitsgestalter in den Anwenderbetrieben und oft auch nicht mit der konkreten Arbeit der Softwareentwickler selbst. Für die Arbeit der letzteren sind dabei nicht allein die Zeit- und Finanzrestriktionen entscheidend, die eher die Einstellung der Anwenderbetriebe zur Bedeutung der Software für ihren geschäftlichen Erfolg widerspiegeln, sondern auch der Sachverhalt, daß sich die Prinzipien, Regeln und verfügbaren Instrumente der Gestaltung der Technikkomponente Software in vielerlei Hinsicht von jenen unterscheiden, die bei der Gestaltung der Hardware-Komponenten zur Anwendung kommen. Der Entwickler aller Arten von Hardware kann auf viele im Laufe mehrerer Jahrzehnte entwickelte und verfeinerte arbeitswissenschaftliche Erkenntnisse bei seiner Gestaltungsaufgabe zurückgreifen. Zudem wird er unterstützt von der Erfahrung der in der Vergangenheit sensibilisierten Anwender, die den Wert einer menschengerecht gestalteten Anlage für die Produktivität und die Produktqualität einzuschätzen wissen und bereit sind, hierfür auch höhere Entstehungskosten in Kauf zu nehmen. Demgegenüber fehlen dem Softwareentwickler weitgehend die Paradigmen für Vorgehensweisen, die eine menschengerechte Entwicklung seines Produktes mit einiger Sicherheit gewährleisten können. Der Softwareentwickler hat ferner im Verhältnis zum Entwickler von Hardware, der fast immer an einer neuen technischen Lösung für eine bekannte Funktion arbeitet, den Nachteil, daß er erst die funktionellen Anforderungen an das zu erstellende Produkt mit ungenügenden Instrumenten erheben muß, bevor er an Gestaltungsfragen zu arbeiten beginnt. Dabei ist er auf die Mitarbeit künftiger Anwender und Benutzer angewiesen, die in der Regel ihre Vorstellungen über die Anforderungen an die neue Technik in ihrer bisherigen Praxis mit alter Technik oder mit keiner technischen Unterstützung erworben und kaum Kenntnis von den Potentialen der neuen Technik haben.

Dabei könnten die geschilderten Nachteile unter folgenden Voraussetzungen und Bedingungen in Vorteile für den Softwareentwickler umgemünzt werden: ausreichende Kommunikationsmöglichkeiten mit den Anwendern und Benutzern sind gewährleistet; Verfahren, Instrumente und Methoden der Analyse der Arbeitsbedingungen der Benutzer sind verfügbar; erfahrene Fachleute der Arbeitsorganisation werden eingeschaltet und es wird mit ihnen eng zusammengearbeitet; Verfahren der Qualitätssicherung, die auch auf die Benutzerbedürfnisse Rücksicht nehmen, werden entwickelt und angewandt; alle diese am Softwareerstellungsprozeß Beteiligten werden ausreichend qualifiziert.

Es scheint, daß wir hier mit einer Art von Softwarekrise zu tun haben, die mehr als die üblicherweise diskutierte quantitative Krise zum Engpaß der Innovation werden kann. Die Berichte darüber sind wesentlich weniger, sie sind indirekter und allemal diskreter, sie sprechen auch nicht von Krise sondern bestenfalls von Problemen. Sie verbergen sich oft hinter Akzeptanzdiskussionen oder den Klagen über nicht voll gelungene Benutzerfreundlichkeit. Sie bemühen Thesen über Technikphobien der Benutzer oder mangelnde Qualifikation von Anwendern. Eine solche Zurückhaltung machte erforderlich, die Arbeitsbedingungen und die Arbeitsweise der Softwareentwickler genauer zu studieren, um Hinweise für Ansatzpunkte von zu entwickelnden Maßnahmen zu bekommen. Aus dem gleichen Grund wurden auch Projekte gefördert, die den Hersteller-Anwender-Dialog bei der Entscheidungsfindung für DV-Investitionen analysieren sollten. Sie sollten Hinweise über mögliche Ansatzpunkte für zu entwickelnde und zu erprobende Hilfemaßnahmen geben, die den Entwicklungsprozeß und die Strategien der Einführung und Anwendung neuer Software-Systeme positiv beeinflussen und damit die Software benutzergerechter gestalten helfen. An die Beiträge, die das Programm "Arbeit und Technik" (AuT-Programm) zur Bewältigung dieser Ausprägung von Softwarekrise, d.h. der qualitativen Krise liefern kann, wird der Erfolg der Förderung zu messen sein.

Die herkömmliche Krise der Software, d.h. die vorwiegend quantitative Krise, ist für das AuT-Programm schon deshalb auch von Interesse, weil einige der Strategien ihrer Bewältigung Chancen der Realisierung von Programmzielen eröffnen. Darüber hinaus gebietet die Programmzielsetzung ohnehin die Abschätzung der Wirkungen solcher Strategien auf die Arbeitsbedingungen, sobald plausibel begründet wird, daß sowohl mögliche Chancen als auch wahrscheinliche Risiken einen tiefgreifenden Einfluß auf die Arbeitsbedingungen einer großen Anzahl von Beschäftigten haben werden.

Der erste Weg, den die Softwareproduzenten zur Milderung der Krise verfolgten, ist recht alt und spätestens seit dem Garmischer Symposium unter dem Stichwort "industrielle Software-Fertigung" bekannt. Mit Hilfe von CASE-Tools, von Standardisierungen oder teilweise auch von Sprachen der vierten Generation wurden in den letzten Jahren einige bescheidene Erfolge erzielt, die allerdings recht widersprüchlich eingeschätzt werden, auf alle Fälle einheitlich als noch unbefriedigend eingeschätzt werden. Von den Möglichkeiten der objektorientierten Programmierung erwarten viele mehr Erfolge. Für uns sind solche Ergebnisse u.a. deshalb interessant, weil bei der Anwendung solcher Verfahren (z.B. CASE) nicht verkannt werden darf, daß sie oft die Gefahr einer Bürokratisierung der Softwareentwicklung in sich bergen, aber auch eine Einschränkung der Kreativität des Entwicklers bewirken können oder gar die Fertigung von "Standardlösungen" auf längst überholtem Niveau, ohne besondere Beachtung der Besonderheiten der Arbeit künftiger Benutzer zur Folge haben könnten.

Auch eine andere Strategie der Hersteller zur Milderung der Softwarekrise erscheint uns aus vielen Gründen beachtenswert. Sie besteht darin, in einem fortgeschrittenen Stadium den jeweiligen Benutzer von Software-Systemen in die Lage zu versetzen, Software selbst vollständig an neue Gegebenheiten seiner Arbeit anzupassen bzw. neu zu entwickeln. Sollten die Systeme soweit entwickelt werden, daß sie dem Software-Benutzer diese Möglichkeiten zugänglich machen, dann könnten eine Reihe von Problemen im Anwendungsbereich gelöst werden, die bislang -nicht allein wegen Überlastung der Entwickler- ungelöst blieben. Technische Fortschritte der individuellen Datenverarbeitung könnten recht resistente Voraussetzungen selbst für derart schwierige arbeitsorganisatorische Konzepte schaffen, wie jenes der differenziellen Arbeitsgestaltung.

3 Die Weiterentwicklung des Förderkonzeptes

Wie aus einem anderen Beitrag in dieser Tagung deutlich wird, haben wir bereits in unserem Förderkonzept "Menschengerechte Gestaltung von Software" von 1986 die Grenzen der Gestaltung ausreichend weit gefaßt. Bereits damals wurden über die Werkzeugschnittstelle hinaus die Organisationsschnittstelle, die gesamte Breite organisatorischer Einflüsse sowie die Themen der Qualifizierung und der Partizipation explizit aufgegriffen. Dadurch konnten wir mit einigen Vorhaben die Grenzen der korrektiven Gestaltung von Arbeitssystemen überwinden und einige Schritte im Bereich der präventiven und der prospektiven Gestaltung wagen. Auch dadurch konnte die Gestaltungsdiskussion für Softwaresysteme beschleunigt und auf einem recht hohen Niveau stabilisiert werden.Dieses war besonders wichtig in der Bundesrepublik Deutschland, weil sie nicht zu den großen Software-Produzenten gehört. Heute sind wir noch weit davon entfernt, zu behaupten, daß alle Zielsetzungen des 86er Konzeptes erreicht wurden. Immer noch gibt es eine große Anzahl von Defiziten.

Allerdings ist in der Zwischenzeit die sonstige Entwicklung im technischen und organisatorischen Bereich nicht stehengeblieben. In diesen vier Jahren sind eine Reihe von Themen aktuell geworden, die eine Weiterentwicklung des immer noch modernen Konzeptes erforderlich machen. Die Arbeit in dieser Richtung ist bereits begonnen und wird in den nächsten Monaten zum Abschluß gebracht werden. Während dieser Zeit erwies sich im Kontext der Konzeptentwicklung , daß Integration und Differenzierung, ebenso wie die analogen Begriffspaare Zentralisierung und

Dezentralisierung oder Korrektur (Therapie) und Prävention nur scheinbar Gegensätze bilden und ansonsten Widersprüche sind, die uns immer wieder, zwingen, die gesamte Palette der Möglichkeiten zwischen den jeweiligen Extremen in unsere Erwägungen einzubeziehen:

- Während im AuT-Programm die Technik als ein Gestaltungsfeld betrachtet wird, das unter gleichwertiger Beachtung der komplementären Felder Organisation, Qualifizierung und Gesundheit bearbeitet werden soll, wuchs zugleich der Bedarf an dezidierten, vertieften Untersuchungen einzelner Gestaltungsfeldern, damit erst ein tragendes Fundament für integrierte Konzepte in betrieblichen Anwendungen entstehen kann.

- Während im AuT-Programm mit Hilfe der Förderung von Forschungs- und Entwicklungsvorhaben die Realisierung von Modellen einer präventiven und -noch wichtiger und zugleich schwieriger- einer prospektiven Systemgestaltung angestrebt wird, müssen zugleich Bedarfe nach zuverlässigen Basisinformationen, gesicherten Erfahrungen und effizienten Verfahren befriedigt werden, die am ehesten auf der Grundlage praxisnaher korrektiver Ansätze zu erarbeiten bzw. zu gewinnen sind. Im übrigen erfordert jede integrative betriebliche Lösung eines prospektiven Gestaltungsproblems schon wegen der Ungleichzeitigkeit der technischen, organisatorischen, qualifikatorischen, humanen und sozialen Entwicklungen in den einzelnen umzustellenden betrieblichen Bereichen eine professionellen Kombination korrektiver, präventiver und prospektiver Maßnahmen.

- Während der gezielte Einsatz begrenzter Fördermittel eher die Vergabe von Projekten unter Beachtung der abzählbaren Prioritäten eines einzigen Förderkonzeptes, das die unterschiedlichen Bedarfe enthält, nahelegt, wächst im Bereich der Softwaregestaltung und -anwendung der Bedarf nach Kenntnissen und Erfahrungen, die eher in Projekten gewonnen werden können, die im Rahmen von differenzierten branchen-, tätigkeits- oder sachthemenorientierten Programmschwerpunkten angeregt bzw. gefördert werden. Anders ist unter Umständen die Koppelung der Softwaregestaltung an realen Aufgaben- sowie an konkreten Organisationskontexten nicht verläßlich genug zu erreichen. Das bedeutet für uns, Wege zu finden, die die Softwarethematik in geeigneter Weise in solche Arbeitsschwerpunkte des Programms integriert, von denen man Anregungen und gute Lösungen erwarten kann. Zugleich sollen die übergreifenden Fragestellungen bzw. die "frühreifen" Probleme, die Elemente der Technikfolgenabschätzung für den Bereich der Arbeitsbedingungen enthalten, in einen gesonderten, ganzheitlich sich verstehenden Konzept eingebracht werden. Solche Schwerpunkte bzw, Querschnittskonzepte können im konktreten Fall die "Fabrikinnovation", "Büro und Verwaltung", "Transport und Verkehr, einschl. Logistik" einerseits und "Psychische Belastungen und Beanspruchungen" andererseits sein.

- Entsprechende "Gegensatzpaare" lassen sich ebenfalls ausmachen in den bislang von uns gesammelten Bedarfe nach Softwarevorhaben , die erforderlich sind, um Fortschritte in der Umsetzung von Anforderungen der Arbeit in die Softwaregestaltung zu erreichen. Über die Inhalte und die Struktur eines solchen Vorgehens wird in der Januar-Tagung zu berichten sein.

1 Neue Entwicklungen in der Informations- und Kommunikationstechnik

Perspektiven der Mensch-Computer-Interaktion und kooperative Arbeit

Horst Oberquelle

Fachbereich Informatik, Universität Hamburg, Rothenbaumchaussee 67/69, D-2000 Hamburg 13

Zusammenfassung

Mensch-Computer-Interaktion (MCI) basiert auf wenig reflektierten Perspektiven, die ein Menschenbild, eine Bestimmung des Verhältnisses Mensch-Computer und Optimierungsziele umfassen. Fünf bekannte Perspektiven werden im Hinblick auf ihre Eignung für menschengerechte MCI und für computergestützte kooperative Arbeit diskutiert. *Verbundene, rollenspezifische Werkstätten* werden als neue Perspektive vorgeschlagen.

Abstract

Human-computer interaction (HCI) is based on mostly unreflected perspectives which comprise a model of humans, a view of the human-computer relation and optimization goals. Five well-known perspectives are discussed with respect to their usefulness for human-adequate HCI and computer-supported cooperative work. *Connected, role-specific workshops* are presented as a new perspective.

1 Einleitung

In der Diskussion über die menschengerechte Gestaltung von Software ist in der Vergangenheit die Frage nach der "richtigen" Sichtweise der Mensch-Maschine-Beziehung und passenden Metaphern wiederholt aufgeworfen worden. Ist der Computer als Partner oder als Werkzeug zu sehen? Oder stellt er ein Medium dar, über das die Entwickler mit den Benutzern kommunizieren? Ein Computer wird erst dann mit einiger Wahrscheinlichkeit handhabbar wie ein Werkzeug, wenn er unter dieser Perspektive für einen bestimmten Arbeitsprozeß konstruiert und programmiert wurde, und erst dann tatsächlich zum Werkzeug, wenn er sich in der Nutzung wie ein Werkzeug beherrschen läßt. Zumindest wird er nicht dadurch zu einem Werkzeug, daß man ihn schlicht zum "Tool" erklärt.

Unter einer *Perspektive* soll hier eine bei Menschen anzutreffende Sichtweise von Realität verstanden werden, die über den von ihr als relevant gekennzeichneten Realitätsausschnitt, seine für wesentlich erachteten Aspekte und Bewertungskriterien charakterisiert werden kann. Die Auswahl des Weltausschnitts und der Aspekte beinhaltet selbst schon bestimmte, häufig unbewußte Wertentscheidungen. Perspektiven sind interessengebunden und bleiben oft im Unbewußten, da sie als selbstverständlich richtig und angemessen betrachtet werden. Perspektiven werden häufig über Metaphern ausgedrückt und transportiert.

Perspektiven der Mensch-Computer-Interaktion (MCI) beschäftigen sich mit Nutzungssituationen für interaktive Computersysteme. Sie treten als Vorstellungen der Systementwickler über zukünftige Nutzung durch andere (Perspektive als Zielvorstellung) und als Vorstellungen von Benutzern über erlebte Nutzung (Perspektive als Sicht der Dinge) auf. Sie unterscheiden sich vor allem hinsichtlich des zugrundeliegenden Menschenbildes (für eine Klassifikation siehe Schallberger, 1990), der Mensch-Computer-Beziehung und der Optimierungskriterien. Sie haben Einfluß auf Produkte, Entwicklungsprozesse und erforderliche Benutzerqualifikation. Maaß & Oberquelle (1991) arbeiten 5 häufig verwendete Perspektiven heraus und zeigen ihren Bezug zu den vielen gebräuchlichen Metaphern auf. Im Hinblick auf menschengerechte Gestaltung sind diese Perspektiven von unterschiedlichem Nutzen. Oberquelle (1990) macht deutlich, daß die rechtzeitige Reflektion über Nutzungsperspektiven schon während der Systementwicklung notwendig ist, wenn ergonomische Software entstehen soll.

Die Diskussion innerhalb der Software-Ergonomie konzentrierte sich bisher auf Nutzungssituationen mit einem einzelnen Benutzer am Bildschirm (Individualnutzung). Die weite Verbreitung vernetzter Arbeitsplatzsysteme im beruflichen Alltag geht einher mit Versuchen, speziell die Kooperation zwischen mehreren Personen zu "computerisieren" (Gruppennutzung). "Computer-supported cooperative work" (CSCW) und "groupware" sind die neuen Schlagworte, ohne daß einheitliche Vorstellungen von kooperativer Arbeit und menschengerechter "groupware" bisher entwickelt wurden. Von einigen Beobachtern des Software-Marktes wird "groupware" als Modeerscheinung abgetan, andere sehen darin Anzeichen für einen Megatrend, eine völlig neue Generation interaktiver Systeme (z.B. Holt, 1989a, 1989c). Will man diese Entwicklung beeinflussen, so müssen die von Entwicklern von "groupware" benutzten Perspektiven offengelegt und unter dem Gesichtspunkt der Menschengerechtheit bewertet und weiterentwickelt oder durch angemessenere Perspektiven ersetzt werden. Dabei erscheint es interessant, zunächst von traditionellen Perspektiven auszugehen und zu prüfen, inwieweit sie auf Gruppennutzung übertragbar sind bzw. übertragen werden. Es lohnt sich zusätzlich, Überlegungen einzubeziehen, die weitsichtige Informatiker unabhängig von der gerade verfügbaren Technologie und dem technisch Möglichen mit Blick auf sinnvolle Nutzung schon recht früh geäußert haben, die aber in der Informatik zunächst eher belächelt wurden. Anschließend wird der Versuch unternommen, eine Perspektive für die menschengerechte, computergestützte kooperative Arbeit zu skizzieren. Insgesamt ergibt sich eher ein Problemaufriß mit ersten Lösungsansätzen als ein fertiges Ergebnis. Ziel ist dabei vor allem, die Fachdiskussion in der Informatik über angemessene Perspektiven anzuregen und Anstöße zu neuen Forschungsaktivitäten zu geben.

2 Traditionelle Perspektiven der Mensch-Computer-Interaktion

Ziel dieses Abschnitts ist die Skizzierung von fünf wichtigen Perspektiven (vgl. Maaß & Oberquelle, 1991) und ihre Bewertung im Hinblick auf menschengerechte Arbeitsgestaltung, bevor ihre Eignung für die Gruppenunterstützung diskutiert werden kann. Diese Perspektiven sind jeweils mit bestimmten Technologien entstanden, haben dann aber ein gewisses Eigenleben entwickelt und werden auch beim Aufkommen neuer Technologien weiterverwendet.

2.1 Fünf traditionelle Perspektiven

Maschinen-Perspektive: Hier stehen Hard- und Software in ihrem Zusammmenspiel als (virtuelle) Maschine mit komplexer Funktionalität, die der normale Benutzer nicht durchschauen kann und muß, im Vordergrund. Der Mensch wird allerhöchstens als Maschinenbediener wahrgenommen, der wegen seiner Unzuverlässigkeit möglichst ersetzt werden sollte. Diese Perspektive entstand mit den Batch-Rechnern. Optimierungsziel ist die weitestgehende Ersetzung menschlicher Arbeit durch Maschinen - bis hin zur integrierten Fabrik - und die Sicherung von Benutzungsschnittstellen gegen Fehlbedienung - sie müssen "narrensicher" ("idiotproof") sein.

System-Perspektive: Wir sprechen von einer System-Perspektive, wenn Computer und Programme als gleichberechtigte Komponenten des informationsverarbeitenden (Sub-)Systems einer Unternehmung neben den Mitarbeitern gesehen werden und MCI primär als Datenaustausch betrachtet wird, der sicher und effizient zu gestalten ist. Sie entstand mit dem Aufkommen der Großrechnertechnologie mit Time-Sharing-Betrieb. Im Unterschied zur Maschinenperspektive wird die Notwendigkeit "menschlicher Komponenten" anerkannt, wobei sie aber auf ihre Funktion als Informationsverarbeiter reduziert werden und gegenüber Benutzern eine skeptische bis mißtrauische Grundhaltung vorherrscht. Die Betrachtung konzentriert sich auf Daten- und Dokumentenflüsse, und der Computer wird dazu eingesetzt, wichtige Daten zentral zu verwalten und alle wesentlichen Abläufe zu kontrollieren. Software-Ergonomie-Ergebnisse werden unter dieser Perspektive vor allem benötigt, um die MCI schnell und fehlerfrei zu gestalten. System-Perspektiven sind unter Entwicklern weit verbreitet und bilden die Grundlage für die meisten Verfahren der Systemanalyse und Anforderungsermittlung. Den einzelnen Benutzern integrierter Systeme wird i.d.R. kein Einblick in den Gesamtzusammenhang gegeben und somit die Einnahme einer Systemperspektive erschwert.

Kommunikationsperspektive(n): Immer, wenn MCI als Dialog, Kommunikation o.ä. beschrieben wird, liegt eine Kommunikationsperspektive zugrunde. Es wird davon ausgegangen, daß Mensch und Computer durch den Austausch von Nachrichten, die in einer Dialogsprache formuliert sind, kommunizieren. Technisch wurde diese Sicht durch das Aufkommen von alpha-numerischen Terminals und sogenannten Dialogsprachen ausgelöst. Zwei Varianten können unterschieden werden:

a) Dialogpartner-Perspektive: In dieser Perspektive werden Mensch und Computer als gleichberechtigte, eigenständige Partner in der Kommunikation wahrgenommen. Ziel für den Entwickler ist es, das Verhalten des Computers möglichst menschenähnlich zu gestalten. Den Benutzern soll hierdurch eine weitestgehende Entlastung von jeglicher Routinetätigkeit geboten werden. Oder sie werden auf den angeblich optimalen Weg der Aufgabenerledigung geführt - den es in den meisten Fällen gar nicht gibt. Die Dialogsprache erscheint dann besonders gut, wenn sie der natürlichen Sprache ähnlich ist. Diese Perspektive ist in Kreisen der KI weitverbreitet. Man hofft, durch den Einsatz von KI-Techniken, den "Partner Computer" "intelligenter" zu machen. Für die Benutzer bedeutet eine solche Perspektive die Verstärkung der ohnehin meistens stattfindenden Anthropomorphisierung des Computers bis hin zu dem Eindruck, daß der Computer intelligent und autonom sei. Dieser Eindruck wird durch adaptive Systeme verstärkt, die sich automatisch an Eigenheiten der Benutzer anzupassen versuchen. Um solche dynamischen Anpassungen machen zu können, sind eine permanente Registrierung und Interpretation des Benutzerverhaltens notwendig. Transparenz und Erwartbarkeit des Verhaltens gehen für die Benutzer verloren (vgl. Haaks, 1990).

b) Formale Kommunikation: MCI als spezielle Ausprägung von formaler Kommunikation zu sehen, die sich an strikte, vorgegebene Regeln hält (vgl. Kupka, Maaß & Oberquelle, 1981; Kupka, Oberquelle & Maaß, 1982; Maaß, 1984), bedeutet einerseits eine Ausweitung des betrachteten Realitätsausschnitts, andererseits die gleichzeitige Konstatierung von wesentlichen Einschränkungen im Vergleich zu interpersonaler Kommunikation. Neben den aktuell über eine formalisierte Sprache kommunizierenden Instanzen wird der Entwickler betrachtet, auf dessen Veranlassung das an der Benutzungsschnittstelle wahrnehmbare kommunikative Verhalten (einschließlich rudimentären Formen von Meta-Kommunikation) vorgeplant, formalisiert und automatisiert wurde. Die im Umgang mit dem Computer gültigen Konventionen und die wirksamen Intentionen und Partnerbilder werden nicht anthropomorphisierend dem "Partnet Computer" zugeordnet, sondern auf den Entwickler zurückgeführt und somit verständlich gemacht. Optimierungsziel dieser Perspektive ist Transparenz für den Benutzer, Unterstützung durch Bereitstellung von konsistenten, arbeitsorientierten, anpaßbaren Dialogsprachen, Unterstützung durch Hilfesysteme u.ä. Die wesentlichen Möglichkeiten zur Verbesserung von Schnittstellen werden in verbesserter Entwickler-Benutzer-Kommunikation und adaptierbaren Systemen gesehen.

Werkzeug-Perspektive: Bei Verwendung einer Werkzeug-Perspektive (Ehn & Kyng, 1985; Ehn, 1987) wird der Benutzer als qualifizierter Arbeitnehmer betrachtet, für den der Computer nur unterstützende Funktion im Rahmen der Bearbeitung aufgabenrelevanter Materialien hat. Der Benutzer hat die permanente Kontrolle über das Werkzeug und sieht unmittelbar die Effekte seiner Handlungen. Er nimmt, wenn notwendig, kleinere Anpassungen der Werkzeuge selbst vor und ist wesentlicher Teilnehmer bei der Werkzeugentwicklung. Ein interaktives System ist dann gut gestaltet, wenn es bei der Benutzung aus dem Bewußtsein des Benutzers verschwindet, so daß dieser sich allein auf seine Aufgabe konzentrieren kann. Typische Beispiele sind Text- und Graphiksysteme auf PCs. Zur Anpassung an dynamische Veränderungen in Benutzerverhalten und Aufgabenstellung sollte es adaptierbar sein (vgl. Haaks, 1990). Die Werkzeugperspektive ist eng verbunden mit graphischen Benutzungsoberflächen für die Repräsentation des Systemzustandes und der direkten Manipulation als Interaktionsform, welche durch die Kommunikationsperspektiven nur unzureichend erfaßt werden. Die bekannte Schreibtisch-Metapher weist darauf hin, daß Computer mehr als nur Werkzeuge repräsentieren können; sie stellen auch Raum (z.B. in Form von Fenstern und Ablagen), Materialien (z.B. Dokumente) und Steuerungen (z.B. Vorlagen, Einstellungen) zur Verfügung.

Von manchen Autoren (zuletzt Bench-Capon & McEnery, 1989) wird die MCI als Kommunikation zwischen Benutzer und Entwickler charakterisiert, wobei dem Computer die Rolle eines *Mediums* zugewiesen wird. Diese Betrachtungsweise ist zwar mit der Perspektive der formalen Kommunikation in Einklang, betont aber zu sehr die Verbindung zwischen zwei zeitlich und inhaltlich weit voneinander entfernten Arbeitsprozessen, Systementwicklung und Nutzung. Wenn schon von Computern als Medium gesprochen wird, dann sollte es zwischen zwei direkt aufeinander bezogenen Arbeitsprozessen vermitteln, z.B. zwischen Texterfassung und Layoutgetaltung für eine Veröffentlichung.

2.2 Bewertung traditioneller Perspektiven

Betrachtet man diese Perspektiven z.B. vor dem Hintergrund der von Ulich (1989) erhobenen Forderungen für ergonomische Arbeitsbedingungen, so scheint ihre Eignung für die Gestaltung von menschengerechter Individualnutzung sehr unterschiedlich. Ulich fordert ganzheitliche Tätigkeiten, Anforderungsvielfalt, Möglichkeiten zur sozialen Interaktion, Autonomie und die Möglichkeit zum Lernen und zur Persönlichkeitsentwicklung. Er geht von einem umfassenden, optimistischen Menschenbild aus, bei dem die Arbeitenden über ihre Arbeitsmittel dominieren ("entwicklungsfähiger Mensch", vgl. Schallberger, 1990).

Die Maschinen- und die Systemperspektive sind rechner- bzw. organisationszentrierte Perspektiven, die mit ihren Optimierungszielen im Konflikt zu fast allen o.g. Forderungen stehen. Insbesondere werden Menschen als Appendix oder als "notwendiges Übel" betrachtet. Die Dialogpartner-Perspektive versucht, Mensch und Dialogsystem als gleichberechtigte Komponenten zu betrachten. Sie führt in der Regel zur Einschränkung der Autonomie des Benutzers durch Bevormundung und zur Einschränkung von Lernmöglichkeiten. Die letzten beiden in Abschnitt 2.1 eingeführten Perspektiven sind am ehesten mit den Forderungen der Arbeitswissenschaften verträglich, da sie vom qualifizierten, autonomen, lernfähigen Benutzer ausgehen und Computernutzung primär als *Unterstützung* betrachten.

So gesehen, ist es keine Überraschung, wenn sich die bekannte DIN-Norm zur ergonomischer Dialoggestaltung (DIN, 1988) auf eine Mischung von Kommunikationsperspektive und Werkzeugperspektive abstützt. Sie beschreibt MCI als Dialog, vermeidet hierbei aber absichtlich anthropomorphisierende Erläuterungen, konzentriert sich auf die Arbeitsmittel und betont gleichzeitig die Kontrolle durch den Benutzer (und damit die Asymmetrie der Beziehung).

3 Perspektiven für computergestützte kooperative Arbeit

Die Suche nach adäquaten Perspektiven für computergestützte kooperative Arbeit stößt auf mehrere Schwierigkeiten: Einerseits wird unter dem Begriff "kooperative Arbeit" nicht von allen dasselbe verstanden, andererseits fehlt es noch an akzeptierten Bewertungskriterien für die Gestaltung von Kooperation. Zumindest lassen sich Kriterien für die Individualnutzung (z.B. DIN, 1988) nicht problemlos auf diese Situation übertragen oder erweitern.

Unter *kooperativer Arbeit* sollen hier zunächst Arbeitssituationen verstanden werden, in denen mehrere Personen als Gruppe zusammenarbeiten zwecks Erreichung eines Ergebnisses, welches nur gemeinsam, aber nicht einzeln erreicht werden kann. Für eine solche Situation sind folgende Eigenschaften bestimmend:
- mindestens partielle Übereinstimmung der Ziele der beteiligten Personen,
- gemeinsame Nutzung knapper Ressourcen durch Austausch oder gleichzeitige Nutzung,
- Koordination der Einzelhandlungen gemäß vereinbarten Konventionen,
- Verständigung über Ziele und Konventionen der Zusammenarbeit zwecks flexibler Anpassung.

Koordination und Verständigung in kooperativer Arbeit beruhen weitgehend auf *Kommunikation*. Kooperation beschränkt sich aber nicht auf Kommunikation, da auch Arbeitsgegenstände, Werkzeuge etc. ausgetauscht oder gemeinschaftlich genutzt werden können. Der Begriff "kooperative Arbeit" sagt zunächst noch nichts über die spezielle Organisation der Gruppe aus.

3.1 Übertragbarkeit der traditionellen Perspektiven

Wann Formen von kooperativer Arbeit und Computerunterstützung für die kooperative Arbeit als menschengerecht anzusehen sind, ist eine bisher kaum geklärte Frage. Als erstes ist das Menschenbild zu thematisieren. Neu ist die Notwendigkeit, Interessenunterschiede einzubeziehen, die sich zwischen kooperierenden Individuen in einer Gruppe, aber auch zwischen kooperierenden Gruppen ergeben.

Ausgangspunkt der folgenden Überlegungen ist das *Menschenbild* eines entwicklungsfähigen, kooperationsfähigen Menschen, der sowohl bzgl. Individualarbeit wie Kooperation auf mindestens zwei Ebenen selbständig und verantwortlich zu handeln in der Lage und gewillt ist: auf der Ebene der *primären Arbeitsaufgaben* (z.B. gemeinsame Erstellung eines Berichtes) wie auf der *sekundären Ebene der Arbeits(re-)organisation* (z.B. Anpassung von Werkzeugen, Gestalten von Kooperationsmöglichkeiten) in einem seiner Qualifikation angemessenen Rahmen.

Für die Konzeption von Computereinsatz halte ich die folgenden Forderungen für notwendig:

1) Unterstützung: Computereinsatz sollte wie bei den Individualfunktionen der Unterstützung der kooperierenden Menschen dienen.

2) Ergänzung: Rechnergestützte Kooperation sollte als Ergänzung anderer Kooperationsformen, insbesondere der direkten Kommunikation, konzipiert werden.

3) Organisationsneutralität: Computergestützte Kooperationmöglichkeiten sollten organisationsneutral sein, d.h. sie sollen nicht die sonstige Organisationsform determinieren oder aus der Sicht einer bestimmten Form von Gruppenarbeit festgelegt sein.

In Anlehnung an DIN (1988) können 3 weitere Anforderungen formuliert werden:

4) Aufgabenangemessenheit: Die kooperativen Anteile einzelner Aufgaben sind deren integraler Bestandteil; sie können nicht als getrennte Aufgabe abgesondert werden. Es ist deshalb notwendig, computergestützte Individualfunktionen und Kooperationsfunktionen aufgabenorientiert und konsistent zu integrieren, um Aufgabenangemessenheit in einem erweiterten Sinne zu erreichen.

> Beispiel: Elektronische Post darf keine eigenständige Funktion darstellen mit eigenen Ordnern für einzelne Aufgaben, sondern eine in jeden Aufgabenbereich integrierbare, an die Besonderheiten anpaßbare Funktion.

Aufgabenangemessenheit für die Gruppe enthält die Forderung nach Anpaßbarkeit der Kooperationsfunktionen bei sich ändernden Aufgaben und Mitarbeitern.

5) Transparenz: Neben der für Individualfunktionen zu fordernden Selbstbeschreibungsfähigkeit ist nur eine beschränkte Transparenz im Hinblick auf die computergestützte Tätigkeit der Kooperationspartner angemessen.

> Beispiel: Für den Absender eines Auftrags sollte feststellbar sein, ob er vom Adressaten angenommen wurde oder wo er sich befindet. Es sollte jedoch nicht möglich sein, den Empfänger bei der Auftragsbearbeitung zu "beobachten".

Transparenz für die Gruppe muß die Klärung von Verantwortlichkeit und Zuständigkeit für jede automatisierte Kooperationsfunktion und jedes gemeinsam genutzte Material (vgl. Oberquelle, 1987) umfassen und gleichzeitig die Autonomie der anderen beteiligten Personen bzw. Gruppen respektieren.

6) Autonomie: In Ergänzung zur Steuerbarkeit nach DIN (1988) ist eine Steuerbarkeit der Kooperation durch den Einzelnen nur in dem durch die kooperierende Gruppe festgelegten Rahmen möglich. Die Festlegung und Änderung von Kooperationsmöglichkeiten und -Konventionen ist Gruppenaufgabe. Die Autonomie des Einzelnen ist durch Beteiligung an der Zielfindung, Organisation und Konventionsentwicklung von Kooperation zu sichern.

Eine weitere, neuartige Forderung ergibt sich aus der Notwendigkeit, Interessenkonflikte auszuhandeln:

7) Verhandlungsfähigkeit: Zur Unterstützung der Verständigung zwischen allen Beteiligten sollte neben der Möglichkeit zur direkten sozialen Interaktion und Kommunikation die ständige Möglichkeit der unkontrollierten computergestützten Kommunikation bestehen, um Verständigungs- und Anpassungsprozesse zu unterstützen.

Für die Gestaltung der Kooperation zwischen Gruppen gelten diese Anforderungen analog auf einer höheren Aggregationsstufe mit Repräsentanten der Gruppen als Verantwortlichen.

Vor diesem Hintergrund scheidet eine Maschinenperspektive schon deshalb aus, weil Kooperationsprozesse nicht vollständig algorithmisierbar sind.

Die Anwendung einer Systemperspektive scheint näher zu liegen und wird von vielen Informatikern bevorzugt. Der Realitätsausschnitt ist passend. An die Stelle des zentralen Computers tritt das Rechnernetz, in dem die Kooperation nach festen Regeln zu organisieren und zu kontrollieren ist. Die Regeln sind durch Analyse des Organisationsgeschehens zu finden. Abgesehen davon, daß Kooperation nur in den seltensten Fällen nach festen Regeln verläuft (man denke an den Zusammenbruch von Kooperation bei "Dienst nach Vorschrift") und flexible Reaktion auf unvorhergesehene Ereignisse wichtiger Bestandteil ist, steht die strikte, rationale Reglementierung auch im Widerspruch zu den Forderungen der Arbeitswissenschaften nach Tätigkeitsspielräumen (vgl. Hacker & Richter, 1990), die auch für die Kooperation zu fordern sind.

In Verallgemeinerung der Dialogpartner-Perspektive könnte man auch auf die Idee kommen, computergestützte Kooperation als Kommunikation zwischen einer Vielzahl von Personen und automatisierten "Agenten" aufzufassen. Diese Sicht bringt nicht nur hinsichtlich der Transparenz und der Autonomie für den Einzelnen, sondern auch hinsichtlich Verantwortlichkeit, Zuständigkeit und Interessenausgleich große Probleme und ist kaum mit den oben erwähnten, für die Individualarbeit angemessenen Perspektiven vereinbar.

Die Perspektive der formalen Kommunkation ist evtl. in Situationen nützlich, in denen die freie computergestützte Kommunikation zwischen Personen strikter geregelt werden soll. Die Festlegung solcher veränderter Regeln erfordert Möglichkeiten der Metakommunikation, die wiederum computergestützt verfügbar sein können.

Die Werkzeugperspektive ist zunächst nur auf Individualarbeit beschränkt und nicht unmittelbar anwendbar, es sei denn man erweitert sie zu einer Werkstatt-Perspektive und verknüpft Werkstätten durch computergestützte Medien, oder man faßt eine größere Werkstatt für mehrere Mitarbeiter ins Auge. Ähnliche Ideen sind schon vor vielen Jahren in die Debatte gebracht, aber wenig beachtet worden.

3.2 Frühe Perspektiven in der Informatik

Computergestützte Kommunikation und Kooperation sind schon früh Gegenstand von Überlegungen einzelner Informatiker gewesen, die sich nicht, wie fast alle anderen, primär auf die technischen Probleme der Konstruktion und Programmierung von Computern konzentrierten, sondern Visionen zukünftiger Nutzung entwarfen und von einem ähnlichen Menschenbild wie dem oben skizzierten ausgingen.

Carl Adam Petri, den meisten wohl als Begründer der nach ihm bekannten Netz-Theorie bekannt, hat sich schon Anfang der 70er Jahre mit der Frage beschäftigt, welche Funktion Computer übernehmen können (Petri, 1977). Dabei wurden Einschätzungen als "schnelle Rechner" und als "Werkzeug" als realistisch, aber nicht umfassend genug eingeordnet. Die Vorstellung vom Computer als "Kommunikationsmedium" erschien ihm als notwendige Ergänzung. Die Einschätzung als "übermächtige Intelligenz" und als "verläßlicher Partner" bewertete er schon früh als unrealistisch. Auf der Suche nach der *richtigen* Zweckbestimmung schien ihm die Vorstellung von einem "allgemeinen Medium für den strikt geregelten Informationsfluß" den Möglichkeiten am nächsten zu kommen. In einem Beitag mit dem Titel "Zur 'Vermenschlichung' des Computers" wies er später darauf hin, daß es keine naturgegebene maximale Funktionsbestimmung des Computers gibt, daß insbesondere maximale Menschenähnlichkeit kein notwendiges Ziel ist. Vielmehr unterliege die Funktionsbestimmung unserem Gestaltungswillen. Petri befürwortet explizit eine *zum Menschen komplementäre Funktion*, eine "Rolle, die die Menschen nicht verdrängen kann, sondern sie enger verknüpft, eine Rolle als Medium zwischen Menschen" (Petri, 1983, S. 44). Langfristig sieht er Computer als *Medien für den pragmatisch passenden, verabredungsgemäßen Umgang mit Dokumenten*, als "*Verhandlungsmedium*" an. Er bietet damit einen Ansatzpunkt für eine Medien-Perspektive, ohne daß der Begriff "Medium" hinreichend ausdifferenziert ist.

Eine ähnliche Menschenzentrierung kann man in dem gesamten Werk von **Douglas C. Englebart** finden, einem der wenigen Forscher, die sich schon sehr früh mit der Frage "Wie kann ich Computer am nützlichsten zur Unterstützung menschlicher Arbeit einsetzen?" beschäftigt haben. Er entwickelte bereits in den 60er Jahren die Perspektive von Computerarbeitsplätzen als *Werkstatt für Wissensarbeiter* (vgl. Englebart, Watson & Norton, 1973) und bezog Rechnernetze als Medium zur Verknüpfung solcher Werkstätten ein. Seine experimentellen Systeme NLS und AUGMENT waren Versuche, maximale *Unterstützung* und *Fähigkeitsverstärkung* für kompetente Benutzer zu realisieren. Er hat außerdem eindringlich auf die Notwendigkeit der Koevolution von menschlich-organisatorischem und technischem System hingewiesen (Englebart & Lehtman, 1988).

Als dritter Informatiker muß **Anatol W. Holt** genannt werden. Er hat sich seit den 60er Jahren mit der "Mechanik" von Koordination in sozial organisierten Arbeitsprozessen beschäftigt und als einer der ersten Ideen zur Realisierung von computergestützter "Koordinationstechnologie" geliefert (Holt & Cashman, 1981). Seine Untersuchungen gehen von gewissen universellen Gegebenheiten aus, die er

als aus der Praxis evident ansieht (vgl. Holt, 1989a,1989b):
- Menschen handeln in funktionalen Rollen.
- Jede Rolle erfordert eigenen Raum.
- Rollenverknüpfungen finden durch Interaktionen an räumlichen
  Verbindungsstellen statt.
- Gleichzeitige Aktivität verschiedener Rollen erfordert getrennte Räume.
- Die Koordination von Rollen erfolgt über wechselseitige Verpflichtungen.
- Rechnernetze erweitern die organisatorischen Möglichkeiten, indem
  sie neue "Räume" und "Verbindungen" bereitstellen.

Holt (1989c) sieht "flexible Organisierbarkeit" und nicht nur Adaptierbarkeit als wesentliches Qualitätsmerkmal zukünftiger "groupware" an. Er ist der Meinung, daß in Zukunft Anwendungen nicht durch Programmierung der Software-Entwickler entstehen werden, sondern durch die Anwender selbst organisierend gestaltet werden werden.

Diese Ansätze enthalten viele Hinweise für die Erfüllung der in Abschnitt 3.1 formulierten Anforderungen. Sie lassen sich mit eigenen Überlegungen zur MCI (Oberquelle, 1987) zu einer neuen Perspektive für computergestützte kooperative Arbeit verbinden.

3.3 Skizze einer neuen Perspektive

Bezüglich des Bildes vom Computer scheint eine grundsätzliche Revision notwendig. Wir müssen den Blick weg von der Technik als solcher hin zu ihren Nutzungsformen wenden. Dann erscheint nicht mehr alles Gespeicherte als Daten, jede Art der Verarbeitung als Datenverarbeitung, jede Form von Transport zwischen Computern als Kommunikation. *Vernetzte Computer* sollten vielmehr *als flexibel gestaltbare Ressourcen* angesehen werden, die sowohl stellvertretend für Personen algorithmische Verarbeitungsprozesse abwickeln können als auch Werkzeuge, Materialien, Steuerungen, Räume und Verbindungen einschließlich deren Organisation und Reorganisation bezogen auf funktionale Rollen zu realisieren gestatten. Für jedes Objekt und jeden Raum sollte zu jedem Zeitpunkt geklärt werden können, wer sein Besitzer ist. Für jede Operation sollte klar sein, für wen sie stellvertretend ausgeführt wird und wer deshalb die Verantwortung trägt. Sobald Zuständigkeiten und Verantwortlichkeiten nicht mehr "verdunsten" können, wird Transparenz für und (Mit-)Gestaltbarkeit durch die Verantwortung tragenden Benutzer selbstverständlicher Bestandteil jeglicher Nutzung sein. Das Besondere an der Ressource "Computer" im Vergleich zu den meisten anderen Ressourcen ist, daß sie vielfältige Funktionen gleichzeitig übernehmen kann, daß sie aktiv und passiv sein kann und daß Nutzung und Gestaltung der Nutzung auf derselben technischen Basis erfolgen können und eng miteinander verzahnt sein dürfen.

Vor diesem Hintergrund kann eine **Perspektive von durch gemeinsame Ressourcen verbundenen, rollenspezifischen Computer-Werkstätten** entworfen werden.

Die Gesamttätigkeit einer Person umfaßt normalerweise nicht nur genau eine Aufgabe und kann als ein Bündel von funktionalen Rollen aufgefaßt werden. Einzelne Aufgabengebiete können als funktionale Rollen betrachtet werden, die mit Rollen anderer Rollenträger kooperieren können (vgl. Oberquelle, 1987). Jede Rolle kann durch eine spezialisierte Computer-Werkstatt unterstützt werden, in der passende Werkzeuge, Materialien, Schablonen, Behälter u.ä. sowie Kooperationsfunktionen in einer durch den Rollenträger festgelegten räumlichen Ordnung (z.B. sichtbar in einem Fenster auf dem Bildschirm) bereitgehalten werden. Die Kooperation zwischen Rollen (Kommunikation, Austausch von Materialien, Werkzeugen, Bearbeitung von gemeinsamem Material) kann durch computergestützte direkte Interaktion (gemeinsame Handlungen) oder Verküpfung der Werkstätten durch gemeinsame Ressourcen erfolgen.

Eine Person kann beliebig in ihren verschiedenen Rollen gleichzeitig aktiv sein und zwischen ihnen hin- und herwechseln. Dies erfordert die gleichzeitige Verfügbarkeit der zugehörigen Werkstätten.

Alle Rollenträger sind mindestens durch eine offene, unreglementierte, computergestützte Kommunikationsverbindung (z.B. rollenspezifischer Textaustausch über e-mail) verbunden, die um andere Objektarten, Verbindungen oder gemeinsame Räume (z.B. Anschlagtafeln für Gruppen, Behälter für gemeinsam zu bearbeitende Objekte) dynamisch erweitert werden kann. Die medialen Verknüpfungen können vielfältiger Natur sein (von flüchtiger Übertragung wie beim herkömmlichen Telefon bis zu für alle sichtbaren fest installierten Anschlagtafeln).

Heutige vernetzte Systeme realisieren erst einen geringen Teil der durch diese Perspektive beschriebenen Funktionalität. Insbesondere fehlt es an Möglichkeiten der flexiblen (Re-)Organisierbarkeit.

4 Zusammenfassung und Ausblick

Ohne frühzeitige Reflektion über Menschenbilder und Perspektiven der MCI wird sich im Bereich von CSCW eine Entwicklung wiederholen, die durch zu langes Festhalten an ungeeigneten Perspektiven auch bei Individualarbeit zu unerwünschten Folgen geführt hat. Ausgehend von einem ganzheitlichen Menschenbild und der Einschätzung von Computern als flexible, unterstützende Ressource kann eine Perspektive entworfen werden, in der Computersysteme zur umfassenden Unterstützung von kooperativer Arbeit dienen können.

Für die Systementwickler, vor allem Informatiker, bedeutet dies konkret, sich mit ihren eigenen Perspektiven der MCI und zugrundeliegenden Menschenbildern sowie ihren eigenen Aufgaben bei der Systementwicklung bewußt auseinanderzusetzen. Das Ziel der organisierbaren, verbundenen Werkstätten fordert von ihnen, Systementwicklung als Anfangsstück eines permanenten Reorganisationsprozesses zu begreifen, nicht Lösungen zu realisieren, sondern Spielräume zu eröffnen und sich selbst stärker als Unterstützer und Moderator denn als Organisator zu begreifen.

5 Literatur

Bench-Capon, T., McEnery, A. (1989). People Interact Through Computers Not With Them. Interacting with Computers, 1,1, 31 - 42

DIN (1988). DIN 66234, Teil 8. Bildschirmarbeitsplätze. Grundsätze ergonomischer Dialoggestaltung. Beuth, Köln

Englebart, D.C., Watson, R.W., Norton, J.C. (1973). The augmented knowledge workshop. AFIPS Conference Proceedings, Vol. 42, AFIPS Press, Montvale, New Jersey , 9 - 21

Englebart, D.C., Lehtman, H. (1988). Working Together. BYTE, December 1988, 245 - 252

Ehn, P. (1988). Work-Oriented Design of Computer Artifacts. Arbetslivscentrum, Stockholm

Ehn, P., Kyng, M. (1985). A Tool Perspective on Design of Interactive Computer Support for Skilled Workers. Aarhus University, Computer Science Department, DAIMI PB-190

Haaks, D. (1990). Anpaßbare Informationssysteme. Auf dem Weg zu aufgaben- und benutzerorientierter Systemgestaltung und Funktionalität. Dissertation. Fachbereich Informatik, Universität Hamburg

Hacker, W., Richter, P. (1990). Psychische Regulation von Arbeitstätigkeiten - Ein Konzept in Entwicklung. in: Frei, F., Udris, I. (Hrsg.). Das Bild der Arbeit. Huber, Bern, 125 - 142

Holt, A.W. , Cashman, P. (1981). Designing Systems to Support Cooperative Activity: An Example from Software Management. Proc. 5th Intern. Computer Software and Applications Conference, IEEE Computer Society, Los Alamitos, Cal., 184 - 190

Holt, A.W. (1989a). Organizing Compurter Use in the Context of Networks. Proc. COMPCON Spring 89, IEEE Computer Society Press, Washington, D.C., 201 - 207

Holt, A.W. (1989b). Coordination Mechanics. Kolloquiumsvortrag, Universität Hamburg

Holt, A.W. (1989c). True to Groupware. Software Magazine, no. 8, Forum

Kupka, I., Maaß, S., Oberquelle, H. (1981). Kommunikation - ein Grundbegriff für die Informatik. Universität Hamburg, Fachbereich Informatik, Mitteilung Nr. 91

Kupka, I., Oberquelle, H., Maaß, S. (1982). Kommunikation in Mensch-Rechner-Dialogen. in: Nehmer, J. (Hrsg.). Proc. 12. GI-Jahrestagung, Informatik-Fachberichte Band 57, Springer, Berlin, 211 - 230

Maaß, S. (1984). Mensch-Rechner-Kommunikation. Herkunft und Chancen eines neuen Paradigmas. Universität Hamburg, Fachbereich Informatik, Bericht Nr. 104, FBI-HH-B-104/84

Maaß, S., Oberquelle, H. (1991). Perspectives and Metaphors for Human-Computer Interaction. in: Budde, R., Floyd, C., Keil-Slawik, R., Züllighoven, H. (Eds.). Software Development and Reality Construction. Springer, Berlin, (in Vorbereitung)

Oberquelle, H. (1987). Sprachkonzepte für benutzergerechte Systeme. Informatik-Fachberichte, Band 144, Springer, Berlin

Oberquelle, H. (1990). Ergonomic Software and Software Engineers. in: COMPEURO'90 Proc. IEEE Int. Conf on Computer Systems and Software Engineering, IEEE Computer Society Press, Los Alamitos, 226 - 235

Petri, C.A. (1977). Communication Disciplines. in: Shaw, B. (Ed.). Computing System Design. University of Newcastle upon Tyne, Computing Laboratory, 171 - 183

Petri, C.A. (1983). Zur "Vermenschlichung" des Computers. GMD-Spiegel 3/4-83, 42 - 44

Schallberger, U. (1990). Menschenbilder und das Bild menschengerechter Arbeit. in: Frei, F., Udris, I. (Hrsg.). Das Bild der Arbeit. Huber, Bern, 56 - 70

Ulich, E. (1989). Arbeitspsychologische Konzepte der Aufgabengestaltung. in: Maaß, S., Oberquelle, H. (Hrsg.). Software-Ergonomie '89. Aufgabenorientierte Systemgestal-tung und Funktionalität. Teubner, Stuttgart, 51 - 65

Dispositionsspielräume bei der Kooperation mit Hilfe vernetzter Systeme

Thomas Herrmann
Universität Dortmund, Postfach 500 500, 4600 Dortmund 50

Zusammenfassung
Es wird der erwartbare Einfluß vernetzter Systeme auf Arbeits- und Kommunikationsmittel sowie auf Organisationsstrukturen beschrieben. Ausgehend von einer Analyse potentieller Kommunikationsprobleme wird für die Gestaltung vernetzter Systeme und der auf sie zugeschnittenen Anwendungssoftware ein Leitbild diskutiert: Unterstützung meta-kommunikativer Koordinationsmöglichkeiten.

Abstract
It is described how means of work and communication will possibly be changed by computer networks and how organization is influenced. An analysis of potential communication problems leads to a special design criterion concerning software which specifies networks and their applications. This criterion requires that a kind of meta-communication is supported to allow the coordination of cooperation.

Die zunehmende innerbetriebliche und zwischenbetriebliche Vernetzung erfordert eine Antwort auf die Frage nach den human-orientierten Gestaltungspotentialen. Für die Arbeitswelt ist es von Bedeutung, inwieweit die Erfordernisse zweckrationalen Handelns und Kooperierens künftig durch die Netz-Software festgeschrieben werden bzw. wie weitgehend die Formen der Zusammenarbeit noch auf Normen beruhen werden, die kommunikativ verhandelbar sind (vergl. HABERMAS, 1978, S. 69 ff). In der Diskussion zur Telekommunikation wird für die Netzteilnehmer/innen z.B. gefordert, daß ihr informationelles Selbstbestimmungsrecht gewahrt bleibt, die freie Wahl der Kommunikationsmittel gegeben ist und auch die Formen der Kooperation selbstbestimmt sein können.

Selbstbestimmte Kooperation ist für Arbeitsgruppen im betrieblichen Alltag restringiert, was durch die Art der Arbeitsaufgabe, durch rechtliche Normen, wirtschaftliche Faktoren, organisatorisch bedingte Hierarchieformen etc. hervorgerufen wird. Dennoch verbleiben Dispositionsspielräume, auf die sich die folgende Analyse konzentriert. Hierbei wird das hauptsächliche Augenmerk auf die Vermeidung technischer Restriktionen gerichtet. Dabei geht es um Dispositionsmöglichkeiten, die die Gestaltung der Arbeitsabläufe, die Zeiteinteilung, die Verfügbarkeit und Weitergabe von Informationen, die Wahl der Arbeitsmittel und Kommunikationsformen u.a. betreffen (s. DUNCKEL, 1989).

Thomas Herrmann

1 Veränderungen bei Arbeits- und Kommunikationsmitteln sowie bei Organisationsformen

Im folgenden betrachte ich vernetzte Systeme, die mit digitaler Elektronik bzw. mit Computern ausgerüstete Arbeitsplätze miteinander verbinden, um die arbeitsteilige Bewältigung von Aufgaben zu unterstützen bzw. zu effektivieren. Einschränkungen bzgl. der vernetzten Endgeräte (PC, Workstation, digitales Telefon etc.) oder bzgl. der Netzstruktur nehme ich nicht vor. Entscheidend ist, daß die *bewußte* Zusammenarbeit der Netzteilnehmer/innen unterstützt wird, (bspw. im Unterschied zum Multi-User-Betrieb bei Großrechenanlagen). Von besonderem Interesse sind zum einen offene Netze, die die Koppelung unterschiedlicher betrieblicher Netze und den Anschluß an überbetriebliche Systeme ermöglichen, und zum anderen die Integration verschiedener Darstellungsformen, wie sie bei ISDN durch die Zusammenführung verschiedener Dienste oder bei multi-medialen Systemen erreicht wird.

Vor der Einführung vernetzter Systeme im Büro sind Arbeitsmittel (Schreibmaschine, Ablagesysteme, Formulare, Rechner usw.) und Instrumente der Nachrichtenvermittlung (Telefon, Post, Telex etc.) weitgehend getrennt. Im nächsten Innovationsschritt finden sich Überschneidungen zwischen Bearbeitungs- und Kommunikationsmitteln; so kann der/die Sachbearbeiter/in am PC-Netz nicht nur Daten abrufen, bearbeiten und ablegen, sondern auch über BTX oder Electronicmail Nachrichtenaustausch betreiben. Mit der Einführung integrierter Netze werden weitere Nachrichtenformen (Text, Bild, Sprache, Daten) über **ein** Netz zentral vermittelbar. Dieser Homogenisierung der Vermittlungstechnik folgt ein Abbau der Spezialisierung bei den Endgeräten (z.B. Telex oder Telefax über PC empfangbar). Erste Schritte zur Gestaltung multi-funktionaler Endstationen sind bereits unternommen (etwa das Multi-Funktionsterminal der Firma SIEMENS). Es zeichnen sich folgende Trends ab:
- Verschmelzung von Arbeits- und Kommunikationsmitteln sowie Vereinheitlichung der Nachrichtenein-, -ausgabe und -vermittlung; zunehmende Bedeutung der Software, da sie die notwendige Differenzierung von Funktionalität zu leisten hat (etwa bzgl. der Zugangsberechtigungen).
- Potentielle Reduzierung direkter Kommunikation aufgrund der Optimierung des zeitungleichen und ortsungebundenen Nachrichtenaustausches.
- Verlagerung technischer Leistungen vom Arbeitsplatz weg ins Zentrum des Netzes (z.B. Voice-server statt automatischer Anrufbeantworter, Electronic-Mail-box im permanent aktiven Teil des Netzes statt Postkorb).
- Entscheidende Zunahme der Steuerungs-, Regelungs- und Kontrollfunktionen, die von der Netzadministration umzusetzen sind.

Die genannten Trends, vor allem der letzte, ermöglichen eine Reorganisation der Arbeitsabläufe und Informationsflüsse aus der Sicht des Managements. Ziele neuer Organisationsstrukturen können die Vermeidung von Medienbrüchen, die Minimierung des Aufwandes und der Wartezeit bei der Informationsbeschaffung und eine erleichterte Aktualisierung von Datenbeständen sein. Die Möglichkeiten organisatorischer Veränderungen implizieren ein erhebliches Problempotential (s. z.B. WELTZ, 1987), da gewohnte, gewachsene Strukturen in Frage gestellt werden. Mit Hinblick auf eine Veränderung der Dispositionsspielräume zeigen die Abbildungen 1a - c anhand zweier unterschiedlicher Möglichkeiten (A,B), wie die Einführung eines Computernetzes Organisationsstrukturen verändern kann. Es wird ein einfacher Fall gewählt: Drei Sachbearbeitungsstellen seien in einem Dienstleistungsunternehmen an der Bearbeitung eines Kundenantrages beteiligt, obwohl sie räumlich getrennt sind.

Die Alternativen A) und B) sollen, vergleichbar mit Szenarien, das Spektrum möglicher Entwicklungslinien und Probleme aufzeigen. Kooperation in vernetzten Systemen stellt sich in erster Linie als Nachrichtenaustausch und damit als Kommunikationsprozeß dar. Selbst in den Fällen, in denen sich Kooperation als Arbeit am gemeinsamen Material vollzieht (etwa Pflege einer Datenbank), ist koordinierende Kommunikation notwendig. Wenn die Geschwindigkeit der Nachrichtenübermittlung erhöht wird (z.B. e-mail statt Hauspost), kann sich dies nur als Effektivitätsgewinn umsetzen, wenn die Interdependenz der Teilaufgaben durch kommunikative Prozesse transparenter und disponierbar wird. Das Gelingen von Kommunikation hat also einen hohen Stellenwert bei der Kooperation mittels vernetzter Systeme.

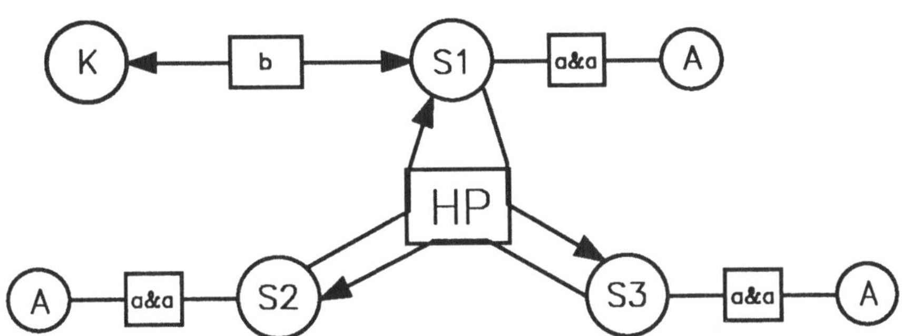

Abb. 1a. Vernetzung und Organisation, Ausgangslage
Der Kunde (K) beantragt (b) bei einer sachbearbeitenden Stelle (S1) eine Leistung. Unter Nutzung eines Archivs (A) wird in einem Vorgang des Abrufens und Archivierens (a&a) ein Formular erstellt, das über die Hauspost (HP) vermittelt wird. Bei den folgenden Stellen (S2, S3) werden ähnliche Aktionen getätigt. Der Kunde erhält einen Bescheid (b).

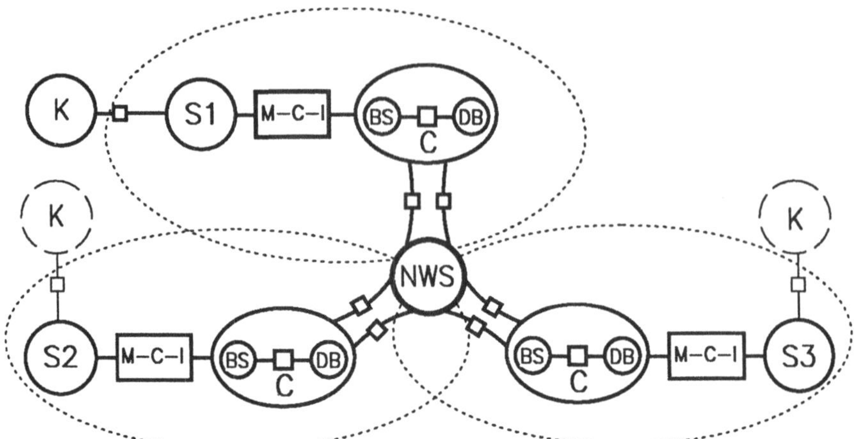

Abb. 1b. Vernetzung und Organisation, Alternative A
Bestehende Organisationsstrukturen werden beibehalten. Anstatt der Archive werden Computer (C) eingesetzt (M-C-I bedeutet Mensch-Computer-Interaktion). Unter Einsatz geeigneter Bearbeitungs-Software (BS) werden Datenbanken (DB) genutzt, die für jede Sachbearbeitungsstelle gesondert eingerichtet werden. Die am PC erstellten Formulare werden mit Hilfe der Netzwerk-Software (NWS) verschickt und empfangen. Die Kundenbetreuung kann im Routinefall von jeder Stelle (S1 - S3) initiiert werden. Die Stellen behalten ihre Kompetenzbereiche (gestrichelte Ellipsen). (Kleine Kästen kennzeichnen Vermittlungsvorgänge.)

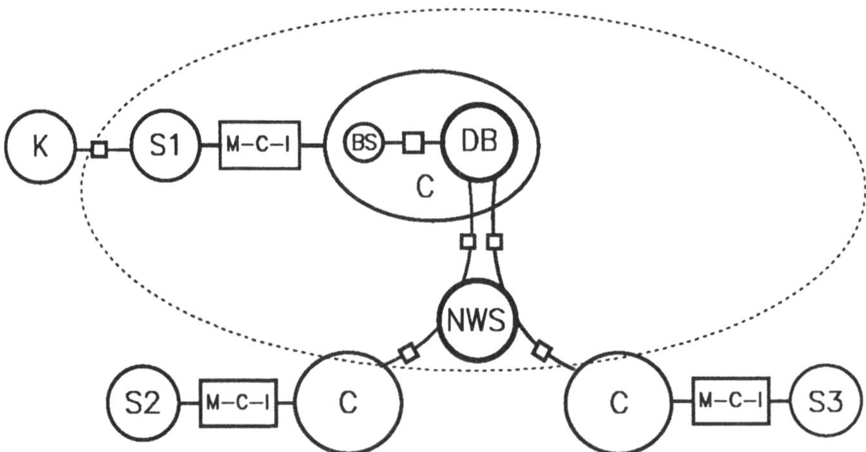

Abb. 1c. Vernetzung und Organisation, Alternative B
Es werden neue Organisationsstrukturen etabliert. Wie im Fall der Alternative A arbeiten S1, S2, S3 mit Hilfe des Computers, allerdings sind die Inhalte der drei Archive jetzt nur noch in einer Datenbank (DB) zusammengeführt, für deren Aktualisierung S2 und S3 zu sorgen haben. DB wird von S1 für die Bearbeitung des gesamten Vorgangs genutzt. S1 führt nach wie vor den Kundenkontakt durch. S2 und S3 brauchen zumindest für den Fall der hier unterstellten Vorgangsart Nachrichten nicht direkt auszutauschen. Der Kompetenzbereich von S1 erstreckt sich auf große Teile des vernetzten Systems.

Die beiden Alternativen lassen sich wie folgt bewerten:

Ad A) Alle Stellen haben einen eigenen Kompetenzbereich und entsprechende Dispositionsspielräume; potentiell wird das Tätigkeitsspektrum durch Kundenkontakt erweitert; der ganzheitliche Zusammenhang der Aufgabe wird erkennbar, ist aber von den einzelnen Stellen nicht als ganzes zu erledigen. Es kann zu Koordinationsproblemen kommen; ggf. sind die Datenbanken nicht aufeinander abgestimmt; das Durchreichen des Vorgangs durch drei Stellen kann Reibungsverluste implizieren.

Ad B) Für die Stelle S1 ist auf Kosten der anderen Stellen ganzheitliche Bearbeitung ohne Zeitverluste während des Bearbeitungsvorgangs möglich. Die Verantwortung und der Dispositionsspielraum von S1 nimmt aufgrund der Koordinationsaufgabe zu; S2 und S3 erfahren den gegenteiligen Effekt. Damit ist eine ganzheitliche Einordnung der Aufgabenstellung (Aktualisierung der Datenbank) bei S2 und S3 erschwert; der Erfolg der Arbeit wird für S2 und S3 schwerer kontrollierbar. In Ausnahmesituationen und bei hohen Anforderungen bzgl. flexibler Aufgabenbewältigung kann es zu Engpässen kommen.

Alternative A) beläßt mehr Dispositionsspielräume bei den einzelnen Stellen, erfordert aber mehr Koordinationsaufwand und ist somit anfälliger für potentielle Kommunikationsprobleme.

2 Potentielle Kommunikationsprobleme und gestaltungsrelevante Regelungsbedarfe

Die Veränderung der Kommunikation durch neue Entwicklungen der computergestützten Vernetzung stellt zunächst klare Vorteile durch die effektive Überwindbarkeit zeitlicher und räumlicher Barrieren sowie durch die erhöhte Verfügbarkeit von Daten in Aussicht. Zunehmend wird jedoch in verschiedenen Studien (KIESLER u.a., 1988; SPROULL u.a., 1988; HERRMANN, 1989; METTLER-MEIBOM, 1987) auch auf mögliche Probleme hingewiesen (s. Kasten 1).

Die beschriebenen Probleme müssen beim Einsatz vernetzter Systeme nicht zwangsläufig eintreten. Es ist vielmehr zu erwarten, daß eine Reihe von Regelungen getroffen werden, die dazu beitragen, die Probleme zu vermeiden oder abzuschwächen. In Kasten 2 sind solche Regelungsbedarfe exemplarisch aufgezählt; die jeweils in Klammern angegebenen Buchstaben geben den Bezug zu den oben beschriebenen Problembereichen wieder.

Angesichts dieser Regelungsbedarfe könnte man versuchen, bei der Einrichtung eines vernetzten Systems vorab festzulegen, für welche Personen, Situationen und Aufgabenstellung welche Regelung konkret zu treffen ist. Es zeigt sich jedoch sehr deutlich: *Aufgrund der komplexen Kooperationsbeziehungen zwischen Netzteilnehmern/innen und ihren unterschiedlichen Interessenslagen läßt sich die erforderliche Konkretisierung der zu treffenden Regelungen nicht antizipieren.*

Kasten 1: Potentielle Kommunikationsprobleme

a) Reduktion von Ausdrucksmöglichkeiten

Sofern schriftliche Nachrichten ausgetauscht werden, fallen non-verbale Ausdrucksmöglichkeiten weg. Diese schon vom Briefverkehr her bekannten Phänomene fallen quantitativ stärker ins Gewicht, wenn mit elektronischen Medien eine Zunahme der zeitungleichen Nachrichtenvermittlung erreicht wird. Die Bedeutung non-verbaler Ausdrucksmöglichkeiten wird in der Regel unterschätzt. Vor allem wird die *Beziehung* zwischen den Kommunikationspartnern in stärkerem Maße durch non-verbale als durch sprachliche Mittel konstituiert, wobei der Beziehungsaspekt zum Inhaltsaspekt in einem meta-kommunikativen Verhältnis steht (s. WATZLAWICK u.a., 1974). Die Art der sich herausbildenden Beziehung ist auch ausschlaggebend für die Frage, wie weit man sich auf informale Kommunikation einläßt. Meines Erachtens ergibt sich aus einem Mangel an Ausdrucksmöglichkeiten und der damit verbundenen mangelnden Konstitution kommunikativer Beziehung eine *Reduzierung informeller Kommunikation.*

b) Verengung von Kontext

Bei asynchroner Kommunikation muß beim Erstellen einer Mitteilung antizipiert werden, in welchem Kontext der/die Empfänger/in stehen wird. Dies betrifft z.B. den zu erwartenden Informationsstand oder den Status des/der Empfängers/in. Auf der Seite des Adressaten zeitungleicher Mitteilungen ergibt sich generell das Problem, wie der Kontext des/der Sender/in zu rekonstruieren ist. Die Kontextproblematik verschärft sich, wenn eine Nachricht an eine Menge verschiedener Adressaten verteilt werden soll.

c) Erschwerter Zugang zu Informationen und zu Kommunikationspartnern/innen

Prinzipiell ist eine lückenlose Erreichbarkeit der Netzteilnehmer/innen untereinander zumindest technisch sichergestellt. Die erhöhte Erreichbarkeit führt jedoch zum Problem der **Informationsüberflutung** und zu Unterbrechungen im Arbeitsablauf, was Streß erzeugen kann. Dementsprechend werden Instrumente konzipiert und angeboten, die eine Filterung des Kommunikationsgeschehens erlauben (Anzeige der Rufnummer des/der Anrufenden; Filterung bei Email; s. MALONE u.a., 1988). Die potentielle Informationsüberflutung macht eine *Ökonomisierung* des Kommunikationsverhaltens erforderlich.

d) Kontrolle der Kommunikationsprozesse

In vernetzten Systemen läßt sich ggf. kontrollieren, ob Zugriffsregelungen eingehalten werden, wo Kommunikationsengpässe bestehen etc. Von besonderer Bedeutung ist die Ambivalenz zwischen Kontrolle und Transparenz. Eine Einschränkung des informationellen Selbstbestimmungsrechtes durch bestimmte Formen der Transparenz stellt nicht nur eine Normverletzung dar, sondern ist auch für die Aufgabenbewältigung kontra-produktiv: Man wird sich bzgl. der informellen Kommunikation zurückhalten und es bspw. vermeiden, in Verhandlungsprozessen Positionen schriftlich zu fixieren.

e) Formalisierung von Kommunikation

Die häufig geforderte Vereinfachung der Bedienungskomplexität von Multifunktionsterminals (s. BERKOM, 1987) wird dazu führen, daß menü- und formularorientierte Dialogformen bei der Erstellung von Nachrichten zunehmen werden. Zwar wird es immer Freitextfelder geben, aber es werden mit Hinblick auf die Informationsfilterung Klassifizierungen bei den Nachrichteninhalten notwendig.

In Abhängigkeit von Kommunikationssituationen und vom Bearbeitungsstand von Aufgaben können sich Vorteile des einen Netzteilnehmers als Nachteil eines anderen Netzteilnehmers erweisen: Ein hohes Maß an Steuerbarkeit, etwa das

Recht, Umleitungen für eingehende Mitteilungen ohne Rücksprache zu schalten, tangiert die Flexibilität anderer, z.B. desjenigen, auf den eine Umleitung gerichtet ist. Die Revidierbarkeit von Entscheidungen, wie die Rücknahme eines Zugriffsrechtes, kann für andere unrevidierbare Konsequenzen haben. Die Wahl eines bestimmten Mediums (z.B. des Sprechspeichers) kann für den Sender von Vorteil sein, während sie für den Empfänger unakzeptabel ist (wenn z.B. komplexe Informationen, Tabellen u.a. abzuhören sind). Die Sicherung des einen Teils der informationellen Selbstbestimmung, nämlich zu wissen, wer welche Informationen über jemanden verfügt, kann mit dem anderen Bestandteil dieser Norm kollidieren (daß eine Person bestimmt, wer welche Informationen über sie erhält). Der Sender einer elektronischen Nachricht kann also wissen wollen, ob der Empfänger sie zur Kenntnis genommen hat und damit bestimmte Informationen über den Sender hat. Der Empfänger hingegen möchte ggf. nicht, daß ersichtlich wird, wann er seine elektronische Post zur Kenntnis nimmt.

Kasten 2: Regelungsbedarfe

1) In welchen Fällen muß direkte Kommunikation stattfinden, wann ist elektronisch vermittelte Kommunikation möglich (a,b)?
2) Welche Form elektronischer Vermittlung (etwa verschiedene Dienste) ist bei bestimmten Kommunikationssituationen oder Informationsarten angemessen (a,e)?
3) Welche Darstellungsformen (Text, Bild, gesprochene Sprache) sind wann opportun (a,b,e)?
4) Wann ist zeitgleiche vs. zeitungleiche Kommunikation relevant (b)?
5) Wann und wie ist die Erreichbarkeit von Netzteilnehmern/innen einzuschränken (c)?
6) Welche Prioritätensetzung beim Filtern von eingehenden Nachrichten wird den Netzteilnehmern/innen zugebilligt (c)?
7) Wie wird der Zugang zu Informationen bzw. deren Verteilung reglementiert (c,d)?
8) Unter welchen Bedingungen wird das Gelingen einer Nachrichtenübermittlung transparent gemacht (c,d)?
9) Wann und wie wird der Status (incl. Kommunikationsmöglichkeiten) von Netzteilnehmer/innen offengelegt (c,d)?
10) Wann ist der Aufbau eines Nachrichtendokumentes formalisiert und wann frei zu gestalten (e)?

3 Meta-kommunikative Koordinationsmöglichkeiten

Der hier vertretene Grundgedanke, Regelungen des Kommunizierens und Kooperierens während dieser Vorgänge selbst festzulegen, ist in direkter zwischenmenschlicher Kommunikation als Selbstverständlichkeit realisiert. Kooperation wird mittels Kommunikation koordiniert. Kommunikation ist selbst ein komplexer kooperativer Prozeß, der ebenfalls kommunikativ koordiniert wird, d.h. es ergibt sich ein Metabezug, da über Kommunikation kommuniziert wird (s. Abb 2).

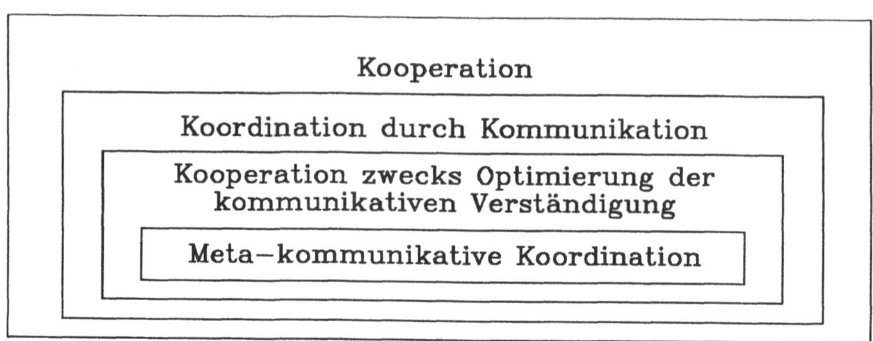

Abb. 2. Das Verhältnis von Kooperation, Kommunikation und Meta-Kommunikation
Der jeweils eingebettete Kasten gibt ein Mittel an, mit dem das im nächst äußeren Kasten angegebene Ziel erreicht werden soll.

Die Dauer von Gesprächen, die Reihenfolge der Beiträge, die verwendeten Hilfsmittel, die Intensität der Absicherung gegen Mißverständnisse, die Festlegung von Verbindlichkeiten etc. werden oft zwischen den Gesprächsteilnehmern/innen selbst ausgehandelt.

So muß die Frage, in welcher Art und Weise Kommunikation über vernetzte Systeme erfolgt, in Gesprächen zwischen den Netzteilnehmern/innen verhandelt werden können. Der Aushandlungsprozeß sollte auch über das Netz möglich sein, um ausstehende Regelungen ad hoc zu realisieren. Hierzu müssen aus der Perspektive der Organisation Freiräume eröffnet werden. Die Realisierung dieser Freiräume setzt aber voraus, daß meta-kommunikative Koordination auch aus software-technischer Sicht über das Netz möglich ist; das heißt, daß Dispositionsspielräume nicht durch die Technik restringiert werden dürfen. Die in Abb. 1c (Alternative B) auftretende Kompetenzbündelung bräuchte dann nur für den Fall einer bestimmten Aufgabe organisiert werden. Sie könnte in anderen Fällen auf die restlichen beiden Stellen verlagert werden.

Es finden sich insbesondere in der Diskussion zu Computer Supported Cooperative Work interessante Hinweise, die zur Ermöglichung meta-kommunikativer Koordination ausgebaut werden können.[1]

---

[1] Das Konzept der partiellen Strukturierung und Klassifizierung von E-mail-Nachrichten sowie die Verwendung von Informationsfiltern (s. MALONE u.a., 1988) könnten bspw. einen Ausgangspunkt darstellen. Allerdings müßten die jeweils aktiven Filter von anderen zur Kenntnis genommen werden können, soweit dies der filternde Empfänger als zulässig deklariert. Auf diesem Weg könnte eine Eindämmung der Informationsflut in einer Weise aushandelbar werden, die die Interessen verschiedener Teilnehmer/ innen berücksichtigt. Ein relevantes Konzept, das Steuerungskompetenz auf mehrere Teilnehmer verteilt, diskutiert LANTZ (1988) am Beispiel von Konferenzschaltungen.

4 Koordination durch Steuerungsakte

Ein allgemeines Prinzip zur Ermöglichung meta-kommunikativer Koordination läßt sich zunächst hypothetisch aus dem Konzept des COORDINATORs (s. WINOGRAD, 1988) ableiten. Der COORDINATOR knüpft an die Erkenntnis an, daß bestimmte menschliche Handlungen nur mit Hilfe sprachlicher Äußerungen, sog. Sprechakte, vollzogen werden können (z.B. ein Versprechen geben). Auf diesem pragmatischen Aspekt des Sprechens baut die sog. Sprechakttheorie auf. Ihre Grundlagen wurden von AUSTIN und SEARLE entwickelt und in der Bundesrepublik von WUNDERLICH (1976) aufgegriffen. Wesentliche Aufgabe dieser Theorie ist es, Sprechakte zu identifizieren und zu klassifizieren sowie Bedingungen für ihr Gelingen zu finden.

Kasten 3: Probleme der Sprechakttheorie

1) Die Menge möglicher Typen von Sprechakten, wie Frage, Anforderung, Behauptung, Benennung, Versprechung, etc. ist weder abschließend erfaßt noch ausreichend klassifiziert. Eine allgemein akzeptierte Typisierung oder Klassifizierung ist nur für wenige Beispiele gelungen.

2) Es ist nicht ausreichend geklärt, wie man eine Äußerung einem Sprechakttyp zuordnen kann. Operationalisierungsverfahren gibt es hierfür kaum. Besondere Probleme wirft die Behandlung indirekter Sprechakte auf.

3) Es gibt bestimmte Bedingungen, die erfüllt sein müssen, wenn ein Sprechakt gelingen soll. SEARLE (1971, S. 97 ff) stellt solche Bedingungen am Beispiel der Versprechung auf. Sie sind jedoch nicht für alle Typen von Sprechakten, vor allem für indirekte Sprechakte, expliziert.

4) Sprechakte sind nicht ausschließlich isoliert zu betrachten. Vielmehr ist ihre Interdependenz zueinander zu berücksichtigen. Dies würde jedoch eine Gesprächstheorie erfordern, die es zur Zeit nicht gibt. Noch gilt der Satz: "Es ist unmöglich, eine Grammatik für Gespräche zu erarbeiten, wenn man unter Grammatik ein einigermaßen differenziertes Regelwerk zur Beschreibung von Gesprächen versteht (HERINGER, 1977, S. 107)."

WINOGRAD geht davon aus, daß Computer zwar nicht in der Lage seien, Sprache zu verstehen. Wohl aber könnten sie dazu genutzt werden, Sprechakte zu vermitteln. Benutzer/innen des COORDINATORS deklarieren gegenüber anderen, ob sie etwas versprechen, fragen, wünschen oder zurückziehen etc. Dadurch manifestieren sie im einzelnen ihre kooperativen Beziehungen. Somit soll die Koordination von Kooperationen optimiert werden. WINOGRAD übersieht dabei,
- daß Sprechakte mit gesprochener Sprache realisiert werden und sich ihre Wirkung bei der Umsetzung in "Schriftakte" verändern kann,
- daß die Sprechakttheorie wesentliche Probleme nicht geklärt hat (s. Kasten 3),
- daß es in natürlicher Kommunikation unüblich ist, Sprechakte zu deklarieren,

- daß die Zerlegung sprachlichen Geschehens in Sprechakte ein künstliches Analyseverfahren ist.

Es ist keine Schwäche, sondern eine Stärke menschlicher Kommunikation, wenn die Art des mit einer Äußerung realisierten Sprechaktes nicht eindeutig erkennbar ist. Dies ist besonders bei indirekten Sprechakten der Fall, wenn eine Aufforderung z.B. mit Hilfe einer Frage realisiert wird[2].

Das Prinzip des COORDINATORs erweist sich anhand dieser Analyse als unangemessenes Instrument, wenn sich die koordinierende Kommunikation direkt auf die Inhalte der Kooperation bezieht. In diesen Fällen ist in der Regel ein konstruktives Maß an Vagheit und Indirektheit vorgesehen. Der COORDINATOR kann jedoch in solchen Fällen von Nutzen sein, in denen Aushandlungsprozesse in präzise und formal faßbare Maßnahmen münden müssen. Dies gilt m.E. für Regelungen, die ad hoc bei der Nutzung von Computernetzen zu realisieren sind. Hierzu könnten **Steuerungsakte** (s. Beispiele in Kasten 4) mit Hilfe eines Systems vermittelt werden, dessen Konzept mit dem COORDINATOR vergleichbar ist.

Kasten 3: Beispiele für Steuerungsakte
- Prioritätensetzung bzgl. der bevorzugten Übermittlungsart vornehmen.
- Prioritätensetzung gezielt transparentmachen.
- Gegenüber der Prioritätensetzung anderer Ausnahmebedingungen reklamieren können.
- Auf Reklamationen mit Optionen reagieren.
- Die Klassifizierung von Information verlangen.
- Informationsfilter setzen.
- Die Umgehbarkeit von Informationsfiltern reklamieren.
- Umleitungen oder Weiterleitungen für Nachrichten schalten.
- Umleitungen oder Weiterleitungen zurückweisen.
- Versenden einer Nachricht mit Bedingungen versehen (daß z.B. keine Weiterleitung geschaltet ist oder daß der Empfang quittiert wird).
- Transparenz fordern (z.B. Empfangsquittierung).
- Transparenz zurücknehmen.
- Versandart von Dateien wählen (z.B. Zugriffsrecht revidierbar oder nicht revidierbar).
- Zu jedem der genannten Beispiele sollte ein korrespondierender Steuerungsakt angeboten werden, der die Aufhebung eines Steuerungseffektes verlangen kann. Dieses Prinzip der möglichen Reklamation muß ggf. auch auf Reklamationen anwendbar sein.

---

2 Die Anfrage, ob bei jemandem bestimmte Unterlagen vorhanden sind, kann als bloße Frage aufgefaßt werden. Sie kann aber auch als vorsichtige Bitte für den Fall verwendet werden, daß man die Unterlagen einsehen möchte. Die Realisierung einer solchen Bitte mit Hilfe einer Frage wird in der Regel gewählt, falls es für den Nachfragenden aufgrund seines Status oder seiner Situation nicht opportun ist, die Einsicht in bestimmte Unterlagen direkt zu erbitten.

Es ist zu evaluieren, ob dieses Konzept zur Realisierung meta-kommunikativer Koordination in vernetzten Systemen geeignet ist. Es wäre für Koordinationsaufgaben relevant, die sich durch folgende Bedingungen auszeichnen:

a) Es stehen Entscheidungen zur Diskussion, die sich als eindeutige Maßnahmen in einem technischen System umsetzen lassen.

b) Es bestehen Freiräume für solche Entscheidungen. Hier liegt der Unterschied zu formal vorgeschriebenen Bearbeitungsabläufen. Diese können zwar auch präzise Entscheidungen beinhalten, aber keine Verhandlungsspielräume.

5 Ausblick

Das Konzept meta-kommunikativer Koordination ist im Projekt "Entwicklung von Gestaltungsanforderungen bei vernetzten Systemen" (BMFT-Programm "Arbeit und Technik") auf seine Umsetzbarkeit zu überprüfen. Die Menge von Aushandlungsmöglichkeiten, die sich zunächst aufgrund der theoretischen Problemanalyse als sinnvoll erweisen, ist praxisbezogen zu reduzieren. Hierzu wird untersucht, welche Koordinations-Anforderungen sich in zwei Anwendungsfällen konkret feststellen lassen. Ebenfalls ist zu überprüfen, inwieweit sich meta-kommunikative Koordination als Austausch von Steuerungsakten realisieren läßt.

Die vorliegende Analyse geht davon aus, daß sich nicht alle software-technisch umzusetzenden Regelungen bei der Einführung vernetzter Systeme antizipieren lassen. Daher müssen Dispositionsspielräume bestehen, die solche Regelungen während der Nutzung verhandelbar machen. Die Nutzung des Netzes zur Wahrnehmung solcher Dispositionsmöglichkeiten kann sinnvoll sein. Sie ist jedoch wie folgt begrenzt:

- Die Frage, wann direkte face-to-face Kommunikation sinnvoller als elektronisch vermittelte ist, läßt sich nicht über das Netz durch Steuerungsakte klären.
- Der Nutzen informeller Kommunikation zeigt sich oft erst in dem Moment, in dem sie stattfindet, er ist also nicht planbar oder verhandelbar.
- Die Herausbildung zufälliger kommunikativer Beziehungen ist das Elexier jeder Kommunikationskultur. Sie ist in technisch vermittelter Kommunikation nicht realisierbar, auch nicht mittels meta-kommunikativer Koordination.
- Nicht alle zu verhandelnden Belange sind so formalisierbar bzw. eindeutig, daß die Koordination und Abstimmung technisch vermittelbar ist.

Es ist das zentrale Anliegen des vorgeschlagenen Konzeptes, daß die Regelung kooperativer und kommunikativer Prozesse nicht technisch verfestigt wird. Damit würde ein Verlust an Flexibilität einhergehen, der sowohl für die Aufgabenbewältigung als auch für die Förderung der Persönlichkeit kontra-produktiv wäre.

6 Literatur

AUSTIN, John (1955): How to do things with words. Oxford. (Dt.: Zur Theorie der Sprechakte).

BERKOM (1987): Proceedings Workshop "Gestaltung von Benutzeroberflächen für Breitband-Kommunikationsdienste". PROGRIS Projektgruppe Informationssysteme. Berlin.

DUNCKEL, Heiner (1989): Arbeitspsychologische Kriterien zur Beurteilung und Gestaltung von Arbeitsaufgaben im Zusammenhang mit EDV-Systemen. In: MAAß, S.; OBERQUELLE, H.(Hrsg.): Software-Ergonomie '89. Stuttgart: Teubner.

HABERMAS, Jürgen (1978): Technik und Wissenschaft als Ideologie. Frankfurt/Main: Suhrkamp.

HERINGER, H.-J. (1977): Gesprächsanalyse. In: WEGNER (Hrsg.): Gesprächsanalyse. Hamburg: Buske. S. 93-107.

HERRMANN, Thomas (1989): Die Verformung von Kommunikationsstrukturen durch den ISDN-Aufbau des Telefonnetzes. In: Hessische Blätter für Volks- und Kulturforschung. Neue Folge 24. Marburg: Jonas. S. 165-176.

KIESLER, S.; SIEGEL, J.; MC GUIRE, T.W. (1988): Social Psychological Aspects of Computer-Mediated Communication. In: GREIF, I. (ed.) (1988): Computer Supported Cooperative Work: A Book of Readings. San Mateo, California: Morgan Kaufmann Publishers. S. 657-682.

LANTZ, Keith A. (1988): An Experiment in Integrated Multimedia Conferencing. In: GREIF, I. (ed.) a.a.O. S. 533-552.

MALONE, Th. W.; GRANT, K. R.; LAI, K.-Y.; RAO, R.; ROSENBLITT, D. (1988): Semistructured Messages are Surprisingly Useful for Computer-Supported Coordination. In: GREIF, I. (ed.) a.a.O. S. 311-331.

METTLER-MEIBOM, Barbara (1987): Soziale Kosten in der Informationsgesellschaft. Frankfurt/Main: Fischer.

SEARLE, John (1971): Sprechakte. Ein sprachphilosophisches Essay. Frankfurt: Suhrkamp. (Engl.Orig.: Speechacts).

SPROULL, L.; KIESLER, S. (1988): Reducing Social Context Cues: Electronic Mail in Organizational Communication. In: GREIF, I. (ed.) a.a.O. S. 683-712.

WATZLAWICK, Paul ; BEAVIN, Janet ; JACKSON, Don P. (1974): Menschliche Kommunikation. Formen, Störungen, Paradoxien. Bern, Stuttgart, Wien: Hans Huber.

WELTZ, Friedrich (1987): Die Zeitbombe tickt - Konfliktpotentiale beim Einsatz neuer Bürotechnik. In: Technische Rundschau 38/87. S. 50-57.

WINOGRAD, T. (1988): A Language/Action Perspective on the Design of Cooperative Work. In: GREIF, I. (ed.) a.a.O.: S. 623-653.

WUNDERLICH, Dieter (1976): Studien zur Srechakttheorie. Frankfurt: Suhrkamp.

Partizipative und prospektive Technikgestaltung des digitalen Bildarbeitsplatzes für die Medizin

Norbert Barth[3], Markus Dahm[1], Karlheinz Glaser[1], Hinrich Jansen–Dittmer[1],
Andreas Keizers[1], Peter Krueger[2], Dietrich Meyer–Ebrecht[1],
Kerstin Münker–Kaupp[1], Heinrich Rudolf[1], Christian Schilling[1],
Andreas Selbmann[1], Rainer Sieslack[3], Berthold Wein[4], Wolfgang Winkler[1]

[1]DIBA, Lehrstuhl für Meßtechnik, RWTH Aachen, Templergraben 55, 51 Aachen
[2]AK Eilbek, Hamburg
[3]Hafenkrankenhaus Hamburg
[4]Klinik für Radiologie, Klinikum der RWTH Aachen

Zusammenfassung

Das *DIBA*-Projekt hat zum Ziel, arbeitswissenschaftlich gesicherte Konzepte für die Gestaltung und Funktionalität zukünftiger *digitaler Bildarbeitsplätze* für die medizinische Diagnostik zu entwickeln. Seine Methodik stützt sich auf Ist-Analyse und Benutzerbeteiligung. Ein evolutionäres Software-Engineering ist Werkzeug für das Prototyping.

Abstract

The *DIBA* project aims at developing psychologically relevant concepts for the design and functionality of future *digital image workstations* for the application in medical diagnostics. Its methodology is based on work analysis and user participation. Prototyping is performed by means of an evolutionary software engineering.

1 DIBA: Projekt und Arbeitsgruppe

Weiterentwicklungen in der Computertechnologie lassen erwarten, daß wir neben Texten und Grafiken in naher Zukunft auch hochqualitative Bildinformation in großem Umfang digital handhaben werden. Zu den ersten Anwendern werden (Röntgen-)Ärzte und medizinisches Personal gehören. Statt an Lichtkästen werden sie ihr Bildmaterial an digitalen Bildarbeitsplätzen auswerten. Datenbanken werden Karteien und "Tüten"-Archive ersetzen, Glasfasern werden das Bildmaterial digital transportieren. Diese drastische Veränderung von Arbeitsgerät und Arbeitsumgebung ist in ihren Konsequenzen für den Anwender jedoch bisher kaum bedacht worden. Sowohl Tätigkeit als auch Arbeitsorganisation sind bereits hochkomplex. Dazu kommt eine aufwendige Technik, die erst im Entstehen ist. Ein gemeinsames Handeln von Technikern, Arbeitswissenschaftlern *und* Anwendern wird hier notwendig, um aus den technischen Optionen ein nützliches und willkommenes Werkzeug zu machen.

Die DIBA-Arbeitsgruppe, zusammengesetzt aus Ärzten, Arbeitspsychologen und -soziologen, IngenieurInnen und InformatikerInnen, sucht in diesem arbeitswissenschaftlich bisher wenig untersuchten Anwendungsfeld disziplinintegrierend nach neuen Methoden für die Technikgestaltung. Aufbauend auf der Analyse von Tätigkeit und Arbeitsorganisation wurden Gestaltungsalternativen als Ausgangspunkte für ein Prototyping erarbeitet. Damit das Prototyping den Tätigkeitszusammenhang in seinen wesentlichen Bestandteilen und Merkmalen erhält, sind die experimentellen Arbeitsplätze eingebettet in die Infrastruktur eines vollständig digitalen Bildinformationssystems, einem sogenannten *PACS* (Picture Archiving and Communication System for medical application). Vorangegangene und begleitende Forschungs- und Entwicklungsarbeiten liefern dafür die Schlüsselkomponenten: Der Einsatz neuer Rechnerarchitekturen für das experimentelle Bildarbeitsplatzsystem, ein neues Lichtleiter-Datennetz und ein digital-optisches Bilddatenarchiv schaffen die Voraussetzungen, auch qualitativ hochwertige Bilder in den erforderlichen Mengen zügig zu transportieren und zu verarbeiten.

Wichtig für ein effizientes Prototyping ist aber insbesondere eine neue Programmiertechnik: Mit *OOF* – object-oriented Forth, konzipiert, um auch komplexe Software durchgängig und durchsichtig zu machen – können selbst tiefergreifende Modifikationen und Erweiterungen unter Beteiligung der Anwender ausgeführt werden. Mit dem Abbau von Lern- und Verständnisschwellen soll OOF den Anwender schließlich ermutigen, selbst die Initiative zur Anpassung der Technik an seine eigenen Bedürfnisse zu ergreifen. Unser Ziel: Technikgestaltung von der Anwenderbeteiligung bei der Entwicklung zu einem dynamischen Evolutionsprozeß in der Anwendung zu erweitern.

2 Szenario: die klinische Radiologie

Bildgebende Verfahren haben in der medizinischen Diagnostik eine Schlüsselfunktion. Bilderzeugung und Bildbefundung sind im Krankenhaus zentrale "Dienstleistungen", die die Radiologie für sämtliche klinischen Fächer anbietet. Der Umgang mit dem diagnostischen Bildmaterial birgt jedoch eine Reihe von Problemen in sich.

Die räumliche Trennung der teils sehr aufwendigen Geräte, gerätespezifische Bedienung und Umgang mit dem neuen Bildmaterial führen zu einer zunehmenden Spezialisierung und Isolierung der einzelnen Diagnoseverfahren. Sich ergänzende Untersuchungen werden von verschiedenen Spezialisten an unterschiedlichen Orten zu unterschiedlichen Zeiten durchgeführt. Dies behindert die Zusammenführung von Bildern und Befunden eines Patienten und erschwert eine zusammenfassende Interpretation.

Zur Arbeitsbelastung trägt auch die große Zahl der erzeugten Bilder bei. Pro Untersuchung werden meist mehrere Bilder erzeugt. Insbesondere fallen bei Schichtaufnahmen, die zumeist sowohl ohne als auch mit Kontrastmittel durchgeführt werden müssen, sowie bei Serienaufnahmen wie den Angiographien sogar ganze Bildserien an. Die Jahresproduktion eines größeren Krankenhauses liegt bei ca. 300.000 Röntgenbildern und noch einmal ca. 300.000 primär digitalen Aufnahmen (Quelle: Klinikum der RWTH Aachen, 1500 Betten: nach Schilling 1990). Berücksichtigt man, daß zudem meist Voraufnahmen vorliegen, so ist ein enormes Bildmaterial zu begutachten und zu beurteilen. Dies erfolgt an großen Lichtkästen, an denen viele Bilder gleichzeitig präsentiert, vorselektiert und verglichen werden.

Der manuelle Umgang mit traditionellen Filmbildern mutet aus technischer Sicht – zumal in einer durch CT (Computer-Tomographie), MR (Magnetic resonance) etc. bereits im Ansatz digitalisierten Arbeitsumgebung – als anachronistisch an. Die Kluft, die die heutige Arbeitssituation von einer vollständigen Digitalisierung der Radiologie und damit einer Befundung ausschließlich am Bildschirm trennt, erscheint zunächst prinzipiell überwindlich und im wesentlichen von der – ebenfalls scheinbar nur technischen – Problematik der noch fehlenden PACS-Infrastruktur abzuhängen.

Erst allmählich wurde den an dieser Entwicklung Beteiligten bewußt, daß ein so andersartiges Instrumentarium massive Veränderungen sowohl in der Tätigkeit des Radiologen als auch in der Organisation der Radiologie verursachen wird und sogar deren Rolle im Krankenhaus beeinflussen könnte. Ungeklärt ist in vieler Hinsicht, wie sich das bisherige Arbeiten des Radiologen auf diese neue Technik umsetzen läßt. Viele Fragen zur Funktion und Gestaltung der für den Anwender wichtigsten Komponente eines PACS, dem digitalen Bildarbeitplatzsystem, sind offen:

»Welche Bildqualität ist für welche diagnostische Fragestellungen notwendig (Grauwertebereich, räumliche Auflösung, Größe, Bildaufbauzeit bei sequentieller Darstellung)?« – »Welche Bildverarbeitungsoperationen können die Diagnose unterstützen?« – »Wie müssen die unterschiedlichen Informationen (Bilder, Texte etc.) dargeboten werden (nebeneinander vs. nacheinander, "Bildlandschaft", Grenze der Verkleinerung, Anzahl der Bildschirme, Integration von Zusatzinformation)? Wie erhält der Anwender den Durchblick über die Fülle der Informations- und Dienstleistungsressourcen im System?« – »Wie organisiert der Radiologe die Bilder eines Patienten für seine Diagnose? Wie führt er Interaktionen durch? Ändert sich das Bildanforderungsverhalten durch notwendigerweise andersartige Auswahlkonzepte?« – »Wie werden Ärzte und Assistenten im diagnostischen Prozeß an einem digitalen Bildarbeitsplatz miteinander kommunizieren?« – Diese Fragen müssen durch eine möglichst umfassende *qualitative und quantitative* Analyse der Tätigkeit des Radiologen an seinem jetzigen Arbeitsplatz beantwortet werden, bevor mit der Konzeption des neuen Arbeitsgerätes 'digitaler Bildarbeitsplatz' begonnen wird.

Markante Punkte der bisherigen Arbeitsweise sind:

• Die technische Qualität des vorliegenden Bildmaterials extrem hoch

• Befundung findet allein, im Team oder als Präsentation, z. B. in einer Visite vor einem Auditorium, statt. In vielen Fällen ist die Befundungsaufgabe nicht *entdeckungs-* sondern *interpretationsorientiert*, der Befund wird oft regelrecht in gemeinsamer Erörterung erarbeitet.Die *gleichzeitige* Präsentation mehrerer evtl. großformatiger Bilder und Bildserien ("Bildlandschaft") ist dafür unverzichtbar.

• Die Geschwindigkeit, mit der Röntgenbilder bearbeitet werden, ist immens hoch (Sekundenbereich bis wenige Minuten Befundung). wobei die reine Befundung bei Experten im Extremfall innerhalb eines "Augenblicks" (ca. 200 msec.) stattfindet (Quelle: Thoraxarbeitsplatz, Klinikum Aachen). Andererseits kann die Hinzuziehung zusätzlichen Materials auch eine intensive zeitaufwendige Befundung verursachen.

• Die Menge, in der Röntgenbilder bearbeitet werden, ist enorm groß. (Durchschnittlich 90 Röntgenbildern innerhalb einer etwa 30 Minuten währenden klinischen Visite. (Quelle: AK Wandsbek, Hamburg)). Dieser hohe Durchlauf ist nur dadurch zu gewährleisten, daß die Bilder vor der Befundung bzw. Visite bereits 'großflächig' am Lichtkasten aufgehängt werden.

3 Arbeitsansatz

3.1 Ist-Analyse

Ausgangspunkt des DIBA-Projekts ist die Erarbeitung einer umfassenden Kenntnis über die derzeitige Arbeitssituation der potentiellen Anwender zukünftiger digitaler Bildarbeitsplätze. Unsere Ist-Analyse erfaßt die Aufbau- und Ablauforganisation, beschreibt die Tätigkeit und der klärt die Interdependenzen zwischen Tätigkeit und Organisation. Durchgeführt würde sie in folgenden Schritten:

- Situationsanalyse zur Festlegung des Analyseinventars und der Systemgrenzen
- Prozeßanalyse zur Erfassung der Ablauforganisation, des Informationsflusses und des Tätigkeitszusammenhangs
- Tätigkeitsanalyse zur Bestimmung der dem Diagnoseprozeß korrespondierenden mentalen Modelle

Die Tätigkeitsanalyse führten wir mit Hilfe von teilnehmender Beobachtung und durch Visualisierungstechniken unterstützen Interviews durch, die auf Tonband dokumentiert wurden. Es war uns dabei wichtig, neben den objektiv-allgemeinen subjektive, person- oder schulspezifische Merkmale der Befundtätigkeit herauszuarbeiten. Zusammen mit den Ergebnissen der Prozeßanalyse (die gesamte Organisation ist zugeschnitten bzw. ausgerichtet auf diesen Moment des Befundens!) ergaben sich die wesentlichen Merkmale des mentalen Modells in seinen sequentiellen wie hierarchischen Aspekten. Der enge Zusammenhang zwischen Wahrnehmung und Handhabung hat sich dabei sehr schnell als zentraler Untersuchungsgegenstand herausgestellt.

Ziel der Ist-Analyse war es also, neben den zentralen Merkmale der Befundtätigkeit ein möglichst differenziertes Bild im Hinblick auf verschiedene Befundsituationen (Untersuchungs- bzw. Bildarten) und (persönliche) Befundstile zu entwickeln, um einen ersten Prototypen im Sinne der Aufgabenangemessenheit konzipieren zu können. Wünschenswerter Sekundäreffekt der Ist-Analyse ist, daß bei den zukünftigen Anwendern ein Interesse und eine Sensibilisierung für die Projektfragestellungen entsteht. Wichtig für das Prototyping war es außerdem, geeignete Partner auszuwählen.

Die Befundtätigkeit innerhalb der radiologischen Abteilung darf nicht isoliert, d.h. arbeitsplatzzentriert gesehen werden. Vielmehr handelt es sich bei dieser Tätigkeit um einen Prozeß, der sich über mehrere abteilungsinterne Befund- und Kontrollebenen erstreckt, die abhängig von der jeweiligen Organisationsstruktur sind. So lassen sich unterschiedliche Organisationsformen in bestehenden Radiologien finden, die sich in vielen für die zukünftige Technikgestaltung relevanten Faktoren unterscheiden (Informationsbedarf, Patientenkontakt, Ablauforganisation). Der Radiologe verfolgt unterschiedliche Zielsetzungen, deren wichtigste Primärdiagnose und Befundvalidierung sind. Dabei beruht die radiologische Wahrnehmung ganz wesentlich auf einem Vergleich zwischen Bildern – Vergleichsbilder sind virtuelle, d. h. innere Bilder, Bilder aus vorangegangenen Untersuchungen, Bilder aus anderen Perspektiven etc. – oder zwischen verschiedenen Regionen innerhalb eines Bildes – z. B. im Fall paariger Organe.

Der Diagnoseprozeß des Radiologen steht beispielhaft dafür, daß die Organisation des Kontextes (Bildarrangement, Hinzuziehen von Hintergrundinformation etc.) wesentlich zum Wahrnehmungsprozeß beiträgt. Sie ist auch von personenspezifischen Merkmalen geprägt. Häufig wird sogar die Wahrnehmung eines 'Befundes' erst durch die Organisation des Kontextes ermöglicht. Die Entwicklung einer Befundroutine findet also auf zwei miteinander verknüpften Ebenen statt: Einerseits steigt die Detailwahrnehmung mit zunehmendem Differenzierungsvermögen innerhalb des *selbst* konstellierten Kontextes (Bildarrangement). Die Relevanzstruktur des Wahrgenommenen (Detail vs. Kontext) ergibt sich aus dem momentanen mentalen Modell mit seinen explizierbaren und nicht explizierbaren Anteilen. Dieses Modell unterliegt seinerseits wiederum einer auf der Rezeption und Integration von Details, d.h. 'Signalen', beruhenden Entwicklung (*learning by doing*). Die Wahrnehmung bedarf natürlich auch auf dieser Ebene wiederum eines mentalen Modells.

Diese iterative Entwicklung von mentalem Modell und Wahrnehmungsfähigkeit – der Erwerb des *Erfahrungswissens* – unterliegt also einer Rekursivität von Theorie und Erfahrung. Die Rekursivität sowie die Fülle der zu aktivierenden und zu verarbeitenden Informationen machen Erfahrungswissen komplex und nicht vollständig explizierbar – sowohl was seinen Erwerb (Ausbildung) als auch was seine Anwendung (Expertentum) betrifft (Rudolf 1988). Konsequenterweise muß unsere Methodik sowohl in ihren analysierenden als auch in ihren gestaltenden Aspekten prozeß- und nicht zustandsorientiert sein, da wir nicht nur ein "Werkzeug" durch ein neueres ersetzen, sondern dabei zwangsläufig tief in Tätigkeit und Organisation eingreifen.

3.2 Methodik des Prototyping: ein Stufenkonzept

Im DIBA Projekt werden verschiedene Formen des Prototyping aufeinander aufbauend eingesetzt. Innerhalb eines Prototyping wird die Systemkomplexität natürlich stark reduziert, gleichwohl müssen alle wesentlichen Schritte, die zu einer realen Befundungssequenz gehören, erhalten bleiben.

Bei der Erforschung mentaler Modelle der Arbeitstätigkeit zeigt sich, daß die Aktivierung der Prozesse und Wissenseinheiten von der speziellen Arbeitssituation abhängig ist. Insbesondere sind die Zielsetzung der Arbeit und das zur Verfügung stehende Material Faktoren, die das konkrete mentale Modell bestimmen. Für das Prototyping eines digitalen Bildarbeitsplatzes ist es also unerläßlich, mit realem Material zu arbeiten (in unserem Fall Bilder von Verlaufskontrollen verschiedener Krankheiten) und die zentrale Arbeitsaufgabe, die Erstellung einer Diagnose, zu erhalten. So ist die Untersuchung eines diagnostischen Prozesses bei einer Verlaufskontrolle nur sinnvoll, wenn der Experte die unter der bestehenden Verdachtsdiagnose relevanten Bilder selber aussucht und zusammenstellt. Ein Vorgeben von Bildern würde zu einem anderen Arbeitsverhalten führen. Unter diesen methodischen Überlegungen zum Prototyping wählten wir für die erste Prototypingphase einen Ansatz, der sowohl eine Reduktion der Systemkomplexität ermöglicht als auch die Tätigkeit des Anwenders in seinen essentiellen Bestandteilen erhält.

Sinn des Prototyping ist es, die zukünftigen Anwender möglichst stark in den

Designprozeß einzubeziehen. Da die Gestaltungsvorschläge von Anwendern häufig aber stark an dem orientiert sind, was ihnen - auch aus anderen Bereichen - bereits an Gestaltungsmöglichkeiten bekannt ist (vgl Hamborg 1990, zitiert nach Greif 1990), konfrontieren wir sie innerhalb des Prototyping mit einem sehr weitgehenden (z.B. Reduktion auf nur einen Befundbildschirm als "technische Maximallösung"), zugleich aber von den weiteren Gestaltungsmöglichkeiten her recht offenen Designvorschlag, der in vier Varianten technisch realisiert wurde. Um den Benutzer zunächst in eine "Anwendersituation" zu versetzen, wurden diese Varianten in einer experimentellen Anordnung miteinander verglichen. Als Ziel gilt die Vergleichsuntersuchung und nicht die Beurteilung. Die quantifizierten Ergebnisse dieses Vergleichs haben aus experimentalpsychologischer Sicht sicherlich nur bedingte Aussagekraft, wichtig ist der explorative Charakter dieses Prototyping, durch den die Teilnehmer anhand eines konkreten Designvorschlags zu Beurteilungen, Verbesserungs- und Änderungsvorschlägen animiert werden sollen.

Das explorative Prototyping hat zwei Ziele: den beteiligten Experten anzuregen, die ihm dargebotenen Gestaltungskonzepte vergleichend zu bewerten und eigene Gestaltungskonzepte zu entwickeln. Grundlage hierfür ist eine Konfrontation mit unterschiedlichen Gestaltungsalternativen, da das Nebeneinander von Alternativen die Offenheit des Systems für den Anwender demonstriert. Hierdurch erfährt der Experte, daß auch er die Gestaltung des Systems und damit seine zukünftigen Arbeitstätigkeit in starkem Maße mitbestimmen kann.

Die Gestaltungsalternativen sind gleichzeitig Kommunikationsmedium, mittels dessen der Anwender eigene Vorstellungen explizieren kann, was ihm jetzt eher möglich ist, da sein handlungsbezogenes mentales Modell hier im Medium der neuen Technik aktiviert worden ist. Nachdem der Radiologe mit den veschiedenen Gestaltungsalternativen Erfahrungen gemacht hat, kann er sowohl zwischen den Konzepten vergleichen als auch Merkmale verbalisieren, die inkompatibel zu seinem Arbeitsprozeß sind. Inkompatibilitäten des Systems mit den notwendigen kognitiven Prozessen werden auch durch Fehler im Umgang mit dem System deutlich.

Das explorative Prototyping enthält neben dem quasiexperimentellen Vergleich von Gestaltungsalternativen jeweils eine Phase, in der die Teilnehmer zunächst gezielt um ihr Urteil bezüglich bestimmter Merkmale des Systems gebeten werden. Diesem Gespräch liegt ein halbstandardisierter Fragebogen zugrunde. Daran anschließend lassen sich neue Gestaltungsideen teilweise direkt - aufgrund einer sehr hohen Flexibiliät der Menüoberfläche - teilweise indirekt durch Legetechnik (eher spielerischer Umgang mit Hilfe von Papptafeln) umsetzen. Zur Gesamtauswertung wird außerdem ein Logfile-Protokoll hinzugezogen.

In dieser frühen Phase der Designentwicklung kommt es darauf an, die essentiellen Tätigkeitsanforderungen mit möglichst wenig Vorprägung durch bereits existierende Designkonzepte umzusetzen. Eine "deduktiv-lineare Systementwicklung" ist dabei zunächst nicht zu erwarten: D.h. wir können nicht davon ausgehen, daß man vom Allgemeinen zum Differenzierten fortschreitend durch Aneinanderfügen von vergleichend bestätigten Komponenten ein Gesamtkonzept entwickeln kann. Es ist also keineswegs gewährleistet, daß die Ergebnisse der jeweiligen Vorstufe als feste Größe in die nächsthöhere, komplexere Ebene der Entwicklung einbezogen werden können. Als Orientierung können stets nur die Aspekte der Funktionalität der Workstation dienen, also Aufgabenangemessenheit, Ausführungssicherheit und Ausführungseffizienz (vgl. Greif 1990).

Dennoch ist eine Festlegung auf ein bestimmtes Grundkonzept irgendwann weitgehend unerläßlich. Jede Flexibilität hat Grenzen! Im Anschluß an die oben beschriebene explorative Phase sollen in kontrastiven Untersuchungen die erarbeiteten Alternativen evaluiert werden.

Am Ende der Systementwicklung soll eine Phase des kontrollierten Routineeinsatzes folgen, in der Probleme der Handhabung des Systems erfaßt und behoben werden. In dieser Phase sind auch die Konsequenzen für die Organisation zu erfassen, um zu einer vollständigen Bewertung der neuen Technik zu kommen.

Durch diesen stufenweisen Ansatz ist es möglich, den Anwender in einem frühen Stadium an der Technikentwicklung qualifiziert partizipieren zu lassen, sodaß er maßgeblichen Einfluß auf die Gestaltung des Systems und damit auf seine spätere Arbeitstätigkeit bekommt. Um dies auch technisch zu gewährleisten, darf die Hardware- und Softwareentwicklung noch nicht abgeschlossen sein, sondern sie muß auf flexible Umgestaltungsmöglichkeiten angelegt sein, wozu die Programmiertechnik des objekt-oriented Forth die Grundlage bieten soll.

Ein weiteres Ziel ist die Überprüfung der Annahmen, die den verschieden Gestaltungen zugrunde gelegt wurden. Dazu werden während des Prototyping Daten erhoben, die eine Bewertung der Annahmen ermöglichen.

3.4 Prototyping zum Problem der Bildhandhabung

Aus der Ist-Analyse der radiologischen Tätigkeit ergab sich, daß ein zentrales Problem des digitalen Bildarbeitsplatzes die Bildhandhabung sein wird. Für das Problem der Bildhandhabung wurden mehrere Stufen der diagnostischen Tätigkeit als relevant beschrieben:

Auswahl aus der Patiententüte: Nur ein Teil der in einer Patiententüte enthaltenen Bilder sind für den diagnostischen Prozeß relevant.

Aufhängen der Bilder am Lichtkasten

Betrachten: Signale werden in den Bildern entdeckt und im Kontext der gesamten 'Bildlandschaft' sowie unter Hinzunahme nicht-bildhafter Information (z. B. Geburtsdatum des Patienten) interpretiert.

Demonstration: Gegebenenfalls werden Bilder vor anderen Radiologen erläutert.

Diagnose und Befunddiktat

Aufräumen: Abschließend werden die benutzten Bilder in die zugehörigen Patiententüten gesteckt und nachfolgenden Tätigkeiten (Demonstration bei Klinikern), anderen Abteilungen oder dem Archiv zugeleitet.

Diese Tätigkeitsschritte müssen (mit Ausnahme der Demonstration) durch die für das Prototyping zur Bildhandhabung zu entwickelnden Gestaltungskonzepte ermöglicht werden. Aus der Ist-Analyse der heutigen Tätigkeit wurden nun die nachfolgenden Anforderungen zur Bildhandhabung an einem digitalen Bildarbeitsplatz hergeleitet:

Bilder müssen gezielt aus dem gesamten Bildmaterial eines Patienten ausgewählt werden können: In der heutigen Arbeitstechnik wählt der Radiologe anhand der Beschriftung auf den Bildern aus dem Bildergesamtbestand eines Patienten die Bilder aus, die er nach seiner Meinung für die Abklärung der anstehenden Fragestellung braucht. Dieses Auswählen von Bildern aus einer Patiententüte, die über 40 verschiedene Aufnahmen beinhalten kann, kann durch eine Datenbank unterstützt werden. Eine dafür geeignete Schnittstelle wurde in unseren Prototypen implementiert.

Beim Betrachten der Bilder muß ein schneller und willkürlicher Zugriff auf mehrere Bilder eines Patienten möglich sein: Der Radiologe muß verschiedene Bilder miteinander vergleichen können. Seine Diagnose ergibt sich oft auf der Grundlage nicht nur eines einzelnen Bildes, sondern einer 'Bildlandschaft'. In der heutigen Arbeitsweise stehen ihm diese Bilder durch gezielte Blickbewegungen zur Verfügung, da sie nebeneinander am Lichtkasten hängen. Welche Bilder in welcher Reihenfolge für die momentane Betrachtung relevant werden, ergibt sich aus der Dynamik des Diagnoseprozesses. Beides wird durch Information gesteuert, die während des diagnostischen Prozesses aus den Bildern entnommen wird. Diese Art der Tätigkeitssteuerung kann nur ermöglicht werden, wenn der Radiologe jederzeit auf beliebige Bilder zugreifen kann, um diese zu betrachten. Die Wartezeit ist dabei eine äußerst kritische Größe.

Bilder müssen individuell organisiert werden können: Die Ordnungsstruktur der Bilder ('Bildlandschaft') ist Orientierungsschema für die kognitiven Prozesse der Diagnose. Jeder Radiologe hat seine persönliche Form der Bildanordnung am Lichtkasten. Wenn er mit einer anderen Ordnungsstruktur konfrontiert wird, wird ihm die Diagnose erschwert. Er hängt dann die Bilder spontan in seine persönliche Ordnungsstruktur um.

Der Prozeß des Befundens muß kontinuierlich möglich sein, Betrachten und Bildhandhabung dürfen nicht interferieren: In der jetzigen Diagnosetätigkeit ist Betrachten und Handhaben der Bilder ein kompatibles Miteinander. Sachaufgabe (Bild*betrachtung*) und Interaktionsaufgabe (Bild*handhabung*) müssen auch weiterhin kompatibel miteinander bleiben, um simultan ablaufen zu können.

Aufgrund dieser Anforderungen wurde ein Grundkonzept entwickelt, in dem der Radiologe einen *Organisationsbildschirm* benutzt, um Bilder mit Unterstützung einer Datenbank aus den 'Patiententüten' auszusuchen und zu sog. *"OrgIcons"* verkleinert als 'Bildlandschaft' zu organisieren. Von der Anordnung der Orgicons auf dem Organisationsbildschirm kann der Betrachter eine mentale räumliche Repräsentation der Bildlandschaft aufbauen. Durch willkürliches Anklicken oder Berühren der OrgIcons werden dann die Orginalbilder innerhalb weniger Zehntelsekunden auf einem zweiten Bildschirm, dem hochauflösenden *Befundbildschirm*, in ihrem vollem Informationsumfang sichtbar. Dies ist die Grundlage für eine *Automatisierung* der Interaktion, die wiederum zur gewünschten Kompatibilität von Bildhandhabung und Betrachtung führt.

Es wurden nun aufgrund der folgenden Hypothesen vier verschiedene Gestaltungsalternativen hergeleitet:

Erste Hypothese: Eine räumliche Trennung von Interaktionsmedium und Befundbildschirm scheint für den Automatisierungsprozeß wichtig zu sein. Die Gestaltungsalternativen unterscheiden sich deshalb einerseits in der räumlichen Anordnung des Organisationsbildschirms zum Befundbildschirm: Einmal steht der Organisationsbildschirm neben dem Befundbildschirm, ist also peripher zu sehen oder kommt durch eine kurze Augenbewegung des Betrachters ins zentrale Blickfeld. Zum anderen ist der Organisationsbildschirm aus dem Blickbereich des Befundbildschirmes herausgenommen, um eine Entkopplung des Betrachtens der Bilder und der Interaktion zu erreichen (vgl. Blindschreiben lernen an der Schreibmaschine).

Zweite Hypothese: Falls eine solche Automatisierung stattfindet, kann diese nur funktional genutzt werden, wenn ein direkter räumlicher Bezug zwischen kognitiver Repräsentation der individuellen Bildlandschaft und der Interaktionsform vorliegt. Dieser direkte räumliche Bezug ist nur beim Touch-Screen ohne visuelle Kontrolle möglich. Die Maus als relatives Positionierungsinstrument läßt keinen direkten räumlichen Bezug ohne visuelle Kontrolle zu. Der Betrachter muß sich über einen Cursor auf dem Bildschirm orientieren. Deshalb unterscheiden sich die Gestaltungsalternativen außerdem in ihrem Interaktionsgerät Maus bzw. Touch-Screen.

Die Anwender wurden nun mit den Gestaltungsalternativen konfrontiert, d.h. sie müssen sich auf die verschiedenen Gestaltungen einlassen und mit ihnen arbeiten. Dazu wurde von den Radiologen reales Material aus ihren Routinefällen ausgewählt. Als Auswahlkriterium sollte die Diagnose nur unter der Betrachtung einer *Vielzahl* von Bildern möglich sein. Dies ist am besten bei Verlaufskontrollen gegeben. Das Auswahlkriterium gewährleistet, daß das Material für die zu behandelnde Fragestellung sensitiv ist. Die ausgewählten Fälle wurden bei der Auswahl gemeinsam besprochen und bezüglich Bildzusammenstellung und Diagnose dokumentiert.

16 Radiologen diagnostizierten jeweils mehrere unterschiedliche Fälle mit jeder der vier Gestaltungsalternativen. Es werden die verschiedene Zeiten und Subzeiten

der Bildhandhabung erhoben, um eine Bewertung der Bildhandhabung in den verschiedenen Phasen zu ermöglichen (vgl. oben: Stufen der Tätigkeit des Radiologen). Weiterhin wird die Blickrichtung der Radiologen grob durch Versuchsleiter-Beobachtung erhoben und ausgewertet mit dem Ziel, den "Automatisierungsgrad" und damit die Kompatibilität von Bildbetrachtung und Bildhandhabung bei den verschiedenen Gestaltungsalternativen zu erfassen. Ausgewertet werden auch die Fehler beim Auswählen und Aufrufen von Bildern.

Nachdem ein Radiologe mit einem der Gestaltungskonzepte mehrere Fälle bearbeitet hat, wird mit ihm ein halbstandardisiertes Interview, das sich auf zentrale Merkmale der Technikgestaltung bezieht, geführt. Anschließend wird er, wie bereits beschrieben, dazu angeregt, eigene Gestaltungsmöglichkeiten zu entwickeln.

Die Ergebnisse des Prototyping werden schließlich zum Zweck einer Rückkopplung in einem Anwenderforum diskutiert. Aufgrund dieser Rückkopplung werden neue Konzepte entwickelt, mit denen das Prototyping weitergeführt wird.

Ergebnisse des ersten Prototypings-zum Problem der Bildhandhabung an einem digitalen Bildarbeitsplatz werden im Vortrag dargestellt.

4 Die Werkzeuge zum Prototyping

Für das Prototyping unter Routinebedingungen muß der experimentelle Bildarbeitsplatz in eine zumindest rudimentäre PACS-Infrastruktur eingebettet werden, die die wesentlichen PACS-Komponenten Bildeingabe, Bildarchiv, Patientendatenbank und Netzwerk für Bild- und Begleitdaten umfaßt. Das DIBA-Projekt kann sich dabei auf mehrjährige Vorarbeiten an den Schlüsselkomponenten und -technologien stützen, die bereits im wissenschaftlichen Einsatz erprobt wurden. Zentrale Bedeutung für die DIBA-Arbeitsstrategie hat der Softwareansatz der experimentellen Bildarbeitsstation. Das Softwaresystem umfaßt Module zur Gestaltung der Oberfläche des Systems, zur Behandlung der Interaktionen des Anwenders sowie zur Kommunikation mit der Außenwelt über das Bild- und das Text-Netzwerk.

Für das Prototyping entwickeln wir das Programmiersystem *objekt-orientiertes Forth* (OOF). Es vereint die Eigenschaften einer objekt-orientierten Sprache – strikte Strukturierung, dadurch leichte Durchschaubarkeit und Wartbarkeit – mit der Interaktivität und der schnellen Erlernbarkeit der Sprache FORTH. Darauf aufbauend wurde ein Werkzeugkasten zusammengestellt, mit dem grafische Symbole und Bilder auf Bildschirmen dargestellt, beliebige Interaktionselemente wie Touch-Screen, Maus oder Tastatur bedient und Bildverarbeitungsfunktionen gesteuert werden können. Unter OOF können die Darstellungsweise von Symbolen sowie das Verhalten und die Reaktionen der Interaktionselemente interaktiv manipuliert werden.

Ergebnisse des Prototypings können mit OOF schnell umgesetzt werden. Das System kann, auch wenn es sich bereits in der Anwendung befinden wird, weiterhin an die Bedürfnisse der Anwender adaptiert werden. Für interessierte Anwender wird das System sogar schrittweise erkundbar und von ihnen selbst veränderbar sein.

*

Das DIBA-Projekt wurde in seiner Vielgestaltigkeit und mit seinem multidisziplinären Mitarbeiterstab durch eine umfassende Förderung durch den Bundesminister für Forschung und Technologie (Kennzeichen 01 HK 577 A) ermöglicht. Darüberhinaus haben die Hamburger Gesundheitsbehörde, die Allgemeinen Krankenhäuser Eilbek und Wandsbek in Hamburg, das Hafenkrankenhaus Hamburg sowie das Klinikum der RWTH Aachen in fruchtbarer Zusammenarbeit wesentlich zu den bisherigen Ergebnissen beigetragen. Für den Inhalt der vorliegenden Arbeit sind allein die Autoren verantwortlich.

Literatur

Arenson RL et al. (1990) The Digital Imaging Workstation. Radiology August 1990:303–315

Dahm M, Fasel B, Kaupp A, Meyer-Ebrecht D (1989) PACS: digitale Bildarbeits- plätze in der medizinischen Diagnostik. In: Paul M (Hrsg.) GI – 19. Jahrestagung II, Computergestützter Arbeitsplatz, Proceedings, Informatik-Fachberichte 223. Springer Berlin Heidelberg, p 631-643

Dahm M et al. (1990) DIBA – Digitaler interaktiver Bildarbeitsplatz in der medizinischen Diagnostik, Jahresbericht 1989. BMFT 01 HK 577 A

Fasel B, Kaupp A, Schilling C, Meyer-Ebrecht D (1989) PACS Image Archive. In: CAR'89 Computer Assisted Radiology, Tutorial Notes (Supplement).
Springer Berlin Heidelberg New York, p 0125

Fasel B, Meyer-Ebrecht D, Vossebürger F (1990) ImNet: A Fibre-Optic LAN for Digital Image Communication. European Journal of Radiology 10/3:230-233

Greif S, Hamborg K-C (1990) Aufgabenorientierte Softwaregestaltlung und Funktionalität, Beitrag für die Tagung Software für die Arbeit von morgen. München 28./29. Januar 1991

Meyer-Ebrecht D (1988) PACS oder der zukünftige Arbeitsplatz des Radiologen. Radiologe 28:195-199

Meyer-Ebrecht D (1989) PACS – Picture Archiving and Communication Systems. In: CAR'89 Computer Assisted Radiology, Tutorial Notes (Supplement). Springer Berlin Heidelberg New York, p 0023-0044

Rudolf H, Werner H, Jansen-Dittmer H (1988) Erfahrungswissen in modernen Produktionssystemen – verstummender Rest oder notwendiger Bestandteil? KFK-Workshop-Bericht, Karlsruhe 1988

Schilling C et al. (1990) PACS Information Flow Model, In: Osteaux M (Hrsg.) Foundation for a Hospital Integrated Picture Archiving and Communication System HIPACS. Commission of the European Communities: AIM Project A1008 Report 1.2.4.1. Brüssel 1990

Ansätze zur individualisierten Systemnutzung durch manuell und automatisch anpaßbare Software[1]

Reinhard Oppermann
GMD F3 (Forschungsgruppe Mensch-Maschine-Kommunikation)
Schloß Birlinghoven, Postfach 1240
5205 St. Augustin 1

Zusammenfassung
Das Ziel der Individualisierung von Software wird begründet und eingeordnet. Formen von adaptierbaren und auto-adaptiven Leistungen werden hinsichtlich der bisherigen Realisierung und Nutzung beschrieben. Konzeptionelle Möglichkeiten sowie ein Entwicklungsansatz zur adaptierbaren und auto-adaptiven Systemgestaltung sowie eine adaptive Unterstützungsumgebung werden vorgestellt.

Abstract
The goal of software individualisation will be explained and integrated. The development and usage of adaptable and auto-adaptive facilities will be described. A conceptional and design approach of adaptable and auto-adaptive systems as well as an adaptive support environment will be presented.

1 Einleitung

Ein Ziel software-ergonomischer Bemühungen der letzten Jahre ist es gewesen, Kriterien zur menschengerechten Gestaltung von Benutzungsschnittstellen zu finden und so präzise zu beschreiben, daß sie sowohl als Grundlage für den Entwurf von Systemen wie auch für deren Evaluation dienen können (vgl. Smith u. Mosier 1986; DIN 1988; VDI 1988). Zunehmend ist jüngst auch die Angemessenheit der Funktionalität, d.h. Angemessenheit und Mächtigkeit der Anwendung unter aufgabenbezogenen Gesichtspunkten Gegenstand ergonomischer Betrachtung geworden (vgl. Maaß u. Oberquelle 1989). In beiden Fällen besteht das Bemühen darin, für Benutzer und Aufgaben angemessene Eigenschaften zu realisieren. Dabei steht man jedoch in vielen Fällen vor dem Problem, die Benutzer und auch die Aufgaben im Detail nicht zu kennen, sondern nur grob antizipieren zu können. Anwendungen als Standardsoftware sollen ein breites Aufgabenspektrum und einen u.U. heterogenen Benutzerkreis bedienen. Die Nutzung dieses Potentials gelingt nur, wenn die Spannung zwischen der hierfür erforderlichen Komplexität auf der einen Seite und der für die Benutzbarkeit erforderlichen Überschaubarkeit und Be-

---

[1] Das Projekt „Software-ergonomische Analyse und Gestaltung der Adaptivität" (SAGA) wird seit Dez. 1988 vom Bundesminister für Forschung und Technologie im Rahmen des Programms „Arbeit und Technik" gefördert und hat eine Laufzeit von drei Jahren.

herrschbarkeit auf der anderen Seite bewältigt wird. Ein Weg zur Bewältigung dieser Spannung wird in Maßnahmen zur Anpassung des Systems an die Bedürfnisse bei der Endbenutzung gesehen.

Für Anpassungsmöglichkeiten von Systemen an verschiedene Anwendungserfordernisse spricht außerdem, daß gemäß dem Kriterien der „Persönlichkeitsförderlichkeit" (Spinas et al. 1983; Ulich 1988) jeder Benutzer in verschiedenen Lernphasen und Situationen unterschiedlicher Werkzeuge oder Vorgehensweisen bedarf, da dies die Kompetenzentfaltung, die Nutzung von Handlungsspielräumen und die Handlungskontrolle unterstützt (vgl. Oesterreich 1981). Bei der Bewältigung von Arbeitsaufgaben treten persönlichkeitsspezifische Differenzen auf (vgl. Ambardar 1984), deren Berücksichtigung die Arbeitsausführung fördert (vgl. Ackermann 1987). Es ist daher nicht erforderlich, eine für alle Benutzer identische optimale Arbeitsgestaltung, einen „one-best-way" im System zu verankern, sondern es wäre eine Systemgestaltung anzubieten, die den wechselnden Anforderungen sowohl an die Systemfunktionalität als auch an die Mensch-Maschine-Interaktion Rechnung tragen kann. Freiheitsgrade können als alternative Nutzungsvarianten angeboten werden, zwischen denen sich der Benutzer im Sinne von Wahlmöglichkeiten entscheiden kann (= *Vielfältigkeit*). Flexibilität kann sich zweitens ausdrücken in Möglichkeiten zu vorgängigen Maßnahmen der *Individualisierung*, die sich wiederum in zwei Formen realisieren lassen: in der Form der aktiven Systemveränderungen auf Initiative des Benutzers *(Adaptierbarkeit)* und in der Form der Systemveränderungen auf Initiative des Systems *(Auto-Adaptivität)*.

Unser Projekt befaßt sich mit der Frage nach dem Verhältnis der manuellen Anpaßbarkeit und der automatischen Anpassung von Systemeigenschaften. Es geht um die Gestaltung und die benutzerorientierte Evaluation von Möglichkeiten der Adaptivität von Systemeigenschaften an Aufgaben- und Benutzererfordernisse. Allgemeines Ziel für unsere Adaptivitätsgestaltung ist dabei, den Benutzer dort abzuholen, wo er sich jeweils mit seiner Aufgabenbearbeitung bzw. Problemlösung befindet und ihn bei der *Perspektivenerweiterung* und *Komplexitätsbewältigung* zu unterstützen. Was im Gegensatz hierzu vermieden werden soll, ist eine *Reduktion* auf *eine „beste"* Systempräsentation oder *einen „besten"* Lösungsweg. Dies gilt für alle drei Schwerpunkte des Projektes, über die im folgenden berichtet wird.

2 Möglichkeiten und Nutzung von adaptierbaren Systemleistungen

2.1 Möglichkeiten der Systemanpassung

Möglichkeiten der Adaption von Systemleistungen werden bereits in vielen marktgängigen Anwendungssystemen angeboten. Sie zu klassifizieren fällt nicht leicht. Das Spektrum ist heterogen und reicht von unterschiedlichen inhaltlichen Bereichen bis zu verschiedenen Methoden und Werkzeugen (vgl. Simm 1990).

2.1.1 Inhaltliche Bereiche der Adaptierbarkeit

Für die *inhaltlichen Bereiche* der Adaptierbarkeit fällt bei arbeitswissenschaftlicher Betrachtung zunächst eine Diskrepanz zwischen Wünschenswertigkeit und

Realisierungsschwerpunkt der Anpassungsmöglichkeiten auf: die *Funktionalität*, die für die ergonomische Arbeitsqualität hinsichtlich Handlungsfreiheit, Ganzheitlichkeit und Integration von primärer Bedeutung ist, indem sie das technische Pendant zur inhaltlichen und methodischen Arbeitsorganisation darstellt (vgl. Hacker 1987), läßt sich nur begrenzt adaptieren:

* Definieren von Umfangsstufen für Kommandos und Menüs,
* Abschalten bzw. wieder Zuschalten einzelner Kommandos und
* Verändern Default-mäßig vorgegebener Eigenschaften von Parameterwerten.

Diese Möglichkeiten beziehen sich vornehmlich auf den Umfang der Funktionalität; in den Umfangsstufen spiegeln sich natürlich unterschiedliche Arten von Funktionen, die für bestimmte Benutzer bzw. bestimmte Aufgaben relevant sind; in ihnen spiegeln sich insbesondere Schwierigkeitsstufen. Die verschiedenen Möglichkeiten werden gegenwärtig in existierenden Anwendungen nur selten angeboten (mit Ausnahme der Umfangsstufen der Funktionsmenge). Weitergehende Möglichkeiten der Anpassung der Funktionen als Veränderung der Wirkungsweise einer Funktion sind sehr begrenzt und beinhalten letztlich das (Um-)Programmieren der Funktionalität einer Anwendung durch den Benutzer (vgl. Oppermann 1990).

An der *Schnittstelle* dagegen bieten sich *prinzipiell* erheblich mehr Möglichkeiten:

* Einstellen anwendungsübergreifender Parameter und Modi für Systemdarstellung und Systemverhalten („Kontrollfeld"-Definitionen),
* Verändern von Standard-Displayparametern (Layout, Zeichenformate, Farbe),
* Spezifikation der Präsentation von Graphik- und Sound-Ikonen,
* Verändern der Benennung und Struktur von Menüs und Kommandos,
* Generieren von Makros für situativ wiederkehrende Operationsfolgen,
* Generieren von Kurzmenüboxen für situativ wiederkehrende Operationsfolgen,
* Auswählen des Dialogstils (Menü vs. Kommando, DM-Instrumentalik etc.),
* Steuern der Präsentation von Rückmeldungen (Zeitpunkt, Häufigkeit) und
* Steuern von Inhalt und Umfang bei Rückmeldungen (Fehler-/Hilfemeldungen).

Auch diese theoretisch möglichen Adaptierungen der Schnittstellenmerkmale sind natürlich nicht vollständig in existierenden Systemen enthalten. Die Auflistung folgt in etwa der Realisierungsverbreitung; sie beginnt mit realisierten Anpassungsangeboten und endet mit diskutierten Vorschlägen. Adaptierungen der Schnittstelle sind jedenfalls sowohl in der Bandbreite weiterreichend als auch in der Realisierung verbreiteter als Adaptierungsmöglichkeiten der Funktionalität (vgl. Simm 1990). Dies gilt zumindest für normale Endanwendungen, nicht jedoch für Programmierumgebungen, die bei Datenbanken und Spreadsheets zum Teil auch von Endbenutzer genutzt werden können.

2.1.2 Methoden und Werkzeuge der Adaptierbarkeit

Neben den inhaltlichen Bereichen der Adaptierbarkeit lassen sich verschiedene Methoden und Werkzeuge zur Durchführung der Adaption unterscheiden. Zunächst wären Methoden zu nennen, die *in der jeweiligen Applikation selbst* angeboten werden. Im einfachsten Fall handelt es sich um Schalterfunktionen, mit denen zwischen zwei Zuständen hin- und hergewechselt werden kann. Befehle wie Kurzmenüs/ganze Menüs oder Zeilenlineal einblenden/ausblenden sind diesbezügliche Beispiele. Solche Befehle werden häufig sehr spontan benutzt. Ein explizites

Gefühl des Adaptierens kommt eher auf bei Maßnahmen, bei denen Parameter – z.B. in der Form einer Dialogbox – angefordert werden.

Bei der gerade genannten Gruppe der applikationsinternen Adaptionsmöglichkeiten ist mit der Spezifikation neuer Parameterwerte oder Bedingungen auch automatisch deren Inkraftsetzung verbunden. Dies gilt nicht für einen wichtigen Sonderfall, der hier als Bildung von *Vorgabepaketen* bezeichnet werden soll. Für bestimmte Zwecke müssen häufig mehrere Parameter im Zusammenhang neu gesetzt werden. So sind z.B. bei der Formatierung einer Überschrift eine ganze Reihe von Parametern betroffen (Zeichengröße, Hervorhebung, oberer Abstand, unterer Abstand), die umgesetzt werden müssen. Diesen Anforderungen Rechnung tragend, stellen einige Applikationen Funktionen bereit, die es erlauben, mehrere Parameter als Paket vorab zu definieren und anschließend bei Bedarf zu nutzen.

Eine weitere Adaptionsmöglichkeit von Systemen erfolgt nicht mehr mit applikationsinternen, sondern mit *externen* Werkzeugen. Einmal wird mit Mitteln eines externen Werkzeuges eine Schnittstelleneigenschaft der Anwendung verändert. Für den Macintosh gibt es z.B. eine Reihe von Produkten, mit denen man Kommandonamen im Menü, Kommandokürzel, Belegung von Funktionstasten, Beschriftung von Dialogboxfeldern etc. vornehmen bzw. verändern kann. Voraussetzung hierfür ist, daß die Anwendung für solche Änderungen offen ist. Eine weitere Möglichkeit besteht in der Anlage von Makros, die sich sowohl auf programminterne Möglichkeiten als auch auf den Einsatz externer Werkzeuge stützen kann. Methodisch erfolgt die Generierung von Makros entweder durch die Aufzeichnung von Aktionen des Benutzers („Programming by Example") oder durch direktes Programmieren in einer Makrosprache. Mit Makros kann man Ketten von Elementarbefehlen zu einem neuen „Superbefehl" verknüpfen.

2.2 Nutzung von Adaptierungsmöglichkeiten

Die Adaptierungen von Systemen werden dann relevant, wenn der Abstand, der mit der Einführung von Standardsoftware zwischen dem Entwickler einerseits und dem Benutzer und seiner Aufgabe andererseits entstanden ist, durch den Benutzer am Arbeitsplatz ausgeglichen werden soll. Der Entwickler von Standardsoftware hat wenig bis keinen Kontakt zum Endbenutzer und steht für Anpassungen in der Benutzungssituation nicht zur Verfügung. Der Benutzer ist mit der Aufgabe der Anpassung vom Entwickler allein gelassen; auch in Schulung und Beratung wird er diesbezüglich kaum unterstützt (daß dies nicht zu einer gänzlichen Isolation führen muß, sondern durch Gruppenberatung kompensiert werden kann, diskutiert Paetau 1991). Der Abstand zwischen Entwickler und Benutzer kann sich in einer inadäquaten Funktionalität und in einer inadäquaten Schnittstelle auswirken. Die erste Diskrepanz ist gegenwärtig vom Benutzer kaum zu überwinden (vgl. jedoch Döbele-Berger et al. 1988 und Paetau 1991). Sie setzt die Möglichkeit der Benutzerprogrammierung sowohl von seiten der Technik (Methoden, Werkzeuge) als auch von seiten des Benutzers (Schulung, Beratung) voraus. Wir konzentrieren uns auf die Seite der Benutzerschnittstelle.

Die bisherigen Ergebnisse zur Anpassung der Benutzerschnittstelle sind uneinheitlich. Es gibt einerseits Belege für die Nützlichkeit der Anpassung hinsichtlich Effizienz und Arbeitszufriedenheit (vgl. Raum 1984; Ackermann 1986; Rathke 1987). Es gibt auch Belege für die faktische Nutzung der Adaptierbarkeit (zumindest auf der Ebene der Ein-Ausgabe – vgl. Koller u. Ziegler 1989; Jørgensen u. Sauer 1990). Diese Belege sind aber z.T. bereits in sich ambivalent und stehen

außerdem anderen Ergebnissen gegenüber, die zeigen, daß potentielle Anpassungsmöglichkeiten nicht genutzt werden: der Wunsch, seine Aufgaben erledigt zu bekommen, überwiegt den Wunsch, mehr über das System zu lernen und es auf seine
besonderen Bedürfnisse zuzuschneiden (Rosson 1984).

Zu der Frage der faktischen Nutzung von Adaptierbarkeitsmöglichkeiten haben
wir eine eigene Untersuchung bei 41 Benutzern von Büroanwendungen durchgeführt, die Aufschluß geben sollte über die möglichen Einflußfaktoren auf das
Nutzungsverhalten (vgl. Karger u. Oppermann 1990). Die Untersuchung zeigt folgende Ergebnisse.

Die Nutzung der in den Systemen vorhandenen Anpassungspotentiale erfolgte in
sehr unterschiedlichem Maße. Offensichtlich unabhängig von der *Qualifikation*
finden sich DV-Experten, die keinen Gebrauch von Adaptionen gemacht haben,
wie Benutzer ohne DV-Ausbildung, die intensiv Anpassungen genutzt haben.

Was die *Aufgabe* betrifft, zeigte sich, daß einige Benutzer Anpassungen nutzten,
andere Benutzer mit gleicher Aufgabe jedoch auch dort nicht, wo Adaptionen unter dem Blickwinkel der Arbeitseffizienz sinnvoll gewesen wären.

Die *Komplexität* der Anpassungsdurchführung spiegelt sich nicht klar in dem
Grad der Nutzung wider. Systeme, bei denen die Ausführung der Anpassungen
eher als schwierig einzustufen ist, sind nicht signifikant weniger angepaßt worden.

Einfluß auf die individualisierte Systemnutzung scheinen Faktoren, wie *Persönlichkeit* oder spezifische *Problemlöseprozesse*, zu haben. Es zeigte sich, daß eine
Reihe von Benutzern eher dazu neigen, an gewohnten Verhaltensweisen festzuhalten, als sich neues Wissen anzueignen, das über die unmittelbare Aufgabenbearbeitung hinausgeht. Dies deckt sich mit der bereits erwähnten Untersuchung
von Rosson (1984) (vgl. auch Carroll u. Rosson 1987).

Der relative *mentale* und *operative Aufwand* für die Nutzung von Adaptionen im
Vergleich zur Aufgabenausführung ohne Adaption wird von allen Benutzern als
entscheidend für deren Nutzung angesehen. Dies läßt zumindest für die prinzipiell
anpassungsgeneigten Benutzer auf ein situatives Abwägen von Vor- und Nachteilen der Anpassungen gegenüber Standardeinstellungen schließen. Bezieht man
die positive Reaktion der Benutzer, denen in der Untersuchung als sinnvoll erachtete Anpassungen aufgezeigt und die Ausführung dieser Adaptionen exemplarisch
vorgeführt wurden, mit ein, kommt man zu dem Schluß, daß die Erschließung von
Adaptionen durch sorgfältiges Design erleichtert werden und somit auch die Einstiegshürde gesenkt werden kann. Dabei kommt es nicht nur auf die Gestaltung der
Werkzeuge und Methoden zur Ausführung der Adaption an, sondern vor allem auf
die geeignete Gestaltung der Hinführung auf Adaptionsmöglichkeiten. Diese Folgerung sollte jedoch nicht dazu verleiten, die Individualisierung von Systemgestaltungen nur als technische Aufgabe zu begreifen. Beschäftigte haben in der traditionellen Arbeitsumgebung wenig Gelegenheit und damit wenig Erfahrung bezüglich
der Gestaltung von Arbeitsmitteln, da diese normalerweise starr sind. Die Möglichkeiten und auch die Bereitschaft zur Gestaltung von Arbeitsmitteln – mehr noch,
von Arbeitsinhalten – durch die Beschäftigten sind jedoch im steten Wachstum
begriffen (vgl. Wilpert u. Rayley 1983; Mambrey, Oppermann u. Tepper 1986);
sie müssen jedoch organisatorisch und qualifikatorisch unterstützt werden und
dürfen nicht auf die Farbwahl von Masken und letztlich auch nicht auf die Gestaltung der Benutzungsschnittstelle überhaupt beschränkt bleiben, sondern müssen inhaltlich Elemente der Tätigkeit und damit technisch Elemente der Funktionalität mit umfassen (vgl. Paetau 1991).

3 Möglichkeiten und Gestaltung von auto-adaptiven Systemleistungen

Bei auto-adaptiven Systemen besteht die Zielsetzung darin, die Entdeckung und Ausführung von Adaptionsmöglichkeiten nicht vom Benutzer vornehmen zu lassen, sondern auf das System zu verlagern. Die bisherige Beschäftigung mit der Adaptivität hat zwar nicht in dem von uns erwarteten Ausmaß zur Realisierung auto-adaptiver Systeme geführt, doch hat sie sich auch nicht auf eine theoretische Diskussion der Machbarkeit und Wünschbarkeit beschränkt. Trotz erheblicher Schwierigkeiten und verbreiteter Vorbehalte sind Systeme entwickelt worden, die auto-adaptive Leistungen enthalten. Insgesamt neun solcher Systeme sind von uns gesichtet und ausgewertet worden (vgl. Karger 1989).

3.1 Eigene Adaptivitätsvorstellungen

Unsere Vorstellung von Adaptionsleistungen knüpft an das mittlerweile verbreitete „ABC"-Modell von Aufgabe, Benutzer, Computer (vgl. Frese u. Brodbeck 1989) an. Ziel der Adaptivität ist die Abstimmung des Systems auf die Aufgabe und den Benutzer. Hierzu ist ein Rekurs auf Eigenschaften der Aufgabe und des Benutzers erforderlich, an die Eigenschaften des Systems angepaßt werden sollen. Dies geschieht über eine Repräsentation von Wissen in drei Modellen: einem *Aufgabenmodell*, einem *Benutzermodell* und einem *Systemmodell* (vgl. Norcio u. Stanley 1989).

Beim **Aufgabenmodell** werden Merkmale von Aufgaben verwaltet. Hier geht es v.a. um die erforderliche Funktionalität und wiederkehrende Arbeitsfolgen oder Muster von Arbeitsschritten.

Beim **Benutzermodell**[2] handelt es sich um Wissen über Eigenschaften des Benutzers. Hierbei kann man zwei Gruppen von Merkmalen unterscheiden: 1. allgemeine, relativ überdauernde Persönlichkeitseigenschaften und 2. spezielle, in bezug auf ein bestimmtes System geltende Beziehungsmerkmale. Allgemeine Persönlichkeitsmerkmale wären Reflektivität versus Impulsivität, Flexibilität versus Rigidität, Feldabhängigkeit versus Feldunabhängigkeit, Teile- versus Ganzheitspräferenz des Problemlösens, verbale versus bildliche Informationsaufnahme. Zur zweiten Gruppe der personenbezogenen Informationen gehört vor allem der Grad an Expertise, den der Benutzer in bezug auf Informationstechnik im allgemeinen, ein bestimmtes System im besonderen und einzelne Funktionen eines Systems im Detail erworben hat.

Im **Systemmodell** wird das Wissen des Systems über sich selbst verwaltet: über die Objekte, die Funktionen, die Interaktionsmöglichkeiten, die Strukturen und Verzweigungen, die Fehlermöglichkeiten und Hilfen.

In den Modellen müssen im einzelnen folgende Leistungen miteinander verknüpft werden. Erstens sind Beobachtungen anzustellen, d.h. technisch gesehen sind Protokolle anzulegen, die das Benutzungsverhalten und die Systemreaktionen

---

[2] Benutzermodell wird hier als das vom System gehaltene Wissen über den Benutzer verstanden. Andere Sprechweisen sind möglich und beziehen sich z.B. auf eine Idealvorstellung vom Benutzer, das der Systemgestaltung zugrundegelegt wird oder auf eine Vorstellung, die der Benutzer vom System entwickelt (vgl. z.B. Booth 1989, 78f.).

erfassen (*afferenter* Aspekt). Zweitens sind aus den Beobachtungsdaten Schlüsse zu ziehen, d.h. es sind Ansatzpunkte (Indikatoren) im Verhalten des Benutzers für eine mögliche Adaptionsleistung zu entdecken (*inferenter* Aspekt). Drittens ist die Adaption auszuführen in der Form von Systemveränderungen, Unterstützungsangeboten etc. (*efferenter* Aspekt).

Die einleitend genannte Zielsetzung der Unterstützung der Perspektivenerweiterung und Komplexitätsbewältigung sowie die Vermeidung eines Reduktionismus beinhaltet, daß die oben genannten Persönlichkeitsmerkmale und Expertise nicht als statisch und definitiv betrachtet werden[3]. Die Überlegung sei an dem Beispiel der Persönlichkeitsdimension Spontaneität versus Reflektivität verdeutlicht. Auf einer theoriegeleiteten Basis werden in den Interaktionssequenzen der Benutzung Anzeichen erfaßt (afferenter Aspekt), die auf eine impulsive Arbeitsweise schließen lassen (inferenter Aspekt) und denen mit einer aktiven Hilfe in kritischen Situationen durch „was ist zu tun"-Informationen prozeduraler Art entsprochen wird (efferenter Aspekt). Bei einer Interaktionssequenz, die auf eine eher reflektive Arbeitsweise schließen läßt, wird hingegen eine passive Hilfe mit „wie funktioniert das"-Informationen (vgl. Carroll u. Aaronson 1988) konzeptueller Art angeboten. Die Persönlichkeitstheorie verhilft dazu, im Forschungsprozeß die Entdeckung von impulsiven vs. reflektiven Interaktionssequenzen in konkreten Benutzungssituationen anzuleiten und die Wirksamkeit entsprechender Systemreaktionen zu evaluieren. Für diese Zielsetzung werden die Merkmale von Situationen über Merkmale des Benutzers in einer quasi generalisierten Betrachtung mittels Persönlichkeitstest erfaßt. Die auto-adaptiven Leistungen des Systems bestehen darin, daß es in den jeweiligen Interaktionssequenzen die beschriebenen Hilfearten als „Angebote erster Wahl" präsentiert. Der Benutzer behält dabei eine Reihe von hier nur andeutbaren Eingriffsmöglichkeiten in das Adaptionsgeschehen, wie die Zurückweisung von Adaptionsvorschlägen, die Änderung von Vorbelegungen und die Einsichtnahme und Auswertung von Interaktionsprotokollen. Die hier an einem Beispiel beschriebene Ausrichtung der Adaptivität wird im Rahmen einer prototypischen Anwendung realisiert und hinsichtlich ergonomischer Kriterien der Transparenz, der Konsistenz, der Lernförderlichkeit und der Sozialverträglichkeit evaluiert.

3.2 Prototypentwicklung

Die Entwicklung und Evaluation auto-adaptiver Leistungen ist nur möglich in einer Anwendung, die eine Erfassung, Auswertung und Manipulation der Interaktionen zwischen Benutzer und Rechner zuläßt. Daher wurde eine eigene Datenbankanwendung „Biber" für die Verwaltung von Literaturtiteln in einer LISP-Entwicklungs- und Macintosh®-Anwendungsumgebung auf einem MacIvory™ entwickelt. Die Interaktion des Benutzers erfolgt über HyperCard™, die Daten-

---

[3] Die intensivste Bemühung um Adaptivität in bezug auf feste Persönlichkeitsmerkmale erfolgt in Arbeiten des National Physical Laboratory in Teddington, England (vgl. Benyon et al. 1990). Die Fachdiskussion über die Generalität und Stabilität von persönlichen Stilen der Informationsverarbeitung und Problemlösung ist jedoch zu kontrovers, die Verfügbarkeit von Erfassungsmöglichkeiten der persönlichen Stile über Tests oder gar on-line über ein Protokoll der Mensch-Maschine-Interaktion zu beschränkt und die Problematik der Klassifikation und Speicherung von Persönlichkeitsmerkmalen in einer betrieblichen Organisation zu heikel, als daß man die Erfassung und Auswertung von Persönlichkeitsmerkmalen zum Ausgangspunkt einer Systemadaptivität machen könnte.

bankfunktionalität ist in LISP geschrieben, die Wissensrepräsentation und Steuerung der Adaptivität erfolgt mit Hilfe einer universellen Dialogschnittstelle „AiD" (vgl. Hein et al. 1987). Das Leistungsspektrum des Biber umfaßt das Lesen und Schreiben von 6 Titelarten (Aufsätze, Monographien etc.), das Suchen, Sortieren und Gruppenbilden sowie das Formatieren und Exportieren von Titeln für ein Textdokument. Außerdem hat der Benutzer die Möglichkeit, in jeder Situation Hilfe zum Gesamtsystem, zu einzelnen Konzepten und einzelnen Funktionen anzufordern sowie Adaptionen von Menüs, Masken und Dialogboxen vorzunehmen. Im Biber werden folgende Adaptierungsmöglichkeiten realisiert:

- Generieren von Makros,
- Verändern der Dialogdynamik,
- schrittweises Anbieten mehrerer Komplexitätsstufen des Systems,
- Verändern von Menüs und Eingabemasken und
- Art und Umfang von Warn-, Fehler- und Hilfemeldungen.

Die Adaptionsmöglichkeiten des Biber werden in einer auto-adaptiven und einer adaptierbaren Variante angeboten. Die Gestaltung der adaptierbaren Variante soll keinen Methoden- oder Metaphernwechsel erzwingen, d.h. der Benutzer soll in derselben Weise Schnittstellenelemente adaptieren können, wie er seine Aufgaben bearbeitet. Dies erfordert auch die Erschließung bisher unüblicher Adaptionsmöglichkeiten über direkte Manipulation und Edition von Schnittstellenelementen.

Der Evaluation der auto-adaptiven und adaptierbaren versus der starren Systemvariante liegt zunächst die Frage zugrunde, inwieweit sich eine Anpassung an die individuellen Unterschiede des Benutzers auf den Kompetenzerwerb auswirkt. Konzeptionell wird dabei auf lern-, kognitions- und persönlichkeitstheoretische Modelle rekurriert. In der technischen Transformation bedeutet dies die Steuerung der auto-adaptiven Leistungen über einen Abgleich des aktuellen Interaktionsprotokolls mit Benutzermodellen. Hierbei stehen die *dynamischen*, den Lernprozeß unterstützenden Elemente der Adaptivität im Vordergrund.

Adaptierungsmöglichkeiten der eher *statischen Darstellung*seigenschaften einer Schnittstelle gegenüber dem Benutzer im Aufgaben- und Anwendungskontext (räumliche Anordnung von Menüoptionen, von Dialogboxelementen, von Fenstern etc. sowie Benennung von Kommandos) werden hinsichtlich der Benutzbarkeit und des Effektes bezüglich erzielten Komforts und erforderlicher Aufmerksamkeitszuwendung explorativ untersucht.

4 Bedarf und Gestaltung einer auto-adaptiven hypermedialen Unterstützungsumgebung

Da eines der wesentlichen Ziele der Adaptivität in der kontext- und benutzerbezogenen Unterstützung in kritischen Interaktionssituationen liegt, wurde eine auto-adaptive Unterstützungsumgebung (Grunst 1990) entwickelt, die aus drei miteinander interagierenden Teilen bestehen, von denen die ersten beiden bereits realisiert sind:

- HYTASK, ein System hypermedialer Tutorien und Hilfen. Dies umfaßt ein Netzwerk von Erklärungstexten und Animationen, in denen einfache, aber auch

komplexe Aufgaben illustriert werden, wie sie ein „knowledge worker" mit dem Tabellenkalkulationsprogramm EXCEL für den Macintosh bearbeiten kann.
* PLANET, ein wissensbasiertes Protokollbewertungsprogramm. Hier werden aus Benutzereingaben in EXCEL triftige Hypothesen über aktuell verfolgte Handlungsziele erzeugt. Diese Ziele auf verschiedenen Aufgabenebenen werden in Form von Beschreibungen zu gezielten thematischen Einstiegsmenüs in die HYTASK-Umgebung zusammengesetzt.
* aHA (adaptive HilfeAktivierung), ein Kontrollsystem, das unter Nutzung bzw. Anregung der PLANET/HYTASK-Komponenten Problemsituationen identifiziert und fehlerkorrigierende Hilfen und Kritiken umständlicher Lösungen ohne explizite Nutzeranfragen auslöst.

Bei der Suche nach möglichst nutzungsrelevanten auto-adaptiven Schnittstellenkonzepten wiesen empirische Pilotstudien[4] vor allem kontextsensitive Unterstützungen der Handlungsplanbildung als wünschenswert aus. Dies stand in Übereinstimmung mit dem Tenor der Diskussionen zur Adaptivitätsproblematik auf dem einschlägigen Podium der bedeutenden internationalen Tagung CHI ´88.

Um Handlungsmöglichkeiten, Relevanzstrukturen und Verständnisbarrieren von Aufgabenbearbeitungen modellieren zu können, war es unumgänglich, auf eine bereits existierende Applikation als Experimentalumgebung zurückzugreifen. Nach einer Reihe von Vorversuchen fiel die Wahl auf das Tabellenkalkulationsprogramm Excel für den Macintosh.

Die Unterstützungsumgebung hatte das Ziel, ein Orientierungsmodell menschlicher tutorieller Interaktionen zu zeichnen. Hierzu wurden interaktionsanalytische Untersuchungen tutorieller Austauschprozesse zwischen Experten und weitgehend ungeschulten Gelegenheitsbenutzern von Excel durchgeführt. Als ein Resultat dieser Erhebungen wurde deutlich, daß die zentralen Prozesse der Problem- bzw. Verständnisannäherung als eine Art mehrschichtigen „Verstehenseinpendelns" zu sehen sind. Nonverbale und verbale Austauschmittel lassen stufenweise erkennen, wann ein Klärungsbedarf entstanden ist, worauf sich dieser thematisch bezieht und welche Verständnislücke vorliegt. Eine direkte technische Transformation dieser Interaktionsmuster wurde daher nicht verfolgt. In bestimmten Situationen wurden jedoch funktional äquivalente Wege zur Problemfokussierung identifiziert, für die technisch ein hypermediales Verortungssystem realisierbar erschien. Sobald ein Benutzer selbst eine Verstehenslücke empfand und dies an einem Detail der graphischen Dialogschnittstelle des Systems festmachen konnte, konnte er durch deiktische Verweise mit der Maus in Verbindung mit unspezifischen Fragen den Tutor hinreichend genau orientieren.

Zur technischen Rekonstruktion dieser Form der Inhaltsvermittlung wurde eine graphisch interaktive Hilfeumgebung entwickelt. Tutorielle Erklärungsbeispiele sind hier als steuerbare Animationen mit begleitenden lautsprachlichen Kommentaren abrufbar. Nachfragen zu inhaltlichen Details werden dadurch ermöglicht, daß bei der Unterbrechung der Illustrationen das System in einen allgemeinen Anfragemodus übergeht, in dem durch Anklicken graphisch hervorgehobener „hot spots" weiterführende Erklärungen bzw. Illustrationen abgerufen werden. Diese ani-

---

[4] Unsere Untersuchungen beruhen methodisch auf Aufgabenanalysen und diskursanalytischen Verhaltensrekonstruktionen aufgezeichneter Nutzungssituationen. Sie sind eingebunden in Entwicklungs-, Evaluations- und Redesignzyklen des Systems – vgl. Grunst (1988; 1989).

mierten Darstellungen sind angebunden an einen HyperCard-Stack vernetzter textueller Erklärungen.

Übersetzte man unsere bisherigen Untersuchungsbefunde in den Entwurf einer fiktiven Wunschmaschine, in der menschliche und maschinelle Möglichkeiten zusammengeführt werden, so erzeugte diese situativ passende Illustrationen, sprechende Benennungen und fokale Erklärungen, die bei Bedarf anwählbar würden. Im Hinblick auf ein realistisches System stehen die hier vereinten widersprüchlichen Qualitäten „Wirksamkeit" und „Variabilität" in einem trade-off-Verhältnis. So sind einerseits flexible Systeme denkbar, die nicht auf Konserven zugreifen, sondern situationsabhängig variierende Texte erzeugen. Andererseits erwiesen sich in unseren Untersuchungen animierte Beispiele als textlichen Erklärungen überlegen. Für HYTASK schätzten wir es als günstigeren Weg ein, Animationen und hypertextliche Kurzerklärungen selbst zu erzeugen und zu evaluieren. Die im Hinblick auf variierende Nutzungssituationen notwendige Flexibilität des Systems wurde zunächst nur passiv durch die verschiedenen Navigationsmöglichkeiten gewährleistet.

Ein Kernproblem aller medial vermittelten Hilfen für Handlungseinheiten oberhalb des Niveaus der Elementaroperationen („Ein-/Ausgabe" und „operative Ebene" nach VDI 1988) einer Applikation besteht darin, immer nur endlich viele Beispiele für nicht vorhersehbar viele Problemsituationen bereithalten zu können. Um dennoch eine möglichst universelle Nützlichkeit zu erreichen, erwies es sich als wichtig, das Spektrum mit Excel verbundener Informationsanliegen (zumindest für eine bestimmte Zielgruppe von Systemnutzern) zu bestimmen. In kognitiven Aufgabenanalysen wurden die Klippen bei der Realisierung der Ziele dieses Benutzertyps (knowledge worker) identifiziert. Hieraus ließ sich eine Liste repräsentativer und tutoriell relevanter Beispielaufgaben ableiten. Unseren Evaluationsversuchen zufolge gewährleistet die normale menschliche Transferfähigkeit, daß diese Beispiele von den Testpersonen fast immer korrekt auf abweichende eigene Aufgaben übertragen werden.

Als weitaus problematischer erwies es sich, einen geschmeidigen Zugriff auf das zu aktuellen Schwierigkeiten passende Hilfebeispiel zu gewährleisten. Die Indexfenster für Tutorien und Hilfen wurden von den Probanden ebensowenig genutzt, wie die freie Eingabemöglichkeit eines Suchbegriffs. Warum es dem Benutzer mitunter nicht möglich ist, sich mit seinem Problem im Hilfesystem begrifflich zu verorten, ist diesem im Nachhinein oftmals selbst nicht erklärlich. Wahrnehmung und Verständnis scheint jedoch durch die aktuell empfundenen und gedanklich prozessierten Problemaspekte und Lösungshypothesen eingeschränkt zu sein. Dabei besteht ohne entsprechende Einflußnahmen auch kaum eine Aussicht, an dem anzuknüpfen, was bereits an Arbeitsschritten erledigt wurde. Selbst wenn hier identische Benennungen auftreten, also ein Benutzer eine Funktionalität verwendet hat, zu der ein Indexeintrag besteht, sucht er darüber nicht ohne weiteres seinen Einstieg. Er geht vielmehr tendenziell davon aus, daß ihm das klar ist und ihn deshalb ein weitergehendes Informationsangebot nicht interessiert.

Um diesen Problemen zu begegnen, wurden Leistungsanforderungen für eine aktive Einstiegshilfe spezifiziert:

1. das System muß in Abhängigkeit von identifizierbaren Schwierigkeitsgraden Einstiegsmenüs für ausführliche Tutorien oder fokale Hilfethemen anbieten,
2. die Menüeinträge müssen neben den funktionalen Termini Beschreibungen der verbundenen Handlungsziele beinhalten,

3. die Menüs müssen den aus Benutzereingaben auf verschiedenen Handlungsebenen triftig ableitbaren Zielhypothesen entsprechen und

4. die Menüs müssen so überschaubar und „sprechend" sein, daß sich der Benutzer unmittelbar verorten kann.

Die Operationalisierung und technische Umsetzung dieser Forderungen hat zu einer Zerlegung der Einstiegshilfe in verschiedene Komponenten geführt. Die unter den Punkten 2 und 4 dargelegten Kriterien wurden innerhalb von HYTASK in Form frei zusammensetzbarer Einstiegskarten realisiert. Das Themenrepertoire und die Verständlichkeit der verwendeten Funktions- und Handlungszielbeschreibungen wurde inzwischen empirisch bewertet. Eine angenäherte Handlungsplanerkennung (Punkt 3) wird durch das Protokollbewertungsprogramm PLANET erbracht. Da das Modul bislang noch nicht an HYTASK angekoppelt wurde, wird seine Leistung in den Evaluationsexperimenten noch durch Experten in einem „Wizard of Oz"-Versuchsaufbau[5] simuliert. Auch dieses Systemmodul wird daher derzeit in „Wizard of Oz"-Experimenten simuliert. Die als technische Umsetzung in Angriff genommene Protokollkomponente aHA wird zur Identifikation kritischer Problemsituationen sowohl auf Ergebnisse von PLANET als auch auf elementare Systeminformationen, wie Fehlermeldungen, zurückgreifen.

6 Literatur

Ackermann D (1986) A Pilot Study of the effects of Individualization in Man-Computer-Interaction. Proceedings of the 2nd IFAC/IFIP/IFORS/IEA Conference on Analysis, Design and Evaluation of Man-Machine Systems, Varese 1985. Pergamon Press, London, pp. 293-297

Ackermann D (1987) Handlungsspielraum, Mentale Repräsentation und Handlungsregulation am Beispiel der Mensch-Computer-Interaktion. Dissertation, Zürich

Ambardar, AK (1984) Human-Computer Interaction and Individual Differences. In: Salvendy G (Ed.): Human-Computer Interaction. Elsevier Science Publ., Amsterdam, pp. 207-211

Carroll JM, Aaronson AP (1988) Learning by Doing with Simulated Intelligent Help. Communications of the ACM 31 (1988), 9, 1064-1079

Carroll JM, Rosson MB (1987) Paradox of the active user. In: Carroll J M (Ed.): Interfacing thought. The MIT Press, Cambridge Massachusetts London, pp. 80-111

Benyon D, Murry D, Jennings F (1990) An Adaptive System Developer's Tool-kit. In: Diaper D et al. (Eds.) Human-Computer Interaction–INTERACT'90. North Holland, Amsterdam New York Oxford Tokyo, pp. 573-577

Booth PA (1989) An Introduction to Human-Computer Interaction. Lawrence Erlbaum Associates Publishers, Hillsdale NJ London

DIN (1988) Bildschirmarbeitsplätze. Grundsätze der Dialoggestaltung. (DIN 66 234, Teil 8). Beuth Verlag, Berlin

Döbele-Berger C, Schwellbach G, Van Treek W, Zimmer G (1988) Softwarenutzung am Arbeitsplatz und berufliche Weiterbildung. Eine explorative Studie. Arbeitspapier der Forschungsgruppe Verwaltungsautomation 47. Kassel

---

[5] Ein Experte hat an einem Parallelrechner Einblick in die Interaktion der Versuchsperson mit dem System und kann als „verdeckter Zauberer" in das Interaktionsgeschehen eingreifen.

Frese M, Brodbeck F (1989):
  Computer in Büro und Verwaltung. Sprinmger-Verlag, Berlin Heidelberg New York
Grunst G (1988) Videoanalysen einiger Nutzungsprobleme von Word 3 für den IBM-PC und den Macintosh. Eine Pilotuntersuchung, GMD Arbeitspapier 307, St. Augustin
Grunst G (1989) A Conception of Contextual Research for the Practical Design and Evaluation of Adaptable Support Systems. GMD, St. Augustin, Manusript
Grunst G (1990) Adaptive hypermediale Hilfe für Tabellenkalkulationen. GMD, St. Augustin, Manusript
Hacker W (1987) Software-Gestaltung als Arbeitsgestaltung. In: Fähnrich K-P (Hrsg.): Software-Ergonomie. Oldenbourg Verlag, München, S. 29-42
Hein HW, Kellermann GM, Thomas ChG (1987) X-Aid: A Shell for adaptive and knowledge-based Human-Computer Interface. Proccedings Tenth International Joint Conference on Artificial Intelligence (IJCAI) Mailand
Jørgensen, AH, Sauer A (1990) The Personal Touch: A Study of Users´Customization Practice. In: Diaper D et al. (Eds.) Human-Computer Interaction–INTERACT´90. North Holland, Amsterdam New York Oxford Tokyo, pp. 561-565
Karger C (1989) Adaptive Systeme. Ein Überblick. GMD, St. Augustin, Manuskript
Karger C (1990) Benutzermodellierung. GMD, St. Augustin, Manuskript
Karger C, Oppermann R (1990) Empirische Nutzungsuntersuchung adaptierbarer Schnittstelleneigenschaften. Papier für die Software-Ergonomie Tagung 1991 in Zürich
Koller F, Ziegler J (1989) Benutzerpräferenzen bei alternativen Eingabetechniken. In: Maas S, Oberquelle H (Hrsg.): Software-Ergonomie ´89. B.G. Teubner Verlag, Stuttgart, S. 304-312
Maaß S, Oberquelle H (Hrsg.) (1989) Software-Ergonomie '89. Aufgabenorientierte Systemgestaltung und Funktionalität. B.G. Teubner Verlag, Stuttgart
Mambrey P, Oppermann R, Tepper A (1986) Computer und Partizipation. Ergebnisse zu Handlungs- und Gestaltungspotentialen. Westdeutscher Verlag, Opladen
Norcio AF, Stanley J (1989) Adaptive Human-Computer Interfaces: A Literature Survey and Perspective. IEEE Transactions on Systems, Man, and Cybernetics 19 (1989), 2, 399-408
Oesterreich R (1981) Handlungsregulation und Kontrolle. Urban & Schwarzenberg, München Wien Baltimore
Oppermann R (1990) Möglichkeiten und Probleme individualisierter Systemnutzung. Zürich: ETH. Software-Ergonomie Herbstschule 1990.
Paetau M (1991) Zur Relevanz „individualisierbarer" Software in neueren Gestaltungskonzeptionen der Büroarbeit. In diesem Band
Rathke C (1987) Adaptierbare Benutzerschnittstellen. In: Schönpflug W, Wittstock M (Hrsg.): Software-Ergonomie ´87, B.G. Teubner Verlag, Stuttgart, S.121-135
Raum H (1984) Aufgabenabhängige Gestaltung des Informationsangebots bei Bildschirmarbeit. Schweizerische Zeitschrift für Psychologie 43 (1984), 1/2, 25-33
Rosson MB (1984) The role of experience in editing. In: Shackel B (Ed.): INTERACT ´84: Proceedings of the First IFIP Conference on Human-Computer Interaction. North Holland, Amsterdam, pp. 45-50
Simm H (1990) Adaptierbarkeit in marktgängigen Systemen. GMD: St. Augustin, Manuskript
Smith SL, Mosier JN (1986) Guidelines for Designing User Interface Software. The MITRE Corporation, Bedford, Mass.
Spinas P, Troy N, Ulich E (1983) Leitfaden zur Einführung und Gestaltung von Arbeit mit Bildschirmsystemen. CW-Publikationen, München u. Verlag Industrielle Organisation, Zürich
Ulich E (1988) Arbeits- und organisationspsychologische Aspekte. In: Balzert H et al. (Hrsg.) Einführung in die Software-Ergonomie. de Gruyter Verlag, Berlin, S. 49-66
VDI (1988) Software-Ergonomie in der Bürokommunikation. VDI 5005 (Entwurf)
Wilpert B, Rayley J (1983) Anspruch und Wirklichkeit der Mitbestimmung. Frankfurt New York

2 Analyse-Instrumente für die Software-Gestaltung

Aufgabenorientierte Analyse und Gestaltung mit TASK[1]

Astrid Beck, Rolf Ilg
Institut für Industrielle Fertigung und Fabrikbetrieb der Universität Stuttgart (IFF)
Holzgartenstr. 17, 7000 Stuttgart 1

Zusammenfassung
Dieser Beitrag untersucht Methoden und Werkzeuge verschiedenster Disziplinen,
die in den frühen Phasen der Software-Entwicklung eingesetzt werden können.
Aufgrund nach wie vor bestehender Defizite vorhandener Methoden und Werkzeuge
werden Anforderungen an eine aufgaben- und benutzerorientierte Methodik formuliert. TASK, ein in der Entwicklung befindliches Verfahren, wird vorgestellt.

Abstract
This paper investigates methods and tools from various disciplines, which can be
used in early stages of software development. Due to still present deficits of
existing methods and tools, requirements to a task- and user-oriented methodology
will be stated. TASK, a method in development, will be introduced.

1   Probleme in den frühen Phasen der Software-Entwicklung

In den frühen Phasen der Software-Entwicklung, also während der Anforderungsanalyse, der Aufgabenanalyse und der Spezifikation des zu entwickelnden Software-
Systems gibt es nach wie vor Probleme, eine für alle Beteiligten adäquate Anforderungsdefinition zu erstellen. Durch sich häufig ändernde Anforderungen, nur unzu-
länglichem Wissen von Arbeitsabläufen und fehlender Benutzerorientierung fällt es
den Software-Entwicklern schwer, eine vollständige, aufgabengerechte und auf
Dauer gültige Anforderungsdefinition zu entwickeln.

Die Folge sind unzufriedene Benutzer, Akzeptanzschwierigkeiten und hohe War-
tungskosten. Andererseits ist dagegen zu erwarten, daß Mitarbeiter in Zukunft in
noch stärkerem Maße die Befriedigung ihrer Bedürfnisse und Interessen am Arbeitsplatz fordern (Schubert, Zink 1990) und unzulängliche Software-Produkte nicht
mehr widerspruchslos hinnehmen, sondern aktiv bei der Analyse und Gestaltung

---

[1] Der vorliegende Beitrag entstand im Rahmen des Forschungsprojekts TASK - Technik
der aufgaben- und benutzerangemessenen Software-Konstruktion (Förderkennzeichen
01 HK 849), das vom BMFT (AuT-Programm) gefördert wird.

mitarbeiten wollen. Benutzer an der Software-Entwicklung zu beteiligen, wird jedoch noch als zu großes Risiko gesehen. Es wird auf Seiten der Software-Entwickler befürchtet, sich damit zusätzliche Probleme und finanziellen Aufwand "einzuhandeln". Nach wie vor gibt es einen Mangel an konzeptueller und methodischer Unterstützung für die Beteiligung von Benutzern an Systemanalyse und -entwurf. Daher werden Benutzer - wenn sie beteiligt werden - eher in die passive Rolle gedrängt, oder es werden solche "Benutzer" berufen, die keine genaue Sachkenntnis der Aufgaben haben. Daraus ergeben sich Mißverständnisse, die möglicherweise erst sehr spät - wenn überhaupt - geklärt werden können. Die Folge sind die Zunahme der Konflikthäufigkeit und Verzögerungen von Entscheidungsprozessen (Schubert, Zink 1990). Wir glauben, daß dies vor allem auf das Fehlen geeigneter Kommunikationsmittel zur wirksamen Benutzerbeteiligung zurückzuführen ist.

Ein weiteres Problem liegt in der fehlenden Qualifikation aller am Prozeß Beteiligten. Auf Seiten der Benutzer fehlt meist das Grundwissen über Möglichkeiten und Probleme des EDV-Einsatzes. Auf Seiten der Software-Entwickler fehlt die Kompetenz, gemeinsam Arbeitsprozesse mit den Benutzern zu gestalten. Ein weiteres Problem: Software-Entwickler werden durch die Vielzahl von Dokumenten, die erstellt und verwaltet werden müssen, eher abgeschreckt.

Bisher gibt es keinen systematischen Übergang von der Anforderungs- und Aufgabenanalyse zum Systementwurf. Diese Situation ist gekennzeichnet durch einen wahllosen, nicht aufeinander abgestimmten Methodeneinsatz und konzeptuelle Schwierigkeiten, die bei der Umsetzung von Anforderungen in eine Spezifikation auftreten.

Die vorgefundene Arbeitssituation wird unkritisiert in den Entwurf übernommen und als Grundlage für das System festgelegt. Eine für den Benutzer ungünstige Aufgabenverteilung läßt sich später aber kaum noch korrigieren. Oft deckt sich die ermittelte Systemfunktionalität gar nicht mit der Struktur der Aufgabe und den Aufgabenzielen, oder sie ist nicht auf die Reihenfolge der Arbeitsschritte abgestimmt.

Die hier dargestellten Probleme erfordern - um sie zumindest ansatzweise beseitigen zu können - eine frühzeitige Berücksichtigung der Benutzerinteressen und entsprechende methodische Unterstützung.

2   Methoden zur Aufgabenanalyse

Im Rahmen der Vorphase des vom BMFT geförderten Vorhabens "TASK - Technik der aufgaben- und benutzerangessenen Software-Konstruktion" (AuT-Programm, Förderkennzeichen 01 HK 417 7) wurden eine Reihe von Methoden untersucht, mit dem Ziel, Analysemethoden zu ermitteln, die den Aufgabenanalyseprozeß unterstützen und Ansätze für eine aufgaben- und benutzerorientierte Gestaltung von Software liefern (Beck, Müller-Haffner 1989).

Methoden zur Analyse von Bürotätigkeiten

Die meisten Methoden zur Analyse und Gestaltung von Arbeitssystemen im Büro (s. z.B. Schönecker und Nippa 1987) beschränken sich weitestgehend auf organisatorische Analysen bzw. Analysen der Wirtschaftlichkeit, Betrachtungen der Gesamtunternehmung und des Kommunikationsflusses zwischen den einzelnen betrieblichen Stellen. Die Vorgehensweise ist dabei einseitig aus der Sicht der Unternehmen geleitet und orientiert sich daher vornehmlich am Interesse nach ökonomischer Wirksamkeit. Darüberhinaus sind viele Verfahren einseitig technisch ausgerichtet, d.h. die Neubeschaffung von Hardware ist in erster Linie das Ziel.

Diese Methoden blenden zudem eine benutzerorientierte Perspektive fast vollständig aus. Die psychosoziale Dimension des Analyse- und Gestaltungsfeldes wird ausgeklammert (Berr, Feuerstein und Rödiger 1989). Die Praktikabilität der Methoden hängt in starkem Maße vom Grad der Verfügbarkeit des Analyseinstruments ab. Einige Methoden werden nur von externen Beratern angewendet oder es sind umfangreiche Hard- und Softwareanschaffungen zur Durchführung der Analyse notwendig.

Methoden der psychologischen Arbeitsanalyse

Die psychologische Arbeitsanalyse wird bei Frei (1981) definiert als die "Analyse des Prozesses, der psychologischen Struktur und Regulation menschlicher Arbeitstätigkeiten im Zusammenhang mit ihren Bedingungen und Auswirkungen. Ihr Gegenstand ist die konkrete Arbeitstätigkeit als psychisch regulierte Tätigkeit; sie schließt damit ... die konkret arbeitenden Individuen mit ein" (S. 12).

Das Verfahren zur Analyse von Regulationserfordernissen in der Arbeitstätigkeit (VERA, Volpert et al. 1983) und das Tätigkeitsbewertungssystem (TBS, Rudolph et al. 1987) ermöglichen die Analyse insbesondere von geistiger Beanspruchung. Methoden, die eine aufgaben- und benutzerorientierte Analyse auch für die Gestaltung von Software anstreben sind VERA/B (Rödiger 1987) und die Kontrastive Analyse (Dunckel 1989).

Die psychologische Arbeitsanalyse untersucht die Interaktion zwischen Mensch und Arbeit und versucht daraus Informationen zu gewinnen, um Lösungen für unterschiedliche Problemstellungen ableiten zu können. Psychologische Arbeitsanalysen können im Hinblick auf Maßnahmen der Arbeitsgestaltung durchgeführt werden, mit dem Ziel, Handlungs- und Entscheidungsspielräume zu erhalten und zu erhöhen.

Methoden zur Aufgabenanalyse aus dem Software Engineering

Eine Reihe von Software-Engineering-Methoden wurden bereits in den 70er Jahren als Analyse- und Entwurfsmittel entwickelt (wie SADT, Petri-Netze, Entscheidungstabellen). Darüberhinaus gibt es eine Reihe von Verfahren, wie beispielsweise die Jackson-Design-Methode und Hierarchy-plus-Input-Process-Output (HIPO-Methode), die jedoch nicht der Aufgaben- oder Anforderungsanalyse sondern eher der *Entwurfsphase* des Software-Engineering zuzuordnen sind.

In letzter Zeit - obwohl auch keine neue Methode - gewinnt Structured Analysis (DeMarco 1978) zunehmende Bedeutung als quasi-Standard-Methode in System-analyse und -Entwurf. In Structured Analysis werden eine Reihe von Darstellungs- und Entwurfsmethoden verwendet, wie Entity-Relationship (E-R)-Modeling (Chen 1976) und Data-Flow-Diagrams (DFD), die sich zur Darstellung von Analyseer-gebnissen eignen und die Grundlage für den Entwurf bieten. Hinsichtlich des Zieles der Aufgabenangemessenheit weisen diese Methoden aber offensichtliche Defizite auf. Vor allem die Reduktion der Arbeitsaufgabe auf den informationsverarbeiten-den Aspekt läßt aufgaben- und benutzerorientierte Herangehensweisen zu kurz kommen. Hier müssen weitere Untersuchungen und Ergänzungen zu den vorhan-denen Methoden erarbeitet werden.

Methoden zur kognitiven Aufgabenanalyse

Ziel der kognitiven Aufgabenanalyse ist es, die mentale Repräsentation von Auf-gaben durch den Benutzer zu bestimmen bzw. zu modellieren, um daraus Aussagen über die Erlernbarkeit von Rechnerfunktionen, deren Konsistenz, Gedächtnisbela-stungen und mögliche Fehlerquellen zu gewinnen (Ziegler 1988). Die meisten Me-thoden gehen dabei so vor, daß die Aufgaben des Benutzers hierarchisch in Teilauf-gaben und elementare Benutzeraktionen zerlegt werden, wobei die Aufgaben als Ziele beschrieben werden. Task-Action-Grammatiken (Green, Schiele, Payne 1989), GOMS (Card, Moran und Newell 1983) und Cognitive Complexity Theory (Polson 1987) sind Ansätze, die sich unter den kognitiven Methoden durchgesetzt haben.

Die Methoden der Kognitiven Aufgabenanalyse sind relativ aufwendig in der Be-schreibung der Aufgaben, darüberhinaus hat man hohe Freiheitsgrade in ihrer Mo-dellierung. Verschiedene Untersucher kommen also u.U. zu ganz unterschiedlichen Ergebnissen. Die Modellierung selbst bezieht sich auf eine sehr niedrige Ebene der Handlungsregulation, die im wesentlichen auf die Ebene der Ausführung abzielt (beispielsweise das Drücken von Tasten). Dabei setzen die kognitiven Methoden eine bereits getroffene Mensch-Maschine-Funktionsteilung voraus; der Rechner-einsatz wird also nicht hinterfragt bzw. als optimal eingestuft.

Methoden zur Aufgabenanalyse aus der "Künstlichen Intelligenz"

In der Künstlichen Intelligenz treten vergleichbare Phasen und Aufgaben auf wie in der Software-Entwicklung. Darüberhinaus wird z.B. bei der Entwicklung von Expertensystemen eine möglichst vollständige und methodisch gut unterstützte Aufgabenanalyse noch wichtiger; geht es doch hier um sehr komplexe Sachver-halte von für den "Wissens-Ingenieur" meist völlig fremden Anwendungsgebieten.

Somit ist wohl auch die eigene Disziplin des Knowledge Engineering - vereinzelt auch Knowledge Acquisition oder Knowledge Elicitation - zu erklären, die sich in den letzten Jahren herausgebildet und Anforderungs- und Aufgabenanalyse quasi zur ihrer "Wissenschaft" erklärt hat. Hier kommen auch sozialwissenschaftliche Me-thoden zum Einsatz; einen sehr übersichtlichen Überblick, auch zu rechnerge-stützten Werkzeugen gibt Boose (1989).

Nicht nur zur Erhebung von Wissen, sondern auch zu dessen Darstellung wurden im Bereich der Künstlichen Intelligenz, eine Reihe von Repräsentationsmethoden entwickelt (einen Überblick gibt Freksa 1989). Repräsentationsmodelle wie Frames (nach Minsky, auch Schemata oder Skripts) lassen sich zur Beschreibung von Aufgaben verwenden. Dies wird u.a. von Foley et al. (1988) für eine wissensbasierte Repräsentation einer konzeptionellen Dialogschnittstelle vorgeschlagen, die objekt-orientierte Techniken nutzt und die die folgenden Komponenten enthält:

- eine Klassenhierarchie von Objekten,
- Eigenschaften von Objekten,
- Aktionen, die auf Objekten ausgeführt werden können,
- Informationseinheiten, die von Aktionen benötigt werden,
- Vor- und Nachbedingungen für die Aktionen.

3   CASE-Werkzeuge

CASE (Computer Aided Software Engineering) - Werkzeuge sollen den Software-Entwicklungsprozeß in allen Phasen unterstützen. Die Verbreitung von CASE-Werkzeugen findet in letzter Zeit einen deutlichen Zuwachs (Rock-Evans 1989). Die Hoffnung kam daher auf, das eine oder andere Problem in der Anforderungs- und Aufgabenanalyse mit einem Software-Werkzeug möglicherweise überwinden zu können. Diese Erwartung wurde jedoch bis jetzt noch nicht erfüllt.

Betrachtet man die Werkzeuge bezüglich ihrer Unterstützung des Analyseprozesses, so nimmt ein überwiegender Teil für sich in Anspruch, Analyse zu unterstützen (Abb. 1). Diese Unterstützung besteht in der Regel darin, "intelligente" graphische Editoren zur Verfügung zu stellen. Zunehmend setzen sich die Methoden Entity-Relationship Modeling und Data Flow Diagrams durch, die meist im Zusammenhang mit Structured Analysis verwendet werden. Von den 17 untersuchten Analysewerkzeugen bieten immerhin 10 Entity-Relationship Modeling und 14 Data Flow Diagrams an. 13 Werkzeuge geben an, Structured Analysis zu unterstützen; dies geschieht entweder durch vorgenannte Methoden und/oder durch Real-time Modeling und Zustandsübergangsdiagramme.

Unter dem Gesichtspunkt einer aufgabenorientierten Systemanalyse weisen CASE-Werkzeuge erhebliche Defizite auf: Produkte, die bereits auf dem Markt sind, nehmen keinen Bezug zu aufgaben- und benutzerorientierten Aspekten. Sie beschränken sich auf graphische Darstellungen, arbeitspsychologische oder kognitive Aspekte finden keine Berücksichtigung; die Analysephase wird unzureichend unterstützt. Eine menschengerechte CASE-Anwendung aber wird sowohl für den Software-Entwickler als auch für die zu entwickelnden Produkte nach aufgaben- und benutzerorientierten Konzepten verlangen. Hierauf sollten sich zukünftige Forschungsaktivitäten im Bereich CASE konzentrieren.

Produktname	Unterstützung der Analyse	Entity-Diagramme	Data Flow Diagrams	Strukturierte Analyse
Anatool/Blues	ja	nein	ja	ja
Auto Mate Plus	ja	ja	ja	ja
Cadre Teamwork	ja	ja	ja	ja
DesignAid	ja	ja (optional)	ja	ja
Digital (VAXset)	nein	nein	nein	nein
DSEE (Apollo)	nein	nein	nein	nein
Domino-Case	ja	ja	nein	nein
Excelerator	ja	ja	ja	ja
Foundation (Design/1)	nein	nein	ja	nein
Guide (GMO)	ja	nein	nein	ja
Iconix Power Tools	ja	ja	ja	ja
Jackson-Tool (Experteam)	ja	nein	nein	nein
Knowledge Ware (IEW/WS)	ja	ja	ja	ja
Mac Blubbles	ja	nein	ja	ja
Maestro-Ipse	ja	ja	ja	ja
Meta Software	nein	nein	nein	nein
Mira	nein	nein	nein	nein
Oracle	nein	ja	ja	nein
Pace	nein	nein	nein	nein
Predict-Case	ja	nein	nein	nein
ProMod	ja	nein	ja	ja
Sigraph-Set (Siemens)	ja	nein	nein	nein
Software through Pictures	ja	ja	ja	ja
Visible Analyst	ja	nein	ja	ja

Abb. 1. CASE-Werkzeuge und Analyse-Unterstützung

4 Der Mensch als Maß: Anforderungen an eine aufgaben- und benutzer-orientierte Analysemethodik

Trotz einer Vielzahl von zur Verfügung stehenden Methoden und Werkzeugen sind die eingangs geschilderten Probleme nach wie vor akut. Der folgende Katalog von Anforderungen muß daher von einer Analysemethodik erfüllt werden, wenn sie dem Ziel näherkommen soll, den Menschen mit seinen Arbeitsaufgaben als zentralen Maßstab für den Analyse- und Gestaltungsprozeß zu begreifen.

Forderung 1: Integrierte, systematische Vorgehensweise

Diese Forderung zielt auf eine integrierte Analysemethodik, die technische, organisatorische und soziale Aspekte mit aufeinander abgestimmten Methoden und Werkzeugen gleichermaßen berücksichtigt. Nach Möglichkeit sind erprobte und bewährte Verfahren zu integrieren.

Forderung 2: Flexible Methodik

Die Methodik muß so flexibel sein, daß sie den jeweiligen Gegebenheiten angepaßt werden kann. Sie muß verschiedene Perspektiven erlauben, muß aber selbst einfach zu nutzen sein. In der Methodik selbst sollten Alternativen in der Vorgehensweise angeboten werden, mit dem Ziel, dem Software-Entwickler Hilfestellung bei der Auswahl von Werkzeugen und Methoden zu geben. Die verwendeten Methoden sollen aufeinander abgestimmt werden. Es sollte möglichst keine aufwendige Hard- und Software erforderlich sein.

Forderung 3: Keine übermäßige Papierarbeit ...

Methoden und Werkzeuge müssen die Zahl der Dokumente überschaubar halten und deren Erstellung und Verwaltung unterstützen. Der Aufwand, Dokumente zu aktualisieren, ist so gering wie möglich zu halten.

Forderung 4: Qualität

Der Begriff der Qualität generell muß ausgedehnt werden auf aufgaben- und benutzergerechte Gestaltung und bereits in der Analyse berücksichtigt werden. Unterstützt werden sollen aber auch Aspekte der Qualitätskontrolle. Dazu gehören Hilfsmittel für Projektmanagement und Produkt- bzw. Fortschrittskontrolle, Versionsverwaltung und Wiederverwendbarkeit.

Forderung 5: Benutzerorientierung durch Partizipation

Die Interessen der Systemnutzer sollen bereits in der Analysephase durch die Möglichkeit der aktiven Beteiligung berücksichtigt werden. In diesem Zusammenhang muß eine Methodik berücksichtigen, wann und in welcher Weise die Systemnutzer einzubeziehen sind und ein geeignetes Kommunikationsmittel bereitstellen. Dieses muß eine verständliche Repräsentation mit Bezug zur realen Arbeitssituation haben.

Forderung 6: Kritik und Neugestaltung bestehender Arbeitsabläufe

Arbeitsabläufe sind gestaltbar. Eine differentielle Neugestaltung ist Aufgabe eines entsprechend qualifizierten Software-Entwicklers unter aktiver Beteiligung der Anwender. Die Gestaltung soll sich an Kriterien, wie Vermeidung von Belastungen, Erhaltung und Schaffung von Handlungsspielräumen und Förderung der Persönlichkeit orientieren.

Forderung 7: Qualifizierung

Anwendern und Benutzern müssen Grundlagen zum Verständnis der Möglichkeiten und Einschränkungen der Software-Gestaltung vermittelt werden. Umgekehrt müssen die Systemgestalter ein Grundwissen an arbeitswissenschaftlichen und software-ergonomischen Kenntnissen erwerben, damit arbeitsorganisatorische Gestaltungsmaßnahmen getroffen werden können und eine interdisziplinäre Zusammenarbeit machbar wird.

5 Ein Modell zur Analyse von Aufgabenmerkmalen

In dem vom BMFT geförderten Vorhaben TASK (Technik der aufgaben- und benutzerangemessenen Software-Konstruktion) wird in Zusammenarbeit mit zwei Software-Häusern an einer Analyse- und Gestaltungsmethodik gearbeitet, die diesen Anforderungen genügen soll. Das Ziel dieses Projekts ist die exemplarische Realisierung einer Software-Produktions-Umgebung. Unter Produktions-Umgebung wird sowohl ein CASE-Tool zur Unterstützung des Entwurfs aufgaben- und benutzerorientierter Software als auch ein Projektabwicklungsmodell und Schulungskonzept verstanden.

Zunächst wurde ein Modell entwickelt, das die Merkmale charakterisert, die in einer Aufgabenanalyse zu ermitteln sind. Es geht davon aus, daß sich die Arbeitssituation im wesentlichen durch Aufgabenmerkmale beschreiben läßt.

Aufgabenmerkmale werden charakterisiert durch die Aspekte *Organisation, Arbeitsumgebung, Arbeitsmittel, Information.* Im Mittelpunkt des Untersuchungsinteresses steht der *Mensch* mit seinen *Arbeitsaufgaben.* Die Merkmale bezüglich der Arbeitsaufgabe und der zu verarbeitenden Information gibt die Abb. 2 wieder. Merkmale bezüglich der Arbeitsaufgaben sollten möglichst objektiv feststellbar und unabhängig von der jeweiligen Problemstellung erfaßbar sein. Sie orientieren sich im wesentlichen an feststellbaren Sachverhalten (vorhanden, nicht vorhanden) und an quantitativen Maßzahlen wie Umfang, Anzahl, Dauer.

Mit einem psychologischen Arbeitsanalyseverfahren wie VERA lassen sich die Merkmale größtenteils erfassen und bewerten und mit erweiterten Entity-Relationship- und Data-Flow-Diagrammen graphisch darstellen. Dem Software-Entwickler stehen somit eine Reihe von Kriterien zur Verfügung, die ihn hin zu einer mehr aufgaben- und benutzerorientierten Vorgehensweise führen. Die Beschreibung von Aufgaben auf der Basis von Aufgabenmerkmalen läßt sich rechnergestützt verwalten.

Werkzeugentwicklung

Auf Basis dieses Aufgabenbeschreibungsmodells werden Software-Werkzeuge für verschiedene Hardware (Workstation, PC, Apple Macintosh) erarbeitet. Diese unterstützen nicht nur eine konsistente und vollständige Dokumentation, sondern auch die Wiederverwendbarkeit von Aufgabenbeschreibungen für alle folgenden Phasen und für weitere Projekte. Ein Begriffsglossar enthält für Benutzer und Entwickler relevante Definitionen und Kontextinformationen. Diese stehen für alle Phasen online zur Verfügung und sollen der gemeinsamen Verständigung zwischen Benutzer und Entwickler dienen. Es umfaßt alle wichtigen Vorgänge und orientiert sich an der Begriffswelt des Anwenders.

Grenzen des Modells

Die formale Aufgabenbeschreibung ist ein Ergebnis der Anforderungsanalyse und bildet die Grundlage für den konzeptionellen Entwurf. Dabei sind der formalen Abbildbarkeit von Aufgaben jedoch Grenzen gesetzt. Gerade informelle Kommunikation wird sich z.B. wenig abbilden lassen, aber immer ein wichtiger Bestandteil der Arbeitsaufgabe sein. Es sollte jedoch nicht danach gestrebt werden, zu versuchen, Arbeitsabläufe und Kommunikationsflüsse bis ins letzte Detail zu ermitteln und zu formalisieren.

Analyse-Methodik

Im folgenden wird eine Methodik skizziert, die auf Basis der untersuchten Methoden und der Ansprüche an eine aufgaben- und benutzerangemessene Vorgehensweise für die Analyse entwickelt werden soll. Vorgeschlagen werden eine Reihe von Schritten, wobei es für jeden Schritt Alternativen im Vorgehen - soweit dies sinnvoll ist - und Beispiele zur Erläuterung gibt. Es werden die Beteiligten und die Ergebnisse formuliert.

Schritt 1 - Systemabgrenzung und allgemeine Orientierung

Hierbei geht es zunächst um die Analyse des Istzustands. Dabei ist zu klären, welche Organisationsbereiche betroffen sind und was die konkreten Aufgaben-, Problem- und Zielvorstellungen sind. Probleme und Anforderungen sollen herausgearbeitet werden. Die Aufbau- und Ablauforganisation wird ermittelt. Die Mitarbeiter werden informiert. Schritt 1 mit Unternehmensführung, Projektleitung, Abteilungsleitung, DV-Abteilung, Personalvertretung.

Schritt 2 - Untersuchung der Bereiche/Abteilungen

Zunächst ist die Aufgabenstellung der Abteilung zu klären; dazu gehören Größen wie die Organisationsstruktur, die Aufbauorganisation und die Anzahl der Arbeitsplätze. Ziel ist es, ein möglichst genaues Bild von den Arbeitsabläufen und Informationsflüssen in der Abteilung (und im Zusammenhang mit anderen Abteilungen) zu erhalten. Dabei sind Schwachstellen und Zielvorstellungen zu ermitteln. Schritt 2 pro Abteilung, jeweils mit Abteilungsleitung.

Schritt 3 - Arbeitsplatzanalyse

Mit Hilfe der Beschäftigten sollen die realen Arbeitsabläufe und Informationsflüsse ermittelt werden. Es wird der Arbeitsplatz und das Arbeitsumfeld analysiert. In einer Aufgaben- und Informationsanalyse der Aufgabenmerkmale werden Angaben zu Dauer, Häufigkeit, Neuartigkeit, Planungsphasen etc. ermittelt (Grob- und Feinanalyse). Desweiteren werden benutzte HW/SW und Funktionsteilung, Arbeitsmittel sowie die Qualifikationsanforderungen für den Arbeitsplatz erhoben. Im Rahmen der Analyse der Informationsflüsse werden alle Informations- und Bedienungsunterlagen erfaßt. Der Softwareentwickler soll über die üblichen Darstellungsmethoden hinaus nach arbeitswissenschaftlichen Erkenntnissen Aufgaben analysieren können (vgl. Abb. 2).

Arbeitsaufgaben

Name	• Bezeichnung der Aufgabe
Art	• Aufgabentyp
Struktur	• Hierarchie d. Teilaufg., Abfolge d. Operationen • Anfangszustand, Endzustand (Ziel) • Vorgänger der Aufgabe, Nachfolger der Aufg.
Vor- und Nachbedingung	• was muß erfüllt sein • was gilt nach Ausführung
Häufigkeit, Wiederholungsrate, Dauer Priorität	• wie oft wird etwas wiederholt • Wichtigkeit • steht in Beziehung mit auslösendem Ereignis
Vollständigkeit • sequentiell • hierarchisch	• Vorbereitung • Organisation • Ausführung • Überprüfung • Korrektur
Eingriffs- und Auswahlmöglichkeiten	• Wahl unterschiedl. Arbeitsmittel / Verfahren • Variation in der Abfolge • Abbruch/ Unterbrechg./ Neustart v. Prozessen • Rücknahme/Stornierung
Belastungsfaktoren/Restriktionen • Zeit- und Termindruck • Fehlerrisiko • Unterbrechungen	• Arbeitsüberlastung, häufiger Aufg.wechsel • Fehler und mögliche Konsequenzen • Lerneffekt
Technische Durchführbarkeit	• Ausführbarkeit der (Teil-)Aufgabe mit Dialogsystemen -> Funktionsteilung
Sicherheit	• kein Verlust von Daten • kein unerlaubter Zugriff
Komplexität	• Zahl der Teilaufgaben • Zahl der Operationen • Zahl der Auswahlmögl.keiten • Vollständigkeit • Zahl der zu verarbeitenden Dokumente • Zahl der Entscheidungsmöglichkeiten

Information

Struktur	• Name • Identifikation • Beschreibung • Komponenten • Wertebereich • Typ • Medium • Anzahl (durchschn., max.)
Relationen Op: {benutzten | lesen | ändern | löschen | ... }	• Relation zu Ziel • wird erzeugt von {Aufgabe(n) | Entität} • wird {Op} von {Aufgabe(n)} • wird {Op} im Kontext von {...} = parallel verfügb. • Komplexitätsgrade • Alternative: {Information}
Informationsflüsse	• Quelle: {Entität} • Ziel: {Entität}
Anforderungen	• Zeitabhängigkeit / Verfügbarkeit • Aktualität • Genauigkeit / Vollständigkeit • Änderungshäufigkeit

Abb. 2. Aufgabenmerkmale und Merkmale bezüglich Information

Eine Rechnerunterstützung sollte dabei wie folgt aussehen:
- Matrix von Aufgabenmerkmalen (Aufgabe und Gesamttätigkeit, vgl. Abb. 2)
- automatische Generierung von Interviewleitfäden (auch ausgewählte Merkmale)

Parallel zur Arbeitsplatzanalyse wird die Qualifizierung der betroffenen Mitarbeiter durchgeführt. Dies dient zur Vorbereitung der folgenden Aktivitäten der Systemanalyse und des Designs. Die Mitarbeiter werden auch in den verwendeten Methoden geschult. Schritt 3 pro Arbeitsplatz, Interview und Beobachtung der Beschäftigten.

Schritt 4 - Dokumentation

Die erhaltenen Informationen werden in angemessene Beschreibungsformen umgesetzt. Das Ergebnis ist eine detaillierte Dokumentation der Arbeits- und Informationszusammenhänge in sprachlicher und graphischer Form. Dies bildet die Grundlage für die Präsentation und Auswertung. Schritt 4 vorbereitet vom Systementwickler.

Schritt 5 - Präsentation und Auswertung

Auf Grundlage der Dokumentationsergebnisse und ihrer Präsentation erfolgt eine gemeinsame Bewertung mit eingehender Kritik und Analyse der Schwachstellen, diesmal vor allem aus Sicht der Betroffenen. Verbesserungsvorschläge und Lösungskonzepte werden erarbeitet und skizziert, die in einem Protokoll und mit anschließender Nachbearbeitung festgehalten werden. Arbeitsabläufe und Informationsflüsse sollen vom Entwickler und Benutzer direkt am Bildschirm simuliert und verändert werden können. Es sollte möglich sein, Arbeitsinhalte, Funktionsverteilung und Durchlaufzeiten zu vaiieren und nach vorher festzulegenden Kriterien zu optimieren. Schritt 5 mit <u>allen</u> Betroffenen.

6 Ausblick

Aufbauend auf dem Problemmodell wird das Lösungsmodell entwickelt. Dies beinhaltet eine Kritik des Problemmodells und den Entwurf des Funktions- und Datenmodells. Auf diese werden wiederum Sichten definiert, die die Entwicklung der Dialogschnittstelle unterstützen.

Die skizzierte Analysemethodik und das zugrundeliegende Modell werden im Augenblick in praktischen Untersuchungen erprobt. Sind diese Untersuchungen weitgehend abgeschlossen, wird die Vorgehensweise hinsichtlich des Entwurfs erweitert. Erste Reaktionen von Software-Entwicklern und Benutzern auf die Methodik waren überwiegend positiv.

7 Literatur

Beck, A. ; Müller-Haffner, E. (1989): Aufgabenanalyse. Ein Überblick über Methoden zur Analyse von Arbeitsaufgaben, Projektbericht, Stuttgart, 88 S. (wird momentan aktualisiert)

Berr, M.-A. ; Feuerstein, G. ; Rödiger, K.-H. (1989): Defizite der VDI-Richtlinie "Methoden zur Analyse und Gestaltung von Arbeitssystemen im Büro" aus arbeitsorientierter Sicht. In: Maaß, S. ; Oberquelle, H. (Hrsg.): Software Ergonomie ´89 Aufgabenorientierte Systemgestaltung und Funktionalität, Stuttgart : Teubner, 387-397

Boose, J.H. (1989): A survey of knowledge acquisition techniques and tools. In: Knowledge Acquisition, London: Academic Press, 1, 1, 3-37

Chen, P. (1976): The Entity-Relationship Model - Towards a Unified View of Data. In: ACM Transactions on Database Systems, 1/1, 9-36

DeMarco, T. (1978): Structured Analysis and System Specification, New York: Yourdon

Dunckel, H. (1989): Arbeitspsychologische Kriterien zur Beurteilung und Gestaltung von Arbeitsaufgaben im Zusammenhang mit EDV-Systemen. In: Maaß, S. ; Oberquelle, H. (Hrsg.): Software-Ergonomie ´89, Teubner, Stuttgart, 69-79

Foley, J. ; Gibbs, C. ; Kim, W. ; Kovacevic, S. (1988): A Knowledge-Based User Interface Management System. In: Proceedings of CHI 1988 (Washington, May 15-19), New York: ACM

Freksa, C. (1989): Wissensdarstellung und Kognitionsforschung. In: Informationstechnik, 31/2, 134-140

Frei, F. (1981): Psychologische Arbeitsanalyse - Eine Einführung zum Thema. In: Frei, F. ; Ulich, E. (Hrsg., 1981) Beiträge zur psychologischen Arbeitsanalyse, Bern, 11-36

Green, T. ; Schiele, F. ; Payne, S. (1988): Formalisable models of user knowledge in human-computer interaction. In: Green, T. ; Hoc, J. ; Muray, D. ; van der Veer, G. (Eds.): Theory and outcomes in human-computer interaction, London: Academ. Press

Mumford, E. ; Welter, H. (1984): Benutzerbeteiligung bei der Entwicklung von Computersystemen: Verfahren zur Steigerung der Akzeptanz und Effizienz des EDV-Einsatzes, Berlin : Schmidt Verlag

Rock-Evans, R. (1989): Ovum. CASE Analyst Workbenches: a Detailed Product Evaluation, Vol. 1, Ovum Ltd, London

Rödiger, K.-H. (1987): Das Arbeitsanalyseverfahren VERA/B in der Softwareentwicklung. In: Nullmeier, E./Rödiger, K.-H. (Hrsg.): Dialogsysteme in der Arbeitswelt, Mannheim

Rudolph, E. ; Schönfelder, E. ; Hacker, W. (1987): Tätigkeitsbewertungssystem - Geistige Arbeit, Sektion Psychologie der Humboldt-Universität zu Berlin

Schönecker, H. ; Nippa, M. (Hrsg., 1987): Neue Methoden zur Gestaltung der Büroarbeit, Baden-Baden

Schubert, H. ; Zink, K. (1990): Partizipation - Psychologische Grundlagen eines Leitprinzips von Arbeits- und Organisationsgestaltungsmaßnahmen. In: Zeitschrift für Arbeitswissenschaft, 44, 2, 82-88

Volpert, W. ; Oesterreich, R. ; Gablenz-Kolakovic, S. ; Krogoll, T. ; Resch, M. (1983): Verfahren zur Ermittlung von Regulationserfordernissen in der Arbeitstätigkeit (VERA), Köln

Ziegler, J. (1988): Aufgabenanalyse und Funktionsentwurf. In: Balzert, H.; Hoppe, H.; Oppermann, R. ; Peschke, H. ; Rohr, G. ; Streitz, N. (Hrsg.): Einführung in die Software-Ergonomie, Berlin: De Gruyter, 231-252

Aufgabenorientierte Softwaregestaltung und Funktionalität

Prof. Dr. Siegfried Greif und Kai-Christoph Hamborg
Fachgebiet Arbeits- und Organisationspsychologie der Universität Osnabrück, Knollstr. 15, D-4500 Osnabrück

Zusammenfassung

Ergebnisse zur aufgabenorientierten Softwaregestaltung mit Methoden der Aufgabenanalyse erbringen nicht die oft theoretisch postulierten Vorteile. Als alternative Design- und Forschungsperspektive wird ein Konzept der Funktionalität des Werkzeugs, definiert als Aufgabenangemessenheit, Ausführungssicherheit und Ausführungseffizienz vorgestellt.

Abstract

The often theoretically postulated advantages are not found in our approaches of task oriented software design applying methods of task analysis. As an alternative perspectice of design and research a concept of functionality of the tool is presentented, defined by task appropriateness, safety and efficiency of performance.

1 Einleitung

Mentale Modelle zur Beherrschung der Wirklichkeit werden vom Menschen in beständiger Auseinandersetzung mit seiner Umwelt, mit den zu bewältigenden Aufgaben und den dabei verwendeten Werkzeugen entwickelt (Norman, 1983). Für den Designer von Werkzeugen bedeutet dies: "As designers, it is our duty to develop systems and instructional materials that aid users to develop more coherent, useable mental models" (Norman, 1983, S. 14). Designer brauchen demnach Informationen über die mentalen Modelle der Nutzer (Norman, 1986; Rubin, 1988; Frese & Brodbeck, 1989). Verfahren der Aufgaben- und Tätigkeitsanalyse sollen diese Informationen liefern und das Design aufgabenorientierter oder aufgabenangemessener Softwaresysteme ermöglichen (Shneiderman, 1987; Rubin, 1988; Gediga et al., 1989). Wie im folgenden dargestellt wird, finden wir aber bei unseren Versuchen einer praktischen Umsetzung der so begründeten aufgabenorientierten Softwaregestaltung mit Verfahren der Aufgabenanalyse nicht die oft theoretisch postulierten Vorteile. Für ein praxisbezogenes Design von Werkzeugen erscheinen theoretisch begründbare Differenzierungen zu den Konzepten der aufgabenorientierten Softwaregestaltung und Verfahren der Aufgabenanalysen erforderlich. Als Perspektive für das multidisziplinäre Design von Softwarewerkzeugen in der Phase der Perfektionierung von Systemen wird eine theoriegeleitete Erforschung der Funktionalität von Werkzeugen definiert als Aufgabenangemessenheit, Ausführungssicherheit und Ausführungseffizienz, mit gängigen Gestaltungsgrundätzen (insbesondere der DIN 66 234/8) kontrastiert und zur Diskussion gestellt.

2 Objektive oder subjektive Verfahren der Tätigkeits- und Aufgabenanalyse?

Gablenz-Kolakovic et al. (1981) unterscheiden subjektive und objektive Verfahren der Arbeitsanalyse. Während die subjektiven Verfahren zur Erfassung individueller Arbeitsstile oder Meinungen dienen, zielen die objektiven Verfahren auf überindividuell gültige Erfordernisse bei der Ausführung der Arbeit ab. Oesterreich & Volpert (1987) ziehen, um Verwechslungen mit anderen Objektivitätsbegriffen zu vermeiden, die Begriffe "personenbezogene" (bzw. subjektive) und "bedingungsbezogene" (bzw. objektive) Verfahren vor. Bedingungsbezogene Arbeitsanalyseverfahren dienen zur Analyse der verallgemeinerbaren Anforderungen der Aufgaben und Arbeitsbedingungen. Nach Oesterreich & Volpert (1987) sind die Ergebnisse der bedingungsbezogenen Arbeitsanalyse für die Veränderung der Arbeitsbedingungen, z.B. zur Gestaltung `menschengerechter' Arbeitsbedingungen geeignet. Gablenz-Kolakovic et al. (1981) verweisen ausdrücklich darauf, daß in den objektiven Verfahren zwar von den individuellen Eigenarten des jeweiligen Arbeitenden, nicht jedoch vom handelnden Menschen schlechthin abstrahiert werden kann, da von außen vorgegebene Bedingungen das Handeln nicht unmittelbar, sondern immer vermittelt über psychische Prozesse determinieren. Auch bedingungsbezogene (objektive) Arbeitsanalyseverfahren kommen daher nicht ohne allgemeine psychologische Theorien aus, "die überindividuell gültige Formen der Auseinandersetzung des arbeitenden Menschen mit den Gegebenheiten seiner Arbeit modellieren". Nach Gablenz-Kolakovic et al. (1981) ist die Entscheidung über die Verwendung eines subjektiven oder objektiven Verfahrens vom jeweiligen Forschungsanliegen abhängig. Personenbezogene (subjektive) und bedingungsbezogene (objektive) Verfahren ergänzen einander und sind sinnvoll kombinierbar. Ein bekanntes Beispiel für ein bedingungsbezogenes Verfahren ist VERA (Volpert et al., 1983).

Zur Gruppe der personenbezogenen Arbeitsanalysen zählen alle Verfahren, die explizit die individuellen Besonderheiten oder individuelle subjektive Wahrnehmung der Struktur und Anforderungen der Aufgaben von bestimmten Personen oder Personengruppen untersuchen. Dabei können zwei Fragerichtungen (Oesterreich & Volpert, 1987) unterschieden werden:

(1) Analyse der individuellen Besonderheiten der Arbeitsausführung (Planungsweisen, Umgang mit auftretenden Schwierigkeiten) und

(2) Analyse der individuellen Wahrnehmungen und Bewertungen der eigenen Arbeitstätigkeit.

Die "Heterarchische Aufgabenanalyse" (HAA) ist ein Beispiel für ein personenbezogenes Verfahren der Aufgabenanalyse, das in Kombination mit Tätigkeitsanalysen zur Erhebung individueller subjektiver Aufgabenstrukturen entwickelt worden ist (Gediga et al., 1989; Greif, 1990). Bei diesem Verfahren werden im Einzelinterview systematisch die subjektiven Arbeitsschritte bei der Bearbeitung von Aufgaben sowie ihre hierarchische Strukturierung ermittelt (unter Verwendung von Logfile-Protokollen und Video-Konfrontation mit der eigenen Aufgabenbearbeitung).

3 Aufgabenanalysen und mentale Modelle

Mentale Modelle beschreiben die subjektive Strukturierung von Wirklichkeitsbereichen. Durch sie sollen Entscheidungen und Handlungen der Systemnutzer erklärt und vorhergesagt werden können. Mentale Modelle bilden die objektive Wirklichkeit jedoch nicht genau ab, sondern sind häufig lückenhaft, instabil und "unwissenschaftlich" (Norman, 1983). Konzeptuell können wir zwischen wissensbezogenen (deklarativen)- und handlungsbezogenen (prozeduralen) mentalen Modellen unterscheiden (Young, 1983, Rouse & Morris, 1986, Frese & Brodbeck, 1989). Entsprechend differenzieren wir beim aufgabenbezogenen Einsatz von Werkzeugen das Wissen über das Werkzeug und das mentale Modell über den Ablauf der Aufgabenbearbeitung mit dem Werkzeug.

Die erwähnten Verfahren der bedingungsbezogenen Aufgabenanalyse dienen zur Erfassung der erforderlichen Planungs-, Denk- und Entscheidungsprozesse (VERA) oder psychischer Belastungen ("Regulationsbehinderungen", RHIA) bei der Aufgabenbearbeitung und damit der erforderlichen Wissensbasis. Die Methode der Heterarchischen Aufgabenanalyse (vgl. Hamborg, 1990) oder Verfahren der Kartentechnik (vgl. Eberleh, 1989), in denen die Individuen die Abfolge von Arbeitsschritten und die subjektive Struktur der Aufgaben darstellen sollen, können dagegen zur Untersuchung der handlungsbezogenen oder prozeduralen mentalen Modelle und damit für das individuelle, aufgabenorientierte Redesign von Softwarewerkzeugen verwendet werden. Theoretisch sollten Werkzeuge, die die individuelle Struktur der Aufgabenbearbeitung abbilden, besser zu erlernen und effizienter zu nutzen sein.

In einem Experiment zur aufgabenbezogenen Softwaregestaltung (Hamborg, 1990) wurden für Testaufgaben die ausgeführten menübezogenen Operationen (mit Hilfe von Logfiletechnik und Interviews) protokolliert. Zur Erfassung der individuellen mentalen Modelle der Aufgabenbearbeitung (personenbezogene Aufgabenanalyse) wurden die von den Versuchspersonen ausgeführten Arbeitsschritte und die benutzten Systemfunktionen auf Karten übertragen (mentales Modell der Aufgabenbearbeitung). Ausgehend von der so erarbeiteten Beschreibung der individuellen Aufgabenbearbeitung wurden die Versuchspersonen aufgefordert, für die bearbeitete Aufgabe ein subjektiv optimales Menü zu gestalten. Dazu konnte die mittels Kartentechnik visualisierte Struktur der Aufgabenbearbeitung direkt in das Menü übernommen oder aber auch zuvor im Dialog mit dem Versuchsleiter und durch Manipulation der Karten hinsichtlich der Struktur und der Bezeichner für die Auswahlpunkte frei verändert werden (individueller Designvorschlag). Die individuelle Menügestaltung wurde direkt im System umgesetzt und abgeschlossen, wenn die Versuchspersonen keine Veränderungswünsche mehr hatten. (Diese Designlösung wurde später erprobt und mit anderen Lösungen verglichen.) Die Ziele dieses Vorgehens bestanden darin, die individuellen mentalen Modelle der Aufgabenbearbeitung mit den individuellen Designvorschlägen zu vergleichen und die Effizienz der so gewonnenen Designlösungen mit herkömmlichen Menüstrukturen zu vergleichen.

Die Ergebnisse zeigen jedoch, daß die mit diesem Verfahren ermittelten mentalen Modelle der Aufgabenbearbeitung nicht mit den bevorzugten Designlösungen übereinstimmen. Bei fast allen Versuchspersonen (N = 20) fanden sich höhere Übereinstimmungen zu einem vorher verwendeten, gewohnten "Ausgangsmenü". Nur bei zwei Ausnahmen gab es größere Ähnlichkeiten zwischen dem mentalen Modell der Aufgabenbearbeitung und der bevorzugten Designlösung.

Die Ergebnisse stimmen mit der praktischen Erfahrung überein, daß BenutzerInnen nur selten bereit oder in der Lage sind, von ihren gewohnten Programmstrukturen abzuweichen. Zwar können sie durchaus davon abweichend anderere Strukturen und Begriffe zur Beschreibung der Struktur der Aufgabenbearbeitung verwenden, aber sie setzen sie nicht um, wenn sie aufgefordert werden, Veränderungsvorschläge zu machen. (Eine Erfahrung, die wir auch bei praktischen Designaufgaben gemacht haben.) Das mentale Modell der Aufgabenbearbeitung, operationalisiert als subjektive Beschreibung der Handlungssequenz, unterscheidet sich in der Regel von der bevorzugten Designlösung. Voraussetzung bei dieser Interpretation ist natürlich, daß unser Verfahren der Aufgabenanalyse als Methode zur Erfassung mentaler Modelle der Aufgabenbearbeitung geeignet ist. In einem Software-Design-Kurs, in dem mehrere Gruppen von TeilnehmerInnen derselben Benutzerin nach subjektiven Aufgabenanalysen verschiedene Designlösungen vorschlugen, zeigte sich ebenfalls, daß die Benutzerin eine strikt nach ihrer individuellen Aufgabenstruktur konzipierte Designlösung zwar als sehr übersichtlich einschätzte aber für die praktische Verwendung ablehnte. Diese Lösung erschien ihr als "zu umständlich", weil sie mehr Schritte als in einer "flacheren" Menüstruktur erforderte. Das Beispiel zeigt, daß wir zwischen der optimalen Struktur des Ablaufs der Aufgabenbearbeitung und der optimalen Struktur eines effizienten Ausführungswerkzeugs unterscheiden müssen. Eine übersichtliche Lösung ist nicht immer praktisch. Dabei spielen Gewohnheiten oder das mentale Modell möglicher Designlösungen zur Bewältigung der Aufgabe eine Rolle. Für BenutzerInnen mit geringen Kenntnissen über alternative Lösungen ist anscheinend das vorher bekannte Werkzeug zugleich auch die einzig konkret vorstellbare Designlösung.

In einer Arbeit von Hamborg (1989) ergab sich, daß individuell gewünschte, aufgabenorientierte Menüveränderungen auch nach einer Übungsphase nicht effizienter genutzt wurden, als die früher gelernten und gewohnten Systeme, sondern mehr Zeit erfordern. Auch das Erlernen einer erwünschten Veränderung kostet Zeit. Diese Beispiele zeigen, daß wir bei Designlösungen, die das mentale Modell der Aufgabenbearbeitung abzubilden versuchen, die aus der Theorie folgenden Vorzüge nicht nachweisen konnten. Im folgenden Teil wird als alternative Perspektive aufgabenorientierter Softwaregestaltung ein Konzept der Funktionalität entwickelt und zur Diskussion gestellt.

4 Effizienz und Funktionalität von Werkzeugen

Die Grundidee des Funktionalismus im künstlerischen Design (das Bauhaus gehört zu den bekanntesten Schulen) ist, daß der Gebrauchszweck über die Form und Gestalt eines Objekts entscheidet. Der Konstruktivismus als eine Richtung in der bildenden Kunst (Tatlin, Lissitzky, Kandinsky und die holländische Stijl-Gruppe um Mondrian und Moholy-Nagy) verzichtet auf die Abbildung von Naturvorbildern und versucht, durch einfache geometrische Formen und reine Farbflächen Klarheit und Harmonie zu erzielen. Form und Farbe des Objekts sind dabei der Funktionalität untergeordnet.

Der Begriff der Funktionalität im künstlerischen Design bezieht sich auf die Handhabung von Gebrauchsobjekten, also auch von Werkzeugen. Angestrebt wird dabei eine künstlerische Gestaltung, die der Handhabung des Werkzeugs bei der Bearbeitung der Aufgaben dient, für die es gedacht ist. Dieser künstlerische Ausgangspunkt des Funktionalismus soll nicht unberücksichtigt bleiben, wenn wir im folgenden drei Einzelmerkmale diskutieren, durch die wir die Funktionalität eines Werkzeugs zu bestimmen versuchen.

Aufgabenangemessenheit

Ein Werkzeug muß zur Ausführung der Aufgaben geeignet sein, für die es eingesetzt wird. Diese trivial erscheinende Feststellung soll an einem nicht ganz so einfachen Beispiel von Softwarewerkzeugen erläutert werden.

Für die Aufgabe, Texte zu schreiben, sind normalerweise Textverarbeitungsprogramme geeignete Werkzeuge. Wir kennen aber einen Datenbankexperten, der es vorzog, Serienbriefe mit einem programmierbaren Datenbanksystem zu schreiben, weil ihm die Nutzung von Adressendatenbanken für Serienbriefe von Textverarbeitungsprogrammen umständlicher erschien, als die umgekehrte Lösung. Dieses Beispiel zeigt, daß wir das Wissen der BenutzerInnen eines Werkzeugs berücksichtigen müssen, bevor wir feststellen können, ob es für die Ausführung einer Aufgabe geeignet ist. Mit einem modernen Datenbankprogramm lassen sich problemlos kurze oder einfach zu gestaltende Texte schreiben. Die so spezifizierte Aufgabe wäre also bei entsprechender Qualifikation ausführbar. Wenn aber die Aufgabe darin besteht, mehrseitige Texte mit Buchdruckqualität zu erstellen, wäre der Programmieraufwand mit den heute gängigen Werkzeugen selbst für ExpertInnen zu hoch und sie würden zweifellos ein Textverarbeitungsprogramm bevorzugen. Daraus läßt sich folgern, daß auch bei veränderbaren Werkzeugen, neben dem Expertenwissen der Aufwand (beim Umlernen und Anwenden) und Aufwandsvergleich mit anderen bekannten Werkzeugen eine Rolle spielen kann.

Nach der DIN 66 234 (Teil 8) wäre das Beispiel als Problem dem Grundsatz der "Aufgabenangemessenheit" zuzuordnen. Erinnern wir uns aber noch einmal genau an die Formulierung in der Definition der DIN: "Ein Dialog ist aufgabenangemessen, wenn er die Erledigung der Arbeitsaufgabe des Benutzers unterstützt, ohne ihn durch Eigenschaften des Dialogs unnötig zu belasten."

Wir haben uns an diese Sprache gewöhnt, aber kann "ein Dialog" (als Subjekt) die Aufgabenerledigung "unterstützen" ? (Ein sehr unscharfer Begriff aus dem Bereich zwischenmenschlicher Hilfe.) Wäre es nicht einfacher und genauer, wie im Beispiel, Aufgabenangemessenheit durch die Ausführbarkeit von Aufgaben (und Teilaufgaben) zu definieren? Kognitionspsychologisch oder von der subjektiven Seite her betrachtet, bezieht sich die Ausführbarkeit auf die Frage, ob und über welche handlungsbezogenen Abbilder eine Person zur Bewältigung der Aufgabenanforderungen mit dem Werkzeug verfügt, also auf ihr werkzeugbezogenes mentales Modell oder operatives Abbildsystem im Sinne der Handlungsstheorie (bzw. die Kontrollkompetenz nach Oesterreich, 1981). Durch personenbezogene arbeitsanalytische Verfahren verfügen wird im Prinzip über Methoden zur Erfassung operativer Abbildsysteme (deren Validität jedoch noch überprüft werden muß). Andererseits können wir aber auch die Ausführung der Aufgabe durch ein Werkzeug beobachten und mit aufgabenanalytischen Techniken (unter Verwendung von Logfiles) überprüfen, ob die subjektiv vorgestellten Wege objektiv ausführbar sind. Card, Moran u. Newell (1983) haben mittels Aufgabenanalysen und empirischen Überprüfungen von GOMS-Modellen gezeigt, wie dies möglich ist. Aufgabenangemessenheit läßt sich demnach subjektiv wie objektiv theoretisch und methodisch konsistent operationalisieren. Diese Auffassung ist nicht neu, sondern entspricht den bekannten kognitionspsychologischen und handlungstheoretischen Konzepten. Auch der Zusammenhang zur Funktionalität wurde bereits von anderen thematisiert. So beziehen Frese & Brodbeck (1989, S. 103) den Begriff der Funktionalität auf die Relation zwischen Aufgabe und System.

Ohne Berücksichtigung der vollständigen Interaktion zwischen Person, System und Aufgabe sind aus unserer Sicht Bewertungen von Softwarewerkzeugen fragwürdig. Wir sollten deshalb übereinkommen, die **Aufgabenangemessenheit** als **Ausführbarkeit einer gegebenen Aufgabe (oder Gesamtmenge ihrer Teilaufgaben) durch Verwendung des Werkzeugs für eine bestimmte Person oder Personengruppe** zu definieren. (Wir könnten sie deshalb auch als "Aufgabenausführbarkeit" bezeichnen.) Dabei ist immer anzugeben, für welche Personengruppe (Anwendungserfahrungen und Expertenwissen) die Aufgabenangemessenheit des Werkzeugs bestimmt werden soll. Wenn wir allgemein von der Aufgabenangemessenheit eines Werkzeugs im Sinne eines objektivierbaren Konstrukts sprechen, müssen wir - wie bei den sogenannten objektiven oder bedingungsbezogenen Verfahren der Aufgabenanalyse - von erfahrenen BenutzerInnen mit typischem Grundwissen ausgehen. (Für einen Programmierer, der das Datenbanksystem für eine Textverarbeitungsaufgabe angemessen verändern kann, wäre das System also im Unterschied zu einem typischen Benutzer durchaus "aufgabenangemessen".) Wenn sich eine Aufgabe in Teilaufgaben untergliedern läßt, kann die Aufgabenangemessenheit durch die Menge der ausführbaren Teilaufgaben (ggf. nach ihrer Bedeutung oder Häufigkeit in der Arbeitstätigkeit gewichtet) genauer spezifiziert werden.

Unberücksichtigt bleibt bei dieser Definition die zweite Komponente in der DIN-Definition, in der von "unnötig belastenden Eigenschaften" die Rede ist. Worauf sich diese Begriffe theoretisch und praktisch beziehen lassen, bleibt unklar und wird auch durch die verwendeten trivialen Beispiele nicht deutlich. (Z.B. Plazierung der Positionsmarke dort, wo man sie von der Aufgabe her braucht sowie ein Hinweis, daß der Benutzer beim Speichern keine Informationen über die Anordnung und Blocklänge benötigt.) Wie sollen wir unnötige (oder nötige) belastende Eigenschaften theoretisch verstehen? Wenn wir den Belastungsbegriff nach der DIN 33405 heranziehen, müßten wir hier die "Gesamtheit der erfaßbaren Einflüsse, die von außen auf den Menschen zukommen und auf ihn psychisch einwirken" betrachten. Zweifellos wäre dies eine außerordentlich aufwendige Aufgabe und wir können nie sicher sein, daß wir wirklich alle Einflüsse erfaßt haben (nach der DIN 33405 gehören übrigens nicht nur die Einwirkungen mit psychisch ermüdenden oder ermüdungsähnlichen Zuständen, sondern auch Anregungs- und Übungseffekte dazu). In der Arbeitswissenschaft ist der Belastungsbegriff nach dieser DIN deshalb auch nicht wie hier implizit als Qualitätsmerkmal eines Werkzeugs verwendbar. Selbst wenn wir aber den Begriff auf Merkmale des Werkzeugs eingrenzen, die ermüdungsähnliche Zustände oder andere Beanspruchungseffekte hervorrufen, wären wir gut beraten, einfache Unterscheidungen, "unnötiger" und "nötiger" Belastungen zu vermeiden. Solche Dichotomien sind mehr als fragwürdig, weil psychische Ermüdung oder Anstrengung an sich nicht negativ sein muß. Ohne Einbeziehung des

Kontextes, der Dauer, der kurz- und vor allem langfristigen psychophysiologĩschen Reaktionen sowie der subjektiven Bewertung der Belastungen und Effekte lassen sich nach Erkenntnissen der Belastungs- und Streßforschung kaum ergonomische Bewertungen vornehmen (vgl. Greif et.al. 1990). Im Abschnitt über "Ausführungssicherheit" werden Möglichkeiten der Bewertung unter diesem Gesichtspunkt behandelt.

Sehr viel einfacher und psychologisch konsistenter ließe sich dagegen die im Beispiel zur Bearbeitung einer Textaufgabe mit einem Datenbanksystem beschriebene vergleichende Einschätzung des Aufwands bei der Aufgabenbearbeitung mit verschiedenen bekannten Werkzeugen spezifizieren. Vielleicht ist dies bei den ungenauen Formulierungen in der DIN 66234 auch mitgedacht worden. (Alltagssprachlich würde man z.B. einen Zusatzaufwand auch als "unnötige Belastung" bezeichnen, wenn eine bessere oder effizientere Lösung bekannt ist.) Auf dieses Thema kommen wir unten im Abschnitt über "Ausführungseffizienz" zurück.

Ausführungssicherheit

Funktionalität wird oft mit Aufgabenangemessenheit gleichgesetzt. Im Glossar von Balzert et al. (1988, S. 377) wird Funktionalität definiert als "Gesamtmenge der für ein System bzw. für einen bestimmten Anwendungsbereich verfügbaren Systemfunktionen, die vom Benutzer herangezogen werden können". Wenn wir Funktionalität im Sinne der alltagssprachlichen Verwendung des Begriffs als Qualitätsmerkmal verstehen, würden wir ein Werkzeug sicher nicht als funktional bewerten, wenn wir damit eine übernommene Aufgabe lediglich irgendwie ausführen können. Ein Beispiel wäre ein Textverarbeitungsprogramm, mit dem wir die geforderten Aufgaben zwar ausführen können, dabei aber durch unübersichtliche Dialoggestaltung oder durch unverständliche, lücken- oder fehlerhafte Informationen in unserem Denken und Handeln in die Irre geführt werden, wodurch Fehlerrisiken entstehen. Hier wäre die subjektive und objektive Sicherheit bei der Ausführung der Aufgaben oder die Sicherheit der Handlungsregulation beeinträchtigt. Das Merkmal kann deshalb als "Ausführungssicherheit" bezeichnet werden.

Eberleh (1989, S. 97 ff.) verwendet den Begriff der "Handlungssicherheit" und definiert sie "als ein Maß für die **subjektive** Sicherheit des Benutzers, daß seine Handlung das beabsichtigte Ergebnis zeigt." (Hervorhebung wie im Original.) Wie die Definition zeigt, betrachtet er ausschließlich die subjektive Wahrscheinlichkeit der Zielerreichung (mit einem Wertebereich zwischen 0 und 1). Dabei geht es ihm auch nicht um Unsicherheitsempfindungen, sondern um das Wissen über das Handlungsfeld. "Bei vollständiger mentaler Repräsentation des konzeptuellen Modelles läge für den Benutzer völlige Handlungssicherheit vor." (Eberleh, 1989, S. 97). Unklar erscheint dabei, wieso die vollständige Kenntnis eines Modells mit einer "völligen Handlungssicherheit" gleichgesetzt werden kann. Im Prinzip kann es Handlungsunsicherheit auch trotz "vollständiger Kenntnisse" geben, wenn das Werkzeug faktisch keine zuverlässige Zielerreichung ermöglicht. Hier kann die (objektiv begründete) subjektive Unsicherheit auch nicht nur vollständige Kenntnis über das Handlungsfeld erhöht werden. Gemeint ist anscheinend das Wissen über einen Weg zum Ziel, unter der Voraussetzung, daß es einen Weg mit der Erfolgs-

wahrscheinlichkeit von p = 1,0 gibt (vgl. die Begriffe Effizienz, Wegwahrschein-
lichkeit, objektive Kontrolle und Kontrollkompetenz bei Oesterreich, 1981). Aber
selbst nach solchen möglichen Präzisierungen der Definition der
"Handlungsssicherheit" bliebe ihre Operationalisierung schwierig, solange der
Term "beabsichtigte Ergebnisse" nicht eingegrenzt wird. Ziele und Absichten können außerordentlich vielgestaltig und variabel sein. Werkzeuge, die für beliebige,
beabsichtigte Ergebnisse mit Sicherheit zum Erfolg führen, wären schwer vorstell-
bar. Erfassen oder messen können wir objektive und subjektive Sicherheiten dagegen für eingegrenzte oder vorgegebene Aufgaben (oder Mengen von Aufgaben).
"Ausführungssicherheit" bezieht sich entsprechend immer auf eine angebbare Aufgabe oder Aufgabenmenge. Hohe "Handlungssicherheit" können wir dagegen kaum
hinreichend ohne Berücksichtigung entwicklungspsychologischer Erkenntnisse
über die Entstehung von Selbstvertrauen und generalisierten Kontrollüberzeugun-
gen erklären (dabei mag die subjektive Generalisierung bei der Ausführung relevanter vorgegebener Aufgaben eine aktuelle, fördernde Rolle spielen).

In der Arbeitswissenschaft gehört die so beschriebene Ausführungssicherheit als
Problemfeld zum Gebiet der Arbeitssicherheit sowie zur Forschung über Gefahren-
kognitionen (Hoyos, 1987; Tversky & Kahnemann, 1974). Auch das Konzept der
"Handlungsorientierung" (Kuhl, 1982) wäre hier zu erwähnen. Speziell im Gebiet
der Software-Ergonomie sind Arbeiten über Fehlhandlungen (vgl. Lewis &
Norman, 1986; Frese & Peters, 1988) einschlägig.

Ausführungssicherheit ist nicht mit "Fehlerrobustheit" identisch, wie sie etwa in
der DIN 66234 definiert wird. Der Unterschied liegt in der stärkeren Berücksichtigung subjektiver Erwartungen und Risiken im Konzept der "Ausführungssicherheit". Es geht nicht nur um Eingabefehler und ihre Korrektur, "Fehlersicherheit",
sondern allgemeiner um das Ziel einer subjektiv und objektivierbar sicheren Ausführung von Aufgaben. Insofern bestehen auch Bezüge zur "Erwartungskonformität", wie sie in der DIN angesprochen wird. Keil-Slawik (1990, S. 172 f.) beschreibt typische Frage-Antwort-Verwirrungen durch die Dialoggestaltung, durch
die die Ausführungssicherheit verringert werden kann (er spricht abstrakt von einer
"Orientierung auf den Handlungsabschluß", also der "Handlungsorientierung" im
Sinne von Kuhl, 1982). Seine Designregel lautet: "Jede Ausgabe des Systems soll
so gestaltet werden, daß sie die jeweils erreichbaren Handlungsabschlüsse verdeutlicht." Als Design-Lösungen betont er die Verwendung von Diagrammen, die die
erreichbaren Ziele und funktionellen Zusammenhänge räumlich und piktografisch
anschaulich vermitteln. In seinen Beispielen spricht er explizit auch die
Unsicherheit bei der Ausführung einer Aufgabe an und im Kern ist sicher das
Gleiche gemeint. Allerdings bezieht sich die Designregel nur auf bestimmte
Benutzergruppen und die Verbesserung der Handlungsorientierung und nicht direkt
auf die Verringerung von Unsicherheiten durch Fehlertraining (Greif, 1986) und
Funktionen zum Fehlermanagement (Frese & Brodbeck, 1989, S. 126 ff.).

Die subjektive Ausführungssicherheit kann durch schriftliche Befragung zu sicheren und unsicheren Wegen der Zielerreichung oder einfach durch Einschätzungs-
skalen zu Risikoerwartungen erfaßt werden oder durch Interviews über erlebte Fehlersituationen oder Beinahe-Fehler und Heuristiken (Faustregeln), mit denen BenutzerInnen die Risiken abzuschätzen versuchen. Als objektive Daten können Häufig-
keiten und Verhaltensprotokolle von Fehlersituationen (bei Computersystemen
durch Logfiles) oder experimentelle ergonomische Vergleiche verschiedener Werkzeuge oder Designlösungen erhoben werden. Die einschlägigen Verfahren der Aufgabenanalyse liefern allerdings keine systematischen Informationen zur subjektiven

und objektivierbaren Ausführungssicherheit von Aufgaben mit Softwarewerkzeugen. Geeignete Verfahren müssen noch entwickelt werden.

Wie die Beispiele zeigen, läßt sich die Ausführungssicherheit nicht ohne Berücksichtigung der subjektiven Erwartungen, des Vorwissens, der Fertigkeiten und Arbeitsroutinen (oder Gewohnheiten) von handelnden Individuen beurteilen. Zu allen genannten Personmerkmalen wären demnach genaue Angaben erforderlich. Auch hierzu fehlen praktisch bewährte Standardverfahren.

Ausführungseffizienz

Ein Werkzeug kann eine subjektiv und zugleich objektivierbar sichere Handhabung ermöglichen, dabei aber die BenutzerInnen zwingen, mit umständlichen oder zeitaufwendigen Prozeduren zu arbeiten. Das Beispiel, das wir zur Diskussion des Belastungsbegriffs in der DIN 66234 verwendet haben, läßt sich hier einordnen. Die Umständlichkeit betrifft dabei die Länge der Wege oder Zahl der erforderlichen Schritte. Der Zeitaufwand korreliert in der Regel mit der Zahl der Schritte. Zusätzlich sind Systemwartezeiten oder Zeitbedarf durch Orientierungsanforderungen oder Handlungsunterbrechungen zu berücksichtigen. Die angestrebte Qualität des Arbeitsergebnisses (oder Leistungsgüte) ist ebenfalls von großer Bedeutung. Leistungsgüte und Leistungsgeschwindigkeit konfligieren oft. Der schnellste Weg ist keineswegs immer zugleich der sicherste. Je nach Aufgabenanforderungen sind deshalb spezifisch gewichtete Kriterien zu verwenden. Die zusammenfassend aufgeführten Kriterien betreffen alle die Effizienz der Handlungsregulation bei der Ausführung von Aufgaben. Als Oberbegriff verwenden wir deshalb hier den Begriff der "Ausführungseffizienz".

Nach Oppermann et al. (1988, S. 2) bezieht sich eine "angemessene Funktionalität" "auf das Verhältnis von Aufgaben des Benutzers und Leistungsmerkmalen des Systems, d.h. auf die Verfügbarkeit von Funktionen im System, die die Aufgaben des Benutzers effizient unterstützen". Neben der Aufgabenangemessenheit (in Sinne der DIN 66234) thematisieren sie explizit die Effizienz als Aspekt der Funktionalität. Frese und Brodbeck (1989, S. 166) sprechen von "Funktionalität durch Aufgabenangemessenheit" eines Systems, wenn es "die direkte Aufgabenerledigung ohne Umwege" erlaubt.

Effizienzanalysen basieren auf Input-Vergleichen zwischen mindestens zwei Systemen mit vergleichbarem Output oder auf Output-Vergleichen bei gegebenem Input. Beim Vergleich von Softwarewerkzeugen können wir analog die erforderliche Zeit (oder andere Effizienzkriterien) zur Erledigung gegebener, genau mit allen Qualitätsanforderungen spezifizierter Aufgaben mit Benchmark-Tests ermitteln oder subjektiv schätzen. Wir können aber auch umgekehrt untersuchen, welche Leistungsergebnisse (Menge oder Qualität) in einem vorgegebenen Zeitabschnitt mit verschiedenen Werkzeugen erzielt werden können.

Der Vergleich bekannter Softwaresysteme im Hinblick auf ihre Ausführungseffizienz für bestimmte Aufgaben ist (neben Kostenvergleichen) typischer Gesprächsstoff und Streitthema unter ExpertInnen (und vor allem unter konkurrierenden Softwareherstellern). Dies zeigt den Stellenwert von Effizienzvergleichen, aber auch, wie schwierig es ist, übereinstimmende Einschätzungen zu erhalten. Dies hängt einmal damit zusammen, daß Menschen ohne Meßgeräte gar nicht in der

Lage sind, exakte Zeitschätzungen für die strittigen Vergleiche abzugeben (aber sich subjektiv in ihren Einschätzungen sehr sicher fühlen). Zum anderen können sie in ihrer Arbeit Gewohnheiten entwickeln und unterschiedliche Wege und Werkzeuge bei der Aufgabenausführung bevorzugen (vgl. das Konzept der "differentiellen Arbeitsgestaltung" von Ulich, 1989). Bei der Analyse der Wege und Zeitwerte können wir deshalb nicht nur von "einem besten Weg" ausgehen, sondern müßten die jeweils individuell bevorzugten Wege berücksichtigen (Greif & Gediga, 1987). Im Streit über "das beste System" werden aber diese für einen Effizienzvergleich notwendigen Differenzierungen vernachlässigt.

Was wir als ineffizient oder "umständlich" ansehen, hängt vom Wissen über vergleichbare Werkzeuge oder von den Erwartungen ab, die wir an die Handhabung der Aufgaben mit dem Werkzeug stellen. Wir brauchen demnach genaue Angaben über die Vorerfahrungen und Erwartungen der NutzerInnen mit vergleichbaren Werkzeugen.

Daran zeigt sich, daß wir nicht ohne Weiteres davon ausgehen können, daß bei personenbezogener oder individueller Betrachtung die subjektiv wahrgenommene mit der objektivierbar (z.B. individuell per Logfile mit Zeitwerten) erfaßten Ausführungseffizienz eines Werkzeugs bei gegebenen Aufgaben übereinstimmen müssen. Erforderlich sind hierfür Aufgabenanalysen, mit denen wir systematisch die subjektiv effizientesten Werkzeuge und Wege (nach allen relevanten Effizienzkriterien) und Alltagswissen über (mehr oder minder riskante) Abkürzungen oder Tips zur Effizienzsteigerung erfragen und mit objektiven Daten vergleichen können. Die Bekanntheit, Vorwissen und praktische Erfahrungen der BenutzerInnen beim Umgang mit den zu vergleichenden Werkzeugen sowie individuell bevorzugte Werkzeuge und Wege sind dabei zu kontrollieren. Exemplarische Lösungen finden wir in vergleichenden ergonomischen Untersuchungen von Werkzeugen. Besonders am Beispiel des Hochleistungssports können wir absehen, welcher Test- und Prüfaufwand zur Perfektionierung von z.B. Tennisschlägern bereits heute investiert wird und welche Rolle dabei individuelle Techniken oder Bevorzugungen (hier speziell die Techniken und Wünsche der ersten Zehn auf den Weltranglisten der Frauen oder Männer) spielen.

5 Funktionalität als Perspektive für Forschung und Design

Zusammenfassend definieren wir die "Funktionalität eines Werkzeugs" für gegebene Aufgaben durch die Aufgabenangemessenheit, Ausführungssicherheit und Ausführungseffizienz des Werkzeugs für bestimmte Personen oder Personengruppen. In einem Satz ausgedrückt ist die Funktionalität für eine Aufgabe die Sicherheit, mit der die NutzerInnen die Aufgabe mit dem Werkzeug effizient meistern können. Wie oben eingehend dargestellt wurde, ist zwischen personenbezogener und bedingungsbezogener Erfassung, Untersuchung der subjektiven Wahrnehmung und der objektivierbaren Verhaltensdaten zu unterscheiden. Funktionalität ist keine personen- und aufgabenunabhängige Eigenschaft von Werkzeugen. Die Bestimmung der Funktionalität erfordert immer eine genaue Angabe der Aufgaben und

Personen (oder Personengruppen) unter Berücksichtigung der subjektiver Wahrnehmungen der handelnden Personen.

Die Erfassung der so definierten Funktionalität ist keineswegs immer relevant. Ein wichtiges Beispiel wären "Lernaufgaben". Wenn es nur darum geht, rasch eine oder mehrere fest vorgegebene Aufgaben mit einem vorgegebenen Werkzeug zu bearbeiten zu lernen, wäre es durchaus konsequent, die Aufgabenangemessenheit, Ausführungssicherheit und Ausführungseffizienz der Lernumgebung zu optimieren. Der Wissenserwerb zur Bewältigung komplexer oder neuer, möglicher aber unvorhersehbarer Problemsituationen ließe sich mit einem solchen "minimalistischen Design" von Lernumgebungen nicht fördern. Im Gegenteil wären hier nach Erkenntnissen der Motivations- und Explorationstheorie Komplexität und Neuigkeit der Lernaufgaben möglichst maximiert werden (Greif und Keller, 1990), allerdings nur insoweit, daß sie individuell verarbeitet werden können. Hier wäre demnach eher ein "maximalistisches Design" der Lernumgebung anzustreben. Beim Design von Arbeitswerkzeugen für den routinemäßigen Gebrauch im Alltag ist dagegen eine Perfektionierung der Funktionalität durch minimalistisches Design (im Sinne des Bauhaus) eher angebracht. (Der Minimalismus wird aber heute im künstlerischen Design nicht mehr favorisiert, sondern partiell durch eine komplexere Postmoderne abgelöst.)

Aufgabenangemessenheit, Ausführungssicherheit und Ausführungseffizienz bauen konstruktiv aufeinander auf und können in der Form einer dreistufigen Pyramide angeordnet werden (vgl. Abb. 1). Als erste, grundlegende konstruktive Anforderung beim Design und erste Stufe der Pyramide ist es zunächst einmal notwendig, daß ein Werkzeug zur Ausführung der Aufgaben geeignet ist, für die es eingesetzt werden soll (Aufgabenangemessenheit). Danach können wir uns als zweite Stufe auf die Forderung konzentrieren, daß die Ausführung der Aufgabe mit maximaler Erfolgswahrscheinlichkeit oder Sicherheit erfolgen soll (Ausführungssicherheit). Wenn die Sicherheit gewährleistet ist, steht die Effizienz der Ausführung im Vordergrund des Interesses (Ausführungseffizienz).

Die Folge in Abb. 1 ist lediglich beschreibend gemeint und nicht zwingend als Stufenfolge beim Design zu realisieren. (In Designprojekten mit Qualitätssicherung würden wir im Gegenteil empfehlen, von Anfang an sämtliche Zielkriterien integriert zu bearbeiten, also gewissermaßen die drei Stufen in einem Prozeß gleichzeitig zu optimieren.) Die Folge charakterisiert aber die bei der Einführung neuer Werkzeuge häufiger als andere zu beobachtende Entwicklungsfolge. Zuerst geht es vor allem um die Frage, was man mit dem Werkzeug machen kann, dann wird nach Erfahrungen mit Fehlerrisiken die Sicherheit und schließlich die Effizienz perfektioniert. (Daraus können sich aber natürlich wiederum Probleme für die Ausführungssicherheit und sogar neue Aufgabenanforderungen ergeben.)

Heute steht beim Softwaredesign - zumindest bei Standardwerkzeugen - die Perfektionierung der Funktionalität im Vordergrund. Es geht nicht mehr - wie noch gar nicht lange her in der Gründerzeit der DIN 66234, Teil 8 (sie wurde erst im Februar 1988 veröffentlicht) - darum, grobe Schwächen und Konstruktionsmängel der Hard- und Softwarewerkzeuge begrifflich zu fassen. Die Mehrzahl der Beispiele aus dieser DIN sind zwar nicht alle gegenstandslos geworden, jedoch erscheinen sie nicht mehr trennscharf für neue Softwaresysteme. Hier zeigt sich, daß die Entwicklung unserer Maßstäbe der technologischen Entwicklung hinterherlaufen kann, wenn sie als starrer Anforderungskatalog (mit konkreten Beispielen aus der Gegenwart und absehbaren Zukunft) formuliert werden.

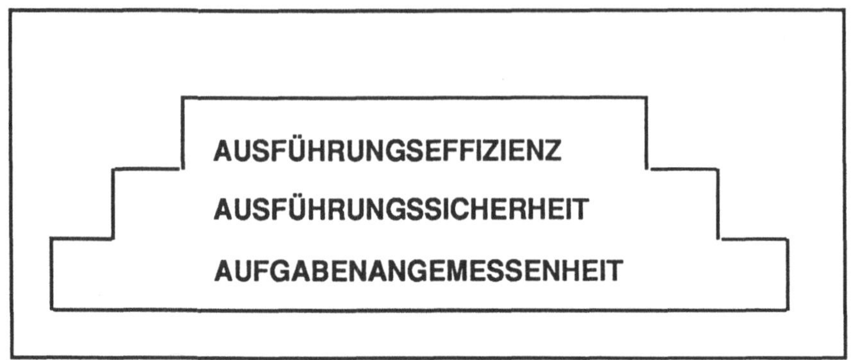

Abb. 1. Typische Stufenfolge der Merkmalsbereiche der Funktionalität

Mit unserer Darstellung zielen wir deshalb auch nicht etwa darauf ab, die DIN durch einen neuen starren Standard zu ersetzen. Mit der Strukturierung des Problemfelds und der Subkonstrukte zur Funktionalität suchen wir nach einer Sprache zur theoretisch stimmigen Formulierung der Probleme in einer Phase der ständigen Perfektionierung von Softwarewerkzeugen, um eine Perspektive für Forschung und Design zu eröffnen, die in diesem Gebiet noch wenig entwickelt ist. Wie aus der Darstellung hervorgeht, ist das Feld außerordentlich vielschichtig und facettenreich. Design ist die "neue Kampfarena des Wettbewerbs" (Hayes, 1990). Am Produktentwicklungsprozeß sind multidisziplinäre Projektteams (künstlerische Designer, Techniker, Ökonomen, Marketingexperten und Designmanager als neue Profession) beteiligt und multidisziplinäre Methoden, Grundlagenerkenntnisse und Lösungen gefragt. Wie wir es auch aus anderen Bereichen kennen, können wir nicht damit rechnen, daß das Design von Softwaresystemen jemals abgeschlossen sein wird. Konkurrierende, durch kulturelle Veränderungen beeinflußte Strömungen haben einander schon in der Vergangenheit abgelöst (etwa die komplexere Postmoderne den Minimalismus des Bauhausstils) und werden das Design auch zukünftig in ständiger Bewegung halten. Radikal neue Lösungen erzielen Aufmerksamkeit und lassen sich leichter vermarkten. Veränderung ist die Devise. Die Übertragung des Grundgedankens des Funktionalismus, die Form- und Farbgebung von Softwarewerkzeugen ästhetisch der Verbesserung der Funktionalität nutzbar zu machen, eröffnet neue Perspektiven für Forschung und Design in diesem Feld.

6 Literatur

Balzert, H., Hoppe, H.U., Oppermann, R., Peschke, H., Rohr, G., & Streitz, N. (Hrsg.)(1983). Einführung in die Software Ergonomie. Berlin: de Gruyter.

Card, S.K., Moran, T.P. & Newell, A. (1983). The pycology of human-computer interaction. Hillsdale, N.J.: Erlbaum.

DIN 66234/8 (1988). Bildschirmarbeitsplätze. Berlin: Beuth Verlag GmbH.

Eberleh, E. (1989). Beschreibung, Klassifikation und mentale Repräsentation komplexer Mensch Computer-Interaktion. Regensburg: S. Roderer Verlag.

Frese, M. & Brodbeck, F. (1989). Computer in Büro und Verwaltung. Berlin: Springer.

Frese, M. & Peters, H. (1988). Zur Fehlerbehandlung in der Software-Ergonomie. Zeitschrift für Arbeitswissenschaft, 42,(14), 9-18.

Gablenz-Kolakovic, S., Krogoll, T., Oesterreich, R. & Volpert,W. (1981). Subjektive oder objektive Arbeitsanalyse?. Zeitschrift für Arbeitswissenschaft,(35), S.217-220.

Gediga, G., Greif, S., Monecke, U., Hamborg, K.-C. (1989). Aufgaben- und Tätigkeitsanalysen als Grundlage der Softwaregestaltung. In S. Maaß & H. Oberquelle (Hrsg). Software Ergonomie '89. Stuttgart: Teubner.

Greif, S. (1986). Neue Kommunikationstechnologien - Entlastung oder mehr Streß? Beschreibung eines Computer-Trainings zur "Streß-Immunisierung". In K.-H. Pullig, U. Schäckel & J. Scholz (Hrsg.), Streß. Reihe Betriebliche Weiterbildung, Nr. 8, Hamburg: Windmühle, 178-201.

Greif, S. (1990). Organisational issues and task analysis. In B. Shackel (Ed.), Human factors for informatics usability. New York: Cambridge (in print).

Greif, S., Bamberg, E. & Semmer, N. (1990, Hrsg.). Psychischer Streß am Arbeitsplatz. Göttingen: Hogrefe.

Greif, S. & Keller, H. (1990). Innovation and the design of work and learning environments: the concept of exploration in human-computer interaction. In M. A. West & J. L. Farr (eds.). Innovation and Creativity at Work. New York: Wiley, 231-249.

Hamborg, K.-C. (1989). Aufgabenanalysen zur Softwaregestaltung. Unveröffentlichte Diplomarbeit. Universität Osnabrück.

Hamborg, K.-C. (1990). Erprobung eines aufgabenanalytischen Ansatzes mit dem Ziel der Menügestaltung. Universität Osnabrück, Berichtsheft: MBQ 16/90.

Hayes, R. H. (1990). Design: Die neue Kampfarena des Wettbewerbs. In: Design Management Institute Boston (Hrsg.), Designing for Product Success. Düsseldorf: Econ, S. 13-16.

Hoyos, C. Graf (1987). Verhalten in gefährlichen Situationen. In U. Kleinbeck & J. Rutenfranz (Hrsg.), Arbeitspsychologie. Enzyklopädie der Psychologie. Göttingen: Hogrefe.

Keil-Slawik, R. (1990). Konstruktives Design. Unveröffentlichte Habilitationsschrift TU Berlin.

Kuhl, J. (1982). Action versus state-orientation as a mediator between motivation and action. In W. Hacker, W. Volpert & M. von Cranach (Eds.), Cognitive and motivational aspects of action. Berlin: VEB Deutscher Verlag der Wissenschaften.

Lewis, C. & Norman, D. A. (1986). Designing for error. In D. A. Norman & S. W. Draper (Eds.), User centered system design. Hillsdale, NJ: Erlbaum.

Norman, D.A. (1983). Some Observations on mental modells. In D. Gentner & A. L. Stevens (Eds.), Mental models. Hillsdale, NJ: Erlbaum.

Norman, D. (1986). Cognitive engineering. In D. A. Norman & S. W. Draper (Eds.), User cenetered system design. Hillsdale, NJ: Erlbaum.

Oesterreich, R. (1981). Handlungsregulation und Kontrolle. München: Urban & Schwarzenberg.

Oesterreich, R. & Volpert, W. (1987). Handlungstheoretisch orientierte Arbeitsanalyse. In U. Kleinbeck & J. Rutenfranz (Hrsg.) Enzyklopädie der Psychologie D III/I. Göttingen: Hogrefe.

Opperman, R., Murchner, B., Paetau, M., Pieper, M., Simm, H. & Stellmacher, I. (1988). Evaluation von Dialogsystemen, Der softwarergonomische Leitfaden EVADIS. Berlin: de Gruyter.

Rouse, W.B. & Morris, N.M. (1986). On Looking Into the Black Box: Prospects and Limits in the Search for Mental Models. Psychological Bulletin, Vol. 100,No. 3, S. 349-363.

Rubin, T. (1988). User Interface Design For Computer Systems. Chichester: Ellis Harwood Limited.

Shneiderman, B. (1987). Designing the User Interface: Strategies of Effective Human-Computer Interaction. Reading, Mass: Addison Wesley.

Tversky, A. & Kahnemann, D. (1974). Judgement under uncertainty: Heuristics and biases. Science, 185, 1124-1131.

Ulich, E. (1989). Individualisierung und differentielle Arbeitsgestaltung. In B. Zimolong & C. Graf Hoyos (Hrsg.), Ingenieurpsychologie. Enzyklopädie der Psychologie. Göttingen: Hogrefe.

Volpert, W., Oesterreich, R., Gablenz-Kolakovic, S., Krogoll, R. & Resch, M. (1983). Verfahren zur Ermittlung von Regulationserfordernissen in der Arbeitstätigkeit (VERA). Köln: Verlag TÜV Rheinland.

Young, R.M. (1983). Surrogates and mappings: Two kinds of conceptual models for interactive devices. In D. Gentner & A. L. Stevens (Eds.), Mental models. Hillsdale N.J: Erlbaum.

3 Qualifizierung von Benutzern und Entwicklern

Benutzerqualifizierung
- ein anwendungsintegrierter Ansatz
Ergebnisse eines Forschungsprojektes für behinderte Personen[1]

Reinhard Nachtsheim

CLS Computer Lern Systeme GmbH, Kaiserstr. 31, D-5300 Bonn 1

Zusammenfassung

Mit Hilfe eines generischen Modells wird ein Ansatz zur Integration von Lerneinheiten in Anwendungssoftware dargestellt. Einen Schwerpunkt des Modells bildet die Aufteilung einer Anwendung in elementare Einheiten und die Beschreibung ihres Zusammenhangs. Dies erlaubt es, Arbeitsprozesse auf die Software abzubilden und behindertenspezifisch gestaltete integrierte Systeme zu realisieren.

Abstract

Based on a generic model an approach for the integration of learning packages into application software is presented. The model describes an application by means of application elements and their connection. This enables the mapping of work processes onto software. The infrastructure provided supports the generation of integrated systems adapted to special needs groups.

1 Aktuelle und zukünftige Probleme der Benutzerqualifizierung

Prognosen, unter anderem der Gesellschaft für Informatik, zeigen ein exponentielles Wachstum der Benutzerzahlen von Informationstechnologie in naher Zukunft. Dem steht ein langsam wachsendes Potential klassischer Multiplikatoren gegenüber. Dies zeigt sich auf höchstem Niveau am Mangel an Informatikdozenten in Hochschulen, zieht sich aber durch alle Qualifizierungsniveaus hindurch. Pro Jahr werden in der Bundesrepublik weniger als 15.000 Ausbildungsabschlüsse im

---

[1] Der vorliegende Beitrag beruht auf Arbeiten der beiden Forschungsprojekte "Erschließung neuer Qualifikationsmöglichkeiten durch Entwicklung und Erprobung behindertenspezifisch gestalteter Lernsysteme für Bürotätigkeiten" (Förderkennzeichen 01HK317, AuT-Programm des BMFT) sowie "ELO - Elusive Office" (Projektnr. 2382, ESPRIT II Programm der Kommission der Europäischen Gemeinschaft). Beide Vorhaben sind noch nicht abgeschlossen.

Bereich der Informationstechnologien abgelegt. Hierbei sind bereits alle Ausbildungen vom Datenverarbeitungskaufmann bis zum Diplominformatiker und auch alle von Akademikern absolvierten Umschulungen eingeschlossen. Dem gegenüber steht ein jährlicher Bedarf von mindestens 30.000 gut qualifizierten Ausbildungsabsolventen aus dem Bereich der Informationstechnologie. Hierbei ist noch nicht betrachtet, daß neben den Fachexperten eine weit größere Anzahl von Nutzern auszubilden ist. Somit ergibt sich eine Diskrepanz zwischen Qualifizierungsbedarf und klassischem Ausbildungspotential, das den Anwendungsstau der Informatik in der Wirtschaft noch weiter verstärkt. Diese Problematik dürfte sich durch die Einbeziehung der ehemaligen DDR weiter verschärfen.

Hieraus resultiert die Notwendigkeit, nach neuen Wegen zur Qualifizierung zu suchen. Ein Weg, der sich anbietet, ist die verstärkte Nutzung der Informationstechnologie selbst als Lehrmedium und die forcierte Entwicklung von Lerntechnologie. Da es sich bei dem genannten Engpaß um ein internationales Problem handelt, das in seinen Auswirkungen nur in einer gemeinsamen multilateralen Anstrengung gelöst werden kann, hat die Kommission der Europäischen Gemeinschaft zwei Forschungsprogramme definiert, in deren Rahmen die Entwicklung multimedialer Lerntechnologie vorangetrieben werden soll. Es sind dies die Programme DELTA und COMETT. War ELO im Jahr 1988 bei der damaligen ESPRIT-Ausschreibung noch das einzige Projekt, das den Aspekt der Benutzerqualifizierung schon in die Projektdefinition aufgenommen hatte, so wird heute von Seiten der Kommission der Europäischen Gemeinschaft verstärkt auch auf diesen Aspekt bei der Auswahl von Entwicklungsprojekten geachtet. Einer der Ansätze, der in internationalen Projekten (z.B. von EUROPACE) verfolgt wird, ist die Nutzung von Satellitenkapazitäten zur Distribuierung von multimedialen, interaktiven Lernmaterialien. Auch die Deutsche Bundespost arbeitet an Projekten, die darauf abzielen, die Datenkommunikationsnetze zur Distribuierung von Lernmaterialien zu nutzen.

Die Strategie zur Benutzerqualifizierung bei der Einführung von Anwendungssoftware beschränkt sich in den meisten Unternehmen auf eine einführende Benutzerschulung sowie eine zentrale Unterstützungsinstanz. Ansonsten wird der neue Benutzer mit dem System und einem Handbuch allein gelassen. Ein Großteil auftretender Fragen und Probleme taucht jedoch während der täglichen Arbeit auf. Dies ist die Situation, in der der Benutzer adäquate Systemunterstützung und Erklärungen zu seinen Problemen benötigt. Der Begriff der Softwareergonomie (vgl. DIN 66234/8 und DIN 66280/1) ist hierbei nicht nur unter dem Aspekt der Benutzbarkeit sondern verstärkt unter dem Aspekt der Erlernbarkeit zu betrachten. Erlernen umfaßt hierbei sowohl das Handlungswissen als auch das fachinhaltliche Wissen.

Ein Ansatz für die Lösung der genannten Problematik bildet die Integration von Lerneinheiten in die Applikation. Benutzerunterstützung in Form von Hilfe und Lernunterstützung gehen hierbei ineinander über.

Im Folgenden soll nun zunächst das zugrunde liegende Modell für eine Integration von Applikationseinheiten mit Lerneinheiten dargelegt werden. Danach erfolgt eine Beschreibung der im AuT-Projekt bisher erarbeiteten Ergebnisse.

2 Der CIS-Integrationsraum

Innerhalb des ESPRIT-Projektes 2382 "ELO Elusive Office" wurde ein Modell für die Integration von Lerneinheiten in Applikationen, der CLS Integration Space, entwickelt. Die wesentlichen Komponenten dieses Modells, das sich als dreidimensionaler Würfel darstellen läßt (siehe Abb. 1), bilden

- die Dimensionen "Applikation", "Qualifikationsniveau" und "Lernunterstützung",
- die "Knoten", die funktionelle Inhalte repräsentieren sowie
- die Verbindungen zwischen diesen Knoten.

Die Punkte der Applikationsachse stehen für die implementierten Zustände einer Applikation (technisch: Objekte, Module, Systemzustände). Die zweite Achse repräsentiert das Qualifikationsniveau des Benutzers. Zur Vereinfachung wird hier in Anlehnung an Chin(1989) exemplarisch von vier unterschiedlichen Qualifikationsniveaus ausgegangen:

- Der "Novize" ist der Systemneuling, der über keinerlei Handhabungswissen des Gesamtsystems verfügt.
- Der "Beginner" verfügt bereits über eine Grundlage an Handhabungswissen, jedoch kaum über Inhaltswissen.
- Der "Intermediate-Benutzer" verfügt bereits über eine solide Grundlage nicht nur in der Handhabung sondern auch beim inhaltlichen Wissen.
- Auf der höchsten Stufe steht der "Experte", der das System völlig beherrscht.

Die Dimension der Lernunterstützung weist drei Ebenen oberhalb der Applikationsebene auf. Die erste Ebene wird aus Hilfen der klassischen Art gebildet. Die zweite Ebene wird aus einem Glossarsystem gebildet, das idealerweise in Form eines Hypertextsystems angeboten werden soll. Auf oberster Ebene werden kontextabhängig Lerneinheiten angeboten. Bewegt man sich nur auf der obersten Ebene so bearbeitet man Lernsequenzen zur darunterliegenden Anwendung.

Die Verbindung zwischen den einzelnen Knoten der Applikationsachse werden durch Petri-Netz-ähnliche Strukturen (siehe Petri1962), sog. Frames, beschrieben. Die syntaktische Beschreibung dieser Strukturen erfolgt in Form einer eigens definierten formalen Sprache, der sog. FFDL (Formal Frame Description Language). Neben den statischen Zuständen und den Zusammenhängen wurden Regeln und Entscheidungsprozesse zur Bewegung innerhalb des Modellraums definiert. Kennzeichnend für das Modell ist die Gleichbehandlung der

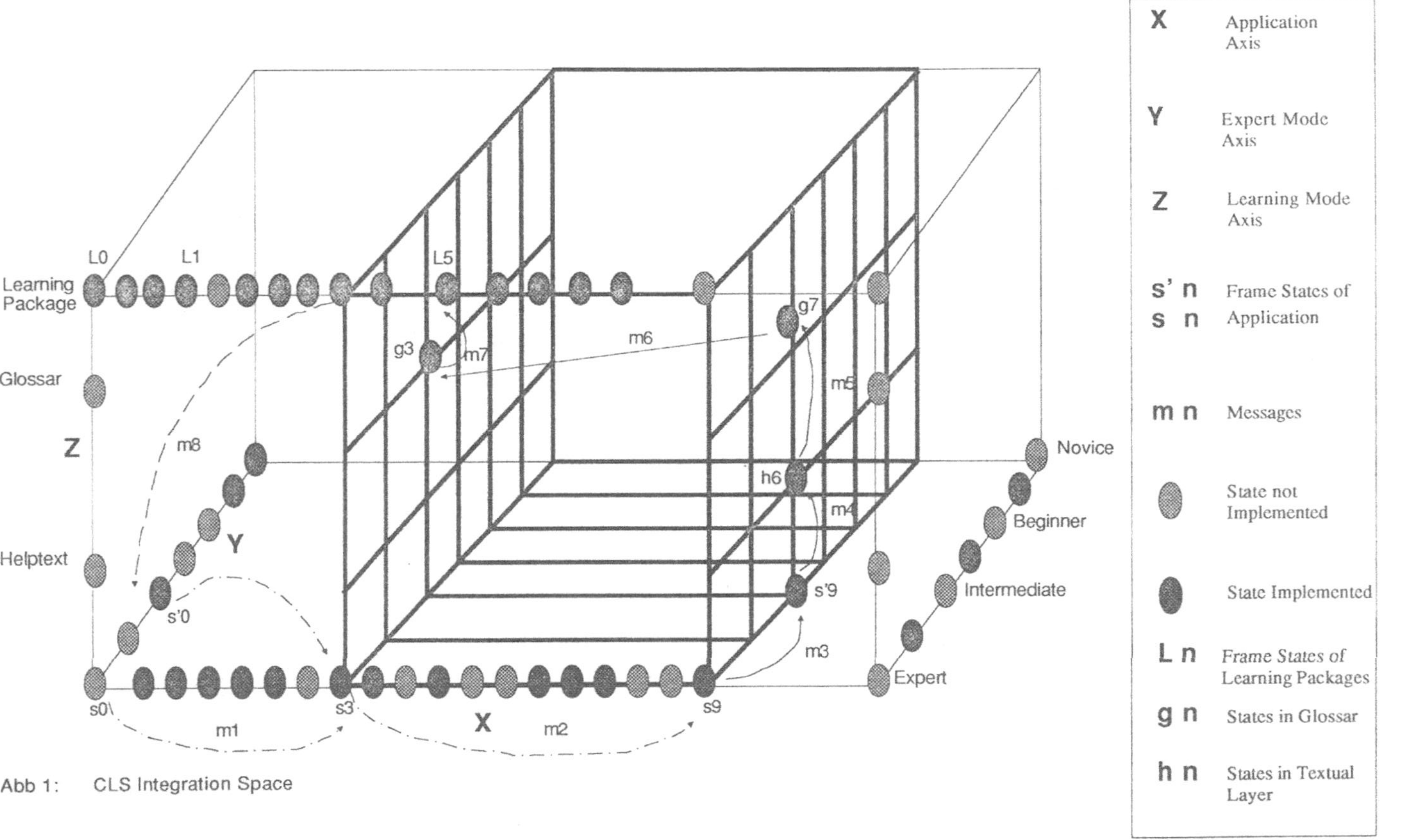

Abb 1:   CLS Integration Space

verschiedenen Systemzustände. Lernen und Applikation sowie alle dazwischen liegenden Formen der Unterstützung bilden eine Einheit. Die artifizielle Trennung zwischen Lernen und Arbeiten entfällt.

Ein weiterer Vorteil des Modells liegt in dem Aufbrechen der Applikation in elementare Grundeinheiten und in die Beschreibung des Zusammenhangs dieser Grundkomponenten. Dies erlaubt es, Arbeitsprozesse als Zusammenfassung von elementaren Einheiten zu definieren. Diese Eigenschaft wurde in dem im nachhinein vorgestellten Projekt wesentlich für die Adaption des Systems an die abzuleistenden Arbeiten genutzt.

Die dynamischen Komponenten des Modells werden beschrieben durch ein Protokoll für die Nachrichtenübermittlung zwischen den Knoten und durch eine Kontrollinstitution für die Navigation innerhalb des Modellraumes. Diese besteht einerseits aus einem Parser/Interpreter für die Auflösung der FFDL-Syntax entlang der Applikationsachse und andererseits aus dem "Qualification Tuner", der entlang der Qualifikationsachse navigiert. Die Anforderung von Hilfe- und Lernunterstützung erfolgt explizit durch den Benutzer. Hierbei ist festzuhalten, daß der Qualification Tuner zwar ständig das Benutzerverhalten mißt und gegebenenfalls die Migration des Benutzers in eine andere Qualifikationsstufe vorschlägt, das System sich jedoch nicht selbständig in eine andere Qualifikationsebene versetzt, ohne daß der Benutzer dies erfährt. Dies soll ein einheitliches und konformes Verhalten des Gesamtsystems gegenüber dem Benutzer garantieren (vgl. auch Greif1987). Das Modellieren des Benutzers im Qualification Tuner beruht im wesentlichen auf statistischen Ansätzen. Hier ist ein Bereich, der im weiteren Verlauf des ELO-Projektes näher spezifiziert und ausgebaut werden soll.

Zur Zeit liegt der Schwerpunkt der Arbeiten von ELO in der prototypischen Realisierung der dynamischen Aspekte des Modellraumes.

3 Behindertenspezifisch gestaltete integrierte Lernsysteme

Bis heute liegt der Haupttätigkeitsbereich von Organisationen und Institutionen, die sich mit der Integration von Behinderten in den Arbeitsmarkt beschäftigen im Bereich der manuellen Fertigung. Als Schlüssel zum Erfolg erwies sich hierbei stets die Möglichkeit, Arbeitsumfang und Komplexität auf das Leistungsvermögen der einzelnen behinderten Mitarbeiter abzustellen. Mit der Einführung der neuen Informations- und Kommunikationstechnologien haben sich neue Tätigkeitsbereiche entwickelt. Bestimmten Gruppen von Behinderten kann durch diese Technologien zum ersten Mal ermöglicht werden, befriedigende produktive Tätigkeiten durchzuführen. Aber auch hier wird sich als Schlüssel zum Erfolg die Möglichkeit erweisen, das Arbeitsspektrum auf die individuellen Fähigkeiten einzelner Behinderter abzustimmen. Dies ist bei den heute auf dem Markt befindlichen Softwareprodukten nur äußerst selten und nur in rudimentärer Form möglich.

Ziel des Projektes "Erschließung neuer Qualifikationsmöglichkeiten durch Entwicklung und Erprobung behindertenspezifisch gestalteter rechnergestützter Lernsysteme für Bürotätigkeiten" ist es, exemplarisch eine Einbindung von Lerneinheiten in eine Büroapplikation zu realisieren. Die didaktische und methodische Aufbereitung der Lerninhalte soll es psychisch behinderten Menschen ermöglichen, die unterstützten Bürotätigkeiten auszuführen und durch die Vermittlung befriedigender Arbeitsmöglichkeiten zur Stabilisierung ihrer Persönlichkeit beizutragen. Die Hauptfürsorgestelle Köln (1988, S.21) versteht unter dem Begriff der psychischen Behinderung "Folgezustände psychischer Störungen, die nach Abklingen der akuten Symptomatik längerfristig oder dauernd bestehen. Der psychisch Behinderte ist längerfristig oder dauernd nicht in der Lage bestimmte Funktionen oder Rollen so auszuüben, wie seine Umwelt (Familie, Arbeitgeber, Vorgesetzte, Kollegen etc.) es von ihm erwarten." Diese Definition wurde als Hilfe für die praktisch Auseinandersetzung mit dem Thema "Psychische Behinderung" angenommen.

Neben der Software soll zur Systemeinführung ein adäquates Curriculum unter Einbeziehung klassischer Lehrmethoden entwickelt und evaluiert werden. Die Zielgruppe der psychisch Behinderten stellt erhöhte Anforderungen an Softwareergonomie, Erlernbarkeit und Fehlertoleranz des Systems gegenüber Benutzerverhalten.

Ein wesentlicher Unterschied zur Zielsetzung des eben beschriebenen ELO-Projektes liegt im Modell des Benutzerverhaltens, das dem System zugrunde liegt. Innerhalb von ELO wird davon ausgegangen, daß ein Benutzer von seinen individuellen Fähigkeiten her stets in der Lage ist, ein vorgegebenes fachinhaltliches Ziel zu erreichen. Die Aufgabe des integrierten Unterstützungssystems ist es, die notwendige Form und Intensität der Unterstützung zu erbringen. Der Benutzer soll aber stets sein Ziel erreichen. Umgekehrt muß bei behinderten Personen stets aufs Neue überprüft werden, ob das Individuum überhaupt in der Lage ist, das gesteckte Ziel zu erreichen. Die Funktionalität des Gesamtsystems muß sich auf die Fähigkeiten der Benutzer reduzieren lassen.

Der Ablauf des Projektes teilt sich in drei Phasen:

- Die erste Phase dient der Erhebung von Informationen zum Ist-Zustand. Diese Daten dienen der Analyse der von psychisch Behinderten durchführbaren Arbeiten und den Implikationen für das intendierte System in Hinblick auf Didaktik, Methodik und technische Realisierung.
- Zur Zeit (September 1990) ist die zweite Phase des Projektes, die Entwicklungsphase der Software, aktiv.
- Die dritte Phase schließlich beschäftigt sich mit dem Testen und der Evaluierung der erzeugten Software und des didaktischen Konzepts.

Aufgrund der Analyseergebnisse der ersten Projektphase und der Gespräche mit Institutionen, die mit psychisch Behinderten arbeiten, wurde als Pilotanwendung der Versand von Serienbriefen und Werbematerialien ausgewählt. Ein Spezifikum der genannten Applikation ist die weite Bandbreite der auszuführenden Tätigkeiten.

Das Spektrum umfaßt sowohl Textverarbeitung als auch Datenbankbearbeitung. Diese Bereiche bilden generell den Kernbereich computergestützter Bürotätigkeiten.

Im ersten Ansatz, der zeitlich vor der Spezifikation des CLS Integration Space lag, wurde davon ausgegangen, daß die Integration von Lerneinheiten in eine Applikation unter Zuhilfenahme der heute auf dem Markt verfügbaren klassischen Autorensysteme möglich sei. In der Anfangsphase des Projektes stellte sich jedoch heraus, daß die klassischen Autorensysteme für diese Aufgabe zu unflexibel sind. Autorensysteme sind mächtige Hilfswerkzeuge für Ersteller von Lernsoftware, die selbst über keinen DV-technischen Hintergrung verfügen. Ihnen wird mit Hilfe von Autorensystemen ein umfangreicher Rahmen zur Verfügung gestellt, mit dem sie ihr konkretes Lernprogramm realisieren können. Die Möglichkeiten der Dialoggestaltung sind bei so erstellten Lernsystemen jedoch eingeschränkt. Im besonderen die Kontrolle der Benutzereingaben und des Benutzerverhaltens ist beschränkt. Darüber hinaus gibt es zwar Möglichkeiten, in klassischen Programmiersprachen realisierte Programme einzubinden, die Kontrolle über den gesamten Ablauf verbleibt jedoch beim Autorensystem. Aus den genannten Gründen wurde der Ansatz, das integrierte System mit Hilfe von Autorensystemen zu entwickeln, verworfen.

Statt dessen wurden die neueren Entwicklungen im Bereich des objektorientierten Design und der Benutzermodellierung (vgl. Coutaz1987; Kobsa,Wahlster1989; Norrie,Six1990; Rathke1986) untersucht und für die Realisierung der Software herangezogen. Der objektorientierte Ansatz vereinfacht die Integration der Lerneinheiten mit den Anwendungsteilen.

Während der Designphase für den Prototypen wurden in intensiven Diskussionen wesentliche Kriterien zur Bildschirmgestaltung und Dialogführung, zur Strukturierung nach Arbeitsprozessen und zur Fehlertoleranz des Gesamtsystems herausgearbeitet. Die Benutzeroberfläche des Systems orientiert sich an den modernen Ansätzen von Oberflächen, wie sie sich exemplarisch in der Welt der Apple-Personalcomputer durchgesetzt haben (vgl. Abbildungen 2, 3 und 4). Der Benutzer sieht jeweils eine Abbildung seines Schreibtisches vor sich, zusätzlich versehen mit einer Knopfleiste, über die Tätigkeiten initiiert werden können. So soll dem Benutzer der Zusammenhang zwischen der Bildschirmdarstellung und seiner realen Welt intuitiv vermittelt werden. Als Beispiel für die Strukturierung solch eines Arbeitsplatzes sei hier auf Abbildung 2 verwiesen. Diese Abbildung zeigt den Arbeitsplatz eines Gruppenleiters, der einen Überblick über die anstehenden Arbeiten, aufgeteilt nach verschiedenen Arbeitsschritten, erhält. Die Arbeitseinheit, die ein einzelner Mitarbeiter bearbeitet, heißt "Arbeitspäckchen" (AP). Hierunter ist die Zusammenfassung einer Anzahl zu erfassender Adressen bzw. Materialanforderungen zu einem Bündel zu verstehen. Die auf dem Schreibtisch des Gruppenleiters dargestellten Arbeitsschritte bestehen im Erfassen der Adressen, gefolgt von der Korrektur automatisch erkannter potentieller Fehler. Als dritter Schritt erfolgt eine Kontrolle auf nicht automatisch erkannte Fehler.

Im unteren Bereich des Bildschirms erhält der Gruppenleiter einen Überblick über die aktuellen Tätigkeiten der Mitarbeiter seiner Gruppe. Der rechte Bildschirmrand zeigt die dem Gruppenleiter möglichen Aktionen. Hierbei handelt

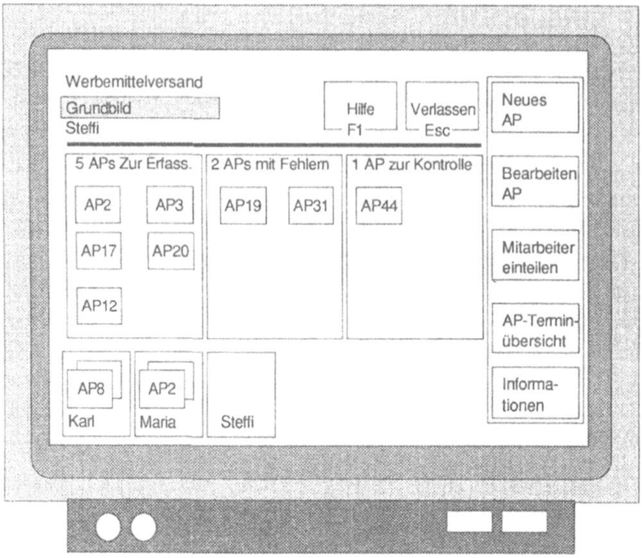

Abb. 2 Werbemittelversand Grundbild Gruppenleiter

es sich um die Definitionen neuer Arbeitspäckchen, die Verteilung von Arbeitspäckchen auf Gruppenmitglieder, die Definition des Fähigkeitsniveaus von Mitarbeitern sowie eine Übersicht über die Verteilung der aktuell anliegenden Arbeiten. Kennzeichnend für die Benutzersicht ist, daß der Benutzer mit Objekten seiner realen Welt hantiert und Aktionen durch Drücken von Knöpfen initiiert.

Als ein weiterer wesentlicher Designaspekt erwies sich die Möglichkeit zur Definition von Arbeitsprozessen. Die Abläufe innerhalb des Versandes von Werbematerialien lassen sich in verschiedene Schwierigkeitsstufen einordnen. So gibt es einerseits Aufträge, die ein stark vereinfachtes Vorgehen erlauben, z.B. das wiederholte Versenden einer einzigen fest vorgegebenen Broschüre. Andererseits gibt es Abläufe, die komplexere Arbeitsmuster erfordern wie das Erfassen einer ganzen Bestelliste mit variabler Anzahl angeforderter Artikel in unterschiedlicher Anzahl. Die Eigenschaften des zugrunde liegenden Modells erlauben es, die Arbeitsläufe entsprechend zu strukturieren und das Systemverhalten auf die vordefinierten Kategorien verschiedener Abläufe einzustellen. Dies bedeutet, daß sich das System auftragsabhängig und auch benutzerabhängig auf verschiedene Schwierigkeitsstufen einstellen kann.

Die Arbeitsleistung psychisch Behinderter ist gekennzeichnet durch eine starke Varianz ihrer Leistungsfähigkeit. Eine Hilfe für psychisch Behinderte liegt oft darin, Auswahlmöglichkeiten zu vermeiden und statt dessen klar definierte Wege vorzugeben. Das System nimmt diese Problematik auf, indem es erlaubt, den behinderten Mitarbeitern Fähigkeitsprofile zuzuordnen, die mit der Komplexität von Arbeitsschritten korrelieren. So unterstützt das System die Gruppenleiter darin, einem Behinderten nur die Arbeiten zuzuordnen, zu deren Bearbeitung er auch in

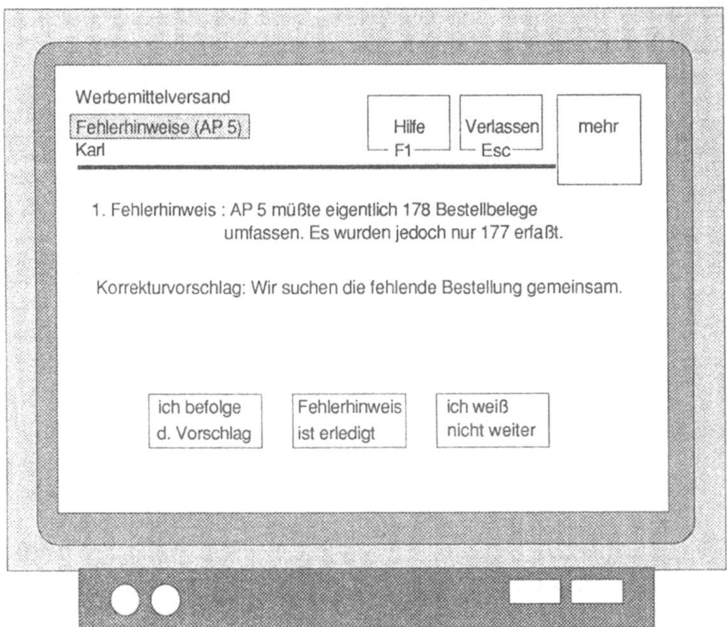

Abb. 3 Fehlerhinweise mit Korrekturvorschlag

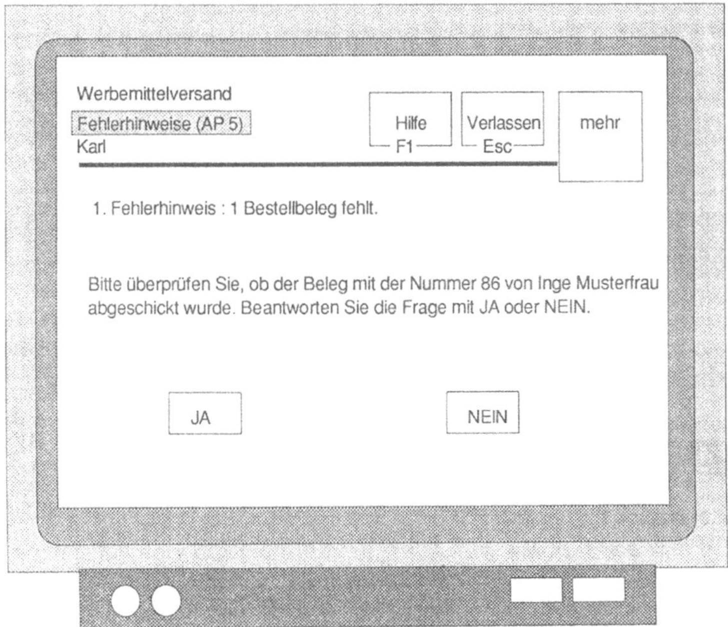

Abb. 4 Fehlerhinweise mit Korrekturbearbeitung basierend auf binärem Suchen

der Lage ist. Die Einstellung dieser Fähigkeitsprofile kann jederzeit entsprechend dem aktuellen Befinden des Mitarbeiters geändert werden.

Ein weiterer wesentlicher Aspekt des intendierten Systems liegt in seiner Fehlertoleranz. Die Benutzereingaben werden ständig auf Plausibilität hin kontrolliert. Wird z.B. bei der Eingabe eines Postzustellbezirkes eine nicht gültige Bezirksnummer eingetragen, so meldet sich das System mit einer entsprechenden Meldung. Dem Benutzer wird daraufhin die Möglichkeit gegeben, diesen Fehler zu korrigieren. Besteht er weiterhin auf der potentiell fehlerhaften Eingabe, so akzeptiert das System diese fehlerhafte Eingabe, merkt sich jedoch intern, daß an dieser Stelle wahrscheinlich ein Fehler gemacht wurde. Dies ist ein Toleranzverhalten, das in marktgängigen Softwaresystemen nicht zu finden ist. Bei diesen würde das System die Fehlermeldung solange wiederholen, bis eine plausible Eingabe erfolgt ist. Das Akzeptieren des potentiellen Fehlers soll Streß für den psychisch Behinderten vermeiden und Desorientierung und Demotivierung entgegenwirken.

Im folgenden Arbeitsschritt werden dann die vom System als potentielle Fehler gekennzeichneten Eingaben zur Korrektur vorgelegt. Diese Fehlerbereinigung kann wiederum durch psychisch Behinderte mit entsprechendem Fähigkeitsprofil durchgeführt werden. Als Beispiel betrachte man die Abbildungen 3 und 4. In der dort gezeigten Situation wurde eine Bestellung aus dem Arbeitspäckchen AP5 offensichtlich nicht erfaßt. Durch gezielte Führung durch das System soll der Benutzer mittels binärem Suchen das fehlende und nicht erfaßte Formular finden. Kennzeichnend auch in dieser Situation ist, daß auch der fehlerbehebende Benutzer jeweils eine Möglichkeit zum Abbruch der Bearbeitung hat. Kein Benutzer soll in einen Zustand geraten, aus dem er das System nicht mehr verlassen kann. Fehlerbehandlungen können iterativ durch behinderte Mitarbeiter durchgeführt werden, bis ein eventuell vorhandener harter Kern von Fehlern durch einen hauptamtlichen Mitarbeiter bereinigt werden muß.

Die Diskussionen während der Designphase haben gezeigt, daß der Begriff des Lernens wesentlich weiter gefaßt werden muß als in den klassischen Lernprogrammen. Der Begriff der Erlernbarkeit ist wesentlich stärker mit dem Begriff der Softwareergonomie verbunden als dies heute noch in vielen Bereichen gesehen wird. Erlernbarkeit im Sinne der Handhabbarkeit bedeutet hier, daß das System so gestaltet ist, daß der Benutzer automatisch ein vielfältiges Maß an Hilfe und Unterstützungsmöglichkeiten erhält, ohne diese explizit anfordern zu müssen. Erlernbarkeit bezogen auf die Anwendungsinhalte bedeutet, daß der Benutzer stets in Lerneinheiten verzweigen kann, die seine aktuelle Situation in den Kontext des Fachinhalts stellen. Solcherart integrierte Unterstützung von "Hilfe" bis "Lernen" dürfte die Gesamtakzeptanz von Softwaresystemen beträchtlich erhöhen. Der damit verbundene Realisierungsaufwand darf jedoch nicht unterschätzt werden.

Nach der Designphase werden zur Zeit die exemplarische Anwendung und die zugehörigen Lerneinheiten realisiert. Danach sollen Testphase und Evaluation des Konzepts folgen.

4 Zusammenfassung

Ein Ansatz zur Benutzerqualifizierung liegt darin, dem Benutzer ein möglichst breites Unterstützungsspektrum innerhalb von Anwendungssoftware zur Verfügung zu stellen. Hierzu wurde ein generisches Modell erarbeitet, mit dem versucht wird, zwei zentrale Probleme zu lösen:

- Die Integration einer weitestgehenden Benutzerunterstützung von der klassischen Hilfe bis hin zum Anbieten interaktiver kontext-sensitiver Lerneinheiten, direkt und unteilbar verbunden mit der Applikation und
- die Möglichkeit, Software auf unterschiedliche Arbeitsprozesse abzustimmen. Dies bedeutet, daß aus dem Spektrum der Gesamtfunktionalität jeweils nur ein dem Arbeitsprozess zugeordneter Ausschnitt an Funktionalität dem Benutzer zur Verfügung gestellt wird.

5 Literatur

Chin D N (1989) KNOME: Modeling What the User Knows in UC. In: Kobsa A, Wahlster W (ed) User Models in Dialog Systems. Springer Verlag, Berlin

Coutaz J (1987) The Construction of User Interfaces and the Object Paradigm. In: Goos G, Hartmanis J (ed) ECOOP '87 European Conference on Object-Oriented Programming. Springer Verlag, Berlin

Deutsche Industrienorm 66234/8 (1984) Bildschirmarbeitsplätze - Grundsätze der Dialoggestaltung. Beuth Verlag, Berlin

Deutsche Industrienorm 66280/1 (1986) Informationsverarbeitung - Gestaltung von maskenorientierten Dialogsystemen, Gestaltung von Masken, Entwurf 9/1986. Beuth Verlag, Berlin

Greif S (1987) Ergebnisse des Projekts: Multifunktionale Büro-Software und Qualifizierung. Universität Osnabrück

Kobsa A, Wahlster W (ed) (1989) User Models in Dialog Systems. Springer Verlag, Berlin

Norrie DH, Six H-W (ed) (1990) Computer Assisted Learning, Springer Verlag, Berlin

Petri C A (1962) Kommunikation mit Automaten, Dissertation, TH Darmstadt

Rathke C (1986) Repräsentation von Wissen in einer objektorientierten Sprache. Dissertation, Stuttgart

Schriftenreihe der Hauptfürsorgestelle Köln Bd. 4 (1988) Zur Situation psychisch Behinderter im Berufsleben. Teil1, Rheinland-Verlag Köln, 2.Auflage

Besonderheiten des Computereinsatzes bei älteren Arbeitnehmern

Michael Staufer, Helmut v. Benda
Institut für Psychologie I, Universität Erlangen-Nürnberg, Bismarckstraße 6, D-8520 Erlangen.

Zusammenfassung

Auch bei älteren Arbeitnehmern nimmt der Anteil computergestützter Büroarbeit zu. Zwar behalten allgemeine Gestaltungskriterien der Arbeitswissenschaft und Software-Ergonomie ihre Gültigkeit, jedoch sollten gerade bei älteren Arbeitnehmern gewisse Schwerpunkte gesetzt werden. Von besonderer Bedeutung sind Wahrnehmung und Gedächtnis, aber auch Selbstkonzept und Einstellung. Es werden Qualifizierungsmaßnahmen aufgezeigt, die die motivationalen Leistungsvoraussetzungen fördern.

Abstract

More and more older office workers have to deal with computers. Although general principles of human factors and man-computer interaction also apply to this group of the work force, design features supporting perception and memory should have priority. In addition age-related changes of self-concept and attitudes have to be considered when planning qualificational measures for older computer users.

1 Problemstellung

Bei älteren Mitarbeitern gewinnt computerunterstützte Arbeit aus mehreren Gründen an Gewicht:

- Die demographische Entwicklung führt zu einem wachsenden Anteil Älterer an der Erwerbsbevölkerung. Als "ältere Arbeitnehmer" werden in diesem Zusammenhang Personen im Alter von 45-65 Jahre bezeichnet.
- Der Computer als Arbeitsmittel dringt zunehmend in alle Bereiche von Unternehmen und anderen Organisationen ein.
- Die eingesetzten Anwendungssysteme nehmen an Zahl und Komplexität zu.
- Mehr und mehr sind von dieser Entwicklung auch - meist ältere - Angehörige des mittleren und oberen Managements und qualifizierte Fachexperten betroffen. Diese relativ große Gruppe besitzt genügend Sachkompetenz und Einfluß, um sich ungünstigen Lösungen mit Erfolg zu widersetzen. Die Akzeptanz eines Systems wird somit verstärkt zum Problem.

Im Rahmen der Software-Ergonomie sind - aufbauend auf umfangreichen arbeitswissenschaftlichen Erkenntnissen - zahlreiche Regeln für die aufgaben- und benutzergerechte Gestaltung von Software- und Hardware erarbeitet worden. Müssen sie im Interesse älterer Arbeitnehmer modifiziert und ergänzt werden? Wenn ja, in welchen Punkten?

Aus dieser vielschichtigen Thematik, die nahezu alle Aspekte eines Arbeitssystems betrifft, werden einige uns im Rahmen dieser Tagung wichtig erscheinende herausgegriffen. Weitere Gedanken finden sich bei v. Benda (1988), Staufer (1990), Staufer (in press) und Staufer & v. Benda (in Druck).

Die Überlegungen entstanden im Rahmen eines vom BMFT/HdA geförderten Projekts, in dem sowohl eine Aufarbeitung der Literatur als auch eine Befragung betroffener Arbeitnehmer vorgenommen wurde.

2 Leistungsvoraussetzungen

Das Älterwerden wird meist mit einer Abnahme der Leistungsfähigkeit assoziert. Diese verbreitete Annahme ist jedoch in dieser pauschalen Form falsch (Meer, 1986), so daß exemplarisch in zwei wichtigen Bereichen im einzelnen auf mögliche Änderungen der Leistungsvorausetzungen einzugehen ist.

2.1 Wahrnehmung

Für die Arbeit am Bildschirm ist in erster Linie der Gesichtssinn von Bedeutung. Die altersbedingten Defizite setzen verstärkt um das 45. Lebensjahr ein (Verillo & Verillo, 1985). Das bekannteste Beispiel ist die Altersweitsichtigkeit (Presbyopie) aufgrund des natürlichen Elastizitätsverlusts der Linse. Jedoch sind hier auch die Abnahme der Akkomodationsgeschwindigkeit und die Zunahme der Blendempfindlichkeit zu nennen. Dieser Verlust kann im Prinzip weitgehend durch ein erhöhtes Beleuchtungsniveau und verbesserten Kontrast kompensiert werden, ein Weg, der bei der derzeit eingesetzten Technik nur begrenzt beschritten werden kann. An dieser Stelle wird der Kompromißcharakter der geltenden ergonomischen Regeln besonders deutlich: Selbst bei ihrer Einhaltung reichen die Wahrnehmungsbedingungen für Personen mit leichten Mängeln des Sehapparates nicht für ein beeinträchtigungsfreies Arbeiten über längere Zeit aus.

2.2 Gedächtnis

Aus der Gruppe der kognitiven Leistungen im engeren Sinne sei hier das Gedächtnis herausgegriffen, sind doch Probleme mit dem Erinnern für viele das erste Anzeichen des Alterns (Schaie, 1980). Die Büroarbeit selbst stellt erhebliche Ansprüche, sowohl an das Kurzzeit- als auch an das Langzeitgedächtnis. Dazu kommt oft noch eine sehr umfangreiche Menge von syntaktischen Regeln, Befehlsnamen etc., die für ein schnelles Arbeiten mit dem Computer im Gedächtnis gespeichert werden müssen. Dieses Interaktionsproblem verstärkt sich, wenn die verschiedenen Anwendungsprogramme unterschiedliche Dialogarten erfordern.

Ohne auf die zahlreichen, sich zum Teil widersprechenden Theorien zum Gedächtnisabfall im einzelnen einzugehen, wird beim Lernen ein fünfstufiger Prozeß angenommen (Welford, 1985).

Als erstes muß das Gedächtnismaterial wahrgenommen werden. Schon in diesem Stadium können Verständnisprobleme, insbesondere bei komplexem Reizmaterial, das Lernen behindern.

Zweitens werden die Informationen für einige Sekunden in einem Kurzzeitspeicher aufbewahrt. Nach den Untersuchungen von Fleischmann (1988) ist dieses Primärgedächtnis relativ wenig altersabhängig. So nimmt der visuelle Speicher pro Zeiteinheit etwas weniger Information auf (Kline & Szafran, 1975) und die im echoischen Gedächtnis gespeicherten akustischen Inhalte zerfallen rascher (Caird, 1966). Auch die Anzahl von Informationseinheiten, die gleichzeitig behalten werden können, ist etwas reduziert (Fleischmann, 1982).

Drittens muß der Inhalt des Kurzzeitspeichers in einen Langzeitspeicher überführt werden. Dieses dritte Stadium ist offensichtlich besonders störanfällig. Die aktive Enkodierung und Konsolidierung von Informationen im Langzeitgedächtnis verlangt von Älteren mehr Aufwand an Übung und Zeit (Fleischmann, 1988).

Viertens müssen die Inhalte im Langzeitgedächtnis bis zum Abruf bereitgehalten werden. Dieses Stadium ist relativ unkritisch. Schließlich muß im fünften Schritt der Inhalt aus dem Langzeitgedächtnis hervorgeholt werden. Das aktive Abrufen und Suchen von Gedächtnisinhalten fällt Älteren schwer (Perlmutter & Mitchell, 1982). Das passive Wiedererkennen jedoch gelingt wesentlich leichter (Warrington & Sanders, 1971). So gut wie nicht beeinträchtigt ist das sogenannte episodische Gedächtnis für selbst erlebte Ereignisse und Handlungen (Tulving, 1972). Was bedeutet dieser Überblick für die Softwaregestaltung?

Obwohl über Art und Ausmaß der durch die Interaktion mit Anwendungssoftware hervorgerufenen Belastung des Gedächtnisses noch zu wenig bekannt ist, lassen sich einige Gesichtspunkte anführen:

- Die sehr begrenzte Kapazität des Arbeitsgedächtnisses kann und muß durch entsprechend gestaltete Software entlastet werden. Piktogramme z.B. erleichtern aufgrund ihrer Anschaulichkeit den raschen Zugriff auf zu bearbeitende Objekte und Funktionen (Staufer, 1987).
- Die alte Forderung nach einer in ihren Grundzügen genormten, anwendungsunabhängigen Dialog-Schnittstelle gewinnt vor diesem Hintergrund an Gewicht.
- Hochüberlernte Begriffe und Zusammenhänge aus der traditionellen Arbeitsweise sind soweit wie möglich zu übernehmen, um den im Prinzip überflüssigen, oft mühevollen Lernprozeß der "Übersetzung" von vertrauten Inhalte in die Begrifflichkeit von Standardprogrammen zu vermeiden.

- Es müssen systematisch Unterstützungsfunktionen entwickelt werden, die das Gedächtnis an kritischen Punkten entlasten. Als Beispiele können genannt werden: Das Anbieten zusätzlicher Übersichten (Kaster & Widdel, 1987), die Möglichkeit elektronischer Notizen, "history mechanisms" (Greenberg & Witten, 1988), die den Kontext früherer Aufgaben wiedererstehen lassen.
- Die Vermeidung jeder Art eines vom System induzierten Zeitdrucks, z.B. durch längere Antwortzeiten.
- Es soll die Entwicklung eines individuellen Arbeitsstils möglich sein, der als Selbstoptimierung aufgefaßt werden kann, indem die persönlichen Leistungsvoraussetzungen mit den Anforderungen der Arbeitsaufgabe in Einklang gebracht werden. Ein flexibles System dieser Art sollte einem älteren Arbeitnehmer erlauben, seine Arbeitsaufgabe schrittweise mit einfachen Operationen und sofortiger Kontrolle der Teilergebnisse zu bearbeiten. Dieses Vorgehen mag in den Augen des System-Designers suboptimal sein, reduziert aber den Planungsaufwand, den Gedächtnisaufwand und das Risiko falscher Schritte.

Zu betonen ist, daß - entsprechende Arbeitsbedingungen vorausgesetzt - die kognitiven Leistungsvoraussetzungen auch in höherem Alter ohne weiteres ausreichen, um die Umstellung auf die computerunterstützte Arbeit zu bewältigen.

3 Selbstkonzept

Bei der Arbeit mit Computern wird die Leistung nicht nur durch kognitive, sondern auch durch motivationale Faktoren beeinflußt. Interessanterweise zeigen sich hier Veränderungen, die eng mit dem Lebensalter zusammenhängen.

Das Selbstkonzept beinhaltet all die Vorstellungen, welche ein Mensch über seine Person besitzt. Vor allem Vergleiche mit den Fähigkeiten und der Leistungsfähigkeit anderer Menschen beeinflussen das Selbstkonzept (Tesser & Paulhus, 1983). Dabei spielen objektiv überprüfbare Sachverhalte oft nur eine untergeordnete Rolle; die subjektive Sichtweise des Betroffenen ist bei der Entwicklung des Selbstkonzepts wesentlich entscheidender.

Gelangt ein älterer Arbeitnehmer beispielsweise zu der Überzeugung, daß die jüngeren Kollegen mit dem Computer leichter zurecht kommen als er selbst, so könnte er daraus schließen, daß er einfach zu alt für den Umgang mit EDV sei. Da es sich beim Alter um ein nicht veränderbares Merkmal handelt, ist diese Deutung für das Selbstkonzept des älteren Arbeitnehmers äußerst ungünstig. Wesentlich hilfreicher wäre, wenn von Ausbildern und Vorgesetzten z.B. die Bedeutung von Vorkenntnissen oder Einsatzbereitschaft betont würde.

Leider sind die meisten Vorurteile, die sich auf ältere Menschen beziehen eher ungünstig. Vorgesetzte und Kollegen schreiben älteren Arbeitnehmern oft mangelnde Weiterbildungsbereitschaft, geringe Flexibilität und herabgesetzte Leistungsfähigkeit zu. Diese negativen Eigenschaften werden zwar durch einige positive Aspekte wie höhere Zuverlässigkeit größere Betriebstreue etwas relativiert, insgesamt dürfte das Bild vom älteren Arbeitnehmer jedoch negativ gefärbt sein (Lehr, 1983). Möglicherweise verstärkt der zunehmende Einsatz von EDV am Arbeitsplatz sogar die vorhandenen ungünstigen Altersstereotype.

Unglücklicherweise verläuft die Wirkung von Stereotypen oft unbewußt. Falls sich bei älteren Computerbenutzern Probleme ergeben, sollten die Vorgesetzten deshalb immer in einem Gespräch die möglichen Gründe erkunden. Vorschnelle und unberechtigte Vorurteile können so verhindert werden, da die Betroffenen meistens bessere Kenntnisse über ihre Leistungsfähigkeit besitzen als Außenstehende.

Die bestehenden Altersstereotype wirken nicht nur von außen auf den älteren Mitarbeiter ein, sondern bieten ihm selber gleichzeitig einen Rahmen, mit dessen Hilfe er sein Verhalten konsistent deuten kann. So verwundert es nicht, daß ältere Arbeitnehmer meist ein pessimistisches Selbstbild besitzen. So gaben die von uns befragten älteren Computerbenutzer beispielsweise an, daß mit zunehmendem Alter "die Ängstlichkeit wächst", "Belastbarkeit und Flexibilität geringer werden", "die kognitive Leistungsfähigkeit abnimmt". Je unspezifischer die Aussagen sind (z.B. "Die Flexibilität nimmt mit dem Alter ab"), desto eher dürften sie auf allgemein verbreitete Stereotype zurückzuführen sein. Mit höherem Alter werden verstärkt gängige Altersstereotype übernommen, wobei gleichzeitig eine differenzierte Betrachtung der eigenen Leistungsfähigkeit immer seltener wird.

Allerdings beeinflußt auch der Status der Arbeitsaufgabe das Selbstkonzept. Die meisten Angestellten berichten schon im Alter von 54 Jahren über deutliche Leistungseinbußen, während bei Führungskräften derartige Aussagen erst im Alter von 57 Jahren auftreten (Naegele, 1983).

Natürlich wirkt sich das Selbstkonzept auf das Verhalten während der Arbeitstätigkeit aus. Menschen mit einem positivem Bild von sich selbst versuchen, auch nach Fehlschlägen durchzuhalten, so daß sie ihre Leistung bisweilen sogar noch steigern können (McFarlin, Baumeister & Blascovich, 1984). Da bei älteren Arbeitnehmern das Selbstkonzept häufiger negativ gefärbt ist, dürften sie vor allem am Anfang der Computernutzung - einer Phase, in der Fehler und Frustrationen relativ oft vorkommen - weniger beharrlich als ihre jüngeren Kollegen sein. Darüberhinaus beeinflußt das Selbstkonzept auch die Bereitschaft Qualifizierungsangebote zu nutzen (Baitsch & Frei, 1980). Insofern kann davon ausgegangen werden, daß ältere Arbeitnehmer gegenüber Schulungsmaßnahmen eine gewisse Scheu besitzen.

Besonders bedeutsam für die Arbeit mit Computern dürfte folgender Zusammenhang sein: Ältere Menschen neigen dazu, ihr Gedächtnis wesentlich schwächer einzuschätzen als es tatsächlich ist (z.B. Williams, Denney & Schadler, 1983). Bereits ab dem 40sten Lebensjahr klagen sie über abnehmende Gedächtnisleistung, was dann entsprechendes Verhalten zur Folge hat (Hulicka, 1982).

Ältere Computerbenutzer führen deshalb - auch wenn in der Realität andere Ursachen dafür maßgebend sind - Bedienungsfehler und Verständigungsschwierigkeiten verstärkt auf ihre vermeintlich nachlassende kognitive Leistungsfähigkeit zurück. Wird die eigene Leistungsfähigkeit unterschätzt, so nimmt das Kompetenzgefühl ab und der ältere Arbeitnehmer wird die neue Technik als ziemlich bedrohlich wahrnehmen. Obwohl dies in den allermeisten Fällen unberechtigt ist, dürften einige ältere Arbeitnehmer ziemlich düstere Erwartungen bezüglich ihrer beruflichen Leistungsfähigkeit besitzen.

Insofern begünstigt fehlerhafte oder schwer bedienbare Software das Entstehen eines negativen Selbstkonzepts beim älteren Computerbenutzer. Auch Merkmale der Arbeitssituation, wie Überforderung oder hoher Zeitdruck wirken sich ungünstig auf das Selbstkonzept aus.

4 Einstellung zur Arbeit mit Computern

In der Literatur gibt es unterschiedliche Aussagen über die Einstellung älterer Arbeitnehmer zur EDV. Krauss et al. (1983) meinen, daß mit zunehmendem Alter die Einstellung gegenüber Computern negativer wird. Allerdings ist die Einstellung umso positiver, je intensiver die Nutzung ist. Wenn ältere Arbeitnehmer während ihres Berufslebens selten mit technischen Neuerungen konfrontiert wurden, so ist eine gewisse Reserviertheit gegenüber dem Arbeitsmittel EDV durchaus nachvollziehbar.

Ansley und Erber (1988) konnten nicht bestätigen, daß ältere Arbeitnehmer negativere Einstellungen gegenüber Computern besitzen und demzufolge verstärkte Widerstände leisten. Auch bei Kühlmann (1988) zeigten sich bei den älteren im Vergleich mit den übrigen Befragten keine signifikanten Unterschiede. Allerdings fürchteten ältere Mitarbeiter häufiger, daß sich durch den Einsatz von Computern das soziale Klima in ihrem Arbeitsbereich verschlechtern würde. Sie empfanden ihren eigenen Qualifikationsstand als unzureichend und erwarteten mehr Unterstützung durch die Unternehmensleitung als ihre jüngeren Kollegen.

Auch aus unseren Daten ergab sich, daß die Mehrheit der älteren Arbeitnehmer eine aufgeschlossene Haltung gegenüber Computern besaß. Gesprächspartner mit negativer Einstellung zu Computern beschäftigten sich vermehrt mit ihrer Ruhestandsphase. Dieses "gedankliche abwesend sein" ist zwar verständlich, dennoch dürfte es sich auf den Arbeitseinsatz eher ungünstig auswirken.

Interessanterweise verlief bei Personen mit negativer Einstellung in vielen Fällen die Einführung der EDV ziemlich abrupt und ohne Beteiligung der Mitarbeiter. Ein derartiges Vorgehen führt zu übertriebener Ängstlichkeit, die das Entstehen von negativen Einstellungen begünstigt.

Insgesamt deutet vieles darauf hin, daß die Einstellung zur EDV von der generellen Arbeitszufriedenheit und vor allem von den betrieblichen Einsatzbedingungen abhängt. Negative Einstellungen sind also weniger auf das Alter zurückzuführen, sondern vor allem auf geringe Partizipation und eingeschränkten Handlungsspielraum (Müller-Böling, 1984).

5 Folgerungen für die Qualifizierung

Die Ergebnisse unserer Befragungen zeigen, daß ältere Arbeitnehmer, die nicht durch Qualifikationsmaßnahmen gefördert werden, nur ein geringes Kompetenzgefühl besitzen. Personen ohne ausreichende EDV-Schulung vertreten viel häufiger die Meinung, daß ältere Arbeitnehmer ängstlicher und auch weniger belastbar als jüngere sind.

Leider werden ältere im Gegensatz zu jüngeren Beschäftigten deutlich seltener zu Qualifizierungsmaßnahmen geschickt (Friedrich & Meier, 1984). Ein Grund dafür sind sicherlich Rentabilitätsüberlegungen, nach denen es sich einfach nicht mehr lohne, für ältere Mitarbeiter noch Mittel zu investieren. Wie vordergründig, teilweise auch falsch, derartige Annahmen sind, zeigen folgende Gegenargumente:

- Die kognitiven Voraussetzungen älterer Arbeitnehmer reichen für die Interaktion mit dem Computer völlig aus (s.a. Abschnitt 2.2). Diese Aussage wurde von allen befragten EDV-Trainern bestätigt.
- Da jüngere Mitarbeiter häufiger das Unternehmen wechseln und im Durchschnitt eine höhere Fluktuation aufweisen, wird das "return on investment" bei älteren Mitarbeitern zumindest nicht ungünstiger sein (Auchter, 1983).
- Neue Kenntnisse dürften in Zukunft immer schneller veralten, wodurch die Nutzungsdauer von Ausbildungsinvestitionen zunehmend kürzer wird.
- Falls ältere Mitarbeiter von bestimmten Qualifizierungsmaßnahmen ausgespart bleiben, ist ein Motivationsverlust verbunden mit verringerter Einsatzbereitschaft zu erwarten. Die auf diese Weise verursachten Kosten können die Einsparungen durch nicht erfolgte Fördermaßnahmen überwiegen.

Aus den genannten Gründen sind feststehende oder auch ungeschriebene Altersgrenzen, die den Zugang zu EDV-bezogenen Qualifizierungsmaßnahmen regeln, abzulehnen. Die Förderung der Mitarbeiter sollte möglichst früh einsetzen und kontinuierlich durchgeführt werden. Durch solche Maßnahmen werden Flexibilität und Leistungsfähigkeit entwickelt, was sich auf das Selbstkonzept des älteren Mitarbeiters positiv auswirken wird.

Es sollte vermieden werden, bestimmte Schulungsmaßnahmen nur auf die Gruppe der älteren Mitarbeiter auszurichten, da dies zu einer Stigmatisierung führt.

Um nicht den Lernerfolg älterer Teilnehmer zu beeinträchtigen, sollte der Ausbilder an sich selbst überprüfen, inwieweit er die vorhandenen negativen Altersstereotype teilt. Für das Selbstkonzept dürfte es besonders günstig sein, wenn Trainer der gleichen Altersgruppe eingesetzt werden.

Unter Zeitdruck läßt die Leistung älterer Menschen nach. Deshalb ist es günstig, wenn die Computerbenutzer ihre Lerngeschwindigkeit weitgehend selbst bestimmen können. Da sich dies im Rahmen von Schulungen oft nur schwer verwirklichen läßt, ist zu überprüfen, ob nicht ein Großteil des Lernens am Arbeitsplatz geleistet werden kann. Wissen, das über die Grundfunktionen hinausgeht, könnte dann durch versierte Kollegen, die rasch zur Verfügung stehen (lokale Experten), vermittelt werden. Der Lernerfolg erhöht sich, wenn neue Informationen nicht massiert, sondern möglichst verteilt dargeboten werden und einen deutlichen Bezug zu der jeweiligen Arbeitsaufgabe aufweisen. Bei Schulungen dürfte der Transfer dann am größten sein, wenn diese im Arbeitskontext durchgeführt werden.

In den Gesprächen zeigte sich, daß das Üben vor dem Bildschirm in Zweiergruppen von älteren Arbeitnehmern meistens recht positiv aufgenommen wird. Wahrscheinlich verliert die neue Situation dadurch etwas von ihrer Bedrohlichkeit, wobei gleichzeitig die Vorteile gemeinsamen Arbeitens sichtbar werden.

Auch den Einsatz von Analogien auf der Benutzeroberfläche (z.B. Metapher des elektronischen Schreibtisches) empfinden ältere Teilnehmer als hilfreich. Direktmanipulative Benutzeroberflächen (Hutchins, Hollan & Norman, 1986) erhöhen die Transparenz und sind mit besonders guten Lernleistungen verbunden (Altmann, 1987).

Da die Kapazität des Kurzzeitgedächtnisses bei älteren Menschen etwas nachläßt, sollte das akribische Mitschreiben bzw. Auswendiglernen von Fakten und Kommandos nach Möglichkeit vermieden werden. Insbesondere bei ängstlichen Teilnehmern besteht die Gefahr, daß sie - ausgehend von einem übertriebenen Sicherheitsbedürfnis - versuchen, möglichst viel auswendig zu lernen. Der Ausbilder sollte hier entgegenwirken und dem älteren Arbeitnehmer vor allem vermitteln, auf welche Weise er sich notwendige Informationen verschaffen kann.

Um Überforderung zu vermeiden, könnte es vor allem bei komplexer Software am Anfang der Computernutzung hilfreich sein, die Funktionalität des Systems etwas einzuschränken.

5.1 Förderung von Kompetenz

Da das Selbstkonzept älterer Menschen oft negativ getönt ist, sollte neben den fachlichen Kenntnissen auch das Kompetenzgefühl gestärkt werden. Die Berichte von Ausbildern zeigen, daß ältere Benutzer zwar sehr gewissenhaft arbeiten, häufig aber eine größere Scheu gegenüber Computern besitzen. Jüngere Teilnehmer neigen eher zu aktivem Ausprobieren und zu selbständigem Problemlösen.

Eine Methode, durch die spielerisches, experimentierfreudiges Umgehen mit dem Computer auch bei älteren Arbeitnehmern gestärkt werden kann, ist das exploratorische Lernen (Greif, 1990). Auf diese Weise kann der Benutzer die Bedienung des Computers eigenständig durch entdeckendes Lernen üben. Fehler werden dabei als Möglichkeit zur Weiterentwicklung interpretiert und verlieren dadurch ihren bedrohlichen Charakter.

Generell sollten Fehler als Chance dargestellt werden, die Interaktion mit dem Computer zu verbessern. Deshalb ist es notwendig, dem älteren Benutzer auch Maßnahmen zur Vorbeugung und vor allem zur Behebung von Fehlern mitzuteilen. Ganzheitliches Problemlösen läßt sich vor allem durch die Simulation exemplarischer Fälle vermitteln.

Es ist günstig, wenn bei der Unterweisung weniger die Fakten im Vordergrund stehen, sondern vielmehr das Prinzip vermittelt wird, wie ein bestimmter Aufgabentyp bearbeitet werden kann.

Wichtig erscheint es, den älteren Mitarbeitern zu lehren, wie sie ihre Fragetechnik verbessern können. Auf diese Weise wird ihre Bereitschaft erhöht, durch aktives Nachfragen ihre Kenntnisse zu erhöhen (Downs & Perry, 1987). Schon allein dadurch dürften Ängste, die in Problemsituation auftreten, abgebaut werden. Neben der Fragetechnik sollten auch Fertigkeiten im Beobachten und Zuhören geschult werden.

6 Schlußbetrachtung

Insgesamt läßt sich feststellen, daß die Variabilität vieler Leistungen mit dem Alter ansteigt. Dies spricht zum einen für eine systematische Qualifizierung, die schon früh in entsprechende Personalentwicklungsprogramme eingebettet sein soll (Staufer, 1990). Weiterhin ist dies ein wichtiges Argument für adaptierbare Schnittstellen bzw. die Flexibilisierung von Rechnerwerkzeugen (Bullinger, Fähnrich & Ziegler, 1987), die zugleich einen Schritt in die Richtung einer differentiellen und dynamischen Arbeitsgestaltung bedeuten. Es ist zu hoffen, daß die dazu notwendige systematische Aufarbeitung verhandenen Wissens und Technik im soeben angelaufenen Forschungsprogramm der Bundesregierung "Forschung und Entwicklung für ein aktives Alter" geleistet werden kann.

7 Literatur

Altmann, A. (1987). Direkte Manipulation: Empirische Befunde zum Einfluß der Benutzeroberfläche auf die Erlernbarkeit von Textsystemen. Zeitschrift für Arbeits- und Organisationspsychologie, 31, 108-114.

Ansley, J. & Erber, J. T. (1988). Computer interaction: effects on attitudes and performance in older adults. Educational Gerontology, 14, 107-119.

Auchter, E. (1983). Alter und Aufstieg im Führungsbereich. Spardorf: Wilfer.

Baitsch, C. & Frei, F. (1980). Qualifizierung in der Arbeitstätigkeit. Bern: Huber.

Benda, H. v. (1988). Ältere Arbeitnehmer und moderne Informationstechniken in Büro und Verwaltung. In F. Ruppert & E. Frieling (Hrsg.), Psychologisches Handeln in Betrieben und Organisationen (S. 136-146). Bern: Huber.

Benda, H. v., Staufer, M. & Jamnig, S. (1989). Ältere Arbeitnehmer und moderne Bürokommunikation. Endbericht zu dem Projekt "Analyse der besonderen Probleme für Belegschaftsgruppen beim Einsatz von neuen Informations- und Kommunikationstechniken - Problemanalyse am Beispiel älterer Arbeitnehmer und Bildschirmarbeit" (BMFT, 01 HK 136 0). Erlangen: Friedrich Alexander-Universität Erlangen-Nürnberg, Institut für Psychologie I.

Bullinger, H.-J., Fähnrich, K.-P. & Ziegler, J. (1987). Software-Ergonomie: Stand und Entwicklungstendenzen. In W. Schönpflug & M. Wittstock (Hrsg.), Software-Ergonomie 87 (S. 17-13). Stuttgart: Teubner.

Caird, W. K. (1966). Age and short-term memory. Journal of Gerontology, 21, 293-299.

Downs, S. & Perry, P. (1987). Developing skilled learners (Helping adults to become better learners). Sheffield: Manpower Services Commission. (Research & Development, No 40)

Fleischmann, U. M. (1982). Zur Gültigkeit des Zahlennachsprechens im hohen Lebensalter. Zeitschrift für Gerontologie, 15, 15-21.

Fleischmann, U. M. (1988). Das alternde Gedächtnis. Eine empirisch-systematische Analyse von Gedächtnisleistungen im Alter. Habilitationsschrift, Friedrich-Alexander-Universität, Erlangen-Nürnberg.

Friedrich, W. & Meier, R. (1984). Bedingungen erfolgreicher beruflicher Qualifizierung im Betrieb (Forschungsbericht BMFT-FB-HA 84-050). Karlsruhe: Fachinformationszentrum.

Greenberg, S. & Witten, H. (1988). How users repeat their actions on computers: Principles for design of history mechanisms. In E. Soloway, D. Frye & S. B. Sheppard (Hrsg.), CHI'88 (S. 171-178). New York: ACM.

Greif, S. (1990). Exploratorisches Lernen in der Mensch-Computer Interaktion. In F. Frei & I.Udris (Hrsg.), Das Bild der Arbeit (S. 143-157). Bern: Huber.

Hulicka, I. M. (1982). Memory functioning in late adulthood. In F. I. M. Craik & S. Trehub (Hrsg.), Advances in the study of communication and affect, vol. VIII (S. 331-352). New York: Plenum Press.

Hutchins, E. L., Hollan, J. D. & Norman, D. A. (1986). Direct manipulating interfaces. In D. A.Norman & S. W. Draper (Hrsg.), User centered system design (S. 87-124). Hillsdale: Erlbaum.

Kaster, J. & Widdel, H. (1987). Effect of visual presentation of different dialogue structures on human-computer interaction. In B. Knave & P.-G. Widebäck (Hrsg.), Work with display units 86 (S. 822-830). Amsterdam: North Holland.

Kline, D. W. & Szafran, J. (1975). Age differences in backward monoptic masking. Jornal of Gerontology, 30, 307-311.

Krauss, I., Kenyon, D., Charette, M., Familant, M. & Hoyer, W. (1983). Attitudes towards computers- age and experience as modifiers. Gerontologist, 23, 201.

Kühlmann, T. M. (1988). Technische und organisatorische Neuerungen im Erleben betroffener Arbeitnehmer. Stuttgart: Enke.

Lehr, U. (1983). Psychologische Aspekte des Alterns. In H. Reimann & H. Reimann (Hrsg.),Das Alter (S. 140-163). Stuttgart: Enke.

Maren, J. (1987). Computer literacy and the older learner: a computer department's response. SIGCSE Bulletin, 19 (3), 25-28.

McFarlin, D. B., Baumeister, R. F. & Blascovich, J. (1984). On knowing when to quit: Task failure, self-esteem, advice, and nonproductive persistence. Journal of Personality, 52, 138-155.

Meer, J. (1986). The reason of age. Psychology Today, 6, 60-64.

Müller-Böling, D. (1984). Einstellung zur Informationstechnik im zeitlichen Wandel - Ergebnisse von Benutzerbefragungen aus den Jahren 1974 und 1983. Angewandte Informatik, 3, 98-107.

Naegele, G. (1983). Arbeitnehmer in der Spätphase ihrer Erwerbstätigkeit (Forschungsbericht 91 des Bundesministers für Arbeit und Sozialordnung). Bonn: Der Bundesminister für Arbeit und Sozialordnung.

Perlmutter, M. & Mitchell, D.B. (1982). The appearance and disappearance of age differencesin adult memory. In F. I. M. Craik & S. Trehub (Hrsg.), Aging and cognitive processes (S. 127-144). New York: Plenum Press.

Schaie, K.W. (1980). Age changes in intelligence. In R.L. Sprott (Hrsg.), Age, learning ability,and intelligence (S. 41-77). New York: Van Nostrand.

Staufer, M. (1987). Piktogramme und Computer. Kognitive Verarbeitung, Methoden zur Produktion und Evaluation. Berlin: De Gruyter.

Staufer, M. (1990). Ältere Arbeitnehmer und technischer Wandel: Bewältigung von Computereinsatz im Büro, Maßnahmen betrieblicher Unterstützung. Dissertation, Institut für Psychologie I, Universität Erlangen-Nürnberg.

Staufer, M. (in press). Older employees coping with technological change in the office. Consequences for the introductory phase and training (Paper presented at the 4th West-European Congress "Working with Change" April 13th, 1989 in Cambridge). London: Taylor & Francis.

Staufer, M. & Benda, H.v. (in Druck). Ältere Arbeitnehmer und Bürokommunikation: Probleme und Konsequenzen. (Vortrag gehalten auf dem 15. Kongreß für Angewandte Psychologie, München, 5.-8.10.1989). Duisburg: BdP.

Tesser, A. & Paulhus, D. (1983). The definition of self: Private and public self-evaluation management strategies. Journal of Personality and Social Psychology, 44, 672-682.

Tulving, E. (1972). Episodic and semantic memory. In E. Tulving & W. Donaldson (Hrsg.), Organization of memory. New York: Academic Press.

Verillo, R.T. & Verrillo, V. (1985). Sensory and perceptual performance. In N. Charness (Hrsg.), Aging and human performance (S. 1-46). Chichester: John Wiley & Sons.

Warrington, E. & Sanders, H. J. (1971). The fate of old memories. Quarterly Journal of experimental-psychology, 22, 508-512.

Welford, A.T. (1985). Changes of performance with age: An overview. In N. Charness (Hrsg.), Aging and human performance (S. 333-370). Chichester: John Wiley & Sons.

Williams, S. A., Denney, N. W. & Schadler, M. (1983). Elderly adults' perception of their owncognitive development during the adult years. International Journal of Aging, 16, 147-158.

Qualifizierungsengineering - die systematische Verbesserung EDV-gestützter Arbeitsintegration

Elmar Traks
HHLA Hamburger Hafen- und Lagerhaus-AG, Zentralbereich Datenverarbeitung,
Bei St. Annen 1, 2000 Hamburg 11

Zusammenfassung

Jede EDV-Lösung ist nur so gut, wie der Anwender sie nutzt. Benutzer-Qualifizierung hat somit gleichen Stellenwert wie Technik-Gestaltung. Während jedoch bei der technischen System-Entwicklung erhebliche Anstrengungen zur Systematisierung dieses Prozesses unternommen werden, gibt es bislang kaum vergleichbare Verbesserungsansätze zum Aufbau einer geeigneten Anwender-Schulung. Einen erfolgreichen Weg beschreibt dieser Beitrag.

Abstract

Each EDP system is just as effective as people use it. Therefore the development of user qualification has the same importance as technical advances. While there are many efforts to methodize the process of software development, there are hardly attemps for corresponding improvements in user training design. A successful example is outlined in the following contribution.

1 Defizite bei der Technik-Nutzung

Investitionen in neue Informations- und Kommunikations(IuK)-Technik erfolgen meist unter der Prämisse, daß den beträchtlichen Aufwendungen ein adäquater betrieblicher Nutzen gegenübersteht. Überprüft man diese Prämisse in der Praxis, so werden allerdings die ursprünglichen Erwartungen nicht immer erfüllt:

- Aus *Mitarbeiter-Sicht* ergeben sich durch neue EDV-Lösungen nicht nur Verbesserungen.

- Aus *Experten-Sicht* wird ein Großteil der IuK-Investitionen nicht oder nur unzureichend genutzt.

Das diesem Beitrag zugrundeliegende Vorhaben wurde mit Mitteln des Bundesministers für Forschung und Technologie im Rahmen seines Programmes "Arbeit und Technik (AuT)" unter dem Förderkennzeichen 01 HK 836 1 gefördert. Die Verantwortung für den Inhalt dieser Veröffentlichung liegt beim Autor.

- Aus *betriebswirtschaftlicher Sicht* sucht man vergeblich nach einem signifikanten Zusammenhang zwischen den Ausgaben für Informatik und der Umsatzrendite eines Unternehmens oder etwa seiner Wettbewerbsposition.

In vielen Fällen scheint die Ursache für diesen unbefriedigenden Sachverhalt rasch gefunden, nämlich in Mängeln der Anwendungssoftware, die

- den betrieblichen Anforderungen nicht hinreichend entspricht,

- durch Schwächen der Benutzer-Oberfläche und fehlende Software-Ergonomie die System-Anwendung erschwert,

- durch methodische Lücken im Entwicklungsprozeß (CASE) zu ineffizienter Realisierung und ungenügender Qualität führt.

So berechtigt die kritische Prüfung von Software-Erstellung und -Lösung (insbesondere vor dem Hintergrund der nach wie vor unzureichenden Anwender-Partizipation) ist, so falsch wäre es, die Ursache - und somit auch die Verbesserung - unbefriedigender Technik-Nutzung allein im technischen Bereich zu suchen.

Nicht jedes Problem bei der EDV-Einführung ist ein EDV-Problem. Eine genauere Betrachtung ergibt hier mehrere Faktoren, die in Abb. 1 schematisch dargestellt sind.

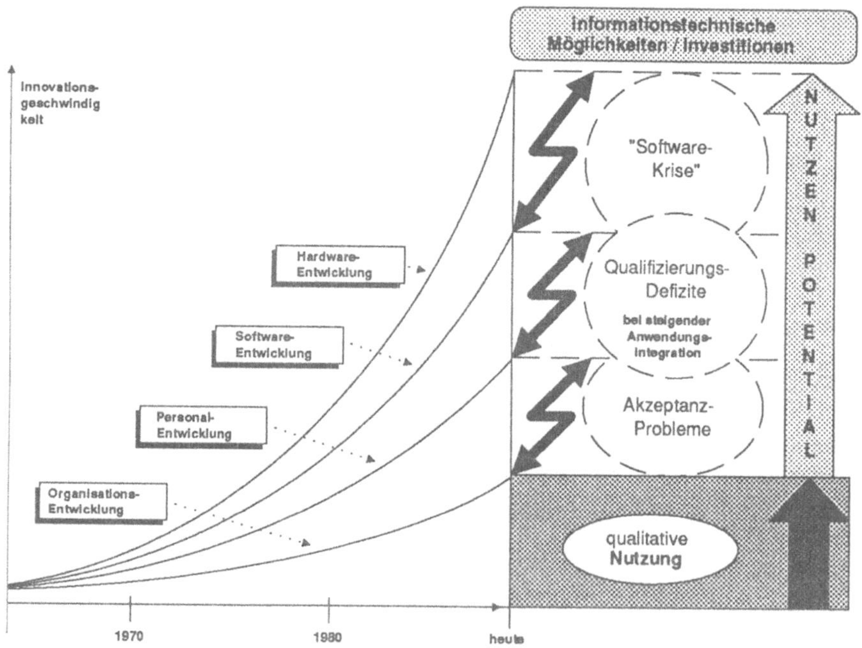

Abb. 1. Technischer Fortschritt & betrieblicher Nutzen

Die Problemgewichtung zwischen EDV, Personal und Organisation, die als Ganzes den Erfolg des Technik-Einsatzes bestimmen, wird im Einzelfall differieren. Generell jedoch bleibt festzuhalten, daß bei der Systematisierung der Software-Entwicklung erheblich größere Anstrengungen unternommen und Fortschritte erzielt werden als in den beiden anderen Disziplinen.

Hier gilt es, mit gleicher Intensität und gleichen Maßstäben (!) nach Verbesserungen suchen, wobei der Mitarbeiter-Qualifikation und -Qualifizierung eine Schlüsselrolle zukommt.

2 Schwachstellen bei der Anwenderschulung

Die Zeiten, in denen bei EDV-Anwenderschulungen das Hexadezimal-Rechnen vorherrschte, sind glücklicherweise weitgehend überwunden. Dennoch bleibt festzustellen, daß die Qualifizierungsentwicklung qualitativ keineswegs mit der System-Realisierung Schritt gehalten hat, die durch die Stichworte Dezentralisierung, Vernetzung und Integration gekennzeichnet ist.

Die häufigsten inhaltlichen Mängel sind:

- Der Anwender erhält bei neuen Software-Komponenten eine Produkt- statt Aufgaben-bezogene Schulung. Lehrziel ist die Beherrschung des Instruments, nicht aber seine effiziente Nutzung im Arbeitskontext.

- Er wird in einer Einzelkomponente unterwiesen ohne Verdeutlichung von Wirkung und Einordnung im Gesamtsystem.

- Der Benutzer wird im vorgangsübergreifenden Leistungsspektrum einer integrierten Software geschult, nicht aber in den fachlichen Grundlagen der für ihn neuen Aufgabenbereiche.

- Fach- und EDV-Anwenderschulung erfolgen getrennt, so daß die Zusammenführung dem Benutzer überlassen bleibt.

Werden diese Aspekte noch durch methodisch-didaktische Mängel z. B. aufgrund unzureichender Zielgruppen-Orientierung verstärkt, muß es nicht verwundern, wenn die EDV-Einführung oder -Umstellung von Mitarbeitern subjektiv keineswegs als Verbesserung, sondern als möglicherweise existenzgefährdende Prüfung bewertet wird. Resultat ist dann eine entsprechende Abwehrhaltung bis hin zu dem Bestreben, die technische Lösung mit aller Energie ad absurdum zu führen, und zwar unabhängig von der jeweiligen System-Qualität.

3 Folgen in der Praxis

Auch ohne die zuvor skizzierte Extremsituation gibt es zahlreiche Gründe, die bei wachsendem Integrations- und Komplexitätsgrad der betrieblichen EDV-Systeme eine systematische Überprüfung der bisherigen Qualifizierungspraxis erfordern.

Vergrößert die steigende Komplexität lediglich bereits vorhandene Effizienz-Risiken, wie sie etwa aus fehlender oder unzureichender System-Nutzung resultieren, so ergibt sich aus der wachsenden gegenseitigen Abhängigkeit eine zusätzliche Risiko-Dimension.

Aus den Erfahrungen bei der CIM-Entwicklung ist bekannt, daß der Nutzen von CI-Komponenten zum großen Teil außerhalb der Abteilungen anfällt, in denen die neue Software eingeführt wird.

Dieser Sachverhalt findet allerdings seine spiegelbildliche Entsprechung auf der Risikoseite. Geht der Mitarbeiter nämlich daran, wie zuvor die Abläufe seines Arbeitsbereiches isoliert zu optimieren, so kann diese vermeintliche Verbesserung alle Vorteile des integrierten Systems zerschlagen.

Ein einfaches Beispiel ergibt sich, wenn eine neue Anwendung die Erfassung zusätzlicher Daten an einem Arbeitsplatz erfordert, die erst an anderer Stelle benötigt werden. Sofern der Mitarbeiter diesen Zusammenhang nicht überblickt und akzeptiert, stellt dieser zusätzliche Erfassungsaufwand für ihn einen unnötigen System-Overhead dar, der aus seiner Sicht logischerweise zu minimieren ist. Dann aber fehlen diese Informationen im weiteren Ablauf mit der Folge, daß die System-Integration statt der erwarteten Verbesserungen erhebliche Produktivitätseinbußen bringt.

Mit steigender Vernetzung wächst die Gefahr, daß

- Fehlverhalten im Hinblick auf den Gesamtablauf von dem einzelnen Mitarbeiter nicht als solches zu erkennen ist,

- die negativen Folgen erst außerhalb seines Erfahrungsbereichs auftreten und

- aus dortiger Sicht die Fehlerursache nicht unmittelbar zu lokalisieren und zu beheben ist.

Bis diese Probleme in der Praxis festgestellt und beseitigt sind, ist meist schon ein beträchtlicher Verlust aufgelaufen.

4 Das HHLA/AuT-Modell des Qualifizierungs-engineering

Nach den vorangegangenen Ausführungen verbieten sich ab einem gewissen Integrationsniveau Anwender-Schulungen mit den Scheuklappen eines einzelnen Arbeitsplatzes, eines Funktionsbereichs oder auch einer speziellen Fachdisziplin.

Allerdings erscheint es ebenso wenig erfolgversprechend, der System-Einführung eine Universalausbildung über das gesamte Funktionsspektrum vorzuschalten.

Hier gilt es vielmehr, den schmalen Grat zwischen unzureichender Wissensvermittlung und unrealistischer Überforderung zu finden, der exakt an den Arbeitsanforderungen und der Sozialstruktur der verschiedenen Zielgruppen justiert ist.

Dies bedingt ein interdisziplinäres, systematisches Vorgehen bei der Kurs-Konzeption und -Aufbereitung in mehreren Detaillierungsebenen, das durchaus Parallelen zum Software-Engineering aufweist. Seine Grundzüge sind in der nachfolgenden Stufengrafik zusammengefaßt sowie anschließend in den Abb. 3 und 4 erläutert.

Abb. 2. Modell des Qualifizierungsengineering

(1) **Initiierung, Anforderungsanalyse, Zielbestimmung**

Durchgängige Zusammenarbeit aller Fachbereiche !

Der Anstoss zu Konzeption und Durchführung eines neuen Schulungskurses kann von verschiedenen Seiten erfolgen: **von der Personalabteilung, vom Anwender, von der Datenverarbeitung.**
Anla´: System-Einführungen, unvorhergesehene Schwachstellen, Personalentwicklungsplan

In jedem Fall erforderlich ist eine Anforderungsanalyse auf Basis der betrieblichen Abläufe (IST und SOLL) sowie die gemeinsame Bestimmung der Kursziele.

(2) **Konkretisierung der primären Qualifikationsanforderungen**

Verbindung von Fach- & EDV-Anwendungsqualifikation !

Auf Basis der Anforderungsanalyse werden die **funktionsspezifischen Qualifikationen (SOLL)** für die einzelnen Aufgabenbereiche bestimmt, d. h. die erforderlichen Fachkenntnisse und Arbeitsverfahren einschliesslich der entsprechenden EDV-Funktionen.

(3) **Konkretisierung der komplementären Qualifikationsanforderungen**

Grundlagen und Zusammenhangswissen !

Die funktionsspezifischen Anforderungen werden ergänzt um **die für ein ganzheitliches Aufgabenverständnis notwendigen Qualifikationen (SOLL),** damit die einzelnen Funktionsgruppen z. B. die Abhängigkeiten ihrer Tätigkeit von bzw. ihre Auswirkungen auf die Arbeit anderer überschauen und berücksichtigen können.

a) aufgabenübergreifende Zusammenhänge
Schnittstellen zu vor- und nachgelagerten Arbeitssystemen sowie die Grundzüge der dortigen Verarbeitung

b) anwendungsunabhängige Grundlagen
EDV-Basiswissen, Entwicklungsgrundsätze (BV), Arbeits(platz)gestaltung

(4) **Bestimmung von Qualifizierungsanforderungen & Lehrstoff**

Zielgruppen-Adäquanz !

Differenz-Analyse
zwischen den in 2 und 3 ermittelten **SOLL-Anforderungen und den vorliegenden IST-Qualifikationen** der einzelnen Mitarbeiter in den jeweiligen Funktionsgruppen.

(5) **Grobkonzept & 'roter Faden'**

Verbindung von lernlogischen und betrieblichen Aspekten !

Sachlogischer Kursaufbau
Der Lehrstoff wird zunächst inhaltlich in einzelne Themenbereiche gegliedert ('Stufen-Grafik').

Tätigkeitsorientierter Gesamtablauf
Zur Orientierung am Arbeitsprozess wird eine idealtypische Übersichtsgrafik des betrieblichen Gesamtablaufs erstellt. (= 'roter Faden' , durch Beispiele konkretisierbar)

Lernlogische Gliederung
Die Abfolge der einzelnen Lehreinheiten wird festgelegt und zur Abschätzung der erforderlichen Kursdauer ein Stundenplan entworfen.

Abb. 3. Kurzcharakteristik der Stufen 1 - 5

⑥ Trainer-Abstimmung & -Unterweisung

Interdisziplinäres Trainer-Team mit Praxis- und Pädagogik-Kompetenz !

Optimale Sachkompetenz und unmittelbarer Praxisbezug der Schulung erfordern die aktive - und nicht delegierbare - **Mitwirkung der betrieblich zuständigen Mitarbeiter als Fachreferenten aus den relevanten Themenbereichen.**

Mit ihnen sind die Zuständigkeiten bei Vorbereitung und Durchführung der einzelnen Lehreinheiten abzustimmen. Sie werden in den methodisch-didaktischen Grundlagen des mittlerweile bewährtenHHLA/AuT-Konzepts unterwiesen und es erfolgt die Vereinbarung eines Terminplans.

⑦ Feinkonzept & Schulungsunterlagen

HHLA/AuT-Methodik

Mit pädagogischer Unterstützung erfolgt die fachlich-didaktische Ausarbeitung der einzelnen Lehreinheiten inkl. Schulungsunterlagen durch die jeweils zuständigen Referenten entsprechend der HHLA/AuT-Methodik.

Einen besonderen Schwerpunkt bildet dabei die **Aufbereitung praxisbezogener Beispiele** zur Veranschaulichung des Lehrstoffs und selbständigen Bearbeitung in Übungsgruppen

⑧ Organisatorische Vorbereitungen & Durchführung

Teilnehmer-orientierte Anpassung an das Lernverhalten !

Die organisatorischen Vorbereitungen erfolgen anhand einer Checkliste. Die Durchführung erfordert aufgrund der intensiven Übungssequenzen jeweils zwei Trainer pro Lehreinheit. Dies ermöglicht zugleich eine objektivierte **Beobachtung des Zielerreichungsgrades und permanente Abstimmung der Lehrformen auf das Teilnehmer-spezifische Lernverhalten.**

Obligatorisch sind Tages-Abschlussbesprechungen aller Trainer, auf denen jeweils eine Zwischenbewertung erfolgt und Optimierungsmöglichkeiten für den weiteren Kursverlauf gesucht werden.

⑨ Ergebnissicherung & -ausbau

Von der Einzelmassnahme zum dauerhaften Qualifizierungsprozess!

Kursbewertung und -verbesserung
Auf Basis der Kursbeobachtungen, Betreuung der Übungsgruppen, Teilnehmer-Befragungen, Abschlussdiskussion und Besprechung der Teilnehmer-autonomen Selbsttests erfolgt eine Kursauswertung, die Aufschluss über den Erfolg dieser Schulung und über Verbesserungsmöglichkeiten bei einer erneuten Durchführung gibt.

Nutzenbewertung und Nachbetreuung
Es ist zu überprüfen, wie die verbesserte Qualifikation im Tagesgeschäft genutzt wird, welche Verbesserungen erreicht wurden und durch welche Unterstützungsmassnahmen der Erfolg dauerhaft gesichert bzw. vergrössert werden kann.

Weiterqualifizierung
Im Rahmen einer gezielten Personalentwicklung sind Notwendigkeiten und Möglichkeiten einer Weiterqualifizierung zu prüfen und dem einzelnen Mitarbeiter aufzuzeigen.

Abb. 4. Kurzcharakteristik der Stufen 6 - 9

5 Praktische Anwendung: die ganzheitliche Schulung in einem Geschäftsfeld

Das hier beschriebene Rahmenmodell hat sich mittlerweile in den unterschiedlichsten Anwendungsbereichen und bei mehr als 200 Schulungsteilnehmern zwischen 16 und 58 Jahren bewährt. Dieser Erfolg beruht sehr wesentlich auf der weitergehenden Detaillierung und Konkretisierung der methodisch-didaktischen Kursstruktur, wie sie in Zusammenarbeit mit der Firma GfAH Gesellschaft für Arbeitsschutz- und Humanisierungsforschung mbH entwickelt und bereits an anderer Stelle publiziert wurde (vgl. Frevel u. Traks 1988).

Ebenso wichtig ist unter dem Aspekt der Arbeitsintegration die wechselseitige Abstimmung der nach diesem Modell entwickelten Einzelkurse, so daß sich letztlich eine nahtlose Abdeckung des gesamten Geschäftsfeldes ergibt.

Abb. 5 zeigt als konkretes Beispiel das Schulungs-Gesamtkonzept aus dem HHLA-Lagerbereich, wie es zur Integration der früher arbeitsteiligen Funktionen Lagerabwicklung, Verzollung und Tarifierung/Fakturierung realisiert wurde.

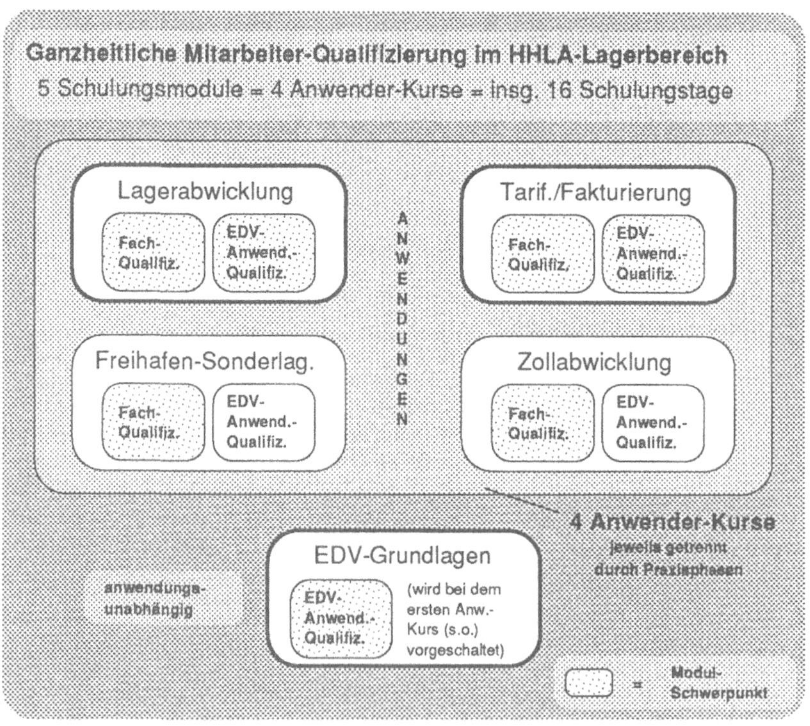

Abb. 5. Ganzheitliche Mitarbeiter-Qualifizierung im HHLA-Lagerbereich

Hierzu wurden 5 Schulungsmodule entwickelt, wobei der erste Anwenderkurs meist die Lagerabwicklung umfaßt. Diesem Modul werden dann die EDV-Grundlagen vorgeschaltet, so daß sich eine insgesamt einwöchige Basis-Qualifizierung ergibt. Nach einer Praxisphase erfolgen dann Schulungen in den komplementären Anwendungen wie Verzollung und Tarifierung, wobei die Reihenfolge jeweils den aktuellen Tätigkeitsschwerpunkten der einzelnen Mitarbeiter Rechnung trägt.

Letztlich sollen die Mitarbeiter der verschiedenen dezentralen Lagerverwaltungen durchgängig in allen Aufgabenbereichen gem. Abb. 5 qualifiziert werden und sukkzessive den gesamten Wertschöpfungsprozeß beherrschen lernen. Dies ist Voraussetzung für die Realisierung des arbeitsorganisatorischen Ziels, nämlich einer ganzheitlichen, flexiblen Kundenbetreuung vor Ort, wie sie unter dem Motto 'one face to the customer' angestrebt wird.

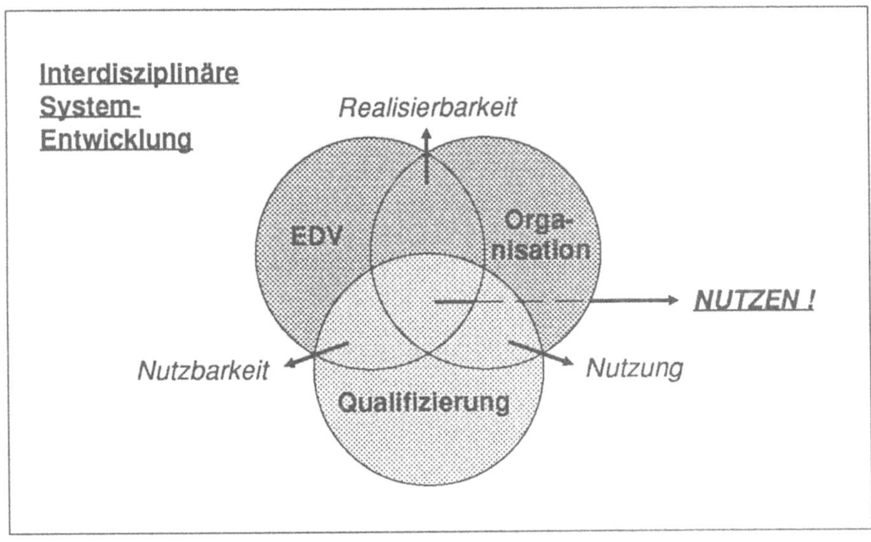

Abb. 6. Qualifizierung zur Optimierung DV-gestützter Arbeitssysteme

6 Literatur

Frevel A, Traks E (1988) Neue Wege der innerbetrieblichen Ausbildung. In: Office Management 4, S 40.

Technik, Arbeitsorganisation und Qualifikation - Software als Werkzeug und Lerngegenstand

Tilmann Krogoll, Manfred Schlund, Stuttgart
Fraunhofer-Institut für Arbeitswirtschaft und Organisation, Nobelstraße 12,
7000 Stuttgart 80

Zusammenfassung
Es wird die Stellung von Technik, Arbeitsorganisation und Qualifikation in einem Prozeß betrieblicher Veränderung skizziert. Für die Softwareentwicklung und die Qualifizierung wird an Beispielen erörtert, welche Vorteile ein Modell der Arbeitsaufgabe als Zentralkategorie für alle Beteiligten inclusive Anwender und Nutzer haben kann. Ziel ist eine Lernerorientierung anstelle einer Technikfixierung.

Abstract
We are going to outline the position of technology, work organization and qualification in a process for operational variations. For the software development and qualification we will discuss with examples which advantages a model of work tasks may have as a central category for all participants including users. Our aim is an orientation to the learner instead of a fixation for technics.

1 Die Arbeitsaufgabe als Orientierungsgröße für Technik, Arbeitsorganisation und Qualifikation

Wir sind als Arbeitspsychologen im Feld der Qualifizierung tätig. In der betrieblichen Praxis und im wissenschaftlichen Denken finden wir unsere Disziplin häufig als Anhängsel vor. Für viele Betriebsleitungen und Ingenieure ist es nur logisch: Am Anfang steht die Technik, für verbleibende Restanforderungen steht am Ende der Wirkungskette die Qualifizierung (Abb. 1).

Leider sind alle Beteiligten betrieblicher Veränderung allzuhäufig mit ihrer so definierten Stellung einverstanden. Gerade die Ingenieure müßten aber zuallererst mit einer solchen Rolle unzufrieden sein. Denn auf sie schlägt alles zurück, wenn im weiteren Verlauf einer Technikeinführung Effizienzverluste auftreten: Die Arbeitsorganisation meldet "Sand im Getriebe", den sie auf unzureichende Technik (z.B. ungeeignete Leitstandsoftware) zurückführt. Die Qualifizierer melden

Tilmann Krogoll, Manfred Schlund

Verständnis- und Vermittlungsprobleme sowie fehlende Unterlagen für die geforderte "Anpassung" der Mitarbeiter. Getreu dem Motto der sieben Schwaben "Florian geh' Du voran!" versteckt sich alles hinter dem ersten - in unserem Fall also dem Ingenieur.

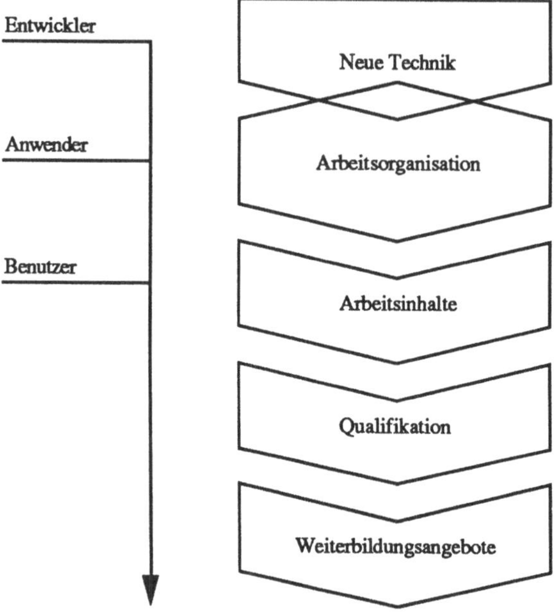

Abb. 1. Wirkungskette

Wir denken, daß mit der rasanten Fortentwicklung der Neuen Technologien das Denken in Wirkungsketten aufhören sollte. Warum können wir uns nicht auf die Arbeitsaufgabe als gemeinsamem Ausgangspunkt verständigen? In keinem funktionierenden Betrieb gibt es Technik ohne Arbeitsaufgabe. Welche Form der Arbeitsorganisation auch immer - es sind Arbeitsaufgaben zu organisieren. Und schließlich die Qualifizierung: Tatsächlich sieht sie üblicherweise ihre Aufgabe darin, Menschen für Technik fit zu machen. Aber der Erfolg von betrieblichem Lehren und Lernen wird daran gemessen, ob die Lernenden mit Hilfe der Technik ihre Arbeitsaufgaben realisieren können. Und gerade an diesem Punkt werden die lautesten Zweifel an der Effektivität der beruflichen Weiterbildung geäußert.

Die Konsequenz für Technik, Arbeitsorganisation und Qualifikation kann am Beispiel des CNC-Fachmannes skizziert werden. Seine Arbeitsaufgabe soll "entwicklungsförderlicher" werden (siehe weiter unten). Also soll sie mehr als nur das Maschinenbedienen sein. Angenommen es besteht Einigkeit, daß neben der Programmerstellung z.B. auch Auftrags- und Bearbeitungsplanung sowie Qualitätskontrolle dazugehören sollte, dann könnte das für die beteiligten Disziplinen bedeuten:

Die Technik liefert Steuerungen, die Werkstattprogrammierung prinzipiell ermöglichen. Damit werden dispositive Arbeitsaufgaben erleichtert oder überhaupt erst ermöglicht. Dies ist zu erreichen mit einer Erhöhung der Selbstbeschreibungsfähigkeit der Software bzw. der handlungsleitenden Anteile. Ein gutes Beispiel ist die Dialogtechnik, wie sie etwa in den "werkstattorientierten Programmiersystemen" (WOP) zum Einsatz kommt. Dem Facharbeiter werden Symbole, Begriffe und Veranschaulichungen angeboten, die ihm bereits aus seiner konventionellen Werkstatt geläufig sind. In Verbindung mit weiteren Hilfesystemen kann damit der Anteil selbständiger Bearbeitungs- und Problemlösehandlungen deutlich erhöht werden.

Die positiven Anforderungen (z.B. geistige) und damit auch die Motivation des Facharbeiters werden darüberhinaus mit attraktiven Formen der Organisation der Arbeit angehoben. Z.B. erhöht moderne qualifizierte Gruppenarbeit in Form sogenannter Fertigungsinseln nicht nur regulatorische, sondern auch kooperative und kommunikative Anforderungen. Hier sind Vorschläge der Arbeitsorganisation gefragt.

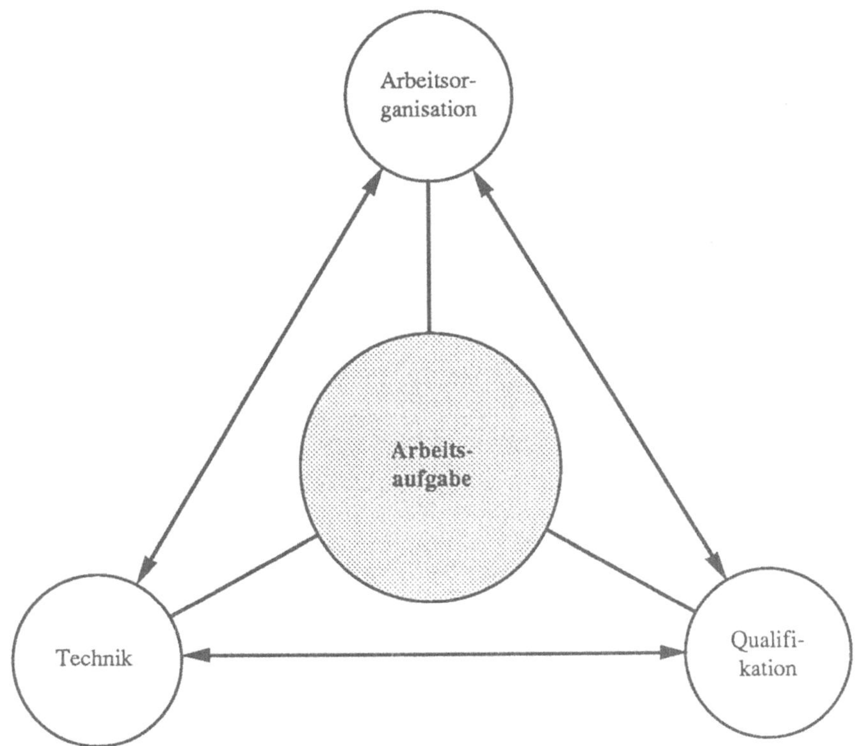

Abb. 2. Arbeitsaufgabe als Zentralkategorie (in: Krogoll u. Pohl 1989)

Auch die Didaktik und Methodik muß die Arbeitsaufgabe zum Ausgangspunkt nehmen. Aus einer konsequenten Umsetzung dieser Denkweise resultiert zielgerichtetes, motiviertes und sehr praxisnahes Lernen. Wir haben Konzepte aufgabenorientierten Lehrens und Lernens entwickelt, die derartige Effekte erbringen können (vgl. Krogoll et al. 1988).

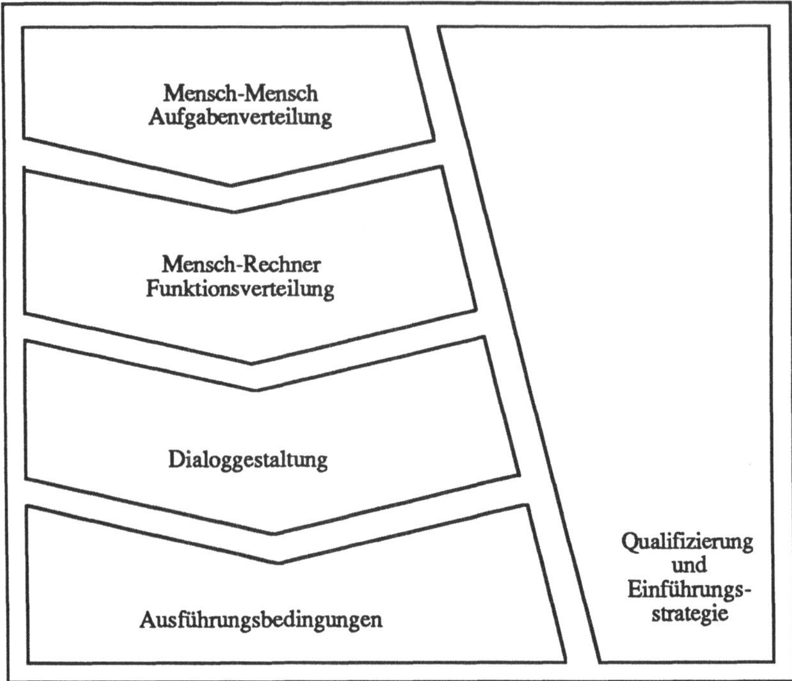

Abb. 3. Modell einer Hierarchie der software-ergonomischen Arbeitsgestaltung (nach: KfK-PFT 1990, S 266)

Anstelle einer Wirkungskette wie oben beschrieben, sehen wir in einem Modell der Arbeitsaufgabe als Zentralkategorie (siehe Krogoll & Pohl 1989; Krogoll 1989) Vorteile für die Praxis und jede einzelne beteiligte Disziplin (Abb. 2).

Wir sehen in diesem Ansatz auch Abweichungen zu "hierarchischen Modellen", wie sie für die Software-Ergonomie formuliert werden (vgl. z.B. Hacker 1987). Technik, Arbeitsorganisation und Qualifikation ordnen sich dort zwar der Arbeitsaufgabe unter, die interne, mit der Technik beginnende Wirkungskette wird jedoch nicht aufgehoben. Auch wenn die Qualifizierung in Anlehnung oder Erweiterung von Hacker als begleitender Prozeß skizziert wird (z.B. Döbele-Berger & Martin 1988, S. 945 oder KfK-PFT 1990, S. 266; vgl. Abb. 3), erscheint uns eine solche Betrachtung noch zu defensiv.

Bei einer Betrachtungsweise wie wir sie mit einer Zentralkategorie vorschlagen, sind aus zwei Richtungen Anforderungen an die Arbeitsaufgabe zu formulieren:

Einerseits geben die Einzeldisziplinen Technik, Arbeitsorganisation oder Qualifikation die Kriterien ein, die aus ihrer Sicht wichtig oder unabdingbar für eine zu konstruierende Arbeitsaufgabe sind. Die Qualifizierer benennen z.B. die Voraussetzungen für einen noch qualifizierbaren Lerngegenstand. Die Arbeitsorganisation formuliert vielleicht die "Grenze der noch erträglichen Taylorisierung", und Software- und Technikentwickler erklären das Minimum notwendigen "Neuigkeitszuwachses", ohne den ein Sprung von der konventionellen zur rechnergestützten Fertigung nicht möglich ist.

Umgekehrt müssen im Vorfeld von Veränderungen gemeinsame Kriterien benannt werden, die ein Minimun an humanem Arbeitsinhalt ausmachen. Hier wird eine Orientierung an Ergebnissen der Arbeitswissenschaft, genauer der Arbeitspsychologie notwendig.

2 Entwicklungsförderliche Arbeitsaufgaben als Gegenstand für Softwareentwickler und Qualifizierer

Wir haben Eingangs den Wunsch geäußert, Technik und Software nicht nur in ihrer internen Funktionsfähigkeit zu betrachten. Fast jede Software funktioniert - wenn man mit ihr umzugehen weiß. Wie aber verteilt sich z.B. der Aufwand einer Schreibkraft für das Verständnis und die Handhabung des Schreibprogramms im Unterschied zu ihrer eigentlichen Aufgabe, Text zu schreiben und zu gestalten? Diese Aufwandsverteilung ist nicht nur abhängig von der Qualität der Schulung, sondern auch von den handlungsleitenden Anteilen der Software und ihrer Bedienungsanleitung. Auf der Werkstattebene werden z.B. CNC-Steuerungen nach Art der Denkweise des Entwicklungsingenieurs unterschieden (Weber 1988). Vom Anwender am schwierigsten nachzuvollziehen sind demnach die "informatikorientierten" Ausgaben. Rein logisch ist das Produkt des Informatikers aber sicher völlig korrekt. Wir halten es aber für wichtig, daß zugleich die Arbeitsaufgabe antizipiert wird, zu deren Erledigung eine Software beitragen soll.

Die in unserem Modell formulierten Anforderungen an Technik, Arbeitsorganisation und Qualifikation setzen die Einigung auf Humankriterien voraus.

Die Arbeits- und Ingenieurpsychologie in Ausprägungen der Dresdener (W. Hacker), Berliner (W. Volpert) oder Züricher (E. Ulich) Schule formuliert seit vielen Jahren den Begriff der "persönlichkeitsförderlichen Arbeit". Derzeit werden soziale und emotionale Anteile in solchen Modellen vermißt. Eine erhebliche Fortentwicklung und Konkretisierung humaner Arbeitsaufgaben hat W. Volpert mit 9 Kriterien der Entwicklungsförderlichkeit ermöglicht. Sie beziehen sich auf die Arbeitsaufgabe und sind damit als gemeinsamer Bezugspunkt für Technik, Arbeitsorganisation und Qualifikation sehr gut geeignet.

Entwicklungsförderliche Arbeitsaufgaben erfordern demnach

... einen großen Handlungsspielraum, also hohe Regulationserfordernisse,

... einen angemessenen zeitlichen Spielraum,

> ... Angebote zur persönlich geprägten Erfassung und Bewältigung von Anforderungen im Sinne von Strukturiertheit,
>
> ... die Vermeidung objektiver Behinderungen der Arbeitstätigkeit,
>
> ... ausreichende und vielfältige körperliche Aktivität,
>
> ... die Beanspruchung vielfältiger Sinnesqualitäten,
>
> ... den konkreten Umgang mit realen Gegenständen und den direkten Bezug zu sozialen Bedingungen,
>
> ... das Merkmal zentrierter Variabilität, also bei gleicher Grundstruktur der Aufgabe die Möglichkeit unterschiedlicher Realisierungsbedingungen,
>
> ... die Möglichkeit und Förderung von Kooperation und unmittelbarem menschlichen Kontakt. Ausführlicher siehe bei Volpert (1989).

Für alle beteiligten Disziplinen sind Kriterien für humane Arbeit die Voraussetzung für einen akzeptablen Gegenstand. Wir wollen an zwei Beispielen aus der eigenen Disziplin zeigen, was die Aufgabenorientierung hier an Konsequenzen für disziplineigene Arbeitsweisen und Ergebnisse haben kann. Dabei wird zugleich deutlich, daß ein engerer Austausch zwischen den einzelnen Disziplinen erforderlich ist.

3 Der Ausgangspunkt Arbeitsaufgabe aus der Sicht der Qualifizierung

3.1 Das Lehr- und Lernkonzept CLAUS als Beispiel für eine aufgabenorientierte Didaktik und Methodik

Für die Didaktik und Methodik hat die Orientierung an der Arbeitsaufgabe Konsequenzen. Das lehrbuchartige Abarbeiten technologischer Folgekapitel ist out. Schließlich soll der Lernende mit dem technischen Werkzeug umgehen können. Noch niemals aber hat Wissen für sich handlungsleitenden Charakter besessen. Es ist auch falsch, "Wissen" mit höherwertigeren "geistigen Operationen oder Handlungen" gleichzusetzen. "Kopfarbeit" ist viel mehr als Gedächtnisverwaltung! Geistige Regulationen über eine Handlung haben grundsätzlich ihren Ursprung in einer äußeren Handlung. In einem EDV-Kurs stundenlang Folienvorträge über sich ergehen zu lassen, hat nichts mit einer eigenen, äußeren Handlung zu tun. Wie soll daraus jemals eine innere, geistige werden? Es geht also im Lernprozeß darum, angemessene Handlungen am Lerngegenstand zu organisieren. Sie nehmen ihren Ausgangspunkt bei der Arbeitsaufgabe. Diese ist der Lerngegenstand. Wir haben das für CNC-Werkzeugmaschinen ausgearbeitet und sehr erfolgreich umgesetzt. In groben Zügen sieht das Konzept mit der Abkürzung CLAUS[1] wie folgt aus:

Das Lernen soll handlungs- und aufgabenbezogen erfolgen. Die ursprüngliche Arbeitsaufgabe muß deshalb in einer möglichst vollständigen Form zum Zielpunkt organisierter Lernhandlungen werden. Dies wird mit Hilfe eines Systems von

---

[1] "CNC Lernen Arbeit und Sprache"; vgl. auch Böhmer & Lemmer 1990.

Lernaufgaben erreicht. Der Aneignungsprozeß geschieht entlang einer Abfolge gestufter "genetischer Vorformen" (Volpert 1985), die sich in ihrer Komplexität allmählich der qualifikationsrelevanten Gesamtaufgabe annähern. Genetische Vorformen sind in den Einzelheiten reduziert und vereinfacht, sie enthalten aber prinzipiell alle wesentlichen Strukturen der gesamten Arbeitsaufgabe. Dieses System bildet den organisatorisch-didaktischen Rahmen für die oben geforderten "äußeren Handlungen": die theoretischen Grundlagen sind eng mit den praktisch durchzuführenden Tätigkeiten verknüpft. Damit wird nach dem Prinzip der Ganzheitlichkeit die Trennung von Theorie und Praxis überwunden.

3.2 Personalentwicklungskonzept für gruppentechnologisch orientierte Fertigungsinseln

Dezentrale Produktionskonzepte wie z.B. qualifizierte Gruppenarbeit (Fertigungsinsel) zeichnen sich durch planende, bearbeitende und kontrollierende Aufgaben aus.

Diese neue Form der Arbeitsorganisation löst einen Qualifizierungsbedarf für dispositive und soziale Aufgaben aus, der über die bei den Mitarbeitern vorhandenen bearbeitungsspezifischen Qualifikation in einer Inselgruppe hinausgeht. Der neue Lerngegenstand für die Gruppe ist das Arbeitssystem "Fertigungsinsel". Arbeitsaufgaben werden in diesem System zu Teilaufgaben, die gemeinsam koordiniert werden müssen.

Ein Qualifizierungskonzept für Fertigungsinseln muß am kompletten, dispositiven Aufgabenfeld einer Inselgruppe ansetzen. Komplett heißt, daß nicht nur die Summe einzelner, voneinander unterscheidbarer Arbeitsaufgaben sondern weitere verbindende, gemeinsame Aufgabenanteile zum Gegenstand werden: sogenannte dispositive und koordinierende Aufgaben.

Im Projekt "Integrierte Fertigung von Teilefamilien - Fertigungsinseln"[1] wurde ein entspechend erweitertes aufgabenbezogenes Konzept in einem Pilotbetrieb entwickelt und erprobt. Der Grundansatz liegt hierbei in der arbeitsanalytischen Bestimmung prospektiver, künftiger Gesamtaufgaben und Anforderungen in dispositiver, bearbeitungsspezifischer und sozialer Hinsicht. Im weiteren Schritt werden prototypische Normalaufträge (Arbeitsaufgaben) in Teilaufgaben einer Inselgruppe zerlegt und in Lernaufgaben transformiert. Das Zusammenfassen, verschiedener, zu qualifizierender Einzelaufgaben ergibt dann eine Komplettaufgabe für inseltypische Aufträge. Für deren Beherrschung ist eine Inselgruppe zu qualifizieren. Sonderaufträge und Störsituationen ergänzen typische Arbeitsaufgaben, so daß ein aufbauendes Qualifizierungsprogramm nahezu den größten Teil möglicher Auftragsereignisse abdecken und den schrittweisen Aufbau flexiblen Arbeitshandelns einer Gruppe ermöglichen kann. Der komplette Lerngegenstand wird so in einem Netz von Lernaufgaben zusammengefaßt.

---

[1] Das Vorhaben wurde beim BMFT, Förderschwerpunkt Fertigungstechnik PFT, unter dem Förderkennzeichen 02 FT 2608/9 bis 1989 gefördert. Vgl. auch Schlund & Guffart 1990.

In einem 1990 beginnenden Projekt "CeA-Lernaufgabensystem" (Kurztitel)[1], soll diese Konzeption weiterentwickelt und verfeinert werden. Im Mittelpunkt der Entwicklungsarbeiten stehen Möglichkeiten einer frühzeitigeren Einbindung der Qualifizierungsexperten bei anstehenden betrieblichen Veränderungen im Sinn der Zentralkategorie Arbeitsaufgabe (siehe Kapitel 1) sowie Lernaufgabensysteme, die von den Betroffenen (Facharbeiter, Ausbilder) selbst ausgearbeitet und flexibel weiterentwickelt werden können.

3.3 Die Rolle der Software und ihre Auswirkungen auf Arbeitsorganisation und Qualifikation am Beispiel der Leitstandsoftware

Ist die Arbeitsaufgabe für alle Disziplinen, die sich mit der Softwareentwicklung befassen, die verbindende Klammer, so hilft dies der Gestaltung entwicklungsförderlicher Arbeitsbedingungen für die Benutzer und Anwender von Software. In diesem Zusammenhang sollen hier jedoch nur die Konsequenzen für die Arbeitsorganisation und Qualifizierung betrachtet werden.

Zum Beispiel erhebt sich innerhalb einer Fertigungsinsel die Frage, wie der Einsatz einer Leitstandsoftware gestaltet werden muß, um die Inselgruppe bei der Ausübung und Erfüllung ihrer Arbeitsaufgaben zu unterstützen. Eine weitere Frage ist, ob Leitstandsoftware prinzipiell die Arbeit einer Inselgruppe unterstützen oder behindern kann. Ist sie einem durchschnittlichen Fertigungsinselmitglied überhaupt vermittelbar? Sicher ist, daß der Einsatz einer Leitstandsoftware den Charakter der bisherigen, manuellen - dispositiven Arbeit in einer Fertigungsinsel verändert. In der Regel werden nur die besten Mitarbeiter oder gar nur Ingenieure aus den vorgelagerten Produktionsbereichen mit Leitstandaufgaben betraut. Die Software muß aber zu den Arbeitsaufgaben passen und vom durchschnittlichen Fertigungsinselteam handhabbar sein. Hier drängen sich Parallelen zur CNC-Arbeit auf, wo werkstattorientierte Programmierverfahren diskutiert werden.

Der Charakter einer Leitstandsoftware ergibt sich aus ihrer Funktion bezogen auf die Arbeitsorganisation und Qualifikation: Sie ist ein Medium und Werkzeug, das die Arbeit einer Gruppe zu bewältigen hilft. Die Arbeitsaufgaben, die am Leitstand oder mit seiner Hilfe erledigt werden, sind der Lerngegenstand für Anwender und Benutzer. Wir sehen folgende wesentlichen Gestaltungserfordernisse einer Leitstandsoftware:

- Werkstattsteuerung muß der Eigensteuerung der Gruppe und deren Eigenkontrolle dienen. Jede Fremdsteuerung, z.B. durch direktes Einwirken der zentralen PPS, reduziert die Entscheidungsfreiheit und Eigendisposition der Gruppe.
- Die Werkstattsteuerung soll die Arbeits- und Handlungskompetenz der Inselmannschaft herstellen und unterstützen.

---

[1]Das Vorhaben wird seit dem 1. 10. 90 beim BMFT, Förderschwerpunkt AuT ,unter dem Titel "Entwicklung eines erweiterten Lernaufgabenkonzeptes für erfahrungsgeleitete Tätigkeitsteile in der computergestützten Arbeit (CeA)" und dem Förderkennzeichen 01 HG 169 gefördert.

- Die Inselsteuerungssoftware sollte den Kompetenz- und Verantwortungsbereich einer Inselgruppe neu umschreiben.
- Die Inselleitstandsoftware soll neue Kommunikations-, Kooperations- und Interaktionsmöglichkeiten der Inselmannschaft schaffen und unterstützen.

3.4 Software- und Technikfixierung als subjektives Hindernis bei der Realisierung aufgabenorientierter Qualifizierung

Wir haben an zwei Beispielen aus der Qualifizierung gezeigt, daß der Ausgangspunkt Arbeitsaufgabe dort zu einer Umkehrung der Techniklogik in eine Lernlogik führt, weil nicht mehr die Technik an sich, sondern deren Werkzeugfunktion innerhalb einer Arbeitstätigkeit im Vordergrund steht.

Was passiert nun, wenn ein typischer Ausbilder solche neue Konzepte übernehmen soll? Wir haben in einem vom Projektträger HdA (jetzt AuT) von 1987 bis 1990 geförderten Projekt "Trainerschulung"[1] und zuvor in einem kleineren Vorhaben mit dem Landesarbeitsamt Baden-Württemberg sehr intensive und grundsätzlich positive Erfahrungen mit Ausbildern der betrieblichen und überbetrieblichen Weiterbildung gemacht. Dabei haben wir als größtes Hindernis für neue und bessere Lehr- und Lernprozesse in der beruflichen Bildung die techniklogische Denkweise ausgemacht. Wenn ein Ingenieur in der Weiterbildung tätig ist, begibt er sich auf ein fremdes Territorium. Da ist es nur logisch, daß er "wie zu Hause" denkt und lehrt. So wie sich die Technik aus ihren unterscheidbaren Teilen zusammensetzt, so werden diese Teile nacheinander in ihrer logischen Abfolge gelehrt. Ein Ausbilder hat es in seiner Funktion noch schwerer als der Ingenieur. Denn er muß sich sein Technikwissen und -verständnis immer wieder bei eben diesen Experten holen. Häufig wird ihm dort neben neuem Wissen zugleich auch eine Technik- und Software-Fixierung beigebracht. Es wird auf die interne Funktion der neuen Technik und deren Vorteile gegenüber Herkömmlichem orientiert, und es werden die technischen und intern-logischen Abläufe problematisiert. Leider wird aber kaum über die Funktion einer Maschine oder einer Steuerung innerhalb der Arbeit gesprochen.

Für die notwendige Transformation der servierten Techniklogik in eine aufgabenorientierte Lernlogik wird dem Ausbilder kein Spezialist zur Verfügung gestellt. Dieser hätte aber gerade die Aufgabe, dabei zu helfen, die Techniklogik vom Kopf auf die Füße zu stellen. Für den Lernprozeß lautet die Frage 1: "Was ist die typische Arbeitsaufgabe mit der fraglichen Technik?" Und die Frage 2 heißt dann: "Wie kann diese Arbeitsaufgabe als Gegenstand in den Lernprozeß eingebracht werden?" Die Erfahrungen aus unseren Ausbilderschulungen zeigen, daß wir mit unserem Lernaufgabensystem dem typischen Ausbilder und seiner objektiven Si-

---

[1] Das Vorhaben wird beim BMFT, Förderschwerpunkt Arbeit und Technik, unter dem Titel "Entwicklung, Erprobung und Implementierung einer Trainerschulung für Qualifizierungsmaßnahmen an Neuen Technologien in der Produktion - Trainerschulung" und dem Förderkennzeichen 01 HG 176 5 gefördert.

tuation entgegenkommen. Denn viele Ausbilder lösen sich von der eingeimpften Technikfixierung, indem sie ihre Kurse mit "Praxis" anzureichern versuchen. Die praxisorientierte Lernlogik wird so zwar nicht ganzheitlich und durchgängig realisiert. Aber immerhin kann sie in Form typischer Beispiele zu erheblichen Lernverbesserungen führen.

Das dennoch bei vielen Ausbildern vorfindliche, in jeder Hinsicht gerechtfertigte erhebliche Mißtrauen gegenüber akademischen Lehr- und Lern-Spezialisten kann unserer Meinung nach auf zwei Wegen konstruktiv gewendet werden:

Erstens muß für noch viel mehr Lerngegenstände als bisher theoretisch und praktisch überzeugende Didaktik und Methodik - gemeinsam mit den Ausbildern! - ausgearbeitet werden.

Zweitens helfen auch andere Disziplinen, wenn auf allen Ebenen der Technikentwicklung und -einführung eine Orientierung auf die Arbeitsaufgabe (siehe oben) erfolgt.

4 Software als Werkzeug im Lernprozeß

Es sind ganz unterschiedliche Fragestellungen, ob Software selbst Lerngegenstand ist, oder ob sie eine Rolle im Lernprozeß spielt. Der Lerngegenstand "software" unterscheidet sich prinzipiell nicht von anderen. Er kann sich deshalb auch nicht "leichter" selbst lehren, als andere. Und weil Software nie ein Eigenleben ohne den Zusammenhang einer Arbeitsaufgabe führen kann, gelten für die Didaktik und Methodik die gleichen Prinzipien wie für alle Lerngegenstände. Wir wollen diese Frage hier aus Platzgründen ausklammern und verweisen auf Kollegen, die sich der methodischen Teilfragestellung dieses Problems in letzter Zeit ausführlicher widmen (vgl. Frese & Brodbeck 1989; Greif 1990). Derzeit sehen wir jedoch kein umfassendes, d.h. auch didaktisch orientiertes Schulungskonzept etwa für den Bürobereich, das sich die Mühe machen würde, die Werkzeugfunktion in den Mittelpunkt des Lernens zu stellen.

Software als Werkzeug kann eine eher systematische oder eher eine unsystematische Rolle im Lernprozeß einnehmen. Ein typisches Beispiel für nicht geplante Störungen von Lernprozessen sind CNC-Steuerungen. Je informatikorientierter, umso schwieriger sind sie von den Lernenden nachzuvollziehen (vgl. Weber a.a.O.). Umgekehrt können moderne, anwenderorientierte Steuerungen wie z.B. werkstattorientierte Programmierverfahren (WOP) Lernprozesse ganz erheblich unterstützen (vgl. Kap. 1). Allerdings haben wir Einwände, wenn die Möglichkeiten für die Verbesserung des Lernens und Arbeitens einseitig als technische Aufgabenstellung interpretiert werden. Wir erwarten z.B. weder von der vollständigen Abkehr von DIN-Programmierungen noch von der alleinigen Zuwendung zu WOP oder Graphikvarianten die Lösung in den entscheidenden Problemen des beruflichen Lernens (vgl. Krogoll et al 1986). Wir möchten vermeiden, daß sich Qualifizierer aus ihrer eigenständigen Aufgabenstellung davonstehlen. Lernende und Softwareentwickler erwarten, daß der Rahmen für das Lehren und Lernen benannt wird. Es wird nie den idealen Lerngegenstand geben, der das Lehren und das Lernen quasi

überflüssig macht, weil er etwa einen sehr hohen selbstlernerischen Anteil hätte.
Die Rolle von Lernsoftware z.B. steht und fällt in diesem Sinne mit dem übergreifenden Konzept des Lehrens und Lernens für den eigentlichen Lerngegenstand.
In einem überholten Konzept modulhaften Abarbeitens techniklogischer Pakete
wird Lernsoftware eine Methode im Rahmen der Methodenvielfalt sein. Vielleicht
ist sie sogar die Beste der vertretenen Methoden. Wird sie damit aber schon zu einer
didaktikbestimmenden Größe? In einem anzustrebenden aufgabenorientierten, an-
eignungslogischen Lehr- und Lernprozeß kann Lernsoftware erfolgsbestimmenden
Anteil haben. Ihren Erfolg bestimmt aber die korrekte Ausarbeitung des Lernauf-
gabensystems als Ganzes und die Analyse der erfolgsbestimmenden Anteile der ge-
stuften Lernaufgaben. Software als ein Werkzeug für die Erledigung einer Arbeitsaufgabe, aber auch als spezielle Lernsoftware, ordnet sich also einer zu entwik-
kelnden Didaktik/Methodik unter.

Für die Lernsoftware hat dies Gestaltungskonsequenzen. Ihr Anteil an der Lernaufgabe muß als Zielstellung sichtbar sein. D.h. z.B., daß die programmeigenen
Hierarchieebenen jederzeit erkennbar sein müssen. Selbstverständlich muß das
"Selbstlernprogramm" als Unterziel der eigentlichen Zielstellung bzw. Lernaufgabe
sichtbar sein. Es wird zugleich deutlich, daß es hier Vorgaben des Qualifizierers für
den Software-Entwickler geben muß. Mit der Lernsoftware läßt sich erneut zeigen,
wie hilfreich ein Ansatzpunkt an der Zentralkategorie "Arbeitsaufgabe" sein kann.
Der Qualifizierer kann sein Anliegen konkret machen, der Softwareentwickler gelangt zu einem praxisnahen Ergebnis.

5 Perspektiven

Für die Weiterbildung und Qualifizierung besonderes in der Bürokommunikation
und Software sehen wir einige Hindernisse in der Bewältigung und Realisierung der
hier skizzierten Anforderungen und Zielstellungen:
1. Es fehlen Instrumente oder Leitfäden für die Gestaltung der Software; und
    zwar bezogen auf ihre Funktion als Lerngegenstand als auch als Methode
    im Lernprozeß.
Wir erwarten uns für den Gestaltungsaspekt einen erheblichen Fortschritt mit
den Ergebnissen aus den Vorhaben "Kontrastive Aufgabenanalyse in Büro und
Verwaltung" (Dunckel & Volpert in diesem Band). Für die Weiterbildung und
Qualifizierung werden zwar eine große Zahl verbesserter Methoden - auch rechnergestützte - vorgeschlagen; die beste Methode wird aber keinen wesentlichen
Fortschritt bringen, wenn ihr die didaktischen Vorgaben fehlen. Didaktisch orientierte Leitfäden, die die Entwicklung neuer Methoden des Lernens unterstützen,
fehlen. Ein aufgabenorientiertes didaktisch-methodisches Konzept ist derzeit für den
Bereich der Bürokommunikation nicht sichtbar.
2. Die Entwicklung neuer rechnergestützter Methoden und Medien nimmt
    überhand. Es mangelt an der didaktischen Rahmenkonzeption und der Kon-
    trolle möglicher Folgewirkungen bei den Lernenden.

Es fehlen Erkenntnisse der sensorischen Aufnahme- und Verarbeitungsmöglich-
keiten beim Lernenden. Mit zunehmendem Einsatz von Computer-Lernprogram-
men und Videos ist eine Übersättigung zu befürchten, die möglicherweise sogar zu
Lernbehinderungen führten - abgesehen von weiterhin fehlenden praxisintegrieren-
den Aneignungsprozessen im beruflichen Lernen.

6 Literatur

Böhmer R, Lemmer R (1990) Tückische Lücke. Die Wirtschaft muß sich ihre Fachkräfte
selbst heranziehen. Wer sich auf den Staat verläßt verspielt Innovationskraft. Wirt-
schaftswoche 44/3: 32-41

Döbele-Berger C, Martin P (1988) Benutzergerechte Technikgestaltung durch Softwareergonomie. Computer und Recht 4/11: 943-948

Erzberger H, Krogoll T, Thines M (1990) Arbeitslernen mit WOP und CLAUS. Chancen für erweiterte Inhalte der CNC-Arbeit bei werkstattorientierter Programmierung
(WOP) und aufgabenorientierter Qualifizierung (CLAUS). Lernfeld Betrieb 1: 11-13

Frese M, Brodbeck F (1989) Computer in Büro und Verwaltung. Psychologisches
Wissen für die Praxis. Springer, Berlin

Greif S (1990) Exploratorisches Lernen in der Mensch-Computer Interaktion. In: Frei
F, Udris I (Hrsg) Das Bild der Arbeit. Huber, Bern, p 143-157.

Hacker W (1987) Software-Ergonomie; Gestalten Rechnergestützter geistiger Arbeit?! In: Schönpflug W, Wittstock M (Hrsg) Software-Ergonomie 87. Nützen Informationssysteme dem Benutzer? Teubner, Stuttgart (Berichte des German Chapter of
the ACM, Bd. 29, S 31-54).

KfK-PFT (1990) Computerunterstütztes Konstruieren und Planen in Maschinenbau-
betrieben. Kernforschungszentrum Karlsruhe, Karlsruhe

Krogoll T (1989) CNC-Arbeit, Erfahrung und Qualifizierung. In: Martin H, Rose H
(Hrsg) Computergestützte erfahrungsgeleitete Arbeit in der Produktion (CeA). Hekto-
graphierter Bericht Gesamthochschule Kassel

Krogoll T, Pohl W (1989) Qualifizierungskonzepte für neue Technologie und veränderte Anforderungen an die Ingenieurwissenschaften und die Weiterbildung. Schmidt,
Köln (Dokumentation Arbeitswissenschaft, Bd 21, S 31-32)

Krogoll T, Pohl W, Wanner C (1986) Benutzerfreundliche CNC-Programmiersysteme
contra Qualifizierung? Humane Produktion 8/4: 26-30

Krogoll T, Pohl W, Wanner C (1988) CNC-Grundlagenausbildung mit dem Konzept
CLAUS. Didaktik und Methoden. Campus, Frankfurt/New York (Schriftenreihe
"Humanisierung des Arbeitslebens", Bd 94)

Schlund M, Guffart Th (1991) Teamqualifizierung Fertigungsinseln - Hand-
lungspsychologische Aspekte der Qualifizierung in dispositiven Arbeitsaufgaben. Verlag TÜV-Rheinland, Köln (Im Druck)

Volpert W (1985) Pädagogische Aspekte der Handlungsregulationstheorie. In: Passe-
Tietjen H, Stiehl, H (Hrsg) Betriebliches Handlungslernen und die Rolle des Ausbilders.
Jungarbeiterinitiative an der Werner-von-Siemens-Schule, Wetzlar, p 109-123

Volpert W (1989) Entwicklungsförderliche Aspekte von Arbeits- und Lernbedingun-
gen. Zeitschrift für Berufs- und Wirtschaftspädagogik 8: 117-134

Weber W (1988) CNC-Steuerungen für qualifizierte Facharbeit. Technische Rundschau
80/28: 14-18

Qualifizierung: Stiefkind des CAD-Einführungsprozesses - Probleme und Lösungsansätze einer anwenderorientierten Schulung für Ingenieurbüros der Bauwirtschaft

Frank Wehrmann/ Prof. Dr. Peter von Mitschke-Collande

Universität Hannover, Weiterbildungsstudium Arbeitswissenschaft, Lange Laube 32, W-3000 Hannover 1

Zusammenfassung
Ein Ergebnis des Forschungsprojektes "CAE in Ingenieurbüros der Bauwirtschaft" ist, daß die Ingenieurbüros ihre Vorbereitungen auf CAD-Qualifizierungsmaßnahmen erheblich ausweiten müssen. Parallel dazu müssen die Schulungsanbieter die pädagogische Qualifikation ihres Schulungspersonals stark verbessern.

Abstract
One result of the research project, titled "CAE in bureaux of the building industry", is that engineer's offices have to increase their preparations in CAD-qualifying measures. Parallel to this the suppliers of qualifying measures have to improve the educational qualification of their teaching staff and the quality of their offers.

1 Problemstellung

Die Qualität der Durchführung und Planung von CAD-Weiterbildungsmaßnahmen bestimmt den Erfolg des CAD-Einführungsprozesses entscheidend mit. Unterstellt, daß diese These zutrifft, müßten auch die CAD-einführenden Ingenieurbüros der Bauwirtschaft qualitative Anforderungen an die didaktisch-methodische Konzeption der CAD-Schulungsmaßnahmen stellen: Die Maßnahmen müßten anwenderorientiert konzipiert sein, abgestimmt mit dem arbeitsorganisatorischen Konzept des Betriebes. Ziel der Maßnahmen müßte es sein, bei den CAD-Nutzern Voraussetzungen zu schaffen bzw. zu fördern, die sie in die Lage versetzen, das CAD-System zu beherrschen.

Ebenso müßten die Weiterbildungsmaßnahmen mit den Phasen des Einführungsprozesses abgestimmt sein.

Die Schulungsanbieter müßten die inhaltlichen und organisatorischen Forderungen der Büros aufnehmen und ihre Maßnahmen damit abgestimmt konzipieren.

Vor diesem Hintergrund untersuchten wir im Rahmen des BMFT-Forschungsprojektes "CAE in Ingenieurbüros der Bauwirtschaft" (Förderkennzeichen 01 HK 866) Ingenieurbüros der Bauwirtschaft. Es interessierte uns, welche Anstrengungen die Büros tatsächlich hinsichtlich der CAD-Qualifizierung der Mitarbeiter bei der Einführung von CAD unternehmen und wie sie diese Maßnahmen organisatorisch in den Einführungsprozeß einbinden.

Parallel dazu eruierten wir bei Softwareanbietern, die zu ihren bauspezifischen CAD-Programmen Schulungen anbieten, welche Konzepte sie ihren Weiterbildungsmaßnahmen zugrunde legen und wie sie auf Ansprüche seitens der Schulungskunden reagieren.

2 Schulungsrealität in den Bauingenieurbüros

Übereinstimmend schätzen die untersuchten Büros die Bedeutung der CAD-Weiterbildung für den Erfolg des CAD-Einführungsprozesses sehr hoch ein. Ziel der Maßnahmen solle es sein, den künftigen CAD-Nutzern den kompetenten Umgang mit dem System zu vermitteln.

Doch was bedeutet dieser Anspruch im einzelnen für CAD-Schulungskonzepte? Das konnten die Büros leider nicht beantworten. Es gibt keine differenzierten Vorstellungen oder Kenntnisse darüber, welches Wissen und welche Fähigkeiten einen CAD-Nutzer auszeichnen sollten. Ebensowenig existieren Ansprüche an das methodische Konzept einer Schulung. Folglich fehlt eine Grundlage, Schulungsangebote beurteilen zu können. Zwar besteht aufgrund eigener Erfahrungen die Einsicht, daß die Qualität der Schulungsangebote verbessert werden muß. Doch der Einfachheit halber wird nahezu immer bei bestehendem Schulungsbedarf auf die Schulungsangebote der CAD-Softwarehersteller zurückgegriffen. Das Argument lautet, daß nur diese Anbieter Schulungen mit dem betreffenden Softwarepaket im Programm haben. Zudem könne davon ausgegangen werden, daß deren Schulungspersonal die notwendige Kompetenz in CAD habe und damit der Erfolg der Schulung gesichert sei. Der Zeitraum, den die Schulung beansprucht und in dem der Mitarbeiter dem Büro nicht zur Verfügung steht, solle nach Ansicht der Büroinhaber möglichst gering gehalten werden. Am besten sollten die Schulungen halbtags stattfinden, so daß der Mitarbeiter noch die im Büro anfallenden Arbeiten erledigen kann. Letztendlich sollte die Schulung in der Nähe des Büros stattfinden, damit der Mitarbeiter selbst bei ganztägiger Schulungsorganisation Aufgaben für das Büro erledigen kann bzw. bei laufenden Projekten für die Lösung auftauchender Problemen greifbar ist.

3 Die Schulungsrealität bei den Softwareherstellern

Da in den meisten Fällen die bauspezifische CAD-Software nur gering verbreitet ist, finden sich seitens privater oder öffentlicher Bildungsträger kaum auf diese Produkte zugeschnittene Schulungsangebote auf dem Bildungsmarkt. So sehen sich die Softwarefirmen gezwungen, zu ihrem Produkt eine passende Schulung als Dienstleistung anzubieten, die gern von den Kunden in Anspruch genommen wird. Diese Angebote müssen, unter didaktisch-methodischen Gesichtspunkten betrachtet, als ungenügend eingestuft werden.

Betrachtet man beispielsweise die Prospekte der Schulungsanbieter, so fällt auf, daß über das zugrunde gelegte Bildungskonzept selten etwas gesagt wird. Dies erschöpft sich zumeist in einer Aufzählung der technischen Inhalte. Hingegen wird großer Wert darauf gelegt, welche technisch-formale Qualifikation die Referenten aufweisen. Diese Inhalte der Werbung werden von den Kunden scheinbar positiv aufgenommen.

Schulungen, die die CAD-Nutzung zu vermitteln suchen, legen nach unseren Beobachtungen ein Trichterprinzip zugrunde: das einfachste und effektivste sei es, den Trichter senkrecht beim Lernenden anzusetzen und die Informationsflut ungehindert fließen zu lassen. Die Struktur der fließenden Informationen wird mehr dem Trichter denn dem lernenden Menschen angepaßt.

Den Schulungsteilnehmern wird kein fundiertes, nach didaktischen Richtlinien strukturiertes Grundlagenwissen vermittelt, das sie in die Lage versetzen könnte, beispielsweise selbständig am Arbeitsplatz – wo sie zumeist auf sich allein gestellt sein werden – weiterzulernen. Folge ist die Überforderung der CAD-Nutzer in der Schulung und während der Einarbeitung am Arbeitsplatz. Dies äußert sich u.a. in einer Ausweitung der betrieblichen Einarbeitungszeit: es wird zurückgegriffen auf das Prinzip "trial and error", da strukturierte Handlungsanleitungen und -möglichkeiten nicht verfügbar sind.

Das Schulungspersonal ist technisch zumeist äußerst kompetent. Ihm mangelt es jedoch an pädagogischen Qualifikationen. Fast immer unterrichten Personen aus technischen Berufen, Bauzeichner, Bauingenieure, aber auch Informatiker. Haben die Lehrenden des Baubereiches noch den Vorteil, daß sie die alltäglichen Anwenderprobleme kennen, so fehlt den branchenfremden Schulungsleitern das fachliche Hintergrundwissen.

Doch was nützt es letztendlich, daß hervorragendes technisch-fachliches Wissen vorhanden ist, es aber nicht an andere weitergegeben werden kann? Erwachsenenpädagogische Arbeit verlangt neben der fachlichen Qualifikation für die zu vermittelnden Inhalte u.a. auch das Wissen und die Erkenntnisfähigkeit dafür, welche Lernschwierigkeiten aufgrund welcher Ursachen auftauchen können und wie diesen Problemen zu begegnen ist.

Schulungsleiter, die schon lange in diesen Aufgaben arbeiten, äußerten uns gegenüber ein massives Interesse an eigener erwachsenenpädagogischer Weiterbildung. Sie spürten, daß sie nicht das einlösen können, was die Prospekte ihres

Hauses versprechen. Oftmals stünden sie hilflos vor Vermittlungsschwierigkeiten, deren Ursachen sie nicht erkennen könnten.

Dieses Weiterbildungsinteresse stößt im Softwarehaus auf große Widerstände. Es bleibt wenig Zeit für diese Weiterbildung, da neben den Weiterbildungsaufgaben beispielsweise noch die "Hot line" zu bedienen und das Handbuch für die Software zu erstellen bzw. zu pflegen ist.

4 Folgerungen aus dem derzeitigen Status quo der CAD–Weiterbildung

Welche Probleme gilt es dringlichst zu lösen? Auf der Seite der Schulungsanbieter muß das Bewußtsein gefördert werden, daß Schulungen nicht nebenbei geleistet werden können, ja, daß die Schulenden mit ihrer Aufgabe den Teilnehmern gegenüber Verantwortung übernehmen. Das Schulungspersonal muß pädagogisch gebildet, zur Zeit vor allem weitergebildet werden.

Der Nachfrageseite – in unserem Fall also den Ingenieurbüros der Bauwirtschaft – müssen Hilfen an die Hand gegeben werden, mit denen sie die Qualität der Ware Schulung beurteilen, eigene Anforderungskataloge erstellen und die sinnvolle organisatorische Einbindung der Maßnahmen in den Einführungsprozeß leisten können.

5 Didaktisch–methodische Qualitätsanforderungen an CAD–Schulungen

Unsere Untersuchungen in den Ingenieurbüros der Bauwirtschaft förderten hinsichtlich der Veränderungen der Qualifikationsanforderungen folgendes zutage: durch den Einsatz von CAD *erhöhen* sich die Anforderungen an die betreffenden Büromitarbeiter nicht. Jedoch müssen die CAD–Nutzer *andere* Arbeitsweisen als bei der konventionellen Zeichenarbeit ausbilden. Spielen bei der konventionellen Zeichenarbeit noch handwerkliches Geschick beim Plazieren der Zeichnung und vorheriges Durchdenken der Arbeit hinsichtlich der Unterbringung von Bemaßung und Beschriftung eine wesentliche Rolle, so fallen diese Anforderungen ebenso wie die persönliche Note der Zeichnung selbst bei der Zeichnungserstellung mit CAD weg. Hier wird vielmehr ein vorheriges Begutachten des zu zeichnenden Objektes bezüglich der Anwendung von CAD–Zeichnungsfunktionen – wie etwa Kopier- und Spiegelungsmöglichkeiten und der Einsatz von Makros – gefordert. Zudem muß die Zeichnung in Ebenen unterteilt werden, die dann jeweils auf einer CAD – Ebene oder – Folie abgespeichert wird. Nicht zuletzt werden höhere Anforderungen an das räumliche Vorstellungsvermögen des Zeichnenden gestellt (vgl. Resch 1989; Abel et al. 1989). Die daraus abzuleitenden didaktisch-methodischen Überlegungen für die Fort- und Weiterbildung der betroffenen Mitarbeiter der Ingenbieurbüros der Bauwirtschaft weisen starke Parallelen zu den Empfehlungen auf, die etwa Gottschalch (1989) und Eggers et al. (1989) für die Ausbildung von technischen Zeichnern gegeben haben. Zwar gibt es auch im Baubereich keinerlei Anhaltspunkte dafür, daß Integrationstendenzen realisierbar erscheinen (vgl. Abel & Resch 1989). Doch plädieren auch wir dafür, diese Thematik trotzdem innerhalb einer CAD-Schulung zu bearbeiten, um gerade künftige Veränderungen antizipieren und die eigene Position in der Arbeitsorganisation bestimmen zu können.

Wir wollen uns nun darauf konzentrieren, Kriterien zu benennen, die eine anwenderorientierte Schulung aufweisen sollte. Anwenderorientiert meint, daß Schulungen die sozialen und beruflichen Voraussetzungen der Schulungsteilnehmer zum Ausgangspunkt ihrer Überlegungen nehmen und diese mit den Anforderungen des CAD-Systems zu einem erwachsenengerechten Konzept verbinden. Die Kriterien betreffen die Schulungsziele, die Schulungsinhalte und die Schulungsmethoden.

- Eine CAD-Schulung, die auf den Nutzer von CAD abzielt, sollte als oberstes *Ziel* die Beherrschung des CAD-Systems anstreben. Wir sprechen hier absichtlich von "Beherrschung" und grenzen dies stark zur "Bedienung" eines CAD-Systems ab. Denn das Beherrschen einer Technik impliziert die Unterordnung der CAD-Technik unter die Ansprüche und Voraussetzungen des Nutzers. Dagegen verbindet sich mit dem Bild des Bedieners ein der Maschine zuarbeitender Mensch.

Wir favorisieren den entscheidungs- und handlungsfähigen Konstrukteur, der in der Lage ist, CAD als Hilfsmittel in seine Arbeitsaufgaben zu integrieren. Um dem Ziel des Beherrschers näher zu kommen, müssen die Schulungsinhalte und -methoden auf diese Zielsetzung ausgerichtet werden.

Im einzelnen müßten die Schulungsinhalte folgende Themen behandeln:

- Angesichts der organisatorischen und damit arbeitsinhaltlichen Wirkungsbreite des CAD-Einsatzes ist es für den Nutzer des Systems unseres Erachtens unabdingbar, den CAD-Einsatz in der eigenen Arbeit bestimmen und im Rahmen der gesamten Büroarbeit einschätzen zu können. Dazu ist es erforderlich, die *arbeitsorganisatorischen Zusammenhänge* zu durchschauen und deren Veränderungsmöglichkeiten antzipieren zu können. Dies muß eine CAD-Schulung in Gesprächsrunden etwa problematisieren.
- Es müssen *EDV/CAD-Organisationskenntnisse* vermittelt werden, um die eigenen verfügbaren Datenbereiche durchschauen und Datenschutzaspekte berücksichtigen zu können.

- Die prinzipiellen *technisch-funktionalen Zusammenhänge* der EDV- und CAD-Technik müssen vermittelt werden, um den Computer zu entschleiern und damit die Technikanwendung für den einzelnen begreifbar zu machen.
- Eine CAD-Anwenderschulung muß die *Befehlsvielfalt* eines CAD-Systems exemplarisch vermitteln und dabei auch aufzeigen, daß Möglichkeiten und Grenzen in der Anwendung des Systems bestehen.
- Sehr ausführlich muß auf die *Funktionsvielfalt* eines CAD-Systems eingegangen werden, um die Veränderungen in den Arbeitsweisen zu antizipieren.
- Es müssen *Programmierkenntnisse* auf unterschiedlichen Ebenen vermittelt werden, um auch beispielsweise auf der Betriebssystemebene eigene Routinen schreiben und das System auf dieser Ebene den eigenen Bedürfnissen anpassen zu können.
- Es müssen unterschiedliche *Arbeitsmethoden* und -weisen aufgezeigt werden, um den Nutzern CAD-gerechte und individuell angepasste Arbeitstechniken aufzeigen zu können.

Die *methodische Konzipierung* der Schulungsmaßnahmen muß eine intensive Verschränkung von Theorie und Praxis gewährleisten. Übungsaufgaben müssen von der Vermittlung theoretischen Grundlagen- und Hintergrundwissens vorbereitet und begleitet sein. Umgekehrt sollen die theoretischen Inhalte in den Übungsaufgaben exemplarisch erfahrbar werden.
Die Übungsaufgaben müssen

- Praxisnähe aufweisen,
- konkrete Alltagssituationen und -aufgaben in den Mittelpunkt rücken,
- typische Anwenderprobleme bearbeiten,
- Arbeitsweisen wie Einzel-, Partner- oder Gruppenarbeit berücksichtigen,
- entdeckendes Lernen zulassen,
- und der Informationsbeschaffung einen angemessen großen Raum zubilligen.

Im einzelnen:

- Die Einführung von CAD im Büro bedingt eine Veränderung der Kommunikationsstrukturen. Diese können sich zugunsten einer technisch vermittelten verändern. Um die für das Ingenieurbüro so wichtigen *Kommunikationsfähigkeiten* der Mitarbeiter zu fördern bzw. zu erhalten, sollten in einer CAD-Schulung kommunikative Arbeitsweisen angewandt werden. Wir denken hier beispielsweise an die Verwendung von Gruppen- oder Partnerarbeit, an Diskusions- und Gesprächsrunden zu Veränderungen der Arbeitsinhalte und Arbeitsweisen.
- In einer CAD-Schulung müssen *Lösungstrategien* durchgespielt werden, um Hilfen und Wege für die Lösung alltäglicher Anwenderprobleme zu eröffnen, welche technisch oder organisatorisch bedingt sein können.
- In einer Schulung muß die Anwendung des *Handbuches* geübt werden, um die selbständige Informationsbeschaffung auch auf dieser Ebene zu üben.

– Die technischen Entwicklungen lassen zunehmend arbeitsorganisatorische
Veränderungen mit Hilfe neuer Techniken zu. Die Richtung dieser Entwicklung ist letztendlich nicht absehbar. Um so wichtiger ist es, daß die Mitarbeiter des Bauingenieurbüros diese Tendenz antizipieren können. Hier ist
Lernfähigkeit von den Betroffenen gefordert. Diese kann durch *kontinuierliche Weiterbildung* gesichert werden, in der der Analyse und Lösung von Problemen ein hoher Anteil zugemessen wird.

6 Organisatorische Rahmenbedingungen einer anwen-
derorientierten Schulung

Zielen die eben benannten Punkte auf das didaktisch–methodische Konzept der
CAD–Schulungen ab, so werden wir nun organisatorisch–konzeptionelle Rahmenbedingungen anwenderorientierter Schulungsmaßnahmen benennen. Eine entscheidende Besonderheit bei der Betrachtung der Ingenieurbüros der
Bauwirtschaft ergibt sich aus ihrer Größe: durchschnittlich weisen die Büros 9,5
Mitarbeiter auf (vgl. Abel et al. 1989). Mit dieser Größe geht in der Regel einher, daß die Büros auf keine eigene Weiterbildungsabteilung zurückgreifen
können. Sie sind damit verstärkt auf externe Bildungsangebote angewiesen. Zudem stehen die Büros unter einem permanenten Termindruck, der durch notwendig werdende konstruktive Veränderungen innerhalb von Bauprojekten,
weiterhin durch die Kooperation mit anderen Fachbüros und Institutionen und
nicht zuletzt durch die Abhängigkeit von Jahreszeit und Wetter forciert wird.
Die wenigen Mitarbeiter werden somit nahezu unentbehrlich. Diese Umstände
lassen die zeitliche Organisation und Abstimmung der CAD–Schulungen mit
den Belangen der Büros und die Forderung nach Arbeitsentlastung während
der Schulungen zu schwer lösbaren und immer wieder unterschätzten Problemen werden.

Insgesamt sollten jedoch folgende Punkte bei der Organisation und Planung
von CAD–Schulungen beachtet werden:

– Eine CAD–Schulung muß *zielgruppenspezifisch* ausgerichtet sein. Für die eigentlichen Nutzer der CAD–Systeme muß eine umfangreiche, stark auf die
praktische Arbeit bezogene Schulung konzipiert werden.

– Die *Lerngrupppen* in einer CAD–Schulung sollten nicht mehr als acht Personen umfassen. Vorteile dieser Größe sind, daß genügend unterschiedliche
Erfahrungen eingebracht werden können, die Gruppe untereinander angesichts der kurzen Schulungszeiten einfacher Kontakte knüpfen können und
die Zusammensetzung überschaubar bleibt. Letztendlich hält sich der ab-
lenkende Geräuschpegel, durch Rechner und Gespräche verursacht, in
Grenzen.

– Ein *Schulungsleiter* sollte für fünf bis sechs Personen verantwortlich sein. Damit soll gesichert werden, daß die Schulungsleiter genügend Zeit zur indivi-

duellen Betreuung der Teilnehmer haben und damit auch die langsamer lernenden Teilnehmer das Ziel der Schulung anstreben können.

- Die Schulungsleiter müssen sowohl über technisch-fachliches Wissen als auch über erwachsenenpädagogische Fähigkeiten verfügen, welche auch durch eine kontinuierliche Weiterbildung des Personals gesichert werden muß. Das Erkennen von Lernschwierigkeiten, deren Ursachensuche und das angemessene Reagieren darauf sind pädagogische Fähigkeiten, die notwendig sind, um eine ständige Verbesserung bzw. Anpassung der Schulung an die Bedürfnisse der jeweiligen Anwendergruppe zu ermöglichen.

- Die *zeitliche Organisation* der CAD-Schulungen muß langfristig mit dem Einführungsprozeß abgestimmt werden. Es ist zu gewährleisten, daß diese Abstimmung insbesondere die Kontinuität des Lernens gewährleistet – Lernen ohne störende Unterbrechungen – und eine angemessene Einarbeitungszeit berücksichtigt. Daher sollte versucht werden, die CAD-Einführung und damit die Schulungen so zu planen, daß sie in saisonal entlastete Zeiten fallen. Angesichts der schon angesprochenen knappen Personalausstattung der Büros erhält dieser Aspekt besonderes Gewicht, zumal während der Schulungen und der Einarbeitungszeiten die betreffenden Mitarbeiter *vom Alltagsgeschäft entlastet bzw. freigestellt* werden sollten. Mit letzterem soll erreicht werden, daß sich die Nutzer auf die Einarbeitung konzentrieren können, ohne etwa durch externe Termine, häufige Besprechungen und überlastende Verantwortung daran gehindert zu werden.
Nicht zuletzt müssen die CAD-Systeme mit Abschluß der Schulung installiert sein, damit der Mitarbeiter das Neugelernte sofort in der Praxis vertiefen kann.

- Der *Lernort* muß so gestaltet bzw. gestaltbar sein, daß er das Lernen unterstützt. Das betrifft besonders die Räume, das Mobiliar, die gerätetechnische Ausstattung und die didaktischen Medien. Es sollten drei Räume zur Verfügung stehen: einer, in dem die Rechner stehen, ein zweiter, in dem Gesprächsrunden und Arbeitsgruppen tagen können, und ein dritter, der als Sozial- und Pausenraum nutzbar ist. Die Räume sollten großzügig und hell sein, im Rechnerraum müssen angemessene Verdunkelungsmöglichkeiten vorhanden sein. Das Computermobiliar muß variabel an die verschiedenen Körpergrößen und Ansprüche der Teilnehmer anpaßbar sein (Ergonomie). In Arbeits- und Rechnerraum müssen Vorrichtungen installiert sein, die den Einsatz didaktischer Medien erlauben. Die gerätetechnische Ausstattung sollte für jeden Teilnehmer ein Arbeitssystem vorsehen, um selbständiges Üben zu ermöglichen. Mindestens ein Plotter der Größe DIN A0 muß vorhanden sein. Als didaktische Medien sind in den Schulungsräumen ein Overheadprojektor, Flipchart und Kreidetafel, Vorrichtungen für das Anbringen von Wandzeitungen, eine Leinwand für das Zeigen von Dias und Filmen und eine Videoanlage zu installieren. Nützlich ist auch ein Overheaddisplay, mit dem ein Monitorbild vergrößert auf eine Leinwand projiziert werden kann.

Handelt es sich bei den Kriterien für die organisatorischen Rahmenbedingungen von CAD-Schulungen noch um sichtbare, relativ leicht überprüfbare Beurteilungsgrundlagen, so sind demgegenüber die Möglichkeiten zur Einschätzung des vorhandenen didaktisch-methodischen Konzeptes schwieriger. Hier Klarheit über die erwachsenenpädagogischen Ansätze des Anbieters zu erhalten, dürfte für die Schulungskunden enorm schwierig sein, zumal nach unserer Erfahrung die Anbieter kaum ihre Konzepte, soweit überhaupt vorhanden, offenlegen. Daher bleibt zu hoffen, daß die Schulungskunden mit Hilfe der aufgezeigten Kriterien die Anbieter vielleicht durch ihre Forderungen zu qualitativen Verbesserungen ihrer Angebote bewegen können. In erster Linie gefordert bleiben aber die Ingenieurbüros, indem sie Anforderungskataloge für betriebsspezifische Weiterbildung erstellen und damit den Weiterbildungsbedarf im eigenen Unternehmen analysieren müssen.

7 Ausblick

Es gibt unserer Auffassung nach zwei Schwerpunkte, die nach den Ergebnissen unserer Arbeit für die künftige Forschung in dieser Richtung relevant sein dürften: Zum einen sollte weiterhin gearbeitet werden in Projekten, die branchenbezogene Qualifizierungsberatungen konzipieren mit dem Ziel, diese als unabhängige Regionalstellen fest zu verankern. Damit hängt aber auch die Aufklärung der Schulungskunden über qualitative Schulungskriterien zusammen. Diese müssen sich mit in die Verantwortung für die derzeitige Schulungsqualität nehmen lassen.
Zum anderen sollten Anstrengungen unternommen werden, der Qualifizierung der Aus- und Weiterbilder größeres Gewicht beizumessen und diese als einen festen Bestandteil in deren Berufsbild verankern.

8 Literatur

Abel, J., Brede, M., Meißner, U., Mitschke-Collande, P., Niestroj, C. & Resch, M. (1989). Einführung von CAE in Ingenieurbüros der Bauwirtschaft – Möglichkeiten und Grenzen einer menschengerechten Gestaltung der rechnergestützten Arbeit in Ingenieurbüros. 1. Präsentationsbericht an den Projektträger "Arbeit und Technik". Universität Hannover: Eigendruck.

Abel, J., Brede, M., Niestroj, C. & Resch, M. (in Vorb.). CAD: Kein Thema mehr? – Stand und Perspektiven des CAD-Einsatzes im Bauwesen. Vortrag auf dem internationalen Kongreß "Datenverarbeitung in der Konstruktion '90", Systec '90, München.

Abel, J. & Resch, M. (1989). Computereinsatz auf dem Bau: Stein auf Stein. Computer Magazin Heft 5, S. 20–25.

Eggers, A., Köchling, A. & Mayr, P. (1989). Betriebliche CAD-Qualifizierung – Ansprüche, Probleme, Lösungskompromisse. In Rauner, F. (Hrsg.), CAD: Wandel der Konstruktionsarbeit und Berufsbildung (S. 181–208). Bremerhaven: Wirtschaftsverlag NW.

Gottschalch, H. (1989). Ausbildungsmethoden in CAD/CAM – Lehrgängen für technische Zeichner. In Rauner, F. (Hrsg.), CAD: Wandel der Konstruktionsarbeit und Berufsbildung (S. 145–180). Bremerhaven: Wirtschaftsverlag NW.

Resch, M. (1989). Analysing the social impact of new technologies in the engineering office. In Landau, K. & Rohmert, W. (Eds.), Recent Developments in Job Analysis. London, New York, Philadelphia: Taylor & Francis, pp. 101–109.

Prototyping in einem Designteam: Vorgehen und Erfahrungen bei einer Software-Entwicklung unter Benutzerbeteiligung[1]

Susanne Hacker, Bernd Müller-Holz auf der Heide, Gisa Aschersleben
Lehrstuhl für Psychologie, Technische Universität München, Lothstr.17, 8000 München2

Zusammenfassung

Prototyping in einem Designteam wird als Software-Entwicklungsstrategie vorgestellt, durch die ein möglichst großes Maß an Benutzerfreundlichkeit verwirklicht werden soll. Anhand eines Fallbeispiels wird ein solcher Prototypingprozeß sowie eine Qualifizierungsmaßnahme für die Designteam-Mitglieder dargestellt. Einige Determinanten und Rahmenbedingungen, die für die Durchführung von Prototyping unter Benutzerbeteiligung entscheidend sind, werden diskutiert.

Abstract

Prototyping in a designteam is presented as a strategy for software-engineering and -design, which aims at gaining a maximum of usability. An exemplary prototyping-process, combined with a concept for team-training is described by means of a case-study. Some determinants relevant for realizing prototyping and user participation are discussed.

1 Prototyping - Ein Weg zu mehr Benutzerfreundlichkeit

Die Benutzerfreundlichkeit von Software-Systemen ist in den letzten Jahren zu einem Qualitätskriterium ersten Ranges geworden. Zu Recht, wie alle die bestätigen werden, die sich einmal mit komplizierten Befehlsfolgen, unverständlichen Systemmeldungen, verschachtelten Menüstrukturen oder unzureichenden Programmfunktionen abgemüht haben. Damit Benutzerfreundlichkeit jedoch nicht lediglich zu einem beliebigen Schlagwort wird, mit dem mehr oder weniger gute - "benutzerfreundliche" - Software den BenutzerInnen zu verkaufen versucht wird, muß eine intensive Auseinandersetzung mit diesem Begriff stattfinden.

---

[1] Der vorliegende Beitrag entstand im Rahmen des Forschungsprojekts PROTOS - Entwicklung von Methoden zur Herstellung und Bewertung von Prototypen für Benutzeroberflächen (Förderkennzeichen 01 HK 088-6), das vom BMFT (AuT-Programm) gefördert wird.

Zahlreiche ExpertInnen versuchen seit geraumer Zeit, Kriterien dafür zu formulieren, wie benutzerfreundliche Systeme auszusehen haben. Ohne den Stellenwert solcher Kriterienkataloge herunterspielen zu wollen, muß doch festgestellt werden, daß erhebliche Probleme dabei auftreten, will man derartige, allgemeingültig formulierte Anforderungen an die Softwaregestaltung im konkreten Entwicklungsprozeß angemessen berücksichtigen. Hält man sich zudem vor Augen, was die Formulierung Benutzerfreundlichkeit beinhaltet, nämlich das Ausmaß, in dem ein Software-System den Ansprüchen der realen BenutzerInnen gerecht wird, so wird die Problematik eines solchen - expertendefinierten - Konzepts deutlich. Was den genauen Erfordernissen der Aufgaben, die per EDV unterstützt werden sollen, und den Forderungen der BenutzerInnen, die damit arbeiten sollen, angemessen ist, läßt sich allgemeingültig nur schwer und nur auf sehr abstraktem Niveau klären.

In neuerer Zeit gerät daher zunehmend der Entwicklungsprozeß selbst ins Zentrum des Interesses. Nicht so sehr, *was* Benutzerfreundlichkeit sei, sondern *wie* man zu benutzerfreundlichen Systemen kommen kann, wird heute bevorzugt thematisiert. Software-Entwicklung folgt jedoch noch immer überwiegend dem herkömmlichen *linearen* Ablaufmodell, das durch streng sequentielles Vorgehen, starke Arbeitsteilung zwischen Planung und Ausführung sowie durch fehlende Zusammenarbeit mit den späteren BenutzerInnen dieser Systeme charakterisiert werden kann. Korrekturen sind nur über nachträgliche, meist aufwendige Programmänderungen möglich, nachdem die BenutzerInnen mit den bereits fertigen Systemen konfrontiert wurden. Ihren Ansprüchen und Bedürfnissen entsprechen solche Systeme dann aller Wahrscheinlichkeit nach wenig. Arbeitsabläufe, die umständlicher sind als vor Einführung der EDV, neue Belastungen, Streßreaktionen sowie berechtigter Ärger und Widerstände sind nicht selten die Folge. Um derartige Probleme zu vermeiden, ist also eine grundsätzlich andere Entwicklungsstrategie (und -philosophie) vonnöten.

Gould und Lewis (1984) haben als Grundlage für ein "design for usability" folgende vier Prinzipien vorgeschlagen:

- *Frühe Ausrichtung auf die BenutzerInnen:* Die tatsächlichen späteren BenutzerInnen und deren Arbeitsaufgaben müssen bei der Systemgestaltung von Beginn an im Mittelpunkt stehen.
- *Interaktives Gestalten:* EntwicklerInnen und BenutzerInnen sollen sich nicht nur gegenseitig informieren, sondern auch möglichst eng zusammenarbeiten, etwa in Form eines "Designteams".
- *Empirische Bewertungen:* Die Benutzerfreundlichkeit der entworfenen Systeme soll durch systematische, empirische Tests mit "echten" BenutzerInnen anhand typischer Arbeitsaufgaben erhoben werden.
- *Iteratives Design:* Durch einen zyklischen Entwicklungsprozeß mit systematischen Rückkoppelungsschleifen sollen direkte - emprisch begründete - Korrekturen des Systementwurfs ermöglicht werden.

Ein Software-Entwicklungskonzept, in dem diese Forderungen Berücksichtigung finden, ist das Prototyping, insbesondere Prototyping in einem Designteam. Dabei bilden BenutzerInnen und EntwicklerInnen ein gemeinsames Team, das auf der

Basis der konkreten Arbeitsaufgaben, die durch das System unterstützt werden sollen, Prototypen der Benutzerschnittstelle erarbeitet.

In Anlehnung an Williges, Williges und Elkerton (1987) schlagen wir einen Prototyping-Prozeß nach folgendem Ablaufschema vor (Abbildung 1):

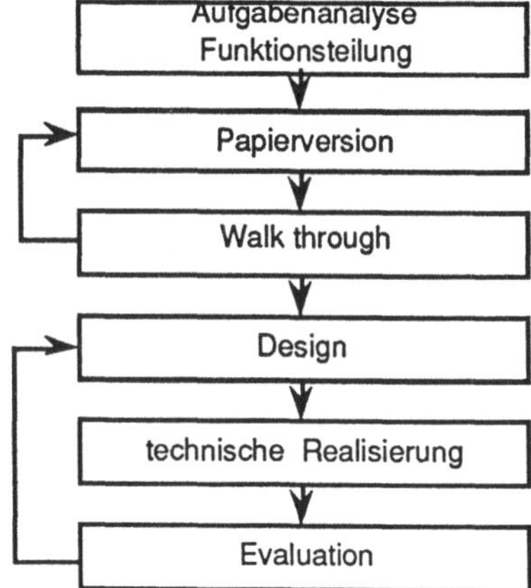

Abb. 1. Prototyping-Entwicklungskonzept

Ein Designteam steuert eigenverantwortlich diesen Entwicklungsprozeß in allen Phasen. In einem ersten Schritt wird die Arbeitsaufgabe analysiert und die Funktionsteilung festgelegt. Dann wird ein erster Entwurf - die sogenannte "Papierversion" - des Prototypen erstellt und anhand typischer Arbeitsabläufe wiederholt überarbeitet (Walk through). Hier ist eine erste Rückkoppelungsschleife vorgesehen. Auf dieser Grundlage erfolgt das Design und schließlich die technische Realisierung des Prototypen. Jeder Prototyp wird mit Hilfe geeigneter Bewertungsmethoden in Hinblick auf seine Benutzerfreundlichkeit getestet. Bei diesen Tests bearbeiten spätere BenutzerInnen typische Arbeitsaufgaben mit dem Prototypen. Die Ergebnisse dieser Bewertung werden in das Designteam rückgemeldet und dort in ein Redesign des Prototypen umgesetzt. Der Zyklus aus Design, technischer Realisierung, Evaluation und Redesign wird so oft wiederholt, bis die Tests befriedigende Ergebnisse liefern.

Dieses Vorgehen hat gegenüber einem linearen Entwicklungskonzept eine Reihe von Vorteilen. So können etwa Schwachstellen und Mängel der Benutzerfreundlichkeit frühzeitig erkannt und mit geringem Aufwand behoben werden. Anders als bei Entwürfen auf Papier können die BenutzerInnen den Prototypen unmittelbar erproben und konstruktiv zu seiner Gestaltung beitragen. Systeme, die auf der Basis eines solchen Prototypingkonzepts erstellt werden, entsprechen mit größerer Wahrscheinlichkeit den Wünschen und Anforderungen der BenutzerInnen sowie den Erfordernissen, die sich aus deren Arbeitszusammenhang ergeben. Darüberhinaus - und das ist nicht zu unterschätzen - werden durch die Zusammenarbeit und die Partizipation am Prozeß der Softwareentwicklung bei *allen* Beteiligten (BenutzerInnen *und* EntwicklerInnen) wichtige Lernprozesse auf verschiedenen Ebenen gefördert: auf inhaltlich-fachlicher, auf technischer sowie auf sozialer Ebene.

Trotz vieler Vorteile wird diese Form der Software-Entwicklung im kommerziellen Bereich bisher kaum eingesetzt, wie in der Planungsphase unseres Projekts durchgeführte Befragungen ergaben (Aschersleben & Zang-Scheucher, 1989). Ein großes Hindernis ist zum Einen der Mangel an Erfahrungen, die bisher mit Prototyping gemacht worden sind: Ein iterativer, von einem Designteam gesteuerter Entwicklungsprozeß stellt derzeit für die Unternehmen ein kaum kalkulierbares Risiko dar. Zum Anderen sind wichtige Voraussetzungen für eine breite Umsetzung von Prototyping noch nicht erfüllt.

Im Projekt PROTOS, das derzeit am Lehrstuhl für Psychologie der TU München durchgeführt wird, durchlaufen wir daher - in Zusammenarbeit mit BenutzerInnen aus der Industrie - exemplarisch einen vollständigen Prototypingprozeß mit einem Designteam, in dem Prototypen für eine spezielle Datenbankanwendung aus dem Bürobereich entwickelt werden. Gleichzeitig wird ein Inventar an Bewertungsmethoden erarbeitet, die im Rahmen des Prototyping praktikabel und sinnvoll sind. Auf die Bewertungsmethoden selbst gehen wir hier nicht ein, sondern verweisen auf den Beitrag von Müller-Holz auf der Heide et al. (1990), den Sie ebenfalls in diesem Band finden. Im folgenden stellen wir den Prototypingprozeß selbst vor, sowie die Erfahrungen, die wir dabei im Projekt PROTOS gewonnen haben.

2 Darstellung des Prototypingprozesses in einem Designteam anhand eines Fallbeispiels

2.1 Rahmenbedingungen für den Prototypingprozeß

Um Mißverständnisse zu vermeiden, möchten wir an dieser Stelle darauf hinweisen, daß wir Prototyping als *ein* Element partizipativer Softwaregestaltung verstehen. Ein vollständiges Systementwicklungsprojekt umfaßt neben der eigentlichen Entwicklungsarbeit auch sämtliche vor- und nachgelagerten Schritte wie die Gesamtprojektorganisation, die Gestaltung der in Frage stehenden Arbeitsaufgabe nach arbeitspsychologischen Gesichtspunkten, ein differenziertes Beteiligungskonzept, das Partizipation auf verschiedenen Ebenen verankert, bis hin zur Planung der Systemeinführung und zur Qualifizierung der BenutzerInnen. Der Prototypingprozeß, in dem die eigentliche Entwicklungsarbeit stattfindet, stellt dabei das Kernstück dar. Themen wie Partizipation von BenutzerInnen und angemessene Aufgabengestaltung spielen hier durchaus eine wesentliche Rolle, können aber durch Prototyping allein nicht ausreichend abgedeckt werden. Beides muß umfassend im Gesamtprojekt berücksichtigt werden.

Unser Fallbeispiel Prototyping bezieht sich damit auf einen wesentlichen *Ausschnitt* aus einem Systementwicklungsprozeß, der im Projekt PROTOS herausgegriffen wird. Durch diesen zu Forschungszwecken gewissermaßen "simulierten" Prototypingprozeß entfallen bestimmte Problembereiche, die sich bei einer Einbindung in ein betriebliches Gesamtprojekt ergeben würden. Es wird ein sozusagen *idealtypischer Verlauf* eines solchen Prototypingprozesses unter spezifischen Rahmenbedingungen nachgebildet, der von bestimmten Restriktionen und realen Interessenkonflikten weitgehend unbeeinträchtigt bleibt. Wir beabsichtigen nicht, damit einen möglichen "one best way" aufzuzeigen, da die jeweilige Ausgestaltung eines solchen dynamischen Prozesses immer situationsspezifisch ist und sein muß. Ähnliche Problembereiche, wie wir sie darstellen wollen, werden jedoch in entsprechenden Projekten ebenso relevant sein, auch wenn die Lösungen sich je nach Fall unterscheiden werden.

Für unser Projekt wurde in Zusammenarbeit mit unserem Kooperationspartner (Siemens AG) eine Arbeitsaufgabe ausgewählt, die rechnergestützt bearbeitet werden soll. Hierbei handelt es sich um eine spezielle Datenbankanwendung, deren Komplexität einen hinreichend großen Gestaltungsspielraum zuläßt. Die konkrete Arbeitsaufgabe besteht darin, firmeninterne "Produktvereinbarungen" zu verwalten. Eine Produktvereinbarung ist eine Art Vertrag zwischen der Entwicklungsabteilung und der Vertriebsabteilung, in dem Festlegungen über ein Produkt getroffen werden (Produkteigenschaften, Einbindung in Produktgruppen, Termine, zu denen bestimmte Entwicklungsstadien erreicht sein sollen, verantwortliche Personen). Die Verwaltung dieser Produktvereinbarungen umfaßt die formale Prüfung, die Archivierung, Aktualisierung und zeitliche Überwachung sowie das Erteilen von Auskünften auf der Grundlage von Recherchen.

Für die Entwicklungsarbeit wurde ein Designteam gebildet, das sich aus vier Personen (einer Benutzerin und einem Benutzer, einem Informatiker und einer Psychologin) zusammensetzt. Durch die Zusammenarbeit dieser Fachleute wird sichergestellt, daß zentrale Aspekte bei der Software-Entwicklung mit Prototyping angemessen berücksichtigt werden:

- Die BenutzerInnen bringen ihre Fachkenntnisse, Wissen und Erfahrungen bezüglich ihrer Arbeitsaufgabe und ihre Bedürfnisse als ExpertInnen für die Arbeitsaufgabe ein und formulieren entsprechende Anforderungen.
- Der Informatiker vertritt die EDV-Seite und ist für die technische Realisierung verantwortlich.
- Die Psychologin stellt Wissen zur Arbeitspsychologie und Softwareergonomie zur Diskussion und begleitet den Prototypingprozeß.

Dem hier beschriebenen Prototypingprozeß liegt ein Team-Modell zugrunde, das von unterschiedlichen Fachkompetenzen der Teammitglieder bei gleichberechtigter Entscheidungsstruktur ausgeht. Expertenwissen, das von den Beteiligten eingebracht wird, dient als Entscheidungshilfe, auf dessen Basis Beschlüsse verhandelt werden. Im Zentrum stehen also kreative Aushandelungsprozesse, dessen Resultate sich in den Prototypen niederschlagen. Wie in einem gemeinsamen Rückblick nach einem Jahr Arbeit im Designteam deutlich wurde, bewerten alle Designteam-Mitglieder ihre Erfahrungen mit diesem Team-Modell positiv .

Bevor das Designteam seine Arbeit aufnehmen kann, sind bestimmte Voraussetzungen notwendig: Für die Teamarbeit ist ein adäquates Zeitbudget einzuplanen; die Freistellung der im Designteam mitarbeitenden BenutzerInnen für die Sitzungen muß von Anfang an selbstverständlich sein. Das Team muß angemessene technische Ressourcen (Hardware und Entwicklungsumgebung) zur Verfügung haben. Die Kompetenzen und Verantwortlichkeiten des Designteams sowie verbindliche Regeln über den internen Teamprozeß müssen zu Beginn festgelegt werden. Eine besonders wichtige Voraussetzung auf Seiten aller Beteiligten ist deren Bereitschaft, sich auf einen solchen Prozeß einzulassen. In der Regel sind damit die Übernahme einer ungewohnten Berufsrolle und - gerade für EntwicklerInnen - neue Methoden und Arbeitstechniken verbunden, häufig auch eine Zusatzbelastung. Die Bereitschaft zu konstruktiver Auseinandersetzung, die Wertschätzung der jeweils anderen Beteiligten als ExpertInnen sowie die Fähigkeit, Belange aus dem eigenen Fachgebiet allgemeinverständlich darzustellen, sind sowohl die Grundlagen für die Kooperation im Team, als auch Ergebnis eines Lernprozesses, der durch die Teamarbeit selbst entsteht. Um diese individuellen Voraussetzungen zu unterstützen, ist es sinnvoll, vor Beginn der Teamarbeit eine Qualifizierungsmaßnahme durchzuführen. Im folgenden stellen wir ein von uns erarbeitetes Konzept vor, das die Vermittlung fachspezifischer Kenntnisse mit dem Training sozialer Fertigkeiten kombiniert.

2.2 Qualifizierung der Designteam-Mitglieder

Ausgangspunkt unserer Konzeption der Qualifizierungsmaßnahme waren die Arbeitsschritte, die beim Prototyping-Prozeß durchlaufen werden. Den einzelnen Schritten des Designzyklus wurden jeweils die Aufgaben zugeordnet, die an dieser Stelle vom Designteam zu leisten sind. Aus diesen Aufgaben haben wir die zur Bearbeitung benötigten Kenntnisse - und damit die Lernziele der fachlichen Qualifizierung - abgeleitet.

Um diese Lernziele zu erreichen, wurden die Qualifizierungsbausteine 'EDV-Grundlagen' und 'Software-Ergonomie'entwickelt. Zusätzlich zu diesen beiden fachlichen Bereichen haben wir den Qualifizierungsbaustein 'Kommunikation und Kooperation' konzipiert, durch den die Zusammenarbeit im Designteam gefördert werden soll. Im folgenden werden die Inhalte und Methoden der drei Qualifizierungsbausteine im Überblick vorgestellt.

Qualifizierungsbaustein 'EDV-Grundlagen': Die TeilnehmerInnen erwerben hier elementare EDV-Kenntnisse, damit in diesem Bereich eine gemeinsame Sprach- und Wissensbasis besteht, die es ermöglicht, im Team die Funktionalität des Prototypen festzulegen und den Prototypen zu gestalten. Als Anregung dafür sollen die TeilnehmerInnen einen Überblick über vorhandene Büro-Programme

bekommen. Sie sollen allerdings nicht zu "Miniatur-InformatikerInnen" geschult werden, sondern weiterhin ihre jeweiligen fachliche Perspektive vertreten.
Behandelt wurden folgende Themen:

- Grobaufbau eines Rechners
- Ein- und Ausgabemedien
- Programmabläufe und Möglichkeiten ihrer Darstellung
- Arten von Programmen und typische Oberflächen

Qualifizierungsbaustein 'Software-Ergonomie': Die TeilnehmerInnen erwerben hier Grundwissen zum Thema Software-Ergonomie, das bei den Designteam-Mitgliedern ein entsprechendes Problembewußtsein schaffen und mögliche Lösungsansätze aufzeigen soll.
Dieser Qualifizierungsbaustein gliedert sich in folgende Teile:

- Inhalte der Software-Ergonomie
- Das Kriterium Benutzerfreundlichkeit (vgl. DIN 66234/8, 1988)
- Richtlinien und Leitfäden (vgl. Spinas, Troy & Ulich, 1983; Smith & Mosier, 1986)
- Bewertungsmethoden

Qualifizierungsbaustein 'Kommunikation und Kooperation': Die TeilnehmerInnen lernen hier theoretisch und in praktischen Übungen, eigenes und fremdes Kommunikationsverhalten differenziert wahrzunehmen und die Möglichkeiten eines offenen, problemorientierten Dialogs zu erkennen und zu nutzen. Auf diese Weise soll eine partnerschaftliche Zusammenarbeit und eine kreative Aufgabenbearbeitung in den späteren Designteam-Sitzungen gefördert werden (vgl. Gordon, 1979; Schulz von Thun, 1981). Folgende Fragen werden behandelt:

- Warum über Kommunikation reden?
- Wie können Informationen klar und verständlich übermittelt werden?
- Wieviel Offenheit braucht eine partnerschaftliche Zusammenarbeit?
- Wie können Konflikte konstruktiv geklärt werden?
- Wie können Aufgaben im Designteam kreativ und kooperativ gelöst werden?

Die jeweiligen Seminarinhalte werden in Lehrgesprächen und Kurzvorträgen eingeführt und dann von den TeilnehmerInnen durch Diskussionen und Übungen (z.B. Arbeiten am Rechner, Rollenspiele) erweitert und vertieft. Dadurch soll den TeilnehmerInnen die Möglichkeit zur kritischen Bewertung und Auseinandersetzung mit den Themen gegeben und ein Transfer des Erlernten auf die spätere Designteam-Situation erleichtert werden.

Für die Durchführung der beiden fachlichen Qualifizierungsbausteine wird je nach Vorkenntnissen der Teilnehmer jeweils 1/2 - 1 Tag benötigt, für den dritten Qualifizierungsbaustein sind je nach Gruppengröße 2 - 4 Tage erforderlich.

In unserem Designteam wurden - wie sich in der Abschlußbesprechung sowie in einer späteren Nachbefragung zeigte - die vermittelten Inhalte und die entsprechenden Arbeitsformen bzw. -methoden durchweg positiv aufgenommen. Insbesondere auch dem letzten Qualifizierungsbaustein ("Kommunikation und Kooperation") maßen die TeilnehmerInnen eine wesentliche Bedeutung für den weiteren Teamprozess zu. Es ist davon auszugehen, daß die Zusammenarbeit der TeilnehmerInnen sowohl von der fachlichen als auch von der sozialen Seite durch die Qualifizierungsmaßnahme verbessert wurde.

2.3 Durchführung des Prototyping-Entwicklungsprozesses

Im Anschluß an die Qualifizierung nahm das Designteam seine Arbeit auf. Das Team trifft sich in der Regel einmal monatlich ganztägig. Zwischen den Sitzungen wird das Erarbeitete aufbereitet und dokumentiert, Gestaltungsentscheidungen und Korrekturen werden auf einem Macintosh-System umgesetzt. Im folgenden wird der bisherige Prototypingprozeß in einzelnen Schritten dargestellt, die dem vorgeschlagenen Ablaufschema (siehe Abb. 1) folgen..

Analyse der Arbeitsaufgabe: Die Aufgabenanalyse im Designteam hat das Ziel,

- die Arbeitsaufgabe der BenutzerInnen für alle Designteam-Mitglieder möglichst anschaulich und nachvollziehbar zu machen, und
- die Arbeitsaufgaben und -abläufe in funktionalen Zusammenhängen systematisch zu beschreiben und damit eine Grundlage für die Systementwicklung zu schaffen.

Dazu haben wir, in Anlehnung an bestehende Verfahren zur Aufgabenanalyse (Rödiger, Nullmeier & Oesterreich, in Vorb.; Greif, Monecke & Tolksdorf, 1986; Projekt Prosoz, 1987), ein Analyseverfahren konzipiert, das auf die spezifischen Bedingungen in unserem Projekt zugeschnitten ist. Wir haben uns hier nicht zuletzt deshalb für ein pragmatisches Vorgehen entschieden, weil es noch an praktikablen Verfahren mangelt, die den Anforderungen im Rahmen des Systemdesigns gerecht werden. (Verwiesen sei an dieser Stelle auf den Beitrag von D.Waeber in diesem BAnd, der sich eingehend mit dieser Thematik beschäftigt.)

Das Verfahren folgt einem hierarchischen Aufbau: Ausgehend von der übergeordneten organisatorischen Ebene wird die Aufgabe auf immer detaillierterem Niveau betrachtet. Die Erhebung - in Form einer teilstrukturierten Befragung der BenutzerInnen - gliedert sich in vier Stufen:

1. *Organisatorischer Rahmen und Arbeitsplatz*: Genaue Bezeichnung und Funktion der Abteilung/Stelle; Organisatorische Einbindung; Qualifikation des Stelleninhabers / der Stelleninhaberin; Überblick über den Arbeitsplatz: Skizze zur Ausstattung und zum Informationsfluß
2. *Bestandteile der Tätigkeit*: Aufgabenbereiche; Definition und Spezifizierung der Arbeitsaufgaben
3. *Ablaufprotokolle für jede Teilaufgabe*: Angaben zu Arbeits- oder Hilfsmitteln, zum Zeitaufwand und zu Kooperations- und Kommunikationsbeziehungen

4. *Probleme beim Arbeitsablauf und Veränderungsvorschläge*

Diese Form der Aufgabenanalyse hat sich dazu bewährt, Basisunterlagen für die Systementwicklung zu erhalten und um den Aufgabeninhalt im Designteam zu kommunizieren. Allerdings ist auf diese Weise nur ein grundlegendes Verständnis der Arbeitsaufgabe gewährleistet. Um die Arbeitsaufgabe der BenutzerInnen in allen Details nachvollziehen und verstehen zu können, ist jedoch ein längerer Prozeß erforderlich, der sich durch die Arbeit im Designteam ergibt.

Funktionsteilung und Funktionsspezifizierung: Ziel dieses Entwicklungsschrittes war der Entwurf einer aufgabenangemessenen Funktionalität des Systems, durch die gegebene Freiräume bei der Aufgabenbearbeitung keinesfalls eingeschränkt werden dürfen. Zunächst wurden verschiedene prinzipielle Vorgehensweisen und Strategien bei der Funktionsteilung im Team diskutiert. Im Anschluß daran.wurde auf der Basis der Aufgabenanalyse die Funktionsteilung zwischen Mensch und Computer - und damit der Umfang der rechnergestützten Aufgabenbearbeitung - skizziert. Ausgehend davon wurden die Systemfunktionen genauer spezifiziert, d.h. einzelne Arbeitsabläufe wurden im Designteam "durchgespielt" und die Art der Rechnerunterstützung festgelegt.

Diese Festlegung diente als Grundlage für einen ersten Entwurf der Systemoberfläche am Rechner, wobei die vereinbarte Funktionalität weitgehend simuliert wurde.Der Begriff "Paier-Version" ist also hier nicht im Wortsinn zu verstehen.

Diskussion und Modifikation des ersten Entwurfs: Der erste Entwurf wurde nach Umsetzung auf dem System im Designteam direkt am Bildschirm sowie in Form von Hardcopies vorgestellt. Die simulierten Programm- bzw. Arbeitsabläufe wurden wiederholt systematisch nachvollzogen und entsprechende Korrekturen oder Modifikationen vereinbart.Dabei verlagerte sich der Schwerpunkt nach und nach von Fragen der Funktionalität am Anfang zu Dialog- und Darstellungsfragen in späteren Durchgängen.

Fertigstellung des ersten Prototypen: Nach mehrfacher Überarbeitung wurde die Entwurfsphase abgeschlossen und der erste Prototyp entsprechend den Festlegungen des Designteams vollständig auf dem System umgesetzt.

Trotz einiger offenkundiger Schwachpunkte, die der Prototyp zu diesem Zeitpunkt noch aufwies, erschien es notwendig, die grundlegenden Strukturen frühzeitig einer empirischen Überprüfung zu unterziehen, um nötigenfalls auch umfangreichere Kurskorrekturen vornehmen zu können. Ein relativ hoher Anteil an ausprogrammierter Funktionalität, also an real "funktionierenden" Abläufen, mußte jedoch für eine realistische empirische Überprüfung schon vorhanden sein. Dieser erste Prototyp wurde nun für die empirische Evaluation "freigegeben".

Testen der ersten Iteration des Prototypen: Bei diesem Entwicklungsschritt, der außerhalb des Designteams durchgeführt wurde, bearbeiteten BenutzerInnen typische Arbeitsaufgaben mit dem Prototypen. Dabei wurden verschiedene Zeit- und Fehlermaße sowie Probleme, Verbesserungsvorschläge und die Beurteilung einzelner Eigenschaften des Prototypen erhoben (vgl. Müller-Holz auf der Heide, in diesem Band).

Rückmeldung der Testergebnisse und Überarbeitung des Prototypen: Nach Abschluß der Evaluation des ersten Prototypen erhielt das Designteam eine detaillierte Rückmeldung über die Testergebnisse: Häufige Fehler- und Problembereiche, direkte Gestaltungshinweise sowie die Beurteilung des Prototypen durch die Versuchspersonen wurden - nach unterschiedlichen Teilbereichen des Prototypen geordnet - vorgetragen und z.T. direkt am Prototypen erläutert. Diese Informationen wurden im Designteam diskutiert und einige Veränderungen des Prototypen sofort vorgenommen. Ein Teil der genannten Problembereiche war sehr komplex und wurde deshalb von einzelnen Designteam-Mitgliedern für eine spätere gemeinsame Besprechung aufbereitet.

Die beschlossenen Modifikationen werden schrittweise realisiert, und als zweiter Prototyp in eine neue Testphase eingehen.

3 Einige Determinanten bei der Durchführung von Prototyping unter Benutzerbeteiligung

Im vorgestellten Projekt hat die Durchführung von Prototyping in einem Designteam den Charakter einer Fallstudie. Der skizzierte Ablauf und die Erfahrungen, die wir damit gemacht haben, sind vor diesem Hintergrund zu sehen. Unabhängig vom konkreten Verlauf des Prototyping in unserem Projekt seien hier einige Aspekte angesprochen, die bei der Konzipierung eines Prototyping-Prozesses unter Benutzerbeteiligung berücksichtigt werden sollten.

Der zeitliche und personelle Aufwand wird häufig als Argument gegen die Durchführung einer Prototyping-Entwicklung genannt. Tatsächlich erscheint der Aufwand bis zur Realisierung des ersten Prototypen relativ hoch. Es darf jedoch nicht übersehen werden, daß in der ersten Phase des Designprozesses ein Großteil der konzeptionellen Arbeit geleistet wird und sich daher der Aufwand für die weiteren Iterationen ganz erheblich verringert. Weiter ist der Aufwand abhängig von der Komplexität und vom Umfang der zu unterstützenden Arbeitsaufgabe selbst, sowie von der Art des Einbezugs von BenutzerInnen.

Der Gestaltung der Arbeitsaufgabe - unter Berücksichtigung arbeitspsychologischer Erkenntnisse - kommt ein großes Gewicht im Prototyping-Prozeß zu (vgl. z.B. Hacker, 1978; Spinas, Troy, & Ulich, 1983; Frese & Brodbeck, 1989). Jedoch ist ein Großteil der Konzeption der Arbeitsaufgabe - möglichst nach arbeitspsychologischen Gesichtspunkten - in der Regel bereits im Vorfeld des eigentlichen Prototyping zu leisten. Gerade bei komplexen Aufgaben darf dabei das kreative Potential einer Prototyping-Entwicklung in einem Designteam nicht durch Vorgaben oder Rahmenbedingungen zu stark eingeschränkt werden.

Die Form der Zusammenarbeit im Designteam ist ebenfalls elementar für den Prototyping-Prozeß. Zusammensetzung und Größe des Teams, Häufigkeit und Strukturierung der Treffen, die Aufgaben- und Rollenverteilung im Team und der Entscheidungsmodus bestimmen maßgeblich den Designprozeß. Der hier beschriebenen Entwicklung liegt ein Team-Modell zugrunde, das von unterschiedlichen Fachkompetenzen der Teammitglieder bei gleichberechtigter Entscheidungsstruktur ausgeht. Prototyping in einem solchen Designteam ist somit auch als Verständigungs- und Aushandelungsprozeß zu verstehen.

Eine Kombination von Benutzerbeteiligung in einem Designteam mit einer empirischen Evaluation der Benutzerfreundlichkeit mit (potentiellen) BenutzerInnen, die nicht am Designprozeß beteiligt sind, erscheint uns als korrektives Element unverzichtbar, da die Gefahr einer "one best way"-Lösung auch bei Beteiligung einzelner BenutzerInnen nicht ausgeschlossen ist. Diese garantiert noch nicht, daß auch weniger in den Entwicklungsprozeß involvierte BenutzerInnen mit dem entworfenen System zurechtkommen.

4 Literatur

Aschersleben, G. (1988). Menschengerechte Gestaltung von Bürokommunikationssystemen: Entwicklung von Methoden zur Herstellung und Bewertung von Prototypen für Benutzeroberflächen - Planungsphase. Abschlußbericht für Projekt BMFT HdA 01 HK 956-5.

DIN 66234/8 (1988). Bildschirmarbeitsplätze: Grundsätze der Dialoggestaltung. Berlin: Beuth Verlag.367-369.

Frese, M. & Brodbeck, F. (1989). Computer in Büro und Verwaltung. Berlin: Springer.

Gordon, T. (1979). Manager-Konferenz. Hamburg: Hoffmann & Campe.

Gould, J. D. & Lewis, C. (1984). Designing for usability - key principles and what designers think. Human-Computer Interaction, Proceedings of the ACM, 50-53.

Greif, S., Monecke, U. & Tolksdorf, M. (1986). Heterarchische Aufgabenanalyse. Eine Methode zur Untersuchung der Interaktionsprozesse am Computer. Referat zum 25. Kongreß der DGfP, 28.9.-2.10.1986, Heidelberg.

Hacker, W. (1978). Allgemeine Arbeits- und Ingenieurpsychologie. Bern: Huber.

Müller, B., Aschersleben, G. & Hacker, S. (1989). Benutzerfreundlichere Software durch Prototyping. Vortrag gehalten auf dem 15. Kongreß für angewandte Psychologie, München.

Müller-Holz auf der Heide, B., Aschersleben, G. & Hacker, S. (1991). Methoden zur empirischen Bewertung der Benutzerfreundlichkeit von Bürosoftware im Rahmen von Prototyping. Beitrag für die AuT-Tagung "Software für die Arbeit von morgen", München.

Projekt Prosoz (1987). Verbandsgemeinde Untermosel: Ist-Analyse. Projektbericht.

Rödiger, K.H., Nullmeier, E. & Oesterreich, R. (in Vorb.). Verfahren zur Ermittlung von Regulationserfordernissen in der Arbeitstätigkeit von Sachbearbeitern (VERA/S) (Vorläufige Version). Bern: Huber.

Schulz von Thun, F. (1981). Miteinander reden: Störungen und Klärungen. Hamburg: Rowohlt.

Smith, S.L. & Mosier, J.N. (1986). Guidelines for designing user interface software. Bedford, MA: Mitre.

Spinas, P., Troy, N.& Ulich, E. (1983). Leitfaden zur Einführung und Gestaltung von Arbeit mit Bildschirmsystemen. München: CW-Publikationen.

Williges, R. C., Williges, B. H. & Elkerton, J. (1987). Software interface design. In G. Salvendy (Ed.), Handbook of human factors (pp. 1416-1449). New York: John Wiley & Sons.

Lerngewinn aus Beispielen in Abhängigkeit von der Lernform und der Aufmerksamkeitslenkung

Raimund Schindler, Frank Belke
Humboldt-Universität Berlin, Sektion Psychologie, Oranienburger Str. 18 O-1020 Berlin

Zusammenfassung
BenutzerInnen haben Schwierigkeiten, Wissen aus der selbständigen Bearbei-tung von fremd- oder selbstgestellten Problemen zu erwerben. Deshalb wurden zwei Unterstützungsformen für BenutzerInnen variiert : Lernstrategie (Lernen aus Beispiellösungen vs. Lernen durch Handeln) und externe Lernziel-vorgabe (mit externer Vorgabe vs. ohne externe Vorgabe). Die experimentellen Daten belegen die Wirksamkeit beider Unterstützungsformen.

Abstract
Users learning an operating system (for example a text editor) have difficulties acquiring knowledge from results of selfmade activities within the task solution. Therefore two assistence forms for users were varied : learning strategy (learning from worked-out examples vs. learning by doing) and setting of the learning goal (with external setting vs. without external setting). Experimental results prove the efficiency of both assistence forms.

1 Problemlage

In der schulischen Ausbildung, vor allem aber in der beruflichen Weiterbildung, wird benötigtes Wissen häufig nicht aus Kursen, Seminaren oder ausgeklügelten Trainingsprogrammen erworben, sondern aus der selbständigen Bearbeitung von fremd- oder selbstgestellten Problemen.

Von besonderer Bedeutung ist ein solches Lernen aus Beispielen bei der Benut-zerqualifizierung, d. h. also dann, wenn sachkompetente Personen die zur interakti-ven Aufgaben-/Problemlösung mit Hilfe eines Anwendungssystems benötigten Fertigkeiten zu erwerben haben. Denn wiederholt ist gezeigt worden, daß unerfah-rene wie erfahrene BenutzerInnen nicht den Abläufen folgen, die in Trainingspro-grammen festgelegt sind. Auch das Lesen in Handbüchern versuchen sie zu ver-meiden. Sie werden demgegenüber sehr schnell selbst aktiv und versuchen, Auf-gaben-/Problemstellungen ihres Arbeitsbereiches mit Hilfe des Anwendungs-systems zu lösen (Scharer, 1983; Mack, Lewis & Carroll, 1983, Carroll et al., 1985; Carroll & Mazur, 1986).

Häufig geraten sie dabei in Systemzustände, die nicht gewünscht und/oder nicht interpretiert werden können und müssen bis zu 50 Prozent ihrer Systemnutzungs-zeit aufwenden, um diese wieder zu verlassen (Carroll et al.,1986). Obwohl viele

BenutzerInnen die geringe Effektivität eines solchen Vorgehens erkennen, halten sie daran fest.

Wir können festhalten: BenutzerInnen tendieren zwar dazu, aus den Resultaten selbstinitiierter Aktivitäten bei der wiederholten Bearbeitung von Aufgaben/Problemen zu lernen, sie haben jedoch beträchtliche Probleme mit dieser Art des Lernens.

In diesen Zusammenhang ordnet sich die vorliegende Arbeit ein. Sie ist Teil eines Untersuchungsprogrammes, das darauf abzielt, Ansatzpunkte für Benutzerunterstützungen zu ermitteln, durch die der Lerngewinn aus der Bearbeitung von Beispielen verbessert werden kann.

2 Fragestellung

Die kritische Anforderung bei der wiederholten selbständigen Lösung von Problemen besteht darin, aus einer Menge von Einzelfällen, den Beispielen, auf Merkmale und/oder Beziehungen zu schließen, die für den betrachteten Realitätsbereich insgesamt charakteristisch sind, m. a. W., auf deren Grundlage jeder beliebige Einzelfall aus der betrachteten Welt adäquat bearbeitet werden kann. Dies setzt voraus, daß das aus der Bearbeitung der Beispiele gewinnbare Faktenwissen durch kognitive Operationen in Regelwissen überführt wird.

Der aus der Bearbeitung von Beispielen erzielbare Lerngewinn wird u. a. davon abhängen, in welchem Grade der Lernende (1) bestrebt und (2) in der Lage ist, seine Aufmerksamkeit nicht nur auf die Aufgaben-/Pro- blemlösung zu lenken, sondern auch darauf, bestehende Regelhaftigkeiten im gegebenen Realitätsbereich zu erkennen.

Anwendungssysteme sind als Arbeitsmittel Bestandteile von Arbeitstätigkeiten, deren Erfüllung gesellschaftlichen Bewertungen (z. B. Entlohnung) unterliegt. Das dominante Benutzerziel wird demzufolge die interaktive Aufgaben-/Problemlösung sein und nicht das Erlernen der Systemnutzung. Der Versuch von BenutzerInnen, Lernaktivitäten zugunsten von Aktivitäten, die direkt auf die Aufgabenlösung gerichtet sind, zu minimieren (vgl. Rosson, 1984 a,b), wäre auf diesem Hintergrund erklärbar. Desweiteren der Befund, daß sich die Fertigkeiten von BenutzerInnen recht schnell auf einem Niveau stabilisieren, das nur die zur interaktiven Aufgaben-/Problemlösung unbedingt notwendigen Prozeduren beinhaltet (Nielson et al., 1987).

Diese Überlegungen legen nahe, daß die Beeinflussung der Aktivitätsausrichtung des Lernenden einen wirksamen Ansatzpunkt darstellt, um den Lerngewinn aus Beispielen zu verbessern. Es sind Interventionen zu entwickeln, durch die die Aufmerksamkeit des Lernenden von der Aufgabenlösung weg auf solche Aspekte singulärer Problemstellungen gelenkt wird, die für die Ableitung von Regelwissen von Bedeutung sind.

Eine direkte Aufmerksamkeitsbeeinflussung z. B. durch Fragen, Anleitungen oder Hinweise setzt, soll sie wirksam sein, differenzierte Kenntnisse über die Aufmerksamkeitsverteilung von Lernenden beim Lösen von Beispielen voraus. Da solche Daten gegenwärtig noch nicht in ausreichendem Maße für den hier interessierenden Realitätsbereich vorliegen, soll zunächst eine indirekte Beeinflussung auf folgende Weise versucht werden.

Es werden zwei Mengen strukturidentischer Beispielaufgaben konstruiert. Es handelt sich um Aufgaben, die sich zwar in der konkreten Erscheinungsform voneinander unterscheiden (Merkmalsausprägungen des Ausgangszustandes, zu transformierende Objekte, geforderte Systemeingaben), die jedoch nach gleichen Prinzipien zu lösen sind. Die eine Menge fungiert als Lern-, die andere als Testmenge. In den Versuchen mit "gelenkter Aufmerksamkeit" werden die Versuchspersonen (Vpn) darüber informiert, daß sie im Wechsel zwei Aufgabenmengen (Lern- und Testaufgaben) zu bearbeiten haben. Nach jeder Lernaufgabe sind die Testaufgaben zu lösen. Die Vpn werden desweiteren darauf hingewiesen, daß sowohl innerhalb der Lern- und der Testaufgaben als auch zwischen den beiden Aufgabenmengen Ähnlichkeiten existieren und daß der Versuch solange andauern wird, bis alle acht Testaufgaben fehlerfrei gelöst sind. Je eher die Ähnlichkeiten zwischen den Beispielen erkannt werden, desto kürzer ist also der Versuch. Über die Güte der Testaufgabenlösung wird den Vpn jedoch keine Rückmeldung gegeben, so daß das zur Lernzielrealisierung benötigte Wissen nur aus der Bearbeitung der Lernaufgaben abgeleitet werden kann. Auf diese indirekte Weise soll die Aufmerksamkeit der Vpn darauf gelenkt werden, aus der Bearbeitung der Lernaufgaben Regelwissen abzuleiten, das zur Lösung der Testaufgaben benötigt wird.

Ein anderer Ansatzpunkt für Lernunterstützungen wird deutlich, wenn die Anforderungen bedacht werden, die ein Anwendungssystem erlernende Personen zu bewältigen haben. Aus den Resultaten selbstinitiierter Systemeingaben sind nicht nur die zur Beispiellösung geforderten Operatoren und Methoden zu erschließen, sondern auch die Beziehungen und/oder Merkmale, auf deren Grundlage Ähnlichkeiten zwischen den Einzelfällen erkennbar sind. In welchem Grade BenutzerInnen diese Anfoderungen bewältigen können, wird nicht nur davon abhängen, ob sie ihre Aufmerksamkeit entsprechend ausrichten, sondern auch davon, ob sie in der Lage sind, auf Grund erkannter Ähnlichkeiten mit schon bearbeiteten Beispielen richtige Hypothesen über die zur Einzelfallösung geforderten Operatoren (Systemeingaben) aufzustellen, ob sie erreichte Systemzustände interpretieren können oder nicht und ob die letztlich richtigen Tastatureingaben aus einer möglicherweise größeren Menge mehr oder weniger hypothesengeleitet realisierter Systemeingaben auch erinnert werden können.

Durch eine Modifikation der Anforderungssituation derart, daß vom Lernenden statt des selbständigen Lösens von Aufgaben (Lernen durch Handeln im folgenden) das Nachvollziehen (Erklären) von Lösungsbeispielen (Lernen aus Lösungsbeispielen im folgenden) gefordert wird, könnte neben einer Aufmerksamkeitslenkung auch eine Minderung der vom Lernenden zu bewältigenden Anforderungen erreicht werden. Denn die zur Beispiellösung geforderten Operatoren müssen von den Lernenden nicht selbständig erschlossen werden, sondern sind explizit vorgegeben. Auch bei dieser modifizierten Form eines Lernens aus Beispielen ist die Überführung von Fakten- in Regelwissen vom Lernenden zu leisten. Aus der vorgegebenen Beispiellösung sind solche Merkmale und Merkmalsausprägungen des Ausgangszustandes (z.B. Position des Cursors, Länge von Leuchtbalken, Vorhandensein von Positionsmarkierungen u.ä.), des zu erreichenden Zieles (zu transformierndes Objekt, geforderte Transformation) und der zur Zielerreichung geforderten Sequenz von Systemeingaben (z. B. Art und Anzahl zu drückender Tasten) herauszufiltern, auf deren Grundlage Ähnlichkeiten zwischen Einzelfällen erkannt werden können. Sweller & Cooper (1985) konnten zeigen, daß der Erwerb von Regelwissen er-

leichtert wird, wenn anstelle des wiederholten Problemlösens die Bearbeitung von
Lösungsbeispielen gefordert wird.

In der vorliegenden Arbeit soll geprüft werden, welchen Einfluß diese beiden Unterstützungsformen auf den aus der Bearbeitung von Beispielen erzielten Lerngewinn haben.

3 Methodik

3.1 Lernanforderung

Anhand welcher Sachaufgaben die aufgeworfene Fragestellung untersucht wird, ist
beliebig. Wir haben uns für Textverarbeitungsaufgaben entschieden, denn das zur
Aufgabenlösung benötigte Sachwissen ist relativ gering und kann bei vielen Personen vorausgesetzt werden. Ohne großen zusätzlichen Instruktionsaufwand kann
also die für Benutzerqualifizierungen typische Situation realisiert werden, daß das
Interaktions- und nicht das Sachproblem im Mittelpunkt des Lernprozesses steht.

Der aus der Bearbeitung von Beispielen erzielbare Lerngewinn hängt natürlich
nicht nur von den im Punkt 2 diskutierten individuellen Bedingungen ab, sondern
auch von den Regelhaftigkeiten der interaktiven Aufgaben-/Problemlösung, die objektiv gegeben sind, die also der Systementwickler in die Gestaltung des Anwen-
derprogrammes und insbesondere des Benutzerinterfaces eingebracht hat. Dieser
moderierenden Variablen ist bei der Entwicklung der Lernanforderung besondere
Aufmerksamkeit zu widmen. Es ist von einem Anwendungssystem auszugehen,
das durchgängig nach festgelegten Prinzipien gestaltet wurde, bei dem also tatsächlich Regelwissen gewinnbar ist und nicht zusätzliche Diskriminationsleistungen
(Erkennen von Regelverletzungen) gefordert werden. Da kommerzielle Textverarbeitungsprogramme häufig nicht konsistent gestaltet sind, wurde ein Experimen-
tiersystem entwickelt. Dieses System wurde unter Verwendung von gebräuchlichen
Prinzipien der Eingabefeld- und Menütechnik so gestaltet , daß die mit damit lösbaren Teilaufgaben in sechs Klassen eingeordnet werden können : (1) Löschen
bzw. Überschreiben von Eingabefeldern, (2) Auswählen eines Menüitems, (3) Eingeben von Zeichenketten in ein Eingabefeld, (4) Bestätigen von richtig ausgefüll-
ten Eingabefeldern, (5) Übergehen von Eingabefeldern und (6) Bestätigen von
Menüitems. Für jede dieser Klassen sind regelhafte Verknüpfungen zwischen
bestimmten Merkmalen und Merkmalsausprägungen des Ausgangszustandes, der
geforderten Transformation und der zu realisierenden Tastendrucksequenz
(Kommando- und Texteingaben) charakteristisch. Sie können durch Bedingungs-
/Aktionseinheiten beschrieben werden, die das Regelwissen umfassen, das von den
Vpn im Verlaufe des Lernversuches zu erwerben ist. Da in der vorliegenden Arbeit
nicht darüber berichtet werden soll, ob die be- nannten Unterstützungsformen einen
spezifischen Einfluß auf das Erkennen unterschiedlicher Regelhaftigkeiten haben,
kann hier auf eine genauere Darstellung des zu erwerbenden Regelwissens verzichtet werden.

Durch Kombinationen dieser sechs Teilaufgaben zu komplexeren Aufgabenstellungen sind je acht strukturidentische Lern- und Testaufgaben konstruiert worden.

Sie setzen sich aus bis zu drei Teilaufgaben zusammen. Insgesamt verlangt die Lösung der Lern- und Testaufgaben die Ausführung von jeweils 15 Teilaufgaben.

3.2 Versuchsdurchführung

Die Lernexperimente wurden rechnergestützt durchgeführt. Die zu lösenden Aufgaben wurden auf dem Bildschirm durch Anzeige des aktuellen Systemzustandes und durch eine verbale Umschreibung der zu lösenden Aufgabe dargestellt. Bei den Versuchsgruppen (VGn), die aus ausgearbeiteten Lösungsbeispielen zu lernen hatten, ist zusätzlich die zur richtigen Lösung der gestellten Aufgabe zu realisierende Tastendrucksequenz angezeigt worden.

Der gesamte Versuch umfaßte drei Phasen, die sich in zwei Merkmalen voneinander unterschieden: (1) in Art und Abfolge der Lernaufgaben und (2) in dem Ausmaß der zusätzlichen Beeinflussung durch den Versuchsleiter (Vl).

PHASE 1: In dieser Phase hatten alle Vpn die acht Lernaufgaben in einer vorgegebenen Abfolge abzuarbeiten, ohne daß der Vl zusätzliche Hinweise gab. In Abhängigkeit von der Unterstützungsform war der konkrete Ablauf in den VGn unterschiedlich.

Die VGn, die durch Handeln zu lernen hatten, wurden aufgefordert, die auf dem Bildschirm dargestellten Aufgaben selbständig zu lösen. Die Korrektheit eines jeden Tastenanschlages wurde zurückgemeldet. War die gestellte Aufgabe insgesamt gelöst, wurde dies zusätzlich optisch und akustisch angezeigt. Waren die Vpn nicht in der Lage, Hypothesen über die zur Aufgabenlösung geforderten Tastatureingaben aufzustellen, konnten sie mit Hilfe der Fragezeichentaste ein Hilfemenü aufrufen. Zwischen folgenden Hilfsinformationen konnte dann gewählt werden: (1) zu erreichender Folgezustand, (2) geforderte Transformation (sie wurde durch allgemeinverständliche Kombinationen von Verben für die geforderte Operation (z. B. löschen) und Substantiven für das zu verändernde Objekt (z. B. "Textprofi") angezeigt), (3) zur Transformationsschrittrealisierung geforderte Tastendrucksequenz und (4) letzter richtiger Systemzustand. Diese Hilfsinformationen konnten einzeln oder in beliebigen Kombinationen angefordert werden.

Grundlage für diese Gestaltung des Hilfesystems waren Ergebnisse früherer Untersuchungen (Schindler, 1989; Schuster, 1990; Schindler & Schuster, 1990).

Die aus Lösungsbeispielen lernenden VGn wurden aufgefordert, zu verstehen, warum die gestellte Aufgabe die Ausführung der auf dem Bildschirm angezeigten Tastendrucksequenz notwendig macht. Hilfsinformationen konnten diese VGn nicht anfordern.

Wie im Punkt 2 schon angedeutet, unterschied sich in dieser ersten Versuchsphase auch der Versuchsablauf der mit bzw. ohne von außen gelenkter Aufmerksamkeit lernenden VGn. Erstere hatten im Wechsel die Lern- und Testaufgaben zu bearbeiten (nach jeder Lernaufgabe waren alle acht Testaufgaben zu lösen; Rückmeldung über die Güte der Testaufgabenlösung wurde nicht gegeben), während letztere die Testaufgaben nicht geboten bekamen, sondern hintereinander die acht Lernaufgaben zu bearbeiten hatten.

PHASE 2: Die Versuchsphase 2 begann damit, daß die Vpn aller vier Gruppen die Testaufgaben zu lösen hatten. Da die Schwierigkeit der Lernanforderung so gestaltet worden ist, daß keine Deckeneffekte auftreten, daß also nicht alle acht Testaufgaben fehlerfrei nach der ersten Versuchsphase gelöst werden können, wurde - nachdem der Vl global zurückgemeldet hatte, daß noch nicht alle acht Testaufgaben fehlerfrei gelöst sind - der Versuch fortgesetzt.

In zwei Bedingungen unterschied sich in dieser zweiten Versuchsphase der Versuchsablauf von dem der ersten Phase: Einerseits wies der Vl die Vpn wiederholt darauf hin, daß sowohl innnerhalb der Lern- und Testaufgaben als auch zwischen diesen beiden Mengen Ähnlichkeiten bestehen. Der andere Unterschied bestand darin, daß die in dieser Versuchsphase zu bearbeitenden Lernaufgaben nicht mehr für alle Vpn gleich waren. In allen vier VGn wurden den Vpn aus der Menge der acht Lernaufgaben nur solche zur Bearbeitung vorgegeben, deren Struktur mit der der nicht richtig gelösten Testaufgaben identisch war. Ein Wechsel zwischen Lern- und Testaufgaben wurde in dieser zweiten Versuchsphase in keiner der vier VGn mehr realisiert. Zum Abschluß dieser zweiten Versuchsphase hatten alle vier VGn die Testaufgaben zu lösen.

PHASE 3: Während die Versuchsphase 2 mit dem Ziel realisiert wurde, zusätzliche abhängige Versuchsvariablen zu gewinnen, die für die Beantwortung der aufgeworfenen Fragestellung interessant sein könnten, diente die Versuchsphase 3 vornehmlich dazu, den Lernversuch instruktionsgerecht zu beenden (Versuchsende erst dann, wenn alle acht Testaufgaben fehlerfrei gelöst worden sind). In dieser letzten Versuchsphase wurden die zu bearbeitenden Lernaufgaben nach dem gleichen Prinzip ausgewählt wie in Phase 2. Der Vl griff jetzt jedoch massiv in das Lerngeschehen ein, indem er durch gezielte Fragen die Aufmerksamkeit der Lernenden in allen vier Gruppen auf die für die Ableitung von Regelwissen relevanten Aspekte der Beispielaufgaben lenkte. Um auch in dieser Phase eine gewisse Vergleichbarkeit zwischen den Vpn zu sichern, ist der Inhalt und die Menge der vom Vl zu stellenden Fragen in Abhängigkeit von den bei der Testaufgabenlösung möglichen Fehlern vor Beginn der Versuche festgelegt worden.

In allen vier VGn wurden die Vpn zum lauten Denken aufgefordert. Dies erfolgte mit dem Ziel, eine vertiefte Einsicht in das Lernen aus Beispielen zu gewinnen. Da diese Daten bisher noch nicht vollständig ausgewertet sind, kann über sie in diesem Beitrag auch nicht berichtet werden.

3.3 Versuchspersonen

Die Lernexperimente wurden mit 40 Studenten unterschiedlicher Fachrichtungen durchgeführt, die nach zwei Gesichtspunkten aus einer größeren Menge ausgewählt wurden: Verbale Lernfähigkeit und Vorwissen über den Umgang mit Computersystemen.

Zur Testung der verbalen Lernfähigkeit wurde der sprachliche Leistungstest SASKA verwendet, der fünf Einzeltests (Synonym-, Antonym-, Selektions-, Klassifikations- und Analogietest) umfaßt (Riegel, 1967).

Das Vorwissen ist einerseits mit Hilfe eines Fragebogens/Interviews geprüft
worden, in dem das Wissen der Studenten über Aufbau und Funktionsweise von
Dialogsystemen, über den Umgang mit Anwenderprogrammen und speziell mit
Textverarbeitungsprogrammen erfragt wurde. Zusätzlich hatten alle Studenten die
entwickelten Testaufgaben selbständig zu lösen, ohne daß irgendwelche Hilfsinformationen angefordert werden konnten (Vortest). Für den Fall, daß keine Vermutungen über die zur Testaufgabenlösung geforderten Tastatureingaben aufgestellt
werden konnten, war dies von den Versuchspersonen durch Wahl einer entsprechenden Option ("kann ich nicht") anzugeben. Diese Option konnte auch während des
Lernversuches gewählt werden.

In die vier VGn (pro Gruppe 10 Personen) wurden nur solche Studenten aufgenommen, die im Vortest nicht mehr als 21% der maximalen Punktzahl erreichten
und die keine Erfahrungen im Umgang mit Textverarbeitungsprogrammen hatten.
Hinsichtlich der anderen Auswahlkriterien wurde so vorgegangen, daß die vier VGn
hinsichtlich der verbalen Lernfähigkeit, der Kenntnisse über Dialogsysteme und der
Erfahrungen mit speziellen Anwenderprogrammen (z. B. Statistik) verteilungs-
homogen zusammengesetzt sind.

3.4 Auswertungsfragen und abhängige Versuchsvariable

In diesem Beitrag wollen wir uns auf die Frage konzentrieren, in welchem Grade
der aus der Bearbeitung von Beispielaufgaben erzielbare Lerngewinn durch eine
indirekte Lenkung der Aufmerksamkeit des Lernenden (gelenkte versus ungelenkte
Aufmerksamkeit) oder/und durch eine Modifikation der Lernform (Lernen durch
Handeln versus Lernen aus Beispiellösungen) verbessert werden kann.

Die Güte der Testaufgabenlösung ist eine geeignete abhängige Versuchsvariable,
um diese Frage zu beantworten. Sie bildet ab, in welchem Grade die Vpn aus der
Bearbeitung der Lernaufgaben Regelwissen erworben haben.

Zur Bewertung der Güte der Testaufgabenlösung wurde ein Punktsystem entwickelt, das berücksichtigt, ob das Ziel/Teilziel und/oder der zur Aufgabenlösung
geforderte Operator richtig realisiert wurden. Wenn bei allen acht Testaufgaben unterstellt werden konnte, daß beide Ebenen richtig ausgeführt wurden, war die maximale Punktzahl 28 erreicht.

Ausgangspunkt für den statistischen Vergleich der Versuchsgruppen hinsichtlich
der Güte der Testaufgabenlösung waren die um die Vortestwerte reduzierten Punkt-
werte.

Bei den VGn, die durch Handeln zu lernen hatten, wurde auch die online-
registrierte Zeit von der Aufgabendarbietung bis zum ersten Tastenanschlag
(Analysezeit) und von der richtigen Aufgabenlösung bis zum Aufrufen der nächsten
Aufgabe (Rekapitulationszeit) ausgewertet. Die Analysezeit kann Aufschluß dar-
über geben, wie lange sich die Vpn der Analyse der gestellten Aufgabe widmen.
Wie intensiv sich die Vpn mit der Analyse der durch eigene Aktivität gefundenen
Aufgabenlösung widmen, bildet die Rekapitulationszeit ab.

4 Ergebnisse

Die Güte der Testaufgabenlösung zu Beginn der Versuchsphase 2 charakterisiert, in welchem Grade die vier VGn aus der Bearbeitung der acht Lernaufgaben Regelwissen erworben haben. Da die Varianzen nicht homogen sind, wurde der zweifaktorielle Versuchsplan mit dem parameter-freien erweiterten H-Test ausgewertet (ein alpha von 0.05 wird in diesem Beitrag verwendet).

Es kann ein signifikanter Einfluß der Lernform (Hm=10.62) nicht aber der indirekten Aufmerksamkeitslenkung (Hm=2.77) gesichert werden (s. a. Abb. 2). Eine Wechselwirkung ist ebenfalls nicht nachweisbar (Hm=0.19; in allen drei Fällen ist Chi^2 (.05,1)=3.8).

In der VG, die durch Handeln zu lernen hatte und bei der die Aufmerksamkeit nicht auf indirekte Weise beeinflußt wurde, sind die Leistungsunterschiede extrem groß. Es gibt sowohl Vpn, die fast kein Regelwissen aus der Lösung der acht Lernaufgaben erworben haben, als auch solche, denen dies relativ gut gelingt (s. Abb. 1).

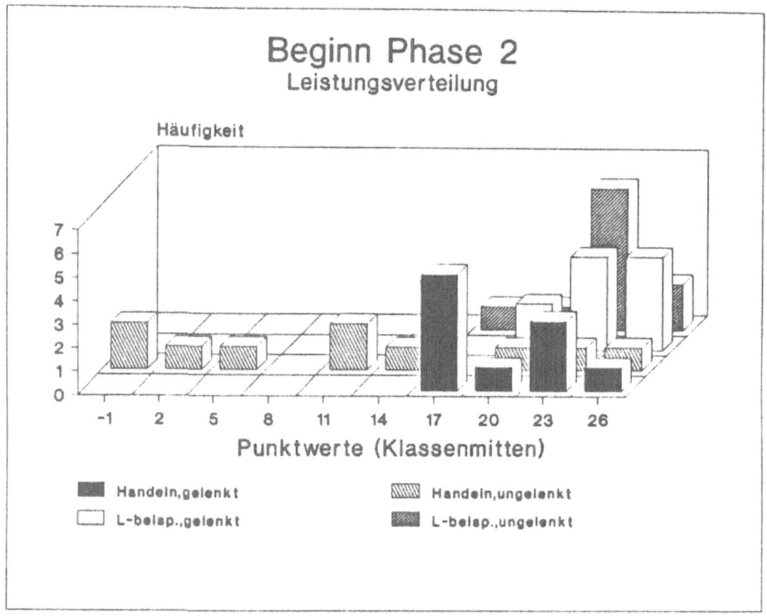

Abb.1. Leistungsverteilung der Testaufgabenlösung

Obwohl diese VG im Mittel weniger Testaufgaben richtig gelöst hat als die anderen drei VGn, sind wegen der großen interindividuellen Unterschiede nur signifikante Stufeneffekte zwischen den beiden VGn, die aus Lösungsbeispielen zu lernen hatten und der VG, die durch Handeln (ohne gelenkte Aufmersamkeit) zu lernen hatte, sicherbar (s. Abb. 2).

198

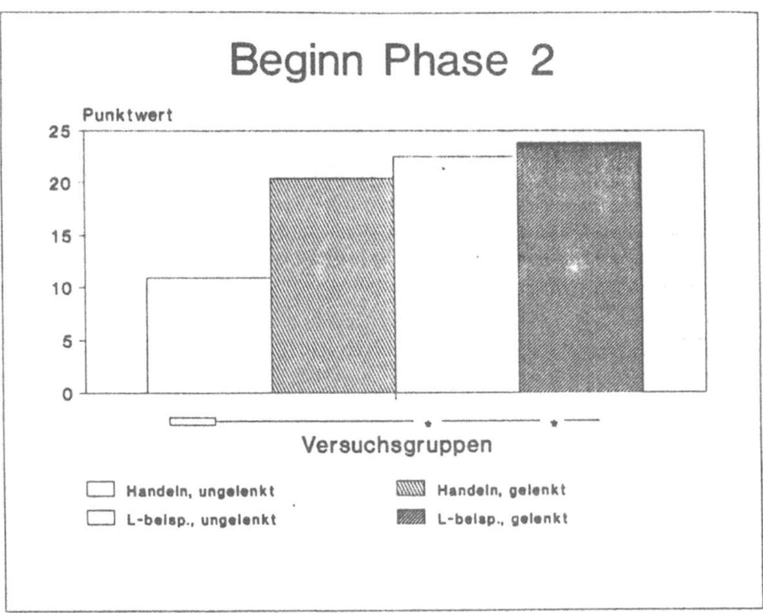

Abb.2. Güte der Testaufgabenlösung

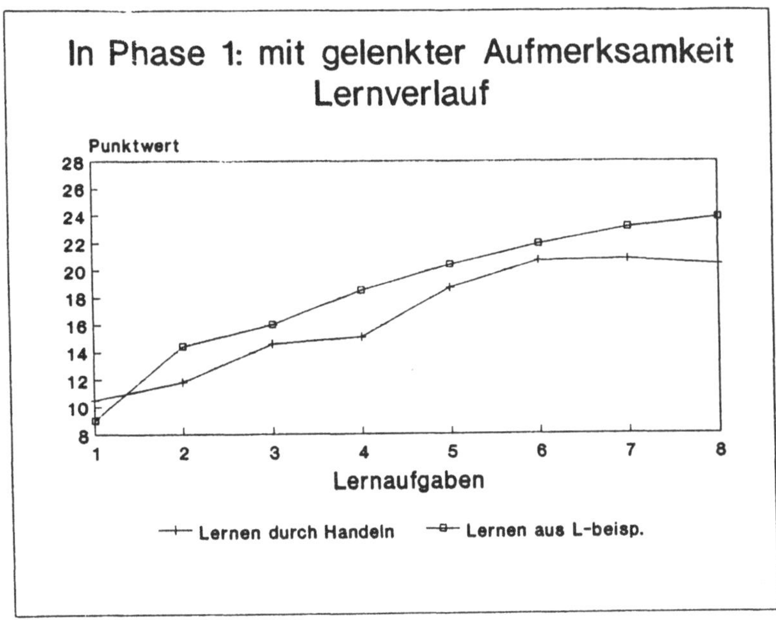

Abb.3. Lernverlauf der Versuchsgruppen mit gelenkter Aufmerksamkeit

In der Versuchsphase 1 kann der Einfluß der beiden Lernformen unter der Bedingung einer von außen gelenkten Aufmerksamkeit auf den Erwerb von Regelwissen über die acht Lernaufgaben verfolgt werden. Die aus Lösungsbeispielen lernende VG erwirbt aus der Bearbeitung der Lernaufgaben mehr Regelwissen als die durch Handeln lernende Gruppe (t(.05,7)=3.249, s. Abb. 3).

Interessant ist auch der Vergleich der Analyse- und Rekapitulationszeiten in der Versuchsphase 1 zwischen den VGn, die durch Handeln zu lernen hatten und bei denen die Aufmerksamkeit entweder gelenkt oder nicht gelenkt wurde. Bei beiden abhängigen Versuchsvariablen kann ein signifikanter Einfluß der Aufmerksamkeitslenkung gesichert werden (Hm=14.77 bzw. 17.65, Chi^2(.05,1)=3.84; s. Abb. 4).

Diese Ergebnisse besagen, daß die Vpn unter der Bedingung mit indirekt beinflußter Aufmerksamkeit mehr Zeit zur Analyse der gestellten Aufgaben aufwenden. Es vergeht auch eine längere Zeitspanne, bevor sie - nachdem die gestellte Aufgabe richtig gelöst worden ist - die neue Aufgabe aufrufen.

Auch zum Ende der Versuchsphase 2 ist ein signifikanter Einfluß der Lernform auf die Lösungsgüte der Testaufgaben sicherbar (Hm=4.007; Chi^2(.05,1)=3.84)); signifikante Stufeneffekte sind jedoch nicht mehr nachweisbar.

Insgesamt ergibt sich, daß durch die in den Versuchen realisierte indirekte Aufmerksamkeitslenkung die Hinwendung der Vpn zur Analyse der gestellten Aufgaben und der durch Handeln gefundenen Lösung verstärkt wird. Obwohl sich dies nicht signifikant auf den Erwerb von Regelwissen auswirkt, werten wir die günstigere Leistungsverteilung (s. Abb. 2) als Indiz für die Wirkung dieser Unterstützungsform. Die Ergebnisse weisen jedoch aus, daß eine Modifikation der Lernform derart, daß aus Lösungsbeispielen und nicht durch Handeln zu lernen ist, eine wirksamere Lernunterstützung darstellt.

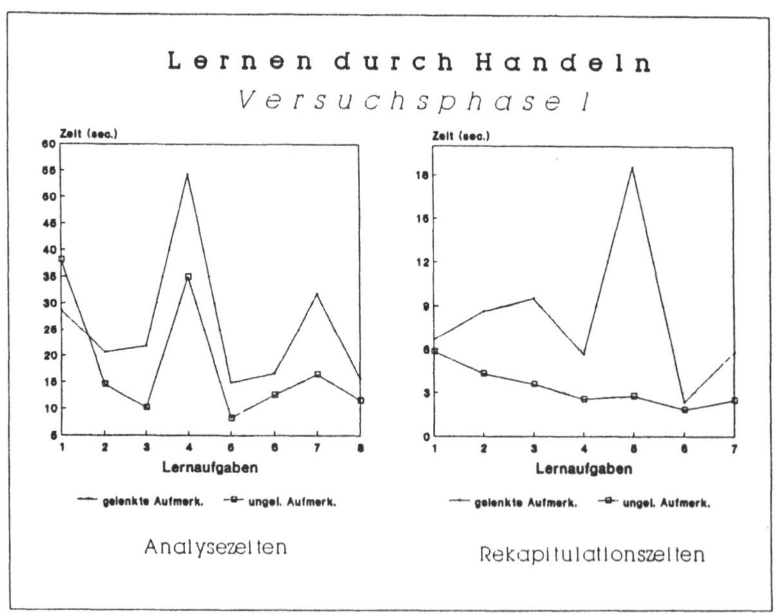

Abb.4. Analyse- und Rekapitulationszeiten der Versuchsgruppen Lernen durch Handeln

5 Schlußfolgerungen

Die Ergebnisse widersprechen der verbreiteten didaktischen Regel, daß der Lerner-folg um so größer ist, je mehr Aktivität vom Lernenden gefordert wird. Die größte Aktivität hatten die Vpn zu entfalten, die durch Handeln zu lernen hatten. Sie muß-ten aus den Resultaten selbstinitiierter Aktivitäten (Überprüfen von Effekten mehr oder weniger hypothesengeleitet realisierter Systemeingaben, Auswahl und Integra-tion von Hilfsinformationen) nicht nur die zur Aufgabenlösung geforderten Opera-toren gewinnen, sondern auch die relevanten Merkmale und Relationen, auf deren Grundlage Wissen über die Lösung von Einzelfällen in Regelwissen überführt wer-den kann.

Ähnliche Ergebnisse wie die hier vorgestellten sind von Sweller und Mitarbei-tern berichtet worden. Sie konnten in unterschiedlichen Realitätsbereichen, die mit dem Erwerb von Computerfertigkeiten nichts zu tun hatten, zeigen, daß die wie-derholte selbständige Lösung von Problemen als Lernmethode nicht besonders gut geeignet ist. Die Vpn hatten zwar keine gravierenden Probleme, die gestellten Aufgaben zu lösen (im Unterschied zu den hier vorgestellten Untersuchungen wa-ren die zur Problemlösung anzuwendenden Operatoren den Vpn bekannt), verall-gemeinerbares Wissen wurde jedoch nur sehr selten erworben (Mayer & Sweller, 1982; Sweller & Levine, 1982; Sweller, Mawer & Howe, 1982; Sweller, Mawer & Ward, 1983).

Daraus ist zu folgern, daß Probleme beim Erwerb der zur interaktiven Aufgaben-/Problemlösung benötigten prozeduralen Wissensbestände nicht einfach darauf zurückgeführt werden können, daß Dialogsysteme häufig nicht sehr benutzerfreund-lich gestaltet sind und daß der Benutzerschulung häufig keine allzu große Aufmerk-samkeit geschenkt wird. Die von BenutzerInnen bevorzugte Lernform selbst (Lernen aus der selbständigen Problemlösung) scheint Quelle eines großen Teils der Probleme zu sein, die beim Erlernen neuer Anwendungssysteme auftreten.

Auf diesem Hintergrund zu fordern, die Benutzerqualifizierung mit anderen Lehr- und Lernformen zu realisieren, ginge jedoch an der Realität vorbei, denn Benutze-rInnen folgen nicht den Abläufen, die in Übungsprogrammen festgelegt sind, sie versuchen das Lesen in Handbüchern zu vermeiden und sie lehnen den Frontalunter-richt ab. Man muß demzufolge Lernen aus Beispielen als von BenutzerInnen bevorzugte Lernform akzeptieren und durch geeignete Unterstützungen die Pro-bleme dieser Art des Lernen zu mindern versuchen.

Die dargestellten Untersuchungsbefunde weisen aus, daß eine Modifikation der Lernform derart, daß Lernende aus ausgearbeiteten Lösungsbeispielen und nicht aus den Resultaten eigenen Handelns zu lernen haben, eine geeignete Form der Lernun-terstützung darstellt. Sie hat einen größeren Einfluß auf den Erwerb von Regelwis-sen als eine indirekte Aufmerksamkeitslenkung.

Diese ersten Untersuchungsbefunde sind durch Auswertungen des lauten Denkens und auch von psychophysiologischen Aktivierungsindikatoren dahingehend zu er-gänzen, daß eine größere Klarheit über den Lernprozeß erreicht wird. Desweiteren ist der Einfluß von direkten Formen der Aufmerksamkeitslenkung, der Variation der Lernabfolge und der Anzeige von relevanten Merkmalen auf den Erwerb von Regelwissen zu prüfen.

6 Zusammenfassung

Die Dominanz der Aufgabenlösung gegenüber dem Lernen ist eine Ursache für die vielfach berichteten Probleme, die BenutzerInnen im Umgang mit neuen Anwendungssytemen haben. Insbesondere behindert sie das Erkennen von Regelhaftigkeiten, die der Systementwickler in die Gestaltung des Benutzerinterfaces eingebracht hat.

Im Experiment wurden deshalb Möglichkeiten geprüft, die Aktivität von BenutzerInnen stärker auf das Erkennen solcher Regelhaftigkeiten auszurichten. Dies geschah dadurch, daß

- die Lösung von Textverarbeitungsaufgaben nicht durch eigenes Handeln gelernt werden sollte, sondern durch die Erklärung (Begründung) richtiger Aufgabenlösungen
- im Lernexperiment abwechselnd zwei Mengen von Beispielaufgaben ge- boten wurden, die untereinander ähnlich waren : Lern- und Testaufgaben. Dabei wurde den Versuchspersonen die Lösung der Testaufgaben zwar als Lernziel vorgegeben, eine Rückmeldung über deren Lösungsgüte erfolgte jedoch nicht. Demzufolge konnten die Versuchspersonen nur aus den Lernaufgaben und durch den Vergleich zwischen beiden Aufgabenmengen das vorgegebene Lernziel erreichen.

Die Ergebnisse belegen die Wirksamkeit beider Unterstützungsformen.

7 Literatur

Carroll, J. & Mazur, S. (1986). LisaLearning. IEEE Computer, 19/11, 35-49.

Carroll, J. , Mack, R., Lewis, C., Grischkowsky, N. & S. Robertson (1985). Exploring a word processor. Human-Computer-Interaction, 1, 283-307.

Mack, R., C. Lewis & J. Carroll (1983). Learning to use office systems: Problem and prospectus. ACM Transactions in Office Information Systems, 1, 254-271.

Mawer, R. & J. Sweller (1982). The effects of subgoal density and location on learning during problem solving. Journal of Experimental Psychology: Learning, Memory and Cognition, 8, 59.

Nielson, J., R. Mack, K. Bergendorf & N. Grischkowsky (1987). Intergrated software usage in the professional work environment: Evidence from questionaires and interviews. In: Mantei, M. & P. Orbeton (Hg). Proceedings CHI'87 Human Factors in Computing. N.Y.: Association for Computing Machinery, 162-167.

Riegel, K. (1967). Der sprachliche Leistungstest SASKA, Göttingen.

Rosson, M. (1984a). The role of experience in editing. In: Schackel, B. (Hrsg.), INTERACT'85: Proceedings of the FIRST IFIP Conference on Human-Computer-Interaction, Amsterdam: North Holland

Rosson, M. (1984b). Effects of experience on learning, using, and evaluation a text editor. Human Factors, 26, 463- 475.

Scharer, L. (1983). User training: Less is more. Datamation, 29, 175-182.

Schindler, R. (1989). Wissenerwerb und -nutzung in der Mensch-Rechner-Interaktion: Experimentelle

Untersuchung zur Gestaltung von Benutzerschulungen. Zeitschrift für Psychologie, 197, 351-385.

Schindler, R. & A. Schuster (1990). What kind of information do users use to operate a text editing system? In: Falzon, P. (Hg). Cognitive Ergonomics: Understanding, Learning and Designing. Human Computer Interaction. London u.a.: Academic Press, 173-186.

Schuster, A. (1990). Untersuchungen zur Effektivität selb ständigen Benutzerlernens in Abhängigkeit vom Vorwissen. Diss. A., Sektion Psychologie der HUB, unveröffentlicht.

Sweller, J. & M. Levine (1982). Effects of goal specifity on means-ends analysis and learning. Journal of Experimental Psychology: Learning, Memory and Cognition, 8, 463-474.

Sweller, J., R. Mawer, & M. Ward (1983). Development of expertise in mathematical problem solving. Journal of Experimental Psychology: General, 112, 636-661.

Qualifizieren durch Gestalten neuer Nutzungskonzepte bei Integration von DV in betriebliche Aufgaben

Jürgen Kutscha
Bundesinstitut für Berufsbildung, Fehrbelliner Platz 3, 1000 Berlin 31

Zusammenfassung

Integration von DV in betriebliche Aufgaben setzt für die Gestaltung der Ausbildung und innovativer Prozesse einen erweiterten Qualifikationsbegriff voraus. Dies gilt in den Metall- und Elektroberufen ebenso wie v.a. in den kaufmännischen Berufen. Die herkömmlichen betrieblichen oder schulischen Konzepte werden diesen Anforderungen auch nicht annähernd gerecht. Können durch aktives (Mit-) Gestalten neuer betrieblicher Nutzungskonzepte die heute und zukünftig geforderten Qualifikationen erworben werden?

Abstract

Integration of data processing in a company`s tasks requires an extended concept of qualification for the organization of training and innovative processes. This applies to professions in metal and electronicas as well as in commercial professions. Usual concepts used by companies and schools are not even remotely adequate. Is it possible to aquire the qualification necessary today and in the future by active participation in the design of new concepts for utilization?

1 Der Hintergrund

Im Herbst 1991 werden zwei neue Ausbildungsberufe für die Aufgaben im Büro (Kaufmann/Kauffrau für Bürokommunikation und Kaufmann/ Kauffrau für Organisation) in Kraft treten. Zusätzlich zu den laufend notwendigen Maßnahmen der (Anpassungs-)Qualifizierung der Beschäftigten müssen dann Anstrengungen unternommen werden, die verordneten Ausbildungsinhalte und -ziele auch in Qualifizierungskonzepte für die Erstausbildung umzusetzen. Außerdem wird zunehmend die Überarbeitung des Berufsbildes "Industriekaufmann/-frau" gefordert. Begründet wird das mit veränderten beruflichen Anforderungen beim Einsatz moderner Informations- und Kommunikationssysteme in und zwischen den Betrieben.

Angesichts dieser Entwicklungen wurde im Bundesinstitut das Forschungsprojekt "Auswirkungen des Einsatzes integrierter Bürosysteme auf die Gestaltung beruflicher Qualifizierungsmaßnahmen für die Büroarbeit" initiiert und vom Hauptausschuß einstimmig beschlossen.

In den folgenden Thesen sollen aus diesem Forschungsprojekt gewonnene
Argumente für die Entwicklung neuartiger Qualifizierungskonzepte vorgestellt
werden.

2 Thesen

1. Innovationen in Betrieben sind Anlaß, entsprechende Qualifizierungsansätze zu
entwickeln. Eine Qualifizierung für die Bedienung der Technik oder für funktiona-
listische Aufgaben an einzelnen Arbeitsplätzen reicht wegen des systemischen
Charakters Integrierter I+K-Systeme nicht mehr aus. Kompetente Aufgabenerfüllung eines Sachbearbeiters z.B. in Arbeitsprozessen und -zusammenhängen setzt
heute zunehmend Denken und Handeln für neue betriebliche **Nutzungskonzepte**
voraus; die wiederum erfordern eine entsprechende Gestaltung von Arbeitsorganisation im Zusammenwirken mit dem Einsatz von Technik und Personal (Qualifikationen).

2. Auch wenn der Wandel der Anforderungen in den Berufen schon seit einiger
Zeit das Interesse von Wissenschaft und Praxis findet, konzentrieren sich immer
noch Ansätze auf die Technik selbst und sehen durch sie das Arbeitshandeln determiniert.

Demgegenüber will der hier vorzustellende Ansatz *nicht aus technischen Konzepten Anforderungen für die Qualifizierung des Fachpersonals ableiten*, sondern die
*verschiedenen Handlungserfordernisse im Betrieb ins Zentrum der Untersuchung
rücken.*

Dazu gehören qualifikatorische und organisatorische Aspekte, während Technik
als Hilfsmittel (Werkzeug) zur Erledigung von Aufgaben definiert wird.

Erst wenn der Wirkungszusammenhang von Technik, Personaleinsatz
(Qualifikation) und Organisation erkannt ist, können Nutzungskonzepte entwickelt
werden, die einerseits vom vorhandenen Potential des Betriebes ausgehen, andererseits aber auch Defizite der eingesetzten Ressourcen für die notwendige Optimierung dieser Nutzungskonzepte aufdecken. Dadurch wird ein Prozeß initiiert, in dem
die Qualifizierung des Fachpersonals eine Schlüsselfunktion einnimmt.

3. Wird der Einsatz von Informationstechnik seit Beginn der 60er Jahre betrachtet, so zeigt sich, daß die Nutzungsinteressen zunächst eng mit der verfügbaren
Technik korrespondierten. Der Siegeszug der Informationstechnik beispielsweise in
den Büros begann mit der Verarbeitung von Massendaten, wie sie in der Buchhaltung bzw. bei Lohn- und Gehaltsabrechnungen anfallen. Rationalisierungsziel war
dabei vor allem, routinisierte Arbeitsabläufe, die ein hohes Maß an Aufmerksamkeit, Gründlichkeit und rechnerisches Geschick erfordern, zu automatisieren. Entsprechend wurde in zentralen Abteilungen eine batch-orientierte Datenverarbeitung
installiert; die Fachabteilungen blieben in diesem Stadium noch weitgehend unbe-
rührt von den Folgen der Informationstechnologie. Die Tendenz der Zentralisierung
zeigte sich auch beim Erfassen, Bearbeiten und Erstellen von Texten, indem

Schreibkräfte in zentralen Schreibbüros zusammengefaßt wurden und dort an Textautomaten die anfallende Korrespondenz erledigten.

4. Die Automatisierung von Sachbearbeitung durch batch-orientierte Datenverarbeitung ist für jene betrieblichen Funktionsbereiche von Interesse, bei denen hauptsächlich Routinetätigkeiten anfallen. In marktnahen Funktionsbereichen wie Beschaffung und Vertrieb, in denen vorgangsorientierte Aufgaben überwiegen, wirkt diese Tendenz zur Automatisierung eher blockierend: Der fachlich versierte kaufmännische Berater wirkt immer noch vertrauenswürdiger als ein "durch Programmsteuerung zum bloßen Verbalisierer von Systementscheidungen degradierter Sachbearbeiter"[1].

5. Die neue Generation von Informationstechnik bietet sich dagegen vor allem für den Einsatz in flexiblen Arbeitsstrukturen an. Nicht mehr computer*gesteuerte*, sondern computer*unterstützte* Sachbearbeitung ist die aktuelle Tendenz des betrieblichen Einsatzes von Informationstechnik. Integrierte I+K-Systeme bieten dafür sowohl vorgangsrelevante Informationen als auch geeignete Unterstützungswerkzeuge an, geben aber keine direkte Steuerung des Arbeitsablaufs vor. Integrierte I+K-Systeme bieten typischerweise eher Module für unspezifische (z.B. Textverarbeitung, Electronic Mail etc.) als für spezifische Verwaltungsaufgaben (z.B. Buchhaltung) an. Unspezifische Module legen prinzipiell keine Arbeitsabläufe fest. Die Nutzung wird nicht mehr durch die eingesetzte Technik determiniert. Sie ergibt sich aus der konkreten Aufgabenstellung für die Unternehmensziele.

6. Dementsprechend verändern sich bei vorgangsorientierter Sachbearbeitung mit Unterstützung integrierter Informationstechnik auch die Berufsanforderungen. Nicht mehr die betriebsinterne Bewältigung massenhaft anfallender Daten, sondern "die effiziente Gestaltung von Geschäftspolitiken"[2] steht dann im Vordergrund.

Qualifizierungsmaßnahmen für neue Berufsanforderungen haben deshalb sowohl für die Beschäftigten als auch für die Unternehmen große Bedeutung; wird an entsprechende Qualifikationen doch einerseits die Erwartung der Unternehmen gebunden, die verschärfte Wettbewerbssituation mit neuen oder verbesserten Dienstleistungen, engerer Lieferanten- bzw. Kundenanbindung, Straffung innerbetrieblicher Abläufe usw. besser zu meistern.

7. Andererseits werden auf Seite der Arbeitnehmer durch diese neuen Anforderungen Erwartungen geweckt, deren Realisierung nicht zuletzt vom vorhandenen Qualifikationspotential der Beschäftigten entscheidend mitbestimmt wird. Ob ökonomische und technische Sachzwänge tatsächlich zur Reintegration bereits getrennter Arbeitsprozesse führen und dadurch Handlungsspielräume erweitert und Arbeitsbedingungen verbessert werden können, bleibt einstweilen noch offen. Veränderungen auf der Mikroebene, bei Arbeitsorganisation und auf Gruppenebene, geben noch keinen Anlaß für einen solchen Optimismus. Die Makroebene, auf der die Integration von Steuerung und Kontrolle der Informationsprozesse zwischen Abteilungen und Bereichen (innerbetriebliche Integration) sowie zwischen Betrieben und Unternehmen und anderen Stellen (überbetriebliche Integration) stattfindet, bleibt dabei fast völlig ausgeblendet.

---

[1] Baethge/Oberbeck, Zukunft der Angestellten, Ffm 1968, S.68

[2] ebenda, S.61

8. Die sich eröffnenden Gestaltungsoptionen erscheinen dabei durchaus vielfältig. Wendet man sich nämlich der Realität in den Betrieben zu, so kann bisher von einem durchgängigen Trend zu ganzheitlicheren Gestaltungskonzepten (noch) nicht gesprochen werden. Vielmehr läßt sich hier ein vielschichtiges Bild mit teilweise konträren, zumindest aber nicht einheitlichen Formen der Nutzung von Technik und menschlichem Arbeitsvermögen feststellen.

9. Dies ist insofern erklärbar, als die Unternehmen den Einsatz neuer Informations- und Kommunikationstechnik jeweils vor dem Hintergrund sehr unterschiedlicher Ausgangslagen bezogen auf vorherrschende Arbeitsteilung, Personal- und Qualifikationsstrukturen sowie Breite und Flexibilität des betrieblichen Personaleinsatzes angehen. In kleineren und mittleren Unternehmen ist beispielsweise der Grad der Arbeitsteilung in der Regel deutlich geringer ausgeprägt als in Großunternehmen. Entsprechend lassen sich in diesen Betrieben weitaus häufiger Tätigkeitsfelder von eher ganzheitlichem Zuschnitt beobachten, die zudem durch einen vergleichsweise hohen Stellenwert interpersoneller arbeitsplatz- und häufig auch bereichsübergreifender Kommunikation und Kooperation gekennzeichnet sind.

10. Wichtig ist in diesem Zusammenhang vor allem auch die *Auftragsstruktur* der Unternehmen. So dürften industrielle Massenfertiger, deren Auftragsstruktur durch eine geringe Variantenvielfalt sowie durch stets wiederkehrende Aufträge mit hohen Stückzahlen geprägt ist, in der Regel ein höheres Ausmaß an Arbeitsteilung aufweisen als etwa Btriebe mit überwiegend kundenspezifischer Einzel- oder Kleinserienfertigung.

Diese unterschiedlichen Voraussetzungen schlagen zweifellos auf die jeweiligen betrieblichen Personaleinsatzstrategien und Nutzungsformen menschlicher Arbeitskraft sowohl in der Produktion, als auch in den Büros durch. Am stärksten dürften dabei diejenigen Betriebe auf qualifiziertes und zugleich vielseitig einsetzbares Personal angewiesen und dementsprechend an einer flexiblen, auf die Qualifikation der Mitarbeiter setzenden Personaleinsatzstrategie interessiert sein, die mit besonders hohen *Marktanforderungen* in punkto Angebotsspektrum, speziellen Kundenwünschen, Produktinnovation, kurzfristiger Lieferbereitschaft usw. konfrontiert sind.

Im Wettbewerb mit anderen Anbietern müssen sie äußerst flexibel und effektiv handeln können. Der Wettbewerbsvorteil einer kurzfristigen und qualitativ hochwertigen Auftragserfüllung zu Marktpreisen ist nur denkbar, wenn alle am Auftrag beteiligten betrieblichen und - wie z.B. bei Just-in-time Konzepten - überbetrieblichen Vorgänge miteinander verzahnt sind und reibungslos zusammenarbeiten.

11. **Technische** Hilfe dafür bieten Integrierte Informations- und Kommunikationssysteme. Bedingung ist allerdings, daß diese Systeme zur Unterstützung menschlichen Handelns entsprechend den betrieblichen Zielsetzungen und daraus ableitbaren Aufgaben eingesetzt werden. Voraussetzung dafür sind **neue Nutzungskonzepte**, die das Zusammenwirken von eingesetzter Technik, Arbeitsorganisation und Qualifikation optimieren.

12. Ganz entscheidend hängt es deshalb vor allem auch von der *Qualifikation der Beschäftigten* ab, ob sich im konkreten Falle ganzheitlichere Arbeitskonzepte durchsetzen. Nach aller Erfahrung gehören Qualifikationsniveau der Mitarbeiter, Qualität der beruflichen Aus- und Weiterbildung und qualifikatorische Ansprüche der Beschäftigten zu denjenigen Faktoren, die die betriebliche Arbeitsgestaltung

entscheidend mitbeeinflussen. Insofern kann eine zukunftsbezogene, nicht nur am Status quo aktueller Tätigkeitsanforderungen orientierte Qualifizierung im Rahmen beruflicher Erstausbildung und im Rahmen von Maßnahmen der beruflichen Weiterbildung mit zu den Wegbereitern einer Arbeitsgestaltung gezählt werden, die auf die dort Beschäftigten motivierend und effizienzsteigend wirkt. Diese **gestaltungsbezogene Dimension von Qualifizierung** gilt es jeweils zu berücksichtigen, wenn über Qualifikationen zur Bewältigung technisch-organisatorischen Wandels in der Arbeitswelt nachgedacht wird.

13. In den Unternehmen selbst scheinen sich diese Erkenntnisse erst allmählich durchzusetzen. Die Betriebe begegnen den Herausforderungen des technisch-organisatorischen Wandels noch selten mit wirklich umfassenden, prozeßorientierten Qualifizierungsstrategien. Breiter angelegte Maßnahmen, die ein vertieftes Verständnis der Anwendung moderner Technik und darüber hinaus auch eine grundlegende Weiterentwicklung fachlicher Qualifikationen ermöglichen, sind eher die Ausnahme. Nach wie vor dominieren in der Mehrzahl der Fälle betrieblicher Umstrukturierungen sehr kurzfristig angelegte Unterweisungen, die den Mitarbeitern allenfalls ein oberflächliches Wissen über die Anwendung von Technik ("Bedienerwissen") vermitteln. Fachbezogene Qualifizierungselemente - ganz zu schweigen von den vielfach zitierten "Schlüsselqualifikationen" wie Problemlösungskompetenz, Denken in betrieblichen Zusammenhängen, soziale Kompetenz usw. - werden höchstens beiläufig vermittelt, wenn nicht gar völlig ausgeblendet.

14. "Schlüsselqualifikationen" in Verbindung mit Fachkompetenz sind aber Voraussetzung für die aufgabengerechte Nutzung Integrierter I+K-Systeme. Im Gegensatz zu konventioneller Datenverarbeitungstechnik sind diese Systeme in ihrem Zweck und der Art ihrer Nutzung nämlich nicht von vornherein festgelegt. Je nach Aufgabenstellung werden sie zum Instrument z.B. der Buchhaltung, der Textverarbeitung, der Datenbeschaffung und -speicherung usw. Die Offenheit dieser Systeme ermöglicht eine der betriebsspezifischen Nutzung entsprechende Arbeitsorganisation. Diese Systemgestaltung ist kein einmaliger Akt, sondern ein Prozeß, der sich ständig zwischen den Polen Arbeit und Technik abspielt, d.h. auch den qualifizierten Sachbearbeiter an seinem Arbeitsplatz fordert. Da sowohl das technische System als auch der Arbeitsprozeß variabel sind, kann wechselseitig der eine Pol auf den anderen bezogen werden. Erst dadurch wird das systemische Potential der genutzten Informationstechnik voll entfaltet.

15. Das bedeutet, daß im Rahmen der fachlichen Qualifizierung auch Fähigkeiten erworben werden müssen, die den Arbeitsprozeß mit Unterstützung informationstechnischer Systeme organisieren, beurteilen, gestalten und weiterentwickeln. Fähigkeiten, wie Denken in Zusammenhängen, Erkennen von Abhängigkeiten, Wechselwirkungen usw., werden nicht nur von Hochschulabsolventen, sondern im Zusammenhang mit dem Einsatz Integrierter I+K-Systeme zunehmend auch von qualifizierten Sachbearbeitern erwartet.

16. Diese und andere "Schlüsselqualifikationen" sind deshalb so aktuell, weil sie mit neuen Nutzungskonzepten korrespondieren. So steht und fällt z.B. die effiziente Nutzung der technisch vorhandenen Flexibilität der I+K-Systeme mit der vollen Entfaltung von Phantasie, Kreativität und Initiative. Der an den Algorithmus der Systeme schließlich nicht übertragbare Anteil der Aufgaben erfordert all-

gemein die Bereitschaft, sich ständig mit Neuem intensiv und selbständig auseinanderzusetzen. Verbunden damit ist auch eine neue Aufgabenschneidung, die i.d.R.
eine Abstimmung mit anderen Arbeitsbereichen bedingt. Dafür sind Qualifikationen wie Teamfähigkeit, Kooperations- und Kommunikationsfähigkeit aber auch
Kritikfähigkeit gefragt.

17. Die abgeleiteten und nur abstrakt bezeichneten "Schlüsselqualifikationen"
können nicht wie Unterrichtsstoff **vermittelt** werden. Entweder sind sie bereits
voll entfaltet - was selten der Fall ist - oder sie müssen während der Ausbildung
entwickelt werden. In der beruflichen Praxis ist der Erwerb von
"Schlüsselqualifikationen" immer an Berufsanforderungen im ganzen geknüpft;
d.h. wenn aktives Gestalten von Arbeitsorganisation im Zusammenwirken mit
dem Einsatz von Technik und Qualifikation als Voraussetzung für die Entwicklung
neuer effizienzsteigernder Nutzungskonzepte gefordert ist, dann können auch die
entsprechenden "Schlüsselqualifikationen" in diesem Gestaltungsprozeß erworben
werden. *(Handlungs-)*Grundlage für den Erwerb beruflich und gesellschaftlich notwendiger "Schlüsselqualifikationen" wäre dann die effiziente Nutzung eingesetzter
Ressourcen im fachlichen Kontext beruflicher Aufgabenstellung und nicht - wie
bisher - die an formalen Prinzipien orientierten betrieblichen Funktionsbereiche
oder Systematiken der Fachwissenschaften.

3 Literatur

Altmann, N. u.a., Ein neuer Rationalisierungstyp - Neue Anforderungen an die Industriesoziologie; in:
Soziale Welt Nr.2/3, 1986

Baethge, M./Oberbeck, W., Zukunft der Angestellten, Frankfurt a.M./New York 1986

FGAT - Forschungsgruppe Arbeitssoziologie und Technikgestaltung GmbH, Bericht zum BIBB-For-
schungsprojekt 3.103, Berlin 1989

Hartmann, Chr., Entwicklung von Planungs- und Gestaltungshilfen bei der/für die Einführung integrierter Technik in Büro und Verwaltung, Projektbericht Nr 1105, Hannover 1988

Köhler, Chr., Aspekte einer arbeitnehmerorientierten EDV-Qualifizierung in der kaufmännischen
Erstausbildung; in: Gewerkschaftliche Bildungspolitik, Heft 2/90

Kubicek, H., Technisch-organisatorische Integration als Aushöhlung der betrieblichen Mitbestimmung,
Düsseldorf 1986

Ders., Neue Technologien - Neue Aufgaben der Mitbestimmung; in: Die Mitbestimmung, Heft 1/85

4 Beiträge aus der europäischen Forschung

Unraveling Work Organizations

Kjeld Schmidt and Jens Rasmussen
Risø National Laboratory, DK-4000 Roskilde, Denmark

Abstract
In this era of sweeping, yet interlaced, socio-technical change, the ergonomic issue is not primarily the human-computer interaction in a separate tool, but the joint influence of technology on work conditions, work organization, and management structures. A new approach to work analysis is needed together with a new frame of reference for strategic planning and design of socio-technical systems based on advanced technology.

The New Challenges Facing Work Analysis

Work and the organization of work are currently in a state of transformation spurred by different but interlaced changes.

Comprehensive changes in the general societal environment of business, pervade enterprises and transform their work organization. For example, the business environment facing modern manufacturing enterprises is becoming highly dynamic and demanding. Product life cycles are being reduced dramatically. In response to these dynamic conditions of competition, manufacturing enterprises are reducing batch sizes as well as the overall lead time of their operations so as to be able to penetrate markets and recoup investments while the product is still competitive. Furthermore, as a result of the sweeping introduction of new advanced manufacturing technologies, industries like automobiles, electronics etc., that were labor-intensive only a decade ago, are becoming capital-intensive. To be able to meet this challenge, work organizations must be able to slash lead time and work-in-process to barest minimum. Thus, the requirement of increasing manufacturing versatility and flexibility is reinforced by an effort to speed up capital turnover. And finally, in response to the fierce competitive conditions in the integrated world market, companies are paying more attention to customers' needs and propensities. Thus, companies are treating their markets as "fashion markets." In order to indulge customers, timely delivery of products - the shortest possible elapse time from order to delivery - is becoming a competitive advantage in its own right, and product life cycles are being cut short as yesterday's models are superseded by tomorrow's, thus reinforcing again the demand on flexibility and versatility. And, also in order to humor customers, companies are enlarging the list of models and variants in their sales catalogues. As a result, manufacturing has become beset by rampant product diversification. In order to cope with this kind of complexity, enterprises are shifting to an order-driven mode of control, e.g., by applying just-in-time principles. Thus, the ongoing diversification is not only deepening the complexity of day-to-day operations but reinforces further the requirement of versatility and flexibility that work organizations in manufacturing must meet.

That is, in the emerging business environment manufacturing enterprises have to cope with shorter product life cycles, roaring product diversification, minimal inventories and buffer stocks, extremely short lead times, shrinking batch sizes, concurrent processing of multiple different products, etc. In order to prevail in these conditions, their organization must be able to adapt diligently and dynamically to the vicissitudes of a volatile market.

Concurrent with these changes, that are imposed on work organizations by external challenges, information technology is presently changing human work conditions in a more direct way. The level of mechanization and automation is steadily increasing, computers are used for planning and control of integrated manufacturing systems, computer based interfaces are inserted in between humans and their work, and advanced communication networks serve to integrate the operation of large-scale distributed systems. Advanced information systems are now being designed and deployed to meet the demands on flexibility posed by modern business environments. For example, computer integration of manufacturing systems offers a high degree of flexibility for responding quickly and effectively to specific customer requirements. Therefore, stability and repetitive tasks will be replaced by dynamic environments and concern with flexibility and rapid adaptation to new requirements.

In this era of sweeping, yet interlaced, socio-technical transformations, the ergonomic issue is not primarily the human-computer interaction in a separate tool or 'application,' but the joint influence of technology on work conditions, work organization, and management structures. A new approach to analysis of work is needed together with a new frame of reference for strategical planning and design of socio-technical systems based on advanced technology (Rasmussen et al., 1990).

Whereas analysis and description of work traditionally could be made in terms of 'task analysis' serving to decompose the flow of activity into a sequence of modular elements, 'acts', expressed in terms of the work domain, tasks in advanced settings are will be discretionary and involve problem solving and decision making and should be analyzed not only in terms of observable actions in the work environment, but also in terms of cognitive processes.

The objective of work analysis is to improve a situation in some way, by designing and implementing information systems, by redesigning the work organization, by recommending a retraining program, etc. In other words, the overriding perspective is reformist: the work analyst investigates so as to change the given system of work for the better. Thus, the analysis cannot take the current behavior of the system of work for granted. Rather, the analyst has to 'take it apart', that is, the analyst must uncover the hidden rationale of the current practice as well as the accidental choices of the past, the procedures turned rituals, the formalized mistakes: What is necessary so as to meet current and future requirements of the work environment? What could be done differently, and better? What should be discarded as mere relics? Work analysis can be likened with 'reverse engineering' in the sense that the analyst approaches the given system as a result of a design process, then takes it apart so as to put it together again, perhaps differently. The analyst investigates the system to learn what is does and how and to decide what could be done differently. That is, the fundamental approach of work analysis is to question the rationality of current patterns of behavior. The crucial question is not *how*, but *why*.

In most work environments, a large variety of opportunities and *action alternatives* are found for all functions of work. In stable work environments, however, only few alternatives are normally considered. Many alternatives for action are neglected due to habits and practice of the individual actor or to company practices and traditions. This fact makes it difficult for organizations to explore adequately the opportunities for restructuring of business when advanced information technology is introduced. For example, the Office Automation experience has demonstrated that the potentials of information technology in the office in terms of productivity, flexibility, product quality, etc. cannot be realized without a corresponding change in the organization of work. New technology means new ways of doing things. It is difficult to identify the potential for restructuring in response to changes in technology when alternative *solutions available* in the existing work setting *are forgotten* during normal operation and *criteria of choice are implicit* in tradition and practices. There is a severe danger that the blindness from tradition and practice will prevent proper exploitation of the potential of improvement actually present.

However, alternative ways to approach work requirements which can be important candidates when major changes are made, *can not be identified by observation of the actual work activity*. In order to identify the existing options for change and to adopt new means in the system, an analysis is required of *basic company goals and constraints*, of the *potential relationships* among goals, functions, and processes, of the criteria available for allocation of roles to individual agents, and of the coordination needed, i.e., the work organization and management structure. In stable, well established systems, the central task is the application and control of certain means for certain tasks. In a dynamic environment, however, the first and most important requirement in a task is to explore and identify available possibilities and alternatives for action, and to determine the most suited one for the goal or function considered, *under the conditions given in the particular situation*. This means that the most important description is the possible means-ends relations between elements of the work domain.

An Open Systems Approach to Work Analysis

The basic point of view taken is to consider the social system of work in a dynamic environment to be a *self-organizing* and *adaptive* system. The system of work is adaptive in the sense that it will change properties to maintain match with needs when its internal conditions and/or the environment change. Adaptation is a kind of *goal following* behavior. Performance is changed to keep some measure related to performance criteria of the system at an optimum. But adaptation is not controlled entirely by a governing function or agent within or without the system. *Control of adaptation* is distributed across all individuals, teams and organizations. In other words, a distributed, self-organizing feature will shape the functional structure of the system, the role allocation to people, and the performance of the individuals. To be useful for analysis of work and for prediction of responses to changes of work conditions, the methodology must reflect the mechanisms underlying *the evolution of work practice*. Adaptation is evolutionary, it is not planned by anybody by rational analysis. The properties, i.e. the structure and performance of the system, emerges from the "survival of the fittest " of the structures and performance. This happens to a large degree as a result of trial and error experiments, planned and unplanned, conscious and unconscious.

In accordance with the conception of the system of work as an adaptive system, organizational analysis of work will basically apply an open systems perspective. Of course, organizations always have been open systems in the sense that they exchange energy, materials, information etc. with their environments. However, during stable periods which permit long term planning and supply of standardized goods to a general market, a system of work can be 'decoupled' from the variability of the environment by stores and inventories serving as buffers. In this situation, there is a significant difference in the time scale of the dynamics within the system (internal disturbances require fast responses) and in the coupling to the environment which is typical of having long time constants (planning periods from one to several years). Thus, in the analysis of conventional mass-production enterprises in placid and predictable environments a cautious and guarded abstraction from the 'openness' nature of the system is legitimate and may provide valuable insight in so far as the inevitable manifestations of the 'openness' of the system (e.g., disturbances) can be interpreted as local and temporary deviations from plan. The emerging, highly dynamic business environments, however, makes an complete inversion of perspective mandatory. Instead of conceiving the system of work as a closed and stable system, subject to local and temporary disturbances, a system of work should be conceived of as an open system that reduces complexity and uncertainty by "local and temporary closures" (Gerson and Star, 1986). In analysis of systems of work exposed to the complexity and pace of change of modern markets, the closed system perspective should be subordinated to the open systems perspective. That is, formalized organizational structures and processes are less characteristic than flexible and rapidly changing patterns; they are to be viewed as local and temporary arrangements.

The systems we study are *goal directed, they have to serve purposes in an environment in order to survive.* The socio-technical system exists because the system and the environment shares certain goals, which, by recursion, is the case both for the entire system and for any sub-set in terms of teams and individuals. Systems for which information technology is particularly influential exist in dynamic, turbulent environments, their goals change, requirements and opportunities in the environment change, and the means and tools to pursue goals and adapt to changes vary. In this situation, a taxonomy must reflect this exploration and adaptation by the agents to the work environment.

To identify the kind of behavior to expect among all the possible options for action, we have to identify the *constraints* that shape behavior by guiding the choices taken by the actors. A problem in identifying behavior shaping constraints is that *they will not all be active at the time of the behavior* they control. Behavior has a prehistory. Patterns of behavior evolve, they are shaped by prior decisions and choices. When a piece of behavior is planned by situation and goal analysis and consideration of alternative options for action, the behavior shaping constraints are being compiled into cue-action patterns and will not be active in later situations, when the particular pattern of behavior is re-used. It is, however, necessary to identify these 'hidden' constraints in order to predict and understand behavior, even if hey are no more needed for control of behavior. This identification can be difficult, because often they are no more known by the actors and therefore have to be inferred from the work requirements, the resource profile of the actor, and their subjective performance criteria.

Knowledge about goals, constraints, and internal functional properties of the work environment is only necessary for initial planning of an activity, for exploration of the boundaries of acceptable performance in new territory, not for control of behavior during repeated encounters of the same situation. In stable work environments, know-how and established work practice are normally learned by novices from the older staff members, and optimized empirically in a trial-and-error mode. In this situation, the basic understanding of goal structures and internal functionality will tend to deteriorate. However, declarative knowledge of this kind is still useful for rationalization and explanation of the need for activities. Therefore, and a kind of 'operator logic' or myths about goals and reasons can evolve and replace the knowledge actually underlying system rationale. Such an informal, mythical knowledge-base will not be reliable when disturbances or changes require analytical, knowledge-based planning. Therefore, to base decision support systems on such 'operator logic' will be a mistake. Furthermore, mythical operator logic will not be a reliable source of information about the work domain, such a representation must be based on analysis of the actual functionality of the domain. For this, a formulation of the intentions and reasons behind work domain structure is necessary and inferences from field studies are necessary. For decision support, ways to bring this knowledge-base of the work domain to the agents' disposal should be found, if they are supposed to improvise during disturbances and changing work conditions.

Work Organization and Social Organization Perspectives

As a social system, the system of work is an extremely complex organizational phenomenon involving multitude forms of social interaction. To cope with this complexity, it is useful to distinguish (1) the system of work as a functional system from (2) the social system of work as an arena for human actors. This distinction defines two basic perspectives on the social system of work: a 'work organization' perspective and a 'social organization' perspective.

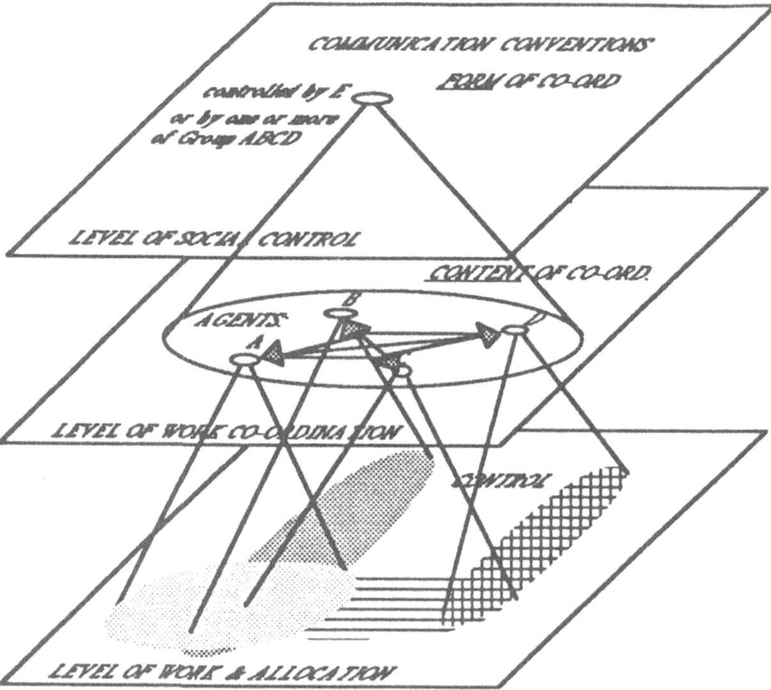

Fig.1. Figure 1 illustrates four agents or decision makers each allocated particular, but overlapping 'activity windows' giving access to a part of the overall work domain. The concerted action within this, normally rather loosely coupled, work domain requires inter-agent coordination and communication. The structure of the communication net and *content* of the communication and, therefore, the actual work organization, is determined by the control requirements of the work domain. The social organization, in contrast, is determined by the conventions chosen for the *form* of the communication, which depends on the 'management style.'

Following this point of view, we will have to consider organizational aspects at two different levels of analysis: The *work organization* will be determined by the control requirements of the work domain and by the role configuration architecture chosen by or imposed on a group of cooperators. The necessary coordination of the cooperating individuals following from this architecture will specify the *content* of communication. On the other hand, the architecture of the *social organization* will depend very much on the *form* of the communication, i.e., on the conventions and constraints chosen for this communication, see figure 1.

Work Organization

The work organization perspective conceives of the system of work as a *functional system of cooperative relations*. The focus of the work organization perspective is the system of work as an *instrument* facilitating the interaction of the functional requirements of the environment with the technical and cognitive resources, i.e., the system of work is a complex network of means-ends relations. The basic many-to-many relationship in this network and its loose coupling is the basic source of the need for human intervention in order to remove ambiguity and to control the functional state.

The work organization perspective conceives of the system of work as a rational system in the sense that it, by and large, is *functional* to the environment by producing a product, providing a service, or whatever, under the specific conditions and constraints characterizing the environment. As an open, rational system the work organization is conceived of as permeated by its environment (Scott, 1987).

Perspectives on Cooperative Work

In the discussion of forms of cooperative work we can distinguish different perspectives:

1) One is the partitioning of the total set of activities in the system of work into activities that can be allocated to or assumed by an individual actor. This partitioning can be described from different points of view. One is, *what is partitioned,* i.e., what kind of representation is used for partitioning. This choice will result in different *role configurations.*

2) The choice of boundaries between the activities that can be adopted by or allocated to different individuals can be guided by different criteria, leading to a discussion of the different *criteria for division of work.* This perspective considers activities in terms of the work requirements, from a functional point of view.

3) Activities have to aggregated into *tasks* which represents the overlapping and interleaved activities which an individual actor will cope with in *a particular situation,* irrespective of whether they are directly and functionally connected. This perspective is required to consider activities in terms of the limitations of the *individ-*

ual, such as, e.g., work load, and leads to a consideration of *combination of activities,* i.e., the way different elementary activities are linked for the individual actor.

4) Finally, we have to consider the aggregation and compilation of activities of an individual *over time,* to evaluate the combination of competences a particular person should bring to work. The tasks and activities which are adopted by an individual will go together into a *job design* which also will be subject to certain constraints to consider for the task allocation, in particular with reference to the competence of the actor and the general 'quality of working life.'

In the following sections, we will have a closer look at these aspects of cooperative work.

Role Configuration Architectures

The first level is defined by the question: *What* is distributed in a cooperative work setting. Basically, cooperative work relations are established because of the limited capabilities of single human individuals, that is, because there are certain limits to their physical resources, to their professional competence, and to their commitment. From a functional, work requirements point of view, role configuration can be based on the simple fact that people have limited capacity, that they cannot be at more than one place at a time, that their professional competence cover only certain functions, that they are specially equipped for certain work processes, etc. This leads to the following first attempt to formulate the basis for the role configuration to expect in a dynamic work organization (see Schmidt, 1990). It is important to remember, that several configuration architectures will compete and the governing one will change with time and work conditions.

In some cases, a group of people acts together, pooling their resources and knowledge in a kind of collective activity. This mode of cooperative work can be called *augmentative cooperation,* i.e., multiple agents are allocated to the same task or type of task so as to resolve limitations in anthropometric, physiological, or information processing capacity in cases where either requirements are too great and combined effort is necessary (activity in separate places, lifting heavy load), or a task cannot be decomposed to sequential elements, therefore simultaneous, parallel activity is necessary of a group of agents with similar tasks (performing musical concert). Another example can be the group problem solving during disturbances in a control room of a process plant when no structured cooperation is found, and the 'collective mind' of the staff seek to find a creative solution.

This form of cooperation simply *augments* the mechanical and information processing capacities of human individuals and thus enable a cooperating ensemble of workers to accomplish a task that would have been infeasible for the workers individually. Augmentative cooperation is being eroded when technology is introduced in the sense that the need for cooperation to compensate for resource limitations can be removed by 'augmentation' of the capabilities of the individual.

In general, cooperative work serves a function that can be called *combinative* co-operation. The development of effective tools and techniques (mechanization and training) leads to increasing differentiation and specialization of the role of the individual agent, which in turn leads to an increasing need for cooperation in terms of integration (combination, coordination, scheduling etc.) of the the *activities* of multiple specialized workers devoted to the operation of different specialized tools, techniques, or routines. This differentiation of work requires the concerted cooperation of multiple workers representing the different specialities. The resources of the individual become more effective, but also narrow, until automation makes it possible to remove routine functions from human work.

In complex work settings, cooperative work relations serve functions that are different from the augmentative and combinative functions discussed so far. In co-operative, distributed decision making, these elemental functions are eclipsed by two 'debative' functions: the *integration of different heuristics* in the social con-struction of knowledge, and the *integration of different perspectives* required to match the structure of the domain.

In a *balance oriented architecture* multiple agents are required to counterbalance individual biases. This form of cooperative work facilitates the application and in-tegration of multiple problem solving *strategies and heuristics* to a given problem By critically assessing the discretionary reasoning of fellow workers and counter-balance perceived biases, cooperating individuals may, as an ensemble, arrive at relatively balanced and objective decisions in complex environments ('bias dis-count', in the words of Cyert and March (1963)).

In a *domain oriented architecture* the individual actor takes care of different parts of the functional work domain, the activity of the individual agent is related to dif-ferent object domains in the work space or specific perspectives. The work space is often a complex of multiple distinct object domains that must be matched by a multiplicity of perspectives on the part of the cooperating decision makers. This form of cooperative work facilitates the application and integration of multiple *perspectives* on a given problem so as to match the multifarious nature of the work environment.

Communication between agents allocated different object domains will depend very much on the opportunity an agents has to be familiar with the object domain of the cooperators. Whether the object domains are part of the normal environment in, e.g., the same company, or they are belonging to different contexts which are only occasionally in contact, e.g., belonging to a product designer and contiguous client.

Criteria for Division of Work

Within the above architectures, a distribution of activities can be chosen by or al-located to different members of the cooperating ensemble with reference to different criteria: which worker is to do what, where, when, level of quality?

Within the architecture several, sometimes conflicting, criteria will determine the decomposition suitable to define the role of individual agents.

For example, *functional decoupling* may serve to minimize the necessary exchange of information among agents. The basic principle will be to identify aggregates which can be separated and controlled as a unit with a minimum of interaction and communication across their boundaries.

Conversely, if the information window of an individual decision maker is narrow and limited to one level of the means-ends hierarchy, improvisation and problem solving will be difficult. The effectiveness and ease with which practical reasoning can serve problem solving depend very much on the opportunity to draw on analogies, to judge whether solutions are reasonable, and to interpret ambiguous messages from other actors from a perception of their motives, opportunities which, in turn, depend entirely on the access to information from several levels of the means-ends hierarchy (see Rasmussen, 1985). This alone is an argument against the effectiveness of hierarchical task allocation in a system which has to survive in a changing environment and to adapt to rapid internal technological change (Drucker, 1988).

Aggregation of Activities into Tasks and Jobs

In the previous discussion, the activities have been considered from the functional work requirements points of view, i.e., activities have been considered together in their work relationship. It is, however, also important to structure the description as seen from the individual. A particular individual will, at any point in time, attend different activities which are not functionally related in a time sharing mode. This set of activities, which may only haphazardly be related in time and place, will together shape the actual task, determine the work load, and influence the actual division of labor. In consequence, the division of work will, in addition to the criteria discussed above, depend on factors outside the functional structure of an activity, which should be explicitly considered in any work analysis, for example load sharing and agent competency.

Several criteria for division of work are possible and in any organization the actual, informal division of work will reflect the immediate strive to match requirements with resources. This, in turn, implies that the architecture of actual distribution of tasks will be very dynamic.

Finally, tasks are compiled into *jobs*, i.e., they are clustered over time for a particular individual in order to determine the total job content for a proper design of job structures and training and education schemes. Depending on the functional requirements posed by the work environment, tasks may for instance be clustered in multi-functional job designs so as to enhance the flexibility of the cooperative ensemble in unpredictable contingencies, or tasks may be clustered in highly fragmented job designs in so as to exploit the potentials of technique-based specialization in stable environments.

Work Coordination

What has been divided must be brought together again. Cooperative work requires *'articulation work'* in the sense that the numerous tasks, clusters of tasks, and segments of the 'trajectory' of tasks in the cooperative ensemble are to be meshed (Strauss, 1985). In the definition suggested Gerson and Star (1986), articulation work consists of all the tasks needed "to coordinate a particular task, including scheduling subtasks, recovering from errors, and assembling resources." That is, multiple decision makers will have to cooperate in the control of the system represented by the problem space, and decision making at a level above the primary decision making is necessary for coordination of decision making in order to assign decision functions and workload depending on the changing conditions and requirements of the system (see figure 1).

This meta-level is necessary except in stable systems in which control decisions can be entirely and deterministically data driven and allocated to fixed roles (in which case they hardly can be characterized as decision makers but instead are merely 'automatic' controllers). In this case they have no degrees of freedom, and coupling among them is entirely dependent upon fixed rules and the communication through the work content or primary system function. Normally, the control requirements have to be decomposed into sets of tasks which can be handled by cooperating individual agents. Or, in other words, the large number of elementary control tasks are aggregated into task repertoires suited for allocation to the individual agents. Since control requirements are defined with reference to particular work scenarios and situations, this architecture will change dynamically through time. As pointed out by Gerson and Star (1986): "Every real-world system is an open system: It is impossible, both in practice and in theory, to anticipate and provide for every contingency which might arise in carrying out a series of tasks. No formal description of a system (or plan for its work) can thus be complete. Moreover, there is no way of guaranteeing that some contingency arising in the world will not be inconsistent with a formal description or plan for the system. [...] *Every real-world system thus requires articulation* to deal with the unanticipated contingencies that arise. Articulation resolves these inconsistencies by packaging a compromise that 'gets the job done,' that is, closes the system locally and temporarily so that work can go on."

Functional Requirements and Propagation of Constraints

The specific configuration that, in its totality, makes up the the work organization - the configuration of role architectures, architectures of division of work, aggregations of activities into tasks, the clustering of tasks over time into job designs, and the form of task articulation - is conceived as determined by the specific characteristics of the domain and the work environment along multiple dimensions (Thompson, 1967; Mintzberg, 1979; Scott, 1987; Aoki, 1988), e.g.:

- *Stability vs. variability of requirements*, i.e., the extent to which the conditions under which the system of work must function change and the system of work have be able to adapt to such changes.
    - ◊ *Stability or variability of functional requirements*, i.e., changes in the function of the organization (nature, characteristics, and quality of its products, services, etc.) that occur unexpectedly, for which no patterns could have been discerned in advance. In short, are product requirements stable or predictable? In manufacturing, for example, the duration of product life cycle of the specific market is a measure of the stability of functional requirements, e.g., custom tailoring vs. commodity markets.
    - ◊ *Stability of tasks.* With a given degree of stability of functional requirements, tasks may have a more or less stable character in the sense that the same task or the same type of tasks may be on the agenda for a more or less protracted period of time. For instance, a product with a long life cycle may be produced on an order basis, witness, for example, the distinction between mass production and batch production. Likewise, in a hospital a particular illness and its treatment may be well known and yet the flow patients with that illness may be unpredictable.
    - ◊ *Stability of operating conditions.*

- *Simplicity or complexity of requirements.*
    - ◊ *Uniformity or heterogeneity of the work space*, i.e., does decision making involve the integration of different conceptualizations or perspectives?
    - ◊ *Size of 'problem space'*, i.e., the number of different, potentially relevant factors to take into account. For example, in contemporary medicine, the number of identified illnesses - and hence, the number of potential diagnoses, amount to approximately 500.000. In portfolio management, decision makers face the immense volume of potentially relevant investment objects on the world markets.
    - ◊ *Unified or diversified functional requirements*, i.e., the extent to which the environmental requirements are similar to one another, e.g., the size of the product mix (number of models and variants offered by the company), the complexity of product quality specification etc.
    - ◊ *Interdependency of requirements*, e.g., competing requirements.
    - ◊ *Consistency or inconsistency of product requirements.* Also, are product requirements irreconcilable?

◊ *Specificity or ambiguity of requirements.*

• *Hostility vs. munificence of environment,* i.e., the degree to which the organization is vulnerable to its environment (e.g., by the intensity of the competition, by the precariousness of its funding), and the degree to which errors by an organization may result in its demise (e.g., the security demands posed on chemical and nuclear power production, or on policy making agencies).

• *Nature of coupling to the environment,* i.e., the way by means of which the requirements of the environment is conveyed to the organization. For instance, requirements may be conveyed explicitly, e.g., by governmental statutes, contractual stipulations, etc., or by the negative and positive reactions of the market.

• *The character of object system,* i.e., the nature of the system to be transformed or controlled.
  ◊ *The nature of object system,* i.e., is the object system primarily intentional or causal?
  ◊ *The degree of coupling in the object system.*
  ◊ *The predictability vs. turbulence of the object system.*

Identification of the functional requirements - the goals and constraints - posed by the work environment is fundamental to analysis of work in modern dynamic settings. The configuration of the work organization is thus conceived as an embodiment of these goals and constraints, and in unraveling the work organization along the perspectives and dimensions discussed in the previous sections, the analysis will trace the propagation of goals and constraints throughout the distributed operation of the social system of work.

As an example, let us discuss briefly the unfolding interplay of changing work environment and work organization in manufacturing. For decades, manufacturing companies have successfully been reducing complexity and uncertainty by enforcing simplicity, stability and predictability on the environment by numerous means, e.g., by reducing the range of products and models, by reducing the variety of parts (e.g., group technology), by assuring that parts and materials adhere to specifications, by maintaining buffer stocks of parts, etc. This strategy is the foundation for a work organization characterized by comprehensive technique-based specialization combined with hierarchical systems of planning, allocation, and supervision.

This strategy has been effective in reducing complexity and uncertainty, but at the cost of loss of flexibility. During the last decade an opposite trend has become visible in corporate strategy and management thinking. We are in fact witnessing multiple interlaced currents generating a transformation of the character and organization of work in manufacturing.

In the emerging business environment, where manufacturing enterprises have to be able to adapt diligently and dynamically to the vicissitudes of a volatile market, work organizations characterized by technique-based specialization and hierarchical control systems are blatantly inadequate (Savage, 1987; Aoki, 1988). A work organization operating in this environment cannot rely on advance planning of task allocation and task articulation. Task articulation must be based on feedback control modes, and the compilation of tasks into jobs must allow for a high degree of flexibility, and in order to be able to adapt to unforeseen contingencies, task articulation must basically rely on local control.

The general implications of these changes in the organization of manufacturing work are fairly well understood (Mintzberg, 1979; Blumberg and Gerwin, 1984; Savage, 1987; Child, 1987; Cummings and Blumberg, 1987). For example, having observed that advanced manufacturing systems are tightly coupled to vendors and customers and that this may place severe demands on the adaptive capacity of the system, Cummings and Blumberg (1987) conclude that for advanced manufacturing systems the "appropriate work designs should be oriented to groups of employees rather than individual jobs, and to employee self-control rather than external forms of control, such as supervision. This calls for self-regulating work groups."

These observations are quite pertinent and a number of socio-technical experiments in recent years have demonstrated the competitive advantages accruing from work redesign in this direction.

However, cooperative work relations in advanced manufacturing enterprises are not limited to the group or team responsible for, e.g., a particular shop. Cooperative work relations embrace the entire enterprise, from Marketing to Shipping, from Design to Final Assembly. For a manufacturing enterprise to be able to adapt diligently and dynamically to changing conditions, the entire enterprise must react "simultaneously and cooperatively." (Harrington, 1973). In fact, rapid adaptation of all functions, from Marketing to Shipping, of a diversified manufacturing operation to the vicissitudes of a volatile and complex environment is the very essence of advanced manufacturing systems. In a like vein, Aoki (1988) conceives the kanban or just-in-time system as a "semi-horizontal operational coordination mechanism" and argues that this mode of coordination is an effective way to adapt to changing market circumstances quickly without accumulating costly buffer inventories when many varieties comprising a large number of parts are involved. Relating the macro level of the work organization to the micro level, Aoki observes that the semi-horizontal mode of coordination "crucially depends on the skills, judgment, and cooperation of [a] versatile and autonomous work force on the shop floor," and "a certain degree of blurring of job territoriality between workers on the one hand and foremen, engineers, programmers, etc., on the other."

That is, the adequate work organization for advanced manufacturing systems may rather be conceived of as an ensemble of semi-autonomous groups of multi-functional workers cooperating semi-horizontally on a company-wide scale, - or on an even wider scale, since cooperative work relations in manufacturing often embrace several subcontractors supplying parts and subassemblies.

The basic issue here is, that feed-back control of production is the only possible strategy in a turbulent environment. Such control is not based on concern with plans and schedules, but on securing proper resource envelopes for the individual staff members, on focus on staff competence and capability, on propagation of adequate criteria functions and communication of adequate information about the state of affairs in the system. Given this, capable people on the 'floor' will generate the proper schedules. In support of the resource envelopes, long term, feed-forward planning of resources is, of course, necessary. The basic problem is to formulate the proper dynamic interaction between feed-forward resource planning and feed-back production control.

Such requirements have recently been stressed by different authors, even if the implied distinction between feed-forward and feed-back design has not been explicitly identified. Discussing "a new paradigm of work organization," Aoki (1988) distinguish between strategical and operational planning. Operational decision-making is concerned with the need of a firm to adapt its operating tasks to evolving technical and human emergencies (the malfunction of machines, defective products, absenteeism of workers, etc.) and changing market circumstances. Aoki contrasts the requirements of operational planning with the traditional western, hierarchical organization and stresses the need for horizontal communication, of creating adequate staff competence by opportunity for learning 'on the job' and by diversification of job content, and of the evolution of proper criteria functions within the staff including profit sharing schemes. In other words, he aims directly towards support of a feedback design of the organization. From an economy point of view, Kaplan (1989) argues that the difficulty of many companies to adapt to a dynamic environment is caused by inadequate accounting systems which have not been adapted to the requirements of modern technology. Traditionally, accounting has been made in terms of deviations from prognoses, plans, and budgets. What is needed is operational control based on an accurate and timely *performance measuring system*. In short, also Kaplan stresses the need for an effective feedback design. In Kaplan (1990) an approach to design of cost systems is proposed which will introduce the measurement system vital for a transition to a feedback control mode.

Social Organization and Management

Whereas the work organization perspective conceives the system of work as a purposive instrument performing a function to its environment, the *social organization* perspective conceives of the system of work as a system of social interaction between multiple individuals with *diverging interests and motives*. The focus of the social organization perspective is the system of work as a *coalition* of individuals with partially discordant interests and motives. In recent years, this perspective has been explored and elaborated in a large number of organizational studies and approaches.

The architecture of the *social organization* determines the *form* of the communication, i.e., the conventions and constraints chosen for this communication. Consequently, different structures of the social organization are possible for social coordination of activities, more or less independent of the task and role configuration principle adopted and the characteristics of the work domain:

Autocratic coordination. One decision maker is responsible for the coordination of the activities of all other agents. This mode of meta control of coordination is, of course, mostly applicable when one person is controlling the mode of coordination in a smaller, private company. One manager acts as a roving coordinator making sure that priorities are right in the working network.

Hierarchical coordination. Very often, coordination is distributed in an organization which is stratified such that one level of decision makers evaluates and plans the activities at the next lower level. This hierarchical structure has its roots in the American, military command, control and coordination paradigm. It is based on the fact that in a large organization, the information traffic and the time requirements to the pace of response can be arranged in several distinct levels. This is the case for a system of very specialized actors, such as those involved in a military mission. Very large information volumes have to be communicated at the lover levels with very short time horizons while data traffic decrease and time horizon becomes wider as one moves to the more strategical levels. Different coordination, or management styles, are possible within this structure depending on whether the communication downward through the system is based on communication of goals (the military model) or on communication of procedures (the bureaucratic model).

Heterarchic coordination. In modern organizations, the hierarchical structure is normally maintained for formal functions such as allocating legal responsibility and economic competence, whereas more flexible (and often informal) management structures are accepted for the more dynamic work coordination. This is the case even in military organizations in which the formal rank structure is abandoned when high-tempo coordination of activities across levels and units is required (see for instance Rochlin et al., 1987).

In the general, dynamic work situation the formal hierarchical structure disappears, even in military organizations. The work of Rochlin et al. (1987) shows a pronounced ability of the organization on an aircraft carrier to shift between a formal rank organization, a flexible, self-organizing 'high-tempo' work coordination across ranks and organizational units, and a flexible emergency organization depending on the immediate requirements of the actual situation. Similar organizational forms are necessary in modern commercial enterprises adopting a flexible customer driven policy in a dynamic and competitive market, see the discussion in the introduction.

For the coordination of activities in such a flexible organization, several meta-strategies can be adopted to shape the coordinating activities:

- Negotiating coordination. The individual decision makers negotiate with their immediate cooperators and the necessary communication is locally planned. This mode is typically found when coordination planning has to be arranged ad-hoc on occasion, i.e., when high-tempo performance is required in very flexible and dynamic situations for which particular patterns of 'contracts' are evolving (Winograd and Flores, 1986).
- Anarchistic planning. Each agent plans his own activity without interaction with other decision makers on the meta level. Communication is entirely through the work content.
- Democratic planning. Coordination involves interaction and negotiation among representatives of all decision makers of the organization (worker participation

committees). This mode is frequently found in companies when there is a reasonable time horizon for planning and special meetings and frames for the planning can be arranged.

It will be evident that these different architectures will imply, or evolve from, different forms of communication among agents, i.e., whether information is passed as neutral information, advice, instructions, or orders. The effective way of influencing the social organization independent of the work organization will be through constraints and conventions for communication.

In the previous paragraphs a very clear and simplistic distinction has been drawn between the *work organization* and the *social organization* and their roles in the work coordination. Distinction has been made between the criteria that control the partitioning of activities, the allocation of roles to individuals and the resulting, necessary *content* of communication for coordination and the criteria that govern the coordination management implemented in the *form* of communication.

This is clearly a simplistic distinction, since many factors will cut across this distinction and make the picture much more complicated. Labor power is an attribute of human individuals and, hence, cannot be separated from the individual. An individual joining a cooperative ensemble is motivated by individual interests (to earn a wage, make a career etc.) and brings along a complex of aspirations and expectations. A cooperative work process, then, is performed by individuals with individual interests and motives. Because of that, organizations must be regarded as coalitions of diverging and even conflicting interests rather than perfectly collaborative systems. An organization is not an entity acting as if guided by a single will. It is not a perfectly collaborative system. Rather, an organization is a mixture of collaboration and conflict. This point was brought home by the so-called Carnegie School in organizational theory (Simon, 1945; March and Simon, 1958; Cyert and March, 1963; Thompson, 1967).

In accordance with the prevalence of goal incongruence in organizations and the partially conflictual nature of organizations, allocation of tasks is just as controversial. As pointed out by Strauss (1985), a wide variety of social modes of task allocation can be observed: "tasks can be imposed; they can be requested; also they can just be assumed without request or command; but they can also be delegated or proffered, and accepted or rejected. Often they are negotiated. And of course actors can manipulate openly or covertly to get tasks, or even have entire kinds of work allocated to themselves." Workers may agree or disagree with the allocation. But they may also conceal their disagreement. They may reject it but not reveal their rejection, or they may reject it and act on that basis but conceal their rejection. They may also agree or disagree to the criteria of the tasks for which they are made accountable, and they may again disagree overtly or covertly.

It should also be noted that formal organization, strictly speaking, is a perspective that applies to the work organization as well as the social organization. If the term 'formal' is taken to mean determined by explicit rules, the distinction formal-informal is orthogonal to the distinction social-functional. Normally, however, the term 'formal organization' denotes formalization of relations of the social organization. The objective of formalization of collaborative relations (such as allocation of resources, task allocation, procedures, etc.) is to ensure accountability. In this perspective, formalization is a mechanism for *social control* of cooperative work relations. If need be, who is to blame? In this sense, formal organization is a superimposed structure safeguarding the interests of the proprietary and regulatory bodies. Accordingly, formal organization reflects the relations of property and codifies the cooperative relations in a legally valid form (e.g., by contract, statute, authorization), thus serving the function of allocation of resources, responsibilities and, when appropriate, disciplinary measures. In some very special cases where the work environment is characterized by a high degree of stability and tasks are highly routinized, the real organization may appear as being congruent with the formal organization. In most domains, however, the actual pattern of cooperation changes dynamically, according to the requirements of the situation. In these cases, the formal organization is only faintly congruent with the real organization.

References

Aoki, Masahiko (1988): A New Paradigm of Work Organization: The Japanese Experience, WIDER Working Papers, no. 36, World Institute for Development Economics Research, Helsinki, Finland, February 1988.

Blumberg, Melvin, and Donald Gerwin (1984): "Coping with advanced manufacturing technology," Journal of Occupational Behavior, vol. 5, 1984, pp. 113-130.

Child, John (1987): "Organizational Design for Advanced Manufacturing Technology," in T. D. Wall, C. W. Clegg, and N. J. Kemp: The Human Side of Advanced Manufacturing Technology, Wiley, Chichester, 1987, pp. 101-133.

Cummings, Thomas, and Melvin Blumberg (1987): "Advanced Manufacturing Technology and Work Design," in T. D. Wall, C. W. Clegg, and N. J. Kemp (eds.): The Human Side of Advanced Manufacturing Technology, Wiley, Chichester, 1987, pp. 37-60.

Cyert, Richard M.; James G. March (1963): A Behavioral Theory of the Firm, Prentice-Hall, Englewood Cliffs, N.J.

Drucker. P., F. (1988): "The Coming of the New Organization," Harvard Business Review; January-February, 1988, pp. 45-53.

Gerson, Elihu M.; Susan Leigh Star (1986): "Analyzing Due Process in the Workplace," ACM Transactions on Office Information Systems, vol. 4, no. 3, July 1986, pp. 257-270.

Harrington, Jr., Joseph (1973): Computer Integrated Manufacturing (1973), Krieger, Malabar, Florida, 1979.

Kaplan, Robert S. (1989): "Management Accounting for Advanced Technological Environments", Science, vol. 245, 15 August 1989, pp. 819-823.

Kaplan, Robert S. (1990): "The Four-Stage Model of Cost System Design," Management Accounting, February 1990, pp. 22- 26.

March, James G., and Herbert A. Simon (1958): Organizations, Wiley, New York, etc.

Mintzberg, Henry (1979): The Structuring of Organizations. A Synthesis of the Research, Prentice-Hall, Englewood Cliffs, New Jersey.

Rasmussen, J. (1985): "The Role of Hierarchical Knowledge Representation in Decision Making and System Management", IEEE Transactions on Systems, Man and Cybernetics. vol. SMC-15, no. 2, 1985, pp. 234-243.

Rasmussen, Jens, Annelise Mark Pejtersen, and Kjeld Schmidt (1990):Taxonomy for Cognitive Work Analysis, Fist Mohawc Workshop, May 1990; Risø National Laboratory, September 1990. Risø-M-2871.

Rochlin, G.I., T.R. La Porte, and K.H. Roberts (1987): "The Self-Designing High-Reliability Organization: Aircraft Carrier Flight Operations at Sea," Naval War College Review, Autumn 1987.

Savage, Charles M. (ed.) (1987): Fifth Generation Management for Fifth Generation Technology (A Round Table Discussion), Society of Manufacturing Engineers, Dearborn, Michigan, 1987.

Schmidt, Kjeld (1990): Analysis of Cooperative Work. A Conceptual Framework, Risø National Laboratory, June 1990. Risø-M-2890.

Scott, W. Richard (1987): Organizations: Rational, Natural, and Open Systems, Prentice-Hall, Englewood Cliffs, New Jersey.

Simon, Herbert A. (1945): Administrative Behavior. A Study of Decision-Making Process in Administrative Organization, 2nd ed., New York, 1957.

Strauss, Anselm (1985): "Work and the Division of Labor," The Sociological Quarterly, vol. 26, no. 1, 1985, pp. 1-19.

Thompson, James D. (1967): Organizations in action. Social science bases of administrative theory, Mc Graw-Hill, New York, etc.

Winograd, Terry, and Fernando Flores (1986): Understanding Computers and Cognition: A New Foundation for Design, Ablex Publishing, Norwood, New Jersey.

Counterfactual Thinking and Accident Analysis

Antonio Rizzo[1] and Sebastiano Bagnara[2]
(1) Istituto di Psicologia del CNR, viale Marx 15, 00137 Roma, Italy
(2) Dipartimento di Filosofia e Scienze Sociali, Università di Siena, via Roma 7, 57100 Siena

Abstract

The counterfactual assessment of events, that is the mental construction of alternatives to factual events, is a pervasive thinking process that is quite natural for people. In the analysis of event causation, counterfactual thinking has been proven to play a crucial role. In the paper the relevance of counterfactual thinking for accident analysis is discussed. Specifically, we report on the application of counterfactual assessment of events to the construction of a data base for reporting industrial accident.

1 Introduction

The evaluation of an event is a process that people perform considering not only what actually has occurred (event to be evaluated) but also what might have been. The ease with which it is possible to imagine counterfactual alternatives to factual events influence the evaluation of the reality to a surprising extent. Consider the following story. Mr. Tizio and Mr. Sempronio went to the theater. Mr. Tizio occupied the seat 239 and Mr. Sempronio seat 150. But after ten minutes from the start of the show Mr. Sempronio changed place with his neighbor since a tall man was seating in front of him. During the interval there was an unexpected lottery and the person seating at the seat 150 won a trip around the world for two plus a Mercedes Benz 5000. How do you think Mr. Tizio and Mr. Sempronio evaluated the fact they did not win the prize? It is worthwhile to note that the negative event is the same for both, as well as their probability to win (even when Sempronio changed place). What is actually different in the two cases is the ease with which counterfactual alternatives come to mind. The point is the lesser or greater availability of these alternatives. Nothing prevents Mr. Tizio to imagine that the extracted number was 239 (and very probably he thought so), but the ease with which Mr. Sempronio is made to think what might have been makes his evaluation more negative and makes him experience a higher feeling of regret (Johnson, 1986)

The studies on counterfactual thinking (for a general review see Miller, Turnbull and McFarland, 1990) show how the counterfactual representation produced by experiencing an event influences the reaction to this event almost like the precomputed representations (implicit or explicit expectations). Their influence has been shown in several judgmental activities and emotional states, such as the feeling of happiness or regret (Kahneman and Tversky, 1982b; Johnson, 1986; Landman, 1988), the assessment of the impact of actions and events (Dunning and

Parpal, 1989), victim compensation (Miller and McFarland, 1986), attribution of responsibility (Fabre, 1987).

Wells and Gavanski (1989) have provided experimental evidence for the relevance of counterfactual thinking in the assessment of causality. These authors showed how people are prone to attribute causal significance to an event as a function of available counterfactual alternatives, which might have undone a dramatic outcome. In particular, they showed that given an event in a story, in the case where people can easily imagine an alternative, the rate of causality is higher than in the case where it is just a little more difficult to imagine alternatives to that same event. Wells and Gavanski's subjects read a story about a woman, Karen, who had dinner with her boss, Mr. Carlson. Unaware that Karen was allergic to wine, Mr. Carlson ordered for her a dish that contained a wine sauce. Karen ate the dish and, as a consequence, died. Two versions of the story were constructed. Mr. Carlson's behavior was the same in both conditions. But in one version Mr Carlson considered some other dishes that did not contain wine, on the contrary in the other version all the dishes considered contained wine. Subjects judged more causal the decision of Mr. Carlson in the first story than in the second. This difference is interesting because, in both conditions, the action judged as more or less causal (Mr Carlson's choice of the dish) is the same, it produces the same consequences (Karen's death), and these consequences are unpredictable to Mr. Carlson. What makes the difference is the fact that in one case we can more easily imagine an alternative choice eliminating the dramatic outcome, than in the other one. It is important to stress that current theories on causal attribution can not make predictions on a case like this.

2 Counterfactual Events and Mutability

A main aim in the study of counterfactual thinking is "to identify the rules that determine which attributes of experience are immutable and which are allowed to vary in the construction of counterfactual alternatives to reality" (Kahneman and Miller, 1986, p. 150). Even though counterfactual thinking has not yet been studied in everyday life conditions, laboratory researches have indicated that mutations in counterfactual events seem ruled by some general factors. One is that subjects tend to select exceptional (i.e., unusual or surprising) rather than normal events (Kahneman & Tversky, 1982a; Kahneman & Miller, 1986). Another is that subjects prefer to select the first rather than the subsequent events in a causal chain (Wells, Taylor and Turtle, 1987). A third factor seems to be the focus of the scenario (Legrenzi et al., 1984; Read,1985).

Recently, Girotto, Legrenzi and Rizzo (1990) assumed a general principle for mutability: the mutability of an event is inversely related to the perceived number of causal conditions which constrain its occurrence. This principle can explain the results of the previous literature on counterfactual thinking. It also suggests that human actions will be highly mutable events since the belief that actions are usually independent from causes external to the individual's intentions belongs to the naive ontology of people (Sappington, 1990). Girotto et al. (1990) carried out three experiments to test this hyphotesis. In Experiment 1, the order and the controllability of four events in a scenario were manipulated. Contrary to the causal order effect hypothesis, subjects preferred to change the event corresponding to a voluntary decision of the scenario actor, regardless of its relative position in the scenario. Experiment 2 showed that subjects made this choice regardless of the normal vs. exceptional status of the voluntary action event. Experiment 3 gave evidence that an unconstrained action performed by the focal actor of a story is more mutable than a constrained action performed by the same actor.

Their results show how the subjective controllability of an event makes it highly mutable. Given the relationship between mutability of an event and perceived causality (Wells and Gavanski, 1989), the human action is likely to become the "figure" on the "ground" of the other events when it has to be established how a given output was produced. Indeed, some preliminary results (Rizzo, Bagnara, and Malfatti, in progress) provide evidence that the subjective controllability is relevant for the assessment of blame and causal roles in accidents. As a consequence, operators involved in a malfunction could experience a feeling of guilt and/or could be blamed for their performance just as a function of the availability of alternatives to their actions. This quite apart from the real possibility to modify the human performance in that context.

As stressed by Welles and Gavanski (1989) an adequate theory of causal judgement requires the exploration of the counterfactual processing of information. So far, in accident analysis, there have been at least one systematic attempt to apply counterfactual analysis. The INRS method (*Institut National de Recherche et de Securite'*, cf. Leplat, 1987) is based on an accident analysis that first considers the deleterious outcome, then draws a backward chart where those events are reported that, with their occurrence or missing occurrence, might have avoided the accident. The events reported in the chart are by definition "changes or variations in the *usual* conditions". The behaviour of the system is assessed precisely from the point of view of "what might have been". However, this approach seems to be subject to mutability biases rather than exploit them. In fact, the events to be considered as causes are just those judged as *unusual*.

3 The Database for Accident Analysis

We have applied counterfactual analysis in a study recently performed, aimed to develop a systematic approach for the collection and classification of data on human errors in industrial plants (Bagnara et al., 1989). As a first step, the definition of human error was studied; the analysis of existing human error taxonomies then followed: a new approach was developed, which is characterized by:

• The capabilities of recognizing the importance of the rapporteur biases in data coding of human error and system malfunction. Different descriptions of the event are indeed collected and related to different points of view and to a counterfactual assessment of the events.

• The great interest devoted to the modeling of the dynamics of the path of recovery from malfunction, which had practically been neglected up to now.

• The acknowledgement that also socio-technical and socio-organizational parameters have to be taken into account besides the cognitive engineering factors, which have represented the basis of well known human error taxonomies (i.e. Rasmussen et al., 1981).

Eventually the architecture of a database in which to organize the various pieces of information was developed and a prototype version of the database was set up. Here we will briefly report on the first of the above-mentioned characteristics of the database.

The idea underlying the adopted definition of human error is that the search for a single mechanism or a causal chain of an individual's actions, though useful, does not allow to capture how a human-system mismatch takes place. It has been in fact considered that the very same network of conditions can give rise either to a mismatch or to a new adaptive solution. Moreover, in the adopted approach it has been proposed that socio-organizational factors do not only influence the performance, but can model the performance itself and certainly provide the criteria by which a given performance is assessed.

By following such an approach, human error analysis should not give a differential status to the human internal mechanisms putatively responsible for actions (or action plans) classified as errors according to some criteria, and to the external factors that can contribute to the malfunctioning of the mechanism. All of them have to be conceived as conditions that characterize the multiple interactions in an organizational network where a human-system mismatch is a possible outcome. By using such concept of human error, the taxonomy identifies four main categories of conditions responsible for a system state, which do not depend on whether the state itself has to be considered as normal or as a malfunction: a) Human Performance; b) Decision Making; c) Socio-Organizational Conditions; d) External Situations.

Among the aims of the database there is, naturally, that of desciribing the causal scenario that produces the accident. However, it has to be noted that how a causal analysis is carried out and its characteristics depend on whether and what in a state is judged as malfunction (Kahneman and Miller, 1986). A given action can, or can not, be considered an "error" as a function of whether and how a system malfunction is assessed. A state is evaluated on the basis of the norms, built up through social and performance experiences and counterfactual alternatives, which determine the scenario and the reference backgrounds from where the causal analysis takes place and is developed. For example, the assessment can be carried out by one or more operators while managing the system, or by others, such as "external reviewers", after an accident has taken place. While in the former case, the error analysis captures the "internal reasons" of the operators' performance, in the latter, the adopted scenario and the reference backgrounds may be partially or completely different. The "internal" norms themselves undergo to assessment, and the analysis can shed light on the system's goals and conditions and allow to evaluate the values and intentions underlying the operators' performance (which are very unlikely to be evaluated by the internal point of view). The two types of assessment do not necessarily overlap.

By following this line of reasoning, the error analysis has to capture who (and how) assesses the system malfunction. In order to achieve this goal, it moves from the description of the system malfunction and makes explicit the point of view adopted in the assessment. The points of view of those involved in handling the malfunction and especially of those who categorized and handled the system state as an error, is always required. In a similar way, possible differences in the background of the "external reviewers" should be accounted for. The global error analysis does therefore comprise as many levels of description as the ways in which the system (malfunction) state has been categorized. The analysis of the system states which are thought to be an "error" are based on a common taxonomy of the factors that can play a role in producing that state, and on a shared categorization of the systems themselves.

It is expected that several reports (each of them having an explicit point of view) on a given malfunction occurred in a plant are collected. The database contains and makes available for retrieval as many different descriptions of the same event as the number and types of the points of view adopted. As earlier stated, the core of the taxonomy of factors underlying human error is the assessment of whether and why a system state is judged by the rapporteur as a system malfunction. The assessment is obtained by comparing the description of the state assumed as a malfunction with an explicit description of the "normal" state (counterfactual to the system malfunction). For each of the factors involved in the rapporteur analysis a comparison is made with the reported counterfactual behavior.

4 References

Bagnara, S., Di Martino, C., Lisanti, B., Mancini, G., & Rizzo, A. (1989). A human error taxonomy based on cognitive engineering and on social and occupational psychology. Technical Report EUR 12624 EN. Ispra: JRC.

Dunning, D., & Parpal, M. (1989). Mental addition and subtraction in counterfactual reasoning: On assessing the impact of personal action and the life events. Journal of Personality and Social Psychology, 56, 5-15.

Fabre, J.M. (1987). La relativisation des jugements. [The relativity of judgement]. Doctoral dissertation. University of Provence, France.

Gavanski, I., & Wells, G.L. (1989). Counterfactual processing of normal and exceptional events. Journal of Experimental Social Psychology, 25 , 314-325.

Girotto,V., Legrenzi,P., & Rizzo,A. (1990) Event controllability in counterfactual thinking. Manuscript sent to be considered for publication

Johnson, J.T. (1986). The knowledge of what might have been: Affective and attributional consequences of near outcomes. Personality and Social Psychology Bulletin, 12 , 51-62.

Kahneman, D., & Miller, D.T. (1986). Norm theory: Comparing reality to its alternatives. Psychological Review, 93 , 136-153.

Kahneman, D., & Tversky, A. (1982a). The simulation heuristic. in D. Kahneman, P. Slovic, & A Tversky (Eds.), Judgment under uncertainty: Heuristic and biases (pp. 201-208). New York: Cambridge University Press.

Kahneman, D., & Tversky, A. (1982b). The psychology of preferences. Scientific American, 246 ,160-173.

Landman, J. (1988). Regret and elation following action. Personality and Social Psychology Bulletin, 13 ,524-536.

Legrenzi, P., Rumiati, R., & Sonino, M. (1984). L'euristica della simulazione [The simulation heuristic]. Report n. 109, Istituto di Psicologia, University of Padua, Italy.

Leplat, J. (1987). Accidents and incidents productions: Method of analyis. In J. Rasmussen, K. Duncan and J. Leplat (Eds.) New Technology and Human Error. Chichester: Wiley.

Miller, D. T., & McFarland, C.(1986). Counterfactual thinking and victim compensation: A test of norm theory. Personality and Social Psychology Bulletin, 12, 513-519.

Miller, D. T., Turnbull, W., & McFarland, C. (1990). Counterfactual thinking and social perception: Thinking about what might have been. In P. Zanna (Ed.), Advances in experimental social psychology (Vol. 23, pp. 305-331). Orlando, FL: Academic Press.

Rasmussen, J., Pedersen, O.M., Mancini, G., Carnino, A., Griffon, M., & Cagnolet, P. (1981). Classification system for reporting events involving human malfunctions. Technical Report. Luxembourg: CEC .

Read, D. (1985). Determinants of relative mutability . Unpublished research, University of British Columbia, Vancouver, Canada.

Sappington, A.A. (1990). Recent psychological approaches to the free will versus determinism issue. Psychological Bulletin, 108, 19-29.

Turnbull, W. (1981). Naive conception of free will and the deterministic paradox. Canadian Journal of Behavioural Science, 13 , 1-13.

Wells, G. L., & Gavanski, I. (1989). Mental simulation of causality. Journal of Personality and Social Psychology, 56 ,161-169.

Wells, T. D., Taylor, B. R., & Turtle, J. W. (1987). The undoing of scenarios. Journal of Personality and Social Psychology, 53 , 421-430.

5 Software-Ergonomie

Das Konzept Fehlermanagement: Eine Strategie des Umgangs mit Handlungsfehlern in der Mensch-Computer Interaktion

Michael Frese, Caren Irmer & Jochen Prümper
Institut für Psychologie, Ludwig-Maximilians-Universität München, Leopoldstr. 13, 8000 München 40

Zusammenfassung
Für die Software-Gestaltung wird argumentiert, daß das Konzept der Fehlervermeidung durch das Konzept des Fehlermanagements ergänzt werden soll. Das heißt, zwischen dem Fehler und den Fehlerkonsequenzen muß differenziert werden - nur die negativen Fehlerkonsequenzen sind zu vermeiden, aber nicht notwendigerweise der Fehler selbst. Die Begründungen dafür liegen in denen im Feld erhobenen Ergebnissen des Projekts FAUST. Entsprechende Vorschläge für ein Fehlermanagement werden erläutert.

Abstract
It is argued that the concept of error prevention should be complemented with the concept of error management. This means, there should be a differentiation between making an error and the error consequences - only the negative consequences should be prevented, but not necessarily the error itself. The reasoning for this lies in the results of project FAUST's field study. Appropriate suggestions for error management are given.

1 Einleitung

Das Projekt FAUST[1] (Fehleranalyse zur Untersuchung von Software und Training), das sich mit dem Fehlerproblem in der Mensch-Computer Interaktion aus der Benutzerperspektive beschäftigt, hat unter anderem beobachtet, wieviele und welche Fehler Angestellten bei ihrer täglichen Arbeit unterlaufen, wie sie mit Fehlern umgehen, welche Hilfen sie benutzen und welche Zeit diese jeweiligen Hilfen beanspruchen. Dabei wurde untersucht, ob organisationale und Streß-Bedingungen einen Einfluß auf das Fehlergeschehen haben. Natürlich wurde auch die Frage gestellt, wie man die Behandlung von Fehlern sowohl unter dem

---

[1] Der vorliegende Beitrag entstand im Rahmen des Forschungsprojekts FAUST. Das Projekt wurde vom Bundesministerium für Forschung und Technologie (Arbeit und Technik) gefördert (Förderkennzeichen: 01 HK 8067). Projektmitglieder: F. Brodbeck, M. Frese (Projektleitung), C. Irmer, H. Peters (TÜV Bayern), J. Prümper und D. Zapf. Die Verantwortung für den Inhalt dieses Beitrags liegt bei den Autoren.

Gesichtspunkt der Systemgestaltung als auch dem des Trainings positiv beeinflussen kann. Die Ergebnisse dieser Untersuchungen sind ausgesprochen umfangreich und können im Rahmen eines Beitrags natürlich nicht ausführlich beschrieben werden (vgl. dazu Frese & Zapf, 1991 und Zapf, Brodbeck, Prümper & Peters, 1991).

In diesem Beitrag sollen nun die Ergebnisse und unsere Überlegungen zum Fehlerproblem unter dem Gesichtspunkt des Fehlermanagements betrachtet werden. Im Prinzip kann man Fehlermanagement immer unter dem Gesichtspunkt des Trainings oder der Software-Entwicklung betrachten. Wir konzentrieren uns hier auf die Software-Entwicklung.

2 Warum Fehlermanagement?

Um mit dem Fehlerproblem umzugehen gibt es zwei Strategien: *a) Fehlervermeidung*: Durch gutes Design wird die Anzahl der Fehler reduziert; *b) Fehlermanagement*: Durch gutes Design werden die negativen Auswirkungen von Fehlern reduziert. Traditionell bemühen sich die meisten Software-Designer, Systeme so zu gestalten, daß dem Benutzer möglichst wenig Handlungsfehler unterlaufen. Diese Strategie hat durchaus ihre Berechtigung; wo sich Fehler leicht vermeiden lassen, sollten sie auch vermieden werden.

Allerdings sprechen die Ergebnisse unserer Untersuchungen gegen eine ausschließliche Strategie der Fehlervermeidung[2]:

1) Fehler stellen natürlich einen ökonomischen Faktor dar und unsere (recht konservativen) Schätzungen aufgrund unserer Beobachtungen besagen, daß etwa 12% der Arbeitszeit am Computer mit Fehlern und Fehlerbehandlung verbracht werden - ein wichtiger Wirtschaftsfaktor. Aber nicht jeder Fehler hat dieselben ökonomischen Konsequenzen. Einige Fehler werden bereits nach wenigen Sekunden, andere erst nach Stunden korrigiert (z.T. wurden Fehler berichtet, aufgrund derer bis zu einem Jahr umsonst gearbeitet wurde). Das heißt, aus ökonomischen Gründen sollte man sich auf solche Fehler konzentrieren, die besonders lange Korrekturzeiten benötigen.

2) Vor allem bei Wissensfehlern und Fehlern auf der sogenannten intellektuellen Regulationsebene (also bei Fehlern, bei denen die Aufgabe denkerisch nicht richtig bewältigt wurde), entstehen besonders lange Korrekturzeiten. Nach unseren Berechnungen dauert die Korrektur bei Wissensfehlern im Durchschnitt etwas mehr als 2 Minuten, bei Fehlern auf der intellektuellen Regulationsebene mehr als

---

[2] Die Untersuchungsergebnisse basieren auf unseren Beobachtungen im Felde. Es wurden 198 Angestellte aus 12 Betrieben (einer bestand aus Kleinstbetrieben) 2 Stunden lang bei ihrer alltäglichen Arbeit mit dem Computer beobachtet (16 unterschiedliche Computerprogramme). Im wesentlichen nahmen Sekretärinnen, Sachbearbeiter und untere Manager an der Untersuchung teil. Dabei wurden alle Fehler mitprotokolliert und in eine Taxonomie eingestuft (Details bei Zapf, Brodbeck, Frese, Peters & Prümper, 1990).

1 1/2 Minuten und im Gegensatz dazu bei Routinehandlungen weniger als 1 Minute (näheres bei Brodbeck, Zapf, Prümper & Frese, 1990). Fehlervermeidungsstrategien wirken nun bei Wissensfehlern und auf der intellektuellen Ebene nur beschränkt, weil es hier um die Verbindung zwischen der spezifischen Aufgabe und dem Programm geht. Also um die Frage: Wie benutze ich das Programm bei dieser spezifischen Aufgabe? Da Programme im Regelfall nicht im einzelnen an die Aufgabe angepaßt werden können, sind Fehlervermeidungsstrategien dort enge Grenzen gesetzt.

3) Fehler können auch Streß erzeugen. Dabei stellt sich allerdings die Frage, unter welchen Bedingungen Fehler Streß verursachen. In unseren Beobachtungen zeigt sich, daß wiederum solche Fehler, die eine lange Korrekturzeit benötigen, Streß hervorrufen (genaueres bei Brodbeck et al., 1990). Auch dieses Datum spricht also für die Konzentration auf Fehler mit langer Korrekturzeit (vgl. Punkt 2 oben).

4) Fehler müssen entdeckt werden, und es ist eine zentrale Frage, aufgrund welcher Informationen dies geschieht. Nach unseren Untersuchungen war die bei weitem wichtigste Informationsquelle der Fehlerentdeckung der sogenannte interne Zielvergleich (in 50% der Fälle; vgl. Zapf, Lang & Wittmann, 1991). Hier kann nur die arbeitende Person selbst aufgrund ihrer Zielkonzeption feststellen, ob ein Fehler vorliegt. Von einem Programm kann z.B. nicht entdeckt werden, ob ein Benutzer aus Versehen eine unnötige Druckanweisung gegeben hat. Nur die arbeitende Person selbst weiß, daß sie eigentlich noch eine Neuformatierung machen wollte und deshalb der Druckbefehl fehlerhaft war.

Dieses Ergebnis ist wesentlich für unsere Fragestellung, weil sie aufzeigt, welche Grenzen einer automatisierten Fehlerentdeckung gesetzt sind - im Regelfall lassen sich Fehlerentdeckungen aufgrund eines internen Zielvergleichs nicht automatisieren, weil die Software die Zielvorstellungen der arbeitenden Person nicht abbilden kann (außer bei sehr taylorisierten Arbeitsplätzen, siehe unten). Da automatisierte Fehlerentdeckung aber oftmals eine Voraussetzung für die Strategie der Fehlervermeidung darstellt, sind eben auch der Fehlervermeidung enge Grenzen gesetzt.

Dies gilt im übrigen auch für das Konzept der Fehlerrobustheit, das in den DIN-Normen zu den Dialogeigenschaften (DIN, 1988) eingeführt wurde. Denn Fehlerrobustheit hat ja ebenfalls zur Voraussetzung, daß die Maschine (oder das System) den Fehler entdecken muß (also antizipieren muß), um ihn dann zu ignorieren.

5) Man würde vermuten, daß Experten weniger Fehler als Novizen unterlaufen. Es ist zwar nicht ganz einfach in einer Felduntersuchung zwischen Experten und Novizen zu differenzieren (da hier alle bis zu einem bestimmten Grad mit ihrem Programm vertraut sind), aber eine sinnvolle Unterscheidung ist sicherlich die, ob eine Person nur ein Programm beherrscht oder mehrere. Hier zeigt sich nun überraschenderweise (vgl. Prümper, Zapf, Brodbeck & Frese, 1990), daß diejenigen, die mehr als ein Programm beherrschen (die Experten), mit 5.8 Fehlern pro Computerarbeitsstunde signifikant *mehr* Fehler machen als diejenigen, die nur ein Programm beherrschen (3.9 Fehler bei diesen Novizen).

Das bedeutet, daß selbst höhere Qualifikationen nicht vor Fehlern schützen - Fehler werden immer auftreten. Darüber hinaus ist es möglicherweise gar nicht wünschenswert, die Anzahl der Fehler per se zu minimieren. Wenn es die Experten nicht tun, warum sollten es die Software-Entwickler anstreben? Was es anzustreben gilt, ist die Kosten der Fehler zu minimieren. In unserem Fall ist das die Fehlerbehandlungszeit: Hier haben die Experten nun keine "Nachteile" mehr gegenüber den Novizen - wenn man andere Operationalisierungen von Expertise verwendet, dann benötigen die Experten sogar eine signifikant geringere Fehlerbearbeitungszeit (für Details, vgl. Prümper et al., 1990).

Bis zu diesem Punkt lassen sich also die Ergebnisse des Projekts FAUST so zusammenfassen: Es ist sinnvoll, zwischen Fehlern an sich und Fehlerkonsequenzen zu unterscheiden. Wenn es um Fehlerkonsequenzen geht, dann sind Fehler mit hoher Fehlerkorrekturzeit in der Mensch-Computer Interaktion ein besonderes Problem. Diese Konsequenzen gilt es zu minimieren - das genau versucht das Konzept des Fehlermanagements. Neben diesen eher empirischen Ergebnissen gibt es zusätzlich noch die folgenden theoretischen Gesichtspunkte, die für Fehlermanagement sprechen:

6) Bei komplexen Tätigkeiten entstehen Fehler oft wegen mangelnder Qualifikation. Deshalb wird häufig der Versuch unternommen, durch verstärkte Arbeitsteilung, d.h. weniger komplexen Tätigkeiten, Fehler zu vermeiden. Die Qualifikationsanforderungen sind dadurch auch reduziert. Wir vermuten, daß eine Fehlerreduktion dadurch nicht unbedingt funktioniert. Personen, die geringere Qualifikationsanforderungen bewältigen müssen, machen zwar wahrscheinlich weniger Fehler (Frese, Brodbeck, Zapf & Prümper, 1990) - es dürften sich aber Formen der organisationalen Rigidisierung einschleichen, die dann zu organisationaler Ineffizienz und zu einer verringerten Fehlererkennung auf der organisationalen Ebene führen. Darüber hinaus vermuten wir, daß Fehler auf den oberen Regulationsebenen dann zwar nicht mehr von den Experten vor Ort, aber von den Arbeitsvorbereitern und den Vorgesetzten gemacht werden. Diese Fehler haben aber den zusätzlichen Nachteil, daß man sie nur schwer erkennen kann, weil diese Personen auch von Rückmeldungen (die wiederum die Person vor Ort erhält) weiter entfernt sind.

7) Fehler lassen sich nicht vermeiden. Da letztlich Menschen die Arbeitsprozesse determinieren - selbst wenn dieser Einfluß nicht immer unmittelbar ist - werden stets menschliche Fehler auftauchen (vgl. Perrows, 1988, Fallstudien, in denen die fast unendlich große Menge an Fehlermöglichkeiten gezeigt wird - auch in sehr genau durchgeplanten Systemen, wie Atomkraftwerken). Zwar ist es einerseits genau der Vorteil des menschlichen Denk- und Handlungsapparats, daß er sehr schnell eine Menge Informationen integrieren und auch unter Ungewißheit handeln kann, aufgrund von Erfahrung schnell stereotype Routinen herausbildet und selbst im Zweifelsfall noch "handlungsfähig" bleibt; andererseits führen aber genau diese Vorteile unter bestimmten Bedingungen zu Fehlern.

Auch wenn es durchaus eine sinnvolle Strategie ist, Fehler zu vermeiden, verringert sich der Grenznutzen zunehmend. Während bei völlig neuen Systemen anfangs noch jeder Schritt der Fehlervermeidung wirkliche Fehlervermeidung produziert, kann bei sophistizierteren Systemen eine Fehlervermeidung zur Fehlerverlagerung mit möglicherweise schlimmeren Konsequenzen führen. Am Beispiel der technischen Automatisierung, bei der Fehler durch technische Apparate verhindert werden sollen und damit zunehmend den Menschen von der direkten Handlung entfernen, läßt sich dies veranschaulichen. Fehlervermeidung ist immer verbunden mit einer Verringerung der aktiven Handlungen und damit mit einer Atrophie des Handlungswissens des Menschen, Verringerung des Lernens aus Fehlern, Verringerung der Erwartung, daß Fehler auftauchen (und damit der Wachsamkeit) und einer Komplizierung des Gesamtsystems.

3 Das Konzept von Fehlermanagement

Begrifflich ist Fehlermanagement von Fehlerbewältigung abzugrenzen. Während Fehlerbewältigung jede Art von Herangehensweise an einen Fehler beinhaltet - und damit einen deskriptiven Begriff darstellt, impliziert Fehlermanagement einen präskriptiven Sinn: Fehlermanagement bedeutet also sinnvolles Herangehen an einen Fehler mit den Zielen, Folgefehler zu vermeiden, die negativen Effekte der Fehler nicht aufkommen zu lassen und die Fehlerfolgen schnell zu beseitigen.

Man sollte zwischen einem Fehler und den negativen Fehlerfolgen differenzieren. Im Prinzip folgt nicht auf jeden Fehltritt ein Fall. Nicht jedem Fall folgt ein Bruch des Armes, usw. Fehlermanagement beinhaltet also die Vermeidung oder Reduktion der negativen Konsequenzen von Fehlern.

Was sind nun die negativen Konsequenzen? Im folgenden eine - sicherlich unvollständige - Liste:

- Ein Fehler wird nicht bemerkt; dadurch werden die negativen Konsequenzen akkumuliert (z.B. man merkt nicht, daß dies der falsche Programmieransatz war und verschwendet deshalb noch mehr Zeit für das Programmieren mit diesem Ansatz).
- Fehler führen zu negativen Emotionen; diese negativen Emotionen müssen bewältigt werden und benötigen dazu einen Teil der sowieso schon beschränkten Informationsverarbeitungskapazität.
- Fehler führen zu Zeitverlust; dies passiert z.B. dann, wenn ein Fehler wieder vollständig korrigiert werden muß.
- Fehler führen zu Verlust an anderen Ressourcen; wenn z.B. aufgrund einer irrtümlichen Reformatierung der Festplatte Programme verloren gehen, die dann neu erstanden werden müssen.
- Fehler führen zu weiteren Fehlern; Arbeitende müssen nach einem Fehler oftmals von der reinen Routine auf eine eher intellektuelle Problemlösung umschalten. Diese Umschaltprozesse sind immer schwierig, denn dadurch wird die Überwachung von Handlungen und das weitere Vorausplanen gestört; es kann deshalb zu weiteren Folgefehlern kommen. In unseren Untersuchungen sind uns immer wieder "Fehlerkaskaden" aufgefallen, bei denen ein Fehler zum nächsten führte - auch Fehler, die sonst normalerweise nicht passieren würden.

- Fehler führen zu nicht korrigierbaren Schäden. Besonders deutlich im Umweltbereich oder bei Unfällen mit Verletzungen oder Toten haben Fehler Konsequenzen, die nicht wieder gut zu machen sind.

Zur Vermeidung dieser negativen Konsequenzen kann Fehlermanagement durch Instrumente und Werkzeuge, durch organisationale Maßnahmen, sowie durch Training unterstützt werden (vgl. Irmer, Pfeffer & Frese, 1991). Wir konzentrieren uns hier auf die Unterstützung durch die Software. Computer sind eigentlich sehr gut geeignet, Fehlermanagement zu unterstützen, weil sie zwischen einer virtuellen und der wirklichen Welt unterscheiden. Beim Schreiben dieses Artikels erscheint ein Fehler zunächst nur auf dem Bildschirm und nicht gleich auf dem Papier. Welche Prozesse können nun dazu beitragen, Fehlermanagement zu ermöglichen?

4 Wie kann man Fehlermanagement ermöglichen?

Fehlermanagement kann unter drei Gesichtspunkten betrachtet werden: unter dem *Fehlerprozeß*, dem *Handlungsprozeß* und den *Regulationsebenen*. Im folgenden werden dazu einige Beispiele gegeben (vgl. ausführlich Zapf, Brodbeck, Prümper & Peters, 1991; Zapf, Frese, Irmer & Brodbeck, 1991).

4.1 Fehlerprozeß

Der Fehlerprozeß besteht aus den folgenden Bestandteilen (die sich z.T. überlappen und nicht immer geordnet auftreten; vgl. Zapf, Lang & Wittmann, 1991): *a) Fehlerentdeckung*, also das Wissen um die Tatsache, daß ein Fehler gemacht wurde; *b) Fehlererklärung*, also die Einordnung des Fehlers in einen größeren Erklärungszusammenhang; *c) Fehlerbehebung*, also die Handlungen der Beseitigung oder der Kompensation des Fehlers.

Zu a) Fehlerentdeckung. Ganz offensichtlich gehört zum Fehlermanagement zunächst die Entdeckung des Fehlers. Da mit dem zeitlichen Abstand zum usprünglichen Fehler die Tendenz sinkt, den Fehler zu erkennen, ist rechtzeitige Fehlerentdeckung besonders wichtig. Zwei Voraussetzungen helfen hier:

- Klares Feedback; ohne Feedback ist es nur sehr schwer, einen Fehler zu entdecken. Dabei ist nicht nur an Fehlermeldungen gedacht, sondern auch an allgemeines Feedback, das einen Vergleich des Systemzustands mit den aufgestellten Zielen ermöglicht.

- Transparentes Design eines Systems, d.h. der Benutzer kann sich ein gutes Abbild von den Intentionen und den Ausführungen des Designers machen und weiß deshalb genau, an welchem Punkt er sich befindet.

Zu b) Fehlererklärung. Nicht jeder Fehler verlangt eine Fehlererklärung. Es ist sogar so, daß gute Unterstützung von Fehlermanagement oft gerade die Möglichkeit eröffnet, auch ohne Fehlererklärung eine Fehlerkorrektur durchzuführen (z.B. die UNDO-Taste oder der Back-up File). Bei Routinekorrekturen gibt es auch keine abgrenzbare Fehlererklärung, da man sofort nach dem Auftreten eines Fehlers die Korrektur ausführt, z.B. man vertippt sich in der Textverarbeitung und benützt die "backspace"-Taste.

Fehlererklärung kann zum einen bedeuten, daß der Betroffene weiß, wie dieser Fehler zustandekam, z.B. es wurde die falsche Tastenkombination gedrückt. Ein zweiter Aspekt beinhaltet das "Warum", also das Einordnen des Fehlers in einen größeren Zusammenhang, z.B. der Benutzer entdeckt, daß an einem bestimmten Punkt die Schreibtischmetapher nicht durchgehalten wurde; der Handlungfehler weist dann auf die Grenzen dieser Metapher hin.

Für Fehlererklärung gelten dieselben Prinzipien wie für die Fehlerentdeckung: Ein transparentes System und gute Rückmeldungen erhöhen das Wissen um das System und um die Fehlermöglichkeiten. Zusätzlich gelten:

- Aufstellen von Hypothesen erleichtern; transparente Systeme erleichtern dies. Hypothesen können auch durch das System selbst vorgeschlagen werden, z.B. im Rahmen von Fehlermeldungen oder von (kontextspezifischen) Hilfen.
- Explorationsmöglichkeiten zur Verfügung stellen; oftmals kann man erst dann feststellen, was man falsch gemacht hat und warum, wenn man die fehlerhafte Handlung noch einmal wiederholen bzw. ähnliche Handlungen ausführen kann. Es ist also notwendig zu explorieren (vgl. Greif & Keller, 1990). Ein System erleichtert dies, wenn Bedingungen leicht rückgängig gemacht werden können. Es gibt z.B. bei manchen Programmen eine history-Funktion, die es dem Benutzer erlaubt, auf einen bestimmten Punkt zurückzugehen und von dort aus noch einmal neu zu starten.
- Fehlermeldungen und Hilfesysteme; sie können direkt erklären, wie der Fehler zustandekam und was man daraus lernen kann.

Zu c) Fehlerbehebung. Fehlerbehebung kann als Vorwärts- und Rückwärtskorrektur (Zapf, Lang & Wittmann, 1991) geschehen. Bei einer Vorwärtskorrektur wird der Fehler behoben, ohne schon ausgeführte Teilhandlungen noch einmal ausführen zu müssen; z.B. wenn die Suchfunktion den Benutzer fälschlicherweise an das Ende des Textes geführt hat und er dann einfach eine Suchfunktion nach oben einschalten kann. Bei einer Rückwärtskorrektur muß z.B. ein verlorengegangener Text noch einmal geschrieben werden.

Das Fehlermanagement wird unterstützt durch:

- Orientierung; d.h. durch das Wissen, wo man sich befindet und in welche Richtung eine Fehlerbehebung gehen kann. Die Orientierung wird durch das System dann erleichtert, wenn man leicht zu einem bestimmten Fixpunkt gelangt (z.B. aus jedem Submenü zum Hauptmenü gehen kann) und wenn die

Fehlermeldungen bereits mögliche Strategien der Fehlerbehebung vorschlagen (z.B. bei Rechtschreibeprogrammen wird eine mögliche richtige Alternative bereitgestellt).
- Direkte Korrektur von Teilhandlungen. Die UNDO-Funktion und das multiple Zurückgehen von Schritten im Sinne einer multiplen UNDO-Funktion wurden bereits angesprochen.
- Unterstützung der Vorwärtskorrektur. Systeme unterstützen dann vorwärtskorrigierende Strategien, wenn sie Verzweigungen anbieten, z.B. bedeutet eine starre, stark hierarchisch gegliederte Menüstruktur, daß der Benutzer von einem irrtümlich aufgerufenen Submenü nicht mehr in ein anderes gehen kann, sondern erst wieder zum Ausgangspunkt zurückkehren muß.
- Handlungen unterbrechen können; Fehlermanagement wird dann unterstützt, wenn man Handlungen unterbrechen kann (z.B. mit Hilfe von Windows andere Teilhandlungen ausführen, oder bei einem bereits laufendem Spellprogramm durch Unterbrechung eine falsche Satzstruktur verbessern).

4.2 Der Handlungsprozeß

Hier kann auf den Handlungsprozeß rekurriert werden, der auch unserer Taxonomie von Fehlern unterliegt (Frese & Zapf, 1991; Zapf, Brodbeck & Prümper, 1989): *Ziele, Informationsaufnahme und -integration, Pläne, Monitoring* und *Feedback.*

Im Bereich der *Zielentwicklung und -entscheidung* sind genaue Zielvorstellungen (einschließlich Unterzielbildung) und Überlegungen zu möglichen Zielkonflikten wesentlich für Fehlermanagement. Zum Beispiel erlaubt eine genaue Spezifikation der Unterziele eine bessere Einordnung von Rückmeldungen und ein schnelles und präzises Wissen darüber, ob man noch auf dem Weg zum Ziel ist. Da wir der Meinung sind (Frese & Peters, 1988), daß Zielbildungen im Computer nicht abgebildet werden können, kann in diesem Bereich das System nur wenig unterstützend wirken.

Im Bereich der Informationsaufnahme und -integration läßt sich Fehlermanagement durch gute und konsistente Metaphern und Analogien unterstützen. Wenn ein System eine Analogie genau durchhält, ist es leichter, ein gutes mentales Abbild zu entwickeln, das wiederum dabei hilft, Abweichungen vom Ziel zu entdecken, zu erklären und Fehler zu korrigieren.

Darüber hinaus soll das System Informationen sowohl in komprimierter als auch in aufgelöster Form darbieten. Komprimierte Information (möglichst mit Leitinformation der wichtigsten Variablen) ist notwendig, um einen schnellen Überblick zu erlangen und die begrenzte Informationsverarbeitungskapazität des Menschen nicht zu überfordern. Andererseits werden für die Fehlererklärung und die Korrektur oft auch detaillierte Informationen benötigt.

Ein System unterstützt die *Planentwicklung und -entscheidung* durch hohe Transparenz und Konsistenz. Transparenz bedeutet die Durchschaubarkeit der

Systemlogik, und Konsistenz beinhaltet das Prinzip der geringsten Verwunderung über Systemreaktionen. Fehlende Transparenz und Konsistenz bringen geordnete Pläne durcheinander und erschweren Umplanungen. Wesentlich für das Fehlermanagement ist die Unterstützung von Neuplanungen. Hier helfen alternative Pläne weiter, die oft zunächst erst einmal ausprobiert werden müssen. Die Software kann dies z.B. durch eine "Spielwiese-Funktion" unterstützen, unter der man dann gefahrlos eine bestimmte Strategie und deren Resultate ausprobieren kann.

Beim *Monitoring* sind Gedächtnisprozesse wesentlich. Gedächtnisprobleme können durch Hilfefunktionen, Menülisten, durch Dateimanager und durch Suchfunktionen reduziert werden. Letzteres ermöglicht es dem Benutzer z.B. nicht nur nach einem Wort in einem Text, nach einem File auf einer Festplatte, sondern auch nach inhaltlichen Konzepten über verschiedene Files hinweg zu suchen - etwa wenn man den Dateinamen eines Briefes vergessen hat und nun z.B. durch Angabe von Datum, Adresse, usw. den Brief finden kann. Windows sind für Monitoring besonders wichtig, denn oft führen Unterbrechungen dazu, Merk-, Vergessensfehler und Unterlassensfehler zu provozieren. Mit der Windowtechnik kann man den Ausgangszustand zum Zeitpunkt der Unterbrechung konstant präsent halten. Wenn eine Sachbearbeiterin z.B. während ihrer Tätigkeit angerufen wird und eine Adressensänderung vornehmen muß, macht sie das durch Aufrufen eines zweiten Windows und weiß dann nach dieser Tätigkeit wieder, welche Arbeiten sie auf dem ersten Window unterbrochen hat. Wenn sie nun die Stelle, an der sie sich vorher befand, vergessen hat, zeigt die Cursor-Stellung, wo die Arbeit unterbrochen wurde.

Die Funktion von Feedback für das Fehlermanagement wurde bereits schon besprochen und wird deshalb hier nicht wiederholt.

4.3 Regulationsebenen

Fehlermanagement läßt sich auch unter dem Gesichtspunkt der Regulationsebenen diskutieren. Auch die Regulationsebenen liegen unserer Taxonomie zugrunde (Frese & Zapf, 1991; Zapf et al. 1989). Man kann zwischen den bewußten oberen Regulationsebenen und den routinemäßigen unteren Regulationsebenen unterscheiden. Ein noch unbekanntes Problem wird auf den oberen Regulationsebenen gesteuert. Hingegen regulieren erfahrene Autofahrer die meisten Handlungen, z.B. das Schalten und Steuern auf den unteren Ebenen. Wann immer wir etwas auf den unteren Regulationsebenen steuern, haben wir den Kopf für anderes frei. Den höheren Regulationsebenen sind prinzipiell in ihrer Kapazität Grenzen gesetzt - das Arbeitsgedächtnis kann nur eine beschränkte Anzahl von Informationen gleichzeitig bewältigen.

Auf den oberen Regulationsebenen sind Fehler oft schwer zu entdecken und zu erklären, weil die Vergleiche zwischen Ziel und augenblicklicher Lage aufgrund der komplexen Situation schwieriger sind. Hier unterstützen solche Systembereiche das Fehlermanagement, die den Vergleich des augenblicklichen Zustands mit dem Ziel erleichtern.

Fehlerbehebung ist auf den oberen Regulationsebenen ebenfalls oft erschwert, weil hier sowieso schon komplexe Prozesse reguliert werden müssen und jedes weitere Problem, z.B. ein Fehler, die Grenzen beschränkter Kapazität sprengt. Aus diesem Grund erleichtern unspezifische Methoden das Fehlermanagement - hier sei wieder auf die Vorzüge einer UNDO-Taste verwiesen. Denn unspezifische Methoden können routinemäßig eingesetzt werden, sie werden also von unteren Ebenen reguliert.

Bei Wissensfehlern müssen Nachprüf- und Nachschlagemöglichkeiten zur Verfügung stehen, die dem Benutzer eine schnelle Fehlerbehebung ermöglichen. Oftmals sind jedoch die Manuale der Systembeschreibung alles andere als günstig für das Fehlermanagement (vgl. Peters & Bichler, 1989).

Andererseits gibt es auch auf den unteren Regulationsebenen Erschwernisse. Diese beziehen sich v.a. auf die Fehlerentdeckung, weniger auf die Fehlererklärung und -behebung. Auf den unteren Regulationsebenen wird Feedback weniger stark beachtet, da die Handlungen oftmals so schnell ausgeführt werden, daß Rückmeldungen gar nicht mehr verarbeitet werden können. Bei potentiell sehr negativen Konsequenzen sollte deshalb die Handlungsrückmeldung besonders deutlich und "aufdringlich" sein. Beispielsweise sollte vor einer möglichen Reformatierung einer Festplatte, die zum Verlust sämtlicher Daten führt, mit extra großen und evt. deutlich blinkenden Zeichen gewarnt werden.

Da Rückmeldungen "verspätet" aufgegriffen werden, sind hier oft multiple UNDO-Möglichkeiten besonders brauchbar, da das Zurücknehmen lediglich eines Schrittes oft nicht genügt, weil bereits mehrere Schritte aufgrund der verzögert wahrgenommenen Rückmeldung falsch gemacht wurden.

5 Abschluß

Für das Konzept von Fehlermanagement scheinen uns viele gute empirische und theoretische Gründe zu sprechen. Es wurde natürlich auch schon von anderen Forschern in der einen oder anderen Weise angesprochen. Wir meinen aber, daß es sich lohnt, das Konzept systematisch zu explorieren und in der Software-Entwicklung einzusetzen.

Darüber hinaus meinen wir, daß es eine große Palette von Anwendungen dieses Konzeptes gibt, die es noch zu erforschen gilt, z.B. im Bereich der Software-Entwicklung (in der die Frage, wie man mit Spezifikations- und Programmfehlern umgeht, besonders gravierend ist), für die Unternehmensführung (wie kann man erreichen, daß Managementfehler nicht in Katastrophen einmünden?), in der Unfallforschung, usw.

6 Literatur

Brodbeck, F. C., Zapf, D., Prümper, J., & Frese, M. (1990). Error handling in office work with computers: A field study. München: Manuskript, zur Publikation eingereicht.

DIN 66 234. Teil 8. Normenausschuß Informationsverarbeitungssysteme (NI) (1988). Bildschirmarbeitsplätze. Grundsätze der Dialoggestaltung. Berlin: Deutsches Institut für Normung e. V.; Beuth-Verlag.

Frese, M., Brodbeck, F. C., Zapf, D., & Prümper, J. (1990). The effects of task structure and social support on users' errors and error handling. In D. Diaper et al. (Eds.), Human-Computer Interaction - INTERACT '90 (pp. 35 - 41). Amsterdam: Elsevier.

Frese, M., & Peters, H. (1988). Zur Fehlerbehandlung in der Software-Ergonomie: Theoretische und praktische Überlegungen. Zeitschrift für Arbeitswissenschaft, 42, 9-18.

Frese, M., & Zapf, D. (1991). Fehlersystematik und Fehlerentstehung. In M. Frese & D. Zapf (Hrsg.), Fehler und Schwierigkeiten bei der Arbeit mit dem Computer. Ergebnisse von Beobachtungen und Befragungen im Bürobereich. Bern: Huber.

Frese, M. & Zapf, D. (Hrsg.) (1991). Fehler und Schwierigkeiten bei der Arbeit mit dem Computer. Ergebnisse von Beobachtungen und Befragungen im Bürobereich. Bern: Huber.

Greif, S., & Keller, H. (1990). Innovation and the design of work and learning environments: the concept of exploration in human-computer interaction. In M. A. West & J. L. Farr (Eds.), Innovation and creativity at work (pp.231-249). New York: Wiley.

Irmer, C., Pfeffer, S., & Frese, M. (1991). Praktische Konsequenzen für das Training. In M. Frese & D. Zapf (Hrsg.), Fehler und Schwierigkeiten bei der Arbeit mit dem Computer. Ergebnisse von Beobachtungen und Befragungen im Bürobereich. Bern: Huber.

Perrow, C. (1988). Normale Katastrophen. Die unvermeidbaren Risiken der Großtechnik. Frankfurt: Campus.

Peters, H., & Bichler, S. (1989). Benutzerfehler und Nutzungsprobleme bei der Arbeit mit Software: Welchen Beitrag leisten die Handbücher? In S. Maaß & H. Oberquelle (Hrsg.), Software Ergonomie '89 (S.233-243). Stuttgart: Teubner.

Prümper, J., Zapf, D., Brodbeck, F. C., & Frese, M. (1990). Errors of novices and experts: Some surprising differences in computerized office work. München: Manuskript, zur Publikation eingereicht.

Zapf, D., Brodbeck, F. C., Frese, M., Peters, H., & Prümper, J. (1990). Errors in working with computers: A first validation of a taxonomy for observed errors in a field setting. In J. Ziegler (Hrsg.), GI Ergonomie und Informatik. Mitteilungen des Fachausschusses 2.3 "Ergonomie in der Informatik", 9, 3-26.

Zapf, D., Brodbeck, F. C., & Prümper, J. (1989). Handlungsorientierte Fehlertaxonomie in der Mensch-Computer Interaktion. Theoretische Überlegungen und eine erste Überprüfung im Rahmen einer Expertenbefragung. Zeitschrift für Arbeits- und Organisationspsychologie, 33, 178 - 187.

Zapf, D., Brodbeck, F. C., Prümper, J., & Peters, H. (1991). Softwaregestaltung und Fehlermanagement. Göttingen: Verlag für Angewandte Psychologie, Hogrefe.

Zapf, D., Frese, M., Irmer, C. & Brodbeck, F.C. (1991). Konsequenzen für die Softwaregestaltung. In M. Frese & D. Zapf (Hrsg.), Fehler und Schwierigkeiten bei der Arbeit mit dem Computer. Ergebnisse von Beobachtungen und Befragungen im Bürobereich. Bern: Huber.

Zapf, D., Lang, T. & Wittmann, A. (1991). Der Fehlerprozeß. In M. Frese & D. Zapf (Hrsg.), Fehler und Schwierigkeiten bei der Arbeit mit dem Computer. Ergebnisse von Beobachtungen und Befragungen im Bürobereich. Bern: Huber.

Zur Relevanz individualisierbarer Software in neueren Gestaltungskonzeptionen der Büroarbeit

Michael Paetau
GMD-Institut für Angewandte Informationstechnik,
Forschungsgruppe Mensch-Maschine-Kommunikation, Schloß Birlinghoven
D-5205 Sankt Augustin

Zusammenfassung
»Individualisierung« gilt als ein wichtiges software-ergonomisches Konzept. Wir untersuchten die praktische Relevanz dieses Konzepts für zukünftige Arbeitsgestaltungsansätze. Dabei zeigten sich Probleme im Verhältnis von individuellen und sozialen Aspekten bei der Nutzung von Modifikationswerkzeugen und zweitens im Verhältnis von Persönlichkeitsmerkmalen und Tätigkeitsmerkmalen bei der modellhaften Bestimmung von Anpassungsleistungen.

Abstract
»Individualization« is an important concept for human-centered-system-design. We asked for the practical relevance of this concept in present work-design-approaches in authentic organizations. Our analyse shows some problems due to the relation between individual and social aspects in the use of modification-tools and between personality-components and job-characteristics for modelling the modification-facilities.

1 Einleitung

Individualisierbarkeit gehört seit geraumer Zeit zu den zentralen software-ergonomischen Anforderungen, wenn es um eine menschengerechte Gestaltung von Anwendungssoftware geht. Das Spektrum der diskutierten Konzeptionen reicht von der Endbenutzerprogrammierung (vgl. Döbele-Berger u.a. 1988) über verschiedene Formen der (manuellen) Adaptierbarkeit (vgl. Karger 1990, Simm 1990) bis hin zur Auto-Adaptivität (vgl. Oppermann 1989). Welche der Ansätze am sinnvollsten sind, in welcher Form sie realisiert werden sollten, welche Reichweite die durchzuführenden Anpassungsleistungen haben sollten und wie der Zugriff der BenutzerInnen auf die Modifikationswerkzeuge gewährleistet werden kann, darüber bestehen noch weitreichende Unklarheiten. In dem vom Projektträger Arbeit & Technik geförderten Vorhaben »Menschengerechte Gestaltung von manuell und automatisch anpaßbarer Software« sind diese Fragen Gegenstand interdisziplinärer Forschungs-

und Entwicklungsarbeiten. Insgesamt befaßt sich das Vorhaben mit inhaltlichen und methodischen Fragen der Adaptivitätskonzeption, mit der Entwicklung prototypischer Realisierungen und der sozialwissenschaftlichen Evaluation möglicher Auswirkungen auf die BenutzerInnen. [1]

Inwieweit die Individualisierung von Anwendungssoftware nicht nur zu einer Effektivierung des Zugriffs auf informationstechnische Systemleistungen durch die BenutzerInnen führt, sondern ihre Arbeitstätigkeit selbst beeinflußt, gehört zu den Fragestellungen eines Teilbereichs des Gesamtvorhabens. Daß diese Frage nicht beantwortet werden kann, ohne die sozialen- und organisatorischen Kontextbedingungen, unter denen derartige Systeme benutzt werden, zu berücksichtigen, ist auch im Zusammenhang software-ergonomischer Diskussionen oft hervorgehoben worden.[2] Technik wirkt nie allein auf den Menschen, sondern immer in Verbindung mit gesellschaftlichen Faktoren, insbesondere mit organisatorischen Strukturen und Regeln, mit den vorhandenen Formen der Arbeitsteilung, mit Positionen und Rollen der Benutzer, mit sozialen Normen und konkreten betrieblichen Handlungskonstellationen.

Wie aber lassen sich derartige Wechselbeziehungen empirisch untersuchen, wenn die Technik, von der Veränderungswirkungen erwartet werden, sich noch im Entwicklungsstadium befindet und somit die Beobachtung eines authentischen Wirkungszuammenhangs noch gar nicht möglich ist? Für unsere Untersuchungen - insbesondere für die Evaluation auto-adaptiver Systeme - konnten wir weder auf eine Technik zugreifen, die ausreichend stabil war, um Schlüsse zu ziehen, noch konnten wir auf ein Feld zugreifen, in dem die von uns zum Forschungsgegenstand erhobene Technik überhaupt eine Wirkung auf das *Arbeitsleben* hätte entfalten können. Traditionelle Methoden der Technikfolgenabschätzung, in denen diese Faktoren empirisch untersucht werden können, blieben uns dementsprechend verschlossen. Andererseits wollten wir uns auch nicht allein auf Laboruntersuchungen mit prototypischen Realisierungen oder Teilrealisierungen beschränken. Schon aus Gründen der ökologischen Validität schien uns die Einbeziehung des sozialen Kontextes unverzichtbar. Wir wollten einen »prospektiven Gestaltungsanspruch« realisieren, d.h. die uns zur Verfügung stehenden Kenntnisse über eine zukünftige und gegenwärtig noch in Entwicklung begriffene *Technik* in eine Beziehung setzen zu zukünftigen und ebenfalls noch in Entwicklung befindlichen (allenfalls als Tendenz erkennbare) *sozio-organisatorischen* Konstellationen, um daraus Schlußfolgerungen für die weiteren technischen Entwicklungsarbeiten zu ziehen.

---

[1] Das Vorhaben wird von einer aus Informatikern, Psychologen und Soziologen interdisziplinär zusammengesetzten ForscherInnengruppe am GMD-Institut für Angewandte Informationstechnik (Forschungsgruppe Mensch-Maschine-Kommunikation) durchgeführt (Laufzeit: 1989 - 1991). Zur Beschreibung des Gesamtprojekts vgl. Oppermann in diesem Band.

[2] Vgl. Bullinger 1985, Hacker 1987, Ulich 1989.

2 Konzeptanalysen: Eine Methode zur prospektiven Gestaltungsforschung

Die Antizipation der künftigen sozio-organisatorischen Konstellationen wurde anhand von Konzeptanalysen in zwei Branchen (Versicherungen und Industrieverwaltungen) vorgenommen. Dabei wäre es naiv gewesen, lediglich den gegenwärtigen Trend in den Organisations- und Arbeitsgestaltungsansätzen in die Zukunft hinein zu extrapolieren und die Frage der Bedeutung individualisierbarer Software daran zu messen. Denn das Verhältnis von technischen und sozialen Elementen als eine »Wechselbeziehung« zu charakterisieren, bedeutet ja die Anerkennung des Faktums, daß die realen Wirkungen von technischen Entwicklungen nicht allein durch bloßes Aufgreifen technischer Entwicklungsresultate und ihre Transformation in betriebliche Einsatzstrategien zustandekommen, sondern daß auch umgekehrt eine gesellschaftliche Einflußnahme auf den Prozeß der Technikentwicklung festzustellen ist. Und schließlich setzen sich alle sozio-technischen Innovationen in Unternehmen erst nach zum Teil recht umfangreichen und konfliktbeladenen Konsensbildungsprozessen durch, in denen auch die Vorstellungen der BenutzerInnen über ihre zukünftige Arbeit eine Rolle spielen.

Unsere Analyse bezog sich auf alle drei Elemente dieses Wechselwirkungsprozesses. Ziel war die *empirische* Erhebung von bestehenden oder in Diskussion befindlichen Konzeptionen über die zukünftige Gestaltung der Arbeit im Büro, und zwar auf seiten der Systementwickler (Technikkonzepte), der potentiellen Anwender (Anwenderkonzepte) und Benutzer (Benutzerkonzepte). Das empirische Material sollte eine *gedankliche* Konstruktion der Wirkungen, die sich aus dem Aufeinandertreffen *aller drei* Konzepte ergeben (also nicht bloß eines »Impacts« von Technik auf Organisation) ermöglichen. Diese gedankliche Konstruktion eines potentiellen Wirkungszusammenhangs impliziert die kritische Reflexion der den unterschiedlichen Konzepten zugrundeliegenden Paradigmen, Leitbildern und -motiven, kann ggf. Inkongruenzen zwischen gesellschaftlichen und technischen Zielvorstellungen offenlegen und die Überarbeitung der technischen oder auch der sozio-organisatorischen Visionen anregen.

Die inhaltlichen Problemkomplexe, mit denen wir uns auseinandersetzen wollten, lassen sich wie folgt zusammenfassen: Erstens ging es um die Frage nach dem *Handlungsspielraum* im Sinne einer über die Technik vermittelten Einflußnahme auf die Arbeitsbedingungen, zweitens um die Frage nach der *Handlungskontrolle*, die dem Individuum in einer komplexen, technisch vernetzten und zum Teil durch Eigeninitiativität der Technik charakterisierten Arbeitsumgebung verbleibt und drittens um die Frage nach der *Handlungskompetenz*, die ein Individuum in einer solchen Arbeitsumgebung entfalten kann.

Für die empirischen Untersuchungen wurden ausschließlich qualitative Methoden (Gesprächsanalysen) eingesetzt. Auf der Basis der gegenwärtig in zwei Branchen (Versicherungen und Industrie) diskutierten Überlegungen zur Arbeits- und Organisationsgestaltung der Bürokommunikation wurde das *Konzept* der Individualisierung am Arbeitsplatz thematisiert und auf die gegenwärtigen GMD-Entwicklungsbestrebungen für ein »adaptives und kooperatives System« bezogen. Um die Benutzerseite in die Untersuchung einzubeziehen, wurden Expertengespräche mit den für diese Branchen zuständigen Gewerkschaften geführt, sowie mit einer beide Branchen betreuenden Technologieberatungsstelle des DGB. Die Ergebnisse der Untersuchung sollten als Input dienen für eine selbstkritische Reflexion des bislang von uns verfolgten technischen Konzeptes, uns ggf. auf erforderliche Modifikationen aufmerksam machen oder überleiten in die zweite Phase der empirischen Untersuchungen.[3] Insgesamt wurden 20 Expertengespräche durchgeführt, davon 8 in Versicherungsunternehmen, 6 in Industrieunternehmen, 3 in Beratungsorganisationen und 3 in Gewerkschaften. Die Themenkomplexe der Befragungen erstreckten sich auf:

- Fragen zu den gegenwärtigen Tendenzen in der Organisations- und Arbeitsgestaltung der betreffenden Branche, vor allem zu Konzepten und Realisierungsformen »ganzheitlicher Büroarbeit« in fachlich-inhaltlicher Hinsicht (z.B. Integration bisher getrennter Einkaufsbereiche in der Industrieverwaltung) in funktional-rollenspezifischer Hinsicht (z.B. Reintegration von bisher zwischen Experten und Assistenzkraft getrennten Tätigkeiten) und in formal-prozessualer Hinsicht (z.B. die Integration unterschiedlicher Informationsverarbeitungsaktivitäten);
- Fragen zur Benutzbarkeit und zur betrieblichen Praxis bei der Bewältigung solcher Probleme, z.B. zur Rolle der Beratungsdienste, Bedeutung der individuellen Datenverarbeitung etc.;
- Fragen zur Qualifikation und zur Mensch-Maschine-Funktionsteilung;
- Fragen zu den zukünftigen Einsatzmöglichkeiten von »adaptiven und kooperativen Systemen« wie z.B. Personenkreis, Modifikationsmöglichkeiten existierender Konzepte bei Verfügbarkeit derartiger Systeme etc..

Für die Entwicklungspraxis von informationstechnischen Systemen haben die skizzierten Konzeptanalysen vor allem in zweierlei Hinsicht Bedeutung: Erstens kann dazu beigetragen werden, daß in begleitenden Laboranalysen die tatsächliche soziale Situation späterer Benutzer möglichst realistisch simuliert wird, und zweitens können intervenierende Variablen formuliert werden, deren Eintreten eine Modifikation der unter »reinen« Laborbedingungen erzielten Resultate erwarten lassen. Ich möchte hier nur auf einen Aspekt der gesamten Analyse eingehen, nämlich die grundsätzlichen Einstellungen in den untersuchten Organisationen zu individuellen Anpassungsmaßnahmen, und einige Schlußfolgerungen daraus skizzieren.

---

[3] Die Untersuchung, über die hier berichtet wird, ist Teil einer sich über drei (zum Teil parallel verlaufende) Phasen erstreckenden sozialwissenschaftlichen Analysekonzeption. Zur detaillierten Darstellung dieses »Drei-Phasen-Ansatzes« vgl. Paetau 1990.

3 Mensch-Maschine-Kommunikation im Spannungsverhältnis zwischen »Individualisierung« und »Standardisierung«

Unsere Vermutung, daß der in den letzten Jahren zu beobachtende Trend zu einer ganzheitlichen Vorgangsbearbeitung auch mit höheren Freiheitsgraden für System-Individualisierungen verbunden ist, erwies sich als trügerisch. Als allgemeine software-ergonomische Anforderung wurde das Kriterium der Flexibilität und der Individualisierbarkeit von Software zwar nahezu von allen Befragten anerkannt, gleichzeitig wurden aber eine Reihe von organisatorischen Bedenken geäußert. Versucht man diese Bedenken zu verallgemeinern, ist zwischen den beiden untersuchten Branchen (Versicherungswirtschaft und Industrieverwaltung) zu differenzieren.

Im *Versicherungsgewerbe* ist generell eine etwas positivere Haltung zu individualisierter Software festzustellen. Allerdings vor dem Hintergrund, einer starken Differenzierung zwischen der Sachbearbeitertätigkeit einerseits und der Tätigkeit von Experten in zentralen Stabsbereichen, wie z.B. Revision, Mathematik, Betriebsorganisation, Recht, Steuern etc.. Die Sachbearbeitungstätigkeit wird durchgängig als sehr standardisiert und kaum offen für individuelle Anpassungen der Systeme bezeichnet.[4] Demgegenüber haben die Experten deutlich mehr Handlungsspielraum. Bei ihnen handelt es sich oft um Personen, die aufgrund ihrer Vorbildung (z.B. Mathematik) zum Teil recht weitreichende Kenntnisse über Informationstechnik besitzen. Insofern ist hier das von den Mitarbeitern selbst durchgeführte individuelle Anpassen von Software bis hin zum Schreiben kleiner Programme keine Seltenheit. Dennoch werden auch hier Grenzen gesehen, die zum Teil umschlagen in Restandardisierungstendenzen.

In der *Industrieverwaltung* ist die Trennung zwischen Experten und Sachbearbeitung nicht so stark ausgeprägt. Der Handlungsspielraum der Sachbearbeiter ist deutlich größer als im Versicherungswesen. Zum Teil wird von ihnen individuelle DV genutzt. Der größere Handlungsspielraum schlägt sich konzeptionell aber nicht in größeren Freiräumen zur Individualisierung von Systemen nieder. Im Gegenteil, die vorhandene Möglichkeit, individuelle Systeme zu verwenden und diese auch noch nach eigenen Bedürfnissen zu modifizieren, wird von Seiten der für Organisationsfragen zuständigen Abteilungen als eine gefährliche Tendenz (sogenannter »Wildwuchs«) betrachtet, der explizit ein Riegel vorgeschoben werden muß.

---

[4] In den Gesprächen wurde teilweise in Anlehnung an die Industriearbeit von »Fließbandarbeit« oder »Fabrikarbeit« gesprochen. Dies betrifft in erster Linie die Bestandsverwaltung, also die Verwaltung der Versicherungsverträge, angefangen von der Policierung, über Vertragsänderungen (z.B. Risikoveränderungen, Summenveränderungen, Neuberechnungen von Prämien etc.) bis hin zu Stornierungen. Hier gibt es kaum Freiheitsgrade im Ausführungshandeln der Sachbearbeiter. Die einzelnen Arbeitsschritte sind weitgehend formalisiert und dementsprechend auch automatisiert, so daß das Arbeitshandeln weitgehend an die software-technischen Formalismen gekoppelt ist.

Insgesamt lassen sich die in beiden Branchen geäußerten Vorbehalte in folgenden Punkten zusammenfassen:

- *Unterstützungsprobleme:* Dadurch, daß im Zuge einer weit verbreiteten Individualisierung nahezu jeder Mitarbeiter ein eigenes, individuelles System hat, wird ein funktionierender Benutzerservice faktisch unmöglich. Das betrifft sowohl die Unterstützungsleistungen durch die zentrale DV-Abteilungals auch für Hilfe, die - vor allen in regional dezentralen Organisationsgliederungen - von sogenannten »Koordinatoren« geleistet wird. Auch Standardsoftware wäre nicht mehr einheitlich, so daß selbst eine Unterstützung nach dem Motto »Ein Kollege hilft dem anderen« nicht mehr möglich wäre.
- *Vertretungsprobleme:* Im Krankheits- oder sonstigen Abwesenheitsfall ist eine Vertretung durch einen anderen Mitarbeiter um so schwieriger, je mehr die Arbeitsumgebung des zu Vertretenden individuell gestaltet ist. Dieses Problem bezieht sich weniger auf die Systemoberfläche als eher auf die individuell gestaltete Struktur der Dateiverwaltung, den individuell geregelten Zugriffsformen auf bestimmte Dateien, etc..
- *Machtprobleme, Transparenz:* Je nach Position des Gesprächspartners wird eine steigende Intransparenz über die Leistungserstellungsprozesse im Unternehmen oder der Verlust des Überblicks der zentralen DV-Abteilung befürchtet.
- *Vernetzungsprobleme:* Wegen der Vernetzung mit anderen Arbeitsplätzen werden Probleme gesehen, die in der Weiterverarbeitung von Dokumenten bestehen, deren Erstellung individualisierte Elemente enthalten.

Eindeutig dominant war die Frage der Benutzerbetreuung. Selbst bei einer - in dem GMD-Konzept eines kooperativen und adaptiven Assistenzsystems vorgesehenen - weitgehenden Übertragung der Benutzerunterstützung auf das technische System selbst, glaubten nur sehr wenige der Befragten an eine Überwindung dieses Problems. Dabei spielte erstens eine gewisse Skepsis gegenüber der Einlösung unserer Vision eine Rolle, zum anderen - und das war der häufiger genannte Punkt - eine prinzipielle Präferenz für persönliche Beratungen.[5]

Zusammenfassend kann man festhalten, daß als generelles Konzept die Möglichkeit zur stärkeren Modifizierbarkeit der Informationstechnik in den Fachabteilungen

---

[5] »Der Mensch braucht Wärme, und so ein Bildschirm ist nicht besonders warm. Ich bin nicht sicher, ob die Help-Funktionen den großen Durchbruch bringen werden. Jeder ist froh, wenn er mal eine Stimme hört, die ihn auch mal beruhigt: "komm, kein Problem, wir machen das schon" etc., anstatt immer den kalten "More Questions, dann drücke nächste Seite" zu lesen. Aber natürlich ist das eine Frage der Güte des Help-Systems. Ich kann mir jedenfalls nicht vorstellen, die persönliche Betreuung völlig zu ersetzen.« (Protokoll 12, S. 11). Inwieweit auch solche Äußerungen letztlich als ein Ausdruck der Befürchtung der zentralen DV-Abteilungen vor Einflußverlust zu interpretieren sind, ist eine Frage, über die ich auf der Basis des von mir erhobenen empirischen Materials nur spekulieren könnte. *Daß* solche Befürchtungen existieren, hat sich allerdings gezeigt und ist wohl auch unstrittig. Welches Gewicht ihnen beigemessen werden muß bei der Interpretation von Konzepten zur künftigen Arbeits- und Organisationsgestaltung in Unternehmen ist eine andere Sache (Vgl. dazu Klotz 1990).

bis hin zum Arbeitsplatz im Prinzip positiv bewertet wird (das gilt auch für die befragten Gewerkschaftsvertreter), aber aus den bislang gemachten Erfahrungen die Realisierungschancen eher skeptisch beurteilt werden.[6] Aus diesem Widerspruch ergeben sich recht unterschiedliche Lösungskonzeptionen. Zum Teil wird der Individualisierungsansatz als nicht praktikabel verworfen. In anderen Fällen werden betriebliche Formen zur Nutzung des in den Organisationen vorhandenen Qualifikationspotentials für eine kooperative Lösung gesucht. Die organisatorischen Strukturen, vor allem das Verhältnis von zentralen zu dezentralen Organisationseinheiten, spielten bei der Frage, wie die verschiedenen Unternehmen auf den genannten Widerspruch reagieren, eine große Rolle. Hier zeigen sich zwischen den beiden untersuchten Branchen charakteristische Unterschiede. So sind Versicherungsgesellschaften in bezug auf die Verwaltung der Vertragsdaten stark zentralisiert, in bezug auf die Betreuung der Kunden jedoch stark dezentralisiert. Aus der Schwierigkeit, für die dezentralen Bereiche einen zufriedenstellenden Benutzerservice zur Verfügung zu stellen,[7] wurden zum Teil kooperative Formen der Benutzerunterstützung entwickelt. Dabei wird ein bestimmtes Potential von Fachkräften mit einer gewissen technischen Affinität und entsprechender Qualifikation (sogenannte »Computer-Freaks«) genutzt. Solche zusätzlichen Qualifikationen, die nicht selten durch die Verfügbarkeit eines Home-Computers als Hobby-Gerät mitgebracht werden, werden von den Unternehmen durch Fortbildungsmaßnahmen gezielt gefördert.[8] Die betreffenden Personen fungieren dann als Ansprechpartner für Kollegen in den Fachabteilungen oder -gruppen (sogenannte »Koordinatoren«), die je nach persönlichem Wissensstand Beratungen, »Erste Hilfe« oder auch modifizierenden Eingriffe in die Systeme vornehmen.[9]

---

[6] »Ich denke der Benutzer-Service hat eine sehr wichtige Funktion. Das kann ja auch verteilt angesiedelt sein. Wenn Benutzer anfangen, alles allein zu machen, dann entsteht ein heilloses Chaos. Auch unter datenschutzrechtlichen Aspekten, wenn es um personenbezogene Daten geht, muß es Leute geben, die schon ein bißchen aufpassen auf das, was da eigentlich passiert, und die den Benutzern fachlich zur Seite stehen. Aber die sollten vor Ort zur Verfügung stehen, nicht nur in der Zentrale. Wahrscheinlich werden sich bestimmte Mischformen herausbilden. Einerseits entwickelt sich die Technik so, daß sie auch für Gelegenheitsbenutzer besser handhabbar wird und daß da einige Leute vor Ort sind, die ein bißchen tiefer in die technischen Probleme eindringen können. Daß die Systeme mal so sein werden, daß sie mal alles selber machen können, das halte ich für eine Illusion.« (Protokoll 20, S. 7)

[7] Diesen Mitarbeitern steht ein Telefonberatungsdienst rund um die Uhr zur Verfügung.

[8] »Ich würde gerne die persönliche Betreuung beschränken auf generalisierbare Dinge. Für einzelne Probleme würde ich gerne das Freak-Potential nutzen. Denn die befassen sich ja soundso mit den Systemen. Warum soll dieses Potential denn unkanalisiert verpuffen. Das kann man für das Unternehmen nutzbar machen.« (Protokoll 14).

[9] »Neben den zentralen Support-Strukturen (...) gibt es noch dezentrale Koordinatoren. (...) Und in der Regel geht jemand, der ein Problem hat, zuerst zu seinem Kollegen und erst dann, wenn der nicht weiter weiß, zu uns« (Protokoll 4).

Michael Paetau

4 Die Doppelfunktion von Individualisierbarkeit: Anpassung und Innovation

Die Untersuchungsergebnisse über die in den Gestaltungskonzepten enthaltenen Individualisierungspotentiale haben in zweierlei Hinsicht eine Bedeutung für die weiteren technischen Entwicklungsarbeiten: zum einen hinsichtlich der Frage nach dem Inhalt und der Reichweite der Anpassungsleistungen und zum anderen hinsichtlich der Frage nach dem Akteur des Anpassungsprozesses.

Die Reichweite von Anpassungsleistungen kann sich auf eine oder mehrere der *vier Abstraktionsebenen der Mensch-Maschine-Beziehung* (VDI 5005) beziehen:

- auf die *Aufgabenebene* (z.B. beliebiges Zusammensetzen von unterschiedlichen Dokumentformen, wie Grafik, Text, Tabellen etc.),
- auf die *funktionale Ebene* (z.B. Verfügbarkeit von Serienbrieffunktionen, Fußnotenfunktionen, geometrische Grafikfunktionen etc.),
- auf die *operative Ebene* (z.B. Modifikation des Zugriffs auf die Funktionen über Menüoptionen oder Kommandokürzel) und
- auf die *Ein- und Ausgabenebene* (z.B. Modifikation von Darstellungsformen, Tastenbelegungen etc.

Aus dem Blickwinkel einer menschengerechten Softwaregestaltung ist die Anzahl der Ebenen, auf die sich die Anpassungsleistungen erstrecken, von großer Bedeutung. Anpassungsleistungen, die sich auf alle vier Ebenen erstrecken, erfüllen - entsprechenden organisatorischen Handlungsspielraum vorausgesetzt - mehrere Humanisierungskriterien. Sie ermöglichen es dem Benutzer, Systemoperationen und Eingabeaktionen nach persönlichen Handlungsstilen, Vorlieben und Gewohnheiten einzustellen, die Systemfunktionen den vorgegebenen Aufgaben anzupassen und die Übersichtlichkeit der auf der Bildschirmoberfläche in Erscheinung tretenden Informationen zu beeinflussen. Diese Merkmale entsprächen durchaus dem von Ulich (1978) geforderten Prinzip der »differentiellen Arbeitsgestaltung«. Über Modifizierungsmöglichkeiten auf der *Aufgabenebene* würden weitergehende Aspekte einer »Humanisierung des Arbeitslebens« berührt. BenutzerInnen könnten über Veränderungen ihres Arbeitsmittels einen modifizierenden Einfluß auf die Tätigkeitsstrukuren selbst ausüben.[10] Die Technik könnte es erleichtern, gegebene (oft verkrustete) Strukturen aufzubrechen, Eigeninitiative hinsichtlich der Arbeits-

---

[10] Ein Beispiel wäre die Ausdehnung des individuellen Tätigkeitsfeldes auf bisher als Expertentätigkeit geltende Bereiche innerhalb einer Gruppe. Ein Versicherungssachbearbeiter, der bislang komplizierte Rückversicherungsfragen (z.B. bei Industrieversicherungen) immer an einen hierin als Experten ausgewiesenen Kollegen in seiner Arbeitsgruppe weitergegeben hat, könnte sich - vermittels einer Anpassung der Anwendungsmöglichkeiten und der Systemfunktionen *seines* Arbeitsmittels und anfängliche Unterstützung durch seinen Experten-Kollegen - selbst einmal auf dieses Feld vorwagen.

gestaltung zu entwickeln anstatt bloß gegebene Handlungsmuster nachzuvollziehen. BenutzerInnen könnten auf diese Weise Einfluß nehmen auf ihre individuellen Handlungsspielräume und damit auf die »soziale Qualität« ihrer Arbeit (Paetau 1990). Nicht das bloße Anpassen an gegebene Aufgabenstrukturen, sondern auch die Möglichkeit, kreativ in den Aufgabenerfüllungsprozeß im Sinne von »innovativem Handeln« einzugreifen (vgl. hierzu: Fricke 1975, Mickler/Dittrich/ Neumann 1976, Projektgruppe Automation und Qualifikation 1978), würden den Grad der Nützlichkeit dieser Systeme bestimmen. Mit der Ausweitung der Modifikationsleistungen auf diese Aspekte erhält allerdings der Aspekt der »Werkzeugherstellung« bzw. der »Werkzeugmodifikation« eine eigenständige Dimension, die über das hinausgeht, was der Begriff »Anpassung« auszudrücken vermag.

Derartig weitreichende, die Aufgabenebene selbst modifizierende Anpassungsleistungen, - die ich im folgenden mit dem Begriff »Modifizierbarkeit«[11] gegenüber der »Anpaßbarkeit« abgrenzen möchte - sind bislang nur über Eingriffe mittels Programmierung möglich gewesen.[12] Da jedoch Programmierung für EndbenutzerInnen nur in Ausnahmefällen zu geeigneten Konzepten geführt hat, ist in allen bislang existierenden Adaptierbarkeits- und Adaptivitätskonzepten die Aufgabenebene ausgeklammert worden. In dem Spannungsverhältnis zwischen einer zwar weit in die Systemfunktionalität hineinreichenden, aber vom Endbenutzer nicht mehr zu bewältigenden »Modifizierbarkeit« und einer vom Benutzer zwar durchzuführenden, aber weniger weitreichenden »Anpassung«, wurde der zweite Weg beschritten.

Wie unsere Untersuchung allerdings zeigt, stellt dieser Weg nur eine *scheinbare Lösung* dar. Sie mag technisch machbar und individuell-kognitiv beherrschbar sein, ob sie jedoch eine praktische Relevanz im betrieblichen Arbeitsalltag zu entfalten vermag, muß bezweifelt werden. Selbst Anpassungsmaßnahmen verminderter Reichweite (ob adaptierbar oder auto-adaptiv) stoßen nach dem Urteil der befragten Experten sehr schnell auf Grenzen, die zu organisatorisch erforderlichen Gegenmaßnahmen zwingen, die ganz generell Individualisierungen zurückschrauben und sogar zu expliziten Strategien der Re-Standardisierung führen können. Diese Erkenntnisse erfordern ganz offensichtlich eine Neubewertung der bislang für das Anpassungskonzept vorgebrachten Argumente. Denn was macht es für einen Sinn, einen in seiner praktischen Reichweite begrenzten und seiner Humanisierungswirkung konzeptionell eingeschränkten Ansatz zu verfolgen, wenn 1. seine *gegenwärtige* Realisierungsmöglichkeit denselben Einwänden unterliegt wie der (wegen mangelhafter Benutzbarkeit zurückgestellte) weitergehende Ansatz und 2. darüber hinausgehende Realisierungen in absehbarer Zeit nicht in Sicht sind?

---

[11] Mit ähnlichen Intentionen sprechen Fischer u. Girgensohn (1990) von »End-User-Modifiability«, wenngleich ihr Begriff sich nicht so weit in den Anwendungsbereich erstreckt, wie hier.

[12] Wenn man einmal von der software-ergonomisch unbefriedigenden Lösung der Kombination unterschiedlicher Programme oder separater Programmodule unter einer vereinheitlichenden Systemoberfläche (z.B. Windows) absieht.

5 »Kooperative Modifizierbarkeit«

Zwei konzeptionelle Schlußfolgerungen lassen sich aus den bisherigen Ausführungen ziehen.

Erstens: Die Bestimmung von Anpassungsleistungen nach kognitiven Persönlichkeitsmerkmalen bedürfen der Ergänzung um den Tätigkeitsbereich, in dem die kognitiven Leistungen zu erbringen sind. Sucht man den Ansatz zur Überwindung der Kommunikationsbarriere zwischen Mensch und Maschine ausschließlich in dem Verhältnis zwischen maschinellen Leistungen und persönlichen Merkmalen des Benutzers, wie z.B. persönlichen Lernstilen, Denk- und Arbeitsstilen etc. oder Stufen des Kenntnisgrades eines Benutzers über sein System, kann man dem Vorwurf einer *kognitivistischen* Verkürzung nur schwer entrinnen.

Zweitens: Durch Einbeziehung einer kooperativen Komponente läßt sich eine *individualistische* Herangehensweise vermeiden.[13] In den oben skizzierten Konzeptanalysen hat sich gezeigt, daß eine Lösung der »Kommunikationsbarriere zwischen Mensch und Maschine« durch immer weitergehende Verlagerungen von Kommunikationselementen auf die Maschine letztlich nur dann *praktisch* zu realisieren ist, wenn nahezu alle relevanten Informationen, die ein Mensch für die Benutzung seines Arbeitsmittels benötigt, ihm von der Maschine zur Verfügung gestellt werden. Solange noch ein Rest von gegenseitiger Durchdringung von zwischen-menschlichen und maschinellen Handlungen erforderlich ist, führen Indivdualisierungsleistungen zu einer *sozialen* Intransparenz des Systems, die zu gravierenden Problemen in den betrieblichen Aufgabenbewältigungsprozessen führen kann. Die Übertragung derartiger Leistungen (z.B. von Hilfeleistungen im Umgang mit dem System) ist allerdings in absehbarer Zeit nicht vollständig sondern nur partiell denkbar und bedarf somit einer kooperativen Ergänzung.

Die sich als Ergebnis der hier dargestellten Untersuchung abzeichende Lösungsmöglichkeit der Probleme mit individualisierbarer Software, umfaßt - grob skizziert - zwei Punkte: Erstens die stärkere Vermittlung von individuellen und sozialen Aspekten in der Frage der Modifizierbarkeit und Individualisierbarkeit von Arbeitsmitteln und zweitens die stärkere Hervorhebung der »innovativen« Komponente im Arbeitshandeln, woraus sich eine Ausweitung von der persönlichkeitsbezogenen Anpassungsdiskussion zu einer *aufgabenbezogenen* Modifizierbarkeit ergibt. Theoretisch ist damit der Übergang von einer kognitiv-individuellen zu einer sozial vermittelten Herangehensweise verbunden, die ich »kooperative Modifizierbarkeit« nennen möchte.

In den drei zentralen Untersuchungsdimensionen, die der vorliegenden Analyse zugrundeliegen (Handlungsspielräume, Handlungskontrolle, Handlungskompetenz)

---

13 Hier zeigt sich m.E. ein Grundproblem der gesamten MMK-Debatte der letzten zehn Jahre. Da meistens die singuläre Mensch-Maschine-Beziehung betrachtet wurde, sind auch zum größten Teil solche Lösungsansätze vorgeschlagen worden, die einer individualistisch verkürzten Sichtweise folgen. Das heißt im Klartext: Trotz aller gegenteiligen Beteuerungen sind letztendlich doch *technozentrierte* Ansätze verfolgt worden.

ist zwar das einzelne Individuum der Bezugspunkt, aber es darf natürlich nicht über die starke *soziale Vermittlung* hinweggesehen werden, in der die Probleme der MMK praktisch verlaufen und diese Dimensionen beeinflussen. Wenn man den Systemcharakter moderner Arbeitszusammenhänge betrachtet, wird deutlich, daß eine vollständige individuelle Handlungskontrolle zunächst einmal nur auf bestimmte Elemente des (sozio-technischen) Systems gerichtet sein kann, nämlich diejenigen Element, die für das betreffende Individuum den *unmittelbaren* Arbeitszusammenhang bilden. Dennoch ist eine über diesen unmittelbaren Zusammenhang hinausgehende Handlungskontrolle für alle beteiligten Individuen wichtig, da sie sonst den Blick für das Ganze, in dem sich ihre eigenen Teilhandlungen bewegen, verlieren und zu »innovativem Handeln« nicht mehr in der Lage wären. Diese sich auf »das Ganze« beziehende Handlungskontrolle kann natürlich niemals einen solchen Detaillierungsgrad erreichen, wie diejenige, die auf den individuellen Arbeitsplatz bezogen ist. Sie muß es auch nicht sein, da die Eingriffsnotwendigkeiten sich für das Individuum auf einer allgemeineren Ebene zeigen, in der es vor allem um die *kommunikative Vermittlung* von Sachverhalten in einem Arbeitskontext geht, der sich als Kooperationszusammenhang darstellt. Es stellt sich somit die Frage, welche sozio-technischen Formen lassen sich entwicklen, in der das Individuum, den in seiner unmittelbaren Arbeitssituation zunächst aufgelösten Gesamtzusammenhang wieder zurückgewinnt?

Das gleiche Problem stellt sich für die Dimension der Handlungskompetenz. Hier sind hinsichtlich der *fachlichen* Problembewältigungsprozesse in verschiedenen Organisationen Lösungsansätze entwickelt worden, die sich für die uns interessierende Problematik der Mensch-Maschine-Kommunikation nutzbar machen lassen. Aus der Einsicht, daß nicht jeder alles wissen kann, wird versucht, über eine *kommunikative Vermittlung* des individuell differenzierenden Qualifikationspotentials die Gesamtaufgabenerfüllung einer Organisationseinheit sicherzustellen.[14] Dieses kooperative Potential, das in den Organisationen vorhanden ist, läßt sich - mit etwas abweichender Zielsetzung - auch für die Modifizierbarkeit von Anwendungssystemen nutzbar machen. Der Vorteil einer solchen Lösung würde darin bestehen, daß die befürchteten Folgekonsequenzen (Vertretungsproblematik, Wartungsproblematik etc.) im Vorfeld der technischen Anpassungsleistungen kommunikativ gelöst werden könnten, durch Reflexion der eigenen individuellen Anpassungswünsche mit den sich aus dem Gesamtzusammenhang ergebenden Wechselwirkungen. Die Handlungskompetenzen sind individuell unterschiedlich, können aber in einer Gruppe einen Synergieeffekt entfalten, der zu einem Ausgleich von individuellen Anpassungswünschen und Gruppenerfordernissen führt. Anpassung wird dann nicht zu einer Angelegenheit jedes einzelnen Benutzers mit seinem

---

14 Das Wissen der Mitarbeiter umfaßt ja immer ein bestimmtes Verhältnis von *allgemeinen* Kenntnissen, über die (mehr oder weniger) *jeder* in gleicher Weise verfügt (ca. 80-90% aller Vorfälle) und - darauf aufsetzend - partikulares Spezialwissen, das interindividuell unterschiedlich verteilt ist, das aber durch die prinzipielle Verfügbarkeit innerhalb der Gruppe die restlichen 10-20% des für die Gesamtaufgabenlösung erforderlichen Wissens bereitstellt.

individuellen System, sondern zu einer Angelegenheit der Gruppe. Ähnlich, wie die Lösung der Qualifikationsfrage bei außergewöhnlichen Fachproblemen zu einer Angelegenheit der Gruppe wird. Einige Unternehmen - das zeigen unsere Konzept-analysen - haben diesen Ansatz, wenn auch noch nicht sehr systematisch, bereits als möglichen Lösungsweg in ihre konzeptionellen Überlegungen eingeschlossen.

6 Literatur

Bullinger, H.-J. (1985): Software-Ergonomie '85. Mensch-Computer-Interaktion. Tagung des German Chapter of the ACM am 24./25.9.1985 in Stuttgart. Stuttgart 1985: Teubner

Döbele-Berger, C.; Schwellach, G.; van Treek, W.; Zimmer, G. (1988): Softwarenutzung am Arbeitsplatz und berufliche Weiterbildung. Eine explorative Studie. Arbeitspapier der Forschungsgruppe Verwaltungsautomation 47. Kassel 1988

Fischer, G.; Girgensohn, A. (1990): End-User Modifiability in Design Environments. CHI '90 Conference Proceedings. Seattle 1990

Fricke, W. (1975): Arbeitsorganisation und Qualifikation. Ein industriesoziologischer Beitrag zur Humanisierung der Arbeit. Bonn 1975: FES

Hacker, W. (1987): Software-Gestaltung als Arbeitsgestaltung. In: Fähnrich, K.P. (Hg.): Software-Ergonomie. München-Wien 1987: Oldenbourg, S. 29-42

Karger, C. (1990): Empirische Untersuchung adaptierbarer Systeme. GMD-Arbeitspapier Nr. 442. Sankt Augustin 1990: Selbstverlag GMD

Klotz, U. (1990): Die Wende in der Bürokommunikation. Neue Perspektiven für Ergonomie und Organisationsentwicklung. Office Management 6 und 7/1990

Mickler, O.; Dittrich, E.; Neumann, U. (1976): Technik, Arbeitsorganisation und Arbeit. Eine empirische Untersuchung in der automatisierten Produktion. Frankfurt am Main 1976: Aspekte Verlag

Oppermann, R. (1989): Individualisierte Systemnutzung. In: Paul, M. (Hg.): Proceedings der 19. GI-Jahrestagung. Berlin - Heidelberg - New York 1989: Springer, S. 131-145

Paetau, M. (1990): Mensch-Maschine-Kommunikation. Software, Gestaltungspotentiale, Sozialverträglichkeit. Frankfurt am Main - New York 1990: Campus

Projektgruppe Automation und Qualifikation (1978): Theorien über Automationsarbeit. In: Argument Sonderband 31, Berlin 1978

Simm, H. (1990): Individualisierung in marktgängigen Systemen. GMD-Arbeitspapier (i.V.). Sankt Augustin 1990

Ulich, E. (1978): Über das Prinzip der differentiellen Arbeitsgestaltung. In: Industrielle Organisation, 47 (1978), S. 566-568

Ulich, E. (1989): Arbeitspsychologische Konzepte der Aufgabengestaltung. In: Maaß, S.; Oberquelle, H. (Hg.): Software-Ergonomie '89. Aufgabenorientierte Systemgestaltung und Funktionalität. Stuttgart 1989: Teubner, S. 51-65

VDI 5005: Bürokommunikation - Software-Ergonomie (Richtlinien-Entwurf)

6 Expertensysteme und Wissensverarbeitung

Wissensbasierte Unterstützung von Wartungs- und Reparaturtätigkeiten in Kfz-Werkstätten (WIBUR)[1]

Joachim Fischer
Bayerische Motorenwerke AG, Petuelring 130, D-8000 München 40

Zusammenfassung

Zunehmend hält die Elektronik Einzug in die Kraftfahrzeuge. Die beruflichen Qualifikationen der Werkstattmitarbeiter und die eingesetzten Diagnosewerkzeuge werden künftig den komplexer werdenden Fahrzeugkomponenten nicht mehr gerecht. Für wissensbasierte Diagnosesysteme bietet sich hier ein geeignetes Anwendungsfeld.

Abstract

Electronics is playing an increasingly important role in the automotive industry. Professional qualifications of workshop personnel and diagnostic tools currently available will not be able to master the growing complexity of vehicle equipment in the future. Expert diagnostic systems will find a suitable field of application here.

1 Problemstellung

Seit den 70er Jahren wird in zunehmendem Maße Elektronik im Kraftfahrzeug eingesetzt. Die Zielsetzung ist dabei vor allem die Verbesserung technischer Eigenschaften sowie die Steigerung von Sicherheit und Komfort. Möglich wurde dies durch die rasante Entwicklung der Halbleitertechnologie und der dazu gehörenden Sensoren- und Aktuatorentechnik.

Die Mehrheit der Mechaniker ist aufgrund des traditionellen Berufsausbildungssystems kaum mit dem letzten Stand der modernen Fahrzeugelektrik und noch weniger mit der Fahrzeugelektronik vertraut. Letzteres gilt weitgehend auch für die zahlenmäßig in den Werkstätten weit geringer vertretenen Kfz-Elektriker. Mit der zunehmenden Verknüpfung mechanischer, hydraulischer und elektronischer Fahrzeug-Komponenten ist jedoch ein breiteres Fachwissen erforderlich, in dem die Fahrzeugelektronik vor allem für Steuerungs- und Kontrollfunktionen eine ganz wesentliche Rolle spielt.

---

[1] WIBUR ist ein vom BMFT im Rahmen des AuT-Programms gefördertes Forschungsvorhaben (Förderkennzeichen 01HK618)

Die neuen Fahrzeugtechnologien führen auch dazu, daß es einmal vielfältige Fehlerursachen und -symptome gibt und andererseits aufgrund der größeren Lebensdauer der Fahrzeugkomponenten ein problemspezifisches Fachwissen erst über größere Zeiträume hinweg aufgebaut werden kann.

Die geschilderte Situation läßt sich dahingehend zusammenfassen, daß Spezialwissen, das zur effizienten und sachgerechten Wartung bzw. Reparatur von modernen Kraftfahrzeugen mehr und mehr erforderlich ist, einerseits auf breiter Basis benötigt wird, andererseits aber, zumindest kurz- bis mittelfristig, nicht im erforderlichen Umfang allein durch technische Dokumentationen oder durch Schulungsmaßnahmen vermittelt werden kann.

Damit ist eine Anforderungslage beschrieben, die unmittelbar komplementär ist zur zentralen Zielsetzung von Expertensystemen - nämlich seltenes Spezialwissen breiter verfügbar zu machen.

Hinzu kommt, daß ein steigender Kosten- und Leistungsdruck den Einsatz rationeller Arbeitsweisen und Hilfsmittel erfordert, um künftige Belastungen auf Seiten der Mechaniker abzubauen.

2 Stand der Technik bei Diagnosearbeiten an Kraftfahrzeugen

Diagnosearbeiten bei der Wartung und Reparatur von Kraftfahrzeugen werden bereits seit geraumer Zeit durch Testgeräte unterstützt, die eine Vielzahl von Funktionen überprüfen. 1979 ist in den Kundendienst-Werkstätten der BMW-Handelsorganisation eine neue Testergeneration eingeführt worden. Neben der Meßtechnik ist hier auf eine benutzerorientierte Gestaltung des Diagnoseablaufes besonderes Augenmerk gelegt worden. So werden beispielsweise jedem Prüfvorgang die erforderlichen Anweisungen und Informationen direkt zugeordnet. Ein weiterer Vorteil dieses Gerätes besteht darin, daß logische Zusammenhänge automatisch erkannt werden und bei übergreifenden Problemen nicht gleichzeitig auf verschiedene Geräte zurückgegriffen werden muß. Dieses Gerätesystem deckt die bisherigen Anforderungen in den Werkstätten gut ab, wobei dessen Grenzen hinsichtlich der künftigen Fahrzeugtechnologien bereits heute sichtbar werden.

3 Arbeitswissenschaftliche Erkenntnisse zur Gestaltung von Expertensystemen

Im Gegensatz zu konventionellen EDV-Systemen liegen für den Bereich der Expertensysteme noch kaum Untersuchungen vor, die explizit arbeitswissenschaftliche

Fragestellungen im Bereich der KfZ-Werkstätten thematisieren, seien es nun Fragen

- der Funktionsteilung zwischen Benutzer und System,
- der Gestaltung der Benutzerschnittstelle einschließlich der Erklärungskomponente und
- der Einbettung solcher Systeme in organisatorische Arbeitszusammenhänge.

Insbesondere mangelt es bisher an Felduntersuchungen, die Aufschluß über die Bedingungen einer erfolgreichen Einführung und Nutzung von Expertensystemen geben könnten.

Die Aufgaben- und Funktionsteilung zwischen Benutzer und System erscheint bei Expertensystemen von noch kritischerer Bedeutung als bei konventionellen EDV-Systemen. Wie bei anderen Systemen auch, bestehen hier durchaus Spielräume für unterschiedliche Formen der Funktionsteilung (Basden, 1984; Young, 1984; Eason, 1987). Expertensysteme können dafür konzipiert sein, weitgehend ohne Beteiligung der Benutzer Problemlösungen zu generieren, die von ersteren dann nur noch "entgegengenommen" werden. Sie können aber auch eher beratend den Benutzer bei der Problemlösung unterstützen, Wissenslücken kompensieren und Fachwissen weitervermitteln.

Trotz des oft geäußerten Anspruchs, den Benutzern vor Ort einen "Experten" zu Verfügung zu stellen, den sie jederzeit konsultieren können, entsprechen Dialoge zwischen Expertensystemen und Benutzern nur in mehr oder weniger begrenztem Maß Interaktionen, wie sie zwischen menschlichen Experten und ratsuchenden "Laien" ablaufen (Pollack et al., 1982; Alty/Coombs 1980).

Doch auch weniger hohe Ansprüche, die beim gegenwärtigen Stand der Technik durchaus realisierbar wären, werden vielfach nicht erfüllt. Bei vielen Anwendungen erweist sich z.B. ein überwiegend system-initierter Dialogablauf als zu rigide und letztlich ineffizient (Kidd/Cooper, 1985; Berry/Broadbent, 1986).

4 Zielsetzungen für die Entwicklung eines Fahrzeugdiagnosesystems

Wie bereits erläutert, entsteht mit dem rapiden Einzug der Mikroelektronik in die Fahrzeugtechnik für die Kundendienst-Werkstätten die Notwendigkeit, entsprechendes Fachwissen auch den mit der Wartung und Reparatur der Fahrzeuge befaßten Mechanikern zu vermitteln. Dies ist allein mit den herkömmlichen Diagnosewerkzeugen nicht in dem erforderlichen Umfange zu erreichen.

Der Einsatz von Expertensystemen, mit denen Fachwissen vor Ort bereitgestellt und - über Erklärungskomponenten - den Benutzern auch transparent gemacht und weitervermittelt werden kann, eröffnet hier neue Möglichkeiten, die Mechaniker bei der Bewältigung der steigenden Anforderungen zu unterstützen.

Letztlich soll den Werkstatt-Betrieben der BMW-Handelsorganisation ein Instrument zur Verfügung gestellt werden, das einen wirksamen Beitrag zur Bewältigung der steigenden Anforderungen bei der Wartung und Reparatur moderner Kraftfahrzeuge und der daraus resultierenden Qualifizierungserfordernisse leisten kann.

Darüber hinaus kann durch die Weiterqualifizierung des Werkstattpersonals und dem damit möglichen kompetenten Umgang mit neuester Technik ein erheblicher Beitrag zur Sicherung der bestehenden Arbeitsplätze und zukunftsstabiler Qualifikationen geleistet werden.

Aufbauend auf den Erkenntnissen aus der KI-Technologie hat das neue Diagnosesystem die Funktion,

- den Benutzer bei der Problemlösung beratend zu unterstützen,
- vorhandene Wissenslücken zu kompensieren,
- problemspezifisches Fachwissen zu vertiefen und

damit eine Höherqualifizierung der Werkstattmitarbeiter zu ermöglichen. Darüber hinaus muß das System unterschiedliche Einstiegsmöglichkeiten entsprechend der jeweiligen Qualifikation der Benutzer bieten. D.h., der hochqualifizierte Diagnostiker muß im Dialog mit dem System eigene Diagnosestrategien entwickeln können und der weniger qualifizierte Benutzer sollte von dem System geführt werden mit dem Ziel, den Qualifikationsstand zu verbessern.

Ein weiterer Aspekt ist, verteiltes Expertenwissen über vernetzte Systeme allen Werkstätten verfügbar zu machen.

5 Einsatzbedingungen in der BMW-Handelsorganisation

Für die überwiegend aus Klein- und Mittelbetrieben bestehende Handelsorganisation stellen die veränderten Anforderungen der Zukunft einen enormen Handlungsbedarf dar. Schon heute kann die wachsende Lücke zwischen den im Berufsleben erworbenen Fähigkeiten und den durch die sprunghaften Weiterentwicklungen im Bereich der Elektrik/Elektronik steigenden Anforderungen nur durch enorme Anstrengungen in der betrieblichen Weiterbildung überbrückt werden. Dies wird jedoch zukünfig bei weiterer Zunahme der elektronischen Baugruppen im Kraftfahrzeug nicht ausreichen und damit zu einer Verschärfung der Belastungssituation in den Betrieben führen.

Der Unterstützungsbedarf in der Fahrzeugdiagnose ist in einer Untersuchung ermittelt worden, an der 16 Werkstätten (Mittel- und Kleinbetriebe) teilgenommen haben. Diese Werkstätten sind über alle Regionen der BMW-Handelsorganisation (Inland) verteilt. Die Teilnahme der in Frage kommenden Betriebe und Mechaniker ist auf freiwilliger Basis erfolgt, wobei darauf geachtet wurde, daß die Mechaniker unterschiedliche qualifikatorische Voraussetzungen und Erfahrungen haben. Im folgenden werden einige Ergebnisse dieser Untersuchung beschrieben:

Die Berufsausbildung der Werkstattmitarbeiter in den untersuchten Betrieben bezieht sich überwiegend auf die mechanischen Komponenten der Kraftfahrzeuge (vgl. hierzu Abbildung 1). Aufgrund des zunehmenden Anteils elektrischer/elektronischer Komponenten in den Fahrzeugen kann der geringe Anteil an Kfz-Elektrikern (zwei Prozent) zu Engpässen in den Werkstätten führen. Um hier vorzubeugen, bietet die BMW AG den Werkstattmitarbeitern die Möglichkeit, im Rahmen der beruflichen Weiterbildung sich entsprechende fachliche Zusatzqualifkationen (z.B. Ausbildung zum Diagnosetechniker) anzueignen. Eine beliebige Beschaffung fehlender Qualifikationen auf dem Arbeitsmarkt ist nur sehr eingeschränkt möglich, da hier eine Konkurrenzsituation zu anderen attraktiven Berufsbildern gegeben ist.

Ein Praxistest mit den derzeit verfügbaren Diagnosewerkzeugen zeigt, daß bei Vorhandensein des elektrischen/elektronischen Basiswissens der Umgang mit diesen Werkzeugen und damit die Diagnose selbst keine Probleme bereitet. Mechanikern, die überwiegend im mechanischen Bereich tätig sind und nur geringe Elektrik-/Elektronikkenntnisse haben, bereitet dagegen nicht nur das Umgehen mit den Diagnosewerkzeugen, sondern auch das Verständnis der elektrischen Zusammenhänge Mühe. Sie können dadurch auch keine eigenen Suchstrategien entwickeln, allenfalls versuchen sie durch Versuch und Irrtum oder durch erwobenes Fachwissen über Fehlermöglichkeiten geleitet, zum Ziel zu kommen.

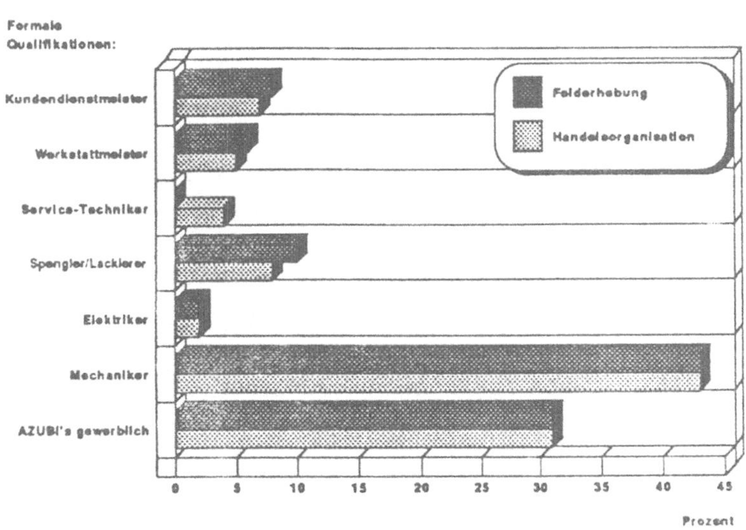

Abb. 1. Formale Qualifikationsstruktur der Mitarbeiter im Werkstattbereich

Hier wird deutlich, daß ohne das Vorhandensein eines fundierten Basiswissens eine Diagnose von elektrischen Fehlern nahezu nicht möglich ist. An dieser Voraussetzung ändert auch der Einsatz von Hilfsmitteln wie Testsystem und Diagnosehandbuch nichts, da diese erst durch entprechende Qualifikationen zielgerichtet genutzt werden können. Über die fachlichen Anforderungen hinaus muß der Mechaniker in der Lage sein, eine systematische und analytische Vorgehensweise zu entwickeln, die vor allem dann erforderlich ist, wenn die verfügbaren Hilfsmittel (Service-Tester, Diagnosehandbuch, Reparaturhandbuch) bei der Diagnose nicht mehr weiterhelfen können.

6 Werkstattanforderungen an die Gestaltung des künftigen Diagnosesystems

Mit Unterstützung eines Diagnosesystems, das in Ansätzen die künftige Testergeneration darstellt, haben Mechaniker definierte Fehlerbilder an einem Testfahrzeug diagnostiziert.

Die Ergebnisse zeigen, daß je größer der Unterstützungsbedarf auf Seiten der Mechaniker ist, desto uneingeschränkt positiv wird eine geführte Diagnose beurteilt. Dagegen haben erfahrene Mechaniker z.T. eine streng geführte Diagnosetätigkeit in dieser Form abgelehnt. Eine entscheidende Ursache für diese unterschiedliche Beurteilung ist darin zu suchen, daß aufgrund der streng vom System gesteuerten Dialogführung die erfahrenen Mechaniker keine Möglichkeit des Eingreifens in den Diagnoseprozeß haben. Diese Mechaniker fühlen sich in ihrer Kreativität und Analysefähigkeit eingeengt.

Das Fehlen einer ausreichenden Erklärungskomponente führt dazu, daß den Mechanikern das Vorgehen des Systems und damit der Diagnoseablauf und das Diagnoseergebnis nicht transparent und nachvollziehbar ist. Damit sind hier keine Lernerfolge zu erwarten. Verstärkt wird dieser Effekt auch dadurch, daß aufgrund der im System realisierten streng geführten Diagnose die Mechaniker sich weitgehend auf die Systembedienung und die Ausführung der Diagnoseanweisungen beschränken.

Die farbliche Kennzeichnung von Informationen (z.B. grün für i.O., rot für defekt) ist von den Mechanikern i.d.R. richtig interpretiert worden. Aufgrund der komplexen Diagnoseinformationen wird die Verwendung von Farbe als hilfreich beurteilt. Hierbei ist jedoch zu beachten, daß durch eine übermäßige Farbenvielfalt die Übersichtlichkeit und damit der Informationsgehalt von Farbe vermindert wird.

Rückmeldungen an das Diagnosesystem sind mittels Tastatur (PC-Standard) erfolgt und beschränkten sich auf die Betätigung der Cursor-Tasten (für "weiter") und die Eingabe eines Auswahlcodes (z.B. Zahl für Ja/Nein, Zahl für Menüauswahl). Diese Art der Eingabe von Informationen und die Bedienung der Tastatur hat keinem der Mechaniker Schwierigkeiten bereitet und ist auch nicht von der individuellen Erfahrung mit Computern (es gibt z.T. Mechaniker, die privat einen PC-/Home-Computer besitzen) abhängig.

Als den Diagnoseablauf behindernd erwies sich während der Diagnose am Fahrzeug die fehlende Mobilität des Diagnosesystems, das als Labortyp aus zwei gekoppelten PC's bestand. Die Mechaniker mußten daher ständig ihren Standort zwischen Fahrzeug und Diagnosesystem wechseln, damit sie die Rückmeldungen in das System eingeben konnten. Ein weiterer Effekt war, daß komplexe Informationen nicht unmittelbar am Diagnoseort zur Verfügung standen und z.T. wieder vergessen wurden, wenn die Mechaniker am Fahrzeug die Diagnoseaufgabe durchführten.

Der Diagnoseprozeß erfordert einen Dialog zwischen System und Mechaniker, in dem dieser Hinweise und Anweisungen des Systems liest, diese anschließend ausführt und Fragen des Systems beantwortet. Hier kommt es auf eindeutige Formulierungen und Hilfestellungen an, da sonst die Mechaniker Informationen des Systems z.T. nicht richtig interpretieren. Eine Verwendung der im Werkstattbereich üblichen Begriffe und Formulierungen unterstützt die Verständlichkeit des Dialoges.

Eine Vielzahl der Diagnoseinformationen befindet sich derzeit in den verschiedensten Unterlagen, die teilweise an unterschiedlichen Stellen aufbewahrt werden. Dabei muß der Mechaniker beachten, daß er die sein Fahrzeug betreffenden Informationen auswählt. Die Aufrechterhaltung der Aktualität dieser Informationen erfordert eine ständige "Systempflege" mit entsprechendem zusätzlichem Zeitaufwand. Hier hat das Diagnosesystem eine Lösung anzubieten, die alle Mechaniker sehr positiv bewerten. Die umfassende Bereitstellung aller arbeitsrelevanten Informationen in Verbindung mit dem jeweils bearbeiteten Diagnoseschritt wird grundsätzlich als arbeitserleichternd und hilfreich beurteilt. Dabei gilt es jedoch zu berücksichtigen, daß der Informationsbedarf entsprechend der jeweiligen Qualifikation der Mechaniker individuell sehr verschieden sein kann.

Ein weiterer Punkt ist die Art der Informationsdarstellung. Eine graphische Darstellung (z.B. Schaltplan, Lageplan) wird gegenüber Texten häufig bevorzugt, da sich auf diese Weise die komplexen Zusammenhänge der Fahrzeugsysteme übersichtlicher darstellen lassen.

7 Anforderungen an die Gestaltung der Dialogschnittstelle

Entsprechend den in den Voruntersuchungen gesammelten Erfahrungen wird der Benutzerkreis des neuen Diagnosesystems als außerordentlich heterogen angenommen. Er soll das gesamte Spektrum vom Diagnoseexperten (Service-Techniker, Diagnose-Techniker) mit fundierten Fachkenntnissen und reichhaltigen Diagnoseerfahrungen bis zum noch lernenden, sporadischen Benutzer mit hinreichendem Basiswissen umfassen. Daraus ergeben sich grundsätzlich zwei "gegensätzliche"

Anforderungen an die Arbeitsweise, die das Diagnosesystem unterstützen soll. Sie reicht von einer weitgehend frei gewählten Diagnosestrategie mit allenfalls sehr selektiv angeforderter Systemunterstützung bis hin zu einer nahezu vollständig in jedem einzelnen Schritt vom System vorgeschlagenen ("geführten") Vorgehensweise.

Die Vorschläge zur Gestaltung der neuen Testergeneration zielen - zusammenfassend ausgedrückt - auf die Entwicklung eines Systems, das keine festen Benutzermodi kennt. Der Mechaniker findet ein Instrumentarium der Dialogführung vor, das es ihm jederzeit erlaubt, die systemgeführte Diagnose zu verlassen und eigenen Überlegungen zu folgen. Diese Art der Dialogführung mit dynamischem Übergang ist das zugrundeliegende Gestaltungsprinzip und überläßt es dem Mechaniker, in welchem Maße er die Funktionalität des Diagnosesystems nutzt. Er soll durch die systemseitig vorhandenen Freiheitsgrade die Chance haben, seine bisherigen Qualifikationen und Kompetenzen weiterzuentwickeln. Der hier zu realisierende hohe Individualisierungsgrad des Systems ist eine wichtige Voraussetzung, um bei den unterschiedlichen Zielgruppen mit ihren vielfältigen Anforderungen eine Akzeptanz zu erzielen.

Die Komplexität der Fahrzeugdiagnose erfordert eine hohe Funktionalität des Diagnosesystems, der durch eine klare Dialogstruktur Rechnung zu tragen ist und die zu keiner Überforderung der Benutzer führen darf.

Nicht zuletzt aber ist das neue Diagnosesystem auch so zu konzipieren, daß es darüber hinaus als Tutor und Trainingssystem eingesetzt werden kann.

Die Gestaltungsvorschläge für das neue Diagnosesystem basieren auf den praktischen Erfahrungen und Erkenntnissen mit der Fahrzeugdiagnose und den in den DIN-Vorschriften 66 234 Teil 8 zusammengestellten Gestaltungsrichtlinien. Diese DIN-Vorschriften sind für den speziellen Einsatzzweck des Systems operationalisiert worden. Es sind folgende Aspekte hervorzuheben:

Die Aufgabenangemessenheit des Diagnosesystems wird daran zu messen sein, wie der Mechaniker bei der Lokalisierung der Fehlerursache vom System unterstützt wird. Hierbei ist in dem systemunterstützten Diagnoseprozeß durch eine fortlaufende Komplexitätsreduktion der Diagnosebereich einzugrenzen. Sind die ersten Annahmen nicht erfolgreich, so muß der Diagnosebereich ausgeweitet bzw. selektiv die Aufmerksamkeit auf andere Fehlermöglichkeiten verlagert werden, wobei aber vielfach an die erarbeiteten Ergebnisse der bisher verfolgten Strategie angeknüpft wird.

Unter dem Gesichtspunkt der Steuerbarkeit sind vor allem Anforderungen zu realisieren, die es dem Mechaniker ermöglichen, auf Wunsch seiner eigenen Diagnosestrategie zu folgen und das System lediglich als komfortables Hilfsmittel ergänzend heranzuziehen. Damit wird eine Lösung angestrebt, die eine individuelle Arbeitsteilung zwischen Mechaniker und System ermöglicht.

Im Rahmen der Individualisierbarkeit sind Anforderungen an die Systemgestaltung abzuleiten, die als eine wesentliche Erweiterung der Steuerbarkeit anzusehen sind und vor allem für geübte Mechaniker und Diagnoseexperten eine Rolle spielen. Es ist bekannt, daß gerade besonders effiziente Vorgehensweisen zumeist auf einem individuellen Arbeitsstil beruhen, den jemand aufgrund seiner beruflichen Erfahrungen entwickelt und durch berufliche Weiterbildung und Spezialisierung weiter ausbaut. Ebenso ist bekannt, daß Systeme, die weniger geübte Mechaniker anfangs durchaus komfortabel unterstützen, nach einiger Übung und der Ausbildung von Routinen fast als Belästigung empfunden werden, wenn sie sich nicht dem erreichten Wissensstand anpassen lassen.

Mit dem Kriterium der Erwartungskonformität ist der Komplex all jener Anforderungen angesprochen, die sich daraus ableiten, daß der Mechaniker die im Umgang mit dem System gemachten Erfahrungen verallgemeinert und auch auf Dialogbereiche bezieht, mit denen er u.U. bisher noch nie gearbeitet hat. Entsprechend irritieren und stören ihn Inkonsistenzen in der Benutzeroberfläche und im Diagnoseablauf. Grundsätzlich ist daher bei der Entwicklung der neuen Benutzeroberfläche darauf zu achten, daß die Funktionsweise des Systems und der zur Verfügung stehenden Dialogwerkzeuge den Erwartungen des Benutzers entspricht. Er darf in keiner Situation im Zweifel darüber sein, was eine von ihm beabsichtigte Aktion auslösen könnte.

Die Fehlerrobustheit betrifft solche Anforderungen, die die Sicherung eines möglichst fehlerfreien Dialogs mit dem System und die leichte Behebbarkeit im Falle dennoch entstehender Fehler betreffen. Dazu zählt ein schneller Wiedereinstieg bei Systemabstürzen sowie die Reproduzierbarkeit des Dialogablaufes.

Die Konzeption des neuen Diagnosesystems mit einer Dialogführung, die in der software-ergonomischen Literatur als 'direkte Manipulation' bezeichnet wird, unterstützt die Selbsterklärungsfähigkeit des Diagnosesystems. Zusätzlich sind im System geeignete Auskünfte - sogenannte HILFE-Funktionen - zu implementieren, die den Mechaniker in abgestufter Ausführlichkeit darüber informieren, was er mit den ihm zur Verfügung stehenden Operationen erreichen kann. Sie sind als eine Art in das System integriertes Benutzerhandbuch zu verstehen.

8 Ausblick

Derzeit wird ein Prototyp der neuen Testergeneration entwickelt. Nach Fertigstellung im Frühjahr 1991 wird dessen Einsatztauglichkeit in der praktischen Anwendung überprüft. Das hier vorgesehene Prototyping eröffnet den Werkstattmitarbeitern die Chance sich über das bereits erfolgte Maß hinaus an der endgültigen Gestaltung des Diagnosesystems zu beteiligen und darauf Einfluß zu nehmen. Es gilt unter Abwägung der softwareseitigen Möglichkeiten und der Anforderungen der Benutzer ein System zu entwickeln, mit dem die Erwartungshaltung der Mechaniker erfüllt wird.

9 Literatur

Alty, J.L. & Coombs, M.J. (1980). Face-to-face guidance of university vomputer useres - II: Characterising advisory interactions. International Journal of Man-Machine Studies, 12, D. 407-429.

Basden, A. (1984). On the application of expert systems. In: M.J. Coombs (ed.): Developments in expert systems. London: Academic Press.

Berry, D.C. & Braodbent, D.E. (1987). Expert systems and the man-machine interface. Part Two: The user interface. Espert Systems, 4, 1, 1987, S. 18-28.

Eason, K.D.; Harker, S.D.P.; Raven, P.F.; Brailsford, J.R. & Cross, A.D. (1987). A user centred approach to the design of a knowledge based system. In: H.J. Bullinger, B. Shackel & K. Kornwachs (Hrsg.): Proceedings "Human-Computer Interaction - Interact '87", Stuttgart, 1.-4. September 1987, S. 341-348.

Kidd, A.L. & Cooper, M.B. (1985). Man-machine interface issues in the construction and use of an expert-system. In: International Journal of Man-Machine Studies, 22, S. 91-102.

Pollack, M.E.; Hirschberg, J. & Webber, B. (1982). User Partivipation in the Reasoning Processes of Expert Systems. In: Proceedings "2nd National Conferende on Artificial Intelligence AAAI-82", S. 358-361.

Young, R.M. (1984). Human Interface Aspects of Expert Systems. In: J. Fox (ed.): Expert Systems - State of the Art Report 12.7. Maidenhead: Pergamon Infotech Ltd.

Wissensbasierte Systeme, ein brauchbares Werkzeug zur menschengerechten Arbeitsgestaltung?
Erfahrungen mit dem Pilotprojekt "Ergon-Expert"

Matthias Jäger, Klaus Hecktor, Wolfgang Laurig
Institut für Arbeitsphysiologie an der Universität Dortmund
Abteilung Ergonomie, Ardeystraße 67, D-4600 Dortmund 1

Zusammenfassung
"Ergon-Expert" ist ein modular konzipiertes wissensbasiertes System, das vielfältige Kriterien der Arbeitswissenschaft zur Bewertung und Beurteilung von Lastenmanipulationen berücksichtigt. Die Erfahrungen mit der Entwicklung und Anwendung von Ergon-Expert zeigen, daß die Eignung und Akzeptanz eines wissensbasierten Systems vom Umfang und der Qualität des eingebrachten Wissens sowie von der Benutzerführung und der Ergebnisdarbietung abhängt.

Abstract
"Ergon-Expert" is a modular knowledge-base system in which manifold criteria from industrial hygiene are considered in the analysis and assessment of manual materials handling. The development and application of Ergon-Expert demonstrate that the usefulness and acceptance of knowledge-base systems depend on the amount and quality of the knowledge as well as on the user interface and the presentation of the results and conclusions.

1   Einleitung

Das Betriebsverfassungsgesetz verlangt in § 90 von Arbeitgeber und Betriebsrat bei "Planung ... von Arbeitsverfahren und Arbeitsabläufen oder der Arbeitsplätze ..., die gesicherten arbeitswissenschaftlichen Erkenntnisse über die menschengerechte Gestaltung der Arbeit" zu berücksichtigen (BetrVG, 1974). Solche Ergebnisse wissenschaftlicher Forschung oder Regeln der Technik sind jedoch nicht in geschlossener Form verfügbar, sondern verteilen sich auf eine Vielzahl von Publikationen. Weiterhin wird die Nutzung der gesicherten arbeitswissenschaftlichen Erkenntnisse in der betrieblichen Planungsarbeit dadurch erschwert, daß diese Erkenntnisse nicht in prägnant ausgedrückten Regeln vorliegen, sondern meist aus Textpassagen "herausgefiltert" und dann in Maß und Zahl quantifiziert werden müssen. Die gesicherten arbeitswissenschaftlichen Erkenntnisse sind außerdem häufig mit Bedingungen verbunden, so daß die Übertragbarkeit auf die im betrieblichen Einzelfall gegebenen Verhältnisse oft einer besonderen Überprüfung bedarf. Eine Möglichkeit zur Überwindung der angeführten Schwierigkeiten bei der Umsetzung von schriftlichem Wissen zur menschengerechten Arbeitsgestaltung auf die betrieblichen Bedingungen könnte die Verwendung wissensbasierter Systeme darstellen. Ziel des im Titel angesprochenen Projektes "Ergon-Expert", über das im folgenden berichtet wird, ist die "Erarbeitung der Grundlagen zur Entwicklung und Anwendung von Expertensystemen für die Gestaltung von Arbeitsabläufen am Beispiel des manuellen Lastenumschlages". Die Fragen des Gesundheitsschutzes beim Handhaben von Lasten sind entsprechend einer Richtlinie des Rates der Europäischen Gemeinschaften (90/269/EWG, 1990) von besonderer Aktualität.

2 Ergon-Expert, ein wissensbasiertes System zur Analyse und Gestaltung von Lasten- manipulationen

2.1 Anforderungsübersicht

Wissensbasierte Systeme und auch Expertensysteme zur Arbeitsgestaltung werden entwickelt, um reale Arbeitsbedingungen zu analysieren oder um die Planung künftiger Arbeitsplätze und -abläufe zu unterstützen. Dazu muß die Fragestellung der Analyse oder die Aufgabenstellung der Planung in die Sprache des wissensbasierten Systems übersetzt werden. Ergon-Expert orientiert sich einerseits an den Begriffen der Wissensquellen und andererseits an der Nomenklatur des deutschen Arbeitsstudiums, repräsentiert durch den Verband für Arbeitsstudien und Betriebsorganisation REFA. Dadurch sollen Fehlentscheidungen aufgrund unterschiedlicher Begriffsinterpretation und widersprüchliche Entscheidungen innerhalb eines Anwendungsvorgangs vermieden werden.

Potentielle Anwender eines wissensbasierten Systems zur Analyse und Gestaltung des Lastenumschlag sind Technische Aufsichtsbeamte der Berufsgenossenschaften, Mitarbeiter der Fertigungsvorbereitung und die im sogenannten Arbeitssicherheitsgesetz bezeichneten Fachkräfte (ASiG, 1973). Die Eignung und Akzeptanz eines wissensbasierten Systems hängt wegen der unterschiedlichen Fähigkeiten und Fertigkeiten der potentiellen Nutzer nicht nur vom Umfang des eingebrachten Wissens und dessen Verknüpfung ab, sondern auch von der Benutzerführung und der Darbietung der Ergebnisse und Folgerungen. Deshalb sollten die Anwender entsprechend ihrer Erfahrung bei Bedarf auf unterstützende Erklärungsfunktionen zurückgreifen können.

2.2   Umfang der Wissensbasis

Ein wissensbasiertes System zur Analyse des Handhabens von Lasten sollte möglichst alle Arten der Lastenmanipulation beschreiben und deren Auswirkung auf den Menschen mit Hilfe von anerkannten Kriterien beurteilen können. Diese Lastenmanipulationen (z. B. Heben, Senken, Umsetzen) können in verschiedenen Körperstellungen ausgeführt werden, zum Beispiel im Stehen oder Sitzen. Außerdem sind Lastenmanipulationen nicht an einen stationären Arbeitsplatz gebunden, dementsprechend werden auch Tätigkeiten mit Körperfortbewegung von Ergon- Expert analysiert. Weiterhin wird berücksichtigt, ob die Last ein- oder beidhändig gehandhabt wird, wo sich die Last relativ zum Körper befindet (seitlich an den Händen, vor dem Bauch, auf der Schulter, auf dem Rücken oder seitlich an der Hüfte abgestützt) und welche Abmessungen die Last besitzt. Die Unterschiedlichkeit der aufgeführten Tätigkeiten bedingt die Anwendung verschiedener Bewertungs- und Beurteilungsmethoden (s. Kap. 3). Dazu wird in Ergon-Expert nach den muskulären Anforderungen an den Bewegungs- und Stützapparat sowie an das kardiopulmonale System unterschieden.

2.3   Gestaltung des Mensch-Rechner-Dialogs

Ein wissensbasiertes System sollte den Anwender nicht nur bei der individuellen Problemlösung unterstützen, sondern auch den Lösungsweg erklären und begründen. Weiterhin sollte auf angrenzende Wissensgebiete und auf eventuell vorhandene Wissenslücken hingewiesen werden, um dem Anwender die Beurteilung der Kompetenz der vom System entwickelten Ergebnisse und Folgerungen zu ermöglichen. Diese Forderungen bedingen zum einen ein umfangreiches Wissen im Themengebiet und -umfeld bereits bei der Implementation sowie zum anderen eine ergonomische Gestaltung der Software. Im Rahmen des Projektes "Ergon-Expert" wurde die Wissensdarstellung und -erklärung unter Aspekten der Benutzungsfreundlichkeit eingehend untersucht (Mescher, 1989). Danach sollten insbesondere die folgenden Prinzipien vom Software-Entwickler beachtet werden (s.a. Gaines und Shaw, 1984; Smith und Mosier, 1984): Die Anzahl der Eingaben sollte so gering wie möglich gehalten werden. Dazu sollten, ohne die Übersichtlichkeit einzuschränken, mehrere Informationen gleichzeitig eingegeben und Einflußgrößen mit Werten vorbelegt werden können. Um vom Anwender keine zu große Merkfähigkeit fordern zu müssen, sollten die eingegebenen Daten angezeigt werden. Eingabedaten und angezeigte Informationen sollten in sich und untereinander konsistent sein. Der Ablauf des Programms sollte sich dem Benutzer als klare Folge von dessen Aktionen darstellen. Zur Eingabeverifikation oder Fehlerkorrektur sollten der Dialog unterbrochen und Aktionen rückgängig gemacht sowie Dialogschritte wiederholt werden können.

3 Bewertungs- und Beurteilungskomponenten von Ergon-Expert

3.1 Übersicht zum modularen Aufbau

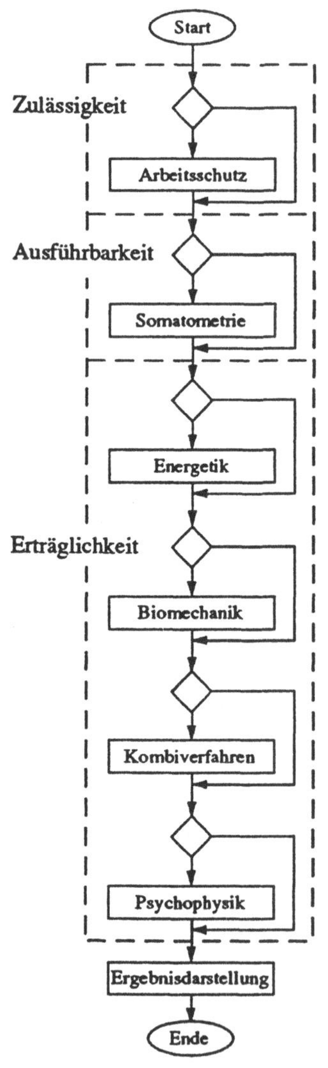

Abb. 1. Modularer Aufbau

Ergon-Expert wurde modular angelegt, um auch nach Fertigstellung des Systems zusätzliche Bewertungs- und Beurteilungsmethoden ergänzen zu können (Laurig und Rombach, 1989). In Abb. 1 sind die in Ergon-Expert implementierten Module zur Bewertung und Beurteilung von Lastenmanipulationen in Form eines Flußdiagramms dargestellt. Zur Verdeutlichung der inhaltlichen Zugehörigkeit sind im linken Teil der Abbildung Kriterien zur Beurteilung von Arbeitsbedingungen aufgeführt. Die in der Arbeitswissenschaft anerkannten Kriterien "Ausführbarkeit" und "Erträglichkeit" wurden um das Kriterium "Zulässigkeit" erweitert. Gesetze und andere normative Setzungen sind zwar zu einer arbeitswissenschaftlichen Analyse von Belastung und Beanspruchung eines Menschen bei der Ausführung einer Tätigkeit nicht erforderlich, dennoch sollte die Zulässigkeit einer Arbeit bei deren Beurteilung durch ein für möglichst viele Anwendergruppen geeignetes wissensbasiertes System geprüft werden.

In jedem der in den folgenden Kapiteln beschriebenen Module sind mehrere Wissensbasen zusammengefaßt. Zur Zeit sind zwei Versionen von Ergon-Expert implementiert, Ergon-Expert I umfaßt zehn, Version II fünfzehn Wissensbasen (s.a. Kap. 4.3). Die Bearbeitung der Module erfolgt in der dargestellten Reihenfolge. Der Bewertung und Beurteilung folgt eine detaillierte Ergebnisdarstellung. Die Rauten im Flußdiagramm der Abb. 1 deuten an, daß die Bearbeitung einzelner Module übersprungen werden kann. Durch diese Entscheidungsmöglichkeiten kann der Anwender beispielsweise die energetische Belastung einer Tätigkeit analysieren, ohne die sonstigen Module zu bearbeiten, oder allein die mit einer Tätigkeit verbundene Wirbelsäulenbelastung in dem Modul "Biomechanik" bestimmen.

3.2 Modul "Arbeitsschutz"

In der Bundesrepublik Deutschland ist das Gewicht einer zu manipulierenden Last im allgemeinen nicht limitiert, jedoch existieren für ausgewählte Personengruppen Lastgewichtsgrenzen, wenn auch nicht immer mit bindendem Charakter. Das sogenannte Mutterschutzgesetz (MuSchG, 1987) gilt für erwerbstätige werdende und stillende Mütter. Neben der Angabe von in diesem Zusammenhang weniger relevanten Kündigungs- und Finanzmodalitäten nennt das Gesetz eine Reihe von Bedingungen zur Gestaltung des Arbeitsplatzes, des Arbeitsablaufs sowie der Arbeitsmittel. Solche allgemeinen Gestaltungsmaßnahmen werden innerhalb Ergon-Expert auf Informationstafeln angeboten. Darüber hinaus enthält das Mutterschutzgesetz Beschäftigungsverbote für ausgewählte Tätigkeiten des manuellen Lastentransports, deren Beschreibung und Beurteilung innerhalb eines Mensch-Rechner-Dialogs erfolgt. Weitere Gesetze zum Arbeitsschutz bei der Lastenmanipulation existieren gegenwärtig nicht; allerdings muß auch die "Verordnung zur Beschäftigung von Frauen auf Fahrzeugen" als bindend angesehen werden. Neben Rahmenbedingungen enthält die Verordnung Beschäftigungsverbote zu Hebe- und Tragetätigkeiten. Eine für die Gewerbeaufsicht wesentliche Empfehlung des Bundesminister für Arbeit und Sozialordnung bezieht sich auf die Angaben von Grenzlasten nach Hettinger (1981). Diese Grenzlasten sind abhängig vom Alter, Geschlecht sowie von der Häufigkeit des Hebens oder Tragens. Hettinger unterscheidet zwischen Grenzwerten, "die im Normalfall ohne Gesundheitsgefährdung nicht überschritten werden dürfen", und zwischen Werten, "die aus ergonomischer Sicht empfohlen werden". Wegen des empfehlenden Charakters haben die dort genannten Lastgrenzen nur eine geringe normative Verbindlichkeit. Im Gegensatz dazu sind die Unfallverhütungsvorschriften der Berufsgenossenschaften in dem jeweiligen Geschäftsbereich bindend, jedoch werden Maximallasten für das Heben und Tragen lediglich von der Unfall-Verhütungsvorschrift-Forsten (1988) angegeben. Diese Lastgrenzen sind weitgehend identisch mit den von Hettinger empfohlenen Werten. Ansonsten beschränken sich die berufsgenossenschaftlichen Träger auf die Angabe von allgemeinen Hinweisen zum Heben und Tragen von Lasten in Form von Merkblättern.

3.3 Modul "Somatometrie"

In dem Modul "Somatometrie" wurden Teilbereiche aus der DIN 33411 (1987) und eine Überprüfung der Reichweite eingebunden. Die für eine Arbeitsaufgabe erforderlichen Kräfte dürfen die maximal vom Menschen abgebbaren Aktionskräfte nicht überschreiten. In der DIN 33411 sind Maximalkräfte in Abhängigkeit vom Geschlecht, von der Position des Kraftangiffspunktes relativ zum Körper und von der Kraftrichtung in Form von Isodynen, d.h. Linien gleicher Kraft im Bewegungsraum der Arme, dargestellt. In Ergon-Expert wurden die Ergebnisse für beidhändige Kraftausübung implementiert. Mit der Wissensbase "Reichweiten-Überprüfung" erfolgt ein Vergleich von tätigkeitsbezogenen Daten mit den anthropometrischen Daten der ausführenden Person. Die Angabe von Griffhöhe und Griffentfernung der Last relativ zum Körper ermöglicht die Überprüfung, ob die Last innerhalb des Greifraumes liegt. Der Greifraum hängt von den anthropometrischen Daten einer Person und der zu analysierenden Körperhaltung ab.

3.4 Modul "Energetik"

Dieses Modul setzt sich aus den vier Wissensbasen Transportformel, Tabellen, Tafelwerte und einem Vorhersagemodell zur Ermittlung des Gesamt- bzw. Arbeitsenergieumsatzes zusammen. Die "Transportformel" von Spitzer und Hettinger (1964) bietet eine überschlägige Berechnung des Arbeitsenergieumsatzes beim Heben und Tragen von Lasten in der Ebene. Mit Hilfe der "Schätztabellen" von Laurig (1983) kann der Arbeitsenergieumsatz für eine Vielzahl von Körperhaltungen und Bewegungen bestimmt werden. Werden Aktionskräfte ausgeübt oder Bewegungen mehrfach ausgeführt, wird ein Wertebereich für den Energieumsatz angegeben. Spitzer et al. (1982) stellten Meßergebnisse in "Tafelwerten" zusammen. In dieser Quelle werden Werte des Arbeitsenergieumsatzes sowohl für Tätigkeitsabschnitte, z. B. Tragen einer Last eine schiefe Ebene hinauf, als auch für gesamte Arbeitsabläufe angegeben, z. B. Vermauern verschiedenartiger Steine. Für die Implementierung in Ergon-Expert wurden lediglich eindeutig definierte Tätigkeitsabschnitte verwendet. Die "Vorhersagemodelle" von Garg et al. (1978) erlauben die Berechnung des Energieumsatzes mit Hilfe von funktionalen Zusammenhängen. Diese Regressionsgleichungen berücksichtigen unterschiedliche Einflußgrößen in Abhängigkeit der zu bewertenden Tätigkeit.

3.5 Modul "Biomechanik"

Für dieses Modul wurde ein zweidimensionales statisches Modell des Menschen erstellt (vgl. Jäger et al., 1983), das die Analyse symmetrischer Körperhaltungen in bezug auf die Belastung der Wirbelsäule ermöglicht. Als belastungsbeschreibende Größe werden das Moment und die Kompressionskraft an der untersten Bandscheibe der Wirbelsäule berechnet. Sollen unsymmetrische und/oder dynamische Belastungen analysiert werden, muß ein bisher noch nicht eingebundenes Programmpaket verwendet werden (Jäger, 1987). Die Beurteilung erfolgt durch Vergleich der berechneten Werte mit der Momentenklassifikation von Tichauer (1978) und der Festigkeit der Lendenwirbelsäule (Jäger und Luttmann, 1990).

3.6 Modul "Kombiverfahren"

In diesem Modul sind zwei Wissensbasen implementiert. Der "Work practices guide for manual lifting" (NIOSH, 1981) ermöglicht die Analyse von beidhändigem Heben von Lasten, das symmetrisch zur Körpermittenebene ausgeführt wird. Mit Hilfe von Formeln werden zwei Grenzlasten bestimmt, aus denen unter Berücksichtigung der Personeneigenschaften drei Bereiche von Belastungen resultieren: tolerabel, fallweise tolerabel und nicht tolerabel. Die Wissensquelle "Handhaben von Lasten" (REFA, 1987) enthält ein Beurteilungsverfahren zur Grenzlastermittlung. Durch eine multiplikative Verknüpfung individueller und tätigkeitsbezogener Einflußgrößen mit einer je nach Körperstellung ermittelten Maximalkraft wird eine "individuelle" Lastgrenze bestimmt.

3.7 Modul "Psychophysik"

In das Modul "Psychophysik" wurden die Wissensquelle von Ayoub et al. (1980) und Teile aus der Wissensquelle Ciriello und Snook (1983) eingebunden. Während sich Ayoub et al. auf das von Probanden selbsteingeschätze maximal zumutbare Lastgewicht beim beidhändigen symmetrischen Heben beschränkten, untersuchten Ciriello und Snook das maximal akzeptable Lastgewicht auch für das Tragen. Das zumutbare Lastgewicht beim Heben kann in Abhängigkeit vom Geschlecht, von der Hebefrequenz, den Abmessungen und von der Lage der Last relativ zum Körper bestimmt werden.

4 Technische Realisierung mit einer Expertensystem-Shell

4.1 Hard- und Software

Als Entwicklungsstationen stehen Macintosh-Rechner und Arbeitsplatzrechner mit "Ms-Dos-Betriebssystemen" (IBM-kompatible Personalcomputer) zur Verfügung. Die Wissensbasis von Ergon-Expert wurde auf einem Macintosh-II-Rechner entwickelt. Nach Vergleich mehrerer Entwicklungswerkzeuge (Klüner, 1989) wurde für die Implementierung von Ergon-Expert die Software "Nexpert Object", eine Expertensystemshell "mittlerer Größe", verwendet. Dieses hybride System unterstützt sowohl regel- als auch objektorientierte Ansätze und ermöglicht somit ein breites Spektrum von Expertensystemanwendungen.

4.2 Struktur

Die Abb. 2 zeigt den prinzipiellen Aufbau der Wissensbasen. Jede Wissensbase besteht aus den dargestellten sechs Einheiten. Der Abfrageteil ermöglicht eine individuelle Zusammenstellung der Wissensquellen, in dem auf einzelne Wissensquellen bei der Bewertung und Beurteilung einer Lastenmanipulation verzichtet werden kann (s.a. Kap. 3.1). Bei Berücksichtigung einer Wissensbase wird eine Inhaltsangabe der Wissensquelle auf einer Informationstafel eingeblendet. Danach erfolgt die Dateneingabe mit der Überprüfung auf Einhaltung des Definitionsbereiches. Im folgenden Problemlösungsteil wird die Bearbeitung der Wissensbase in Form von Bewertungen, z. B. durch Berechnungen eines Energieumsatzes mit Hilfe einer Regression, oder in Form einer Beurteilung durchgeführt, beispielsweise durch den Vergleich der Tätigkeitsbedingungen mit den Gesetzesgrundlagen. Die

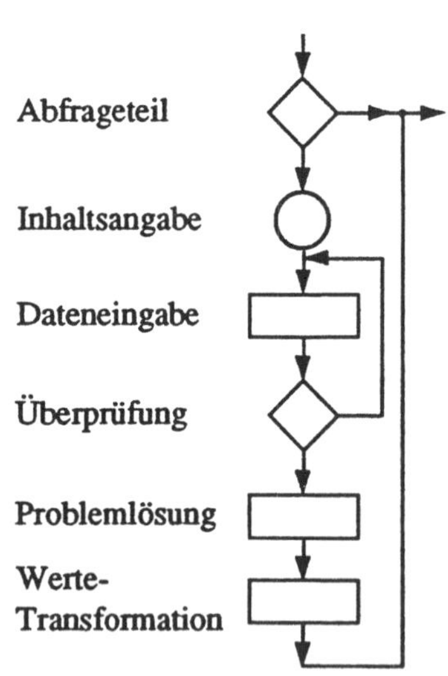

Abb. 2. Aufbau der Wissensbasen

Bearbeitung einer Wissensbase endet mit einer Wertetransformation zur Übergabe der eingegebenen Daten an folgende Wissensbasen, um widersprüchliche Eingaben zu vermeiden und die Eingabenanzahl zu minimieren (s.a. Kap. 2.3).

4.3 Implementation und Oberflächengestaltung

Zur Überprüfung einer bestimmten Problemlösungsstrategie mit Hilfe einer überschaubaren Regelmenge wurden Systemversionen mit kleinerer Wissensbasis entwickelt, die nicht sämtliche für Ergon-Expert vorgesehene Wissensquellen berücksichtigen. Die Wissensbasis der Version II beinhaltet zur Zeit 1100 Regeln und belegt einen Speicherplatz von 620 KB (Version I mit 480 Regeln und 330 KB). Durch den modularen Aufbau der Wissensbasis wird eine relativ leichte Test- und Änderbarkeit ermöglicht, desweiteren unterstützt das Vorhandensein eigenständiger Module die gezielte Erstellung erweiterter Systeme. Die unterschiedliche Struktur der einzelnen Wissensquellen erfordert verschiedene Verarbeitungsmethoden durch Nexpert Objekt. Wissensquellen, von denen Wissen in kleinen Tabellen oder Formeln übernommen werden soll, können mit Hilfe mathematischer Funktionen implementiert werden. Umfangreiche Tabellen bedingen den Zugriff auf externe Programme. Dazu werden die Tabellenwerte in ein Tabellenkalkulationsprogramm eingegeben, auf die Nexpert Objekt durch entsprechende Regeln bei Bedarf zugreift. Ergebnisse, die in einzelnen Wissensquellen graphisch dargestellt werden, müssen vor der Implementierung formelmäßig umstrukturiert werden. Die Oberfläche von Nexpert Objekt bietet zwei Kommunikationsmöglichkeiten: Mit dem "Session-Control-Fenster" können formulierte Fragetexte eingesetzt und Informationen durch eine objektbezogene Funktion dargestellt werden. Außerdem können sogenannte Aktionen ausgelöst werden, die innerhalb der Wissensbasis zur Anzeige von Text- oder Graphikdateien führen. Die im Session-Control-Fenster gezeigten, englisch formulierten "Steuerungstexte" können nicht modifiziert und somit nicht in deutscher Sprache dargestellt werden. Die Möglichkeit einer Ergebnisdarstellung innerhalb des Session-Control-Fensters fehlt. Ebenso können zur Zeit weder Fragen gruppiert noch Graphik eingebunden werden. Zur Gestaltung einer benutzungsfreundlicheren Oberfläche von Ergon-Expert muß ein zusätzliches Programm verwendet werden.

4.4 Portabilität

Nexpert Object wurde in der Sprache "C" programmiert und läßt sich auf unterschiedlichen Hardware-Plattformen implementieren (Manche et al., 1990). Das auf einem Macintosh-Rechner mit Nexpert Objekt entwickelte System "Ergon-Expert" läßt sich auf Arbeitsplatzrechner mit Ms-Dos-Betriebssystemen übertragen. Bei der Übertragung innerhalb des Projektes wurde Ergon-Expert I verwendet, da diese Version nur mit den von Nexpert-Objekt zur Verfügung stehenden Werkzeugen erstellt wurde. Portierungsprobleme entstehen bei Wissensbasen, die für den Dialog mit zusätzlicher Software benutzungsfreundlicher gestaltet wurden. Die Software-Werkzeuge für die Oberflächen-Gestaltung sind für die verschiedenen Rechnertypen nicht identisch, so daß ein auf dem Macintosh-Rechner erstelltes benutzungsfreundliches System nicht auf einem Ms-Dos-Rechner lauffähig ist. Aus diesem Grund kann die Dialoggestaltung erst im Anschluß an die Entwicklungs- und Testphase beginnen und muß dabei auf die Software des entsprechenden Rechners abgestimmt werden. Demnach entstehen bei dem Einsatz von Ms-Dos- und Macintosh-Rechnern inhaltlich identische, jedoch in der Dialoggestaltung unterschiedliche Varianten.

5 Zusammenfassende Schlußfolgerungen

Im Projekt "Ergon-Expert" sollten die Grundlagen zur Entwicklung eines wissensbasierten Systems zum manuellen Lastentransport erarbeitet werden. Die Erfahrungen mit der Entwicklung erster Versionen eines wissensbasierten Systems (Ergon-Expert I und II) sowie mit der Vorbereitung umfassenderer Versionen rechtfertigen die Annahme, daß mit Hilfe von wissensbasierten Systemen Lastenmanipulationen in bezug auf die Belastung und Beanspruchung des Menschen analysiert und ergonomisch gestaltet werden können. An ein geeignetes System zur Bewertung und Beurteilung solcher Tätigkeiten sind für die Praxis jedoch eine Vielzahl von Forderungen zu stellen, die sich zum einen auf das Themengebiet "Lastenmanipulation und deren Auswirkung auf den Menschen" und zum anderen auf die technische Realisierung des wissensbasierten Systems beziehen. Obwohl Lastenmanipulationen lediglich ein Teilgebiet ergonomischer Forschung darstellen, sind deren Auswirkungen vielfältig und bedürfen teilweise sehr komplexer Bewertungs- und Beurteilungsmethoden der Energetik, Biomechanik und Psychophysik. Im modular aufgebauten System "Ergon-Expert" werden weiterhin die gesetzlichen Bestimmungen zum manuellen Lastentransport und die sonstigen normativen Setzungen des Arbeitsschutzes überprüft. Die technische Realisierung von Ergon-Expert erforderte nicht nur "allgemeine Programmiererfahrung", sondern auch intensive Kenntnis der verwendeten Programmierumgebung "Nexpert Object". Die Anwendung solcher Expertensystem-Shells zur Entwicklung von wissensbasierten Systemen erfolgt erst seit einigen Jahren, so daß solche Entwicklungswerkzeuge noch nicht als vollkommen gelten können und einer steten Revision und Weiterentwicklung durch den   Hersteller bedürfen. Die Hard- und Software von Ergon-Expert wurden in Hinsicht auf einen ergonomischen Mensch-Rechner-Dialog und möglicht große Akzeptanz beim späteren Anwender ausgewählt und gestaltet. Dies beinhaltet eine umfassende Systembeschreibung, eine selbsterklärende Benutzerführung, Möglichkeiten der Datenverifikation und Fehlerkorrektur sowie kurze Antwortzeiten im Dialog.

Zusammenfassend kann gefolgert werden, daß Ergon-Expert ein vielschichtig konzipiertes und den Experten unterstützendes wissensbasiertes System zur Bewertung und Beurteilung von Lastenmanipulationen darstellt. Dennoch wird Ergon-Expert, wie andere wissensbasierte Systeme auch, weder den Experten ersetzen noch jeglichen Sonderfall von Lastenmanipulationen analysieren und gestalten können (s.a. Coy und Bonsiepen, 1989). Insgesamt können wissensbasierte Systeme brauchbare Werkzeuge für unterschiedlichste Anwendergruppen darstellen und somit zu einer menschengerechten Arbeitsgestaltung beitragen.

6   Literatur

Arbeitssicherheitsgesetz, ASiG, Gesetz über Betriebsärzte, Sicherheitsingenieure und andere Fachkräfte für Arbeitssicherheit (1973) BGBl. I, S. 1885

Ayoub MM, Mital A, Bakken GM, Asfour SS, Bethea NJ (1980) Development of strength and capacity norms for manual material handling activities: The state of the art. Human Factors 22:271-283

Betriebsverfassungsgesetz, BetrVG (1974) BGBl. I, S. 469, BGBl. III, S. 801-807

Ciriello VM, Snook SH (1983) A study of size, distance, height, and frequency effects on manual handling tasks. Human Factors 25:473-483

Coy W, Bonsiepen L (1989) Erfahrung und Berechnung - Kritik der Expertensystemtechnik. Springer, Berlin.

DIN 33411, Teil 4 (1987) Körperkräfte des Menschen: Maximale statische Aktionskräfte (Isodynen). DIN, Deutsches Institut für Normung e.V., Berlin

EG Richtlinie (90/269/EWG) Über die Mindestvorschriften bezüglich der Sicherheit und des Gesundheitsschutzes bei der manuellen Handhabung von Lasten, die für Arbeitnehmer insbesondere eine Gefährdung der Lendenwirbelsäule mit sich bringt, Amtsblatt der Europäischen Gemeinschaften v. 21.6.1990, Nr. L 156/9 - L 156/13 (1990).

Gaines BR, Shaw MLG (1984) Dialog shell design. In: Proceedings of the IFIP-Conference Interact´84, Vol. 1: Elsevier Publications, London pp. 344-349

Garg A, Chaffin DB, Herrin GD (1978) Prediction of metabolic rates for manual materials handling jobs. Am. Ind. Hyg. Assoc. J. 39:661-678

Jäger M, Luttmann A, Laurig W (1983) Biomechanisches Modell des Transports von Müllgroßbehältern über Bordsteinkanten. Zbl. Arbeitsmed. 33, 251-259

Jäger M (1987) Biomechanisches Modell zur Analyse und Beurteilung der Belastung der Wirbelsäule bei der Handhabung von Lasten. Nr. 17/33, VDI-Verlag Düsseldorf

Jäger M, Luttmann A (1990) Compressive strength of lumbar spine elements related to age, gender, and other influencing factors. Proceedings 8th Int. Congress, Int. Soc. Electrophysiol. Kinesiology, Excerpta Medica, Elsevier, Amsterdam (im Druck)

Hettinger Th (1981) Heben und Tragen von Lasten. Der Bundesminister für Arbeit und Sozialordnung, Bonn

Klüner A (1989) Wissensdarstellung und -Verarbeitung in Expertensystem Entwicklungsumgebungen. Diplomarbeit, Fachhochschule Dortmund, Fachbereich Informatik

Laurig W (1983) Das Problem der Objektivierung des Begriffs "schwere körperliche Arbeit". Zbl. Arbeitsmed. 33, 242-250

Laurig W, Rombach V (1989) Expert systems in ergonomics: requirements and an approach. Ergonomics 32:795-811

Manche A, Rausch L, Simon K-H (1990) Perlen in der Muschel. Expertensystem-Shells auf dem PC (Teil 1-3). C't (Magazin für Computertechnik, Hefte 7-9)

Mescher J (1989) Wissensdarstellung und -erklärung unter Aspekten der Benutzungsfreundlichkeit in einer Expertensystem-Shell. Diplomarbeit, Fachhochschule Dortmund, Fachbereich Informatik

Mutterschutzgesetz, MuSchG, Gesetz zum Schutze der erwerbstätigen Mutter (1987) BGBl. I S. 2265

NIOSH (National Institute for Occupational Safety and Health) (1981) Work practices guide for manual lifting. (DHHS (NIOSH) publ. no. 81-122, Cincinnati, USA)

REFA Fachausschuß Chemie (1987) Handhaben von Lasten. Refa, Verband für Arbeitsstudien und Betriebsorganisation e.V., Darmstadt

Smith SL, Mosier JN (1984) Design guidelines for user-interface software. Mitre Corporation, Bedford/Massachusetts

Spitzer H, Hettinger Th, Kaminsky, G (1982) Tafeln für den Energieumsatz bei körperlicher Arbeit, 6. Aufl., REFA-Nachrichten, Beuth, Berlin, Köln

Spitzer H, Hettinger Th (1964) Tafeln für den Kalorienumsatz bei körperlicher Arbeit, 4. Aufl., Refa-Nachrichten, Beuth, Berlin, Köln

Tichauer ER (1978) The biomechanical basis of ergonomics. Wiley, New York

Unfallverhütungsvorschrift "Forsten" (1988) Gemeindeunfallversicherung, GUV 1.13

Verordnung über die Beschäftigung von Frauen auf Fahrzeugen (1971) BGBl.. I, S. 1957

7 Spezifische EDV-Lösungen für verschiedene Anwendungsbereiche

7.1 Produktion und Handwerk

Partizipative Systemgestaltung in der Werkstatt Entwicklung eines Informationssystems für Meister

Thorsten Brinkop, Berlin

Innovationsgesellschaft für fortgeschrittene Produktionssysteme in der Fahrzeugindustrie mbH,

Nürnberger Str. 68/69, 1000 Berlin 30

Zusammenfassung

In Unternehmen sind oft DV-Systeme anzutreffen, die die Arbeit ihrer Nutzer unzureichend unterstützen. Ausgehend von heutigen und zukünftigen Aufgaben der Nutzer wurde in einem partizipativen Ansatz im Preßwerk eines Automobilherstellers ein DV-System konzipiert und entwickelt, das den Bedürfnissen der Nutzer und den Erfordernissen der Werkstattsteuerung weitgehend entspricht.

Abstract

Some of the software systems used in the companies today do not sufficiently support the needs of the user. One way to ensure high acceptance of software is to involve the user in the process of designing a software system. Based on today's and future requirements of the user this approach was used to design a software system for the press shop of an automobile manufacturer. It was possible to satisfy nearly all of the needs of the user as well as the requirements of the shop floor controlling.

1 Einleitung

Die heute teilweise anzutreffenden Probleme bei den in der Fertigung eingesetzten DV- Systemen verlangen eine Veränderung bei der Vorgehensweise der Systemplanung, -entwicklung und -installierung.

Folgende Problembereiche sind für DV-Systeme in der Werkstatt oftmals kennzeichnend:

- Die Systemgestaltung wird zwischen den DV-Fachabteilungen und den Anbietern von DV-Systemen festgelegt. Der Anwender wird dabei häufig nicht in ausreichendem Umfang in die Systemplanung und -realisierung eingebunden. Ergebnis sind Systeme, die die speziellen Bedürfnisse der Anwender oftmals nicht treffen und daher kaum genutzt werden.

- Auf dieser Basis wird die Arbeitsgestaltung im Anschluß an die Systemgestaltung durchgeführt, um die Arbeitsabläufe an die vorhanden Systemleistung anzupassen. Damit diktieren DV-Systeme die Arbeitsabläufe, nicht umgekehrt.

- Die zum Einsatz kommenden Bedienoberflächen sind vielfach
  nicht an die Möglichkeiten in der Werkstatt angepaßt. Sowohl die
  Eingabe komplexer Befehlsstrukturen, die ältere DV-Systeme verlangen, die aber auch heute noch bei Neuentwicklungen anzutreffen sind, noch die komplexen Möglichkeiten der Fenstertechnik,
  die zwar die Softwareentwicklung und die Arbeit im Büro erleichtert, in der Werkstatt jedoch nur bedingt einsetzbar ist, erschweren
  dem Bediener in der Werkstatt die Arbeit mit DV-Systemen und
  führen so zu einer ablehnenden Haltung.

Eine Ursache dieser Probleme kann darin liegen, daß die zukünftigen Nutzer der
Systeme nicht ausreichend in die Systemgestaltung einbezogen werden. Bisher war
häufig die Tendenz vorherrschend, die Benutzer nur in geringem Maße in den Prozeß
der Systementwicklung einzubinden. Weit verbreitet ist eine Entwicklung von
DV-Systemen nach folgendem Phasenschema (vgl. Kimm et al):

- Ausgehend von einem Problemfeld erfolgt eine **Anforderungsanalyse**, bei der alle wichtigen Umweltbedingungen möglichst vollständig und eindeutig beschrieben und die Möglichkeiten zum
  Einsatz von DV-Systemen untersucht werden.

- Aufgrund der aufgestellten Anforderungen wird in der **Entwurfs-
  Phase** ein Feinkonzept des Gesamtsystems entwickelt, das bei der
  anschließenden **Implementierung** in einzelnen Modulen codiert
  und in ein lauffähiges Programmpaket integriert wird.

- Anschließend erfolgt eine **Funktions- und Leistungsüberprü-
  fung** gemäß den Anforderungen, bevor das DV-System endgültig
  beim Anwender **installiert** und von diesem abgenommen wird.

Bei dieser Vorgehensweise wird der Benutzer zwar in der Phase 'Anforderungsanalyse' befragt, in die eigentliche Systementwicklung, deren zeitlicher Aufwand bei
größeren Systemen im Bereich von Jahren liegen kann, jedoch nicht mit einbezogen.
Nach der Systementwicklung wird der Benutzer dann mit nur noch wenig veränderbaren Softwaresystemen konfrontiert. Da es den Nutzern oftmals schwerfällt, zuvor
ihre Anforderungen an ein Softwaresystem ohne Kenntnisse der Möglichkeiten von
DV-Systemen konkret zu bestimmen bzw. zu formulieren, besteht die Gefahr, daß
auf diese Weise Systeme entwickelt werden, die nicht den Erfordernissen der
Arbeitsaufgaben der Benutzer gerecht werden.

2 Grundlagen

Von der INPRO (Innovationsgesellschaft für fortgeschrittene Produktionssysteme in
der Fahrzeugindustrie mbH) wurde in Zusammenarbeit mit einem Automobilherstel-
ler ein Projekt beschlossen, in dem in einem Preßwerk als der ersten Stufe der
Fahrzeugherstellung, d.h. der Umformung von Blechen zu Karosserierohteilen, ein
DV-System konzipiert und modellhaft entwickelt werden sollte, das der Informa-
tionsbereitstellung und Entscheidungsunterstützung in der Werkstatt dient. In diesem
Projekt wurde ein anderer Ansatz der Systementwicklung verfolgt. Die späteren
Systemnutzer, die Mitarbeiter der mittleren Leitebene im Preßwerk, wurden von
Beginn des Projektes an in die Arbeiten einbezogen, um deren Belange möglichst
umfassend zu berücksichtigen.

Die Mitarbeiter der mittleren Leitebene sind Meister und Vizemeister, die die Koordination der Produktion vor Ort vornehmen, aber auch deren direkte Vorgesetzte, die Unterabteilungsleiter. Wenn im folgenden diese Mitarbeiter nur noch als "Meister" bezeichnet werden, ist damit stets die gesamte Personengruppe gemeint.

Ziel des Projekts war die Konzipierung und prototypische Entwicklung eines Leitstands, der die Informationsflüsse für die Mitarbeiter vereinfachen und somit das gesamte Betriebsgeschehen transparenter machen sollte. Dabei sollten die informationstechnischen Strukturen im Hinblick auf **integrierende Arbeitsabläufe** verbessert werden (vgl. Brinkop, Nullmeier).

3 Ausgangssituation

In dem betrachteten Preßwerk wird noch ein zentrales Steuerungssystem für den gesamten Fertigungsbereich eingesetzt, das im wesentlichen die Maschinenbelegungsplanung inklusive der Stammdatenverwaltung und die Überwachung des Auftragsfortschritts durch die Ankopplung eines Betriebsdaten-Erfassungssystems übernimmt.

Die Meister als eigentliche "Steuerer" vor Ort bekommen ihre Informationen vom Preßwerksteuerungssystem auf Listen, die nicht stets aktuell gehalten werden können. Aus diesem Grund wird das Telefon wichtigstes Kommunikationsmittel zur Informationsbeschaffung (Abb. 1): Informationen werden teilweise auf privaten Notizblättern, teilweise in die vorhandenen Listen eingetragen.

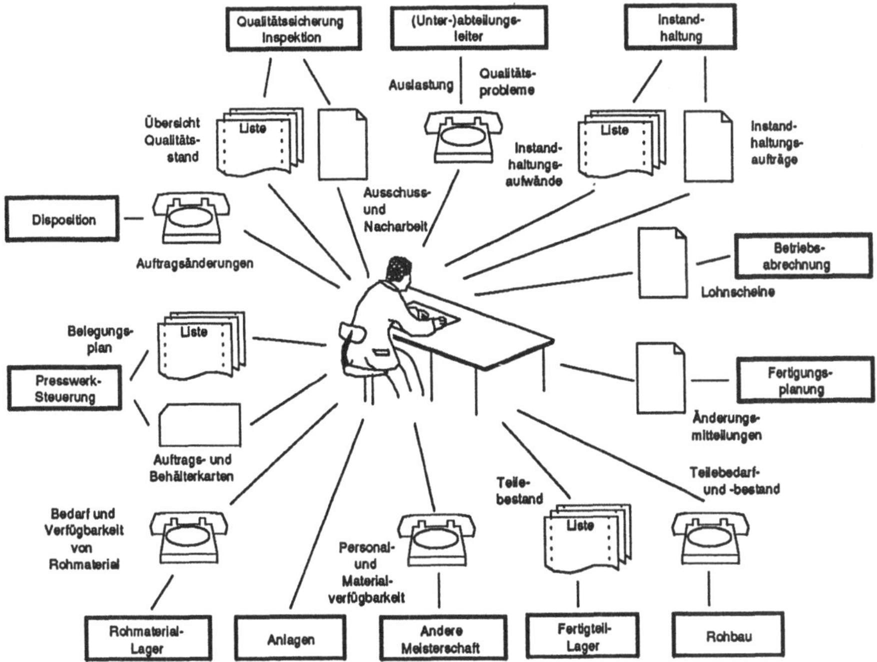

Abb. 1: Kommunikationsbeziehungen

Gesteuert wird damit ein Preßwerk mit insgesamt 21 Meisterschaften, die durchschnittlich 65 Mitarbeiter, 10 - 12 Pressenstraßen und Ablänganlagen sowie jeweils ein Teilespektrum von ca. 60 verschiedenen Teilen umfassen.
An jedem Tag werden im Preßwerk ca. 440.000 Teile aus 1.200 Tonnen Rohmaterial produziert. Die Fertigung eines Karosserie-Rohteils erfolgt im wesentlichen in 2 Stufen:

- das auf Rollen (Coils) angelieferte Rohmaterial wird auf einer Ablänganlage oder einer Schneidpresse zu Platinen geschnitten,
- um anschließend auf einer Pressenstraße in mehreren Arbeitsgängen umgeformt zu werden.

Die Fertigteile werden in einem Hochregallager bzw. in einem Flächenlager eingelagert oder direkt der nachfolgenden Produktionsstufe, dem Rohbau, zugeführt.

4 Anforderungsanalyse

4.1 Vorgehensweise

In entscheidenden Punkten der Softwareentwicklung wurden die künftigen Nutzer aktiv in den gesamten Entwicklungsprozeß einbezogen. Ausgehend von der Gestaltung der Arbeitstätigkeiten und der darauf abgestimmten Konzeption eines Informations- und Entscheidungsunterstützungssystems wurden die künftigen Nutzer auch in die Entwicklung eines Beispielsystems als Diskussionsgrundlage einbezogen. Hier wurde von der klassischen Vorgehensweise der Softwareentwicklung abgewichen und auf diesem Wege versucht, eine den Bedürfnissen entsprechende Softwaregestaltung vorzunehmen.

Ausgangsbasis bildete dabei eine ausführliche Analyse der Arbeitstätigkeiten der Meister, der auftretenden Entscheidungssituationen und der dafür erforderlichen Informationsflüsse. Ein wesentliches Ziel war es, den Handlungs- und Entscheidungsspielraum der Meister zu ermitteln und durch entsprechende DV-Funktionen zu unterstützen (vgl. Oesterreich).

Die Analyse erfolgte durch Befragungen der Meister, deren Begleitung während des Schichtbetriebs und der Auswertung von verteilten Fragebögen. Um einen möglichst umfassenden Überblick zu bekommen, wurde die Anlayse in 2 Stufen durchgeführt, wobei zwischen den beiden Analysephasen erste Auswertungen vorgenommen wurden, die mit den Meistern zu Beseitigung von Mißverständnissen abgestimmt wurden.

4.2 Ergebnisse

Das Ergebnis der Analyse war eine detaillierte Beschreibung der Arbeitsaufgaben, der dabei auftretenden Entscheidungssituationen und des gesamten Informationsbedarfs der "Meister"-Leitebene im Preßwerk.

Die Analyseergebnisse wurden nach folgenden Schema dokumentiert (Abb. 2, 3):

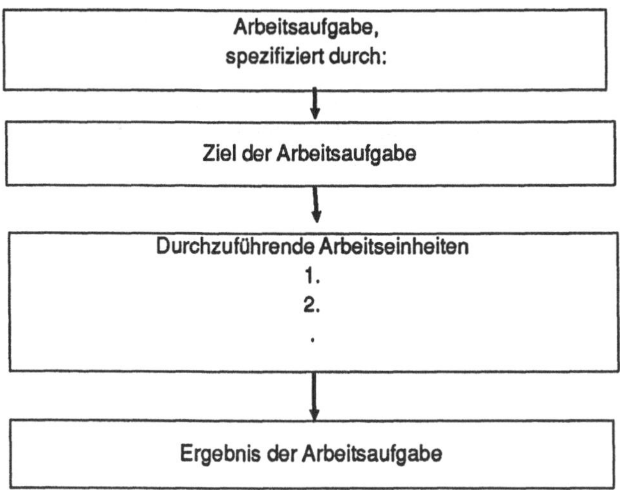

Abb. 3:   Analyseschema für Arbeitsaufgaben

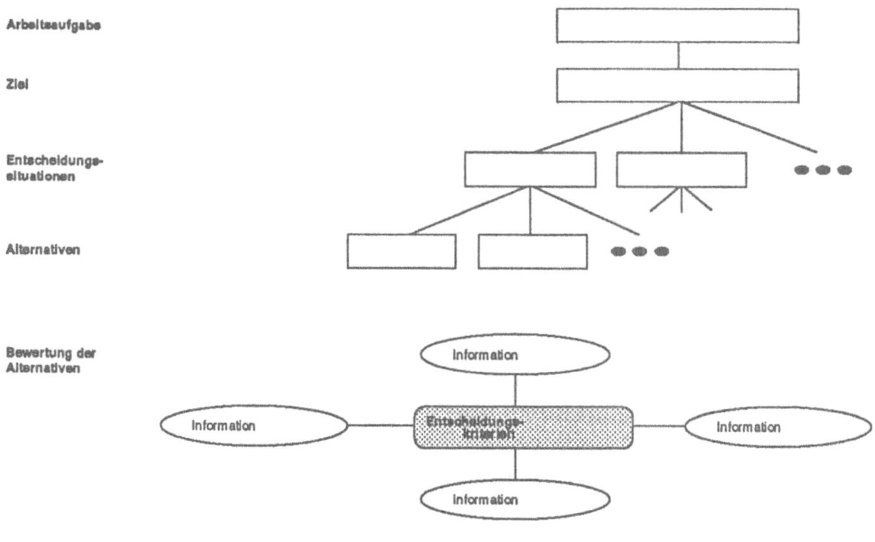

Abb. 2:   Darstellung der Entscheidungssituationen und des Informationsbedarfs

Die Beschreibung der Arbeitsaufgaben der Meister erfolgte folgendermaßen:

- Zunächst wurde das Ziel, das mit der Durchführung der Arbeitsaufgabe verfolgt wurde, identifiziert.
- Davon ausgehend wurden die zur Durchführung der Arbeitsaufgabe erforderlichen Arbeitseinheiten beschrieben.

- Die Beschreibung des Arbeitsergebnisses rundet die Aufgabenbeschreibung ab.

Ausgehend von den analysierten Arbeitsaufgaben, die der Erreichung bestimmter Ziele dienen, ergeben sich im Produktionsprozeß unterschiedliche Entscheidungssituationen. In jeder Entscheidungssituation ist prinzipiell die Wahl unter verschiedenen Handlungsalternativen möglich. Die Auswahl einer Handlungsalternative hängt von der Bewertung nach unterschiedlichen Entscheidungskriterien ab, denen Informationen zugrunde liegen. Um die Entscheidungssituationen vollständig darzustellen, werden schließlich auch die Beteiligten aufgeführt, von den Informationen eingeholt werden müssen oder mit denen die Entscheidungen abgestimmt bzw. die über die getroffenen Entscheidungen informiert werden müssen.

Parallel zur Analyse der Arbeitsaufgaben der Meister wurden Gespräche mit deren Vorgesetzten über das zukünftige Bild des Meisters im Preßwerk durchgeführt. Veränderte technische, organisatorische und logistische Randbedingungen wie schnellere, komplexere Pressen, die Organisation des Anlagenbedienpersonals in Fertigungszellen mit integrierter Aufgabenstruktur (Produktion, Instandhaltung, Qualitätssicherung) und der logistischen Forderung nach Tageslosen verlangten Anpassungen in der Gestaltung der Arbeitstätigkeiten der Meister. So sollte mehr Handlungs- und Entscheidungsspielraum in die Werkstatt gelegt werden, um schnell und flexibel auf die veränderten Anforderungen reagieren zu können.

Diesen Veränderungen in den Arbeitsaufgaben der Meister sollte mit dem DV-System ebenfalls Rechnung getragen werden.

Ein konkretes Beispiel für geplante Veränderungen ist der Entscheidungsspielraum bei Auftragsreihenfolgen. Kann der geplante Auftrag nicht gefertigt werden, soll der Meister Umplanungen, die er für seinen Fertigungsbereich entscheiden kann und die nicht mit den gesetzten spätesten Endterminen kollidieren (Gefahr des Produktionsabrisses), vornehmen. Dabei soll er von dem DV-System unterstützt werden. Diese bisherige Aufgabe der zentralen Preßwerksteuerung soll aufgrund der sinkenden Losgröße und des damit erforderlich gewordenen schnellen Reaktionsbedarfs von den Meistern direkt durchgeführt werden. Hierzu sind entsprechende Funktionen im Leitstand vorzusehen.

Aus diesen Prämissen und den analysierten Arbeitsaufgaben heraus wurden die Funktionsbereiche, die für einen entsprechenden Leitstand erforderlich sind, abgeleitet und in einem Lastenheft zunächst ihrem Inhalt nach beschrieben.

Auch in diese Projektphase wurden die künftigen Nutzer eingebunden. Die beschriebenen Funktionen wurden ihnen vorgestellt und mit ihnen diskutiert, wobei jedoch die Schwierigkeiten auftraten, den DV-unerfahrenen Meistern DV-Funktionen vorzustellen und bei ihnen eine Vorstellung über künftige DV-Funktionen und deren Nutzen zu wecken.

Aus diesem Grund wurde beschlossen, einen Teil der Funktionalität in einem Prototyp abzubilden, um den Meistern so einen Eindruck über die Arbeitsweise möglicher DV-Funktionen zu geben und anhand dessen die genau benötigte Funktionalität zu diskutieren.

5 Prototyping

5.1 Grundlagen

Das Prototyping ist ein besonderes Verfahren im Rahmen der Softwareentwicklung, bei dem durch die rasche Erstellung eines Beispiel-Systems bzw. eines Modells mögliche Systemleistungen den späteren Nutzern vorgestellt und mit ihnen diskutiert werden. Die erste Version wird dann entsprechend den Anregungen der Benutzer in einem mehrstufigen, zyklischen Prozeß laufend verbessert. Die Benutzer werden bei diesem Verfahren frühzeitig in die Entwicklung des eigentlichen DV-Systems einbezogen, wodurch

- Akzeptanzprobleme vermieden und
- die Gefahr der Entwicklung von Funktionen an den Bedürfnissen der Anwender vorbei vermindert werden kann.

Dadurch erfolgt für die an dem Prototyping beteiligten Mitarbeitern eine frühzeitige Information, unnötige Gerüchte, die oftmals zu einer Verschlechterung des Betriebsklimas führen, können vermieden werden.

Im Idealfall sollte der Prozeß des Prototyping in möglichst vielen zyklischen Stufen ablaufen, wobei in der Folgestufe jeweils die veränderten und neu entwickelten Funktionen vorgestellt, getestet und wieder verändert werden, bis schließlich die gesamte Funktionalität entsprechend den Bedürfnissen entwickelt worden ist (vgl. auch Keil-Slawik).

5.2 Vorgehensweise

Die Realität setzt diesem Prozeß jedoch Grenzen. Zum einen steht in der Regel für die Softwareentwicklung nur ein begrenzter Zeit- und Kostenrahmen zur Verfügung, zum anderen sind die künftigen Nutzer in ihre Arbeitsprozesse eingebunden, der Aufwand für die Diskussions- und Bewertungsrunden darf deshalb nicht zu hoch werden.

Es wird zwar teilweise möglich sein, einen oder zwei Mitarbeiter für eine bestimmte Zeitdauer aus dem Produktionsprozeß herauszuziehen, zur Realisierung eines abgestimmten DV-Systems sollte jedoch ein möglichst großer Teil der Betroffenen in das Prototyping einbezogen werden. Diese Restriktionen legten folgendes Vorgehen für die Projektphase "Prototyping" nahe (vgl. Abb. 4):

Meister-Workshop

Da die Meister im Preßwerk bisher nicht oder nur in geringem Umfang mit DV-Systemen konfrontiert worden sind, war Ziel dieses Workshops die Vorbereitung auf das Prototyping durch eine Einführung in die grundlegenden Aspekte von DV-Systemen sowie die Diskussion von Chancen und Risiken des DV-Einsatzes in der Werkstatt, im besonderen im Preßwerk. Auf diesem Workshop wurden

- Kenntnisse grundsätzlicher Prinzipien von DV-Systemen mittels eines Schulungsfilms und am Beispiel eines Personalcomputers vermittelt,

- der Informationsbedarf für die Bewältigung von Entscheidungssituationen anhand vorbereiteter Szenarien erarbeitet und
- Erwartungen und Befürchtungen, die im Zusammenhang mit der Einführung von DV-Systemen vorhanden sind, anhand vorgelegter Thesen diskutiert.

Insbesondere der letzte Punkt, die Erwartungen und Befürchtungen der Meister, die mit dem Einsatz eines DV-Systems in der Fertigung im Preßwerk verbunden sind, wurde sehr offen diskutiert. Dabei wurden neben den Befürchtungen der Mehrbelastung und der möglichen Personaleinsparung auch die Chance erkannt, die ein derartiges System für die Erleichterung der Durchführung der Arbeitsaufgaben im Hinblick auf die Transparenz von Informations- und Materialflüssen, die nicht immer vollständig gegeben ist, bietet.

Da die Einführung von Leitständen eine wesentliche Veränderung für die Meister im Preßwerk bedeutet und das Verfahren "Prototyping" in diesem Anwendungsbereich einen neuen Weg zur Systementwicklung darstellt, konnte durch den Workshop ein Grundstein für die nachfolgenden Bewertungsrunden gelegt werden.

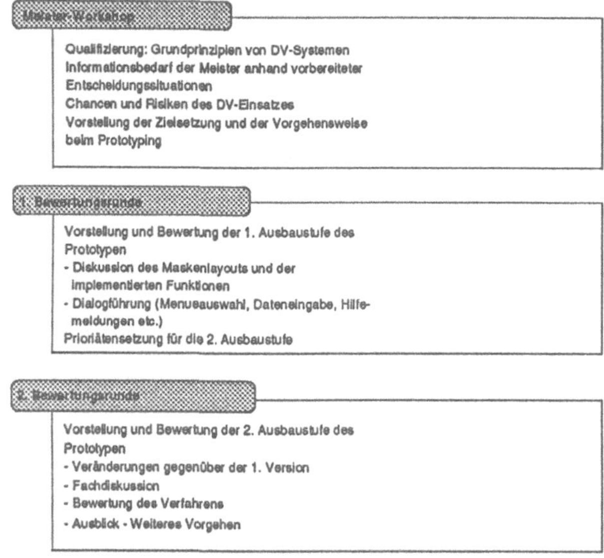

Abb. 4:   Vorgehensweise beim Prototyping

Vorstellung und Bewertung der 1. Ausbaustufe

Der Prototyp wurde in zwei Bewertungsrunden dem Teilnehmerkreis des Workshops vorgestellt. Die erste Runde diente neben einem ersten Kennenlernen des DV-Systems

- der Bewertung der Dialogführung,
- der Beurteilung der implementierten Funktionen,
- der kritischen Überprüfung der Form der Informationsdarstellung und der Maskengestaltung und
- der Diskussion des erforderlichen Gesamtfunktionsumfanges eines Leitstandes.

Bereits diese Runde brachte wertvolle Hinweise und Anregungen zur Informationsdarstellung bzw. zum Maskenlayout und zur Dialogführung. Beispielweise wurde eine Bedienmöglichkeit durch Funktionstasten, die in der ersten Ausbaustufe noch nicht implementiert war, von den Meistern gefordert.

In dieser Diskussionsrunde wurde die Basis gelegt für das endgültige einzuführende System. Die Meister forderten eine einfache Bedienung "per Knopfdruck" und erkannten hier bereits die Möglichkeiten der Informationsdarstellung auf einem Bildschirm.

Dabei lief die Diskussion nicht in Bereiche der Positionierung von Maskenfeldern und der Farbwahl, sondern in die Reihenfolge der Informationsdarstellung entsprechend des Bedarfs der Meister bei der Erledigung der einzelnen Arbeitsaufgaben.

Maßgeblich dafür war die Hinterlegung von realen Daten aus dem Preßwerk in einer Datenbank, die in die Oberfläche eingelesen wurden. Die Meister erkannten sofort "ihre Welt" wieder und konnten dadurch wesentlich besser den Wert der Informationen einschätzen als bei der Darstellung von Maskenfeldern mit "Dummy"-Daten. Dadurch entstanden auch lebhafte Diskussionen über Reihenfolge und Umfang der benötigten Daten.

Am Schluß der ersten Bewertungsrunde legten die Teilnehmer Prioritäten für Änderungs- bzw. Ergänzungsarbeiten am Prototypen fest.

Vorstellung und Bewertung der 2. Ausbaustufe

Nach einer Überarbeitung und Erweiterung der ersten Ausbaustufe fand die zweite Bewertungsrunde statt. Hauptziel dieser Runde war eine Bewertung der zwischenzeitlich erfolgten Änderungen und Erweiterungen des Prototypen. Zudem wurden die im Prototypen nicht implementierten Funktionen, die ein Leitstand für die Meister im Preßwerk umfassen sollte, diskutiert. Hier kamen Anregungen zu erweiterten und neuen Funktionen, die sich aus der gleichzeitig erfolgten Arbeitsgestaltung für die Meister ergaben.

Den Abschluß bildete eine Diskussion aller Beteiligter an den Bewertungsrunden, bei der folgende Themen erörtert wurden:

- Funktionalität des zu entwickelnden Leitstandes
  Von den Meistern wurden abschließend die Funktionen eines Leitstandes besonders hervorgehoben, die ihnen in der aktuellen Situation im Preßwerk eine Hilfe bei der effizienten Erledigung ihrer Aufgaben verschaffen würden.

- Verfahren der Prototyperstellung, Anmerkungen der Beteiligten
  Von allen Beteiligten wurde das Verfahren der Einbeziehung der Nutzer in die Phase der Systementwicklung als positiv beurteilt und als Vorgehensweise für weitere Systementwicklungen empfohlen.

- Qualifizierung der Systembenutzer
  Die Notwendigkeit der frühzeitigen und umfassenden Qualifizierung der späteren Benutzer des Meisterschafts-Leitstandes wurde herausgestellt.

5.3 Ergebnisse

Die Anregungen aus den Bewertungsrunden sowie aus den Diskussionen mit anderen Beteiligten im Preßwerk (Preßwerksteuerung, Vorgesetzte der Meister, angrenzende Fachabteilungen wie Instandhaltung und Qualitätssicherung) konnten aus Zeitgründen nur zum Teil noch im Prototypen implementiert werden. Anschließend wurde der entwickelte Prototyp eines Leitstandes für die Meister im Preßwerk inklusive der Vorgehensweise beim Prototyping vor den Verantwortlichen im Preßwerk vorgestellt und diskutiert.

Als besonderer Aspekt trat dabei die Weiterverwendbarkeit des Prototypen auf. Aus den aktuellen Randbedingungen heraus - der Hersteller des Steuerungssystems, als dessen Modul der Leitstand im realen System entwickelt werden sollte, stand noch nicht fest, und somit auch nicht die Zielhardware und die Entwicklungsumgebung - erfolgte die Wahl einer Entwicklungsumgebung für das Prototyping, die möglichst schnell und sicher die Entwicklung und Veränderung von Funktionen zulassen sollte. Damit war jedoch von Beginn an ausgeschlossen, daß der entwickelte Prototyp direkt in die endgültige Systementwicklung, weder software- noch hardwaremäßig, einfließen konnte.

Im vorliegenden Projekt wurde dies jedoch nicht als maßgeblich angesehen. Wichtig war die aktive Einbeziehung der Meister in das Prototyping, um so eine an deren Anforderungen an die Informationsdarstellung in einem DV-System angepaßte Systemlösung entwickeln zu können. Dabei lag der Hauptaugenmerk nicht auf der Bedienoberfläche als der Schnittstelle zwischen DV-System und Menschen, sondern auf dem Informationsangebot, das an die aktuelle Situation der Meister angepaßt entwickelt werden sollte.

Das zweite Ergebnis betrifft die Maskengestaltung sowie die Menüsteuerung. Die im Projekt gewählte Oberfläche gestattete eine schnelle und komfortable Maskenerstellung und -änderung, bot aber nicht alle Möglichkeiten heutiger moderner Oberflächen wie Grafik und Fenstertechnik, die in der Literatur als richtungsweisend auch für Werkstattleitstände angesehen werden. Es hat sich jedoch im Verlauf des Prototyping gezeigt, daß moderne Fenstertechnik nicht für alle Anwendungsfälle in der Werkstatt geeignet sind, da die Bedienung, mausgestützt, für viele Anwender zu kompliziert ist. In der ersten Ausbaustufe des Prototyps war die Bedienmöglichkeit über Maustechnik vorgesehen, sie wurde von den Meistern aufgrund der ungewohnten Handhabung (genaue Positionierung des Cursors auf dem Bildschirm) als zu kompliziert abgelehnt. Für den Leitstand im Preßwerk als Informationssystem wurden Informationsabrufe auf "Knopfdruck" gefordert, wobei die Darstellung von Zuständen durch unterschiedliche Farben unterstützt werden sollte.

Bezüglich der Menüsteuerung sollten einzelne Masken mit möglichst wenigen "Knopfdrücken" erreicht werden können: hier sind insbesondere Querverzweigungen einzurichten, wenn einzelne Arbeitsaufgaben Informationen aus unterschiedlichen Funktionen benötigen.

Ein drittes Ergebnis lag in dem Verfahren der Erstellung eines Prototyps selbst. Dieses Verfahren wurde als Möglichkeit erkannt, die künftigen Systemnutzer frühzeitig zu informieren, in die Systementwicklung einzubeziehen und somit eine Vertrauensbasis vor der eigentlichen Implementierung zu schaffen, die spätere

Akzeptanzprobleme aufgrund der Berücksichtigung der Bedürfnisse der künftigen Benutzer vermeiden hilft. Das setzt voraus, daß das System sich nicht zu sehr vom Prototyp unterscheidet.

Das Vorgehen des Prototypings als ein Verfahren der Softwareentwicklung mit der direkten Beteiligung der Systemnutzer wurde sowohl von den Beteiligten als auch von deren Vorgesetzten zur Nachahmung empfohlen.

6 Bewertung und Ausblick

Die gesammelten Anforderungen an das zu entwickelnde DV-System wurden in einer Dokumentation an den Pilotanwender übergeben. Um eine Umsetzung der gesammelten Erfahrung zu gewährleisten, arbeitet ein Mitarbeiter des Projekts bei der Systemspezifikation und Pflichtenhefterstellung für das neue Preßwerksteuerungssystem mit. Somit fließen die Projektergebnisse direkt in die DV-Entwicklung ein.

Das Prototyping als Verfahren der Softwareentwicklung wurde durch folgende Aspekte besonders gekennzeichnet:

- Einführung in das Verfahren und die Bewertungsrunden erfordern Arbeitszeit der Nutzer. Daher müssen zum einen die Nutzer überzeugt sein, daß sie tatsächlich Beeinflussungsmöglichkeiten haben, zum anderen ist die Unterstützung durch das obere Management sehr wichtig. Organisationsumfeld und Entscheidungsbefugnisse müssen im Sinne einer klaren Projektorganisation eindeutig bestimmt sein.

- Häufigere und ggf. kürzere Bewertungsrunden sind vorzuziehen, um erhöhte Übungseffekte beim Nutzer zu erzielen und damit zu vertieften Aussagen bei der Bewertung zu kommen. Da aber eine sichtbare Verbesserung des Prototyps und eine Umsetzung der Anregungen der Nutzer sich als sehr wesentlich für die Motivation erwiesen haben, muß zwischen aufeinanderfolgenden Ausbaustufen ausreichend Entwicklungskapazität vorhanden sein.

- Sorgfältige Vorbereitung und Durchführung von Informations- und Bewertungsrunden auf den verschiedenen Management-Ebenen (Meister, Preßwerk-Leiter, Systemanalyse, Betriebsrat) haben zum Gelingen entscheidend beigetragen.

- In der Analysephase wurde ausreichend Wissen aufgebaut, um bereits für die erste Version des Prototypen eine positive Bewertung zu erhalten. Es konnte eine Vertrauensbasis zwischen Entwickler und Nutzer aufgebaut werden, die im Verlauf des Prototyping-Verfahrens hilfreich war und gefestigt werden konnte.

Unabhängig vom Grad der Wiederverwendbarkeit des Prototyps (Abb 5) sind stets Ergebnisse zu erwarten, die die Entwicklung von anwendergerechten DV-Systemen positiv beeinflussen können.

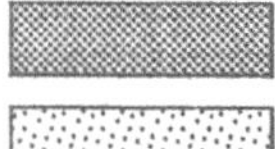

Abb. 5: Möglichkeiten der Weiterverwendung des Prototypen

Es empfiehlt sich daher, rechtzeitig die Bedürfnisse der künftigen Anwender zu klären, möglichst durch die Diskussion an einem Beispielsystem. Ist die Zielhardware und die Entwicklungsumgebung bereits bekannt, kann der Prototyp im Idealfall bereits als Keimzelle für das endgültige System verwendet werden, wodurch bereits geleistete Entwicklungsarbeit (Datenstrukturen, Programmierung, Oberflächengenerierung) direkt genutzt werden kann.

7 Literatur

Brinkop, T., Nullmeier, E.: CIM im Preßwerk.
In: ZwF CIM 85 (1990) 10

Keil-Slawik, R.: Integrierte Systementwicklung.
In: Nullmeier, E., Rödiger, K.-H. (Hrsg.): Dialogsysteme in der Arbeitswelt.
Mannheim, Wien, Zürich 1987.

Kimm, R., Koch, W., Simonsmeier, W., Tontsch, F.: Einführung in Software Engineering.
Berlin, New York 1979.

Oesterreich, R.: Veränderungen von Arbeitsinhalten durch Rechnereinsatz.
In: Nullmeier, E., Rödiger, K.-H. (Hrsg.): Dialogsysteme in der Arbeitswelt.
Mannheim, Wien, Zürich 1987.

Erfahrungsgeleitete Arbeit in der computer-integrierten Fertigung

Robert Schneider[1], Gunter Lay[1], Helmuth Rosc[2]

[1]Fraunhofer-Institut für Systemtechnik und Innovationsforschung (ISI), Breslauer Straße 48, 7500 Karlsruhe 1, [2]Insitut für sozialwissenschaftliche Forschung (ISF), Jakob-Klar-Straße 9, 8000 München 40

Zusammenfassung

In der industriellen Produktion wird gegenwärtig die Nutzung praktischer Kompetenz qualifizierter Fertigungsmitarbeiter als betriebswirtschaftlich bedeutsame Ressource wiederentdeckt. Die derzeit stattfindende Vernetzung computergestützter Produktionssysteme bedroht jedoch qualifizierte Facharbeit, wenn nicht geeignete technische und organisatorische Maßnahmen ergriffen werden.

Abstract

At present the use of practical skills in carrying out tasks on the shop floor in industrial production is becoming rediscovered as an economically significant resource. Therefore it is necessary to gain highly specified practical skill tasks in a Computer Integrated Manufacturing System too. To achieve this goal, technical and organizational aspects have to be taken into account.

1 Einleitung

Der Beitrag wird zeigen, daß ein neuer Typ technischer Innovationen, der unter dem Sammelbegriff "CIM (= Computer Integrated Manufacturing)" zusammengefaßt werden kann, Probleme für eine effiziente und humanen Kriterien genügende Gestaltung des organisatorischen Rahmens aufwirft. Durch die Möglichkeit, mit Hilfe der Computertechnik Fertigungsprozesse zu simulieren, besteht die Möglichkeit, planende Tätigkeitsbestandteile, die eigentlich eng mit dem Fertigungsprozeß verbunden sind, in zentralen Planungsbereichen durchzuführen. Den Beschäftigten, die die Fertigung konkret ausführen, verbleiben dann lediglich rudimentäre Arbeitsaufgaben. Diese Gefahr der Zentralisierung planender Tätigkeitsbestandteile wird entscheidend dadurch verstärkt, daß in der computerintegrierten Produktion solche in zentralen planenden Bereichen erarbeiteten Planungsergebnisse nicht mehr in jedem Fall an das Fertigungspersonal übergeben werden müssen, sondern - zumindest in Teilen - direkt in die Computersteuerungen der Produktionsanlagen und Werkzeugmaschinen einfließen können.

Obwohl dem Fertigungspersonal als Ausgleich dafür neue Planungsaufgaben zuwachsen, kann dies vor dem Hintergrund des Aufbaues von Erfahrung und Fertigungswissen keinen Ausgleich bedeuten. Fertigungswissen kann sich nur aufbauen und ergänzen, wenn die Fertigungsaufgabe selbst als ganzheitliche Arbeitstätigkeit erhalten bleibt, die das Erleben der Konsequenzen eigenen Planens und Handelns ermöglicht. Daneben sind durch CIM arbeitsbezogene informelle Kontakte zu Arbeitskollegen - eine wichtige Erfahrungsquelle für objektives Fertigungswissen - durch bildschirmvermittelte Kommunikation bedroht. Bei der Integration von Computeranwendungen verschiedener Betriebsbereiche muß - so eine allgemein akzeptierte Forderung - auch die Kooperation dieser Bereiche miteinander verstärkt werden. Durch geeignete organisatorische Maßnahmen ist dafür zu sorgen, daß diese wichtiger werdenden Kontakte zwischen den Betriebsbereichen nicht auf bildschirmvermittelte Kooperationen reduziert werden.

In Abbildung 1 sind die Unterschiede zwischen technischen Innovationen, die auf Einzelbereiche gerichtet sind und solchen, die auf das gesamte Unternehmen zielen, zusammengestellt.

Technische Innovation _Art_ _Merkmal_	Einsatz bereichsspezifischer CA-Bausteine (CAD,PPS,CAM,...)	Integration von bereichsspezifischen CA-Bausteinen (CIM)
Rationalisierungsstrategie	verrichtungsorientiert	prozeßorientiert
Rationalisierungstyp	funktionsbezogene Rationalisierung (technisch-organisatorisch)	systemische Rationalisierung (organisatorisch-technisch)
Arbeitsteiligkeit/ Arbeitsorganisation	orientiert an Funktionen einzelner Betriebsbereiche	orientiert an bereichsübergreifenden Funktionsketten

Abb.1. Charakterisierung verschiedener Arten technischer Innovationen

Am Beispiel der CIM-Vernetzungslinie CAD/NC-Integration wird im folgenden die Situation der Unternehmen in der Umbruchphase technischer Innovationen von Computerunterstützungen einzelner Bereiche hin zur computerintegrierten Unterstützung der Produktion aufgezeigt werden. Der Begriff CAD/NC-Integration besagt, daß das Programmieren von computergesteuerten (CNC)-Werkzeugmaschinen mit Hilfe von in der computergestützten Konstruktion (CAD = Computer Aided Design) erzeugten DV-Daten erfolgen kann. Es soll deutlich werden, daß technische Innovationen mit CIM-Charakter nur durch begleitende organisatorische Innovationen zu Fertigungsstrukturen führen, die den Aufbau und Erhalt von Erfahrungswissen sichern.
In einem Ausblick wird schließlich auf organisatorische Innovationsaspekte hingewiesen, die dem Erfahrungswissen dienlich sind und für die arbeitswissenschaftliche Konzepte in Zusammenhang mit CIM zu entwickeln und zu untersuchen sind.

2 Erfahrungswissen in der Integrationskette CAD/ NC-Programmierung/CNC-Werkzeugmaschinen

Am Anfang der NC-Steuerungsentwicklung wurde verschiedentlich die Auffassung vertreten, in Zukunft bedürfe es zur Bedienung von Werkzeugmaschinen nur wenig qualifizierter Angelernter oder Hilfskräfte, während die Programmierung und Steuerung von Werkzeugmaschinen mit Hilfe einiger Fachkräfte abgewickelt werden könne.

In der Praxis werden aber bei der Arbeit an CNC-Werkzeugmaschinen bevorzugt Facharbeiter eingesetzt, da sich durch ihren Einsatz Stillstandszeiten reduzieren und Qualitätsansprüche eher realisieren lassen. Bei Losgrößen von 1 bis 1.000, im Werkzeug- und Formenbau und bei häufigerem Umrüsten, z.B. infolge eines hohen Anteils von täglich notwendigen Auftragsumstellungen, werden von den Betrieben fast ausschließlich Facharbeiter eingesetzt.

Facharbeiter, die Berufspraxis an konventionellen Maschinen erworben haben, verfügen über ein Arbeitsvermögen, das aus ihren Erfahrungen mit Auftragsabwicklung, Arbeitsplanung, Maschinenüberwachung und Teileprüfung resultiert. Es fließen somit Erfahrungen in die Arbeit mit der CNC-Maschine ein, die an dieser Maschine selbst - aufgrund veränderter Technik und Einsatzorganisation - eventuell nicht hätten erworben werden können. Ganz wesentlich für den Erfahrungserhalt ist auch die in der Facharbeiterausbildung entwikelte und im Berufsleben ständig aktualisierte Fähigkeit, selbständig ganzheitliche Aufgaben zu bearbeiten, das heißt, komplexe Bearbeitungen durch Planung und Teilzielbildung eigenverantwortlich auszuführen. Bei CNC-Bearbeitungen findet nunmehr ein wesentlicher Planungsanteil in der Teiltätigkeit NC-Programmierung statt. Das Erfahrungswissen über den Fertigungsprozeß ist vor allem bei dieser Aufgabe äußerst wichtig. In einer Untersuchung zur CAD/NC-Integration des Fraunhofer-Instituts für Systemtechnik und Innovationsforschung (Karlsruhe) und des Instituts für Sozialforschung (Frankfurt) war dies z.B. in zwei Dritteln der untersuchten 21 Fälle zu beobachten. Es ist somit nicht überraschend, daß erfahrene Facharbeiter und Industriemeister mit der Erstellung von NC-Programmen befaßt sind. Allerdings sind die NC-Programmierer nur in drei der 21 Fälle noch direkt in der Fertigung als CNC-Werkzeugmaschinenführer tätig. Eine den Fallstudien vorgeschaltete Fragebogenerhebung ergab für 115 Fälle der CAD/NC-Integration ein ähnliches Bild: Nur in 13 % dieser Fälle erfolgte die NC-Programmierung durch direkt in der Fertigung tätige Personen. In allen anderen Fällen erfolgte die Programmierung durch Personen, die der Arbeitsvorbereitung (teilweise sogar dem Konstruktionsbereich) angehörten (vgl. Lay, G. et al. 1987).

Hier nun erhebt sich die Frage, wie Arbeitserfahrung gebildet werden soll, wenn die CNC-Werkzeugmaschinenführer künftig weder Umgang mit konventionellen Maschinen haben noch die für die Erfahrungsbildung wesentlichen Tätigkeiten der NC-Programmierung durchführen. Es reicht nicht aus, früheres Erfahrungswissen wiederzugewinnen bzw. zu sichern. Es bedarf grundsätzlich auch des Aufbaus neuen Erfahrungswissens sowohl zum Erhalt der Facharbeiterqualifikation über einen längeren Zeitraum, als auch zur Heranbildung hoch qualifizierter Facharbeiter für die (innerbetriebliche Karriere) des Aufstiegs in zentrale planende Bereiche. Entscheidend für den Aufbau und Erhalt von Erfahrungswissen ist - wie einleitend gezeigt - die Ganzheitlichkeit der Arbeitstätigkeit, die in der Arbeitsausführung Fehler eigener Planungen erfahrbar werden läßt. Für erfahrungsgeleitete Facharbeit an CNC-Werkzeugmaschinen bedeutet dies, daß NC-Programmieraufgaben zum Tätigkeitsprofil des Maschinenführers gehören müssen.

Ein weiterer Aspekt der Erfahrungsbildung an CNC-Werkzeugmaschinen ist, daß der Facharbeiter auf die Informationen des Steuerpults angewiesen ist (alphanumerische Anzeigen oder graphische Darstellungen). Dies erschwert den Erfahrungsaufbau insbesondere dann, wenn der so vermittelte Arbeitsprozeß nicht vom Facharbeiter selbst geplant worden ist. Facharbeiter, die vor ihrer Tätigkeit an CNC-Werkzeugmaschinen an konventionellen Maschinen gearbeitet haben, deuten häufig auf diesen Sachverhalt hin, daß die herkömmliche Planung, Einrichtung und Kontrolle der Bearbeitungsprozesse einer Maschine etwas anderes sei als das Optimieren und Testen von Verfahrwegen. Der Umgang mit Informationen am Steuerpult und die maschinellen Bearbeitungsvorgänge werden nicht mehr als ein gemeinsamer Arbeitsschritt erlebt, als Vorgang, der gleichzeitig eine informatorische wie auch mechanische Seite hat und durch den Kopf- und Handarbeit unmittelbar gekoppelt sind. Die daraus resultierende "Spannung", ob die Umsetzung von Informationen am

Steuerpult auch genau die beabsichtigten Auswirkungen an der Maschine nach sich ziehen, bleibt an der CNC-Werkzeugmaschine grundsätzlich bestehen. Sie führt dazu, daß Facharbeiter bei der Programmierung, vor allem aber bei der Optimierung fremderzeugter Programme häufig Gefühle von Unsicherheit entwickeln. Gefühlsmäßig werden Programmabschnitte unterschieden, die sie für gesichert bzw. ungesichert halten. Bei "sicheren" Abschnitten wird im Stück vorgegangen, bei "unsicheren", weil fremderzeugten, Abschnitten werden die gedanklichen Schritte kleiner (vgl. Böhle/Milkau 1988; Martin/Rose 1989).

Erfahrungsgeleitete Arbeit an der CNC-Werkzeugmaschine ist unter den vorgenannten Gesichtspunkten und Befunden nur eingeschränkt und vermittelt realisierbar. Es steht zu befürchten, daß die informatorische Einbindung der CNC-Technik in die computerintegrierte Produktion die Probleme des Erfahrungserwerbs und der Erfahrungsnutzung nicht auflösen und im Gegenteil ohne deren explizite Berücksichtigung bei der Arbeitssystemgestaltung sogar noch verschärfen.

Deshalb erscheint es sinnvoll, sich die möglichen Auswirkungen der Ausblendung erfahrungsgeleiteter Arbeit bei rechnergestützter Fertigung zu verdeutlichen, um die Problemlage schärfer zu fassen und aus dieser Betrachtung heraus eine Rückbesinnung auf erfahrungsgeleitete Arbeit vorzunehmen.

3 Aktuelle Entwicklungen in der NC-Programmierung

Beim Einsatz von CNC-Werkzeugmaschinen hat sich in der Vergangenheit neben der Nutzung zentraler rechnergestützter NC-Programmiersysteme, wenn auch in eingeschränktem Maße, die Werkstattprogrammierung ihren Platz erobern können. Unter dem Gesichtspunkt der Qualifikationssicherung in der Werkstatt (vgl. Rempp et al. 1981) wie auch unter Wirtschaftlichkeitsüberlegungen (vgl. Lay et al. 1983) ist diese Form der Programmierung numerisch gesteuerter Werkzeugmaschinen in vielen Fällen anderen Konzepten überlegen. Die neuesten technischen Entwicklungen im Bereich der Werkstattprogrammierung sind sogenannte "WOP"-(Werkstattorientierte Programmier-)Systeme, die speziell auf die Belange der Programmierung in der Werkstatt abgestimmt sind. Diese WOP-Systeme wurden im Rahmen eines Forschungsvorhabens in einem Verbund von Anwendern und Systemherstellern entwickelt. Die ersten WOP-Steuerungen und -programmierplätze sind inzwischen auf den Markt gebracht worden. Das Interesse der Anwender an diesen Systemen ist sehr groß, so daß in den nächsten Jahren eine weite Verbreitung derartiger WOP-Programmiersysteme bzw. WOP-Steuerungen erhofft wird.

Ob die Wirtschaftlichkeitsargumente, die zugunsten dieser Werkstattprogrammierung sprechen und auf die sich eine solche Hoffnung stützt, künftig weiterhin Gültigkeit besitzen, wird jedoch zunehmend fraglich. Da sich durch die CAD/NC-Kopplungen in vernetzten Systemen die Programmierzeiten verkürzen lassen, diese Kopplungen bisher jedoch nur zwischen CAD-Systemen und meist für den Einsatz in zentralen Unternehmensbereichen konzipierten rechnergestützten NC-Programmiersystemen verfügbar sind, steht zu erwarten, daß die Programmieraufgaben kontinuierlich aus der Fertigung in die Arbeitsvorbereitung oder im Extremfall in die Konstruktion verlagert werden (Boffo et al. 1986).

Daß diese Entwicklung jedoch nicht zwangsläufig sein muß, mag folgende Überlegung verdeutlichen: Als alternative Konzepte zur Übergabe von CAD-Werkstückgeometriedaten an die NC-Programmierung sind Systeme denkbar, die diese Geometriedaten vom Werkstattbereich abrufbar in den Bedientafeln komfortabler CNC-Steuerungen verfügbar machen oder in Werkstatt-Terminals, die eine nicht maschinengebundene aber werkstattorientierte Programmierung erlauben. Diese Konzepte erfordern jedoch zusätzliche Entwicklungsarbeiten an hierzu erforderlichen Schnittstellen wie auch die Erprobung hierzu erforderlicher arbeitsorganisatorischer Lösungen.

Ein vieldiskutierter und bereits verschiedentlich, wenn auch nicht in Verbindung mit der CAD/NC-Kopplung realisierter Ansatz einer evtl. geeigneten Arbeitsorganisation ist das Konzept der Fertigungsinseln (vgl. z.B. Brödner 1985), mit dem über die Werkstattprogrammierung hinaus auch Fragen einer dezentralen Werkstattsteuerung und der hierzu geeigneten Technikkonzepte angesprochen sind. Im Zuge der Einbindung von CNC-Werkzeugmaschinenarbeitsplätzen in eine CIM-Umgebung mit dem Anspruch, die NC-Programmierung beim Facharbeiter in der Werkstatt anzusiedeln, sind jedoch für betriebliche Anwendungssituationen, die keine Fertigungsinselkonzeption ermöglichen, auch neue Team-Organisationskonzepte zu entwickeln. Solche Teams können durchaus abteilungsübergreifenden Charakter haben und damit eine organisatorische Integration verschiedener Betriebsbereiche widerspiegeln.

Die Vorteile solcher Konzepte sind nachzuweisen. Sie liegen vermutlich in hoher Flexibilität, verbesserter Kapazitätsauslastung und Termintreue, kurzen Durchlaufzeiten, störungsresistenter Produktion und - nicht zuletzt - in motivierten und qualifizierten Mitarbeitern, mit breiteren Aufgabenzuschnitten und ganzheitlichen Arbeitstätigkeiten.

Wenn es gelingt, solche Konzepte technisch-organisatorisch zu realisieren, ihren Nutzen in praktischen Pilotanwendungen zu verdeutlichen und die grundlegenden Zusammenhänge zwischen Erfahrungswissen/erfahrungsgeleiteter Arbeit und technisch-organisatorischen Rahmenbedingungen der Tätigkeit an CNC-Werkzeugmaschinen samt den vor/nachgelagerten zugeordneten Produktionsaufgaben aufzuzeigen, könnte die Werkstattprogrammierung und die Steuerung der Fertigung durch Werkstattpersonal auch in vernetzten Produktionssystemen (CIM) dauerhaft zum Vorteil des Unternehmens und der Mitarbeiter legitimiert werden. Die qualifizierte Gruppenarbeit, in anwendungsspezifischen Varianten, könnte sich als hierfür geeigneter arbeitsorganisatorischer Rahmen bewähren. Das im BMFT-Forschungsprogramm Arbeit und Technik stattfindende Vorhaben "Computergestützte erfahrungsgeleitete Arbeit in der CIM-Umgebung (CeA-CIM) wird hierzu einen Beitrag leisten. Dabei werden auch Anforderungen an CIM-Software erarbeitet werden, die erfahrungsgeleitete Arbeit ermöglicht und unterstützt.

4 Resumee

Eine hochtechnisierte Produktion ist auf qualifizierte Beschäftigte in hohem Maße angewiesen. Erfahrungswissen und damit qualifizierte Beschäftigte, sind mittel- und langfristig nur durch qualifizierte Arbeitstätigkeiten zu erhalten. Um qualifizierte Arbeitstätigkeiten zu gestalten, müssen technische Innovationen von organisatorischen Innovationen begleitet werden, die diese Zielsetzung unterstützen.

Abbildung 2 zeigt die hierzu erforderlichen organisatorischen Innovationen nochmals in einer Zusammenfassung.

Technische Innovation / Erfahrungs wissen Art	Einsatz bereichs- spezifischer CA-Bausteine (CAD,PPS,CAM,...)	Integration von bereichsspezifischen CA-Bausteinen (CIM)
Erfahrungsquellen	- ganzheitliche Arbeitstätigkeiten und - arbeitsbezogene informelle Kontakte zu Kollegen	
erforderliche organisatorische Innovation	- Mischarbeit - bereichsbezogene Teamkonzepte	- Mischarbeit - bereichsübergreifende Teamkonzepte - Dezentralisierung

Abb.2. Erfahrungswissen bei verschiedenen Arten technischer Innovationen

5 Literatur

Boffo, M. et al. (1986). Der Einsatz von numerisch gesteuerten Werkzeugmaschinen und CAD/CAM-Systemen. Stand und Tendenzen der Diffusion, arbeitsschutzrelevante Aspekte und ausgewählte Gestaltungsvorstellungen. Werkstattbericht Nr. 23. Hrsg.: Ministerium für Arbeit, Gesundheit und Soziales des Landes Nordrhein-Westfalen. Düsseldorf.

Böhle, F.; Milkau, B. (1988). Vom Handrad zum Bildschirm - Eine Untersuchung zur sinnlichen Erfahrung im Arbeitsprozeß. Campus. Frankfurt.

Böhle, F.; Rose, H. (1990). Erfahrungsgeleitete Arbeit bei Werkstattprogrammierung - Perspektiven für Programmierverfahren und Steuerungstechniken. In: Rose, H. (Hrsg.): Programmieren in der Werkstatt. Campus. Frankfurt.

Lay, G. et al. (1983). Beurteilung der Wirtschaftlichkeit von CNC-Drehmaschinen unter organisatorischen Gesichtspunkten. PFT-Bericht, KfK-PFT 72. Hrsg.: Kernforschungszentrum Karlsruhe GmbH. Karlsruhe.

Lay, G. et al. (1986). Vernetzung betrieblicher Bereiche. Schriftenreihe der Bundesanstalt für Arbeitsschutz. Forschungsbericht-Fb 449. Dortmund.

Lay, G. et al. (1987). Integration von rechnergestützter Konstruktion und NC-Programmierung - Stand und Erfahrungen aus der betrieblichen Praxis. ZwF/CIM Zeitschrift für wirtschaftliche Fertigung und Automatisierung 82, Heft 6. o.O., S. 325-332

Lutz, B.; Schultz-Wild, R. (1983). Tendenzen und Faktoren des Wandels der Arbeitswelt bei fortschreitender Automatisierung. Produktionstechnisches Kolloquium. Sonderdruck aus Zeitschrift für wirtschaftliche Fertigung (ZwF) 78. Berlin.

Martin, H.; Rose, H. (1989). Grundsatzpapier. Aufzeigen von technischen, organisatorischen und qualifikatorischen Gestaltungsfeldern zur Nutzung erfahrungsgeleiteter Arbeit bei der Entwicklung und beim Einsatz von CNC-Techniken durch einen Forschungsverbund "Computergestützte erfahrungsgeleitete Arbeit (CeA)". Manuskript. Kassel/Hamburg.

Moldaschl, M.; Weber, W. (1986). Prospektive Arbeitsplatzbewertung an flexiblen Fertigungssystemen. Psychologische Analyse von Arbeitsorganisation, Qualifikation und Belastung. Hrsg.: Technische Universität. Berlin.

Nuber, Ch. et al. (1987). EDV-Einsatz und computergestützte Integration in Fertigung und Verwaltung von Industriebetrieben. Forschungsbericht ISF. München.

Rempp, H. et al. (1981). Wirtschaftliche und soziale Auswirkungen des CNC-Werkzeugmaschineneinsatzes. Eschborn.

Schneider, R.; Hoß, D. (1988). Technische Angestellte als Gestalter und Nutzer neuer Technologien. WSI Mitteilungen Nr. 12; o.O., S. 714-721.

Schultz-Wild, R. et al. (1989). An der Schwelle zu CIM. Köln.

Überarbeitung handwerklicher Standardsoftware - Möglichkeiten und Grenzen der Gestaltung

Joachim Bernecker[1], Manfred Hildmann[2]

[1]nova data Computersysteme AG, Becker-Göring-Str. 26, 7516 Karlsbad - Ittersbach

[2]Arbeitswissenschaftliches Forschungsinstitut GmbH, Bayreuther Str. 3, 1000 Berlin 30

Zusammenfassung

Dieser Beitrag beschreibt die Entwicklung einer Standardsoftware nach einem prozeßorientierten Entwicklungsmodell unter Einbeziehung einer Prototyping-Phase, um eine möglichst optimale Einbindung der Benutzer in den Entwicklungsprozeß zu gewährleisten. Dabei wurde u.a. ein objektorientierter Ansatz verfolgt - von der Analyse bis zur Realisierung. Es wurde darauf hingearbeitet, die Vorteile von Individualsoftware soweit wie möglich mit den Vorteilen von Standardsoftware zu vereinigen.

Abstract

This contribution describes the development of a standard software according to a model of development, wich is orientated on processing. A prototyping phase was included as to ensure an optimal integration of the user into the process of development. Among other, an object-orientated approach was aimed at - from analysis to realization. It was intended to combine the advantages of individual software as far as possible with those of standard software.

1 Einleitung

Dieser Beitrag beschreibt einen der Arbeitsschwerpunkte eines vom Bundesministerium für Forschung und Technologie (BMFT) geförderten Projektes der Handwerkskammer Rheinhessen, Mainz, das die "Menschengerechte Gestaltung und Einführung von EDV-Systemen in Handwerksbetrieben" thematisiert[1]. Innerhalb dieses Vorhabens arbeiten das im Handwerksmarkt tätige Softwarehaus nova data Computersysteme AG, Karlsbad und die Forschungsinstitute awfi GmbH, Berlin sowie ibek mbH, Karlsruhe zusammen mit der Handwerkskammer an der Realisierung eines sogenannten Handwerksinformationssystems. Neben der Soft-

---

[1] Zur Beschreibung der Ausgangslage des Projektes vgl. u.a. Pohl et al. (1989).

wareentwicklung zählen eine Beratungskonzeption sowie eine Schulungs- und Einführungskonzeption zu den wesentlichen Projektergebnissen.

Dieser Beitrag wird sich im folgenden allerdings weitgehend auf Aspekte der Produktentwicklung beschränken. Zu anderen Projektergebnissen sei auf weitere Veröffentlichungen (teilweise in Vorbereitung) verwiesen.

Nachfolgend soll auf die von der Projektgemeinschaft erarbeiteten Lösungen bei der Erstellung des Handwerksinformationssystems eingegangen werden. Dazu werden zunächst die wesentlichen Ziele und Rahmenbedingungen der Produktentwicklung erläutert. Danach werden der Entwicklungsweg und die wichtigsten Ergebnisse dargestellt. Zum Abschluß werden wesentliche, weiterhin bestehende Problembereiche angesprochen, denen zukünftig mögliche Lösungen gegenübergestellt werden.

2 Gestaltungsansatz

Das Projekt war so angelegt, daß eine auf dem Markt für das Handwerk verfügbare Branchensoftware (nova data Branchensoftware für das Elektroinstallations- und das SHK-Handwerk) als Basis der Entwicklung dienen sollte.

Daneben sollten die im Softwarehaus bereits eingeführten bzw. vorhandenen Softwareentwicklungswerkzeuge und das Know-how der Programmierer im Umgang mit diesen Werkzeugen genutzt werden.

Zu diesen Entwicklungswerkzeugen gehört, neben einer Cobol-Entwicklungsumgebung, auch ein von nova data selbst entwickeltes Werkzeug zur Bildschirm- und Dialoggestaltung (NOVA FORMS). Dieses Werkzeug gestattet die weitgehend freie Definition von Bildschirmmasken und bietet grundsätzliche Dialogtechniken, wie die Auswahl und Manipulation von Feldern, Menüs usw. an. Die Gestaltung einer Benutzungsoberfläche mit diesem Entwicklungswerkzeug ist allerdings nur textorientiert möglich. Auch wurde eine Mausbedienung von diesem Werkzeug ursprünglich nicht unterstützt.

Neben diesen Rahmenbedingungen bestanden für die Entwicklung des Handwerksinformationssystems (nachfolgend HWIS genannt) folgende Ziele:

- Die Erstellung eines integrierten Informationssystems für den Handwerksbetrieb, welches die wesentlichen Verwaltungsbereiche (Angebotsbearbeitung, Auftragsbearbeitung, Rechnungsbearbeitung, Kalkulation usw.) unterstützt. Dies bedeutet, daß die im jeweiligen Handwerksbetrieb vorhandenen organisatorischen Strukturen (Aufgaben, Aufgabenzuschnitte usw.) möglichst optimal unterstützt werden (Aufgabenangemessenheit - siehe DIN 66 234, Teil 8). Die Entwicklung soll unter umfangreicher Einbeziehung der Benutzer stattfinden (Partizipation - vgl. Peschke 1988).
- Das HWIS soll - soweit möglich - die Vorteile einer Individualsoftware (u.a. optimale Anpassung der Software an die Bedürfnisse eines Betriebes und des-

sen Mitarbeiter) mit den Vorzügen einer Standardsoftware (Preis, Setzen gewisser Standards usw.) vereinigen. Es soll sich an die konkreten Anforderungen eines Handwerksbetriebes, d.h. an die spezifischen organisatorischen Strukturen (u.a. Mensch-Mensch-Funktionsverteilung) und die spezifischen Anforderungen der Benutzer (Arbeitsstile, Qualifikationen usw.) anpassen lassen. Diese konkreten Anforderungen liegen im Entwicklungsstadium allerdings nur von den Pilotbetrieben vor, nicht aber für andere Betriebe, für die dieses Programm ebenfalls entwickelt wird. Um den Einsatz von HWIS - bzw. auch anderer Standardsoftware - für einen "breiten" Markt sicherzustellen, muß das Systemdesign einem mehrfachen - bei HWIS einem dreifachen - Abstraktionsprozeß folgen (siehe Abb. 1).

Realität	Realer Betrieb mit ggf. mehreren Benutzern
Erste Abstraktion	Modell des Betriebes und der Benutzer
Zweite Abstraktion	Modell eines Standardbetriebes einer Branche
Dritte Abstraktion	Modell eines branchenübergreifenden Standardbetriebes

Abb. 1. Ebenen der Abstraktion bei der Entwicklung des Handwerksinformationssystems

Von den konkreten Anforderungen der Pilotbetriebe wird dabei bewußt abstrahiert, um so einen gemeinsamen funktionalen Kern zu erhalten. Die branchen- und betriebsspezifischen Erweiterungen können dann, durch das Bereitstellen zusätzlicher Funktionalität und der Möglichkeit diese Funktionalität über Adaptionsmechanismen an die betriebsspezifischen Gegebenheiten anzupassen, eine optimale Anpassung an einen Handwerksbetrieb ermöglichen. Gerade im Bereich des Handwerks sind noch weitgehend ganzheitliche Aufgabenstrukturen vorhanden, die im Sinne der differentiellen und dynamischen Arbeitsgestaltung (vgl. u.a. Ulich 1988) erhalten werden sollten. Dies läßt sich nur dann erreichen, wenn die Umsetzung betriebsspezifischer Einführungs- und Schulungskonzeptionen durch entsprechende Adaptionsinstrumente der Software unterstützt wird.

- Die Benutzungsoberfläche soll sowohl dem Stand der Software-Ergonomie als auch an den am Markt befindlichen bzw. sich durchsetzenden objektorientierten grafischen Standards für Benutzungsoberflächen (CUA - IBM 1989; OSF/MOTIF - OSF 1990; u.ä.) genügen. Allen diesen Ansätzen liegt als wesentliches Gestaltungsmerkmal das Objekt-Aktions-Prinzip zugrunde. Es besagt, daß erst das Objekt der Bearbeitung bestimmt wird und dann die gewünschte Aktion, die auf das Objekt ausgeführt werden soll. Dies entspricht dem Denken und Handeln der Benutzer im Handwerk. Objekte sind "erinnerungsstabiler" als Funktionen und können daher im EDV-Alltag vor allem den gelegentlichen Benutzer unterstützen.

Die Berücksichtigung der genannten Standards ist wichtig, um beim Einsatz weiterer Standardsoftware (z.B. FIBU) im Handwerksbetrieb eine weitgehend konsistente Bedienung erreichen zu können (Erwartungskonformität - siehe DIN 66 234, Teil 8 - nicht nur für das HWIS sondern auch system-übergreifend, soweit dies möglich ist). Es darf angenommen werden, daß diese Standards auch für andere im Handwerksbetrieb eingesetzte Software (z.B. zur Finanzbuchhaltung) eine weite Verbreitung finden werden. Dies ist zwar kein kurzfristiger Prozeß, mittelfristig ist jedoch u.a. durch die Umstellung des Betriebssystems MS-DOS auf OS/2 bzw. BS/2 eine solche Entwicklung zu erwarten.

- Die Belastungen, die mit der Bedienung des EDV-Systems einhergehen, sind umfassend zu minimieren. Generell sollte eine leichte Bedien- und Erlernbarkeit sichergestellt werden. Dies um so mehr, da die von Seiten der Handwerksbetriebe geforderten und wahrgenommenen Schulungszeiten i.d.R. keine eingehende Einarbeitung in ein EDV-System ermöglichen. Die Handwerksbetriebe sind selten bereit bzw. in der Lage, neben den Ausgaben für Soft- und Hardware, größere Ausgaben für Schulungsmaßnahmen zu tätigen.

3 Lösungsweg

Der Entwicklungsprozeß des Handwerksinformationssystems ist an das prozeß-orientierte Modell nach Floyd und Keil (1983) angelehnt. Dabei wurde bzw. wird nach folgenden Entwicklungsphasen vorgegangen:

1. Anforderungsermittlung inklusive Erstellung eines Pflichtenheftes;
2. High-Level-Design - u.a. Festlegung der zu entwickelnden Ausbaustufen; Festlegen des Bildschirm- und Dialogdesigns;
   Prototyping - Realisierung des Bildschirm- und Dialogdesigns in einem Prototyp; Evaluation des Prototypen in mehreren Zyklen;
3. Low-Level-Design der jeweiligen Ausbaustufe - Modulentwurf u.ä.;
4. Programmierung und Test (inklusive Integrationstest);
5. Einführung und Einsatz der jeweiligen Ausbaustufe in den Pilotbetrieben;
6. Evaluation der jeweiligen Ausbaustufe.

Die Entwicklungsschritte 3 bis 6 werden gemäß dem prozeßorientierten Modell für jede Ausbaustufe durchlaufen. Sofern die Evaluationsergebnisse dies bedingen, können auch das Pflichtenheft und das High-Level-Design eine Überarbeitung erfordern. Das Prototyping wird allerdings nur einmal, zu Beginn der Entwicklung durchgeführt.

Die Angemessenheit dieses bewährten Modells bedarf an dieser Stelle keiner Erläuterung. Dennoch sind in der praktischen Anwendung kritische Momente enthalten.

Hauptproblem dieser Entwicklung innerhalb des Projektes ist, daß nur die erste Ausbaustufe des Handwerksinformationssystems bis zum Projektende in den Pilotbetrieben einsetzbar ist. Die Evaluationsphasen für die weiteren Ausbaustufen müßten nach Projektende stattfinden.

Auch wird die folgende Ausbaustufe zum Teil parallel zur Einführung der aktuellen Ausbaustufe entwickelt, um eine nicht zu lange zeitliche Verzögerung für den Einsatz des Komplettsystems im Handwerksbetrieb zu erreichen. Die Handwerker hätten am liebsten von Anfang an die Komplettversion, auch wenn sie wahrscheinlich nicht alle angebotenen Funktionen zu Beginn wirklich nutzen.

Im folgenden wird nicht auf alle Entwicklungsschritte eingegangen, da z.B. Low-Level-Design, Programmierung und Test weitgehend allgemeinen Software Engineering Standards (vgl. u.a. Kimm et al. 1979) genügen bzw. nicht zum unmittelbaren Gestaltungsbereich des Projektes zählen, so daß hier von einer tieferen Erörterung abgesehen wird. Hier soll nur auf wesentliche, durch das Projekt bedingte Abweichungen im Entwicklungsprozeß eingegangen werden.

Die Punkte "Einführung und Einsatz der jeweiligen Ausbaustufe in den Pilotbetrieben" und "Evaluation der jeweiligen Ausbaustufe" sind zum Zeitpunkt der schriftlichen Ausarbeitung noch nicht abgeschlossen. Dementsprechend können hier nur erste Eindrücke und Ergebnisse wiedergegeben werden.

3.1 Ermittlung handwerks- und benutzerspezifischer Anforderungen

Ausgangspunkt der Gestaltung sollte zwar die vorhandene Branchensoftware von nova data sein. Diese war allerdings nicht für alle gewünschten Branchen (Elektroinstallation, Schlosser und Steinmetz) konzipiert. Einzig die funktionalen Anforderungen des Elektroinstallationshandwerks wurden vollständig abgedeckt. Für die anderen Branchen waren noch keine ausreichenden funktionalen Beschreibungen vorhanden, so daß sich die Notwendigkeit ergab, eine Anforderungsermittlung in den jeweiligen Pilotbetrieben vorzunehmen.

Die Erhebung wurde in zwei Phasen durchgeführt. Die erste Phase bildet das sogenannte Einstiegsinterview, welches i.d.R. mit dem Firmeninhaber geführt wurde.

Dieser Untersuchungsschritt diente der Ermittlung

- von aktuell bestehenden Problemen im Handwerksbetrieb;
- des gewünschten Umfanges der EDV (betriebliche Funktionen, Anzahl der Arbeitsplätze, geplantes Investitionsvolumen);
- des Mengengerüstes;

- eines Auftragsdurchlaufs (relativ grob) inklusive der Zuordnung der Mitarbeiter zu den einzelnen Aufgaben bzw. Tätigkeiten.

Die Erhebung dauerte i.d.R. 3-4 Stunden.

Anhand der Informationen dieser Erhebung wurde die zweite Phase, das sogenannte Tiefeninterview durchgeführt. Befragt wurden alle Mitarbeiter, deren Arbeitsaufgaben zukünftig - gemäß gewünschtem Umfang des zukünftigen EDV-Einsatzes - EDV-gestützt ablaufen sollten.

Das Tiefeninterview ist so angelegt, daß die Erhebung und insbesondere deren Dokumentation bereits objektorientiert erfolgt, d.h. im Mittelpunkt der Erhebung stehen die Objekte (Angebot, Rechnung usw.). Die wesentlichen Ziele dieser Erhebung sind:

- Die Ermittlung der am Arbeitsplatz anfallenden Objekte (Angebot, Auftragsbestätigung, Aufmaß, Rechnung, Kalkulation usw.).
- Die Ermittlung der objektbezogenen Außenbeziehungen des Arbeitsplatzes, d.h. wo kommen die Objekte her und wo gehen sie hin (innerhalb und außerhalb des Betriebes).
- Die Ermittlung der Struktur dieser Objekte (Kundendaten, Datum, Leistungspositionen, Vortext, Schlußtext usw.).
- Die Ermittlung und Zuordnung der Tätigkeiten zu der Objektstruktur.
- Die Ermittlung von optionalen und festen Objektbestandteilen. Beispiel: Ein Angebot besteht immer aus Kundendaten, Datum, Leistungspositionen usw., aber nicht immer aus Vortext, Schlußtext usw. Diese Informationen sind für die Bildschirmgestaltung wichtig. Hier läßt sich durch Aufteilen der Daten in konstant anzuzeigende und temporär anzuzeigende ein übersichtlicheres Design erreichen (vgl. Abb. 2), was insbesondere die Darstellung komplexer Objektstrukturen nachhaltig unterstützt.

Für die Erhebung pro Arbeitsplatz stand i.d.R. etwas mehr als ein halber Tag zur Verfügung. Dies ist bei den vorhanden arbeitsplatzbezogenen komplexen Aufgabenstrukturen eigentlich viel zu wenig. Einer Ausweitung der Erhebungszeiten ist u.a. durch die zeitlichen Möglichkeiten der Pilotbetriebe Grenzen gesetzt. Von daher sind betriebspezifisch Lücken aufgetreten, die weitgehend durch Erhebungen in anderen Pilotbetrieben und durch die nachfolgend noch beschriebenen Benutzerarbeitskreise geschlossen werden konnten. Diese Vorgehensweise dürfte für die Erstellung einer Individualsoftware weniger geeignet sein.

Neben den Erhebungen in den Pilotbetrieben wurden zusätzlich sogenannte Benutzerarbeitskreise veranstaltet, in denen interessierte Handwerker (i.d.R. Firmeninhaber), Experten aus Handwerkerbildungszentren, der Verbände und der Kammer (Betriebsberater) teilnahmen. Zielrichtung dieser Arbeitskreise war es, neben dem Schließen von Lücken (siehe oben), die ermittelten Anforderungen auf eine breitere Basis zu stellen und auch ggf. vorhandene gebietsspezifische Abweichungen oder Sonderregelungen zu erkennen und Möglichkeiten zu deren Realisierung zu suchen.

Zusätzlich zu den objekt- und funktionsorientierten Anforderungen wurde eine für die Programmierung hinreichend operationale Beschreibung von allgemeinen Anforderungen an die Dialogschnittstelle erstellt. Diese Anforderungen wurden unter Einbeziehung der einschlägigen Literatur (DIN 66 234 - DIN 1980-88; CUA - IBM 1989; OSF/MOTIF - OSF 1990; Shneiderman 1987; von Benda 1986; Triebe et al. 1987; Hacker 1987; u.a.) und der benutzerspezifischen Anforderungen zusammengestellt bzw. entwickelt.

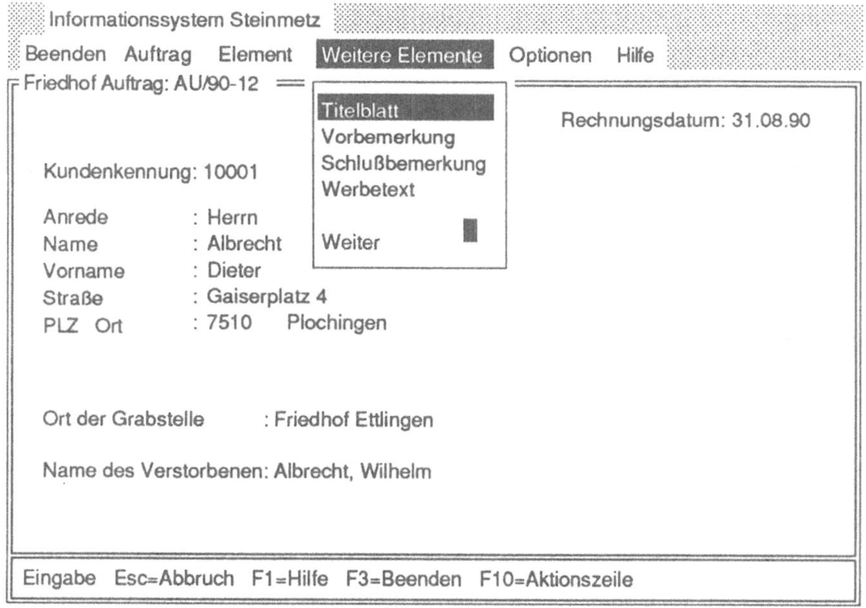

Abb. 2. HWIS: Bildschirm Auftragsdaten Friedhof

Die Ergebnisse der Erhebungen in den Pilotbetrieben, der Benutzerarbeitskreise und die allgemeinen Anforderungen an die Dialogschnittstelle sind in einem Pflichtenheft (Veröffentlichung in Vorbereitung) zusammengefaßt, wobei die bereits oben erwähnten Abstraktionen (betriebsübergreifend und branchenübergreifend) vorgenommen wurden.

3.2 Prototyping

Aus den im Pflichtenheft aufgeführten allgemeinen Anforderungen an die Dialogschnittstelle und den objektbezogenen Anforderungen wurde für das HWIS ein
Bildschirm- und Dialogdesign entwickelt und in einem Prototyp (nur Bildschirm-
aufbau und Dialog, keine Funktionalität!) umgesetzt.

Dieser Prototyp wurde in mehreren Schritten überprüft und bei Bedarf revidiert
bzw. erweitert. In den Revisionsprozeß wurden neben den Instituten - softwareergonomischer Schwerpunkt -, der Handwerkskammer, die Pilotbetriebe und die
Benutzerarbeitskreise mit einbezogen. Damit wurde ein wesentlicher Beitrag zur
Partizipation geleistet.

Der Schwerpunkt der Änderungen und Erweiterungen lag naturgemäß im funktionalen Bereich, z.B. im Bereich der Kalkulation. Exemplarisch sei hier die Aufgabenstellung genannt, wie der Handwerker relativ einfach mit dem EDV-System
zu seinen betriebsspezifischen Aufschlagsätzen kommen kann.

Aber auch im Bereich der Festlegung der Begrifflichkeiten für Objekte und
Funktionen sowie deren Darstellung am Bildschirm waren einige Probleme zu lösen. Ein Beispiel dafür bildet das Objekt "Projekt", welches nicht als Papiervor-
lage existiert, im Gegensatz zu z.B. einem Angebot. Es bildet aber die Klammer
für sämtliche Vorgänge (Angebote, Aufträge, Rechnungen, Kalkulationen usw.)
zu einer Baustelle.

Auch gab es erhebliche Probleme, die objektorientierte Gestaltung der Benutzungsoberfläche, wie sie im Pflichtenheft in den allgemeinen Anforderungen
an die Gestaltung der Dialogschnittstelle beschrieben ist, auf die vorhandenen
textorientierten Möglichkeiten der bestehenden Entwicklungswerkzeuge abzubilden. Hierbei mußten doch einige Abstriche am Konzept vorgenommen werden -
z.B. bezüglich der freien Positionierbarkeit des Auswahlzeigers durch Tastatur
oder Maus.

4 Ergebnisse

Wie oben bereits angedeutet, können hier nur erste Eindrücke und Ergebnisse
wiedergegeben werden, da die Evaluationsphase noch nicht abgeschlossen ist. Es
liegen zwar nur erste Ergebnisse vor, dennoch darf angenommen werden, daß wesentliche Gestaltungsziele erreicht wurden, wie im folgenden noch näher ausgeführt wird.

4.1 Entwicklungsprozeß

Die gewählte Vorgehensweise bei der Softwareentwicklung muß insgesamt als positiv bewertet werden.

Die Konzeption der Ist-Analyse brachte die notwendigen und erhofften Ergebnisse. Insbesondere das objektorientierte Tiefeninterview ermöglichte eine einfachere Umsetzung der Anforderungen in einen objektorientierten Entwurf, da die meisten Objekte in ihrer Struktur und der Struktur zugeordneten Funktionen bereits vorlagen. Auch gestaltete sich dieser Teil der Erhebung durch den Bezug auf die Objekte einfacher, da es für die Befragten wesentlich leichter ist, anhand eines konkret vorliegenden bzw. beschriebenen Objektes die entsprechenden Funktionen - sprich Aktionen - zu beschreiben. Auch ist es für die Befragten i.d.R. einfacher, anhand eines Objektes den Ablauf der Bearbeitung zu beschreiben.

Sehr positiv hat sich die Einrichtung von Benutzerarbeitskreisen ausgewirkt. Deren Initiierung und Durchführung gestaltete sich sehr zeitaufwendig. Die durch deren Zusammensetzung (s.o.) gegebenen Möglichkeiten der Evaluation der Anforderungen - in Form der schriftlichen Beschreibung (Pflichtenheft) und in Form des Prototyps - und des Pilotsystems haben schon in frühen Phasen der Softwareentwicklung sehr viele nützliche Anregungen - Fehlerfeststellung, Alternativen, Erweiterungen - gebracht. Gerade in der Phase des Prototyping sollte diese Möglichkeit zur Entwicklung von Standardsoftware genutzt werden. Speziell Probleme der Objektdarstellung am Bildschirm (insbesondere der benötigte Informationsbedarf) und funktionsorientierte Probleme konnten so schon in einem sehr frühen Stadium der Entwicklung erkannt und weitgehend behoben werden.

Im Zusammenhang mit den Benutzerarbeitskreisen muß auch auf die Phase des Prototyping hingewiesen werden. Auch in einem prozeßorientierten Entwicklungsmodell hat sich die Einbeziehung einer Prototyping-Phase als wertvoll erwiesen. Ohne diese Prototyping-Phase wäre sowohl die Diskussion mit den Pilotbetrieben und der Handwerkskammer als auch in den Benutzerarbeitskreisen bei weitem nicht so effektiv gewesen.

Es muß jedoch betont werden, daß die Einbeziehung einer Prototyping-Phase, insbesondere wenn sie, wie in diesem Projekt, mehrere Überarbeitungs- und Evaluationsphasen beinhaltete, sehr zeitintensiv ist. Die Ergebnisse dürften diesen Aufwand allerdings rechtfertigen.

Diese positiven Ergebnisse der Prototyping-Phase bedeuten jedoch nicht, daß auf ein prozeßorientiertes Entwicklungsmodell verzichtet werden könnte bzw. sollte. Beim Einsatz der ersten Version des HWIS in den Pilotbetrieben bzw. bei dessen Demonstration in den Benutzerarbeitskreisen (u.a. in den Bildungszentren für Steinmetze) zeigte sich, daß erst im Zusammenspiel zwischen Benutzungsoberfläche und Funktionalität Probleme auftraten, die vorher nicht erkannt werden konnten. So wurde z.B. die Ausgestaltung der einzelnen Versionen in Frage gestellt. Es stellte sich heraus, daß die dargebotene Funktionalität in einigen Bereichen die benötigte Funktionalität von Seiten der Betriebe nicht abdeckt. Die erste Version des HWIS hätte einen größeren Funktionsumfang besitzen müssen - u.a. die Einbeziehung von Leistungspositionen, deren Realisierung erst in der zweiten Version des HWIS vorgesehen war. Es ist geplant, die entwickelten Versionen als mögliche Ausbauvarianten am Markt anzubieten. Um so wichtiger ist es deshalb, sinnvolle Ausbauvarianten zu erhalten.

4.2 Softwareprodukt

Trotz der durch die bestehenden Entwicklungswerkzeuge verursachten Restriktionen konnte ein weitgehend konsistentes objektorientiertes Softwareprodukt erstellt werden.

Von den Pilotanwendern und den Mitgliedern der Benutzerarbeitskreise sind insbesondere die konsistente Bedienung und die Übersichtlichkeit des Systems - es gibt kaum Hierarchieebenen - als positiv bewertet worden.

Sehr positiv wurde auch die Realisierung des Einstiegs in den jeweiligen Arbeitsbereich mit der Auswahl des gewünschten Objektes (siehe Abb. 3) aufgenommen.

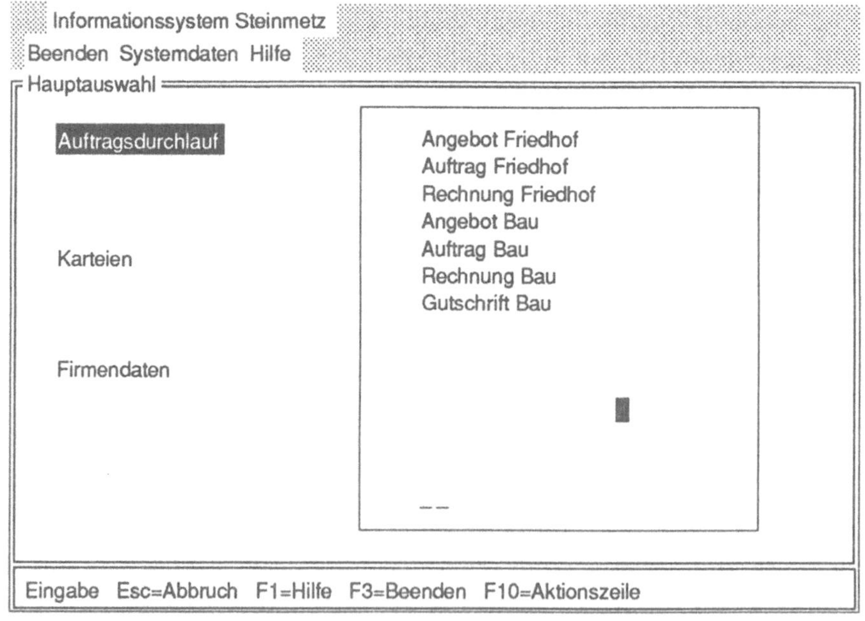

Abb. 3. HWIS: Bildschirm Hauptauswahl

Einige negative Äußerungen zur Bedienung des HWIS, z.B. zum etwas umständlichen Vorgang beim Auswählen einer Funktion aus dem Aktionszeilenmenü, sind u.E. zum einen auf die eingeschränkte Verfügbarkeit der Maus und zum anderen auf die in der ersten Version des HWIS noch nicht realisierte Expertenpfad-Technik zurückzuführen.

Ein wesentliches Manko des HWIS ist die eingeschränkte Möglichkeit der Verzweigung von einem Aufgabenbereich in einen anderen. Hier werden vom Programm zwar Möglichkeiten angeboten, diese sind allerdings starre Vorgaben und können demzufolge nicht den jeweiligen Notwendigkeiten eines Betriebes dynamisch angepaßt werden. Hier wäre eine größere Variabilität wünschenswert, insbesondere, um die unterschiedlichen Mensch-Mensch-Funktionsverteilungen in den Betrieben abbilden zu können.

Generell kann der objektorientierte Ansatz der Softwareentwicklung auch für Standardsoftware im Bereich des Handwerks als positiv bewertet werden.

Um die bereits erkennbaren und angesprochenen negativen Momente der Entwicklung beheben zu können, wäre die Einbeziehung einer objektorientierten Entwicklungsumgebung von Nöten, die auch aus softwareergonomischer Sicht den heutigen Anforderungen genügt. Dies könnte z.B. die Entwicklung auf Basis des Betriebssystems OS/2 bzw. BS/2 mit dessen Entwicklungswerkzeugen leisten.

5 Ausblick

Die im Rahmen dieses Projektes durchgeführte Softwareentwicklung wich doch in einigen Bereichen von der sonst üblichen Entwicklung - gerade von Standardsoftware für das Handwerk - ab.

Die praktizierte Vorgehensweise ist auf den ersten Blick erheblich aufwendiger. Durch die zwischengeschalteten relativ umfangreichen Evaluationsphasen ist auch der Zeitbedarf gegenüber einer "normalen" Entwicklung wesentlich höher, bis ein erstes marktfähiges Produkt vorliegt. Fest steht, daß dieses Vorgehen ein Return-of-investment für das Softwarehaus verzögert. Inwieweit dieser Zeiteinsatz in frühen Phasen der Softwareentwicklung mit Einsparungen in der sogenannten Wartungsphase ausgeglichen werden kann, läßt sich zum jetzigen Zeitpunkt nicht sagen. Durch die ausgiebige Evaluation dürfte ein so entwickeltes Produkt allerdings bessere Marktchancen besitzen, da es schon zum Zeitpunkt der Markteinführung ausgereift ist.

Ob sich das im Projekt praktizierte Vorgehen bei den Softwareentwicklern auch ohne Unterstützung durch öffentliche Gelder durchsetzt, muß offen bleiben. Dazu müßten Studien durchgeführt werden, die einen Vergleich der Aufwendungen über die gesamte Lebensdauer eines Standardsoftwareprodukts vornehmen.

Der Umgang bzw. die Umstellung auf objektorientierte grafische Systeme ist für den Benutzer mit Sicherheit einfacher.

6 Literatur

DIN, Deutsches Institut für Normung e.V. (1980-88) DIN 66 234 Bildschirmarbeitsplätze. Beuth, Berlin

Floyd, C., Keil R. (1983) Softwaretechnik und Betroffenenbeteiligung. In: Mambrey, P., Oppermann, R. (Hrsg.) Beteiligung von Betroffenen bei der Entwicklung von Informationssystemen. Campus, Frankfurt New York, S. 137-164

Hacker, W. (1987) Software-Ergonomie; Gestalten rechnergestützter geistiger Arbeit. In: Schönpflug, W., Wittstock, M. (Hrsg.) Software-Ergonomie '87. Teubner, Stuttgart, S. 31-54

IBM (1989) Common User Access: Advanced Interface Design Guide. IBM, Boca Raton

Kimm, R. et al. (1979) Einführung in Software Engineering. de Gruyter, Berlin

OSF (1990), OSF/Motif Style Guide. Prentice Hall, Englewood Cliffs

Peschke, H. (1988) Partizipative Entwicklung und Einführung von Informationssystemen. In: Balzert, H. et al. (Hrsg.) Einführung in die Software-Ergonomie. de Gruyter, Berlin New York, S. 299-322

Pohl, C., Hildmann, M., Wilde, H. & Kimme, R. (1989) Das Handwerk fordert den ganzen Softwerker. Computerwoche 33:16-18

Shneiderman, B. (1987) Designing the User Interface. Addison-Wesley, Reading

Triebe, J.K., Wittstock, M., Schiele, F. (1987) Arbeitswissenschaftliche Grundlagen der Software-Ergonomie. Wirtschaftsverlag NW, Dortmund

Ulich, E. (1988) Arbeits- und organisationspsychologische Aspekte. In: Balzert, H. et al. (Hrsg.) Einführung in die Software-Ergonomie. de Gruyter, Berlin New York, S. 49-66

von Benda, H. (1986) Leitfaden zur benutzergerechten Gestaltung der Dialogschnittstelle von Sachbearbeitern in Büro und Verwaltung. Stollmann GmbH, Hamburg

7.2 Technisches Büro

Anforderungen an Informationssysteme im Technischen Büro

Albert Caspers
PROCON GmbH Software-Service Organisationsberatung
Emmichplatz 3, 3000 Hannover 1

Zusammenfassung
Der zunehmende Einsatz von DV-Systemen in den Bereichen Konstruktion und Entwicklung erfordert neue Konzepte und Mittel zum Aufbau produktiver Arbeitsorganisationen. Dieser Beitrag befaßt sich damit, wie und unter welchen Voraussetzungen Informationssysteme die arbeits- und datentechnischen Grundlagen dazu herstellen können.

Abstract
The increasing implementation of EDP in engineering design demands new concepts and means of work organisation to restore and improve productivity levels. This article concentrates upon the existing conditions which form the basis of solutions to these problems in technical information interchange.

1   Das Arbeitsfeld

Das Arbeitsfeld der Konstruktion bzw. konstruktionsnaher Unternehmensbereiche ist abgesteckt durch die Aufgaben der Produktentwicklung bzw. Produktgestaltung, der Produktpflege und der Auftragsbearbeitung (Konfiguration). Information ist hier ein Schlüsselbegriff: unter den Aspekten der Beschaffung, Erstellung, Verarbeitung, Speicherung und Weitergabe. Dementsprechend ist die Arbeit auch eher geprägt durch organisierte Sorgfalt als durch kreative Freiräume. Und genau letzteres ist es, das die Mitarbeiter benötigen, um den Anforderungen der potentiellen Kundschaft gerecht zu werden. Es muß also ein massives Interesse bestehen, die benötigten Informationen möglichst rasch und vollständig verfügbar zu machen.

Für die traditionelle, papiergebundene Arbeitsweise finden sich viele Beispiele hochentwickelter Systeme. Da gibt es, quasi als Gral, die Archive für Zeichnungen, Stücklisten und Auftragsunterlagen. Des weiteren mehr oder weniger organisierte Kompendien über Spezifikationen und Konzepte, Normen und Richtlinien, Organisation, Nummerung, Vorratsanträge und Änderungsmeldungen, Betriebsanleitungen und Zeugnisse, Berechnungen und Konstruktionshinweise, Versuchsberichte und Mängelberichte, Kataloge und Prospekte - und dies war nur eine Auswahl!

Der Mangel: Alles folgt jeweils eigenen Organisationsmodellen, und es benötigt erhebliche Aufwendungen, dies Instrumentarium zu beherrschen bzw. zu nutzen.
Die Folge: Es kommt immer wieder vor, daß der Pflegezustand einiger Bereiche mangelhaft ist. Die Ursachen dazu sind oftmals "nicht daran gedacht...", oder es fehlte einfach an der erforderlichen Zeit. *Den Mitarbeitern und dem Unternehmen gehen dadurch wertvolle Informationen verloren. Was noch schlimmer ist, nicht aktualisierte Unterlagen führen zu Fehlern bis hin zur Ausschußproduktion.* In der papiergebundenen Arbeit sind die Grenzen der Organisationsfähigkeit erreicht. Zunehmende Mängel in den Informationsstrukturen sind ein Beleg dafür.

2 Im Zeichen der Zeit

Während die Arbeit in kaufmännischen und fertigungsnahen Unternehmensbereichen schon lange Zeit ohne den massiven Einsatz von EDV-Systemen nicht mehr denkbar ist, schien die Konstruktion, speziell in vielen mittelständischen Betrieben, ein Hort der Beständigkeit zu sein. Nun gilt in jedem Fall, daß sich Neuerungen am Bestehenden messen lassen müssen. Speziell die Diskussion um Informationssysteme im Konstruktionsbüro wird außerordentlich geprägt von Vergleichen mit tradierten Arbeitsweisen. Zu verwundern ist das nicht, denn die in jüngster Zeit stattgefundene und stattfindende massive Veränderung der Arbeitsmittel durch die Einführung von CAD sowie die daraus resultierenden Folgewirkungen auf das Arbeitsfeld sind noch längst nicht verarbeitet. *Gesucht wird die alles umschließende Klammer, die die Mitarbeiter in selbstverständlicher Weise in ihrer Arbeit unterstützt und begleitet - "so wie früher ..."!* An einem gerafften Beispiel zur Entstehung einer Konstruktion sei dies verdeutlicht (es wird im Beitrag noch verschiedentlich darauf Bezug genommen).

- Die Konstruktion entsteht zunächst im Rahmen einer planerischen Tätigkeit auf dem Schreibtisch des Konstrukteurs. Der Mitarbeiter tut dies unter Auswertung von Informationen aus Spezifikationen, Richtlinien und Normen - und selbstverständlich der Informationen über vorhandene Konstruktionen und Teile, also der Zeichnungen, Stücklisten, Sachmerkmale etc.
- Der so entstandene Entwurf geht häufig an zugeordnete Mitarbeiter zur Detaillierung. In der Regel erstellen diese Mitarbeiter auch die zugehörigen Stücklisten und verwaltungstechnischen Daten wie Klassifikation, Identifikation etc.
- Zur inhaltlichen Prüfung gehen die Unterlagen wieder an den verantwortlichen Konstrukteur, der sie nach positiver Abnahme an die Archivstelle weiterleitet
- Die Archiv- bzw. Normenstelle prüft ihrerseits die Richtigkeit und Vollständigkeit der Unterlagen (Normenprüfung), bevor sie die Konstruktion in das Hauptarchiv aufnimmt und damit offiziell freigibt für die Verwendung
- Der Archivstelle bleibt dann noch die Nachsorge, wie beispielsweise Datensicherung und Verteilung an andere Abteilungen und/oder Werke

Die geschilderten Abläufe werden sich grundsätzlich nicht ändern lassen. Folgerichtig ist zu fragen, welche Bedeutung EDV-gestützte Arbeitsmittel, insbesondere Produktionsplanungs- und Produktionssteuerungssysteme (PPS) sowie CAD-Anwendungen, in den Arbeitsabläufen haben.

2.1 PPS - die "trojanischen Pferde"

Erste Berührung mit EDV-Systemen bekam die Konstruktion in den 70er und 80er Jahren mit der Aufstellung von Datenterminals. Keineswegs war damit eine durchgängige EDV-Unterstützung der indirekt konstruktiven Aufgaben geplant, denn im Grunde genommen handelte es sich dabei eher um "trojanische Pferde" der Produktionsplanung und -steuerung, Auftragsabwicklung oder Materialwirtschaft. Ziel war es vielfach, die für diese Zwecke benötigten wichtigen Daten am Ort ihres Entstehens zu erheben. Danach konnten die Mitarbeiter der Konstruktionsabteilungen die Systeme dann auch als Quelle zur Information über vorhandene Teilestammdaten oder Stücklisten nutzen - und dabei ist es oftmals geblieben.

Ganz allgemein darf man wohl sagen, daß die Abbildung von Stücklisten in PPS-Systemen zwar die Wurzeln der Konstruktionsarbeit berührt, damit aber keineswegs eine "Konstruktionsdatenverwaltung" entstanden ist! Die Menge der PPS-Systeme verfügt weder über alle benötigten Daten, noch über die Funktionalität zur Datenpflege, die aus Konstruktionssicht erforderlich ist. Das heißt in der Praxis, daß die meisten Obliegenheiten weiterhin papiergebunden organisiert bleiben müssen. Darüber hinaus führt die heute zur Praxis gewordene Ablage aller möglichen Konstruktionsstücklisten mittlerweile zu einer unnötigen und behindernden Überfrachtung der PPS-Systeme.

2.2 CAD - Vor den Erfolg haben die Götter den Schweiß gesetzt!

Der Umbruch zur Nutzung der EDV im Konstruktionsbüro begann mit der graphischen Datenverarbeitung (CAD). Derzeit fährt der Einführungszug quer durch die mittelständische Industrielandschaft. Endlich, so hofft man, läßt sich auch Konstruktionsarbeit rationalisieren.

Die Hoffnungen sind auch durchaus berechtigt, allerdings nur für den Fall, daß sorgfältige Vorarbeit geleistet wird. Die Auswahl der Systeme und die Schulung der Mitarbeiter sind nur die ersten Schritte! Eine weitere Aufgabe besteht darin, eine CAD-interne Struktur zu definieren, welche erst eine ökonomische Systemnutzung durch mehrere Mitarbeiter möglich macht. Es sind Fragen wie beispielsweise die Zuordnung von Farben zu Linienstärken, vom Umgang mit Symbolbibliotheken, der Verwendung von Einzelteilen in Baugruppen, etc. Setzt ein Haus gleich mehrere CAD-Programme ein, so sind die geschilderten Aufgaben ebenfalls mehrfach zu bewältigen. Doch bei allem Bemühen wird der Produktivitätsgewinn auf sich warten lassen, wenn es nicht gelingt, das Medium CAD in die Arbeitsorganisation einzubetten. CAD eröffnet völlig neue Problemfelder und Fragestellungen.

CAD — Fragen auf den zweiten (?) Blick:

- Was ist eine originale Konstruktionsunterlage?
- Welchen Status hat ein Ausdruck (Plot)?
- Was unterscheidet Original und Kopie?
- Wie lassen sich Veränderungen erkennen?
- Wie unterscheiden sich freigegebene Konstruktionen von Entwürfen bzw. unfertigen Arbeiten?
- Welchen Informationswert haben Dateinamen?
- Wie findet man eine Konstruktion?
- Wie ist die Organisation beim Einsatz mehrerer CAD-Arbeitsplätze?
- Wie kann die Archivstelle die Kontrolle über freigegebene Unterlagen behalten?
- Wie lassen sich CAD und konventionelle Zeichnungen verbinden (was ist wo)?
- Wie lassen sich Daten vor Verlust schützen?

Dazu sind Antworten - und vor allem Lösungen - zu finden ! Im Rahmen der CAD-Pakete wird man in der Regel vergebens nach befriedigenden Ansätzen suchen. Daß dies nicht lediglich "Kassandrarufe" sind, belegen immer häufiger Anwenderberichte unter Titeln wie *"CAD im Heuhaufen"* (Rose 1989). Allein das Auffinden von Konstruktionen ist schon bei wenigen hundert gespeicherten Modellen ein Problem. Wie soll das erst mit fünfzigtausend Modellen werden - ob der Nutzen sich nicht in das Gegenteil verkehrt?

2.3   CIM - himmelhochjauchzendzutodebetrübt

Ein weiteres Problemfeld im Technischen Büro wird sichtbar, wenn man die Voraussetzungen zum "Computer Integrated Manufacturing" (CIM) beleuchtet. Ein weithin bekanntes und übersichtliches Modell ist das "CIM-Y", mit dem Scheer (Scheer 1987) die Situation des informationstechnischen Status quo beschrieben hat.

Es erweist sich als Trugschluß, wollte man das offene Dreieck zwischen Produktionsplanung und CAD als Sinnbild ihrer gegenseitigen Unabhängigkeit verstehen. In Wirklichkeit ist dort eine Lücke!

Und diese Lücke ist gut zu füllen, wenn die Instrumentarien zur Organisation der Konstruktionsarbeit hier angesiedelt würden (vgl. auch Scheer et al. 1989). Solange dies jedoch nicht der Fall ist, sitzen die Konstruktionsabteilungen gewissermassen zwischen den Stühlen. Die fehlende Durchgängigkeit zwischen PPS und CAD führt in der Regel dazu, daß die Konstrukteure manuelle Datenverarbeitung betreiben, indem sie eine Vielzahl von Daten per Hand und Papier zwischen den Systemen austauschen. Das ist nicht nur außerordentlich lästig, sondern auch zeitraubend und fehlerträchtig.

Mangelnde Integration der DV-Systeme in die Arbeits- und Datenorganisation dürfte wohl erheblichen Anteil haben, wenn die ausgerechneten Rationalisierungs- oder Entlastungseffekte sich nicht einstellen wollen nachdem die technischen Systeme installiert wurden.

3. Ingenieurdatenbanken als Problemlösung

In den vorangegangenen Kapiteln wurde das Szenario herausgestellt, vor dessen Hintergrund die Diskussion um die Anforderungen an ein Informationssystem auszutragen ist. Das heißt:

- *Wer sind die Anwender, und worauf richtet sich ihr Informationsbedarf?*
- *Wie ist der Problemraum beschaffen, für den Handlungsbedarf besteht?*
- *Welches sind die Anforderungen, die aus den verschiedenen Problemstellungen heraus an Ingenieurdatenbanken zu stellen sind?*

Es sollte Einigkeit darin bestehen, daß mit einem Informationssystem nicht eine weitere Insellösung entstehen darf. Diese erste Forderung führt zum Ausschluß einer Kategorie, die unter dem neudeutschen Begriff *"Retrievalsystem"* bekannt ist. Benötigt werden hingegen Systeme, die in der Lage sind, Informationen mit Funktionen - und umgekehrt - zu verbinden. Im deutschen Sprachraum haben sich für diese (neue) Art Informationssysteme die Begriffe *"Technische Datenbank"* bzw. *"Ingenieurdatenbank"* herausgebildet. Demzufolge sei im weiteren Verlauf nicht mehr von *Informationssystemen im Technischen Büro* die Rede, sondern nur noch von der Spezies der *Ingenieurdatenbanken.*

3.1 Die Aufgabenstellung

Die geschilderten Probleme konzentrieren sich um zwei Pole:

Operative Schwachstellen, womit hier die mangelhaften Verknüpfungen der Systeme gemeint sein sollen - mithin die fehlende Datendurchgängigkeit. *Die Lücke im CIM-Y ist zu schließen.*

Organisatorische Schwachstellen (im Sinne mangelnder EDV-Unterstützung der Arbeitsabläufe). *Es gilt Konzepte und Mittel zur Wiederherstellung produktiver Arbeitsorganisationen zu entwickeln, d. h. die Aufgaben zur Neuorientierung und Anpassung zu bewältigen.*

Diese beiden Forderungen definieren kein Dilemma, sondern kennzeichnen lediglich die zwei Seiten der gleichen Medaille. Bezieht man die Feststellungen auf das Konstruktionsbeispiel im zweiten Kapitel, so ergeben sich in der Schlußfolgerung daraus die Aufgaben für Ingenieurdatenbanken, die unter zwei Aufgabenschwerpunkten aufgeführt werden können: der Integration vorhandener Werkzeuge und Unterlagen sowie der Begleitung der Konstruktionsarbeit.

Integration vorhandener Werkzeuge und Unterlagen:

- zur Wahrung bzw. Herstellung einer einheitlichen Datenbasis
- zur durchgängigen EDV-Unterstützung der Arbeitsabläufe
- zur Realisierung durchgängiger Datenflüsse (CIM-Kette)

Begleitung der Konstruktionsarbeit:

- als Informationsquelle über vorhandene Teile und Erzeugnisse
- als Identifikations- und Ordnungssystem
- als Dokumentationssystem für die Lebensgeschichte und Verwendung von Konstruktionen
- als Bibliothek für erzeugnis- und arbeitsbegleitende Dokumente
- als EDV-gestützte Verwaltungsinstanz
- als Werkzeugkasten für Standardisierung und Normierung

Es sei an dieser Stelle gleich betont: Es gibt nicht *die* Ingenieurdatenbank. Im konkreten Fall steht die Lösung der Aufgabenstellung immer vor dem Hintergrund unternehmensspezifischer Besonderheiten. Das ist jedoch keine Einschränkung für die Formulierung der konzeptionellen Grundlagen einer Ingenieurdatenbank, denn die elementaren Bedürfnisse sind weitgehend identisch.

3.2 Die Anforderungen

Um von den Aufgaben zu einem konzeptionellen Ansatz für Ingenieurdatenbanken zu gelangen, seien die Anforderungen in vier Komplexen entwickelt:

- aus den Bedürfnissen der Arbeitsorganisation
- den erforderlichen Informationsgrundlagen
- den Konsequenzen für die Arbeitsmittel (Integration)
- die Einbindung in die innerbetriebliche EDV-Landschaft (CIM)

3.2.1 EDV - und die Bedeutung des Schreibtisches

Greifen wir nochmals auf das Beispiel der Konstruktionsaufgabe zurück und vergegenwärtigen uns den Arbeitsablauf. Berücksichtigen wir des weiteren, daß die Bearbeitungszeiten sich vielfach über lange Zeiträume erstrecken und daß die Mitarbeiter mehrere Projekte gleichzeitig verfolgen. Was ist vonnöten, um die Arbeiten zu organisieren? Über welche Qualitäten in dieser Beziehung eine Ingenieurdatenbank verfügen müßte, kann etwa folgendermaßen skizziert werden:

- Ablagesystem für unfertige Arbeiten und Entwürfe ("Schreibtisch")
- Unfertige Arbeiten von freigegebenen Arbeiten trennen
- Alle Unterlagen zu einer Konstruktion müssen einen Zusammenhalt haben
- Unterlagen müssen nach den Erfordernissen der Ablauforganisation "zwischen den Schreibtischen wandern" können
- Die Einhaltung der vorgesehenen Prüf- bzw. Freigabewege ist sicherzustellen
- Daten zur Verwaltung und Beschreibung einer Konstruktion sind nur einmal zu erfassen (Vermeidung von Doppelarbeit)
- Komfortable Mittel zur Pflege und Bestandsverwaltung der Unterlagen

Zur Begründung: Traditionell befinden sich unfertige Arbeiten am Arbeitsplatz der Mitarbeiter. Dort liegen sie, geordnet nach den individuellen Bedürfnissen der zuständigen Personen, mitunter über Monate - denken wir beispielsweise an Baureihenentwicklungen. Die Abarbeitung erfolgt häufig parallel, nach Erkenntnisfortschritt, Zeitplanungen und ähnlichen Bedingungen. Jeder Mitarbeiter wird sich nach besten Kräften dagegen wehren, wenn ihm dieses persönliche Organisationsfeld genommen wird - was auch ernsthaft nicht gewollt sein kann!

EDV-Systeme aber kennen bisher keinen "Schreibtisch". Die in Arbeit befindlichen CAD-Modelle befinden sich auf "unsichtbaren" Speichermedien. Für andere Daten gilt ähnliches. Das persönliche Organisationsfeld ist jedoch unverzichtbar, abgesehen davon, daß ohnehin nur der zuständige Mitarbeiter Auskunft über den Zustand seiner Projekte geben kann. Dies ergänzt sich hervorragend mit dem Aspekt, daß ausschließlich geprüfte und freigegebene Konstruktionen in den betrieblichen Umlauf geraten dürfen (Fertigung, Wiederverwendung). Praktisch heißt das zweierlei: daß einerseits Prüf- bzw. Freigabeinstanzen vorzusehen sind (die zwangsweise passiert werden müssen) und daß nur auf freigegebene Unterlagen von allen Mitarbeitern zugegriffen werden kann - eine Trennung der Archive. Bei ersterem zeigen sich EDV-Systeme wie CAD und PPS oft überfordert.

Daß alle Unterlagen einer Konstruktion zusammengehören, ist leicht einsichtig, denn was liegt näher, als beispielsweise Zeichnungen und Stücklisten gleichzeitig bereit zu haben. Die Forderung hat jedoch den tieferen Sinn, daß nur auf diese Weise eine zuverlässige Pflege möglich ist! Hier ist das organisatorisch wichtige Thema Änderungsdienst bzw. Versionskontrolle angesprochen.

Wie soll das funktionieren, daß ein Mitarbeiter die Arbeit eines Kollegen vervollständigt oder daß Unterlagen zur Freigabe weitergereicht werden? Nach den Möglichkeiten "zeitgemäßer" Arbeitsmittel wie CAD offenbar per "IbM" (IbM mit der Bedeutung "innerbetriebliche Mitteilung")! Dabei wäre es gut möglich, Delegation und Vorlage, gekoppelt mit Funktionen wie Freigaben und Nachrichten, unter Berücksichtigung der geschilderten Forderungen EDV-technisch abzubilden.

Um die Arbeitsorganisation in dem geforderten Sinn unterstützen zu können, müßte die Ingenieurdatenbank über detaillierte Kenntnisse der jeweiligen Aufbauorganisation verfügen. Das heißt, der einzelne Benutzer, seine Zugehörigkeit zu Konstruktionsgruppen und Tätigkeitsfeldern, seine Befugnisse und Verantwortlichkeiten müßten in der Systemkonfiguration zu vereinbaren sein. Solche Kenntnisse würden nicht nur sicherstellen können, daß beispielsweise zu prüfende Unterlagen automatisch in den Arbeitsbereich des jeweils zuständigen, prüfberechtigten Mitarbeiters gelangen ("Postkörbe"), sondern wären auch anderweitig von Vorteil, z. B. bei der Vergabe von Zugangsberechtigungen, bei der Bereitstellung von persönlichen Arbeitsbereichen an einem beliebigen Systemplatz. Sie eröffnen auch die Möglichkeit einer auf den Mitarbeiter bezogenen Darstellung der Benutzeroberfläche ("er kann tun, was er sieht") oder den Schutz von Signaturen vor Mißbrauch oder Änderung, indem solche Signaturen nur vom System eingetragen werden (Aspekt der persönlichen Haftung). Eingaben von Namen und Datum könnten dann ganz entfallen - sonst eine der lästigsten Wiederholungen!

3.2.2 Wer suchet, der findet . . .

Es ist schon bezeichnend, daß man von Suchen und nicht von Finden spricht, wenn es darum geht, bestimmte Informationen einsehen zu wollen. Suchen heißt Hoffen, Finden hingegen Gewißheit! Das Problem am Suchen ist die Zeit, die verrinnt. Also ist es oftmals eine Frage des Kalküls, ob man sucht, oder ob man gleich neu konstruiert. Für einfache Teile bestand die Gefahr der "nahezu Doppelkonstruktion" schon immer - mit CAD geht es noch schneller! Und dies in einer Zeit, wo Reduktion der Teilevielfalt, Baukastensystematik und Standardisierung Voraussetzungen für eine kostengünstige Produktion kundenspezifisch angepaßter Produkte sind.

Folgt man Ehrlenspiel und Müller (Ehrlenspiel, Müller 1990), so ruhen in den Teilestämmen enorme, unnötige Kapitalbindungen. Sie beziffern allein die Kosten für die Einführung eines Teils mit 800 bis 2.400 DM (bei Unternehmen mit bis zu 1000 Mitarbeitern). Nicht eingeschlossen sind hier die Kosten für die kontinuierlich (jährlich) anfallende Bestandspflege, EDV-Kapazität, ggf. Vorratshaltung, etc. An gleicher Stelle wird darauf verwiesen, daß bereits eine Einsparung der *neu* erstellten Teile um 1 % die Kosten für ein Teileverwaltungssystem aufwiegt.

Was das für Ingenieurdatenbanken bedeutet, ist offensichtlich. Es muß eine Darstellungsebene für Teile und Erzeugnisse geben, die eine Identifikation unter technologischen Gesichtspunkten möglich macht. In der Praxis haben sich die Bildung von Teilefamilien und die Auflistung ihrer (vergleichbaren) Merkmale unter *Sachmerkmalleisten* als außerordentlich nützlich erwiesen (vgl. DIN 4000 1981). Besondere Bedeutung erhält das Prinzip der Sachmerkmalleisten durch seine Weiterführung in den Geometriemerkmalen. Auf dieser Basis können in Zukunft CAD-unabhängige Normteilebibliotheken aufgebaut werden (DIN 1987; DIN 66304 1987). Neben den genannten Aspekten sind Sachmerkmalverzeichnisse hervorragende Mittel für die Aufgaben der Standardisierung und Normung. Auch dies war eine der formulierten Aufgaben von Ingenieurdatenbanken.

Nun stellt das Finden einer Identität in der Regel "nur" den Anfang der Informationsbeschaffung dar. Insofern kann man die Ebene der Sachmerkmalleisten auch als die *allgemeine Informationsebene* bezeichnen. Die Mitarbeiter benötigen ebenso *spezielle Informationsebenen*. Hier stellt sich die Frage nach den Inhalten einer Ingenieurdatenbank. Eine abschließende Definition ist nicht möglich. Die Maximalforderung lautet: "Alle Informationsträger einer Konstruktionsabteilung sollen im Rahmen der Ingenieurdatenbank organisiert und verfügbar sein". Im Gegensatz dazu wäre eine reine "Zeichnungsverwaltung" zu wenig, um den Begriff Ingenieurdatenbank anwenden zu können. Für den Kern einer Ingenieurdatenbank benötigen wir den Mindestumfang, und der läßt sich mit der folgenden Fragestellung hinlänglich bestimmen: *Welche Unterlagen definieren ein Teil/Erzeugnis und welche Daten zur Verwaltung und informellen Darstellung dieser Unterlagen werden benötigt?* Definierende Unterlagen sind:

- das CAD-Modell
- CAD-Makroprogramme für Migrationsteile
- die Plot-Datei bzw. das (konventionelle) Transparentoriginal

- die Modellaustauschdatei (beispielsweise für CAM-Systeme)
- Modellansichten und/oder Explosionsdarstellungen
- die Stückliste bzw. der technische Teilestammsatz

Dies sind alle Unterlagen, deren Änderungszustand zweifelsfrei identisch sein muß, wenn es im Verlauf der Herstellung, Montage und Ersatzteilversorgung ohne Komplikationen abgehen soll. Für diese Unterlagen wurde gefordert, daß sie entsprechenden Kontrollmechanismen unterliegen müssen und daß sie sozusagen aneinander gekettet sein müssen bezüglich Freigaben und Änderungen. Den Ableitungen aus CAD-Modellen ist die gleiche Sorgfalt zu widmen wie den Modellen selbst. Denn in der Regel werden nur die Ableitungen für die Weiterverarbeitung in anderen Unternehmensbereichen genutzt!

Auf der Seite der Daten gilt naturgemäß, daß die genannten Unterlagen mit den gleichen Basisdaten beschrieben werden. Naturgemäß, weil die Bezüge ja auf die gleiche Identität führen müssen und die Unterlagen nur verschiedene Darstellungsarten dieser einen Identität sind. Welche Daten, auch unterlagenspezifisch, benötigt werden, sagen uns die traditionellen Verwaltungssysteme im Umfeld der Konstruktionsarbeit. Da sie jeder Fachmann kennt, soll die folgende Auswahl genügen:

- Die Schriftfelddaten
- Die Eintragungen in Archivkarteien
- Anwendungsdaten wie Normenbezüge, Ersatz, Serienfreigaben etc.

Gesucht wurde der Mindestumfang einer Ingenieurdatenbank, also derjenige Umfang, der zur Sicherstellung einer konsistenten Definitionsbasis für Teile und Erzeugnisse erforderlich ist. Die speziellen Informationsebenen hierzu sind die sogenannte *Zeichnungsverwaltung* und das *Stücklistenwesen bzw. die Stammdatenverwaltung.* Es ist eine selbstverständliche Forderung, daß die Informationsebenen nach Belieben zu wechseln sein müssen.

Im Bereich der Zeichnungsverwaltung hat die Ingenieurdatenbank die gemeinsame Datenbasis für alle graphischen Unterlagen bereitzustellen - also auch für konventionell erstellte Zeichnungen. Vom Standpunkt der Informationsbeschaffung ist die Entstehungsart einer Konstruktion unerheblich. Das heißt auch, daß die Anwendung verschiedener CAD-Programme in der Ingenieurdatenbank eine gemeinsame Informations- und Verwaltungsbasis finden muß.

Bei der Erfassung der graphischen Unterlagen bzw. der Stammdaten entsteht gleichzeitig das Datengerüst für Stücklisten. Für die Mitarbeiter reduziert sich damit der Aufwand für die Stücklistenerstellung auf die Auflistung der zusammengestellten Identitäten (ggf. kann das bereits durch ein CAD-Programm erfolgen). Es ist nun folgerichtig zu fordern, daß innerhalb der Datenbank die Strukturpfade verknüpft werden.

In umgekehrter Blickrichtung folgen daraus Verwendungsnachweise. Diese wiederum sind zur Absicherung von Konstruktionsänderungen unerläßlich und sollten deshalb jederzeit ("online") abrufbar sein. Im Konstruktionsalltag ist es auch durchaus üblich, Varianten im Stücklistenbereich zu eröffnen (kopieren). In diesem Fall müssen die Basisdaten für die graphischen Unterlagen bereitstehen.

3.2.3 Die Integration der Arbeitsmittel

Im vorhergehenden Unterkapitel fand Information nur auf der Datenebene statt.
Welche Voraussetzungen sind zu erfüllen, damit auch die Unterlagen entsprechend
der Aufgabenstellung einbezogen werden können? *Praktisch ist das nur realisierbar, indem die Ingenieurdatenbank alle EDV-gestützten Arbeitsmittel kontrolliert
und den gesamten Datenverkehr organisiert.* Dies ist machbar. Der Ausgangspunkt
wäre die Informations- bzw. Verwaltungsebene. Hier würde die Identifikation eines
gewünschten Teils erfolgen. Um dann die Graphik sichtbar zu machen, müßte die
Datenbank die Zugriffspfade an das CAD-Programm vermitteln. Werden aus dem
CAD-Modell Ableitungen generiert, so sollten diese (automatisiert) von der Datenbank aufgegriffen und verwaltet werden. Die erforderlichen Schnittstellen wären in
diesem Konzept spezifisch für das jeweilige CAD-Programm.

Damit stellt sich eine weitere ganz wichtige Forderung an Ingenieurdatenbanken:
*Ingenieurdatenbanken müssen in der Lage sein, verschiedene Anwendungspro-
gramme gleichzeitig einbinden zu können.* Es darf als normal gelten, daß beispielsweise Systeme für Steuerungstechnik und Mechanik oder verschiedene Mechanik-
systeme innerhalb eines Hauses eingesetzt werden. Der Gewinn aus der gleichzei-
tigen Einbindung ist beträchtlich. Einerseits bedeutet das die Anwendbarkeit der
gleichen Arbeitsoberfläche in allen Bereichen der Konstruktion - mithin auch der
verwaltungstechnischen Funktionen. Andererseits bleibt damit eine gemeinsame
Datenbasis existent. Was am Beispiel CAD entwickelt wurde, gilt im gleichen
Sinne für die Einbindung anderer, datenerzeugender Arbeitsmittel, beispielsweise
von Berechnungsprogrammen, Textverarbeitung, etc.

Aus der Kontrolle erwachsen letzlich auch die Möglichkeiten, um die Anforderungen aus den vorhergehenden Kapiteln abdecken zu können. Als Beispiel sei nur
die Möglichkeit erwähnt, den Mitarbeitern in ihren persönlichen Arbeitsbereichen
(unfertige Projekte) größte Freiheiten bezüglich Ändern, Kopieren oder Löschen
von Unterlagen einräumen zu können. Der Schutz muß erst mit der Vorlage zur
Freigabe einsetzen.

3.2.4 Ingenieurdatenbanken im CIM-Konzept

Mit einer Ingenieurdatenbank nach den bisher geforderten Grundzügen verfügte
eine Konstruktionsabteilung über eine hervorragende Arbeitsgrundlage. Die Integration in ein CIM-Konzept ist nunmehr vor allem die Lösung EDV-technischer
Fragen. Es geht dabei in erster Linie um den Austausch von Stammdaten und
Stücklisten mit PPS-Programmen. Mittel und Wege zur Bildung geeigneter Schnittstellen sind bekannt und müssen hier nicht diskutiert werden.
Im Rahmen einer CIM-Konzeption mögen vielleicht Bedenken hinsichtlich Daten-
redundanzen bestehen. Wenn man sich vor Augen hält, wieviele unkontrollierte
Redundanzen eine Ingenieurdatenbank im Konstruktionsbüro beseitigt, dürfte dies
keine wirkliche Einschränkung bedeuten. Redundanz kann, wenn sie kontrollierbar
bleibt, auch Sicherheit und Unabhängigkeit bedeuten.

3.3 Die komfortable Arbeitsplattform: weitere Anforderungen

3.3.1 Dokumentenverwaltung

Der Arbeitsalltag im Konstruktionsbüro besteht nicht nur aus Sachmerkmalen, "Zeichnungen" und Stücklisten. Speziell in größeren Unternehmen werden Konstruktionen von einer ganzen Palette weiterer Dokumente begleitet (s. Kapitel 1). Viele davon enstehen heute mit Rechnerunterstützung. Ihre Archivierungskriterien bestehen meistens aus einer Untermenge der Daten für beispielsweise Zeichnungen. Das legt den Schluß nahe, diese Dokumente ebenfalls in eine Ingenieurdatenbank aufzunehmen. Der Nutzen liegt in folgenden Aspekten:

- Eingliederung in eine gemeinsame Ordnungsstruktur
- Zu jedem Erzeugnis/Teil sind Menge und Art der angehängten Dokumente auf Knopfdruck darstellbar
- Texte, Tabellen können unmittelbar eingesehen werden - auch an Terminals
- Versionskontrolle ist möglich

Zur Ausgestaltung einer Dokumentenverwaltung sind natürlich auch einige zusätzliche Funktionen in der Ingenieurdatenbank zu realisieren: Eine spezielle Informationsebene für Dokumente, Unterscheidungsmöglichkeiten für Muß- und Kann-Dokumente, Ausdehnung der Kontrollfunktionen, einfacher Texteditor zur Erfassung von Notizen und Entwürfen, Eingliederung von Dokumenten durch Übernahme von Dateien, Einbindung von Systemen zur Erstellung von Textdokumenten.

3.3.2 Auftragsbearbeitung

Mit der Kenntnis um die Aufbauorganisation einer Konstruktionsabteilung und auf der Basis des Stücklistenwesens bietet eine Ingenieurdatenbank gute Voraussetzungen, die Auftragsbearbeitung, einschließlich der konstruktionsspezifischen Auftragsdokumentation, zu integrieren:

- Übernahme der Auftragsspezifikationen aus dem PPS-Bereich
- Besetzung der Auftragspositionen mit geeigneten Baukästen durch einfaches Selektieren der zugehörigen Stücklisten bzw. durch Kopieren
- Funktionen zur Automatisierung der administrativen Belange
- Einbeziehung von Notizen in die Auftragsdokumentation
- Anpassung der Betriebsanleitung an kundenspezifische Erzeugnisvarianten
- Generierung von Ersatzteillisten aus den Stücklisten
- Übergabe der auftragsspezifischen Stücklisten an das PPS-System

Die Entwicklung eines Konfigurationssystems ("Expertensystem") zur Unterstützung der Abwicklung sogenannter "Standardaufträge" kann zur wirksamen Entlastung der Mitarbeiter beitragen, die dann mehr Augenmerk auf Produktpflege und Entwicklung verwenden können. Eine Bedingung hierzu ist, daß sich das Regelwerk eines Konfigurationssystems auf den Daten der Ingenieurdatenbank abstützt.

3.3.3 CAM

Dieser Bereich wurde bislang nur als Streiflicht erwähnt. Ohne jetzt tiefer in das Arbeitsfeld einzudringen, können doch sehr starke Veflechtungen ausgemacht werden. Statt der Dokumente sind hier Arbeitspläne, NC-Programme, Werkzeugkataloge, Maschinendaten etc. zu verwalten. Ansätze zur Integration der Belange der Arbeitsvorbereitung in Ingenieurdatenbanken sind verschiedentlich zu erkennen.

3.4 Anmerkungen zur Auswahl

Individualsoftware oder Standardsoftware - das ist die erste Frage. Die Antwort darauf lautet "sowohl als auch"! Das will sagen, es gibt speziell im deutschsprachigen Raum eine "Handvoll" Anbieter von Ingenieurdatenbanken bzw. Technischen Datenbanken. Inwieweit die angebotenen Leistungen den hier formulierten Anforderungen entsprechen, müssen die potentiellen Anwender selbst herausfinden. Die meisten Systeme sind ziemlich spezialisiert hinsichtlich der Einbindung von CAD-Programmen, und ganz wenige sind in der Lage, mehrere CAD-Programme gleichzeitig zu verwalten. Im konkreten Fall ist also damit zu rechnen, daß die Ingenieurdatenbank beispielsweise konzeptionell die Bedürfnisse befriedigt - nur die Schnittstellen passen nicht. Das heißt, individuelle Anpassungen standardisierter Produkte werden häufig notwendig sein. In jedem Fall gilt das für die Schnittstelle zu PPS-Systemen, wobei die Bereitstellung der Daten meistens kein Problem sein sollte. Die wichtigste Wahlvoraussetzung ist selbstverständlich die Kenntnis der eigenen Kriterien. Die grundsätzlichen Kriterien wurden hier angesprochen, und man möge sie als Aufforderung zur Weiterentwicklung betrachten.

4   Literatur

DIN 4000, Deutsches Institut für Normung e.V. (Hrsg., 1981) DIN 4000 T1: Sachmerkmal-Leisten; Begriffe und Grundlagen. Beuth, Berlin

DIN, Deutsches Institut für Normung e.V. (Hrsg., 1987) CAD-Normteiledatei nach DIN. Beuth, Berlin

DIN 66304, Deutsches Institut für Normung e.V. (Hrsg., 1987) DIN V 66304 T1: Rechnerunterstütztes Konstruieren; Format zum Austausch von Normteilen. Beuth, Berlin

Ehrlenspiel K, Müller R (1990) Datenbankgestützte Konstruktionsdatenverwaltung. CIM-Management 2: 10-16

Rose B (1989) CAD im Heuhaufen. Wirtschafts Woche 11: 146-148

Scheer AW (1987) Computer Integrated Manufacturing: CIM - Der computergesteuerte Industriebetrieb. Springer, Berlin Heidelberg New York

Scheer AW et al. (1989) Organisatorische Konsequenzen des Einsatzes von Computer Aided Design (CAD) im Rahmen von CIM. In: Scheer AW (Hrsg.) Veröffentlichungen des Instituts für Wirtschaftsinformatik Nr. 61. Institut für Wirschaftsinformatik, Saarbrücken

CAD-Anwendung im Entwicklungsbereich eines Automobilunternehmens -Inhalte und Konsequenzen eines A+T-Projektes -

Dr. Walter Hell, Max Neumeier
BMW AG, Petuelring 130, 8000 München 40

Zusammenfassung

Im ersten Teil werden die Projektergebnisse eine A+T-Projektes diskutiert. Im darauffolgenden Teil werden die nach Projektabschluß gemachten Erfahrungen dargestellt. Eine spezielle Herausforderung für anwendungsorientierte Software-Entwicklungen werden aufgrund der innerbetrieblichen Erfahrungen erläutert.

Abstract

The first section of this paper discusses the results of an A+T project. The following section presents the experiences gathered after the project's completion. In conclusion, challenges facing a future application-oriented software development are pointed out based on inner-company experiences.

Vorbemerkung

Das Projekt, das den Hintergrund des folgenden Beitrags bildet, befaßte sich mit unterschiedlichen Aspekten der Arbeitssituation von Mitarbeitern im Bereich Forschung und Entwicklung bei BMW. Das Projekt endete bereits 1988. Viele Aspekte der damals behandelten Problematik haben aber auch heute noch hohe Aktualität, da zum einen die Technik an den Arbeitsplätzen, zum anderen die Veränderungen auf den Absatzmärkten ständigen Weiterentwicklungen unterworfen sind und damit immer wieder neue Anforderungen an die Mitarbeiter im Bereich Forschung und Entwicklung verbunden sind.

Die Inhalte dieses Projektes in ihrer Gesamtheit darzustellen, würde den Rahmen dieses Beitrages ganz erheblich sprengen. Insbesondere würde dann der Anspruch nicht erfüllt werden können, auch Perspektiven aufzuzeigen. Dementsprechend bildet die Darstellung ausgewählter Projektinhalte den einen Teil dieses Beitrages. Ergänzt wird er um Umsetzungserfahrungen und neue Herausforderungen, die es zum Teil noch zu bewältigen gilt.

1 Worin bestanden zu Projektbeginn die besonderen Herausforderungen an die Mitarbeiter des F+E-Bereiches?

Anfang der 80er Jahre hatte sich der Bereich Forschung und Entwicklung verstärkt mit folgenden Anforderungen auseinanderzusetzen:

- verstärkte Produkt- und Verfahrensinnovationen
- Ausbau der elektronischen Komponenten
- Erhöhung der Varianten- und Bauteilvielfalt
- Einsatz neuer Werkstoffe in unseren Produkten
- Verkürzung der Entwicklungszeiten
- zunehmende Vernetzung der Bereiche
- Verstärkung des CAD-Einsatzes und der Prozeßdatenverarbeitung
- Einsatz neuer DV-Systeme

Diese Entwicklungen führten u.a. dazu, daß sich die Aufgabenumfänge an den Konstruktionsarbeitsplätzen verdichteten. Darüber hinaus mußten die Konstrukteure neben ihren originären Konstruktionsaufgaben in zunehmendem Maße Verwaltungsaufgaben wahrnehmen. Kennzeichnend für die Entwicklung des Aufgabenspektrums in einem der untersuchten Konstruktionsbereiche war, daß die befragten Konstrukteure nahezu ein Viertel ihrer Arbeitszeit für 'konstruktionsfremde' administrative Aufgaben aufwenden mußten, die aufgrund ihrer inhaltlichen Ausprägung von Spezialisten aus dem Bereich der Administration hätten bearbeitet werden können. Dieser hohe Bearbeitungsumfang für administrative Aufgaben wurde zusätzlich durch komplizierte Verfahrensabläufe und komplexe IV-Programme erhöht.

Erschwerend für die Arbeitssituation der Konstrukteure wirkte sich neben den bereits geschilderten

Effekten die 'flächendeckende' Einführung von CAD-Systemen mit all den daraus resultierenden organisatorischen und qualifikatorischen Veränderungsprozessen aus. Insbesondere die 'Überhäufung' der Konstrukteure mit administrativen Aufgaben barg die Gefahr einer verminderten Attraktivität des Konstruktionsarbeitsplatzes und von negativen Auswirkungen auf die Motivationslage der Konstrukteure.

Aufgabe des Projektes war es, Maßnahmen zu entwickeln, die eine ganzheitliche Gestaltung der Arbeitsbedingungen zum Ziel hatten, diese zu erproben und einen Umsetzungsprozeß zu initiieren, um die gewonnenen Erkenntnisse langfristig im Unternehmen zu verankern.

Das Projekt hatte drei Schwerpunkte:

- <u>CAD</u>: unter dem Aspekt der Entwicklung und Erprobung von ergonomischen Gestaltungsmaßnahmen an CAD-Arbeitsplätzen und ihrer Umgebung sowie die Entwicklung und Erprobung von Maßnahmen zur CAD-Grundschulung, Vor-Ort-Schulung und CAD-Trainer-Qualifizierung

- <u>Arbeitsorganisation:</u> unter dem Aspekt der Entwicklung und Erprobung eines teamorientierten Organisationsmodells sowie der Entwicklung und Erprobung von Modellen zur Service-Funktionen-Übernahme in der Konstruktion
- <u>Personalentwicklung:</u> unter dem Aspekt der Gestaltung von Maßnahmen für die Einführung und Einarbeitung neuer Mitarbeiter, der Entwicklung und Erprobung von Maßnahmen zum weiterqualifizierenden Arbeitsplatztausch (Job-rotation) sowie der Entwicklung von Fachlaufbahnmodellen.

Aufgrund des Tagungsthemas konzentriere ich mich insbesondere auf den Aspekt der Qualifizierung von F+E-Mitarbeitern im Hinblick auf die CAD-Anwendung.

2 Welche Fragestellungen wurden im Teilprojekt CAD behandelt und welche Projektergebnisse wurden erzielt?

Anfang der 80er Jahre nahm die Anzahl der CAD-Arbeitsplätze bei BMW enorm zu. Die Qualifizierung wurde zum
Volumenproblem, zumal der Anspruch bestand, den betroffenen Mitarbeitern nicht nur die Fertigkeiten, mit der CAD-Technik umzugehen, sondern eine ausbaufähige fundierte Grundqualifikation zu vermitteln. Dazu gehörte

- der <u>Umgang mit der CAD-Technik</u> an sich, also die Bedienung der Tastaturen, die Kenntnis der Funktion der einzelnen Bedienelemente, die Menütechnik als Basis für den Dialog mit dem Rechner oder den Umgang mit formalisierten Sprachen;
- die <u>CAD-Konstruktionslogik</u> wie z.B. die Generierung von Ansichten und Schnitten, die Möglichkeit der graphisch interaktiven Bemaßungen und automatischen Schraffur oder die Kenntnis über Speichern und Wiederauffinden von Makros, Normteilen usw.;
- ein <u>umfassendes Verständnis vom Gegenstand CAD</u>, also z.B. die Einsichten in die technische Wirkungsweise von CAD-Systemen, das systemtechnische Zusammenwirken der Hardware-Komponenten oder die Kenntnis der Mikro- und Makroabläufe im Zusammenhang mit der CAD-Anwendung.

Vor diesem Hintergrund wurde ein mehrstufiges Schulungskonzept entwickelt, da zur damaligen Zeit keine befriedigenden Konzepte bekannt waren. Selbst die von den Hardware-Herstellern mitgelieferten Schulungsunterlagen entsprachen von ihren Inhalten und ihrer Didaktik nicht den Anforderungen an ein anspruchsvolles Qualifizierungskonzept.
Die unterschiedlichen Informationsbedürfnisse verschiedener Interessentengruppen machten es erforderlich, die CAD-Schulungen in verschiedene Kurse mit unterschiedlichen Schulungsinhalten aufzuteilen. In diesem Zusammenhang wurden folgende Bausteine entwickelt:

- Die <u>Grundschulung</u>, die sich mit Inhalten befaßt, die jedem Schulungsteilnehmer, unabhängig von seinem Aufgabengebiet vermittelt werden müssen und die die Grundlage für den Umgang mit dem CAD-System bedeuten (Systemhandling, Funktionsvermittlung).
- Die <u>Vor-Ort-Schulung</u>, die den einzelnen Schulungsteilnehmern hauptsächlich bereichs- oder abteilungsbezogene Inhalte, die zur Bewältigung ihrer speziellen Aufgabe benötigt werden, vermittelt.
- Die <u>Aufbauschulung</u>, die Anwendungen für Spezialisten in den verschiedenen Bereichen beinhaltet (z.B. Kinematik, Robotics).
- Die <u>Systemkurse</u>, die software-spezifische Schulungsinhalte für Vor-Ort-Betreuer behandeln.
- Die <u>Führungskräfte-Schulung</u>, die die Aufgabenspektren und Einsatzgebiete der CAD-Systeme, Schnittstellenbeschreibungen, typische Anwendungen und Weiterentwicklungsperspektiven zum Inhalt hat sowie
- das <u>eintägige Infoseminar</u>, das allen Interessierten einen Einblick in die CAD-Technik im Unternehmen gibt.

Als notwendige Voraussetzung wurden entsprechende Schulungsunterlagen für die Teilnehmer und die Trainer von CAD-Grundschulungen erstellt. Ebenso wurde für die CAD-Trainer und die CAD-Fachberater ein anspruchsvolles Qualifizierungsprogramm entwickelt und pilothaft erprobt.

3 Was ist aus den Projektergebnissen geworden?

Die Maßnahmen zur CAD-Grundschulung wurden von der betrieblichen Weiterbildungsabteilung weiterentwickelt und im Bildungsalltag angewendet. Eine von den Schulungsteilnehmern als dringend erachtete und im E-Projekt geforderte weitergehende Entwicklung von Maßnahmen zur CAD-Vor-Ort-Schulung wurde auf der Basis der E-Projekt-Ergebnisse gemeinsam mit den Fachbereichen des Entwicklungsressorts und den zuständigen Systemstellen weiterentwickelt. Diese Qualifizierungs- bzw. Betreuungsvariante wird aus heutiger Sicht in Zukunft zunehmend an Bedeutung gewinnen. Ebenso gingen die Führungskräfteschulungen im CAD-Bereich als fester Bestandteil in das jährliche Weiterbildungsangebot ein.

Projektergebnisse auf die nicht näher eingegangen wird, betreffen z.B. die Unterstützung der Konstrukteure durch dezentrale Servicegruppen, die die Aufgabe hatten, delegierbare administrative Aufgaben (z.B. Stücklistenerstellung) zu übernehmen und den Konstrukteur zu entlasten oder auch die Erprobung von bereichsübergreifend zusammengesetzten Konstruktionsteams, um z.B. den Konstruktionsänderungsumfang zu verringern und die Konstruktionsabläufe zu verbessern.

4 Entwicklungen nach Projektabschluß

Da die Projektergebnisse einen Wissens- und Erfahrungsstand aus den Jahren 1986 bis 88 dokumentieren, soll in diesem Teil des Referats ein kurzer Rückblick auf die weitere Entwicklung bis zum heutigen Zeitpunkt gegeben und zukünftige Herausforderungen thematisiert werden.

4.1 Veränderung der Arbeitsergebnisse des Konstrukteurs

In einer rückwirkenden Betrachtung der Veränderung der Ergebnisse der Konstruktionsarbeit, kann die Weiterentwicklung auf diesem Gebiet verdeutlicht werden. So sind zwischenzeitlich im Bereich der Karosserie-Entwicklung 100% der Bauteile als Flächenmodelle verfügbar. 1986/87 waren es ca. 40%, während 60% nur als Drahtmodelle oder in Form von Zeichnungen vorlagen.

In der Motoren- und Fahrwerkskonstruktion traten die Veränderungen noch deutlicher hervor. Im Untersuchungszeitraum des Projektes waren hier so gut wie keine verwertbaren Ergebnisse hinsichtlich der Gestaltung von 'Bauteilen als Flächenmodell' bekannt. Heute wird so ein komplexes Bauteil wie der 'Zylinderkopf' als Flächenmodell entwickelt.

FAZIT:
Jedes Bauteil kann bzw. könnte heute als Flächenmodell entwickelt werden.

Neben diesen auf den ersten Blick erkennbaren Unterschieden, wurden noch im Hintergrund des Konstruktionsprozesses entscheidende Veränderungen eingeleitet und abgeschlossen. Die Austauschbarkeit von 'Konstruktionsmodellen' ist gewährleistet, was natürlich wieder eine Menge neuer Regulative für den Konstruktionsprozeß bedeutet. Das Ziel eines durchgängigen Modells von der Vorentwicklung bis zum Werkzeug bzw. fertigen Bauteil konnte bei einigen Bauteilen bereits erreicht werden.

FAZIT:
Der Prozeßkettengedanke ist im Unternehmen implementiert. Die Prozeßkette bzw. die Durchgängigkeit der Konstruktion ist bei diversen Bauteilen realisiert.

4.2 Veränderungen in der Organisation

Die Verantwortung und Kompetenzen wurden in den Jahren nach Projektende, nach einer anfänglichen Zusammenfassung bedeutender Funktionen (Betreuung, Test, Systempflege, Applikationsentwicklung), in den Entwicklungsbereich transferiert. Die Betreuungsfunktionen haben sich zu einem bedeutend höheren Niveau entwickelt und sind heute keine 'Funktionenhilfe' mehr, sondern eine echte 'Anwendungsberatung', die auch den Datenaustausch mit Lieferanten unterstützen und methodische Hinweise für unsere Zulieferer geben.

Darüber hinaus wurde eine verstärkte Projektorganisation eingeführt, da zunehmend fertigungs- und montagegerechte Konstruktionen gefordert wurden. Die Anwendung von CAD war nicht mehr Selbstzweck, sondern wurde unter Effizienzgesichtspunkten eingesetzt.

FAZIT:
CAD ist in die Projektarbeit (-organisation) integriert. Totzdem wurden die Tätigkeiten bzw. Aufgabenbereiche des Konstrukteurs nicht wesentlich geändert.

4.3 Entwicklungen in der Softwaregestaltung von CAD-Systemen

Die Entwicklung der Software zeigt eine geradezu vor Kraft und Mächtigkeit strotzende neue Gestaltungsdimension. Jede Art von Raffinesse erscheint möglich und machbar. Die Benutzerbelange hinsichtlich Funktionalität konnten oder werden auch in Zukunft erfüllt werden. Die technische Realisierbarkeit eines Motorblocks als produktionsgerechtes Volumenmodell wird bald möglich sein. Die paar Grenzen, die es noch gibt, liegen nach Auskunft der Software-Entwickler hauptsächlich in den Hardwarekomponenten. Somit werden wir in absehbarer Zeit CAD-Systeme nicht mehr nach der speziellen Anwendung auswählen, sondern wir bekommen universell einsetzbare Systeme, die sich bei den Parametern Funktionalität und Antwortzeitverhalten angenähert haben.

FAZIT:
CAD-Systeme erweitern ständig ihre Leistungsgrenzen insbesondere hinsichtlich Funktionalität und Antwortzeitverhalten.

Die andere Seite der Medaille ist, daß 'Kraft und Mächtigkeit' erst gebändigt werden muß. Bewertet man nämlich die Qualität der Software-Entwicklung als Ergebnis verschiedenster Wirkungszusammenhänge wie z.B.

- Erweiterung der Funktionalität
- Verbesserung des Antwortzeitverhaltens
- Verminderung der Anwendungskomplexität

- Reduktion von Richtlinien und Rahmenparametern
- Vereinfachung des Datenaustausch
- vorgehensorientierte Gestaltung der Bedienoberfläche
- Reduktion von Bedienelementen (teilweise 7 verschiedene),

so ist in den letzten Jahren nichts Wesentliches geschehen.

Verdeutlicht werden kann dies an folgendem Beispiel:
Ein Konstrukteur hat im Durchschnitt 1986 ca. 40% der möglichen Funktionen für die Erstellung eines Modells genutzt. Heute sind es aufgrund der immer leistungsfähigeren Systeme zwischen 10 und 15%. Anders betrachtet: Es werden 85 bis 90% des Systems nicht genutzt. Oder noch anders ausgedrückt: Es kommt nicht darauf an, daß es viele Möglichkeiten gibt an das Konstruktionsziel zu gelangen, viel wichtiger ist, daß es _einen_ möglichst _effizienten_ Weg gibt.

Und hier sind wir bei der Herausforderung, dem sich das Unternehmen derzeit gegenübersieht. Die 'Kraft und Mächtigkeit' zu bändigen, ist eine wichtige Aufgabe und so wird durch unternehmensspezifische bzw. abteilungsspezifische Vereinbarungen und Richtlinien der freien Gestaltung ein Zwang auferlegt. Betriebsunterstützende Softwaretools sollen dem Konstrukteur bei der Bewältigung seiner Aufgaben weiterhelfen.

FAZIT:
Je mehr Möglichkeiten CAD-Programme bieten, umso mehr Chancen bestehen , Fehlbedienungen einzuleiten. Um dies zu verhindern, wird die Arbeit der Konstrukteure durch diverse innerbetriebliche Vereinbarungen eingeschränkt.

4.4 Veränderungen von Qualifizierungsinhalten und - methoden

Wenn wir uns also nochmals ein paar Ergebnisse aus dem A+T-Projekt vergegenwärtigen, wie z.B. die Qualifizierung der Mitarbeiter, so stellt sich folgendes (am Beispiel Grundschulung: 80 Std.) dar:

1987   waren 90% des Schulungsinhalts der Funktionalität gewidmet (fast niemand mußte den Kurs wiederholen).

1991   sind nur noch 55% des Schulungsinhalts der Funktionalität gewidmet. Der Rest sind unternehmensspezifische Regelungen, die für den Einsatz in-nerhalb der Prozeßkette von besonderer Wichtigkeit. Methodische Veränderungen wurden notwendig.

  a)   Ein erstes, in das CAD-System integriertes Selbstlernpaket wurde von BMW entwickelt.

  b)   Selbstlernunterstützung: Gewisse Funktionen werden am Arbeitsplatz mittels aufbereiteter Handbücher selbst eingelernt.

FAZIT:

Eine Erweiterung des Spektrums an Qualifizierungsmethoden und eine teilweise Verlagerung der Qualifizierung an den Arbeitsplatz des Mitarbeiters ist notwendig.

Die Frage nach dem effizienten Einsatz von CAD wird immer noch bzw. wieder diskutiert. Durch die starke Zunahme der Komplexität kann ein Konstrukteur bei 'normaler' Tätigkeit, die nur einen Anteil von 25 bis 30% eigener Konstruktionstätigkeit zuläßt, nicht mehr effizient konstruieren, da das Probieren, bei der täglichen Arbeit überhand nimmt.

Häufige und systematische Anwendung des CAD-Systems scheint ein Erfolgsrezept, wenn wir Vergleiche zwischen Konstrukteuren anstellen, deren Tätigkeitsprofil ca. 30% Konstruktionstätigkeit bzw. 70% Konstruktionstätigkeit beinhalten. Teilweise konnten Arbeiten in weniger als der Hälfte der Zeit (es ging bis zu 30%) erledigt werden.

GESAMTFAZIT:

Folgende Herausforderungen müssen angenommen werden:

- innerhalb der Arbeitsorganisation müssen neue Arbeitsformen untersucht bzw. entwickelt werden
- Softwarepakete müssen weitgehend selbsterklärend gestaltet sein
- CAD-Systeme müssen sich an den konstruktiven Abläufen orientieren
- Qualifizierung der Mitarbeiter nach neuen Methoden und Entwicklung moderner Berufsbilder in Abhängigkeit der gefundenen organisatorischen Lösungen sind erforderlich.

5 Literatur

Klein, H., Frieling, E. und Ferenszkiewicz, D. (1989). Veränderungsperspektiven im Konstruktionsbereich - Erfahrungen mit partizipativer Organisations- und Personalentwicklung.

7.3 Öffentliche Verwaltung

Sachbearbeiterorientierte Softwaregestaltung im Rahmen eines Organisationsentwicklungsprozesses am Beispiel PROSOZ

Karl-Heinrich Hasenritter
Institut für Verwaltungswissenschaften, Dömbergstr. 4, 5800 Hagen 1

Zusammenfassung
Im Rahmen eines vom Bund geförderten Modellvorhabens haben verschiedene Kommunalverwaltungen die computerunterstützte Sachbearbeitung im Sozialamt mittels eines Organisationsentwicklungsprozesses eingeführt. Die Nutzerbeteiligung hat sich bewährt.

Abstract
In a prototyping and participation oriented approach users in several local government units developed a computer aided system for the purposes of social administration. The participation of users led to good results.

1 Das Verbundprojekt PROSOZ

Die Zahl der Sozialhilfeempfänger ist in den letzten Jahren ständig gestiegen. In dieser Situation stellte sich die Frage, ob die steigende Arbeitsbelastung durch den Einsatz moderner Bürotechnologien aufgefangen werden kann.
Im Rahmen eines vom Bund geförderten Modellvorhabens (Bundesminister für Forschung und Technologie, Projektträger Arbeit und Technik) haben verschiedene Träger, unter ihnen die Städte Bremen und Herten, die computergestützte Sachbearbeitung im Rahmen eines Organisationsentwicklungsprozesses eingeführt.
Ausgangspunkt war der Prototyp des Dialogsystems PROSOZ, der im Rahmen dieses Projekts weiterentwickelt worden ist. Der Anpassungs- und Einführungsprozeß hatte dabei als Prozeß der partizipativen Organisations- und Softwareentwicklung experimentellen Charakter.
Die von der Fachhochschule für öffentliche Verwaltung NW entwickelte und mittlerweile vom PROSOZ-Institut Herten vertriebene, bundesweit einsetzbare PROSOZ-Version ist bereits auf über 80 Anwenderverwaltungen in 9 Bundesländern übertragen worden.

Mit dem Dialogsystem PROSOZ ist dabei keine isolierte Veränderung in der

Datenverarbeitung, sondern ein umfassendes Konzept der Humanisierung der Arbeit und der Verbesserung der Dienstleistungsqualität des Verwaltungshandelns realisiert worden, in das auch vor- und nachgelagerte Bereiche des Sozialamts einbezogen waren.

Vorrangiges Ziel war die Humanisierung der Arbeit im Sozialamt. Daneben wurden die Ziele einer Verbesserung der Dienstleistungsqualität gegenüber dem Bürger und der Wirtschaftlichkeit verfolgt.

2 Ergebnisse der Nutzerbeteiligung

Die Ergebnisse des Softwareentwicklungsprozesses im PROSOZ-Projekt lassen sich nicht generalisierend beurteilen. Die Erfahrungen zeigen, daß der Prozeß und die erzielten Ergebnisse bei den beteiligten Trägerverwaltungen in einigen wesentlichen Merkmalen unterschiedlich zu beurteilen sind, obwohl bei allen beteiligten Trägern im wesentlichen die gleiche Gruppe von Entwicklern tätig war.
Es ist offensichtlich, daß personelle Voraussetzungen bei den beteiligten Akteuren, die Größenordnung der jeweiligen Verwaltung, die Organisation des Beteiligungsprozesses, die Zuweisung von Ressourcen und unterschiedliche Erwartungshaltungen Erfolg und Mißerfolg erheblich mit beeinflußt haben.
Auch ist ein unmittelbarer Vergleich mit der Leistungsfähigkeit von Softwareentwicklungen, die nach dem klassischen Phasenmodell abgelaufen sind, nicht möglich. Die geringe Akzeptanz, die parallel entwickelte, automatisierte Lösungen für die Sozialhilfe gefunden haben, läßt allerdings vermuten, daß sich der im PROSOZ-Projekt verfolgte Ansatz des Prototyping als deutlich leistungsfähiger erwiesen hat. Die nachfolgend dargestellten Ergebnisse können Gültigkeit auch nur für die Entwicklung von ADV-Verfahren beanspruchen, die von ihrem Komplexitätsgrad einer automatisierten Sozialhilfelösung vergleichbar sind.

2.1 Präzisionsgrad der Anforderungsentwicklung

Bei allen beteiligten Trägern hat sich im Prozeß erwiesen, daß die Definition hinreichend präziser Anforderungen jedenfalls auf der Sachbearbeiterebene die Bereitstellung eines Prototypen voraussetzte.

Der Prototyp von PROSOZ enthielt bei Projektbeginn wesentliche Leistungsbestandteile der Gesamtabwicklung wie etwa die Zahlbarmachung und Verbuchung der Hilfen oder globale Rechenläufe für den gesamten Fallbestand noch nicht. Bei

solchen Leistungsbestandteilen kam es trotz vorheriger Aufforderung erst dann zur Definition umsetzbarer Anforderungen, nachdem entsprechende Leistungsbestandteile von den Systementwicklern in die Testversionen integriert worden waren.
Die Nutzer waren zwar in der Lage, ihre Erwartungen an das System mit allgemeinen Aussagen wie etwa
"Alle Leistungen sollten täglich zahlbar gemacht werden können" oder
"Die Zahlbeträge müssen automatisiert auf den richtigen Haushaltsstellen verbucht werden"
zum Ausdruck zu bringen. Was offenbar ohne weitergehende Kenntnisse und Fähigkeiten der Systemanalyse nicht gelingt, ist die Formulierung eines konkreten Konzepts, das die notwendigen Abfragen, Eingabefelder, Verarbeitungsprozesse und Ausgaben annähernd vollständig beschreibt. Anforderungen auf diesem Niveau können nach unseren Projekterfahrungen von Nutzern ohne spezialisierte DV-Kenntnisse erst dann formuliert werden, wenn sich die daraus ergebende Arbeitsablauffolge den Nutzern **real** dargestellt werden kann.
Es kann daraus allerdings auch nicht die Schlußfolgerung gezogen werden, auf die Mitwirkung der betroffenen Sachbearbeiterebene zugunsten der alleinigen Definition von Anforderungen durch Systemanalytiker zu verzichten.

Die Notwendigkeit, potentielle Nutzer bei der Gestaltung der Arbeit und hier insbesondere der Software zu beteiligen, ist umso größer, je eher es die zu unterstützende Fachaufgabe es zuläßt oder gar erfordert,
- die Aufbau- und vor allem die Ablauforganisation der Situation des jeweiligen Trägers anzupassen,
- bei der fachlichen Bewältigung der Aufgaben Handlungsspielräume (Beurteilungsspielräume, Ermessen) zu eröffnen, die nach Maßgabe der örtlichen Situation ausgefüllt werden können.

Trotz ihres bundesgesetzlichen Charakters bestehen bei der Abwicklung von Sozialhilfeleistungen erhebliche Handlungsspielräume, die von den örtlichen Trägern und den zuständigen Sachbearbeitern nach den Erfahrungen im PROSOZ-Projekt auch intensiv genutzt werden.
Die Ablauforganisation wird von den Verfahrensregeln, die für die Kooperation mit vor- und nachgelagerten Arbeitsbereichen gelten, sowie von Arbeitsstilen der Sachbearbeiter bei der Ausgestaltung der Abläufe im Detail erheblich beeinflußt.
Unter diesen Voraussetzungen erwies sich eine intensive Beteiligung der potentiellen Nutzer als unabdingbar, um den jeweiligen örtlichen Verhältnissen angepasste, situationsadäquate Lösungen zu ermöglichen.
Die auf der Grundlage des Prototypen entwickelten Anforderungen weisen insgesamt einen sehr hohen Detaillierungsgrad auf. Sie beziehen sich auf Details wie etwa die Feldlänge einzelner Datenfelder, zulässige Feldinhalte, die Cursorstellung, Cursorsprünge in Abhängigkeit von bestimmten Eingabewerten, die Darstellung von numerischen Werten und die exakte Positionierung von variablen Inhalten der Druckausgaben.

Als durchgängiges Problem im Softwareentwicklungsprozess hat sich die nicht
befriedigend entwickelte Fähigkeit der Nutzer erwiesen, die erwarteten Verarbeitungsprozesse des Programmsystems gedanklich ausarbeiten und präzise in Form
von Entscheidungstabellen oder mit vergleichbaren Darstellungsmethoden beschreiben zu können. Dies gilt insbesondere für die Definition und Darstellung von
Wenn-Dann-Beziehungen. Im Verlaufe des Prozesses hat sich die Fähigkeit in den
Projektgruppen, Maskeninhalte mit Abfragen und Eingabefeldern sowie die Inhalte
von Druckausgaben zu bestimmen, gut entwickelt. Gleiches gilt jedoch nicht für die
Definition und Darstellung der gewünschten Verarbeitungsprozesse. Dies ist m.E.
auf folgende Ursachen zurückzuführen:

- Die Verarbeitungsprozesse eines Prototypen werden durch die Bildschirmdarstel-
  lungen und die Druckausgaben nicht transparent. Eine umfassende Darstellung der
  Verarbeitungsprozesse in Benutzerhandbüchern wurde erst zum Ende des
  gesamten Softwareentwicklungsprozesses hin realisiert. Die Verabeitungslogik des
  Prototypen war also nicht ohne weiteres durchschaubar.

- Unsere Erfahrungen in der Ausbildung von Sachbearbeitern für den gehobenen
  Verwaltungsdienst zeigen, daß es den Auszubildenden schon während des
  Studiums ausgesprochen schwer fällt, komplexe Wenn-Dann-Beziehungen vollständig zu erfassen und darzustellen. Entsprechende Kenntnisse undFähigkeiten
  werden während des Studiums auch nur ansatzweise vermittelt, so daß man
  entsprechende Kennt-nisse und Fähigkeiten bei Sachbearbeitern nicht ohne weiteres voraussetzen kann.

- Bei der Qualifizierung für den Beteiligungsprozeß hat eine - notwendige - systematische Einweisung in Aspekte der Systemanalyse nicht stattgefunden.

In der Konsequenz aus diesen Defiziten war gelegentlich bei den Sachbearbeitern
eine Abwehrhaltung gegenüber der Forderung der Entwickler nach präziser Definition von Verarbeitungsprozessen des DV-Systems spürbar, wie das nachfolgende
Zitat deutlich macht:
"Die FHSöV Hagen kann ... nicht erwarten, daß von Bremen konkrete Programmier-
anweisungen erarbeitet werden" (Protokoll der bremischen AG Softwareprüfung
vom 15.8.1986).

Diese Haltung brachte die Entwickler in gewisse Schwierigkeiten, weil eine direkte
Umsetzung eines Teils der Anforderungen so nicht möglich war und sich die
Notwendigkeit von Besprechungen oder schriftlichen Rückfragen ergab. Die Entwickler kritisierten bei den beteiligten Nutzergruppen die "Oberflächenorientierung"
in der Beurteilung des Programmsystems.

2.2 Anforderungen an das Arbeitssystem

Es bestand im Projektverbund Einvernehmen darüber, daß die Ausgestaltung der Software nicht auf den Teilaspekt der "Benutzerfreundlichkeit" einer bereits definierten Schnittstelle Mensch-Maschine verengt werden darf.
Entscheidender für eine humane Ausgestaltung der Arbeitsprozesse sind zunächst abgesicherte Aussagen über die menschlichen Arbeitstätigkeiten im betroffenen Aufgabenbereich und die Erarbeitung von Gestaltungszielen und Bewertungsmerkmalen für die Zuordnung von Arbeitstätigkeiten bei der Funktionsteilung zwischen den arbeitenden Menschen und zwischen Mensch und Rechner.
Im Vordergrund der Diskussionen um die Leistungsfähigkeit des Systems steht die Frage:
Welche Aufgaben sollen nach Kriterien der Mitarbeiterzufriedenheit, der Wirtschaftlichkeit und der Dienstleistungsqualität automatisiert unterstützt werden?
Die Erwartungen der Nutzer an die Leistungsfähigkeit des einzusetzenden ADV-Systems weisen bei Widersprüchen in Einzelfällen dennoch eindeutige Trends auf:

Anpassbarkeit an örtliche Rechtsanwendungspraktiken

Trotz seines bundesgesetzlichen Charakters enthält das Bundessozialhilfegesetz eine Vielzahl von Ermessensvorschriften und unbestimmten Rechtsbegriffen, die auslegungsfähig und auslegungsbedürftig sind. Es haben sich unterschiedliche örtliche Rechtsanwendungspraktiken etwa bei der Ermittlung des Mehrbedarfs für Erwerbstätige, Schwangere, Kranke etc. herausgebildet, die in der Programmgestaltung zu berücksichtigen sind. Ein wesentlicher Teil der Nutzeranforderungen konzentrierte sich darauf, das Programmsystem an diese Rechtsanwendungspraktiken anzupassen. Konstruktiv ist dieses Problem in Bremen so gelöst worden, daß eine an spezielle Bremer Bedürfnisse angepaßte Programmversion entwickelt wurde.
Bei allen anderen Trägern wurde das Programmsystem über einen eigenständigen Programmteil "Parameterdateien" so weiterentwickelt, daß es von der jeweiligen Anwenderverwaltung ohne Eingriff in den Quellcode angepasst werden kann.

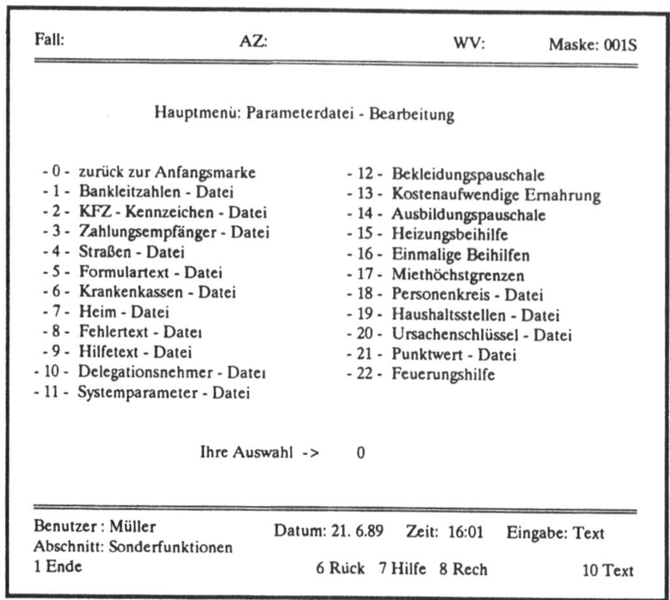

Abb.1. Örtliche Anpassung durch Parameterdateien

Ganzheitlichkeit der Unterstützung bei der Wahrnehmung von Sachbearbeiteraufgaben

Für das persönlich geprägte Beratungsgespräch wird eine Unterstützung durch Computerleistung nicht erwartet.

Für alle anderen Elemente der sachbearbeitenden Tätigkeit von der Antragerfassung bis hin zur Zahlungsabwicklung und Verbuchung der Leistungen im Haushaltsplan wünschen die Sachbearbeiter jedoch eine vollständige Unterstützung vor allem in den Komponenten der Datenerfassung, der Berechnung, der Bescheiderteilung und Abwicklung des sonstigen Schriftverkehrs. Dies führte in der Konsequenz zu einer deutlichen Erweiterung der Leistungsbestandteile des Prototypen, insbesondere in der Unterstützung durch Druckausgaben.

Ebenso wichtig ist in der Nutzereinschätzung, daß mit dem Programmsystem alle denkbaren Falltypen abgewickelt werden können und nicht ein Teil der Fälle wegen fehlender Flexibilität des Programmsystems manuell abgewickelt werden muß.

Unterstützung bei Routinetätigkeiten

Alle Nutzergruppen fordern eine deutliche Erhöhung des Anteils automatisierter Berechnungen. Es wird eine Unterstützung angestrebt, bei der manuelle Rechenvorgänge weitestgehend dann entfallen sollen, wenn bezüglich des Rechenergebnisses und zugleich der Entscheidungsfindung Dispositionsspielräume der Sachbearbeiter nicht bestehen.
Das Bundessozialhilfegesetz eröffnet Entscheidungsspielräume der Sachbearbeiter unter anderem bei der Festlegung von angemessenen Miet- und Heizungskosten und bei der Festlegung des vom Hilfeempfänger einzusetzenden Vermögens.
In solchen Fällen sind Vergleichsberechnungen üblich, bei denen nach Maßgabe des örtlichen Preisniveaus ein Vergleich zwischen den tatsächlichen Kosten und den ortsüblichen Kosten hergestellt wird. Ein Teil der Sachbearbeiter lehnte für diese Aufgabenbestandteile die Durchführung von automatisierten Vergleichsberechnungen ab, weil die Gefahr einer faktischen Einschränkung von Dispositionsspielräumen gesehen wurde.

Durchgängig erwarten die Nutzer die Weiterentwicklung des Systems in einer Richtung, bei der die Aufwände für Datenerfassung entscheidend reduziert werden. In diesem Zusammenhang wurden in der Programmgestaltung vor allem zwei Techniken eingesetzt.
Zum einen entstand ein System von Eingabevorbelegungen nach Maßstäben der Wahrscheinlichkeit. Das Programm vermutet, daß alle Familienmitglieder den gleichen Nachnamen haben, Jugendliche unter 18 Jahren im Regelfall eine schulische Ausbildung absolvieren, der Wohnort zugleich der Geburtsort ist etc. und trägt diese Vermutungen in - überschreibbare - Eingabefelder vor.
Zum anderen entstand ein System von Hilfsdateien, deren Inhalt über Fenster und Pull-down-Menüs angezeigt wird und aus denen alphanumerische und numerische Werte durch Betätigen der Enter-Taste in entsprechende Eingabefelder übertragen werden. Solche Hilfsdateien beziehen sich auf Krankenkassen, Krankenkassenbeiträge, Straßennamen, Wohnungsbaugesellschaften, Banken, Bankleitzahlen, Heimdaten etc.. Mit diesen Hilfsdateien wird der Erfassungsaufwand reduziert und es werden Schreibfehler vermieden. Zugleich haben sie eine gedächtnisentlastende Funktion.

Für die anspruchsvollen Elemente ihrer Tätigkeit, die mit Ermessens- und Beurteilungsspielräumen verbunden sind, erwarten die Mitarbeiter keine Unterstützung durch Computerleistung.

Karl-Heinrich Hasenritter

Integration von Bürofunktionen in die Vorgangsbearbeitung

Aus der Sachbearbeiterperspektive im Sozialamt geht es hier in erster Linie um die Textverarbeitung und die Widervorlageverwaltung. Hier bestanden sehr unterschiedliche Erwartungshaltungen bei den Nutzern in Bremen im Vergleich zu allen anderen Verbundpartnern und den heutigen PROSOZ-Anwendern.
In Bremen wurde die Integration einer ausgebauten Textverarbeitung und Wiedervorlageverwaltung wegen der erwarteten Rückwirkungen auf die Arbeitssituation in Schreibdiensten und Sekretariaten auf der Sachbearbeiterebene abgelehnt.
Für die anderen Verbundpartner wurde eine bedienerfreundliche Textverarbeitung mit geringem Befehlsvorrat entwickelt, die über eine Funktionstaste aufgerufen wird.
Sie läßt unter Rückgriff auf vorhandene Adreßbestände das Schreiben von Briefen, Vermerken, individuellen Bescheid- und Antragsbestandteilen ebenso zu wie die Integration von Textbausteinen in Bescheide und das Versenden von Formularen.
Die Wiedervorlageverwaltung wird ebenfalls über eine Funktionstaste aufgerufen.
Die erwarteten Konflikte in Schreibdiensten und Sekretariaten sind ausgeblieben, weil die Rationalisierungseffekte durch Zuweisung neuer Arbeitsaufgaben für diese Tätigkeitsbereiche kompensiert worden sind.

Unsere Befragungsergebnisse zeigen, daß die heutigen und künftigen Nutzer der bundesweit eingesetzten PROSOZ-Version eine entscheidende Stärke des Verfahrens gerade in der Unterstützung dieser Bürofunktionen sehen.

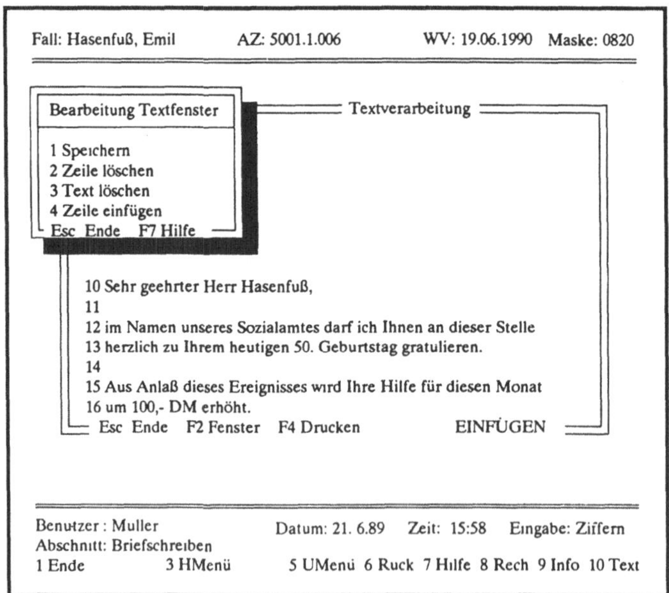

Abb.2. Textverarbeitung, die in die Fachanwendung integriert ist

2.3 Anforderungen an die Gestaltung der Benutzeroberfläche

Der Organisationsentwicklungsprozeß erbrachte eine Reihe von substantiellen Ergebnissen, die zum Teil unterschiedliche Schwerpunktsetzungen der Nutzer erkennen lassen.

Selbsterklärungsfähigkeit

Der PROSOZ-Prototyp hatte in dieser Hinsicht bereits ein sehr hohes Niveau und unterstützte die Selbsterklärungsfähigkeit durch folgende Bilmschirmdarstellungen: Anzeige des gerade bearbeiteten Arbeitsabschnittes, Anzeige der jeweils erwarteten Eingabe (z.B Zahl, Ja/Nein, Text, Datum), Steuerungsinformationen für das Verlassen der Maske oder des Arbeitsabschnittes, Kennung sämtlicher Masken, Anzeige aller aktiven Funktionstasten.
Das System kommt mit 10 Funktionstastenbelegungen aus, deren Bedeutung im Dialogablauf immer gleich bleibt.
Über die Funktionstaste F7 können Hilfen zur jeweils bearbeiteten Maske aufgerufen werden. Der Aufruf der Funktionstaste F9 führt in eine Fallübersicht mit allen wesentlichen Leistungsmerkmalen des Falles.

Das System ist vor allem in einer Richtung weiterentwickelt worden, die die Informationen über Steuerungsmöglichkeiten des Dialogablaufs verstärkt.
Die Anforderungen der Sachbearbeiter konzentrierten sich weiterhin auf die Gruppierung von Abfragen innerhalb des Dialogs nach Kriterien des Sachzusammenhangs und persönlicher Arbeitsstile sowie auf die sprachliche Ausgestaltung von Abfragen entsprechend dem eigenen Sprachempfinden.

Steuerbarkeit des Dialoges durch die Nutzer

Flexible Steuerungsmöglichkeiten im Dialogablauf sind eine wesentliche Nutzeranforderung.
Es wurde eine neue Steuerungsmöglichkeit des Dialogablaufs über Kurzbefehle gefordert und realisiert, bei der durch Eingabe eines Kurzbefehls jeder beliebige andere Arbeitskontext unverzüglich angesteuert werden kann.
Die Nutzer möchten von einem Arbeitsabschnitt wie etwa der Bearbeitung von Mietkosten unverzüglich in einen anderen Arbeitsabschnitt wechseln können, ohne Menüauswahlen durchlaufen zu müssen.

Realisiert wurde weiterhin eine Funktionstastenbelegung die den sofortigen Rücksprung in den zuletzt bearbeiteten Arbeitsabschnitt ermöglicht.
Entscheidenden Wert legen die Nutzer auch darauf, daß sämtliche, vom Nutzer ausgelösten Aktionen "rückholbar" sind.

Kontrovers diskutiert wurde die Frage, ob die im System vorhandenen Menüauswahlen, die über Ziffern aufgerufen werden, insgesamt durch Pull-down-Menüs in Verbindung mit einer Cursorsteuerung ersetzt werden sollen.
Die bisher vorliegenden empirischen Forschungsergebnisse bestätigen Leistungsvorteile von Pull-Down-Menüs eigentlich nur für ungeübte Benutzer.
Während die Sachbearbeiter in Bremen der durchgängigen Realisierung von Pulldown-Menüs Priorität vor einer Erweiterung der fachlichen Leistungsbestandteile des Programmsystems einräumten, bevorzugten die Sachbearbeiter bei den anderen Verbundpartner die Ausgestaltung von Menüauswahlen über Ziffern und Buchstaben und konzentrierten sich auf eine Erweiterung des fachlichen Leistungsbestandteile des Programmsystems.
Mittlerweile hat sich diese Kontroverse aufgelöst.
Das PROSOZ-Institut Herten stellt seinen Anwendern optional beide Steuerungsmöglichkeiten zur Verfügung. Dabei ist eine Lösung entwickelt worden, bei der die Oberflächengestaltung von der eigentlichen fachlichen Programmanwendung abgelöst worden ist. Die jeweilige Anwenderverwaltung oder einzelne Nutzergruppen können über einen Texteditor die Menüauswahlen für Pull-down-Menüs selbst generieren, wenn sie sich für eine Steuerung des Dialogablaufs durch Pull-down-Menüs entscheiden.

3 Beurteilung des Progammsystems PROSOZ durch die Nutzer

Die vorliegenden Befragungergebnisse zeigen, daß PROSOZ heute in allen für die Arbeitszufriedenheit wesentlichen Dimensionen durch die Nutzer eindeutig positiv beurteilt wird.

Die Sachbearbeiter haben duch ihre Schwerpunktsetzungen bei der Anforderungsentwicklung wesentlich mit dazu beigetragen, daß sich die Wirtschaftlichkeit der Aufgabenerledigung durch den Technikeinsatz deutlich erhöht hat.

Die Auswirkungen für die betroffenen Bürger sind noch nicht endgültig abzuschätzen. Eindeutig feststellbar ist jedoch eine erhebliche Beschleunigung der Durchlaufzeiten, die sich für die Betroffenen positiv in einer Beschleunigung der Zahlungsabwicklung ausdrückt.

4 Literatur

Alavi,M., (1984). An assessment of the prototyping approach to information systems development, Communications of the ACM, 27, 556-563.

Hacker,W., (1987). Softwareergonomie: Gestalten rechnergestützter geistiger Arbeit?! In: Schönpflug,W., Wittstock,M., Softwareergonomie'87, 31-54.

Whiteside,J., et al. (1985). User performance with command, menu and iconic interfaces. In: Borman,L., Curtis,B., Human factors in computing systems II, 185-191.

Widdel,H., Kaster,J., (1987). Wirkungen visuell präsentierter Dialog-Strukturen auf die Interaktion ungeübter Benutzer mit dem Rechner. Ebenda, 329-329.

Emstaler Gemeinderats-Informationssystem Die Erkundung von Möglichkeiten und Grenzen einer Programmentwicklung durch Sachbearbeiter und Sachbearbeiterinnen

Eckhard Bräutigam, Prof. Dr. Werner van Treeck
[1] Bürgermeister, Kasseler Str. 57, 3501 Emstal, [2] Gesamthochschule Kassel

Zusammenfassung
Im Rahmen des Programms "Arbeit und Technik" wurde von der Gemeindeverwaltung Emstal, unter wissenschaftlicher Beratung durch die Gesamthochschule Kassel, erkundet, welche Möglichkeiten einer Programmentwicklung durch Sachbearbeiter gegeben sind und wo ihre Grenzen liegen. Die Vorgehensweise, die aufgetretenen Schwierigkeiten und Probleme, aber auch die erzielten Erfolge und Möglichkeiten werden beschrieben und erläutert.

Abstract
In the course of the project "work and technology" the local administration of Emstal - scientifically advised by the GHK Kassel (comprehensive university of Kassel) - found out which possibilities of an own development of programmes are given for clerks and where they have their limits. The way of acting, the encountered difficulties and problems as well as achieved success and possibilities are described and explained.

Im Rahmen des Programms "Arbeit und Technik" und mit dem Ziel menschengerechter Gestaltung von Computerarbeit hat der Bundesminister für Forschung und Technologie das Projekt "Entwicklung von kommunalen DV-Anwendungssystemen durch den Sachbearbeiter" gefördert. In diesem Projekt hat die Gemeinde Emstal mit Hilfe wissenschaftlicher Beratung durch die Gesamthochschule Kassel das "Emstaler Gemeinderats-Informations-system" erarbeitet.

Dabei geht es um die computergestützte Dokumentation von und Recherche in Protokollen der Gemeindevertreter, Gemeindevorstands- und Gemeindeausschußsitzungen. Die Protokolle der Gemeindegremien wurden zuvor per Hand und Schreibmaschine abgefaßt und in Ordnern gesammelt. Probleme traten etwa beim Suchen nach und Wiederfinden von Beschlüssen auf. Nicht immer konnte geklärt werden, ob, wann und mit welchem Ergebnis zu bestimmten Gegenständen bereits ein Beschluß gefaßt worden war; Beschlüsse mit unterschiedlichen Ergebnissen zum gleichen Gegenstand kamen vor. Ein computergestütztes Informationssystem kann hier Besserung bewirken. Es kann aber auch - im Geflecht unterschiedlicher Informationsinteressen - Zugangselektionen und damit Informationsvorsprünge begünstigen.

Generelles Ziel des Projektes war die Erkundung von Möglichkeiten und Grenzen einer Entwicklung des Gemeinderats-Informationssystems durch Fachkräfte der Verwaltung mit Hilfe von Entwicklungs-Software, die für Fachkräfte organisatorisch und qualifikatorisch bewältigbar ist. Das bedeutete zugleich ihre Befähigung, ihre Arbeitsprobleme und -prozesse selbst zu analysieren, die angemessenen technischen Unterstützungsmittel soweit wie möglich selbst auszuwählen und zu gestalten. Das Projekt verfolgte ein Konzept der "Selbstgestaltung", was Unterstützung, Beratung und Qualifizierung mit Hilfe von DC-Sachverständigen einschloß. Die Erkundung auch der Grenzen von Selbstgestaltung sollte nicht bedeuten, einmal festgestellte Grenzen als fixe, vielmehr als verschiebbare zu begreifen.

Bei Projektbeginn stellte sich die Gemeindeverwaltung Emstal wie folgt dar. Insgesamt 15 Beschäftigte waren vorhanden, um die Verwaltung der Gemeinde Emstal mit 5.300 Einwohnern zu bewältigen. Zur Datenverarbeitung gab und gibt es einen Online-Anschluß zum Kommunalen Gebietsrechenzentrum Kassel. Mit dem Rechenzentrum wurde und wird im Bereich des Einwohnerwesens, des Finanzwesens, des Personalwesens und der Steuer- und Gebührenabrechnung zusammengearbeitet. Die Qualifikation der Mitarbeiter beschränkte sich auf die Bedienung der Terminals, die Eingabe von Daten und den Abruf von Auswertungen.

Die Tatsache, daß ein Rechenzentrum, das für eine ganze Region zuständig ist, nicht auf die individuellen Anforderungen einer Gemeinde eingehen kann, wurde seinerzeit und wird noch heute als unbefriedigend empfunden. Für ein Gemeinderats-Informationssystem bedeutete das die Ablehnung einer Datenbanklösung des Kommunalen Gebietsrechenzentrums, die eine Protokollrecherche nach vorgängiger Verschlagwortung ermöglicht:

- Bei einer Verschlagwortung können veränderte oder neu entstehende Begriffe nur mit erheblichem Aufwand berücksichtigt werden.
- Ein Datenzugriff beim Rechenzentrum ist aus Gründen der Wartung, von Updates oder Leitungsstörungen nicht unbeschränkt und jederzeit möglich.
- Die Überwachung der Zugangsbefugnis zu den Protokollen der Gremien wird an eine externe Institution übertragen.

Das Emstaler Gemeindrats-Informationssystem wurde zunächst als Einplatzlösung realisiert, die in der Hauptphase des Projekts durch ein Mehrplatzsystem abgelöst wurde. Die hausinterne Vernetzung der PCs ermöglichte es, daß mehrere Verwaltungsbeschäftigte in den Programmen arbeiten können. Der Anschluß eines portablem PC mit Hilfe eines Modems erlaubt es, daß auch während der (räumlich entfernten) Sitzungen der Gemeindevertretung oder anderer Gremien im Bedarfsfall Beschlüsse und andere Informationen aufgerufen und ausgedruckt werden können. Als Software kamen zum Einsatz:

- das Betriebssystem MS-DOS
- das Textverarbeitungsprogramm MS-Word
- das Netzwerk Novell-Netware
- das Datenbanksystem Status

Von Beginn des Projektes an wurden in regelmäßigen Abständen auch die nicht unmittelbar einbezogenen Verwaltungsbeschäftigten und politischen Mandatsträger der Gemeinde über Ziele und Fortgang der Projektarbeiten informiert. Verständnis für das Vorhaben zu wecken, war nicht immer einfach und stieß auch auf Widerstände. Durch Selbstanalyse der eigenen Aufgaben und der subjektiv empfundenen Arbeitsabläufe in der gesamten Verwaltung sollten alle Verwaltungsbediensteten Akzeptanz entwickeln. Natürliche Zurückhaltung aber auch ehrliche Auswertung der eigenen Anforderungen hatten eine insgesamt bessere Arbeitsverteilung innerhalb der Verwaltung zur Folge. Gleichwohl, die Widerstände konnten zum Teil bis zum Projektende nicht restlos ausgeräumt werden: Praktiker sind ergebnisorientiert; der experimentelle Charakter des Projektes verlangte aber auch, Umwege, Erprobungen mit ungewissem Ausgang etc. zuzulassen. Einige der Probleme, die zum Teil durch das Projekt selbst erst aufgeworfen wurden und für die die Beschäftigten Lösungen zu entwickeln hatten, wollen wir skizzieren:

1. Unmittelbare Träger des Projekts waren zwei weibliche Assistenzkräfte des Bürgermeisters und aus der Haupt- und Finanzabteilung (traditionell für die Archivierung und Suche nach Protokollen, für die Wiedervorlage und Terminverwaltung zuständig), ohne DV-technische Vorkenntnisse, und eine für die Hauptphase des Projekts zur Entlastung angestellte weibliche Assistenzkraft, mit DV-Grundlagenwissen. Dieser Konstellation ist das Problem immanent, daß die zur Selbstgestaltung notwendigen Qualifikationen im Laufe des Projekts selbst erst erworben werden müssen. Diesem Problem wurde seine Schärfe dadruch zu nehmen versucht, daß alle im Verlauf des Projekts anfallenden Planungs-, Entwicklungs- und Lernprozesse konsequent mit der Partizipation der Assistenzkräfte verbunden wurden. Die Partizipation kam bei der Ausformulierung von Funktionsanforderungen und bei der Konzeptionierung des Systems (z.B. Strukturierung der Protkolle nach Feldern und Schlüsselfeldern, um differenzierte Suchmöglichkeiten zu eröffnen) ebenso zum Tragen wie bei der Entwicklung des Qualifizierungskonzepts. Sie steigerte sich im Verlauf des Projekts bis hin zu Arbeitsformen, die das Attribut "selbstgestaltet" verdienen. Der Erwerb der notwendigen Anfangskenntnisse erfolgte durch Einweisungen der Hard- und Softwarehersteller. Dabei stellte sich heraus, daß Schulungen in der Gemeindeverwaltung sich als ungeeignet erwiesen, da der Ablenkungseffekt zu hoch war. Es wurden deshalb Kurzlehrgänge zu folgenden Themen extern besucht:

- Einführung in Textverarbeitungsprogramm "MS-Word"
- Einführung in Betriebssystem MS-DOS
- Einführung in Netzwerk Novell
- Einarbeitung in Datenbanksystem Status in Freiburg und in Gemeindeverwaltung Emstal

2. Das Gemeinderats-Informationssystem wurde mit Hilfe eines Dokumenten-Retrievalsystems für Personal-Computer und einem als Editor vorgeschalteten Textverarbeitungssystem entwickelt. Für die lernende Aneignung der Software hätte es nahegelegen, ihren unterschiedlichen Komplexitätsgraden folgend einen stufenweisen Lernprozeß aufzubauen. Dem stand die Logik der zu entwickelnden

Anwendung entgegen, die ein Ineinanderschachteln der auf die Software-Systeme bezogenen Qualifizierungen verlangte, Die formalisierte Interaktionsweise mit dem Dokumenten-Retrievalsystem bildete zunächst eine starke Barriere für das Lernen, die nur langsam abgebaut werden konnte. Insbesondere mangelte es an Unterstützung für die lernende Aneignung in Selbstschulungsphassen durch die Software für die lernende Aneignung in Selbstschulungsphasen durch die Software selbst.

3. Eingriffsflexible, Selbstgestaltungskonzepte förderne Software verändert die Art und Weise ihrer lernenden Aneignung: es handelt sich nicht mehr um einen einmaligen und punktförmigen Lernvorgang; vielmehr ist ein ständiges und auf Dauer gerichtetes Lernen verlangt: zu einen, um bereits Gelerntes nicht wieder zu verlernen, zum anderen, um Neues hinzuzulernen, weil ja das, was man mit solcher Software machen kann, nicht von vornherein oder nur in großen Umrissen feststeht. Man kann also über das einmal und anfänglich Gelernte hinaus Neues entdecken, was aber mit stets erneuerten Lernanstrengungen verbunden ist. Solche Lernprozesse müssen in die Arbeit eingeplant und eingebaut werden, umso mehr, als in kleinen Verwaltungen Lernprozesse außerhalb der Arbeit schnell an Grenzen stoßen. Die Beschäftigten müssen Bewegungsformen entwickeln, die Arbeit lernförmiger zu gestalten, ohne ihre Primäraufgabe, die Verwaltungsarbeit, zu vernachlässigen.

4. Ein enormer Vorteil kleiner Verwaltungen gegenüber großen ist der geringere Grad an Arbeitsteiligkeit, oder positiv: sind größere oder vielfältigere Aufgabenzuschnitte, und damit zugleich größere Fähigkeiten zu flexiblem Handeln, zu raschem Reagieren auf veränderte und neue Situationen, zum Improvisation in Notlagen. Mit der Aneignung eingriffsflexibler Software durch Fachkräfte der Verwaltung erweisen sich diese Fähigkeiten zunehmend als prekär: Arbeit mit dieser Software und ihre lernende Aneignung haben ihre eigene Rhythmik, die mit der bisher gewohnten Arbeitsrhythmik nicht unbedingt verträglich ist und gerade ein Zurückdrängen von Improvisation, von plötzlich und spontan auftretenden Anforderungen aus dem Arbeitsalltag verlangt. Typisch etwa die Situation des ins Sekretariat hineinstürmenden Sachbearbeiters, der etwas sofort geschrieben haben möchte, während die Assistenzkraft gerade eine Protokollrecherche startet oder an einem Textverarbeitungsproblem arbeitet. Die Beschäftigten selbst müssen eine Lösung des Problems entwickeln, wie die Arbeit planförmiger gestaltet werden kann, ohne daß die Organisation ihre Fähigkeiten zur Flexibilität und zur Improvisation einbüßt.

5. Damit verbinden sich zugleich spezifische Belastungserfahrungen: Als eines der Hauptprobleme zeigte sich bereits während der Vorphase des Projekts, daß die Sicherstellung der gegenseitigen Vertretung in einer kleinen Verwaltung gewährleistet sein muß, da sonst das gesamte Projekt in Gefahr gerät. Immer dann, wenn die gegenseitige Vertretung gefährdet war, versuchten die Mitarbeiter, die Arbeit im Projekt zu vernachlässigen, um die allgemeinen Verwaltungsaufgaben abwickeln zu können. Obwohl in der Vorphase eine und in der Hauptphase zwei Arbeitskräfte zur Entlastung eingestellt wurden, hat das Projekt für die Verwaltungsbeschäftigten erhebliche Zusatzbelastungen mit sich gebracht. Die Tatsache, daß in einer kleinen Verwaltung jeder Mitarbeiter mehrere Fachgebiete bearbeiten muß, führt dazu, daß

selbst durch Einstellung von Entlastungskräften eine in entsprechendem Umfang notwendige Entlastung nicht herbeigeführt werden kann. Diese war nur durch immer wieder neue Motivationsschübe zu bewältigen. Insbesondere die im Laufe der Hauptphase eintretenden praktischen Ergebnisse aber auch die Auswirkungen - z.B. im Bereich der Textverarbeitung - konnten diese Zusatzmotivation erbringen. Auch die im Projekt erworbenen Zusatzqualifikationen wurden von den betroffenen Beschäftigten als positiv empfunden und gern in Anspruch genommen.

6. In jeder Organisation bildet sich mit der Zeit eine spezifische Arbeitskultur heraus, in der die Beteiligten nicht nur eingelebte Formen der Zusammenarbeit, des Miteinander-Auskommens ausprägen, sondern sich auch ein Stück Eigenständigkeit und Selbstbestimmung erobern, was freilich stets auch mit spezifischen Beschränkungen verbunden ist, mit Abgrenzungen, mit Hierarchie- und Geschlechtergegensätzen (z.B. männliche Sachbearbeitung und weibliche Assistenz). Neue Informations- und Kommunikationstechniken wie das in Emstal entwickelte Informationssystem greifen in solche eingelebten Kulturen zwangsläufig ein, was zu Spannungen und Krisen führen, aber auch die Möglichkeit des Abbaus der erwähnten Beschränkungen, der Hierarchie- und Geschlechterabgrenzungen eröffnen kann. Damit stellt sich für die Beschäftigten die Aufgabe, eine überlieferte Arbeits- und Organisationskultur so umzubauen, daß sich die Arbeitsbedingungen für alle Beteiligten verbessern, Wege zu finden, auf denen quasi naturwüchsigen Verfestigungen geschlechtsspezifischer Arbeitsteilung entgegengetreten werden kann.

7. Auch nach Beendigung des Projekts verlangt das Konzept der "Selbstgestaltung", soll es nicht - im Zuge rapider Entwicklungsbeschleunigung vor allem in der Technik - auf der Strecke bleiben, weitere Unterstützung, Beratung und Qualifizierung durch DV-Sachverständige. Das Kommunale Gebietsrechenzentrum Kassel wird diese Aufgabe übernehmen. Das Gemeinderatsinformationssystem wie auch die Textverarbeitung stellen für die Gemeinde zusätzliche Möglichkeiten einer Verbesserung ihrer Arbeit dar. Das Verständnis für die Problematik der Datenverarbeitung, die weiterhin erforderliche Zusammenarbeit mit dem Kommunalen Gebietsrechenzentrum und das Verständnis für zukünftige Weiterentwicklungen im Bereich der Datenverarbeitung, konnten durch das Projekt ganz erheblich gesteigert werden. Die Gemeindeverwaltung ebenso wie die wissenschaftliche Beratung sehen die Notwendigkeit, in Zukunft Programme mehr als bisher auf die spezifischen Belange einzelner Verwaltungen auszurichten. Sinnvoll ist es dabei, die Fachkräfte, die mit diesen Programmen zu arbeiten haben, in die Programmgestaltung einzubeziehen. In welchem Umfang dies jeweils möglich sein wird, wird zum Teil von Bedingungen abhängen, auf die die Gemeinde nur einen begrenzten Einfluß hat: vor allem technische und finanzielle Ressourcen.

Selbstgestaltung ist ein nicht abschließbarer Prozeß, ein ständiger Lernvorgang. Sie verlang Aufgaben und Aufgabenzuschnitte auf ehe niedrigem Regelungsniveau, die als Herausforderungen an das subjektive Arbeitsvermögen erfahren werden. Die Tätigkeiten dürfen nicht in Routine veröden, innovatives Handeln muß möglich sein. Das Projekt hat angezeigt, daß die Bearbeitung solcher Aufgaben keinen fixen Endpunkt hat: im Entwicklungsprozeß werden neue Nutzungsmöglichkeiten, Anschlüsse und Verknüpfbarkeiten zu weiteren Aufgaben entdeckt. Software muß dies unterstützen: sie muß die selbständige Entwicklung neuer Anwendungen durch Fachkräfte erlauben; soweit sie in der Anwendungsbreite beschränkt ist, müssen Schnittstellen für den Anbau anderer Programme und Datentransfer verfügbar sein. Für Selbstgestaltung ist die Transparenz der Anwendungsentwicklung von großer Bedeutung, etwa wenn ein Stellvertreter mit dem Programm arbeiten oder eine andere Fachkraft die Anwendung übernehmen und erweitern soll. Schließlich verlangt Selbstgestaltung eine Organisation, die für Veränderungsfähigkeit, Lernförderlichkeit, möglichst zwanglose Kooperation und Autonomie offen ist.

7.4 Logistik (Transport und Verkehr)

Entwicklung und Erprobung der Arbeitsorganisation und DV-gestützten Disposition für eine selbstgesteuerte Gruppenarbeit in der Luftfrachtabfertigung[1]

Hans Mittler[1], Heinrich Frye[2], Christoph Guckert[1]
[1] ISO-Institut für Sozialforschung und Sozialwirtschaft e.V., Trillerweg 68, D-6600 Saarbrücken
[2] Fraunhofer-Institut für Materialfluß und Logistik, Außenstelle, Geb. 456, D-6000 Frankfurt/Main 75

Zusammenfassung
Durch eine veränderte Arbeitsorganisation und Disposition in der physischen Abfertigung eines Luftfracht-Umschlagsbetriebes soll die Selbststeuerungsfähigkeit von Arbeitsgruppen unter Einsatz DV-gestützter Dispositionsmittel und -verfahren verbessert werden. Gleichzeitig sollen strukturell bedingte Belastungen und Gefährdungen abgebaut werden.

Abstract
Further developed work-organization and work-disposition in the physical cargo-handling of an air-freight-warehouse shall improve self-management of working-groups based on EDP-supported tools and procedures. This is accompanied by effects of reduced work-loads and work-risks caused by structural conditions.

1 Untersuchungs- und Gestaltungsfeld

Das Untersuchungsfeld für die Einführung einer veränderten Arbeitsorganisation und verbesserten dispositiven Unterstützung der Arbeitsabläufe war ein Umschlagsbetrieb für Luftfracht. Im Zentrum der folgenden Betrachtungen steht dabei die Aufgabenstellung im Frachtausgang, für den Transport mit dem Flugzeug Frachtsendungen physisch zu Ladungen zusammenzustellen und die entsprechenden Ladeeinheiten zu bauen. Diese sind aus dem breiten Spektrum der jeweils anfallenden Frachtstücke zu bilden, unter Einsatz verschiedener Lademittel und Berücksichtigung unterschiedlicher Restriktionen, die von den jeweils spezifischen Flugzeugtypen abhängig sind.

---

[1] Der folgenden Darstellung liegen Untersuchungen und Gestaltungsempfehlungen zugrunde, die im Rahmen des HdA-Vorhabens "Verbesserung der Arbeitsbedingungen in der physischen Frachtabfertigung bei der deutschen Lufthansa AG" durchgeführt und erarbeitet wurden. Das Vorhaben wurde vom BMFT unter dem Förderkennzeichen 01 HK 107 A7 finanziell gefördert.

Die Durchführung der physischen Abfertigungsaufgaben erfolgt in großem Umfang manuell und, soweit möglich, mit Unterstützung mechanischer Technik. Die Dimension dieser Aufgaben geht aus folgenden Funktions- und Leistungsmerkmalen hervor:

- ca. 500 Flüge, 2.000 Tonnen Fracht, 1.000 Ladeeinheiten pro Tag
- über 600 Mitarbeiter
- 25.000 qm Abfertigungsflächen, Einsatz mobiler Transport- und Umschlagmittel sowie diverse Lagersysteme mit insgesamt über 7.000 Lagerplätzen.

2 Problemlage und Lösungsansatz

Die physische Ausgangsabfertigung im Untersuchungsbetrieb erfolgt bisher in der Form von *Gruppenarbeit*, aber arbeitsorganisatorisch *getrennt nach Frachtbereitstellung und Palettenaufbau* (vgl. Abb. 1).

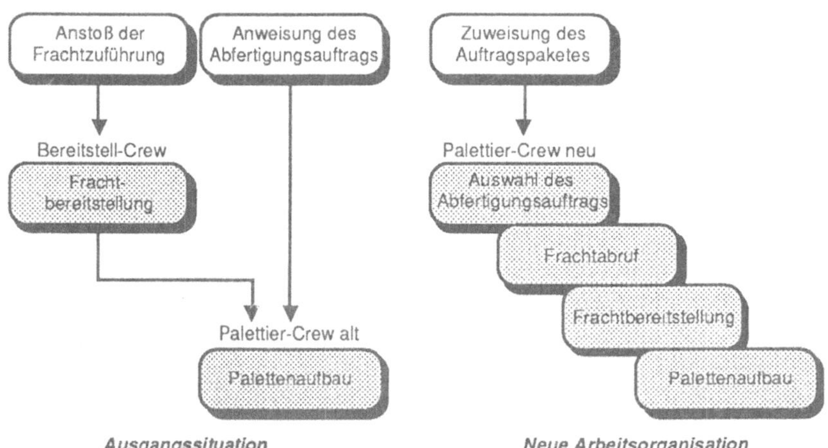

Abb. 1. Vergleich der Ausgangssituation mit der neuen Arbeitsorganisation

Dabei werden der Anstoß der Frachtzuführung und die darauf folgende Frachtbereitstellung weitgehend in Abhängigkeit vom Bearbeitungsrhythmus der vorgelagerten Flugdispostion (dokumentarische Abfertigung) vorgenommen, die ihrerseits an einem flugplanabhängigen, starren Zeitraster und an Informationen über bereits eingelagerte Frachtsendungen ausgerichtet ist. In Verbindung mit Restriktionen der vorhandenen Lager- und Förderttechnik hinsichtlich der Lieferzeiten für die Frachtzuführung, resultiert daraus überwiegend eine schubweise und wellenförmige Bereitstellung der Fracht. Diese erfolgt dabei weitgehend unabhängig von den beim Palettenaufbau gestellten Anforderungen und den dazu jeweils verfügbaren räumlichen, zeitlichen und personellen Kapazitäten. Das führt zu Einengung der Arbeits- und Verkehrsräume, zu verstärktem Zeitdruck, Hektik und teilweiser Überlastung im Arbeitsablauf, verbunden mit erhöhten Gefährdungs- und Belastungsrisiken. Die Praxis der getrennten Bearbeitung von Frachtbereitstellung und Palettenaufbau bedeutet außerdem, daß ein Abschnitt des physischen Frachtumschlagsprozesses, der eigentlich zeitlich und räumlich zusammenhängt, fragmentiert wird, und daß aufeinander bezogene Arbeitsabläufe unverbunden nebeneinander stehen.

An diesem Sachverhalt ansetzend, wurde eine *übergreifende Lösung* zur Neustrukturierung der Arbeitsabläufe im Bereich der Frachtausgangsabfertigung angestrebt. Mit Hilfe eines modifizierten Abfertigungskonzepts sollen ablauf-organisatorische Defizite abgebaut und damit Verbesserungen hinsichtlich räumlicher, zeitlicher und gleichzeitig belastender Aspekte der Arbeitssituation erreicht werden. Dabei gibt es konzeptionell eine wechselseitige Abhängigkeit von Arbeitsorganisation, Frachtabrufverfahren und Dispositionssystem.

Der Lösungsansatz ist durch folgende Merkmale gekennzeichnet:

- ganzheitlicher Arbeitsinhalt für die Arbeitsgruppen
- Integration von Planung und Ausführung durch Verlagerung abfertigungs-relevanter Planungs- und Steuerungskompetenzen auf die Arbeitsgruppen
- Übertragung von mehr Freiheitsgraden hinsichtlich der zeitlichen und räumlichen Disposition der Auftragsabwicklung auf die Arbeitsgruppen
- verstärkter Einbezug vorhandener Qualifikationen und des Erfahrungswissens der Frachtabfertiger
- Gewährleistung erweiterter Handlungsspielräume und eines größeren Planungs-horizonts hinsichtlich der Aufgabendurchführung
- Herstellung größerer Transparenz bezüglich der Gesamtabläufe
- erhöhte Chancen für einen ausgleichenden Belastungswechsel durch inhaltlich variierende Tätigkeiten mit unterschiedlichen Belastungen.

Als informations- und steuerungstechnische Schnittstelle ist ein entsprechend angepaßtes *Dispositionssystem* erforderlich, um die übergreifende und voraus-gehende Planung und Steuerung wie auch die *Durchführung der Abfertigung zu unterstützen.* Mit diesem Instrument werden Informationen und Funktionen sowohl für die Auftrags- und Kapazitätssteuerung als auch zur Unterstützung der Tätigkeiten bei der physischen Abfertigung bereitgestellt.

Dieser Lösungsansatz ist prinzipell mit Gruppenarbeitskonzepten in Verbindung mit "dezentraler Fertigungssteuerung" (dezentrale Werkstattsteuerung) im Bereich der industriellen Produktion vergleichbar.[2] Er läßt sich damit insbesondere von Lösungsalternativen abgrenzen, deren Steuerungsphilosophie die exakte

---

2 vgl. dazu: Kern, H./Schumann, M. (1984) Das Ende der Arbeitsteilung?, München; Brödner, P. (1985) Fabrik 2000. Alternative Entwicklungspfade in die Fabrik der Zukunft, Berlin; Roth, S./Kohl, H. (1988) Perspektive Gruppenarbeit (Hg.), Köln; Mertins, K./Süssenguth, W./Heil, M. (1988) Integrierte Auftragsabwicklung. Fachtagung "Die neue Fabrik", Duisburg.

Steuerung und Kontrolle der Arbeitsabläufe von oben zum Ziel hat, und dazu auf einer detaillierten Vorplanung und rigiden Arbeitsvorgaben beruht.[3]

3 Lösungsrealisierung

3.1 Veränderte Arbeitsorganisation im Frachtausgang

Der veränderten Arbeitsorganisation im Frachtausgang wird folgende *Struktur der Arbeitsabläufe* zugrundegelegt:

Aus einem zugewiesenen Arbeitspaket, das als Auftrag eine Reihe von einzelnen, hinsichtlich der Abschlußzeiten gestaffelten, Flügen umfaßt, wählt die Arbeitsgruppe einen Flug zur Bearbeitung aus. Die Abfertigung des Fluges vollzieht sich dann schrittweise, sowohl bezogen auf die aufzubauenden Ladeeinheiten als auch hinsichtlich der umzuschlagenden Frachtsendungen.

Eine wesentliche Aufgabe der Crew besteht nun zunächst darin, anhand der Ladeplanungsvorgaben (Anzahl und Typ der Ladeeinheiten bzgl. Ladeposition im Flugzeug) und der auf der Lagerliste aufgeführten Fracht, die anstehenden Arbeitsschritte zu disponieren. Es geht darum, daß zur besseren Nutzung der Arbeitsflächen und der zur Verfügung stehenden Zeitspielräume in einem Schritt nur so viele Ladeeinheiten im Zugriff gehalten werden, wie gleichzeitig von der Arbeitsgruppe bearbeitet werden können. Dementsprechend werden auch jeweils nur die Frachtsendungen angefordert und bereitgestellt, die unmittelbar umgeschlagen werden. Dadurch wird vermieden, daß unzeitgemäß bereitgestellte Fracht - wie in der Ausgangssituation üblich -, sich über viele Stunden in "Warte-stellung" befindet und den zur Verfügung stehenden Arbeitsraum einschränkt.

Die schrittweise Abfertigung erfordert jedoch, daß die Arbeitsgruppe eine gezielte Auswahl geeigneter Frachtsendungen entsprechend der "Aufbaulogik" (Aufbaureihenfolge) beim Palettenaufbau trifft. Dementsprechend ist die Fracht sukzessive abzurufen und bereitzustellen. Diese *bedarfsgerechte Form* der Frachtbereitstellung ist in adäquater Weise nur durch die für den Palettenaufbau zuständige Crew selbst durchzuführen; denn der von ihr jeweils zu entwerfende "Bauplan" in Form einer räumlich-abstrakten Vorstellung der zu bauenden Ladeeinheiten variiert in Abhängigkeit von unterschiedlichen Flugzeugtypen, den

---

3 Eine solche Steuerungsphilosophie ist etwa typisch für zentralisierte, hierachisierte Fertigungskonzepte, wie sie in Zusammenhang der "Fabrik der Zukunft" kritisch diskutiert werden. Dabei werden Funktionen zur Planung und Steuerung der Produktion in ihrer Gesamtheit in einen zentralen Bereich zusammengefaßt. Die Ergebnisse des Plaungsprozesses sind für den Produktionsbereich bindend; d.h., es besteht kein Entscheidungsspielraum auf der ausführenden Ebene. In der Praxis zeigt sich dabei häufig, daß Ergebnisse der zentralen Fertigungssteuerung mit den tatsächlichen Prozessen in der Werkstatt nur bedingt übereinstimmen. Vgl. Mertins/Süssenguth/Heil, a.a.O.; vgl. auch: Kern/Schumann (1984) a.a.O.; Brödner (1985) a.a.O..

abzufertigenden Ladeeinheiten und der speziellen Frachtstruktur eines Fluges und wird zudem während des Palettenaufbauprozesses laufend verändert bzw. optimiert. D.h., die Entscheidung darüber, welche Frachtsendungen für einen bestimmten Arbeitsschritt anzufordern sind, kann nur "vor Ort" unter Einbezug des crewspezifischen Erfahrungswissens optimal getroffen werden.[4]

Im einzelnen gestaltet sich dieser *Auswahl- und Abrufprozeß* wie folgt:

Die für einen Aufbauschritt ausgewählte Fracht wird bedarfsgerecht in jeweils überschaubaren Mengen und unter Berücksichtigung einer erforderlichen Vorlaufzeit von den Arbeitsgruppen abgerufen.

Frachtauswahl und schrittweiser Frachtabruf werden technisch durch das *Dispositionssystem* unterstützt. Dabei ist insbesondere zu gewährleisten, daß den Arbeitsgruppen die *abfertigungsrelevanten Informationen* rechtzeitig und möglichst vollständig zur Verfügung stehen. Der Zugriff auf diese Informationen durch die Crew erfolgt über speziell konzipierte *Frachtabrufterminals*, die unmittelbar im Arbeitsbereich der Crews installiert sind.

Eine wesentliche Rolle für diesen Auswahlprozeß spielt die *Informationsaufbereitung*; denn die Crew kann eine gezielte Auswahl nur aufgrund entsprechend zur Verfügung gestellter Informationen treffen. Ohne die Fracht vor Augen zu haben, muß sie in der Lage sein, sich allein anhand der dargebotenen Informationen ein "Bild" über Art, Umfang und Zusammensetzung der verfügbaren Frachtsendungen zu machen, um diese entsprechend der Bearbeitungslogik beim Palettenaufbau anfordern zu können.

Im Unterschied zur heutigen Vorgehensweise, bei der das gedankliche Entwerfen des "Bauplans" in Form einer räumlich-abstrakten Vorstellung vor allem durch die direkte "sinnliche" Wahrnehmung bereits ausgelagerter Frachtsendungen möglich ist, muß diese Leistung nun ausschließlich auf der Basis EDV-technisch verfügbarer, "abstrakter" Informationen erbracht werden. Je genauer diese Informationen nun die tatsächliche Frachtstruktur beschreiben, desto besser kann die Arbeitsgruppe *ihre Entscheidung* bezüglich der jeweils auszuwählenden und anzufordernden Frachtsendungen fällen.[5]

Neben der *Auswahl der Fracht* sind die Arbeitsgruppen auch für die *Bereitstellung* derselben zuständig. Fracht aus dem Hochregallager für Lagerboxen und dem Minishipmentsystem (Lager für kleine Einzelfrachtstücke) wird dabei wie bisher über Boxenauslagerungsstationen zugeführt und dort von

---

4 Auch im Bereich der industriellen Produktion trifft man häufig auf eine dezentral-dispositive Steuerungsorientierung, wenn Kleinserien- oder Einzelfertigung, enge Termine und kurzfristige Auftragsänderungen die Produktion bestimmen. Zentral-determinierte Steuerungssysteme greifen oft zu kurz, weil ihre Steuerungsleistung zu gering ist und häufig ein Auseinanderklaffen von Plan und Realität auftritt. Vgl. Hildebrandt, E./Seltz, R. (1989) Wandel betrieblicher Sozialverfassung durch systemische Kontrolle, Berlin.

5 Bei unzureichender Information besteht die Gefahr, daß es öfters zu "Falsch-Auslagerungen" kommen kann, die sowohl den zeitliche Ablauf der Abfertigung behindern als auch zu zusätzlichem Flächenbedarf führen können. In der Folge kann es dann beispielsweise dazu kommen, daß die Crew zur Schaffung einer "Sicherheitsreserve" möglichst viele Frachtsendungen auf einmal anfordert, um dann wie in der heute üblichen Weise anhand der "sichtbaren" Frachtstruktur zu disponieren. Dies jedoch würde sowohl die belastungs- und gefährdungs-reduzierenden als auch die, auf erweiterten Handlungsspielraum zielenden, Potentiale des Lösungsansatzes konterkarieren.

den Crews übernommen. Die Frachtzuführung aus dem Hochregallager für Großlagerpaletten (GLP) erfolgt weiterhin über eine zentrale Ausgabestation durch spezielles Personal. Die Crew ist hierbei für die Überwachung der Bereitstellung und die Kontrolle der gelieferten Frachtsendungen zuständig. Frachtsendungen aus den diversen Sonderlägern werden von den Arbeitsgruppen selbst abgeholt.

Daneben sind die Crews, wie bisher auch, für alle Arbeiten zuständig, die im Rahmen der Palettierung anfallen. Dazu gehört unter anderem, daß die schrittweise bereitgestellte Fracht - möglichst direkt - von den Lagermitteln (Box, GLP) auf die gerade in Bearbeitung befindlichen Ladeeinheiten (Container und Paletten) umgeschlagen wird. Fertig gebaute Paletten werden wie üblich gesichert, vernetzt und zur Verwiegung bereitgestellt. Den Abtransport und das Verwiegen fertiggestellter Ladeeinheiten übernimmt wie bisher spezielles Waagepersonal .

Es versteht sich von selbst, daß sich im Zuge der arbeitsorganisatorischen Neukonzeption der Ausgangsabfertigung und der Einführung eines EDV-gestützten Dispositionssystems auch *veränderte Aufgabenstellungen und Funktionen* auf den, *den Abfertigungsgruppen übergeordneten, Leitungsebenen* ergeben. Dies betrifft, was im folgenden Kapitel noch knapp skizziert wird, insbesondere die übergreifende und vorausschauende Vorplanung des Frachtumschlags sowie die Personaleinsatzsteuerung und die Disposition der Arbeitspakete für die Crews.

3.2 EDV-gestütztes Dispositionssystem für die Abfertigung

Zur Abwicklung der physischen Frachtabfertigung und zur Unterstützung der neuen Arbeitsorganisation, wie sie in Kap. 3.1. dargestellt ist, wurde in enger Abstimmung mit dem verfolgten Abfertigungskonzept ein EDV-gestütztes Dispositionssystem entwickelt. Die Anforderungen an das Dispositionssystem seitens der Durchführung der Abfertigung waren Gegenstand der Erprobung. *Konzeptionelle und beispielhafte Lösungsvorschläge* wurden dabei abgebildet bzw. unterstellt und im Versuch rückgekoppelt sowie angepaßt. Diese bezogen sich auf die *Art und Form der Informationsaufbereitung* als Entscheidungsbasis, auf die *Arbeitsunterlagen* wie auch auf die erforderliche vorbereitende Planung und Koordination zur Sicherstellung der Rahmenbedingungen für die *selbstgesteuerte Abfertigung.*

Die Unterstützung der physischen Abfertigung ist in der Form vorgesehen, daß den Beschäftigten für die gesamte Abwicklung der physischen Frachtabfertigung, neben der eigentlichen Durchführung auch für die erforderliche *Vorplanung, Steuerung* und *Verfolgung,,* angepaßt an die jeweils erforderlichen Entscheidungs- und Handlungssituationen, geeignete *Systemfunktionen* angeboten werden.

Für die Schritte und Entscheidungen der Abwicklung werden im Dispositions-ablauf im wesentlichen *drei* voneinander abzugrenzende *Entscheidungsebenen* unterschieden (vgl. Abb. 2). Das Verhältnis zwischen diesen drei Ebenen ist dabei gekennzeichnet durch eine *stufenweise Disposition*, die, ausgehend von einer groben Vorplanung der Eckwerte, über eine Segmentierung der Aufträge in überschaubare, dezentral disponierbare Auftragsbündel bis hin zur aktuellen Einzelentscheidung im Rahmen der Bearbeitung, unterschiedliche Stufen der Genauigkeit und der zeitlichen Aktualität durchläuft.[6]

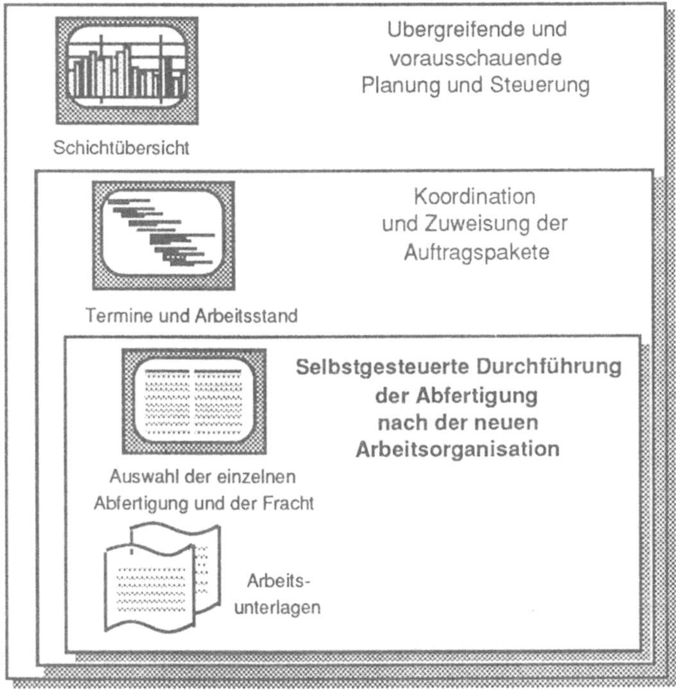

Abb. 2. Durch das Dispositionssystem unterstützte Entscheidungsebenen

Ausgehend vom vorliegenden Auftragsbestand für eine Schicht, der sich aus den anstehenden Flugabfertigungen und der abzufertigen Fracht ergibt, werden übergreifend die anstehenden Abfertigungsaufträge nach Aufwand und Dringlichkeit bewertet und entsprechend der verfügbaren Abfertigungskapazität zur Bearbeitung bestimmt. Ziel ist es hier, für die Schicht ein *Abfertigungsvolumen mit Dispositionsspielraum* zu erzeugen. Die zu bearbeitenden Aufträge werden dann jeweils crewbezogen so zu Paketen gebündelt, daß die termin-

---

[6] Derartige Konzeptionen dezentralisierender und flexibler Fertigungssteuerung werden gerade unter Logistikgesichtspunkten zunehmend verfolgt und eingesetzt; vgl. dazu etwa: Hertlich, R./Zell, M. (1988) Interaktive Fertigungssteuerung teilautonomer Bereiche, Veröffentlichungen des Instituts für Wirschaftsinformatik, Heft 59, S. 1ff; Pape, D. (1990) Einführung eines PPS-Systems in einem Mittelbetrieb, Köln; Wildemann, H. (1987) Fertigungssegmentierung, VDI-Z, Bd. 129, Nr. 11, S. 36-43.

gerechte Bearbeitung sichergestellt ist, und die insgesamt verfügbaren Dispositionsspielräume gleichmäßig über alle Crews verteilt werden können.

Durch die Crews selbst werden dann, auf Basis der vom System gezielt abrufbaren, abfertigungsrelevanten Informationen, jeweils einzelne Abfertigungen aus dem ihr dispositiv zugewiesenen Paket ausgewählt (vgl. Kap. 3.1.) und zur Bearbeitung abgerufen. Für die anschließende *Frachtauswahl* stellt das System ebenso die erforderlichen Informationen als *Auflistung der Fracht* zur Verfügung. Zusätzlich ermöglicht das System einen mit der Auswahl gekoppelten *Auslagerungsauftrag* in den automatischen Lagersystemen und stellt schließlich zeitgerecht und aktuell die erforderlichen *Arbeitsunterlagen* zur Verfügung.

4 Technische EDV-Systemkonzeption

Das Dispositionssystem ist ein Systeminstrument, um die Steuerung und Kontrolle des physischen Frachtabfertigungsprozesses zu unterstützen. Dieses soll auf Grundlage der Informationsverarbeitung erfolgen. Dazu werden Informationen erfaßt, verwaltet, aufbereitet und weitergeleitet. Das Instrument übernimmt und verarbeitet dabei die notwendigen Informationen und stellt diese dezentral auf allen Ebenen der Entscheidung und Ausführung der physischen Abfertigung funktionsgerecht zur Verfügung.

Benutzerschnittstelle

Bei der Entwicklung und Gestaltung des Dispositionssystems war hinsichtlich der Informationsaufbereitung besonders die Anforderung ausschlaggebend, daß so viele Informationen wie notwendig, und so früh wie möglich, über das anstehende und zu verplanende Arbeitsaufkommen verfügbar gemacht werden.[7] Bezogen auf die Crews, sollen die Informationen auch die Übersicht über das zu bewältigende Arbeitsaufkommen und den zeitlichen Anfall der Arbeit verbessern.

Die Systemunterstützung soll dabei gleichzeitig *software-ergonomischen Gestaltungskriterien* entsprechen, wie sie unabhängig von den hier vorliegenden Betriebsabläufen und der Arbeitsgestaltung abstrakt formuliert vorliegen.[8] Hinsichtlich der *Selbstbeschreibungsfähigkeit* ist hier vor allem die Menü- und Fenstertechnik entscheidend, wie sie in der Konzeption vorgesehen ist. Für die *Steuerbarkeit* sind Möglichkeiten enthalten, Sortierungen und Auswahlkriterien, insbesondere für Entscheidungen auf Basis von Übersichten, zu beeinflussen. Um zur Unterstützung der *Erwartungskonformität* die ausgegebenen Informationen

---

[7] Diese Anforderungen wurden im wesentlichen im Rahmen der arbeits- und sozialwissenschaftlichen Begleitung sowie der betrieblichen Untersuchungen ermittelt.

[8] Dzida, W. et al. (1978) Factors of user-perceived quality of interactive Systems (GMD), St. Augustin und Dzida, W. (1985) in: Ergonomische Normen für die Dialoggestaltung, Bullinger, H.-J. (Hg.) Software-Ergonomie '85, Stuttgart.

nachvollziehbar zu machen und darauf aufbauend Entscheidungen begründen zu können, sind z.B. wichtige Elemente im Verständnis der bekannten Abfertigungsaufgaben aufgegriffen worden, wie z.B. der Flug als zentraler Bezug für die Planung oder die Abfertigungswellen, die in der Lastübersicht visuell dargestellt werden. Weiterhin sind bewußt keine komplexen Arbeitsvorschläge, z.B. als als Baupläne (für Fracht auf Ladeeinheiten), ermittelt worden, da diese nicht den Anforderungen des Arbeitsablaufes entsprechend zu vermitteln sind. Derartige Arbeitsvorschläge würden die Erfahrung zur Durchführung der Abfertigung nicht nur nicht ergänzen, sondern führten, ganz im Gegensatz, zu neuen, zusätzlichen Aufgaben, wie z.B. Verbesserung oder Änderung der Bauvorschläge des Systems.

Funktionalität und Datenbasis

Das Dispositionssystem ist hier als ein "Auftrags- und Personalsteuerungssystem" speziell für die physische Frachtabfertigung konzipiert. Daneben umfaßt die Gesamtabfertigung noch die vorausgehende dokumentarische Frachtabfertigung entsprechend der flugbezogenen Disposition (hier nicht behandelt).

Aus dem übergeordneten (dokumentarischen) Auftrag des Frachtumschlags folgt der Abfertigungprozeß und damit verbunden der Frachtfluß. Hier besteht so die Aufgabenstellung, dokumentarische Abfertigungsaufträge, entsprechend den Vorgaben und den verfügbaren Kapazitäten, in einen physischen Abfertigungsprozeß einzulasten. Für diese Disposition sind damit die entsprechenden *Auftrags- und Kapazitätsinformationen* zu verarbeiten.

Als *Umgebungssystem* für die physische Frachtabfertigung, stellt die flugbezogene Frachtsteuerung die wichtigste Datenschnittstelle für die Auftragsinformationen dar. Auf der anderen Seite liegen innerhalb der physischen Abwicklung prozeßbezogene *Subsysteme* vor, die einen Informationsaustausch zur Steuerung und Verfolgung der Kapazitäten erfordern. Insgesamt werden dabei die Kapazitäten innerhalb des Betriebes bestimmt durch das Personal, die Arbeits-, Verkehrs- und Pufferflächen sowie die innerbetrieblichen Lager- und Fördersysteme zur Ver- und Entsorgung der Abfertigung.

Mit den neuen Systemfunktionen zur Disposition und Unterstützung der physischen Abfertigung, sollen auch die bisher verschiedenen Subsystemen direkt zugeordneten Steuerungs- und Bedienfunktionen integriert werden. Diese Systeme sind deshalb so anzubinden, daß sie über das Dispositionssystem gesteuert und kontrolliert werden können und dort die erforderlichen Benutzerschnittstellen zur Verfügung gestellt werden.

Technisch umfaßt damit das Dispositionssystem Schnittstellen zu den vor- und nachgelagerten Informationsverarbeitungssystemen sowie die Datenverarbeitung für die erforderlichen Funktionen. Da in den über- und untergeordneten Systemen im großen Umfang dieselben Daten erforderlich sind, wird hierfür insgesamt eine gemeinsame Informationsbasis geschaffen. Die Anforderungen des Dispositionssystems an diese Datenbasis werden über Datenstruktur- und Schnittstellenvorgaben formuliert.

5 Umsetzungsvoraussetzungen und -probleme

Wie die Erprobungsergebnisse gezeigt haben, erfordert die Umsetzung des hier entwickelten Lösungskonzepts im Untersuchungsbetrieb die Schaffung geeigneter Rahmenbedingungen. Um die Wirksamkeit des Lösungsvorschlags hinsichtlich der angestrebten Zielsetzungen sicherzustellen und gleichzeitig die Funktionalität der veränderten Abläufe zu gewährleisten, müssen im wesentlichen folgende Aspekte berücksichtigt werden:

Qualifizierung
Die betriebliche Realisierung arbeitsorganisatorischer Veränderungen erfordert, wie auch die Erfahrungen in vergleichbaren Projekten zeigen, daß der Qualifizierung der betroffenen Beschäftigten eine große Bedeutung zukommt.

Dies ergibt sich zum einen daraus, daß in den Kernbereichen der physischen Abfertigung die *Gruppenorganisation der Arbeit* überwiegt. Die darin angelegten positiven Momente, die sowohl unter Belastungsgesichtpunkten als auch betriebsfunktional relevant sind, können nur dann zum Tragen kommen, wenn die Qualifikationsbasis innerhalb und zwischen den Arbeitsgruppen relativ ausgeglichen ist. D.h., daß beispielweise ein *systematischer Arbeitswechsel* nur dann sichergestellt wird, wenn möglichst alle Frachtabfertiger auch alle Tätigkeiten anforderungsgerecht ausführen können. Wenn etwa einzelne Gruppenmitglieder aufgrund ihrer individuellen Qualifikationsvoraussetzungen die an sie gestellten Anforderungen nicht erfüllen können, besteht die Gefahr, daß sich in verstärktem Maße starre Arbeitsteilungsmuster herausbilden. Dabei sind Einschränkungen des Belastungswechsels möglich, und es kann zur Überlastung bzw. Überforderung einzelner Frachtabfertiger kommen.

Vor diesem Hintergrund stellt sich hinsichtlich der Zusammenfassung von Ausgangsbereitstellung und Palettierung speziell das Problem, die bisherigen *Ausgangsbereitsteller in Palletiercrews* zu *integrieren*. Obwohl ihre Grundausbildung - wie die aller Frachtabfertiger - alle Tätigkeitsbereiche umfaßt, resultiert aus der, durch die bisherige arbeitsorganisatorische Trennung von Frachtbereitstellung und Palettierung hervorgerufenen, Aufgabendifferenzierung auch eine Spezialisierung im Sinne der Herausbildung tätigkeitspezifischer Kenntnisse und Fertigkeiten. Wegen der im täglichen Arbeitsprozeß fehlenden Anwendungsmöglichkeit können früher erworbene Qualifikationen i.d.R. nicht ausreichend erhalten bzw. aktualisiert werden.[9] Dies gilt insbesondere hinsichtlich der Arbeitsanforderungen beim Palettenaufbau. In künftig "gemischten" Crews *(Ausgangsqualifikation: Bereitsteller und Palettierer)* kann es zur Einschränkung des vorgesehenen Arbeitswechsels und damit zu unerwünschten Segmentierungen kommen: etwa indem die ehemaligen Ausgangsbereitsteller in spezielle, weniger

---

9 Solche Dequalifizierungstendenzen sind typisch für arbeitsteilige Tätikeitsstrukturen, wie sie in tayloristischen Arbeitsorganisationen üblich sind; vgl. dazu etwa: Fricke, W. (1975) Arbeitsorganisation und Qualifikation, Bonn.

anforderungsreiche Tätigkeiten im Rahmen der Gruppenarbeit abgedrängt werden. Deshalb sind flankierende Qualifizierungsmaßnahmen für die Bereitsteller (Palettierausbildung/Auffrischung von Grundausbildungskenntnissen etc.) unumgänglich.

Zum anderen ergibt sich ein weiteres Problem hinsichtlich der in die Arbeitsgruppen verlagerten *dispositiven Tätigkeiten*. Zwar trägt dies in erster Linie dazu bei, *vorhandene Qualifikationen* und das *Erfahrungswissen* der Beschäftigten stärker als bisher *einzubeziehen*, jedoch kommen darüber hinaus neue Anforderungen hinzu. Um die Wirksamkeit der veränderten Konzeption hinsichtlich der angestrebten Zielsetzungen sicherzustellen, bedarf es deshalb auch bei den Palettierern der inhaltlichen Anpassung vorhandener Qualifikationen und der Einführung in veränderte Arbeitsinhalte und -strukturen.

Um insgesamt zu einer *sozialverträglichen Lösung* der geschilderten Problematik zu kommen, wurden seitens der Begleitforschung in Zusammenarbeit mit dem Betrieb entsprechend abgestimmte Maßnahmen initiiert, die auf einem breiten Konsens aller Interessenparteien (betroffene Beschäftigte, Betriebsrat, Betriebsleitung) beruhen.

Kontrollaspekte

Grundsätzlich sind für die Unterstützung der betrieblichen Abläufe in der hier dargestellten Form keine personenbezogenen Daten erforderlich. Die Disposition der Abwicklung basiert vielmehr auf Auftragsdaten und Statusinformationen, die sich auf Flüge und Sendungen beziehen.

Möglichkeiten der Kontrolle ergeben sich prinzipiell zwar aufgrund von Vergleichen der Abfertigungsleistungen, jedoch bezogen auf längere Zeitabschnitte und größere Personengruppen. Da bei der Planung, Disposition und Steuerung der Abfertigung, keine genau definierbaren Bezugsgrößen für den Aufwand und damit für die Arbeitsleistung der Abfertigung abgeleitet werden, sind auch die Kontrollmöglichkeiten, bezogen auf den einzelnen Frachtabfertiger, stark eingeschränkt.

Nutzung der zeitlichen Spielräume

In Bezug auf eine Verbesserung der zeitlichen Abfertigungsspielräume ist ein möglicher Konflikt darin zu sehen, daß durch eine Verbesserung von Informationen und dadurch ermöglichten zielgerechten Abfertigungsentscheidungen, auch die Durchlaufzeiten für Sendungen reduziert werden können (Arbeitsintensivierung). Eine Anwendung der Systemmöglichkeiten allein in diese Richtung reduziert aber die zeitliche Verschiebbarkeit von Aufträgen und damit die Disponierbarkeit einzelner Abfertigungsschritte, so daß der Effekt eines Abbaus von Spitzen und damit verbundener Belastungs- und Gefährdungsreduzierung zurückgenommen wird. Dieser ist andererseits notwendig, um die Funktionalität der veränderten Abläufe sicherzustellen, die im Zusammenhang mit allen anderen leistungsbestimmenden Merkmalen auch für die Qualität und Leistung des gesamten Frachtumschlagbetriebes von Vorteil ist. Deshalb sprechen auch betriebliche bzw. betriebswirtschaftliche Gründe gegen diese Nutzungsvariante.

Systemseitige Informationsanforderungen

Bezogen auf die dem Dispositionssystem überlagerten Systeme des weltweiten Datenaustausches und die übergeordneten dokumentarischen Tätigkeiten der Flugdisposition ist die zeitgerechte Bereitstellung bzw. Übertragung der notwendigen Informationen genau abzustimmen. Hier sind vor allem, als Vorinformation über das im Ausgang umzuschlagende Frachtaufkommen, die aktuellen Ergebnisse der flugbezogenen Disposition möglichst früh an das physische Dispositionssystem zu übermitteln. Dabei ist eine einvernehmliche Lösung für die divergierenden Zielsetzungen der dokumentarischen und der physischen Abfertigung erforderlich. Während die Dokumentation die Möglichkeit der Optimierung (z.B. Auslastung der Ladekapazitäten) noch möglichst spät anstrebt, ist der Informationsbedarf für die Physik so früh wie möglich zu erfüllen.

Zusätzliche Informationen über die Fracht (wie Volumen, Einzelgewichte und besondere Eigenschaften) sollten möglichst automatisch, z.B. in den Lager-/ Fördersystemen, erfaßt werden oder, wenn sie bereits in anderen Informationssystemen vorhanden sind, direkt übernommen werden können.

Anpassung der Lagertechnik und Flächengestaltung

Die Frachtabrufe aus dem Dispositionssystem entsprechend der dort vorgenommenen Frachtauswahl sind direkt an die Lager- und Fördersysteme zu übertragen. Da das Abfertigungskonzept eine zeit- und zielgerechte Durchführung der Auslagerung und der Zuführung der Fracht fordert, ist die Leistung und Zuverlässigkeit der Förder- und Lagertechnik anzupassen. Vor allem ist es erforderlich, daß die Zuführung der Fracht auf die einzelnen Abfertigungsflächen der Crews nach Abfertigungsanforderungen erfolgt.

Aufgrund des vollständig veränderten Abfertigungsflächenbedarfs ist eine Anpassung des Zuschnitts und der Anordnung der Arbeitsflächen wie auch des Materialflusses in der Abfertigungshalle zur Sicherstellung der Ver- und Entsorgung der Flächen erforderlich. Schrittweise Abfertigung von Ladeeinheiten und gezielte Frachtzuführung gemäß der Abfertigungslogik des Palettenaufbaus ermöglichen eine, unter Belastungs- und Gefährdungsgesichtspunkten wesentlich günstigere Flächenbelegung. Da jeweils nur die in Bearbeitung befindlichen Ladeeinheiten die Fläche belegen und die Fracht bedarfsgerecht in jeweils überschaubaren Mengen angefordert, bereitgestellt und möglichst direkt umgeschlagen wird, reduziert sich insgesamt der Flächenbedarf für Lademittel und bereitgestellte Fracht. Die Arbeitsflächen können damit hinsichtlich der zu bearbeitenden Ladeeinheiten und der umzuschlagenden Fracht von den Crews so konfiguriert werden, daß bisher vorhandene Einschränkungen des Arbeitsraums, der Zugänglichkeit und der Übersichtlichkeit im Arbeitsbereich vermieden werden.[10] Ziel muß sein, insgesamt einen Flächenzuschnitt neu zu definieren, der diese Vorteile, bezogen auf die Arbeit der Crews, sicherstellt, da damit gleichzeitig auch die Möglichkeit einer nur intensiveren Flächennutzung verbunden ist.

---

[10] Während der Erprobung wurden über einen Zeitraum von insgesamt vier Wochen unterschiedliche Flüge, vergleichend nach dem herkömmlichen und veränderten Abfertigungsverfahren, bearbeitet.

Einsatzziele und Einsatzrealität neuer IuK-Technik im Taxigewerbe: Arbeits- und Systemgestaltung bei der Computerisierung der Taxivermittlung.[1]

Volker Sobanski
Technische Universität Braunschweig, Institut für Psychologie, Abteilung für angewandte Psychologie, Spielmannstraße 19, 3300 Braunschweig

Zusammenfassung

Das Taxigewerbe versucht seine unbefriedigende Situation durch computerisierte Taxivermittlung zu verbessern. Die damit verbundenen Ziele werden dargelegt. Eine Felduntersuchung zeigt Diskrepanzen zwischen den Zielen und der Praxis aufgrund ungünstiger Arbeits- und Systemgestaltung.

Abstract

The taxi-business tries to improve its situation by the implementation of computerized taxi-communication-systems. The underlying aims are stated. An empiric analysis shows disadvantageous work- and systemdesigns leading to discrepancies between these aims and the realisations.

1 Einleitung

Einerseits ist das Taxigewerbe ein unverzichtbares Teilsystem des Verkehrs zwischen öffentlichem Linien-Personennahverkehr und Individualverkehr, das für Städte und Umwelt immer bedeutender wird. Andererseits ist seine derzeitige Situation nicht besonders günstig. Die Arbeitssituation des Taxifahrers wird bestimmt durch Arbeitszeiten von im Mittel 55 bis 60 Stunden in der Woche, durch geringe kaum vorauskalkulierbare Einkünfte, unübersehbare Wartezeiten an den Standplätzen und praktisch permanentes Mitverfolgen des Auftragsgeschehens per Sprechfunk. Die Situation der Mitarbeiter in der Taxizentrale ist geprägt durch Schicht- und Nachtarbeit und unterschiedlichen Arbeitsanfall mit ausgeprägten Belastungsspitzen. Telefon- und Funkverkehr, Informationsfülle und Störgeräusche, Konzentration und Gedächtnisbelastung, Hören und Sprechen trotz zahlreicher Störquellen kennzeichnen die Arbeitsbedingungen.

---

[1] Das Referat basiert auf dem mit Mitteln des Bundesministers für Forschung und Technologie unter dem Förderkennzeichen 01 HK 5762 geförderten Projekt "Entwicklung von Anforderungskatalogen für die menschengerechte Einführung und Gestaltung von Taxi-Kommunikationssystemen". Die Verantwortung für den Inhalt liegt beim Autor

Leistungsfähig kann das Taxigewerbe nur bleiben, wenn für alle Beteiligten humane Arbeitsbedingungen gewährleistet sind, die wirtschaftliche Basis ausreicht, die Fahrgäste zufrieden sind, neue Zielgruppen gewonnen und neue Dienstleistungen angeboten werden. Viele Zentralen streben dies mit Hilfe computergestützter Kommunikationssysteme an.

Im Rahmen eines Projektes zur Humanisierung des Arbeitslebens wurden die Arbeitssituationen von Taxifahrern und Zentralenmitarbeitern und die Kommunikation zwischen Kunden, Telefonisten, Funkern und Taxifahrern untersucht. Daraus abgeleitet wurden Anforderungen an zukünftige computergestützte Taxi-Kommunikationssysteme hinsichtlich des Einführungsprozesses in den Betrieben, den Systemfunktionen, der Arbeitsplatz-, Hard- und Software-Ergonomie sowie der Arbeitsorganisation und anderes mehr.

In diesem Referat soll es hauptsächlich um die Erwartungen an die Technik und ihre festgestellten praktischen Auswirkungen gehen.

2 Ziele des Taxigewerbes für den Computereinsatz zur Taxivermittlung

Die vom Taxigewerbe selbst formulierten Gründe und Ziele des Einsatzes neuer Informations- und Kommunikationstechnik stellten eine wichtige Grundlage für die Projektuntersuchungen dar. Sie wurden durch Literaturauswertungen sowie durch Einzelgespräche und Diskussionsrunden mit verschiedenen Vertretern und Gruppen aus dem Taxigewerbe zusammengetragen. Wesentliche Ziele sind:

o Zielrichtung "Kunden":
- verbesserte Bedienqualität
- schnellere Auftragsannahme
- bessere Information der Kunden
- kürzere Wartezeit auf das Taxi

o Zielrichtung "Taxifahrer und -unternehmer":
- höhere Wirtschaftlichkeit
- optimaler Fahrzeugeinsatz durch weniger Leerstrecken und Standzeiten
- bessere und einfachere Betriebsdaten- und Kostenkontrolle
- effektivere, sicherere und schnellere Kommunikation zwischen Zentrale und Taxi

o Zielrichtung "Zentrale und Zentralenmitarbeiter":
- verbesserte Leistungsfähigkeit
- beschleunigter Vermittlungsprozeß
- weniger Störungen und Fehler
- Einsatz geringer qualifizierten und bezahlten Personals, einfachere Personalbeschaffung und schnelleres Anlernen
- weniger Lärm und Streß, bessere Arbeitsbedingungen

- Entlastung von Routinetätigkeiten

Um diese Ziele zu erreichen, müssen die Qualifikation und Motivation der Mitarbeiter, die Auslegung des technischen Systems, die Arbeitsorganisation und die Bedingungen am Arbeitsplatz "stimmen". Eine Felduntersuchung zeigte, inwieweit die Erwartungen erfüllt werden.

3 Untersuchung

Eine Vorerhebung bei zahlreichen Zentralen im Bundesgebiet wies die Gewerbebedingungen und die technische Ausrüstung auf. Die Hauptuntersuchung als jeweils einwöchige umfangreiche psychologische Arbeits- und Kommunikationsanalyse erfolgte in acht unterschiedlich technisch ausgerüsteten Taxivereinigungen mit "Fuhrparks" zwischen 95 und 1600 Taxis.

Es wurden quantitative und qualitative Daten erhoben und Früh-, Spät- und Nachtschicht berücksichtigt. 101 Zentralenmitarbeiter und 264 Taxifahrer waren einbezogen.

Drei der Zentralen vermitteln konventionell, das heißt der Telefonist nimmt einen Kundenauftrag an, notiert ihn auf einem Zettel und gibt ihn über ein kleines Förderband an den Funker weiter. Der Funker muß anhand seiner Ortskenntnis den zur Adresse nächstgelegenen Taxistand bestimmen und den Auftrag an das am längsten dort wartende Taxi über Sprechfunk weitergeben. Termine für Vorbestellungen und Daueraufträge müssen die Mitarbeiter selbst überwachen.

Vier der Zentralen sind mit einer computergestützten Auftragsverwaltung ausgestattet. Hier gibt der Telefonist den Auftrag an einem Computerterminal ein. Das Computersytem kontrolliert die Plausibilität der Adresse, überwacht Termine für Vorbestellungen und Daueraufträge, ordnet den Adressen die passenden Taxistände zu. Am Bildschirm des Funkarbeitsplatzes werden Auftragsadresse und Name des Taxistandes zeitgerecht ausgegeben. Der Funker übermittelt das per Sprechfunk weiter an ein Taxi.

Eine Zentrale arbeitet mit einem automatischen Dispositionssystem mit Datenfunk und Fahrzeugortung. Hier geben die Taxifahrer ihren Standort als Nummer eines Stadtsektors über ihr Datenfunkgerät an den Computer der Zentrale weiter. Auch Fahrtziele, Besetzt- und Freimeldungen senden die Taxis an die Zentrale. Das Dispositionssystem sendet seinerseits standort- und statusgerecht und der Reihenfolge gemäß anstehende Aufträge in die Taxis. Dort gibt sie das Datenfunkgerät als Leuchtschrift aus. Eine Sprechfunkverbindung zu Zentrale gibt es nur in Ausnahmefällen, sie muß eigens von den "Disponenten" in der Zentrale auf Anforderung hergestellt werden. Die Disponenten überwachen die automatische Disposition am Bildschirm und können bei Sonder- oder Problemfällen manuell eingreifen.

In allen fünf computerisierten Zentralen ist es möglich, Stammkundenaufträge durch Kundennummern und -kürzel beschleunigt oder durch Telefonzusatzgeräte

beim Kunden automatisch anzunehmen. Weiter sind detaillierte Analysen des
zurückliegenden Auftragsgeschehens möglich (örtliche, zeitliche und typmäßige
Verteilungen). Zudem läßt sich die Arbeit der Zentralenmitarbeiter genau kontrollieren (Anzahl der Kundengespräche, Dauer der Gespräche, Arbeitsunterbrechungen
u.a.m.). Das automatische Dispositionssystem mit Fahrzeugortung erlaubt darüber
hinaus vollständige Fahrtenprotokolle für jedes angeschlossene Taxi.

4 Ergebnisse

Die Ergebnisse beziehen sich auf die untersuchten Zentralen, da die Stichprobe
nicht unbedingt repräsentativ ist.

4.1 Überblick

Einen Überblick über die subjektive Einschätzung der Arbeit der Taxivermittlung
bietet die Gegenüberstellung der Ergebnisse des Fragebogens zur subjektiven
Arbeitsanalyse (SAA von MARTIN u.a. 1980) aus den Taxizentralen mit denen
von MARTIN u.a. dargestellten zweier Industriearbeitergruppen mit erweitertem
bzw. eingeschränktem Handlungsspielraum. Der Humanisierungsbedarf der Taxizentralen wird deutlich.
Der Vergleich zwischen konventioneller und computerisierter Taxivermittlung
ergibt für die EDV-Zentralen folgende Grobresultate:

- Keine Leistungssteigerung. Über ein Jahr betrachtet ergeben sich pro Mitarbeiter
  und Schicht keine höheren Auftragsdurchsätze.
- Die relativ wenigen Stammkundenaufträgen lassen sich beschleunigt annehmen.
  Das Annehmen regulärer Aufträge dauert länger.
- Weniger kundenfreundliche Gesprächsführung und keine bessere Information der
  Kunden.
- Erhöhte Gedächtnisanforderungen für die Telefonisten mit entsprechendem Feh-
  lerrisiko.
- Geringere Vorqualifikationen und kürzere Einarbeitung der Zentralenmitarbeiter.
- Schlechtere Arbeitsbedingungen. Die Arbeit wird subjektiv (SAA) ungünstiger
  bewertet, insbesondere beim Qualifikationseinsatz. Objektiv ergaben sich teils
  schwere Gestaltungsmängel der Bildschirmarbeitsplätze.
- Suboptimale Nutzung des automatischen Dispositionssystems

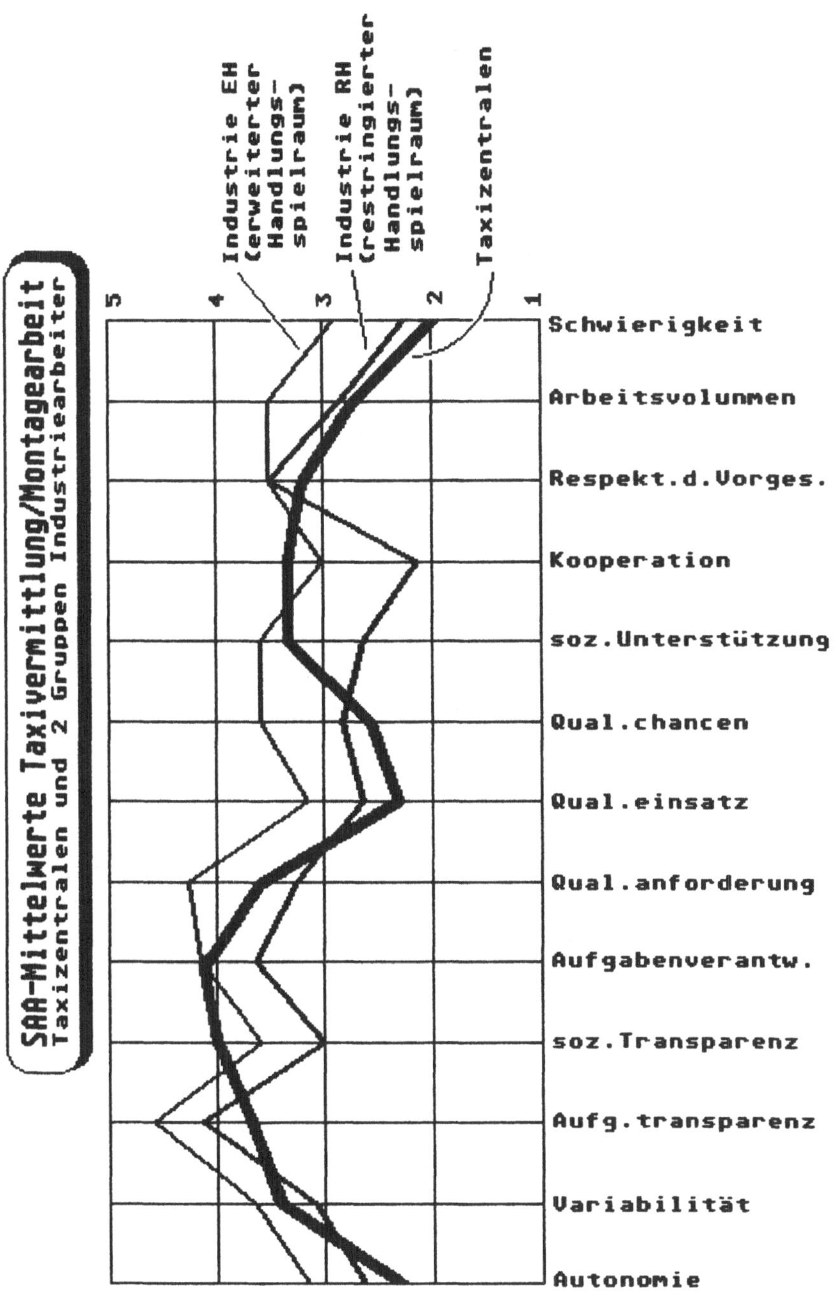

Abb. 1. Vergleich der SAA-Ergebnisse der Zentralenmitarbeiter (n=101) mit den von MARTIN u.a. (1980) ermittelten Ergebnissen zweier Industriearbeitergruppen (EH n=101, RH n=115).

- Die Kommunikation zwischen Zentrale und Taxis wird durch Datenfunk nur in Standardfällen schneller und effektiver. Nachfragen und Meldungen der Taxifahrer an die Zentrale sind beim untersuchten Dispositionssystem weit umständlicher und zeitraubender. Die Flexibilität und soziale Funktion des Sprechfunks fehlt beim Datenfunk (z.B. fühlen sich manche Nachtfahrer beim "stummen" Funk isoliert).
  Einen wirtschaftlicheren Fahrzeugeinsatz ermöglicht nur die automatische Disposition mit Fahrzeugortung. Alle weniger ausgebauten Systeme sind in diesem Punkt nicht besser als die konventionelle Vermittlung.
- Betriebsdaten, Arbeitsabläufe und Kosten lassen sich besser erfassen und kontrollieren. Die anfallenden Auftragsdaten werden jedoch nicht zur Prognose des Auftragsgeschehens und damit für eine verbesserte zeitlich-örtliche Verteilung der Taxis genutzt.

Diese Ergebnisse widersprechen den aufgestellten Zielen erheblich. Wie kommt es zu einer solchen Divergenz?

4.2 Einige Ergebnisse im Detail

Personalsituation: Bei relativ geringer Bezahlung, kontinuierlichem 3-Schichtbetrieb und Monatsarbeitszeiten von rund 180 Stunden ist es schwer, qualifizierte Mitarbeiter mit guten Orts- und Gewerbekenntnissen zu finden und zu halten.

Im Vertrauen auf die in den Computersystemen gespeicherten Ortskenntnisse werden in den computerisierten Zentralen reduzierte Anforderungen an die Einstiegsqualifikationen der Mitarbeiter gestellt, um einfacher kostengünstiger Personal zu finden. Die Einarbeitung wird erheblich verringert, zum Teil sind die Zeiten gegenüber der früheren konventionellen Arbeitsweise um den Faktor fünf bis sechs gekürzt. Information und Beratung der Kunden leiden darunter, unklare Ortsangaben und Mißverständnisse sind häufiger, die Verkehrsprobleme der Taxifahrer werden weniger berücksichtigt (z.B. Haltverbot vor dem Haus des Kunden).

Bei der Systemeinführung werden die Zentralenmitarbeiter an den Entscheidungen über ihre neue Arbeitsform und bei deren Gestaltung kaum systematisch und interessenausgleichend beteiligt. Die Qualifizierung vorhandener und neuer Mitarbeiter beschränkt sich weitgehend auf die reine Bedienung der Technik. Übergreifende Zusammenhänge, ein grundlegendes Technikverständnis u.ä. kommen zu kurz. Nur einige Mitarbeiter, meist Vorgesetzte können sich zu Systemspezialisten qualifizieren und erfüllen anspruchsvollere Aufgaben am Computersystem. Für die Mehrzahl der Mitarbeiter wirkt die neue Technik eher dequalifizierend.

Auch die systembezogene Qualifizierung der Taxifahrer ist unzureichend. Über die Hälfte der mit dem Dispositionssystem und Datenfunk arbeitenden Taxifahrer räumte deutliche Kenntnislücken über den Ablauf der automatischen Disposition ein.

Arbeitsorganisation: Die traditionelle Arbeitsteilung in der Zentrale in Telefonisten und Funker wird auch bei computerisierter Auftragsverwaltung und automatischem Dispositionssystem beibehalten. Die technischen Möglichkeiten werden nicht genutzt, um umfassendere und anspruchsvollere Arbeitsaufgaben zu gestalten. Das Zusammenführen der beiden Teilaufgaben Telefonannahme und Disposition wäre günstig im Sinne einer vollständigen Arbeitsaufgabe (vergl. HACKER 1987), eines Belastungsausgleichs, einer durchgängigeren Kommunikation zwischen Kunde und Taxifahrer und einer besseren Betreuung der Taxifahrer. Bei der derzeitigen Trennung bleibt es für die Sprechfunker der computerisierten Auftragsverwaltung bei zeitweilig starker Überbeanspruchung. Hingegen zeigen die Disponenten des automatischen Dispositionssystems Unterforderungssymptome. Sie greifen häufiger als nötig und von der Systemeffizienz her sinnvoll in die automatische Disposition ein. Ansonsten würden sie dem Computer bei ihrer früheren Arbeit nur zuschauen.

Hardware und Systemfunktionen: Manche der Rechnersysteme werden bei hohem Auftragsvolumen störend langsam und beeinträchtigen die Arbeit. Besonders zeigt sich das, wenn Auswertungen, Ausdrucke und andere Hintergrundjobs laufen.

Die Systeme sind zu wenig flexibel und unzureichend für neue Funktionen vorbereitet. Teils müssen die Mitarbeiter vorhandene Funktionen kreativ und trickreich zweckentfremden, um neue Aufgaben zu bewältigen (teils werden Aufträge ab Bus- oder Staßenbahnhaltestellen als Stammkundenaufträge behandelt, weil in diesem System die Kooperation mit öffentlichen Linienverkehren nicht vorgesehen und als eigene Funktion nicht komfortabel zu integrieren ist).

Beim Sprechfunk können alle Taxifahrer die Vermittlung mitverfolgen (Fahrgäste kennen das als Hintergrundgeräusch im Taxi) und sich ein Bild vom Auftragsgeschehen machen. Mit diesen Informationen, mit Erfahrungen, eigenen Prognosen und Optimierungsstrategien versuchen sie, möglichst viel vom "Auftragskuchen" abzubekommen. Bei der automatischen Disposition per Datenfunk können sich die Taxifahrer die Zahl der auf einen Auftrag wartenden Kollegen in einem bestimmten Stadtsektor anzeigen lassen. Die Informationen über die zeitliche Dynamik des Auftragsgeschehens und der Überblick über größere Stadtgebiete geht dabei jedoch verloren. In der Befragung und bei Diskussionen wurden Akzeptanzprobleme gegenüber dem Dispositionssystem erkennbar. Manche der Taxifahrer setzen ihre individuelle Optimierungsstrategie gegen die Algorithmen der automatischen Disposition. Die Effizienz des Systems nimmt dadurch ab.

Neben einer besseren Information und Qualifikation der Taxifahrer über das System und einer höheren Transparenz wären eine umfassendere Information über das Auftragsgeschehen mit dem Bereitstellen von Prognosen nötig, um diesen Konflikt zwischen Human- und Rechnerintelligenz zu entschärfen und Taxiverteilung und -einsatz weiter zu optimieren.

Software und Dialoggestaltung: Bis auf das automatische Dispositionssystem zeigten sich die anderen Computersysteme unflexibel beim Eingeben der

Auftragsangaben. Die von den Telefonisten der besseren Merkbarkeit und Fehlertoleranz wegen klar favorisierte Reihenfolge Hausnummer, Straßenname, Kundenname erlauben die Dialogstrukturen nicht. Die Dialogstrukturen orientieren sich an einer raschen Identifikation der Adressangaben zum schnellen Abgleich mit den gespeicherten Ortsdaten. Um die Eingaben zu verkürzen, bieten die Systeme häufig Listen ähnlicher Ortsangaben an (z.B. 1 Passauer Allee, 2 Passauer Platz, 3 Passauer Straße). Der Telefonist muß das Richtige über die Positionsnummer in der Liste auswählen. Diese Positionsnummern interferieren mit den zu merkenden, weil erst später einzugebenden Hausnummern.

Die Folge dieser unangemessenen und starren Dialoge ist entweder eine kundenunfreundliche Gesprächsführung mit vermehrten Nachfragen beim Kunden und/oder eine erhöhte Gedächtnisbelastung. Manche Telefonisten berichteten, daß Kunden hin und wieder irritiert und verschüchtert reagieren, wenn sie im Kundengespräch die computervorgegebene Eingabefolge der Adressangaben durchsetzen oder Teile, die der Kunde von sich aus schon mitgeteilt hat, etwas später nochmals nachfragen müssen. Kundenorientierte Telefonisten vermeiden dies zum Teil, indem sie die Computereingabe erst zum Ende oder nach dem Kundengespräch beginnen und sich die Auftragsdaten so lange merken. Insbesondere bei plötzlichen Störungen kommt es dann leicht zum Vergessen wichtiger Auftragsangaben und damit zum Verlust des Auftrags und zu Reklamationen.

Auch der Dialog der Datenfunkgeräte in den Fahrzeugen mit den Taxifahrern ist nicht optimal gelöst. Die Ausgabe erfolgt optisch und jederzeit auch während des Fahrens. Die Sehaufgaben "Auftrag übernehmen" und "Verkehrsteilnahme" konkurrieren miteinander. Öfters sind die Anzeigen in den Fahrzeugen schlecht plaziert und erfordern große Blicksprünge weg vom Sehfeld "Straße". Die Taxifahrer müssen der Zentrale die Übernahme des gesendeten Auftrags bestätigen. Das untersuchte Dispositionssystem räumt den Fahrern dazu eine angemessene Frist von 25 Sekunden ein. Ein anderes in Deutschland konzipiertes System erlaubt nur eine völlig inakzeptable Zeit von 5 Sekunden.

Arbeitsplatzgestaltung: Die Gestaltung insbesondere der Bildschirmarbeitsplätze in manchen Zentralen lassen auf längere Sicht Gesundheitsschäden befürchten, Befindens- und Leistungsbeeinträchtigungen bei höherem Auftragsaufkommen wahrscheinlich werden und die aufgabenangemessene Arbeitsausführung zumindest eingeschränkt erscheinen. Grundlegende Gestaltungsempehlungen, wie sie teils schon seit Jahren auch in der DIN zu finden sind, bleiben unbeachtet.

Abb. 2. Auf den alten Arbeitsplatz aufgepfropftes Computerterminal. Deutlich werden die notwenige Körperdrehung zum Betrachten des Bildschirms und die unterschiedlichen Sehabstände zu den verschiedenen Arbeitsmitteln. Der zu rufende Taxistand muß vom Bildschirm abgelesen werden, die Kennummer des sich meldenden Taxis erscheint rechts am Pult. Der Auftrag ist wieder vom Bildschirm abzulesen, dann die Kennummer auf der Tastatur einzugeben und das ganze am Bildschirm zu kontrollieren. Kräftige Bildschirmreflexe der Beleuchtung und das gleichzeitige, parallele Mitverfolgenmüssen von Funk- und Telefongesprächen vervollständigen das Desaster.

5 Fazit

Kumulieren sich wie in einer der untersuchten Zentralen die Mängel in der Arbeits- und Systemgestaltung und kommen weitere Probleme hinzu, kann eine Situation entstehen, die in der Praxis die Pervertierung der ursprünglichen Zielsetzung ergibt. Eine Krankenstandsrate von 18% und eine Fluktuation von fast 90% der Mitarbeiter in einem Jahr in dieser Zentrale lassen kaum einen anderen Schluß zu. Nun werden solche Situationen nicht absichtlich herbeigeführt und die Verantwortlichen sind sicher der Meinung, das Beste getan zu haben. Andererseits sind die in dieser Untersuchung angelegten Kriterien teils schon betagte arbeitspsychologische und arbeitswissenschaftliche Standards, die mit ihrem Vordringen auch in die DIN fast schon Allgemeingut sind.

Trotzdem zeigen die Projektergebnisse, daß Kriterien zur humanen und effizienten Software-, System- und Arbeitsgestaltung anscheinend doch nicht die Fließfähigkeit haben, um wie hier in das Taxigewerbe, wahrscheinlich aber auch in viele andere kleine Betriebe und Unternehmen vorzudringen. Gerade aber die vielen kleinen Unternehmen haben diese Kenntnisse sehr nötig, denn sie stellen ein starkes Kontingent betroffener Mitarbeiter.

Die bisherigen Anstrengungen, Forschungs- und Entwicklungsergebnisse - wie auch bei dieser Tagung vorgestellte - zu verbreiten, sind zu verstärken, um die "Endverbraucher" sicher zu erreichen. Weitere Kommunikationskanäle und Medien müssen gefunden werden. Gewerkschaften, Arbeitgeber- und Berufsverbände, Wirtschafts- und Gewerbeinstitutionen (IHKs, Handwerkskammern etc) sollten vermehrt gewonnen werden, um die Feinverteilung solcher Forschungs- und Entwicklungsergebnisse in der Fläche besser zu leisten.

6 Literatur

Hacker, W.: Software-Ergonomie: Gestalten rechnergestützter geistiger Arbeit?! In: Schönpflug, W.; Wittstock, M. (Hrsg.): Software-Egonomie '87 - Nützen Informationssysteme dem Benutzer? Stuttgart: Teubner, 1987.

Martin, E.; Ackermann, U.; Udris, I.; Oegerli, K.: Monotonie in der Industrie: Eine ergonomische, psychologische und medizinische Studie an Uhrenarbeitern. Bern: Huber, 1980.

Veränderungen in der Kommunikation und Kooperation von Logistikpartnern bei der Nutzung DV-gestützter Medien

L. Szibor, A. Thienel
SCIENTIFIC CONSULTING Dr. Schulte-Hillen BDU, Köln

Zusammenfassung
In einem Verbundvorhaben von acht Unternehmen soll am Beispiel von logistischen Innovationen u.a. aufgezeigt werden, welche Veränderungen in der Kommunikation und Kooperation zwischen Logistikpartnern durch den Einsatz von DV-gestützten Anwendungsprogrammen auftreten.

Abstract
The application of advanced communication-technologies brings about a dramatic change in the way logistic-partners communicate and cooperate in day to day business. A joint-venture of eight companies provides first hand experiences.

1 Das Verbundvorhaben

In einem Projektverbund von acht Unternehmen sollen richtungsweisende Innovationsvorhaben genutzt werden, um exemplarisch Erkenntnisse für die menschengerechte Gestaltung der Arbeit in logistischen Systemen zu gewinnen.

Vor dem Hintergrund weitreichender Veränderungen in den Bereichen Ordnungspolitik (EG '92), Dienstleistung und Technik sollen jeweils innovative Ausschnitte aus Betriebsprojekten (s. Abb. 1) dazu genutzt werden, Modelle einer menschengerechten Arbeitsgestaltung zu entwickeln.

Im Vordergrund des betrieblichen Vorhabensteiles stehen die Gestaltung von Technik, Organisation und Qualifizierung.

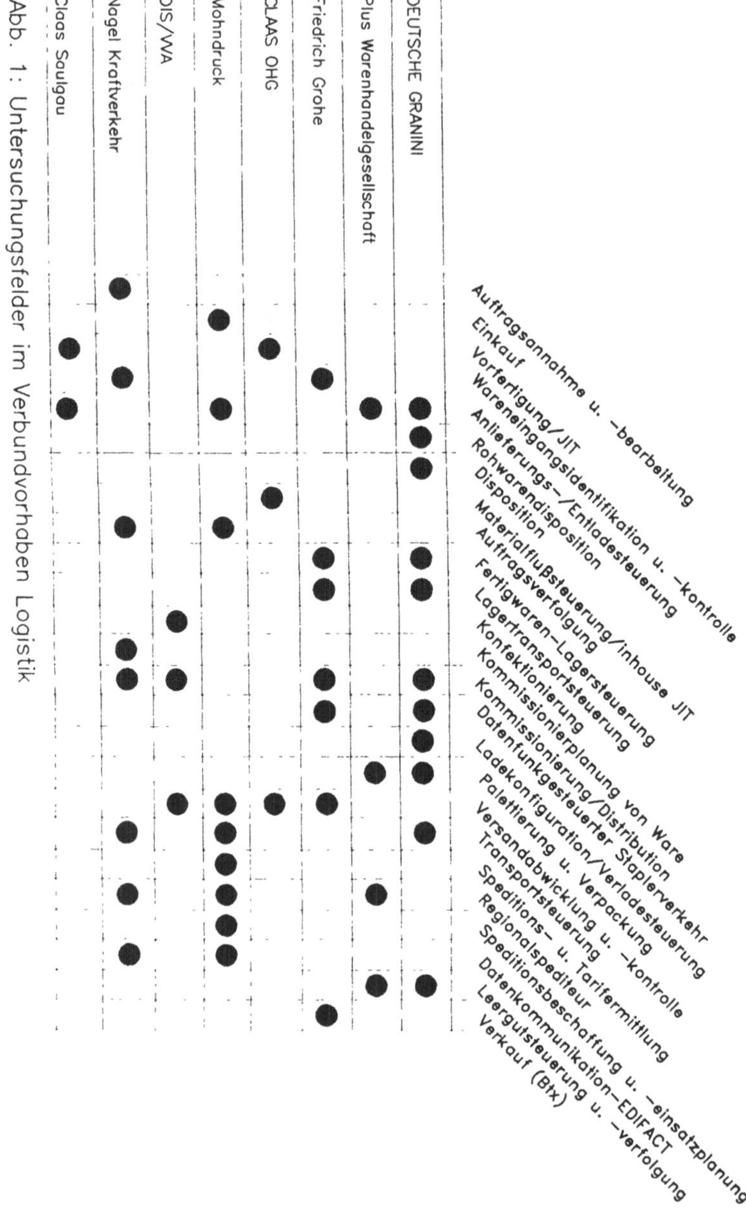

Abb. 1: Untersuchungsfelder im Verbundvorhaben Logistik

Ausgehend vom Sinnbild der "Logistischen Kette" wird deutlich, daß die Logistik der Vergangenheit im wesentlichen aus lose zusammengelegten "Kettengliedern" bestand. Heute und mit stark zunehmender Tendenz findet die eigentliche Verkettung der Teilsysteme statt. Die Folge ist eine enger werdende technische und organisatorische Vernetzung der Einzelfunktionen über Abteilungs- und Betriebsgrenzen hinweg.

Diese Entwicklung ist einerseits durch eine stärkere Technisierung von Teilsystemen geprägt, andererseits von einer erheblichen Zunahme des Organisationsgrades.

Dem Menschen kommt als Bediener, Nutzer und Steuerer in einer technischen und organisatorisch komplexer werdenden Umgebung eine Schlüsselrolle zu.

Mechanisierte Ladehilfen, automatisierte Kommissioniersysteme, flexible Fertigungssysteme, DV-gestützte Dispositions- und Planungssysteme, etc. können isoliert betrachtet zwar einen Beitrag zum Belastungsabbau und zur Verbesserung von Arbeitsbedingungen leisten und auch punktuell die Wirtschaftlichkeit steigern. Das eigentliche Potential der neuen Techniken liegt aber in deren sinnvoll aufeinander abgestimmten Einsatz.

In der Wahrnehmung von Steuerungsaufgaben und der kooperativen Abstimmung logistischer Aufgaben liegt der Schlüssel zum Abbau und zur Vermeidung von Belastungen und zu einer menschengerechten Gestaltung der Arbeit.

Grundlage dafür ist eine umfassende Zusammenarbeit und die Kommunikation von Mensch zu Mensch - von Arbeitsplatz zu Arbeitsplatz. Es wird davon ausgegangen, daß neben der technischen Kommunikation über DV-Programme die zwischenmenschliche Kommunikation und Kooperation (informelle und formelle Wege, Inhalte, Anlässe, Formen, Medien) zu untersuchen, zu konzipieren und zu fördern sind (vgl. Thienel, Richter 1990).

Die Probleme, die bei der Realisierung der Just-in-Time-Philosophie entstanden sind, unterstreichen diese These. Es ist wenig gewonnen, wenn ein Fahrzeugdisponent bei seiner DV-unterstützten Tourenplanung die Fahrtzeit angemessen einplant und auch die Abfahrt pünktlich erfolgt, der LKW-Fahrer aber dann stundenlang auf dem Werksgelände des Abnehmers bis zur Entladung warten muß.

Vergleichbares gilt für den Maschinenführer eines flexiblen Fertigungssystems, der wegen ungenügender Fertigungsabstimmung mehr Zeit mit dem Umrüsten seiner Anlage verbringt als mit der eigentlichen Werkstückbearbeitung. Er muß einerseits Wartezeiten in Kauf nehmen, weil eingeplante Vorpodukte nicht verfügbar sind und andererseits Sonderschichten fahren, um den Endtermin halten zu können.

Ein Schwerpunkt des Projektes wird es sein, die Kommunikation und Kooperation aller Beteiligten unternehmensintern und unternehmensübergreifend so zu entwickeln, daß insgesamt mehr Kenntnis der Arbeitssituation und der Bedürfnisse des jeweiligen Partners entsteht.

2 Zwischenmenschliche Kommunikation und Kooperation als wesentlicher Faktor logistischer Prozesse

Belastungen und Beanspruchungen ergeben sich in logistischen Ketten insbesondere durch die unzureichende Kommunikation und Kooperation zwischen den einzelnen Mitarbeitern. Die beobachtbaren Folgen in Projektbereichen des Verbundvorhabens sind z.B.:

- einseitige Arbeitsbelastungen an einem Arbeitsplatz, weil andere Mitarbeiter unkoordiniert und ungeplant eng terminierte Aufträge einlasten bzw. weitergeben
- einseitige Arbeitsbelastungen an einem Arbeitsplatz, weil nicht an die Folgen eigenen Handelns für die benachbarten Arbeitsplätze gedacht wird
- Mehrarbeiten, weil Arbeit angestoßen aber nicht zu Ende geführt werden kann, mangels Informationen, Personals oder Materials
- große Probleme und zusätzliche Belastungen bei der Bewältigung und in Folge von Störungen der komplexen technischen Systeme.

Im Rahmen des Projektes werden daher die Tätigkeiten der einzelnen Funktionsträger in bezug auf ihren engeren, arbeitsplatzbezogenen Bereich, den benachbarten Arbeitsplatz und in bezug auf weitere Funktionsträger entlang der Logistikkette zu analysieren sein. Den Informations- und Materialfluß gilt es zu erfassen sowie Belastungen und Beanspruchungen aufgrund unzureichendem übergreifendem Systemdenken und -handeln zu reduzieren. Auf diese Art und Weise werden gleichzeitig Tätigkeitsprofile der Funktionsträger erfaßt und Qualifikationsprofile (Fach-, Methoden- und Sozialkompetenzen) im Zusammenhang mit logistischen Innovationen ermittelt.

Aus dem erst im Frühsommer 1990 gestarteten Verbundvorhaben sollen im weiteren kurze Beispiele die Bedeutung der Kommunikation und Kooperation in komplexen logistischen Systemen verdeutlichen.

3 1. Beispiel: Informations- vor Warenfluß

Die Geschäftsbeziehungen zwischen zwei Firmen sind dadurch gekennzeichnet,
daß die eine Firma als logistischer Dienstleister Waren direkt ab Produktionsmaschine
der zweiten Firma abholt. In den Lagerhallen des logistischen Dienstleisters wird
die Ware vorkommissioniert und abends in die Verteilniederlassungen durch den
Fernverkehr verbracht. In den Niederlassungen erfolgt eine auslieferungsbezogene
Feinkommissionierung in der Nacht und am anderen Morgen die Auslieferung durch
den Nahverkehr an die Kunden (vgl. Szibor, Thienel 1991a).

Die Kommunikation und Kooperation zwischen diesen beiden Firmen ist dadurch
geprägt, daß der Produzent die Aufträge einen Tag vor der Produktion in Form von
Soll-Auftragsdaten zunächst telefonisch und später per Diskette an den logistischen
Dienstleister übermittelt. Diese Daten weichen aber von den wirklich produzierten
und beim logistischen Dienstleister ankommenden Warenmengen ab.

Die Ist-Produktionsdaten stehen aber erst zur Verfügung, wenn die Ware schon
zur Verladung bereitsteht bzw. schon verladen ist. Dies hat z.Z. noch die Konsequenz,
daß erst in den Niederlassungen oder teilweise sogar erst beim Kunden auffällt,
daß Ware fehlt. Für die Lagerarbeiter, Kommissionierer und Fahrer in den
Niederlassungen hat dies unnötige Such- und Mehrarbeiten (sie müssen zunächst
davon ausgehen, daß die Ware vorhanden ist), bis hin zur Annahmeverweigerung
durch den Kunden und Rücktransport der Ware, zur Folge.

Geplant ist u.a. eine Rechner-Rechnerverbindung der Firmen und eine PC-gestützte
Wareneingangskontrolle, bei der die Barcodes der ankommenden Waren über einen
Scanner erfaßt werden.

Der Auftragsbestand beim Produzenten wird aktuell mit dem Wareneingang des
logistischen Dienstleisters verglichen. Während heute nicht bekannt ist, welche
Sendungen zu welchem Zeitpunkt komplett sind, wird dies in Zukunft transparent
sein.

Heute führt dies dazu, daß erst am späten Nachmittag erkennbar wird, welche Ausliefe-
rungspaletten wirklich komplett sind. Dadurch entsteht an den Arbeitsplätzen der
Kommissionierer und Palettenwickler am Tagesende ein hoher Arbeitsdruck, da
erst in "letzter Minute" die Bepackung von Paletten beendet wird.

Durch das neue System können die Paletten früher entsorgt, gewickelt und dem
Versandbereich bereitgestellt werden, weil frühzeitiger bekannt ist, welcher Auftrag
(Auslieferung) abgeschlossen werden kann. Dadurch besteht im Gegensatz zu heute
eher ein Überblick darüber, wann ein Kommissioniertag zu Ende ist. Die Arbeit

der Lagerarbeiter in der Zentrale wird dadurch planbarer und ist für den einzelnen besser überschaubar.

Die LKWs können durch die vorgezogene Versandbereitstellung früher die Zentrale verlassen, was die Arbeitszeit der LKW-Fahrer verkürzt.

In den Niederlassungen steht die Ware früher zur Verfügung. Sie kann frühzeitiger kommissioniert und zur Versendung zur Verfügung gestellt werden. Dies reduziert den Zeitdruck der Lagerarbeiter in der Nachtschicht und der Nahverkehrsfahrer am frühen Morgen.

4 2. Beispiel: Feinplanungs- und -steuerungsfunktionen erfordern Kommunikation und Kooperation

Zu Projektbeginn glaubte ein Teil der Planungsgruppe eines hoch automatisierten Logistikzentrums, daß die Planung und Steuerung der Kommissionierung, Verpackung und des Versandes der Waren durch eine entsprechend leistungsfähige Software erfolgen könnte. Es stellte sich allerdings recht schnell heraus, daß an zentralen Stellen Mitarbeiter erforderlich werden, um die Arbeit der Kommissionierer, Packer und Verlader zu planen, zu steuern und Problemfälle zu lösen.

Die Planungs- und Informationsnotwendigkeiten konnten vom DV-System nicht befriedigt werden. Es wurden zusätzliche Medien, wie z.B. tragbare Telefone, zur Verfügung gestellt, damit die Gruppenleiter Kommissionierung, Wareneingang, Verpackung, Verladung und Versandabwicklung kurzfristig und über größere Distanzen hinweg kommunizieren und kooperieren konnten.

Gegenstand der Kommunikation und Kooperation sind z.B. der Personal- und Fahrzeugeinsatz, die Auftragsabwicklung, insbesondere bei größeren oder ungewöhnlichen Aufträgen, die Behebung von Kommissionierfehlern und Störungen des hoch automatisierten technischen Systems.

Der Kommissionierleiter nimmt die Vorschläge des DV-Systems zur Auftragsabwicklung an und bewertet sie aufgrund der aktuellen Arbeitssituation vor Ort. Aufträge werden z.B. so eingesteuert, daß:

- die Arbeitsbereiche gleichmäßig ausgelastet sind
- die Arbeit "gerecht" zwischen den Mitarbeitern verteilt und zu langes Arbeiten an einem Auftrag durch Aufteilung des Auftrages verhindert wird
- es nicht zu Behinderungen der Kommissionierfahrer oder zu langen Wartezeiten an den Förderstrecken kommt.

Rückmeldungen über die aktuelle Arbeitssituation erhält er u.a. durch die Kommissionierer und die Gruppenleiter der anderen Arbeitsbereiche.

Das Beispiel macht deutlich, daß Software zur Steuerung komplexer Logistiksysteme die selbständig erzeugten Arbeitsaufträge frühzeitig anzeigen und eine manuelle Nachsteuerung unterstützen muß. In logistischen Systemen kommt dem Menschen als Planer, Steuerer und Kontrolleur der Arbeitsabläufe eine entscheidende Rolle zu. Entscheidungs- und Handlungsspielräume sind hier in Zusammenarbeit mit den Betroffenen zu definieren und zu implementieren, damit die Arbeit nach menschengerechten Gesichtspunkten geplant, gesteuert und kontrolliert werden kann. Kommunikations- und Kooperationsnetzwerken kommen dabei eine entscheidende Rolle zu. Sie bilden die Informationsgrundlage, um Entscheidungs- und Handlungsspielräume, orientiert an der aktuellen Arbeitssituation, mitarbeiterorientiert gestalten zu können.

5 Literatur

Szibor, L., Thienel, A. (i.V. 1991a). Informations- vor Warenfluß. Folgen eines Logistikkonzeptes für die zwischenmenschliche Kommunikation und überbetriebliche Zusammenarbeit. In: Information Management, H.2.
Thienel, A., Richter, K. (1990). Teamarbeit in der Anfragen- und Auftragsabwicklung. Neue Organisationsformen, Technikeinsatz und Qualifizierung. Lang, Frankfurt am Main.

8 Software-Engineering

Software-Ergonomische Beratung bei der Benutzungsschnittstellen-Entwicklung

Axel Viereck und Peter Gorny, Oldenburg
Fachbereich Informatik, Universität Oldenburg, Postfach 2503, 2900 Oldenburg

Zusammenfassung
Es wird eine Methodik zur Benutzungsschnittstellen-Entwicklung vorgestellt, die
es dem Software-Entwickler ermöglicht, nach einem Software-Ergonomie-
Phasenmodells vorzugehen und software-ergonomische Gesichtspunkte durch den
Einsatz eines Expertensystems bei seinen Entwurfsentscheidungen systematisch
berücksichtigen zu können.

Abstract
The paper presents a method for systematic development of user interfaces of
computer systems. Following a proposed software ergonomic phase model for
user interface design in combination with an expert system the developer gets
phase-oriented advice to apply and evaluate user interface design principles in his
process of the user interface software development.

1 Ausgangssituation für den Software-Entwickler

Im Rahmen der Software-Ergonomie sind in den letzten Jahren vielfältige
Erkenntnisse zur Gestaltung von Benutzungsschnittstellen gewonnen worden.
Diese Erkenntnisse schlagen sich u.a. nieder in diversen Richtlinien und
Kriterienkatalogen, in denen beschrieben wird, welche Eigenschaften
(Konsistenz, Aufgabenangemessenheit, Selbstbeschreibungsfähigkeit, usw.) ein
interaktives Computersystem aufweisen soll, damit es benutzerfreundlich ist.
Darüberhinaus wird versucht ansatzweise darzustellen (meist in Form von
Beispielen), welche Arbeitsmittel (Bildschirm, Tastatur, Maus, usw.) und welche
Arbeitsformen (Dialogformen und -techniken) in Abhängigkeit von den zu
bewältigenden Aufgaben und von den Benutzern einzusetzen sind, um die
gewünschten Eigenschaften zu erreichen.
Daneben sind für die Implementierung von Benutzungsschnittstellen eine
Vielzahl von User Interface Management Systemen (UIMS) und User Interface
Toolsets (UIT) entwickelt worden, die eine Reihe von standardisierten
Interaktionsobjekten (Fenster, Buttons, Pop-Up-Menüs) vorgeben und verwalten,
aus denen der Software-Entwickler auswählt und die er mit anwendungs-
abhängigen Daten füllt. Eine Hilfe bei der Entscheidung, welche Objekte wie in
welchen Situationen software-ergonomisch günstig sind, bieten diese Systeme
allerdings nicht. Hier ist der Software-Entwickler auf seine Kenntnis von

Richtlinien und Kriterien und ihre konkrete Umsetzung in speziellen Situationen angewiesen. Es stellt sich in der Regel heraus, daß er aus den Katalogen zwar allgemeine Anregungen zur Benutzungsschnittstellen-Entwicklung erhalten kann, er aber letztlich doch wieder auf sein Gefühl und seinen gesunden Menschenverstand angewiesen ist.

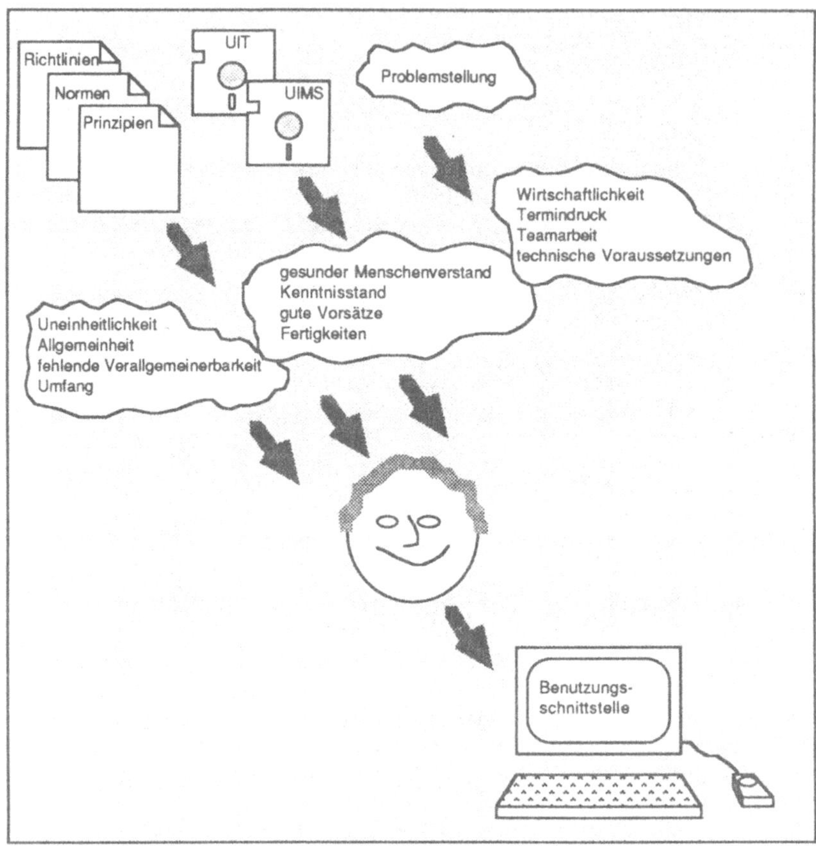

Abb.1. Ausgangssituation für den System-Entwickler

Die Kataloge sind uneinheitlich in ihrer Zielsetzung. Es gibt Richtlinien aus arbeitswissenschaftlicher Sicht (VDI 5005, 1988; Ulich, 1989), als Firmenpolitik (Apple, 1986; IBM, 1988; SUN, 1988), als Folge empirischer Untersuchungen (DIN 66234, 1987; Smith, 1986) oder einfach als Ergebnis des gesunden Menschenverstandes (Shneiderman, 1986; Lauter, 1987).

Die Prinzipien und Richtlinien sind größtenteils derartig allgemein formuliert, daß sie für den konkreten Einzelfall keine Hilfe geben (VDI 5005, 1988; Ulich, 1989; DIN 66234, 1987; Shneiderman, 1986) oder sie sind auf spezielle Dialogformen und Anwendungsbereiche beschränkt (Lauter, 1987), sodaß sie nicht ausreichend verallgemeinert werden können. Dies trifft insbesondere auch auf das nicht allgemein durch Richtlinien und Normen publizierte software-ergonomische Wissen zu, das in Form von Einzeluntersuchungen in Forschungsprojekten vorliegt.

Desweiteren behindert eine unterschiedliche Terminologie bei den Katalogen und eine heute nicht einmal im Ansatz erkennbare Operationalisierung den Systementwickler, die Richtlinien und Prinzipien zu vergleichen, zu kombinieren und einzusetzen.

Einen Beleg für diesen Umstand geben Molich und Nielsen (Molich, 1990), die anhand eines den Apple-Richtlinien weitgehend entsprechenden Katalogs ein Beispiel-Programm von insgesamt 77 erfahrenen Software-Entwicklern auf seine Benutzungsfreundlichkeit hin beurteilen ließen. Von den 30 im Beispiel-Programm enthaltenen software-ergonomischen Problemen wurden durchschnittlich nur 11 bei der Beurteilung gefunden. Das beste Ergebnis nannte lediglich 18 der 30 Probleme.

2 Eine Methodik zur Entwicklung von Benutzungsschnittstellen

Sind solche Kataloge bereits zur Beurteilung von Software-Systemen schlecht anwendbar, so gilt dies erst recht für ihre Anwendbarkeit bei der Entwicklung von Software. Ein Entwickler kann nicht für jede Entwurfsentscheidung in den häufig mehr als 400 Seiten starken Katalogen nach den für die spezifische Situation anwendbaren Regeln suchen. Stattdessen wird er - gestützt auf sein allgemeines software-ergonomisches Wissen - seine Entscheidungen gefühlsmäßig treffen. Die daraus resultierenden Ergebnisse sind entsprechend der im wachsenden Umfang in der Diskussion befindlichen Software-Ergonomie zwar in den letzten Jahren benutzungsfreundlicher geworden, weisen aber noch viele Mängel auf.

Für eine Verbesserung der geschilderten Situation ist die Definition einer geeigneten Methodik für die Benutzungsschnittstellen-Entwicklung notwendig. So wie im Software-Engineering allgemein die Anwendung von Phasenkonzepten (verknüpft mit vielfältigen Methoden und Werkzeugen) heute eine erfolgreiche und ökonomische Programmentwicklung ermöglichen, muß eine auf die Software-Ergonomie gerichtete Programmentwicklung durch eine Methodik unterstützt werden, die - in Abhängigkeit von durch das Programm zu erledigenden Aufgaben und in Abhängigkeit von dem Benutzerkreis - Gestaltungsrichtlinien, Prinzipien und Normen mit den Darstellungsmitteln und Darstellungstechniken von UIT's und UIMS für konkrete Entwurfsentscheidungen in Einklang zu bringen erlaubt.

Ansätze für eine solche Methodik unter Einbeziehung von Software-Engineering-Aspekten sind heute vorhanden (vgl. Ziegler, 1987; Balzert, 1987; Viereck, 1990). Allerdings sind diese Ansätze eher theoretischer Natur und für die praktische Anwendung noch weiter zu entwickeln. Andere Ansätze einer software-ergonomischen Methodik zur Entwicklung und Beurteilung von Software beruhen auf psychologischen und arbeitsaufgabenbezogenen Gesichtspunkten (GOMS: Goals, Operations, Methods, Selection Rules, TAG: Task Action Grammar, CCT: Cognitive Complexity Theory). Diese haben sich zur Erklärung software-ergonomischer Aspekte zwar - wiederum aus einer theoretischen Sichtweise heraus - als sehr interessant erwiesen, in ihrer praktischen Anwendbarkeit für konkrete Entwurfsentscheidungen sind sie jedoch sehr wenig brauchbar.

Software-ergonomische Entwurfsentscheidungen sind auf unterschiedlichem Niveau nötig. Im Detail ist festzulegen, ob in einem konkreten Dialogschritt eine Ausgabe farbig oder schwarz-weiß, in Großbuchstaben oder Groß-/ Kleinschreibung, in einem für diesen Zweck erscheinenden Fenster (Dialogbox) oder in einer Meldungszeile präsentiert wird. Davon zu unterscheiden sind Festlegungen, ob zu einem Dialogschritt überhaupt eine Ausgabe vorzusehen ist, ob der Benutzer Einfluß auf die Präsentation hat und welche Dialogform (z.B. Kommando oder Menü) dem Benutzer für einen Dialogschritt zur Verfügung gestellt wird. Noch eine Ebene höher liegen Entscheidungen, welche Aufgaben durch die Software unterstützt werden, welche Hardware vorgesehen wird und wie das Programm in die Arbeitsorganisation eines Anwenders integriert wird.

Konsistenz als ein in praktisch allen Katalogen genanntes software-ergonomisches Kriterium stellt sich - bedingt durch die Unterschiedlichkeit von Entwurfsentscheidungen - für den System-Entwickler dann ebenso vielfältig dar: Konsistenz zwischen verschiedenen in der Arbeitsorganisation eingesetzten Programmen; Konsistenz zu der herkömmlichen Aufgabenbearbeitung; Konsistenz in der Funktionalität des Programms; Konsistenz in den Operationen zur Durchführung von Dialogschritten; Konsistenz bei der Präsentation von Ausgaben auf dem Bildschirm.

Um also software-ergonomische Kriterien in einer Methodik für konkrete Entwurfsentscheidungen anwenden zu können, muß diese Methodik die Niveau-Unterschiede der Entscheidungen berücksichtigen, und muß den Prozeß von globalen und abstrakten Gesichtspunkten bis hin zu konkreten Details einbeziehen. In Anlehnung an die TOP-DOWN-orientierten Phasenmodelle des Software-Engineering und in diese integriert wird für die Methodik deswegen hier ein Software-Ergonomie-Phasenmodell zugrundegelegt, das für den Entwicklungsprozeß von Benutzungsschnittstellen die (abstrakte) Konzeptphase, die Strukturphase, die Konkretisierungsphase und die (dem Benutzer nächste) Realisierungsphase unterscheidet (vgl. Viereck, 1990).

Der Software-Entwickler durchläuft diese Phasen bei der Benutzungsschnittstellenentwicklung Top-Down, indem in der Konzeptphase zunächst arbeitsorganisatorische und arbeitsaufgabenbezogene Aspekte festgelegt werden. Die Funktionen der Software zur Aufgabenbewältigung werden in ihren Grundzügen festgelegt, ebenso die einzusetzende Hardware. In der Strukturphase wird die Funktionalität detailliert und den einzelnen Funktionen werden Dialogformen zugeordnet. Durch die Abfolge von Funktionen zur Aufgabenbearbeitung und die Beschreibung, in welcher Form (Kommando, Datenabfrage, Auswahlangebot, Objekt-Manipulation) sie im Dialog zur Verfügung stehen, entsteht eine abstrakte Dialogstruktur. Diese wird durch den Software-Entwickler konkretisiert, indem er in der Konkretisierungsphase das Vokabular von Dialogschritten festlegt, d.h. syntaktische und semantische Regelungen für Ein- und Ausgaben trifft. Die Detailfestlegungen der Zuordnung von Geräten zu Dialogschritten, von Gestaltungsmitteln und -möglichkeiten bei Ein- und Ausgaben in der Realisierungsphase vervollständigen den Entwurf der Benutzungsschnittstelle.

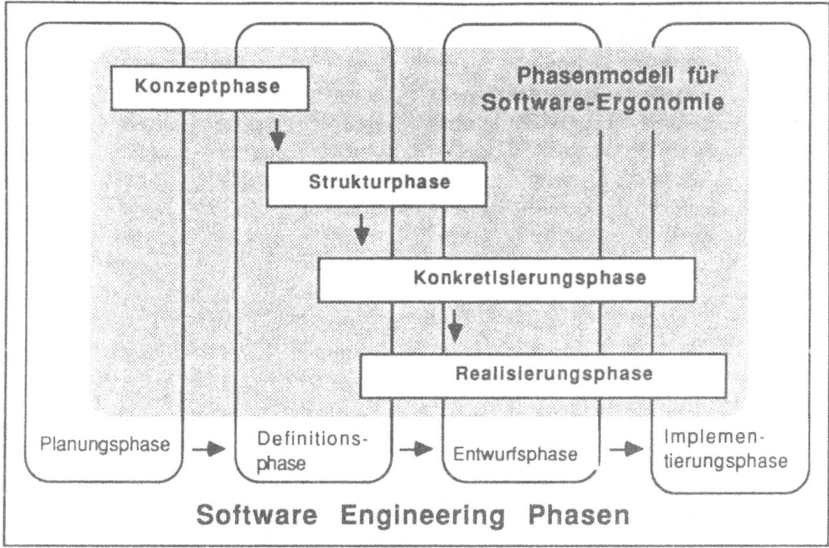

Abb. 2. Phasenmodell für Software-Ergonomie

Wie bei Phasenkonzepten allgemein üblich, verläßt der Entwickler das strenge Top-Down-Verfahren oft, durchläuft Zyklen, verwirft Entscheidungen wieder usw. bis er letztlich das Produkt fertiggestellt hat.

3 Software-Ergonomie-Wissen im Phasenkonzept

Das Phasenkonzept bietet die Möglichkeit, die in den Kriterienkatalogen, Richtlinien und Normen genannten Aspekte zu ordnen und in den einzelnen Phasen zu interpretieren. Die Festlegungen, welche Aspekte welcher Phase zuzuordnen sind und welche phasenspezifische Bedeutung einem Aspekt zukommt, bilden - neben dem eigentlichen Phasenmodell - den zweiten Pfeiler der angestrebten Methodik.

Um mit der letzten Phase, der Realisierungsphase, zu beginnen, seien beispielsweise folgende Regeln abgeleitet:
- Hilfen für Dialogschritte sollten stets an der gleichen Bildschirmposition dargestellt werden. Für die Anforderung von Hilfen ist in jeder Arbeitsumgebung die gleiche Benutzer-Eingabe vorzusehen.
- Wenn für eine Kontrollabfrage eine Ja/Nein-Alternative in einer Dialogbox präsentiert wird, dann sollten sämtliche Kontrollabfragen durch Dialogboxen realisiert werden.
- Wenn für ein Fenster in einem Dialogschritt der Rollbalken (Scroll-Bar) auf der rechten Fensterseite vorgesehen wird, dann sollte er in allen Fenstern mit vergleichbarer Semantik auf der rechten Seite vorgesehen werden.

Für die vorhergende Konkretisierungsphase ergeben sich u.a. folgende Regeln für Konsistenz
- Namen für Objekte sollten aus der Sprachwelt der Benutzer gewählt werden.
- Grafisch vorstellbare Zusammenhänge und Objekte sollten grafisch repräsentiert und zugegriffen, textuell besser vorstellbare Zusammenhänge und Objekte sollten textuell repräsentiert und zugegriffen werden.
- Wenn die Antwort auf eine Datenabfrage für eine Funktion mit einem Return abgeschlossen wird, so sollte sie in dieser Dialogform bei allen Funktionen mit einem Return abgeschlossen werden.

Konsistenz in der Strukturphase führt zu Regeln, wie
- Einander ähnliche Operationen zur Durchführung von unterschiedlichen Funktionen sollten in der gleichen Dialogform gewählt werden.
- Für Kommandos ist eine einheitliche Form der Parametrisierung vorzusehen.
- Der Wechsel zwischen Dialogformen für einzelne Dialogschritte einer Funktion sollte in einander ähnlichen Dialogsituationen auf die gleiche Weise vorgenommen werden.

In der Konzeptphase stellt sich Konsistenz schließlich beispielsweise in folgender Weise dar:
- Bewährte Arbeitsabläufe sollten durch die Funktionalität des Systems wiedergegeben werden.
- Funktionen und Operationen für einander ähnliche Aufgaben müssen sich entsprechen.
- Systemkonzepte verschiedener parallel eingesetzter Software bei der Aufgabenbearbeitung sollten einander gleichen.

Derartige Regeln sind zum Teil allgemeingültig, teilweise hängen sie von speziellen Anwendungsmerkmalen und von den zur Verfügung stehenden Arbeitsmitteln ab. Weiter sind sie in Relation zu dem Benutzerkreis des Software-Systems auszugestalten. Für solche, einen konkreten Einzelfall betreffenden Aspekte, können nur übergeordnete Regeln abgeleitet werden, als Beispiel sei genannt:
- Ein geübter Benutzer will den Dialog aktiv mitgestalten, kann Verantwortung übernehmen und will mit kurzen Dialogen zu seinem Ziel kommen. Ein ungeübter Benutzer benötigt Führung durch das System, Hilfestellungen und sichere Dialoge, um eventuelle schwerwiegende Konsequenzen aus Fehlern zu vermeiden.

Es ist dann entsprechend den Kenntnissen und der Benutzungshäufigkeit ein unterschiedlicher Grad der grafisch oder textuell dargestellten Zusammenhänge und Objekte anzubieten.

Wie derartige Regeln aber im Detail zu interpretieren sind, ist situationsabhängig und bleibt damit zunächst wieder eine Aufgabe des System-Entwicklers. Zwar hat er durch das phasen-orientierte Vorgehen mit den spezifischen Regeln und Beispielen aus Kriterienkatalogen, Normen und Gestaltungsempfehlungen eine bessere Unterstützung bei seinen Entwurfsentscheidungen, eine Kenntnis dieser Regeln und eine situationsabhänge Beachtung und Interpretation bleibt ihm nach dem bisher beschriebenen Ansatz der Methodik aber nicht erspart. Es ist deshalb eine Erweiterung der Methodik um Werkzeuge nötig, die den Entwickler speziell bei diesen Arbeiten unterstützen.

4 Werkzeuge für die Benutzungsschnittstellen-Entwicklung

In der Software-Technik gibt es eine Fülle von Methoden und Werkzeugen, um Sachverhalte systematisch darstellen und bearbeiten zu können. Beispiele sind: Jackson-Methode, SADT, Datenflußpläne, Petri-Netze, Struktogramme, usw. Derartige Werkzeuge können und müssen auch im software-ergonomischen Sinne eingesetzt werden. Sie sind damit Bestandteil der angestrebten Methodik, ohne daß wir jetzt im Detail auf ihre speziell software-ergonomische Ausgestaltung eingehen wollen. Weitere direkt die Implementierung betreffende Werkzeuge sind CASE-Tools und für die Schnittstellenenwicklung User Interface Management Systeme (UIMS) und User Interface Tools (UIT's). Diese Werkzeuge reichen aber nicht, um für die geschilderten Probleme entscheidende Unterstützung für den Software-Entwickler zu bieten. Er benötigt darüberhinaus eine software-ergonomische Beratung zur phasenspezifischen Relevanz und Umsetzung von Fakten und Regeln.

5 Ein Expertensystem zur Beratung des Software-Entwicklers

Eine derartige Beratung kann sinnvoll nur durch ein Software-Ergonomie-Expertensystem geleistet werden. Das für das Expertensystem benötigte Fachwissen setzt sich aus den phasen-spezifisch aufbereiteten software-ergonomischen Kriterien, Prinzipien und Normen, aus den Möglichkeiten, Leistungen und Eigenschaften von UIMS und UIT's, sowie aus den situationsabhängigen Voraussetzungen, Wünschen und Vorstellungen zusammen. Hierbei lassen sich drei Arten von Wissen unterscheiden:

- Objekt-Wissen
  Hierzu gehören die für die Benutzungsschnittstelle möglichen Dialogformen und -techniken, die Darstellungsmöglichkeiten, mit ihren Eigenschaften und die Einsatzbedingungen der heute gängigen User Interface Toolkits und User Interface Management Systeme. Diese Art des Wissens ist vorwiegend deklarativ.
- Domain-Wissen
  Hierunter fallen die Gestaltungsregeln, Richtlinien, Prinzipien, Normen und Bewertungskriterien aus der Software-Ergonomie, die vorwiegend prozedural abgebildet werden können.
- Kontext-Wissen
  Hiermit ist Wissen gemeint, das eine situationsabhängige Interpretation von Objekt- und Domain-Wissen ermöglicht. Es kann nicht allgemeingültig vorgegeben werden, sondern leitet sich aus dem erfahrungsgeleiteten Anwenden von Regeln auf konkrete Dialogaspekte, auf den Aufgaben-zusammenhang und auf Benutzerbedürfnisse ab. Diese Art des Wissens ist in hohem Maße heuristisch.

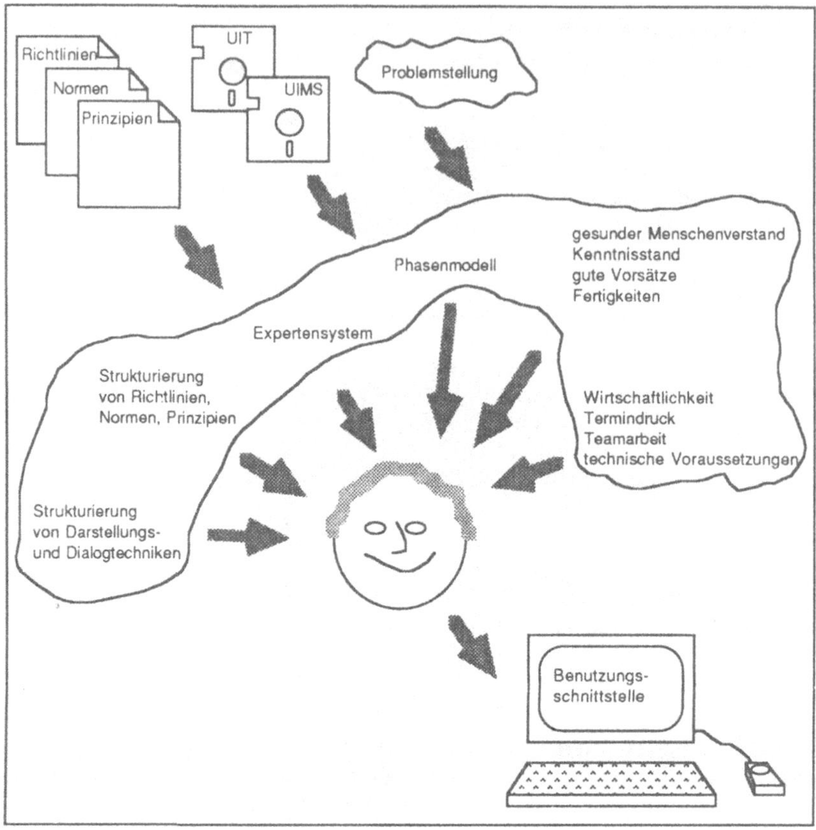

Abb. 3. Methodik zur Benutzungsschnittstellen-Entwicklung

Das in die Wissensbasis aufzunehmende Wissen umfaßt also Regelwissen ohne vordefinierte Ablaufstruktur zur Beschreibung von Abhängigkeiten zwischen Maßnahmen und Wirkungen, zwischen Zuständen und Ursachen oder zwischen Objekten und Auswirkungen. Es umfaßt weiter prozedurales Wissen mit Methoden zur regelgesteuerten Anwendung, um Objektmanipulationen durchführen zu können. Drittens ist im Fachwissen Tabellenwissen in der in herkömmlichen Datenbanken vorzufindenden Form zur Beschreibung von Fakten enthalten.

Dieses Wissen tritt nicht in einer einheitlichen homogenen Form auf, sondern strukturiert sich in Subsysteme, deren Gesamtheit die Wissensbasis des Expertensystems ausmachen. Die einzelnen Subsysteme sind in ihrer Struktur festzulegen, Verbindungen zwischen ihnen sind aufzubauen, Erweiterungs- und Ergänzungsmöglichkeiten sind zu berücksichtigen, um Auswertungen durchführen zu können. Dazu sind geeignete Darstellungsregeln und Produktionssysteme zu entwickeln, Objekte, Instanzen, Klassen und semantische Netze einzurichten und Vererbungsstrategien vorzusehen.

Expertensysteme trennen das zu verarbeitende Wissen von den Kontrollstrukturen für Schlußfolgerungen. Das Ableiten von situationsabhängigen Ratschlägen für den Software-Entwickler erfolgt durch die Inferenzmaschine des Expertensystems. Für ihre Konstruktion müssen Bedingungen, Gesetzmäßigkeiten, Heuristiken und Einschränkungen für die Schlußfolgerungen entsprechend des Phasenmodells festgelegt werden.

Das so konzipierte Expertensystem bildet den dritten Pfeiler der Methodik zur software-ergonomischen Benutzungsschnittstellen-Entwicklung. Es begleitet den Software-Entwickler während seines gesamten Entwicklungsprozesses und stellt, unabhängig von anderen Software-Entwicklungssystemen (CASE-Tools), Beratungsleistungen auf allen Ebenen der Schnittstellengestaltung von arbeitsorganisatorischen und arbeitspsychologischen Aspekten der globalen Konzeption bis zu denk- und wahrnehmungs-psychologischen Belangen der Realisierung von Dialogtechniken und Darstellungsmitteln zur Verfügung.

6 Ausblick

Die Arbeiten zur Erfassung und Strukturierung des software-ergonomischen Wissens, das insbesondere aus den Ergebnissen von Projekten des Förderprogramms Arbeit und Technik (Humanisierung des Arbeitslebens), verschiedener EG-Programme und der Länder-Programme gewonnen werden soll, und die Entwurfs- und Implementierungsarbeiten für das Expertensystem werden derzeit an der Universität durchgeführt. Es ist - abhängig von bewilligten und beantragten Fördermitteln - damit zu rechnen, daß erste Ergebnisse Ende 1991 vorgestellt werden können.

7 Literatur

Apple: Human Interface Guidelines: The Apple Desktop Interface, Addison-Wesley, Reading, Massachusetts, 1987

Balzert, H.: Software-Ergonomie und Software Engineering. Universität Stuttgart. Habilitationsschrift, 1987

DIN 66234, Teil 8: Bildschirmarbeitsplätze. Grundsätze der Dialoggestaltung. 1987

IBM: Common User Access, Interne Firmenschrift, 1988

Lauter, B.: Software Ergonomie in der Praxis. München, Wien: Oldenbourg, 1987

Molich, R.; Nielsen, J.: Improving a Human-Computer Dialogue. Communications of the ACM, Vol. 33, No. 3, March 1990, pp 338-348

Piepenburg, U.; Rödiger,K.-H.: Mindestanforderungen an die Prüfung von Software auf Konformität nach DIN 66234, Teil 8. Ministerium für Arbeit, Gesundheit und Soziales des Landes Nordrhein-Westfalen. Werkstattbericht 61, 1989

Shneiderman, B.: Designing the User Interface: Strategies for Effective Human-Computer Interaction, Reading u.a.: Addison-Wesley 1987

Smith, S.;, Mosier, J.: Guidelines for designing user interface software. Bedford, Mass: The Mitre Corporation, 1986

SUN: Open Look. Sun Technology: The journal for SUN Users, Autumn 1988

Ulich, E. mit Spinas, P.; Waeber, D.; Strohm, O.: Entwicklung und empirische Überprüfung von Kriterien, Methoden und Modellen zur benutzerorientierten Softwareentwicklung und Dialoggestaltung. Zürich 1989. Zwischenbericht zum Vorhaben HdA 01HK706/0

VDI 5005: VDI-Richtlinien, Bürokommunikation, Software-Ergonomie in der Bürokommunikation, VDI, 1988

Viereck, A.: A Software Engineering Environment for Developing Human-Computer Interfaces". In: M.J. Tauber, P. Gorny (Hrsg): Visualization in Human-Computer- Interaction. Lecture Notes in Computer Science. Berlin, Heidelberg, New York: Springer, 1990

Ziegler, J.E.: Grunddimensionen von Interaktionsformen. In: W. Schönpflug und M. Wittstock (Hrsg): Software-Ergonomie '87. Stuttgart: Teubner, 1987

Methoden zur empirischen Bewertung der Benutzerfreundlichkeit von Bürosoftware im Rahmen von Prototyping[1]

Bernd Müller-Holz auf der Heide, Gisa Aschersleben, Susanne Hacker, Thomas Bartsch
Lehrstuhl für Psychologie, Technische Universität München, Lothstr.17, 8000 München 2

Zusammenfassung

Im Rahmen von iterativen Software-Entwicklungskonzepten wie dem *Prototyping in einem Design-team* werden Software-Prototypen in Hinblick auf verschiedene Aspekte ihrer Benutzerfreundlichkeit evaluiert. Methoden, die für eine solche Evaluation in Frage kommen, werden vorgestellt. Im Projekt *PROTOS* werden diese Methoden erprobt und hinsichtlich ihres Aufwands und Nutzens für die Systementwicklung verglichen. Ausgewählte Ergebnisse werden beschrieben und diskutiert.

Abstract

In the context of iterative software-development concepts - such as *prototyping in a designteam* - software-prototypes are evaluated with regard to different aspects of their usability. Suitable methods for this kind of evaluation are presented. In the *PROTOS* research project these methods are tested to compare their costs and benefits for the system-development. Selected results are elaborated.

1 Der Hintergrund

In den zurückliegenden Jahren haben sich die informationsverarbeitenden Technologien in ihren Möglichkeiten und Leistungsmerkmalen rasant weiterentwickelt und sind dabei in immer weitere Arbeits- und Lebensbereiche vorgedrungen. Analog dazu sind die Ansprüche an die Qualität der Software gestiegen, wobei heute die Benutzerfreundlichkeit - oder auch Bedienbarkeit bzw. Benutzbarkeit - zu einem Gütekriterium ersten Ranges avanciert ist.

Trotz gestiegener Anforderungen erfolgt die Entwicklung von Software immer noch überwiegend in den traditionellen Schritten: Zunächst werden die Anforderungen an die Software in einem Pflichtenheft festgelegt. Auf dieser Grundlage wird dann ein Programmkonzept entworfen und implementiert. Anschließend erfolgt die Abnahme und Einführung des Systems.

---

[1] Der vorliegende Beitrag entstand im Rahmen des Forschungsprojekts PROTOS - Entwicklung von Methoden zur Herstellung und Bewertung von Prototypen für Benutzeroberflächen (Förderkennzeichen 01 HK 088-6), das vom BMFT (AuT-Programm) gefördert wird.

Eine Mitsprache der späteren Benutzer[2] und entsprechende Rückkopplungsschleifen sind bei dieser linearen Entwicklungsstrategie nicht vorgesehen. Die Benutzer werden dabei mit einem System konfrontiert, das häufig ihren Anforderungen und Bedürfnissen nicht entspricht. In der Folge werden die Programme oft nur beschränkt oder nicht im beabsichtigten Sinne genutzt - nachträgliche Änderungen sind aber nur mit hohem Aufwand realisierbar.

Die Software-Entwicklungsstrategie *Prototyping in einem Designteam* kann derartige Probleme vermeiden und die Benutzerfreundlichkeit von Software erhöhen. Sie integriert die Prinzipien, die bereits 1984 von Gould und Lewis als Grundlage für ein "design for usability" gefordert wurden: Einbezug von Benutzern durch interaktives Gestalten, empirische Bewertungen der Benutzerfreundlichkeit mit "echten" Benutzern und ein iteratives Design, bei dem die Ergebnisse dieser Bewertung in eine unmittelbare Korrektur des Software-Entwurfs umgesetzt werden.

Die Berücksichtigung dieser Prinzipien beim Prototyping in einem Designteam eröffnet eine Reihe von Vorteilen gegenüber dem linearem Vorgehen: Die Anschaulichkeit der Prototypen hilft den Benutzern, sich das konzipierte System hinreichend genau vorzustellen und konstruktive Beiträge zur Gestaltung zu leisten. Ungeeignete Designkonzepte können auf der Grundlage empirischer Bewertungen frühzeitig erkannt und korrigiert werden. Zudem können mit geringem Aufwand alternative Wege ausprobiert werden. Trotzdem wird diese Form der Software-Entwicklung im kommerziellen Bereich kaum eingesetzt, wie im Vorprojekt durchgeführte Befragungen ergaben (Aschersleben & Zang-Scheucher, 1989).

Ein großes Hindernis sind zum Einen die geringen Erfahrungen, die bisher mit Prototyping gemacht worden sind: Ein iterativer, von einem Designteam gesteuerter Entwicklungsprozeß stellt derzeit für die Unternehmen ein noch kaum kalkulierbares Risiko dar. Zum Anderen sind wichtige Voraussetzungen für eine breite Umsetzung von Prototyping noch nicht erfüllt. Unter anderem mangelt es an praktikablen Methoden zur empirischen Bewertung der Benutzerfreundlichkeit der Prototypen.

Im Rahmen unseres Projekts PROTOS (Projektleiter: Prof. Dr. C. Graf Hoyos) wollen wir daher - neben weiteren Grundlagen für die praktische Realisierung von Prototyping - ein geeignetes Methodeninventar erproben und ausarbeiten. Wir durchlaufen dazu einen vollständigen Prototyping-Prozeß, indem wir exemplarisch eine spezielle Datenbankanwendung entwickeln. Die Entwicklung wird in einem Designteam durchgeführt, das sich aus zwei Benutzern, einem Informatiker und einer Psychologin zusammensetzt. Das Designteam erstellt eigenverantwortlich entsprechende Software-Prototypen und überarbeitet diese in einem iterativen Prozeß (vgl. Beitrag von Hacker, Müller-Holz auf der Heide & Aschersleben, in diesem Band). Zum Abschluß jeder Iteration wird der vom Designteam "freigegebene" Prototyp hinsichtlich seiner Benutzerfreundlichkeit evaluiert. Die Ergebnisse werden in das Designteam rückgemeldet und dort in ein Redesign, d.h. in eine weitere Iteration des Prototypen umgesetzt. Der Zyklus aus Design, Evaluation und Redesign wird dann so oft wiederholt, bis die Tests befriedigende Ergebnisse liefern. Die bei der Evaluation dieser Prototypen eingesetzten Methoden werden dabei erprobt, verglichen und kontinuierlich optimiert. (Darüberhinaus werden in einer

---

[2] Aus Gründen der Lesbarkeit verwenden wir im folgenden bei der Bezeichnung von Personengruppen nur die männliche Pluralform, beziehen uns de facto aber auf Männer und Frauen.

späteren Projektphase verschiedene industrielle Prototypen getestet, um die Frage der Verallgemeinerbarkeit des Methodeninventars auf Prototypen unterschiedlicher Komplexität und Funktionalität beantworten zu können.)

Welche Anforderungen an die Bewertungsmethoden stellen sich nun im Rahmen von Prototyping in einem Designteam und wie können diese erfüllt werden? Dieser Frage wollen wir im folgenden nachgehen und erste Antworten aufzeigen. Wir werden zunächst allgemeine Anforderungen an die Methoden formulieren. Dann werden wir die Methoden, die wir bei der Testung der ersten Iteration des Prototypen eingesetzt haben, vorstellen. Anschließend werden wir die Durchführung der Versuche und einige Ergebnisse des Methodenvergleichs darstellen und diskutieren.

2 Anforderungen an die Methoden

Methoden zur Erhebung der Kriterien der Benutzerfreundlichkeit im Rahmen von Prototyping müssen vielfältigen Anforderungen genügen. Sie müssen zum Einen Antworten auf die Frage "Why bad?", d.h. direkte Hinweise auf Schwachstellen im System und Gestaltungsvorschläge liefern. Zum Anderen müssen sie die Frage "How good?" beantworten, d.h. die - je nach den Rahmenbedingungen der Systementwicklung unterschiedlich definierte - Benutzerfreundlichkeit des Systems messen, um dadurch einen Vergleich zwischen den Iterationen eines Prototypen zu ermöglichen.

Da die Schleife von Bewertung und Veränderung des Prototypen mehrmals durchlaufen wird, nimmt die Ökonomie einer Methode hier einen großen Stellenwert ein. Der Einsatz der Methoden und die Auswertung der Ergebnisse dürfen nur einen geringen finanziellen, zeitlichen und technischen Aufwand erfordern, um wirklich praxisrelevant zu sein. Zudem sollten die Methoden möglichst wenig störanfällig gegenüber situativen Veränderungen und universell einsetzbar sein, um ihre Anwendung nicht auf bestimmte Prototypen oder Programmarten einzuschränken.

Eines der Hauptziele unseres Projekts besteht darin, unter diesen Gesichtspunkten geeignete Methoden zusammenzustellen, ihre Anwendbarkeit zu überprüfen und weiterzuentwickeln. Dazu haben wir in einem ersten Schritt einige, im Bereich der Software-Ergonomie häufig angewendete Erhebungsmethoden ausgewählt, konkretisiert und in den Versuchen zur ersten Iteration des Prototypen miteinander kombiniert und verglichen. Unser Vorgehen wird im folgenden erläutert.

3 Die eingesetzten Methoden

Der Auswahl der Methoden wurden die Ergebnisse der Literaturanalyse und der Expertengespräche aus dem Vorprojekt zugrundegelegt (Aschersleben, Gstalter, Kaiser, Strube & Zang-Scheucher, 1989). Dabei ergab sich folgende Liste: Rechnerprotokolle (Logfiles), Protokollierung durch Beobachter (direkte Beobachtung),

Videoaufzeichnung (indirekte Beobachtung), schriftliche Befragung, Videokonfrontation und Teachback.

Die ersten vier der genannten Methoden werden im folgenden kurz beschrieben (auf Videokonfrontation und Teachback kann im Rahmen dieses Beitrags nicht eingegangen werden, auf die schriftliche Befragung nur in allgemeiner Form).

Rechnerprotokolle. - In Rechnerprotokollen (Logfiles) werden üblicherweise Tastendrücke und Mausklicks des Benutzers automatisch registriert und mit einer Zeitmarke versehen, d.h. es werden Daten über die konkrete Interaktionsebene erfaßt. Um die bei unseren Versuchen per Logfile aufgezeichneten Daten inhaltlich interpretieren zu können, protokollieren wir zusätzlich Informationen über die Semantik und den Kontext der Benutzereingaben (z.B. welche Systemfunktion in welchem Programmteil ausgewählt wurde). Abbildung 1 zeigt einen Ausschnitt aus einem derartigen Logfile.

```
1:04.6 "Nummernvergabe" ausgewählt
1:12.5 *********** Nummernvergabe ***********
1:20.7 "Bezeichnung" ausgewählt
1:31.5 Feld Bezeichnung durch Return-Taste verlassen Text: "PV-Datenbank "
1:36.4 "Systeme" ausgewählt
1:39.4 Menue Systeme erschienen
1:42.8 "Menue" ausgewählt
1:43.7 "Hicom 100 "selektiert
1:46.3 "Menue OK" ausgewählt
1:51.7 "Produktgruppe" ausgewählt
1:54.2 Menue Produktgruppe erschienen
1:58.0 "Menue" ausgewählt
1:58.9 "Bürosysteme"selektiert
2:01.9 "Menue OK" ausgewählt
2:03.7 System erzeugt Produktvertrag-Nr: B90/100-
```

Abb.1. Logfile (Ausschnitt)

Beobachterprotokolle. - Für die Protokollierung durch den Versuchsleiter wurde ein Beobachtungsprotokoll entwickelt, das es erlaubt, die Beobachtungsdaten per Graphiktablett direkt mit den Logfile-Daten zu verknüpfen. Der Versuchsleiter protokolliert das Auftreten von Fehlern und Umwegen, von verbalen und nonverbalen Äußerungen der Versuchspersonen (Vpn), sowie die Inanspruchnahme von Hilfe direkt in das Logfile.

Videoaufzeichnung. - Die Versuchssitzungen werden mittels zweier Kameras auf Video aufgezeichnet. Hierbei ist eine Kamera auf die Versuchsperson (Vp) und eine weitere auf den Bildschirm ausgerichtet. Über ein Videomischpult werden beide Aufnahmen auf einem Monitor dargestellt. Abbildung 2 zeigt den Videomonitor.

Abb.2. Videomonitor

Schriftliche Befragung. - Wir haben zwei Fragebogen entwickelt, in denen Benutzer Aspekte der Benutzerfreundlichkeit des Prototypen beurteilen sollen. Im ersten Fragebogen schätzen die Vpn den Prototypen, dessen Erlernbarkeit und seine Konsistenz zu ihnen bekannten Programmen ein. Im umfangreicheren zweiten Fragebogen wird die Zufriedenheit der Vpn mit dem Prototypen und eine differenzierte Beurteilung einzelner Programm-Eigenschaften abgefragt. Beide Fragebogen sind programmunabhängig formuliert und damit auch für die Bewertung anderer Prototypen einsetzbar.

Zusätzlich wird die emotionale Befindlichkeit der Vpn vor und nach der Arbeit mit dem Prototypen durch ein Rating erhoben.

4 Darstellung des Versuchs

Die Bewertung der Prototypen in der ersten Iteration basiert auf den Daten von 12 Versuchspersonen (Vpn). Die Grundgesamtheit der Vpn sind potentielle Benutzer von Bürokommunikationssystemen, also vor allem Bürofachkräfte. Um sowohl eine Beurteilung des Prototypen durch EDV-Laien als auch durch EDV-Experten zu bekommen, wurden Personen mit unterschiedlichen EDV-Kenntnissen und Erfahrungen ausgewählt. Die Vpn kamen z.T. von unserem Kooperationspartner, z.T. wurden sie über Zeitungsannoncen geworben. Die Teilnahme am Versuch war freiwillig und wurde vergütet.

Eine Versuchssitzung gliederte sich in vier Abschnitte:

- Einführungsphase
- Lern- und Explorationsphase
- Testphase
- Nachbesprechung

In der Einführungsphase wurde die Vp über Sinn und Zweck sowie den zeitlichen Verlauf der Untersuchung informiert. Danach wurden anhand von Interviews und Fragebogen demographische Daten, die vorhandenen Kenntnisse im Umgang mit Computern, die Einstellung gegenüber EDV und der momentane emotionale Zustand erhoben (vgl. hierzu Müller-Holz auf der Heide, Hacker, Bartsch, 1990).

Die Lern- und Explorationsphase diente dem Kennenlernen von Arbeitsaufgabe und Umgang mit dem Prototypen. Hierzu wurde die Vp in das Arbeitsgebiet und in die Bedienung des Prototypen direkt am System eingeführt. Die Vp wurde aufgefordert, Systemfunktionen auszuprobieren und Fragen oder auch Kritik am Prototypen zu äußern. Anschließend erfolgte eine Befragung zur Lernphase sowie eine erste Beurteilung des Prototypen per Rating. Zur Überprüfung des Kenntnisstands der Vp nach der Lernphase wurde das Wissen über die Arbeitsaufgabe und den Umgang mit dem Prototypen entweder durch einen für diese Anforderung von uns entwickelten Wissenstest oder durch das Teachback-Verfahren überprüft. Falls erforderlich, erfolgte direkt im Anschluß eine Nachschulung, um bei allen Vpn in Bezug auf die Kenntnisse gleiche Eingangsbedingungen für die Testphase zu erreichen.

In der Testphase bearbeitete die Vp fünf Testaufgaben, die auf der Grundlage der Aufgabenanalyse im Designteam erstellt wurden (vgl. Beitrag von Hacker et al. in diesem Band). Der Bearbeitungsablauf wurde durch Logfiles, Videoaufzeichnung und Protokollierung durch den Versuchsleiter festgehalten. Anschließend wurde noch einmal der momentane emotionale Zustand der Vp erhoben. Danach erfolgte die zweite, ausführliche Befragung zum Prototypen.

In der Nachbesprechung wurden entweder per Videokonfrontation auffällige Stellen im Bearbeitungsablauf mit der Vp durchgegangen, oder die Vp erläuterte im Teachback-Verfahren ihr derzeitiges Wissen über den Prototypen.

5 Ergebnisse

Im folgenden werden wir aus der Fülle der Ergebnisse der Testung der ersten Iteration des Prototypen zwei Bereiche herausgreifen, die eine in sich geschlossene Diskussion erlauben. Zunächst werden wir drei der vorgestellten Methoden - Rechnerprotokolle, Protokollierung und Videoaufzeichnung - hinsichtlich der Daten, die sie liefern können sowie ihrer Ökonomie untereinander vergleichen. Anschließend werden wir unsere Erfahrungen bei der Erhebung direkter Gestaltungshinweise und Verbesserungsvorschläge darstellen.

5.1 Vergleich zwischen Rechnerprotokoll, Beobachter-protokoll und Videoaufzeichnung

Für den Vergleich zwischen Rechnerprotokollen, Beobachterprotokollen und Videoaufzeichnung wurden u.a. Daten zu Fehlern und zur Hilfen-Nutzung der Vpn während der Bearbeitung der Testaufgaben ausgewertet. Der zeitliche Aufwand für diese Auswertung betrug bei den Videoaufzeichnungen etwa das 1 2/3 - 2 fache der eigentlichen Aufgabenbearbeitungszeit im Versuch, bei den Rechnerprotokollen 1/2 - 2/3 und bei der direkten Protokollierung durch den Versuchsleiter nur 1/4 dieser Zeit, wobei bei der letzteren Methode noch die Anwesenheit während des Versuchs hinzugerechnet werden muß.

Grundlage für den quantitativen Methodenvergleich bildete eine sogenannte "Ideale Methode" - eine Kombination der Ergebnisse aus allen eingesetzten Methoden, wobei eine vollständige Erfassung aller Ereignisse durch diese Ideale Methode angenommen wird.

Fehler.- In der Literatur findet sich eine Reihe von Fehlertaxonomien (vgl. z.B. Rouse & Rouse, 1983; Arnold & Roe, 1987; Frese & Peters, 1988). Wir werden im weiteren Verlauf des Projekts Möglichkeiten und Nutzen einer entsprechenden Differenzierung für den Prototyping-Prozeß prüfen. Voraussetzung für die Anwendung jeder Fehler-Taxonomie ist jedoch zunächst die zuverlässige Erfassung der aufgetretenen Fehler. Um die Methoden in dieser Hinsicht untereinander vergleichen zu können, reicht eine eher pragmatische deskriptive Unterscheidung der Fehler in Eingabe- und Funktionalitätsfehler aus: Eingabefehler liegen vor, wenn sich die Vp vertippt oder mit der Maus danebenklickt. Bei Funktionalitätsfehlern setzt die Vp eine vorhandene Systemfunktion in einer Weise ein, die nicht zu ihrem entsprechenden Teilziel führt (z.B. eine Vp will eine Textstelle löschen, markiert diese aber vorher nicht). Da sich beide Fehlerarten letztlich durch eine Eingabe der Vp manifestieren, ist es zur Unterscheidung erforderlich, die Intention der Vp zu kennen (Norman, 1986).

Für einen Vergleich der Methoden hinsichtlich der Fehlererfassung ist eine Einteilung in *Fehler erkannt* und *Fehler nicht erkannt* allerdings nicht ausreichend. Es gibt Benutzeraktionen, die zwar durch die jeweilige Methode erfaßt werden, bei denen aber eine Zuordnung zur Kategorie Eingabe- oder Funktionalitätsfehler je nach dem von der Methode miterfaßten Kontext schwierig bzw. unsicher ist. Um diese qualitativen Unterschiede zwischen den drei Methoden berücksichtigen zu können, differenzierten wir bei der Auswertung zwischen *sicher interpretiert*, *unsicher / falsch interpretiert* und *nicht erfaßt*. Eine unsichere Interpretation liegt immer dann vor, wenn die durch die Methode gelieferten Informationen für eine eindeutige Zuordnung nicht ausreichen, d.h. der Auswerter stützt seine Einstufung auf Erfahrungswerte und Plausibilitätsannahmen. Die so getroffene Zuordnung kann richtig oder falsch sein - sie ist aber auf jeden Fall mit einem großen Unsicherheitsfaktor behaftet.

Die Daten, die sich bei dieser differenzierten Betrachtung ergeben, sind in den Abbildungen 3 (Funktionalitätsfehler) und 4 (Eingabefehler) dargestellt.

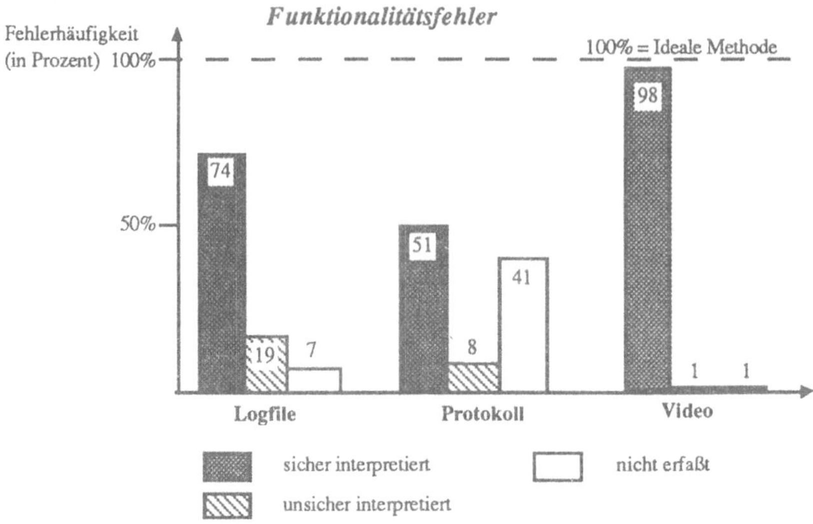

Abb.3. Sicherheit der Fehlerinterpretation bei Funktionalitätsfehlern

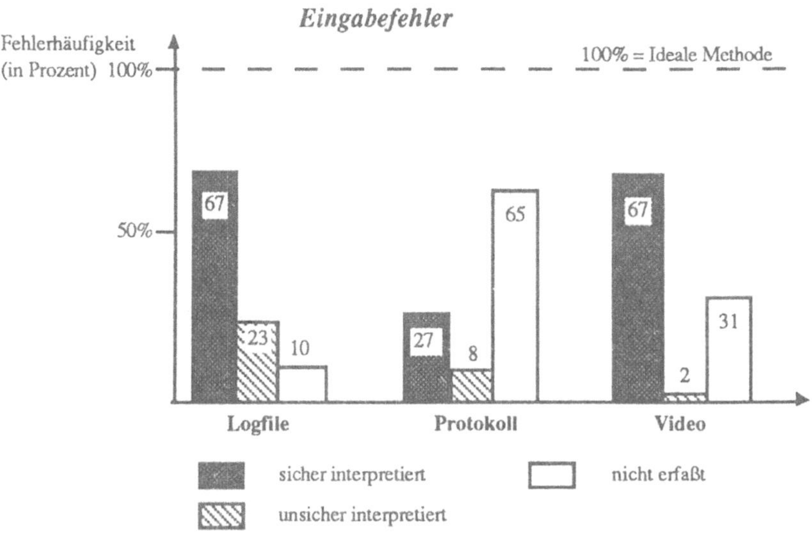

Abb.4. Sicherheit der Fehlerinterpretation bei Eingabefehlern

Insgesamt wurden im Versuch zur ersten Iteration unseres Prototypen von den 12 Vpn 211 Fehler gemacht, davon 150 im Bereich der Funktionalität und 61 bei der Eingabe (wobei Fehler beim Eintippen von Texten nicht betrachtet wurden). Diese tatsächlich aufgetretenen Fehler wurden von den drei Methoden in unterschiedlicher Quantität und Qualität erfaßt:

416

Durch die Analyse der Logfiles wird eine relativ hohe Erkennungsrate von 74% bei den Funktionalitätsfehlern und 67% bei den Eingabefehlern erzielt; der Anteil an unsicher interpretierten Benutzereingaben ist mit 19% bzw. 23% jedoch deutlich höher als bei den anderen Methoden.

Die direkte Beobachtung schneidet bei diesem Vergleich mit 51% erkannten Funktionalitätsfehlern und 27% erkannten Eingabefehlern am schlechtesten ab, denn hier werden viele Fehler gar nicht erst erfaßt. Die erfaßten Fehler werden allerdings weitgehend sicher interpretiert.

Die Auswertung der Videoaufnahmen ist mit einer Erkennungsrate von 98% bzw. 67% nicht nur insgesamt die leistungsfähigste Methode, sondern zeichnet sich auch durch den geringsten Anteil an unsicheren Interpretationen (1% bzw. 2%) aus. Allerdings werden auch bei dieser Methode relativ viele Eingabefehler gar nicht erfaßt (31%).

Hilfenutzung. - Für die Vpn bestand während der Testphase die Möglichkeit, bei Problemen entweder Hilfestellung vom Versuchsleiter in Anspruch zu nehmen oder die systeminterne Hilfefunktion zu nutzen. Die einzelnen Methoden wurden daraufhin verglichen, inwieweit sie in der Lage sind, die jeweilige Hilfenutzung zu erfassen, wobei hier nur zwischen Hilfenutzung *erkannt* und *nicht erkannt* zu unterscheiden war.

In 38 der insgesamt 46 Fälle, in denen die Vpn Hilfe beansprucht haben, wandten sie sich an den Versuchsleiter; nur 8 mal wurde die Hilfefunktion des Prototypen benutzt.

Auch hier erwies sich die Auswertung der Videoaufnahmen als die leistungsfähigste Methode, die alle Fälle der Hilfenutzung erfaßte. Die Nutzung der systeminternen Hilfefunktion konnte jedoch auch durch die direkte Protokollierung während des Versuchs und durch das Logfile relativ sicher erfaßt werden. Die deutlich häufigeren Fälle, in denen die Vpn Hilfe durch den Versuchsleiter beansprucht haben, konnten durch die Rechnerprotokolle natürlich nicht erfaßt werden, aber auch die Versuchsleiter selbst vermerkten im Durchschnitt nur etwa die Hälfte der von ihnen geleisteten Hilfestellungen.

Schlußfolgerungen. - Die Auswertung einer *geeigneten* Videoaufnahme erwies sich insgesamt als das leistungsfähigste Verfahren. Geeignet bedeutet hier, daß sowohl die Vp und die Eingabegeräte als auch die Benutzeroberfläche zeitsynchron dargestellt werden. Damit ist die Videoauswertung die technisch aufwendigste Methode. Auch der zeitliche Aufwand zur Auswertung ist mit dem bis zu 2-fachen der Aufgabenbearbeitungszeit im Versuch deutlich höher als bei den Rechnerprotokollen und der Protokollierung durch den Versuchsleiter

Die direkte Protokollierung ist bei allen beobachteten Aspekten das schwächste Erhebungsverfahren. Dafür erfordert diese Methode allerdings auch den geringsten technischen und zeitlichen Aufwand. Das schlechte Abschneiden der direkten Protokollierung kann auf zwei Faktoren zurückgeführt werden, die u.E. jedoch gute Möglichkeiten zur Verbesserung beinhalten.

1. Zeitliche und kognitive Überlastung während des Versuchs durch Mehrfachaufgaben (z.B. wenn der Versuchsleiter Hilfestellung leistet und dies gleichzeitig protokollieren soll). Hier kann durch die Hinzunahme eines "reinen" Beobach-

ters, der keine zusätzlichen Aufgaben hat, eine Verbesserung erzielt werden. Die Ökonomie der Methode würde sich dadurch allerdings wieder verschlechtern.

2. Mangelnde Beobachterroutine. Neben der Tatsache, daß der Beobachter den Prototypen und die Testaufgaben ganz genau kennen muß, sollte er auch Routine in der direkten Protokollierung von Verhaltensdaten besitzen. Um den Einfluß von Routine auf die Qualität der Protokollierung zu überprüfen, wurde ein Kontrollversuch durchgeführt, den fünf unterschiedlich trainierte Beobachter mitprotokollierten. Obwohl - genauso wie in den eigentlichen Versuchen - ein relativ einfaches Schema zur Kategorisierung der Verhaltensweisen benutzt wurde, zeigten sich deutliche Unterschiede hinsichtlich der Menge und Qualität der erfaßten Daten. Die Übereinstimmung zwischen der "Idealen Methode" (s.o.) und den beiden untrainierten Beobachtern lag bei etwa $r_s=0,3$ (Spearman-Rangkorrelation), bei den drei trainierten Beobachtern dagegen um $r_s=0,8$. Dieses Ergebnis deutet darauf hin, daß durch ein entsprechendes Beobachtertraining die Qualität der Protokollierung gesteigert werden kann.

Die Logfile-Methode hat - bezogen auf die dadurch erfaßten Interaktionsaspekte - insgesamt recht gut abgeschnitten. Dies liegt im wesentlichen daran, daß durch die hier vorgestellte Form der Logfiles (vgl. Abbildung 1) praktisch alle Eingaben der Benutzer in ihrem systembezogenen Kontext protokolliert werden. Die Methode ist insofern bereits weitgehend optimiert.

Dennoch ist es nicht möglich, mehr als 75% der fehlerhaften Eingaben herauszufiltern, da ein Teil der Eingaben nur unter Verwendung zusätzlicher Kontextinformationen interpretiert werden kann. Zudem ist die vorgestellte Logfile-Methode - im Gegensatz zu den beiden anderen Methoden - nicht universell einsetzbar, da sie nur bei programmiertechnisch zugänglichen Prototypen in dieser Form realisiert werden kann. Beim Prototyping in einem Designteam ist dies jedoch gegeben und der zusätzliche Programmieraufwand relativ gering.

Bezogen auf die objektive Erfassung und eine ökonomische Auswertung stellt die Logfile-Methode damit ein ideales Zusatzverfahren dar. Insbesondere die Kombination mit der direkten Protokollierung bietet sich hier an, da beide Erhebungsverfahren mit wenig Aufwand eingesetzt und ausgewertet werden können. Um die Effekte einer derartigen Kombination zu überprüfen, haben wir die Ergebnisse beider Methoden kombiniert, d.h. es wurden alle Ereignisse aufsummiert, die durch mindestens eine der beiden Methoden erfaßt wurden. Hierbei zeigte sich eine erhebliche Steigerung der Erkennensrate im Vergleich zu den Einzelwerten der beiden Methoden. So konnten rund 90% der Funktionalitätsfehler, 75% der Eingabefehler sowie 50% der Hilfeaufrufe erkannt werden. Diese Ergebnisse reichen hinsichtlich der Funktionalitätsfehler fast an die Leistung der Videoauswertung heran bzw. übertreffen diese bei den Eingabefehlern sogar. Die Registrierung der Hilfenutzung ist jedoch immer noch deutlich schwächer.

Eine Kombination aus Logfile und direkter Protokollierung stellt damit einen guten Kompromiß zwischen Leistungsfähigkeit und Ökonomie dar. Im Rahmen von Prototyping ist diese Kombination daher gut geeignet. Wenn es auf eine ganz exakte Datenerfassung ankommt, ist die Videoaufzeichnung - eventuell ergänzt durch Logfile-Informationen - allerdings immer noch überlegen.

5.2 Gestaltungshinweise

Ziel des Methodeneinsatzes im Rahmen von Prototyping ist es nicht nur, objektive Leistungsdaten für die Bewertung und den Vergleich verschiedener Iterationen des Prototypen zu gewinnen, sondern auch direkte Gestaltungshinweise zur Verbesserung der nächsten Iteration zu erhalten.

Dazu sind die oben diskutierten Methoden Logfile, Videoaufzeichnung und direkte Beobachtung insofern geeignet, daß sie eine Schwachstellenanalyse und indirekt Gestaltungshinweise liefern können. So deutet beispielsweise die Häufung von Fehlern oder eine vermehrte Hilfenutzung an bestimmten Stellen der Aufgabenbearbeitung auf Schwachstellen des Prototypen hin.

Um nun direkte Gestaltungshinweise und Verbesserungsvorschläge zu erhalten, haben sich andere, mehr prozeßbezogene Methoden bewährt: die sogenannte "explorative Lernphase", das Mitprotokollieren von Kommentaren und Kritik der Vpn während der Aufgabenbearbeitung und die anschließende Videokonfrontation. Diese Methoden und die damit gemachten Erfahrungen werden wir im folgenden kurz skizzieren.

In der explorativen Lernphase wurden sequentiell Teilfunktionen des Prototypen erklärt und anhand von kurzen Beispielen von der Vp sofort ausprobiert, wobei die Vp aufgefordert und bekräftigt wurde, ihre Bedürfnisse und Schwierigkeiten beim Umgang mit dem Prototypen zu äußern, Schwachstellen zu benennen und eventuell Verbesserungsvorschläge zu machen. Während der Aufgabenbearbeitung wurden dann die Äußerungen der Vp zu der Arbeit mit dem Prototypen und auffällige Verhaltensweisen (wie z.B. Fluchen) mitprotokolliert. In der anschließenden Videokonfrontation wurden dann noch einmal die Teile der Aufgabenbearbeitung durchgesprochen, bei denen die Vp Probleme gehabt hatte. Hierbei ergaben sich zusätzlich direkte und indirekte Gestaltungshinweise durch die Vp.

Durch diese drei Verfahren konnten insgesamt 137 konkrete Gestaltungshinweise von den 12 Vpn gewonnen werden (z.B. "Man hat einen schlechten Überblick über vorhandene Produktgruppen - eine Auflistung wäre hier besser"). Davon wurden etwa die Hälfte bereits in der explorativen Lernphase und der Rest während oder nach der Testphase geäußert.

Bei der Auswertung dieser Hinweise zeigten sich drei Effekte:

1. Vpn mit großer EDV-Vorerfahrung gaben fast 75% ihrer Hinweise bereits in der Lernphase. Sie äußerten insgesamt mehr konkrete Hinweise und kritisierten öfter bestimmte Eigenschaften des Prototypen, wobei sie sich häufig auf ihre Erfahrungen mit anderen Büroprogrammen bezogen.

2. Vpn mit geringer EDV-Vorerfahrung äußerten nur etwa 25% ihrer Kritik in der Lernphase, der überwiegende Teil wurde während bzw. nach der Aufgabenbearbeitung genannt. Die Hinweise waren insgesamt nicht so gestaltungsnah, sondern bezogen sich mehr auf die Schwierigkeiten, die die Vpn mit dem Prototypen an einer bestimmten Stelle der Aufgabenbearbeitung hatten.

3. Nach etwa 6 Vpn (davon 3 mit großer EDV-Erfahrung) wurden kaum noch neue Gestaltungshinweise genannt.

Diese - für die Praktiker sicherlich nicht überraschenden - Ergebnisse verdeutlichen zweierlei: Es ist wichtig, die empirische Bewertung von Prototypen sowohl auf

EDV-Anfänger als auch auf EDV-Experten zu stützen, um echte Praxisbedingungen zu erreichen. Es ist hierbei jedoch nicht erforderlich, Versuche mit vielen Versuchspersonen durchzuführen. Viel wichtiger ist es, die Palette der Informationen, die in den Versuchen geliefert werden, durch adäquate Methoden zu erfassen.

6 Literatur

Arnold,B. & Roe,R. (1987). User errors in human-computer interaction. In M.Frese, E.Ulich & W.Dzida (Eds.), Psychological issues of human-computer interaction in the work place (pp. 203 - 220). Amsterdam: North Holland.

Aschersleben, G., Gstalter, H., Kaiser, F., Strube, V. & Zang-Scheucher, B. (1989). Prototyping als Verfahren zur Software-Entwicklung. Zeitschrift für Arbeitswissenschaft, 1, 42-47.

Aschersleben, G. & Zang-Scheucher, B. (1989). Der Prozeß der Software-Gestaltung. Eine Bestandsaufnahme in Wissenschaft und Industrie. In S.Maaß & H.Oberquelle (Hrsg.), Software-Ergonomie`89 (S. 244-253). Stuttgart: Teubner.

Frese,M. & Peters,H. (1988). Zur Fehlerbehandlung in der Software-Ergonomie: Theoretische und praktische Überlegungen. Zeitschrift für Arbeitswissenschaft, 42(1), 9-14.

Gould, J. D. & Lewis, C. (1984). Designing for usability - key principles and what designers think. Human-Computer Interaction, Proceedings of the ACM, 50-53.

Hacker, S., Müller-Holz auf der Heide, B. & Aschersleben, G. (in diesem Band). Prototyping in einem Designteam - Vorgehen und Erfahrungen bei einer Software-Entwicklung unter Benutzerbeteiligung - Ein Fallbeispiel. In M.Frese, C.Kasten & B.Zang-Scheucher (Eds.), Software für die Arbeit von morgen: Bilanz und Perspektiven anwendungsorientierter Forschung. Springer Verlag.

Müller-Holz auf der Heide,B., Hacker,S. & Bartsch,T. (1990). PROTOS. Menschengerechte Gestaltung von Bürokommunikationssystemen: Entwicklung von Methoden zur Herstellung und Bewertung von Prototypen für Benutzeroberflächen. Zwischenbericht für AuT-Projekt BMFT HdA 01 HK 088-6.

Norman, D.A. (1986). Cognitive engineering. In D. A. Norman & S.W. Draper (Eds.), User centered system design (pp. 31-61). Hillsdale, NJ: Lawrence Erlbaum.

Rouse,W.B. & Rouse,S. (1983). Analysis and classification of human error. IEEE Transactions on Systems, Man, and Cybernetics, SMC13(4), 539-549.

Untersuchungen zur Arbeitssituation und Werkzeugunterstützung von Software-Entwicklern
Ein erster Zwischenbericht

Udo Bittner, Wolfgang Hesse, Johannes Schnath

Philipps-Universität Marburg, Fachgebiet Informatik, FB 12, Hans-Meerwein-Straße, 3550 Marburg

Zusammenfassung

Die Arbeitssituation der Software-Entwickler zu untersuchen und Vorschläge zur Arbeitsgestaltung zu unterbreiten, ist Ziel des Projekts IPAS. In diesem Artikel wird die Vorgehensweise des Projekts vorgestellt und es wird eine erste Zwischenbilanz des bisherigen Untersuchungsverlaufs des Projekts gezogen.

Abstract

In this paper we describe the work of the project IPAS and report first results that came up during the starting phase of the project. The aim of the project IPAS is to analyse the work situation of software developers and to suggest guidelines for the reorganization of the work conditions.

1 Das Projekt IPAS

Ziel des Projekts IPAS[1] ist es, die Arbeitssituation der Software-Entwickler unter technischen, arbeitspsychologischen und organisatorischen Gesichtspunkten zu analysieren und Vorschläge zur Arbeitsgestaltung zu unterbreiten, die zur Verbesserung der Arbeits- und Produktqualität geeignet sind. Auf der praxisorientierten Entwicklung und Überprüfung der Vorschläge liegt ein besonderer Schwerpunkt des Projekts.

Das Projekt gliedert sich in drei Teilprojekte, die durch folgende Stellen durchgeführt werden:
- Philipps-Universität Marburg, Fachbereich Mathematik, Fachgebiet Informatik,
- Ludwig Maximilians-Universität München, Institut für Psychologie, Arbeitspsychologie,
- Sozialwissenschaftliche Projektgruppe München (SPG).

---

[1] Das Projekt IPAS (Interdisziplinäres Projekt zur Arbeitssituation in der Software-Entwicklung) besteht aus den drei Bereichen Informatik (W. Hesse, U. Bittner, J. Schnath), Arbeitspsychologie (M. Frese, F. Brodbeck, A. Fritz, W. Stolte) und Soziologie (F. Weltz, R. Ortmann). Es wird vom Bundesministerium für Forschung und Technologie (Projektträger Arbeit und Technik) unterstützt (01 HK 319). Die Verantwortung liegt bei den Autoren.

Die arbeitspsychologische Untersuchung konzentriert sich dabei auf die individuelle Ebene der Software-Entwickler und die Teamebene, das Informatik-Teilprojekt untersucht Auswirkungen des Methoden- und Werkzeugeinsatzes bei Software-Entwicklungsprojekten und der Systemarchitektur, während das sozialwissenschaftliche Teilprojekt die organisationalen Rahmenbedingungen untersucht, unter denen sich Software-Entwicklung vollzieht.

Gegenstand der IPAS-Anfangsphase waren die Etablierung des interdisziplinären Arbeitsteams aus Informatikern, Arbeitspsychologen und Soziologen und die Einarbeitung in die jeweils fachfremden Arbeitsgebiete. Zudem wurden bereits im Vorfeld Gespräche mit Vertretern aus potentiellen Partnerfirmen geführt. Diese brachten wichtige Anregungen aus der betrieblichen Praxis ein und gaben wertvolle Hinweise, welche Forschungsschwerpunkte von den einzelnen Firmen als zentral erachtet werden.

Im ersten Abschnitt des Forschungsprojekts selbst steht die Analyse und Bewertung der Arbeitsbedingungen von Software-Entwicklern im Vordergrund, besonders ihres Einsatzes von Methoden und Werkzeugen, der Kooperation im Team, der Zusammenarbeit mit Benutzern sowie der Organisation der Software-Entwicklung. Dazu werden Untersuchungen an den Arbeitsplätzen von Software-Entwicklern durchgeführt.

In der zur Zeit laufenden Breitenuntersuchung wird mit etwa 200 Entwicklern aus verschiedenen Bereichen der Software-Entwicklung ein ca. zweistündiges Interview geführt. Zusätzlich werden diese gebeten, einen umfangreichen Fragebogen auszufüllen, was in der Regel nochmals 1-2 Stunden beansprucht. Ergänzt wird dies durch eine einmalige Vorerhebung für jedes Projekt.

An die Breitenuntersuchung wird sich eine Intensivuntersuchung einiger ausgewählter Projekte anschließen. Dabei werden einige wenige konkrete Software-Projekte über einen größeren Zeitabschnitt hinweg untersucht und der Erfolg wird evaluiert. Interessierte Firmen haben dadurch die Möglichkeit, sich bei Projekten (vor allem bei technologisch besonders interessanten, wie z.B. Methodenumstellungen) wissenschaftlich begleiten zu lassen.

2 Die Forschungsfragen

Bei der Ausarbeitung unserer spezifischen Forschungsfragestellungen war ein zentraler Gedanke die Präzisierung der für das Fachgebiet Informatik nützlichen und in konstruktive Vorschläge umsetzbaren Ergebnisse. Diese bestimmten die Blickrichtung, unter der der Entwicklungsprozeß analysiert und bewertet wird.

Im Projekt IPAS steht die Arbeitssituation der Software-Entwickler im Mittelpunkt der Betrachtung. Dahinter steht die Hypothese, daß die Qualität der (Software-) Produkte ganz wesentlich von der Arbeitssituation und -umgebung der jeweiligen Entwickler bestimmt wird. Das Verhältnis von Prozeß-

und Produktqualität bei der Software-Entwicklung wird damit zu einem zentralen Untersuchungsgegenstand. Eng damit verbunden ist die Frage nach den geeigneten Methoden und Werkzeugen, um die Prozeß- bzw. Produktqualität zu erhöhen.

Wichtig ist dabei, daß nicht nur die bereits seit langem in Gebrauch befindlichen Vorgehensweisen, Methoden und Werkzeuge auf ihre Angemessenheit für die heute aktuellen Anwendungsgebiete, organisatorischen Rahmenbedingungen und technischen Möglichkeiten zu überprüfen sind, sondern auch die neuen Ansätze - insbesondere die Objektorientierung - mit einzubeziehen sind. Die Überprüfung des objektorientierten Ansatz als durchgängiges Verfahren zur Software-Entwicklung zieht sich als roter Faden durch alle Untersuchungen des Teilprojektes Informatik.

Zusätzlich ist dabei auch zu überprüfen, inwieweit die gegenwärtige Ausbildung im Fach Informatik und die Kenntnisse der im Software-Entwicklungsbereich eingesetzten Personen den in der Praxis auftretenden Anforderungen entsprechen.

Aus der Sicht der Informatik werden die folgenden Forschungsschwerpunkte vorrangig behandelt.

a) Systemstruktur

Die Arbeitsweise und Effektivität des Software-Entwicklers hängt nach wie vor wesentlich davon ab, wie sein System strukturiert ist, welchen Einfluß er auf die Systemstruktur hat und welche Techniken ihm bei der Strukturierung zur Verfügung stehen. Dabei stehen die Übersichtlichkeit, Änderbarkeit und Wartbarkeit der Software im Vordergrund. Für die tägliche Arbeit des Entwicklers ist es von grundlegender Bedeutung, in welchem Ausmaß diesen Qualitätskriterien schon im Entwurf eines Systems Rechnung getragen wird, da Änderungen und/oder Erweiterungen einen großen Teil der Arbeitszeit ausmachen. Als ein wesentlicher Hebel, die Effektivität der Software-Entwicklung zu steigern, sollen zudem Vorschläge erarbeitet werden, wie die Wiederverwendbarkeit der Software erhöht werden kann.

b) Verhältnis von Prozeß- und Produktqualität

Die bisher in der Praxis üblichen Qualitätsmaßnahmen geben noch zu wenig konstruktive Hinweise für eine qualitätsorientierte Gestaltung des Software-Entwicklungsprozesses. Ausgehend von einer Analyse des Ablaufs von Projekten sind die Auswirkungen von Bedingungen dieses Prozesses auf die Qualität des Endprodukts zu bestimmen. In diesen Bereich fällt auch die Frage nach der Integration der Software-Entwurfsverfahren und Werkzeuge in durchgängige Verfahren.

c) Methoden und Werkzeuge

Thema hierbei ist die sinnvolle Unterstützung des Entwicklungsprozesses. Sinnvoll heißt dabei genauer: Welche Tätigkeiten sollen und können überhaupt durch den Rechner unterstützt werden und welche Freiräume tun sich dabei für den Software-Entwickler auf bzw. welche Schranken bestehen für ihn? Vorbedingung für diese Untersuchung ist ein möglichst genaues Bild des Tätigkeitspektrums von Software-Entwicklern und damit einhergehend die kritische Prüfung des Stellenwerts der Tätigkeiten, die derzeit durch Werkzeuge unterstützt werden. Zusätzlich soll im Rahmen dieser Fragestellung untersucht werden, wie die Entwickler selbst die Werkzeugunterstützung einschätzen.

d) Objektorientierung

Gerade nach den Erfahrungen mit dem Phasenkonzept besteht ein dringender Bedarf nach einer kritischen Bewertung neuer Techniken vor ihrem breiten Einsatz. Es spricht einiges dafür, daß die Struktur künftiger Software-Systeme maßgeblich vom objektorientierten Ansatz bestimmt sein wird. Die Konsequenzen eines solchen Strukturwandels sind allerdings bisher noch kaum erforscht. Das gilt besonders für die Einführung objektorientierter Methoden bereits in den frühen Projektphasen der Systemanalyse und Anwendungsmodellierung.

e) Kooperation zwischen Entwicklern und Benutzern

Ein weiterer Forschungsschwerpunkt richtet sich darauf, welche Möglichkeiten es gibt, die Benutzer stärker in den Entwurfsprozeß einzubinden, aber auch welche negativen Auswirkungen dies haben kann. Auch hier stellt sich die Folgefrage, inwiefern der objektorientierte Ansatz dazu geeignet ist, neue Formen der Kooperation zwischen Entwicklern und Benutzern zu realisieren.

3 Untersuchungsinstrumente

a) Fragebogen

Der Fragebogen gliedert sich in einzelne Themenblöcke, die einerseits arbeitspsychologische, andererseits software-technische Fragen behandeln.Im Informatik-spezifischen Teil werden die Einschätzungen der Mitarbeiter von einigen zentralen Merkmalen des Entwicklungsprozesses und des Produkts erhoben. Dabei ist in erster Linie eine Auswertung auf Projektebene möglich, indem beispielsweise die Einheitlichkeit der Darstellung des Systems und damit das Vorhandensein eines gemeinsamen Modells bewertet wird. Eine einheitliche

Vorstellung von dem, was zu tun ist bzw. wie das zu bauende Produkt aussieht, ist eine wichtige Voraussetzung für einen reibungsloseren Verlauf der Entwicklung und für überprüfbare, den gestellten Anforderungen genügende Produkte.

b) Interview

Das Interview ist modular aufgebaut. Nach der Erhebung einiger Daten zum Ausbildungshintergrund und zur Berufserfahrung wird als zentraler Ausgangspunkt bei allen Befragten ihr Tätigkeitsspektrum möglichst detailliert erhoben. Davon ausgehend kann dann in andere Interviewteile verzweigt werden.

Der Informatik-spezifische Teil geht von einer Darstellung der Systemstruktur aus. Darauf aufsetzend können die Verteilung der Arbeit auf die Mitarbeiter, die Anlässe, die zu einer gravierenden Änderung der Systemstruktur führten und die problematischen Systemteile festgestellt werden. Ergänzend werden die tatsächlich eingesetzten Qualitätssicherungsmaßnahmen und deren Einschätzung erfragt.

c) Reaktion auf die Untersuchungen

Größtenteils war die Reaktion der Befragten auf das Anliegen von IPAS - namentlich bei Erstkontakten und auf Mitarbeiter- und unterer Management-Ebene - sehr positiv. Man begegnete uns mit großem Interesse und äußerst aufgeschlossen, was auf die Richtigkeit unserer Fragestellungen und den erkannten Handlungsbedarf bei den Firmen hindeutet.

4 Eine erste Zwischenbilanz

Die bisher im Rahmen von IPAS betrachteten Firmen differieren sehr stark, sowohl was die Art (Software-Haus / Anwender / Hersteller), als auch was die Branche der Anwender betrifft. Auch in ihrer Größe sind die von uns untersuchten Projekte sehr unterschiedlich. Deshalb lassen sich zum gegenwärtigen Zeitpunkt noch keine verallgemeinerbaren Schlußfolgerungen ziehen. Die Aufgeschlossenheit für neue Ideen und die Bereitschaft, neue Methoden und Werkzeuge aufzugreifen, wurde jedoch bei allen bisher untersuchten Unternehmen deutlich.

Über die verschiedenen Fälle hinweg wurden einige Untersuchungspunkte als besonders relevant für die Arbeitssituation der Software-Entwickler erkannt, und es haben sich bereits einige Fragestellungen als besonders interessant erwiesen.

a) Produktqualität

In den Gesprächen mit den Entwicklern ließ sich in der Regel ein starkes Bedürfnis danach feststellen, möglichst 'gute' Software zu produzieren. Die allgemein übliche Praxis, Entwürfe und Programmtexte mit dem Namen des Autors zu versehen, wird dabei von den Entwicklern immer wieder als Ansporn erwähnt, das von ihnen erstellte Produkt auch tatsächlich vor den eigenen Qualitätsmaßstäben verantworten zu können.

Als Gütekriterien tauchen dabei sowohl systemimmanente Aspekte (z.B. Änderbarkeit) wie auch eine möglichst hohe Funktionalität für den späteren Anwender immer wieder auf. Im Bezug auf letzteres spielen dabei offensichtlich zwei Faktoren eine zentrale Rolle. Zum einen begrüßen Entwickler die Chance, früh an der Entscheidung über Lösungen beteiligt zu werden, um möglichst viel über die gewünschte Funktionalität und über Randbedingungen für die Lösung zu erfahren. Zum anderen wird häufig die Bedeutung hervorgehoben, direktes Feedback von den tatsächlichen Benutzern des Programms erhalten zu können.

b) Prozeßqualität

Die Frage nach Qualitätssicherungsmaßnahmen wurde bisher in den meisten Projekten als sehr wichtig eingestuft, wobei fast alle befragten Entwickler übereinstimmend äußerten, daß über den Umfang der bereits durchgeführten Testmaßnahmen hinaus eigentlich noch mehr und vor allem früher getestet werden sollte. Die Bereitschaft, die eigenen Programme mit Kollegen zu besprechen (Code Review), war bei den meisten Entwicklern vorhanden, allerdings scheint dies sehr stark daran gebunden zu sein, daß die Kollegen Mitglieder des eigenen Teams sind.

Ist das insgesamt in den bisherigen Untersuchungen zu Tage getretene Qualitätsbewußtsein einerseits erfreulich hoch, so war andererseits auffällig, daß unter Qualitätssicherung sehr häufig nur Testverfahren verstanden wurden. Hier ist weiter zu untersuchen, inwieweit in der Praxis eine einseitige Betonung der produktbezogenen Qualitätssicherung vorherrscht, und wie vorhandene theoretische Ansätze zu stärker prozeßbezogenen Qualitätssicherungsmaßnahmen, die z.B. den Einsatz von Entwurfsmethoden mit einbeziehen, stärker in die Praxis umgesetzt werden können.

c) Werkzeugeinsatz

Der Grad der Werkzeugunterstützung unterscheidet sich bei den bis dato untersuchten Firmen besonders stark. Er reicht von einer bloßen Ausstattung mit den üblichen Programmierwerkzeugen (Editor, Compiler, Debugger), über den Einsatz von vielfältigen Generatoren bis zur vollständigen Software-Verwaltung in einer Projektbibliothek. Drei von vier Firmen setzen ein Data Dictionary ein. Insbesondere bei umfangreicheren Programmen wird dies als unumgänglich angesehen, um sich z.B. einen Überblick verschaffen zu können, welche Teile von Änderungen betroffen sind.

Bei den Entwicklern tauchten in den Gesprächen nur vereinzelt Vorschläge zu einer Verbesserung des Werkzeugeinsatzes auf. Man gewann dabei den Eindruck, daß den meisten Entwicklern andere auf dem Markt vorhandene als die von ihnen benutzten Werkzeuge nicht bekannt waren und sie sich mit dem einrichten, was vorhanden ist. Verbesserungswünsche, die geäußert wurden, bezogen sich vor allem auf eine bessere Abstimmung der vorhandenen Werkzeuge aufeinander.

d) Arbeitssituation

Für die Entwickler selbst erscheint es besonders wichtig zu sein, eigene Kompetenz erfahren zu können. 'Nur' Wartungsaufgaben auszuführen wird deshalb als weit weniger befriedigend angesehen als etwa eine Aufgabe von der Analyse der Anforderungen bis hin zum fertigen Produkt vollständig bearbeiten zu können. In dem Unternehmen, das hinsichtlich des Methoden- und Werkzeugeinsatzes die meisten Vorgaben erließ, konnten die Entwickler die relative Einschränkung in der Art und Weise, wie eine Aufgabe bearbeitet werden muß, durch eine größere Variation in der Art der zu bearbeitenden Aufgaben kompensieren.

e) Resumée

In allen bislang untersuchten Firmen läßt sich die Tendenz feststellen, daß Software inzwischen nicht mehr als 'amorphes' Gebilde produziert wird, sondern sich langsam eine 'Baustein-Sicht' herausbildet, die notwendigerweise zu einer höheren Spezialisierung unter den Entwicklern führt.

Hinsichtlich des Werkzeug- und Methodeneinsatzes scheint noch eine recht große Lücke zwischen theoretisch erarbeiteten Lösungen und dem, was in der Praxis verwendet wird, zu bestehen. Auf der Theorie-Seite zeichnet sich heute deutlich eine Wende ab: Während in den letzten Jahren noch stark heterogene Verfahren mit Spezialmethoden und -werkzeugen für die einzelnen Arbeitsschritte die Szene beherrschten, versucht man jetzt stärker, den Entwicklungsprozeß als ein einheitliches Ganzes zu betrachten und zu möglichst umfassenden, durchgängigen Verfahren mit entsprechend homogener Werkzeugunterstützung zu gelangen.

Eine Bestätigung der Hypothese, daß die Qualität des Software-Entwicklungsprozesses indirekt die Qualität der Produkte maßgeblich beeinflußt, kann derzeit zwar noch nicht gegeben werden, doch hat sich die These aufgrund der ersten Untersuchungen weiter erhärtet. Das Vorhandensein einer eingespielten Vorgehensweise aller Beteiligten scheint einen sehr viel größeren Einfluß auf die Qualität der Software zu haben als die Unterstützung des Software-Entwicklungsprozesses durch besonders ausgefeilte Werkzeuge.

Ein generell mit Spannung aufgegriffenes Problem betrifft die Wiederverwendbarkeit von Software. Fast alle Softwaresysteme enthalten umfangreiche Teile, in denen Routineaufgaben erledigt werden, d.h. in einer großen Zahl von Programmen werden bekannte Standardlösungen mit geringfügigen Variationen wiederholt. Entsprechend werden in den Unternehmen Konzepte zur Wiederverwendung von Software entwickelt und - oft auf überraschende Weise und unter den unterschiedlichsten technischen Randbedingungen - realisiert. Vorsichtig kann man schon jetzt feststellen, daß dies nie ohne entsprechende Tool-Unterstützung bewerkstelligt wurde. Auslöser hierfür war immer der zunehmende Druck, Software kostengünstiger und schneller zu produzieren.

Mit dem Vererbungs- und Polymorphieprinzip bietet der objektorientierte Ansatz erstmals einen realistischen Weg, das für die Wirtschaftlichkeit der Software-Entwicklung drängende und zentrale Problem der Wiederverwendbarkeit zu lösen. Da weite Bereiche des täglichen Lebens bereits durch Software-Lösungen abgedeckt werden und immer mehr Projekte deren Weiterentwicklung und Revision zum Gegenstand haben, wird auch hier das Problem, bereits vorliegende Bausteine möglichst einfach wiederverwenden zu können, immer drängender. Dies legt die Ausdehnung der objektorientierten Prinzipien (Verkapselung, Vererbung und Polymorphie) auf die frühen Phasen der Software-Entwicklung nahe.

5 Ausblick

Das Spektrum der Firmen soll unter anderem in Bezug auf den Werkzeugeinsatz in den kommenden Untersuchungen noch erweitert werden. So ist z.B. geplant, Erfahrungen beim Einsatz eines den gesamten Software-Entwicklungszyklus umspannenden CASE-Tools zu untersuchen. Im weiteren Verlauf von IPAS werden zudem auch Intensivuntersuchungen in Firmen stattfinden, bei denen mehrere Projekte wissenschaftlich begleitet werden, um so z.B. insbesondere die Auswirkungen eines durchgängigen Methodeneinsatzes zu untersuchen. Als spezieller Untersuchungsschwerpunkt sollen weiterhin die Bemühungen intensiviert werden, schon vorhandene, aber auch mögliche zukünftige Ansätze zu einer stärker objektorientierten Vorgehensweise aufzuzeigen.

Der sogenannte objektorientierte Ansatz eröffnet unseres Erachtens besonders vielversprechende Möglichkeiten. Ursprünglich als Leitidee für die Programmstrukturierung und -entwicklung gedacht, ist dieser Ansatz im Begriff, sich auch als tragfähig für den gesamten Software-Entwurfsprozeß zu erweisen. Zur Durchgängigkeit gehört jedoch auch die Einbeziehung der sogenannten frühen Phasen der Software-Entwicklung, in denen der Aufgabenbereich eines künftigen oder bestehenden Software-Systems unter fachlichen Gesichtspunkten analysiert und modelliert wird und die Anforderungen an das künftige System ermittelt werden. Zu untersuchen, wieweit der objektorientierte Ansatz auch bei diesen Tätigkeiten trägt und damit wirklich als umfassendes, durchgängiges Entwicklungsprinzip in Frage kommt, ist deshalb ein Kernthema der geplanten Intensivuntersuchungen von Seiten der Informatik.

Hierzu gehört auch die Frage, ob sich Benutzer dadurch besser in den Entwurfsprozeß (oder zumindest in dessen fachlichen Teil) einbinden lassen und ihnen dort mehr als eine reine Beobachterrolle zuwachsen kann (wie beim

Prototyping oft zu beobachten war). Für das Projekt IPAS stellt sich die Frage, ob und inwieweit der objektorientierte Ansatz zu neuen Kooperationsformen und einer stärkeren inhaltlichen Einbindung der Benutzer in den Analyse- und Modellierungsprozeß führen kann.

Der enge Kontakt zum Anwender wirkte sich bei allen untersuchten Firmen günstig auf die Anforderungsermittlung aus, war aber auch immer gekoppelt mit dem Problem des unkontrollierten 'Wucherns' des Software-Systems. Auch hier ist zu überprüfen, inwieweit Objektorientierung als Ausweg aus diesem Dilemma dienlich ist.

Thema des zweiten Projektabschnitts von IPAS wird die Entwicklung und Umsetzung von Vorschlägen zum Methoden- und Werkzeuggebrauch, zu einer verbesserten Kooperation und mehr Benutzerorientierung sein. Im Mittelpunkt stehen dabei solche Gestaltungskonzepte, die auf eine Verbesserung der Arbeitssituation der Software-Entwickler abzielen. Alle Erfahrungen und Ergebnisse werden später in Form eines Leitfadens und über Seminare einem größeren Publikum zugänglich gemacht werden.

6 Literatur

Bittner, U. (1990). IPAS - an interdisciplinary project for the analysis and organization of human-oriented software development. Precedings of the 13th IRIS, Turku 1990.

Frese, M. (1987). A theory of control and complexity: Implications for software design and integration of computer systems into the work place. In M. Frese, E. Ulich, & Dzida (Eds.), Psychological issues of human-computer interaction at the work place (pp. 313 - 337). Amsterdam: North-Holland.

Hesse, W. (1990). Two metamodels for application systems development - conventional vs. object-oriented approach. In Broy, M., Wirsing, M. (Eds.), Programming methodology (to appear). Springer

Hesse, W. (1990). Objekt-orientierte Anwendungsmodellierung - Ein Weg zur (Re-) Strukturierung von Software-Anwendungssystemen. In Re-engineering - Ein integrales Wartungskonzept zum Schutz von Software-Investitionen. AIT-Verlag.

Hesse, W. (1990). Object-oriented application modelling - an approach for cooperative system design. Precedings of the 13th IRIS, Turku 1990.

Hesse, W. (1990). Herkömmliche und objektorientierte Verfahren zur Anwendungsmodellierung - eine Gegenüberstellung. GMD-Workshop "Arbeitsverfahren in der Software-Entwicklung", Königswinter 1990.

Schnath, J. (1990). Kann der objektorientierte Ansatz die Qualität von Software verbessern?. In Projekt IPAS, Zwischenbericht (1.10.89-31.3.1990)(pp. I-5-1)). Marburg: Universität.

Weltz, F., Bollinger, H. (1990). Nutzerbeteiligung oder kooperative Systementwicklung?. Office Management 3/1990 (pp. 26 - 32).

Arbeitsorganisation, Methodik und Benutzerorientierung bei der Software-Entwicklung
Eine arbeitspsychologische Analyse und Bestandsaufnahme

Oliver Strohm

Institut für Arbeitspsychologie (IfAP) der ETH Zürich, Nelkenstr. 11, 8092 Zürich

Zusammenfassung

Im Rahmen des Forschungsprojektes "Benutzerorientierte Software-Entwicklung und Schnittstellengestaltung" wurde das arbeitsorganisatorische, methodische und benutzerbezogene Vorgehen bei der Software-Entwicklung in der betrieblichen Praxis (N=102) analysiert. Im Rahmen des Beitrages werden die zentralen Ergebnisse dieser Untersuchung vorgestellt.

Abstract

In frame of the research project "User-oriented software-engineering and interface design" software projects (n=102) were analysed. The main interest was to look how software projects are realized with regard to work organization, use of methods and user participation. In this paper the main results oft the study are presented.

1 Einführung

Im Rahmen des Forschungsprojektes "Benutzerorientierte Software-Entwicklung und Schnittstellengestaltung" (BOSS), das vom BMFT Bonn, Projektträger "Arbeit und Technik" finanziert und am Institut für Arbeitspsychologie der ETH Zürich[1] bearbeitet wird, werden neben der empirischen Ueberprüfung von Kriterien zur Dialoggestaltung arbeitspsychologische Methoden für eine aufgaben- und benutzerorientierte Software-Entwicklung entwickelt und in der betrieblichen Praxis evaluiert.

Als Ausgangspunkt und Basis dafür wurden Software-Entwicklungsprozesse in der betrieblichen Praxis analysiert. Dabei standen weniger technische Asepkte als vielmehr das arbeitsorganisatorische, methodische und benutzerbezogene Vorgehen sowie die damit verbundenen Probleme im Vordergrund.

---

[1]Projektmitarbeiter: Dr. Spinas, D. Waeber, O. Strohm, M. Rauterberg; Projektleiter: Prof. Dr. E. Ulich

2 Anlage, Methoden und Stichprobe der Untersuchung

Folgende Untersuchungsmethoden wurden im Rahmen der Analysen eingesetzt :

1. In Dokumentenanalysen wurden Organigramme, Projektmanagement-handbücher und -richtlinien etc. gesichtet und systematisch analysiert.
2. In mehrstündigen, semistrukturierten Interviews wurde das allgemeine Vorgehen bei der Software-Entwicklung erfragt.
3. Im Rahmen einer postalischen Befragung wurden die Untersuchungs-partner aufgefordert, ein konkretes, abgeschlossenes für die Abteilung repräsentatives Projekt zu beschreiben.

Die Datenerhebung wurde ausschliesslich in Betrieben durchgeführt, die Applikationssoftware für den Büro- und Verwaltungsbereich entwickeln. Dies bedeutete, dass neben Softwarefirmen (74% der Stichprobe) auch Banken, Versicherungen, Industriebetriebe etc. mit firmeninternen Entwicklungsabteilungen in die Analysen einbezogen wurden. Als Untersuchungspartner standen Firmen-, Abteilungs- und Projektleiter sowie in Einzelfällen Softwareergonomen und Produktmanager der Firmen zur Verfügung.
Die Betriebe wurden nach dem Kriterium der Branchenzugehörigkeit sowie dem Kriterium der Zugänglichkeit ausgewählt. Die Analysen wurden gleichermassen in Betrieben in der Bundesrepublik Deutschland und Schweiz durchgeführt.
In der nachfolgenden Ergebnisdarstellung sind die Daten aus 22 Interviews sowie 80 Fragebögen (N=540 Firmen wurden angeschrieben, Rücklauf 15%) berücksichtigt.

3 Ergebnisse

In den folgenden Abschnitten werden einige zentrale Ergebnisse der Untersuchung vorgestellt. Dabei soll zunächst seperat auf die Aspekte Rahmenbedingungen, Projektorganisation, Entwicklungsprozess, Methoden, Benutzerbeteiligung und Probleme eingegangen werden. Daran anschliessend werden Zusammenhänge zwischen dem Vorgehen bei der Software-Entwicklung und problembezogenen Aspekten thematisiert.

3.1 Rahmenbedingungen bei der Software-Entwicklung

Als wesentliche Rahmenbedingungen sind der Projekttyp, die Projektgrösse, und dessen Komplexität und Innovativität sowie die Softwarelebensdauer zu betrachten. Auf die Rahmenbedingung Projekttyp soll im folgenden exemplarisch nähers eingegangen werden.

3.1.1 Projekttypen bei der Software-Entwicklung

In den untersuchten Betrieben wurden insgesamt vier vorherrschende Projekttypen identifiziert:

Typ A: Individuallösung für firmeninterne Fachabteilung
        Beispiel: Agendierungssystem zur Schadenbearbeitung in einer
        Versicherung

Typ B: Individuallösung für externe Kunden
        Beispiel: Kreditbearbeitungssystem für eine Kleinbank

Typ C: Standardbranchenlösung für externe Kunden
        Beispiel: Buchhaltungssystem für Krankenkassen

Typ D: Standardsoftware für anonymen Kundenkreis
        Beispiel: Relationales Datenbanksystem

Die vier Projekttypen unterscheiden sich in der Voraussetzung zu partizipativer Software-Entwicklung erheblich. Von Projekttyp A über B und C bis hin zu D nimmt die "Günstigkeit" insofern ab, als dafür wichtige Bedingungen wie die Bekanntheit der Benutzer, die Bekanntheit der zu unterstützenden Aufgaben sowie die Zugangsmöglichkeiten zu den Benutzern immer weniger gegeben sind.

Für die Gestaltung benutzerorientierter Software-Entwicklungsprozesse kann es daher keinen "one best way" geben. Vielmehr müssen solche Prozesse in Abhängigkeit von verschiedenen Rahmenbedingungen unterschiedlich konzipiert, d.h. vor allem auch hinsichtlich des Projektmanagements variiert werden.

3.2 Die Projektorganisation

Die Fragen zur Projektorganisation bei Software-Entwicklungsprozessen bezogen sich auf die Aufgaben-, Rollen- und Kompetenzverteilung zwischen den am Projekt beteiligten Personen.

In Abhängigkeit von der Firmengrösse und -struktur, von Projektgrösse und -typ werden in der betrieblichen Praxis sehr unterschiedliche Organisationsmodelle praktiziert.

Softwareprojekte werden auf operativer Ebene vorwiegend in Teams realisiert, deren Grössenordnung von 3 bis 20 Personen variiert .

Bei großen Projekten und/oder großen Abteilungen ist häufig eine funktions-orientierte Teamorganisation anzutreffen, so dass z.B. ein Team die Analyse und Konzeption, ein anderes die technische Realisierung und wiederum ein anderes Team die Wartung in mehreren Projekten übernimmt.

In kleineren Projekten und/oder Entwicklungsabteilungen werden die Aufgaben dagegen häufig von der Problemanalyse bis zur Wartung in einem Team - das heisst auch: ganzheitlich - bearbeitet.

Organisatorische Alternativen bestehen hauptsächlich bei großen Projekten, bei denen ganze, in sich geschlossene Module eines komplexen Softwaresystems in verschiedenen Teams realisiert werden oder ein Softwaresystem in Komponenten wie z.B. Systemkern, Funktionalität, Benutzeroberfläche etc. zerlegt wird.

Die Projektteams auf operativer Ebene setzen sich durchschnittlich zu vier Fünftel aus EDV-Fachleuten und einem Fünftel aus Kunden- und Benutzervertretern zusammen.

Weitere Analysen zur Projektorganisation auf operativer Ebene machen deutlich, dass dort häufig - unabhängig von den skizzierten Entwicklungsstrategien - stark arbeitsteilige Strukturen zwischen Projektleitern, Systemanalytikern, Analytiker-Programmierern und Programmierern bestehen.

Programmierer übernehmen z.B. keine strategischen und analytischen und nur selten konzeptionelle und spezifizierende Aufgaben. Programmierer werden dagegen fast auschliesslich für die "handwerklichen, ausführenden" Aufgaben Realisierung und Test eingesetzt.

Arbeitspsychologische Untersuchungen (Hacker 1989) zeigen jedoch, dass Programmierer, die unter solchen arbeitsteiligen Bedingungen arbeiten, mit ihrer Arbeitssituation häufig unzufrieden sind, da für sie keine Kooperationsmöglichkeiten mit anderen Programmierern und den Benutzern speziell in der Problem- und Konzeptionsphase bestehen. Durch mangelnden Überblick über eine komplexe, ganzheitliche Aufgabe erleben sie ihre Arbeit häufig als partialisiert und entfremdet.

Strategische Entscheidungen werden in der betrieblichen Software-Entwicklungspraxis fast ausschließlich von Repräsentanten der Firmenleitung und/oder Vertretern des mittleren und höheren Managements getroffen. Dies führt häufig dazu, dass die Projektbeteiligten auf operativer Ebene mit Rahmen-, Kosten- und Terminvorgaben konfrontiert werden, die ihren Handlungsspielraum bei der Aufgabenerfüllung erheblich einschränken. Eine stärkere Partizipation der betroffenen Projektbeteiligten an solchen Entscheidungen wäre als eine Möglichkeit zu betrachten, um an dieser häufig als negativ erlebten Situation konstruktiv etwas zu verändern.

3.3 Der Entwicklungsprozess

Softwareprojekte werden in den von uns untersuchten Betrieben fast ausschließlich auf der Basis von strukturierten Phasenplänen mit fest definierten Meilensteinen realisiert. Typischerweise enthalten diese Modelle die Phasen Problemanalyse, Grobkonzept, Detailspezifikation, Realisierung, Test und Einführung.

Der durchschnittliche zeitliche Anteil der einzelnen Phasen ist im folgenden Schaubild dargestellt.

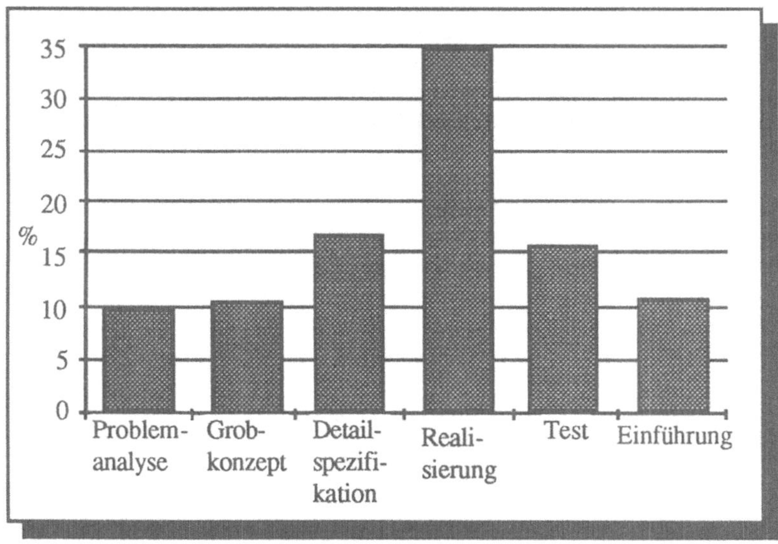

Abb.1. Durchschnittlich aufgewendeter, zeitlicher Anteil der einzelnen
Phasen bei der Software-Entwicklung in N=79 Projekten.

Aus Abbildung 1 ist ersichtlich, dass in den betrachteten Projekten fast die Hälfte
des Aufwandes für die "ausführenden, handwerklichen" Arbeitsschritte Realisierung
und Test (47%) entsteht. Für die analytischen, konzeptionellen und somit
"planenden" Arbeitsschritte Problemanalyse und Grobkonzept wird dagegen weit
weniger Aufwand (21%) investiert.
Der prozentuale Wartungsaufwand beträgt im Verhältnis zum Aufwand des
Gesamtprojektes durchschnittlich 22,5%. Interessanterweise werden nur ca. 1l3 des
Aufwandes in der Wartung für die Fehlerbehebung, dagegen 2/3 des Aufwandes für
Systemänderungen benötigt, die z.B. infolge von Anforderungsänderungen der
Kunden und/oder Benutzer entstehen.
Im Zusammenhang mit den Ergebnissen zum Aufwandverhältnis der verschiedenen
Entwicklungsphasen sind auch andere Forschungsergebnisse von Interesse. Eine
Reihe von Autoren (Peschke 1986, Foidl, Hillebrand & Tavolato 1986) weist auf
die Wichtigkeit der frühen Phasen bei der Software-Entwicklung hin und
Wasserman (1983) vertritt die Auffassung: "A key assumption of modern software
development practices is that increased effort in the earlier stages of development
will result in a better system".
Welche kostenbezogenen Risiken eine unsorgfältige Bearbeitung der frühen Phasen
haben kann, wurde von Tavolato & Vincenca (1984) aufgezeigt.
Die Untersuchungsergebnisse zeigen weiter, dass Phasenmodelle mehrheitlich im
Sinne eines linear-sequentiellen Vorgehens durchlaufen werden. Das heißt: die
Aufgabeninhalte einer Phase werden bearbeitet, abgeschlossen und dokumentiert,
bevor zur nächsten Phase übergegangen wird. Phasenrückschritte sind nicht
vorgesehen. In der Praxis ergibt sich jedoch die Notwendigkeit von kosten- und

zeitintensiven Phasenrückschritten tatsächlich häufig und zwar als Folge unzureichender Anforderungsermittlung und/oder von Änderungswünschen der Benutzer oder Kunden. Auch in anderen Untersuchungen (Peschke 1986) wurde
gezeigt, dass linear-sequentielle Phasenmodelle in der Annahme, dass eine
grundsätzliche Systemanforderung zu Projektbeginn formuliert und eine fehlerfreie
Entwurfsphase daran angeschlossen werden kann, weder machbar noch wünschenswert ist.
Aufgaben- und benutzerorientierte Software-Entwicklungsprozesse benötigen
alternative ablauforganisatorische Modelle wie z.B. das inkrementelle Vorgehen
(vgl. Krüger 1987), welches eine laufende Validierung der Phasen und
Phasenergebnisse z.B. durch die Entwicklung von strukturiert programmierten aber
dennoch relativ einfach veränderbaren bzw. erweiterbaren Systemversionen erlaubt.

3.4 Methoden zur Analyse und Anforderungsermittlung

Insgesamt zeigen die Ergebnisse der Untersuchung, dass in der betrieblichen Praxis
sehr wenig Methoden zur Analyse und Anforderungsermittlung eingesetzt werden.
Formale Methoden, die sich vorwiegend an Daten- und Informationsflüssen wie
z.B. strukturierte Analysen, Datenflussdiagramme, Jackson-Diagramme etc.
orientieren, herrschen dabei vor. Stärker aufgaben- und benutzernahe Methoden wie
Interviewtechniken, Beobachtungen, subjektive Arbeitsanalysen etc. die sich - aus
arbeitspsychologischer Perspektive - mehr an der Arbeitsorganisation und den
Arbeitsaufträgen der Fachbereiche orientieren, werden viel seltener eingesetzt.
Prototyping als eine benutzernahe Darstellungsmethode für den Software-
Entwicklungsprozess hat inzwischen eine breitere Verwendung gefunden. Auch in
unserer Untersuchung gaben viele Betriebe an (mehr als 50%), Prototyping
regelmäßig einzusetzen. Prototyping wird dabei hauptsächlich zur methodischen
Unterstützung von Konzeptions- und Spezifikationsaufgaben herangezogen und
dient vorwiegend der Abklärung von Fragen zur Benutzeroberfläche. Insgesamt wird
das Vorgehen mit Prototyping durch Software-Entwickler als "sehr nützlich"
bewertet, da es eine sinnvolle Problemlösemethode für den Software-Entwicklungsprozess darstellt und dabei vor allem auch die Zusammenarbeit mit den
Benutzern erleichtern kann.

3.5 Benutzerbeteiligung bei der Software-Entwicklung

In der betrieblichen Praxis wird vermehrt der Versuch unternommen, Benutzer am
Software-Entwicklungsprozess zu beteiligen. Aussagen der von uns befragten
Praktiker wie "man muss auf alle Fälle die Benutzer beteiligen " oder "ohne
Benutzer geht es nicht" sowie die Auswahl der Benutzer für die Mitarbeit nach
vorwiegend fachlichen Gesichtspunkten weisen insgesamt daraufhin, dass die

Notwendigkeit von Benutzerbeteiligung zunehmend akzeptiert wird. Dies gilt vor allem für jene Fälle, in denen komplexe Softwaresysteme mit erheblichen arbeitsorganisatorischen Konsequenzen wie z.B. Veränderungen in der Ablauforganisation verbunden sind.

Dennoch ergeben sich bei der Untersuchung eine Reihe von Projekten ohne (15%) und viele Projekte mit nur passiver Benutzerbeteiligung (60%). Ueber aktive und frühe Benutzerbeteiligung bzgl. Form, Grad und Inhalt der Beteiligung wurde in insgesamt 25% der betrachteten Projekte berichtet.

Als hauptsächliche Probleme der Benutzerbeteiligung werden aus Sicht der Untersuchungspartner mangelnde EDV-bezogene und fachliche Qualifikationen der Benutzer, Verständigungsschwierigkeiten zwischen Software-Entwicklern und Benutzern sowie der durch die Benutzerbeteiligung entstehende zeitliche Aufwand genannt. In den Projekten mit intensiver und früher Beteiligung der Benutzer jedoch traten diese Probleme in viel geringerem Masse auf (vgl. 3.7). Dieses Ergebnis ist eine empirische Stütze für die in der Partizipationsforschung seit langem geforderte aktive und frühe Beteiligung von Benutzern an Software-Entwicklungsprozessen.

3.6 Probleme bei der Software-Entwicklung

Im folgenden sind die intensivsten Probleme, die im Laufe der Projektrealisierungen auftraten nach der Häufigkeit ihrer Nennung aufgelistet. Inhaltlich sind die Probleme organisatorischen, sozialen, qualifikatorischen, technischen, strategischen und sonstigen Aspekten zugeordnet.

Organisatorische Aspekte	**Soziale Aspekte**
Anforderungsermittlung (N=17) Projektkomplexität (N=13) Anforderungsänderungen (N=11) Projektmanagement (N=6) Projektinterne Kommunikation (N=3)	Mitarbeiterstabilität (N=8) Mitarbeitmotivation (N=2)
Qualifikatorische Aspekte	**Technische Aspekte**
Mitarbeiterqualifikation (N=9)	Entwicklungsumgebung (N=15) Hardware (N=7)
Strategische Aspekte	**Sonstige Aspekte**
Termindruck (N=17) Kosten (N=8)	Softwarequalität (N=6) Externe Einflüsse (N=4)

Abb.2. Probleme bei der Software-Entwicklung in N=75 betrachteten Projekten

Bezüglich der Probleme die u.a. aus strategischen Vorgaben resultieren, wurde deutlich, dass bei Softwareprojekten häufig erhebliche betriebswirtschaftliche Risiken be- bzw. entstehen. So wurden bei den Projekten die Kosten um durchschnittlich 45% (Streubreite 0-400%), die Termine um durchschnittlich 4,7 Monate (Streubreite 0-24 Monate) überschritten. Im folgenden Abschnitt wird deutlich, welcher Zusammenhang zwischen dem Vorgehen bei der Projektrealisierung und einigen der genannten Probleme sowie diesen betriebswirtschaftlichen Aspekten besteht.

3.7 Auswirkungen von partizipativen Vorgehensweisen bei der Software-Entwicklung

In der folgenden Tabelle sind die mehrheitlich positiven, statistisch abgesicherten Auswirkungen von - zumindest aus arbeitspsychologischer Perspektive - innovativen, partizipativen Projektmanagmentanansätzen aufgelistet.

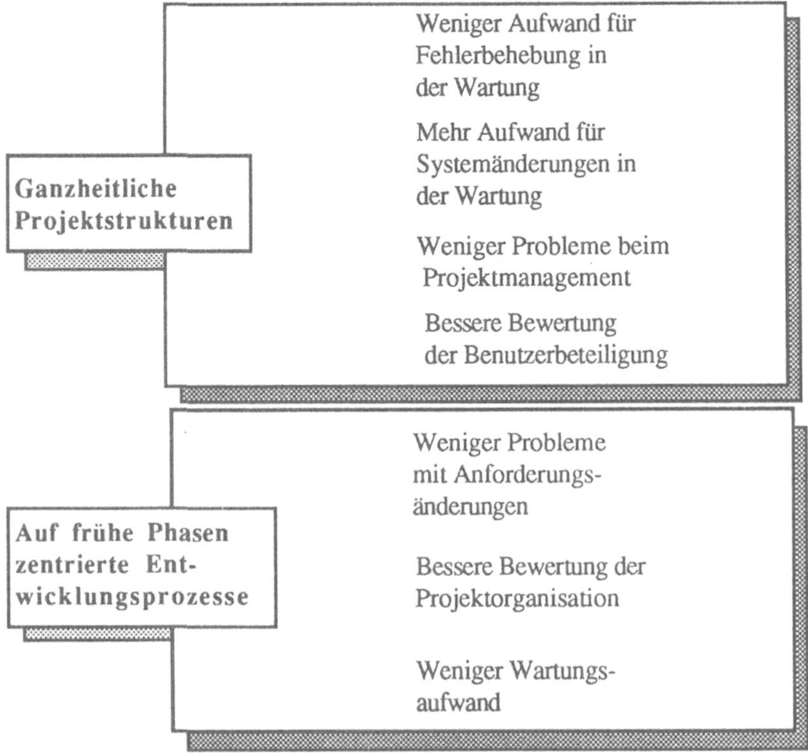

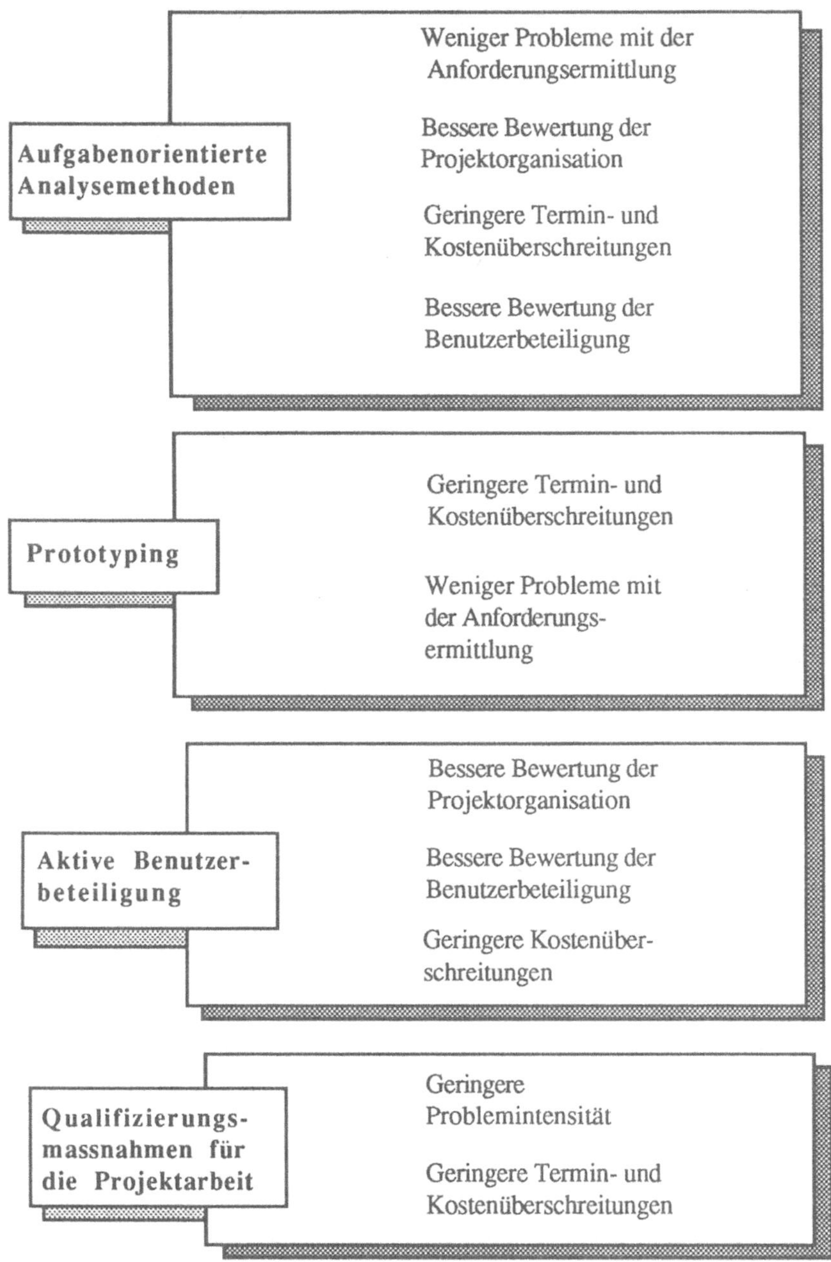

Abb.3. Auswirkungen partizipativer Vorgehensweisen bei der Software-Entwicklung

Die Zusammenhänge zwischen Kostenüberschreitungen und Benutzerbeteiligung sowie dem Methodeneinsatz sind im folgenden Schaubild exemplarisch dargestellt.

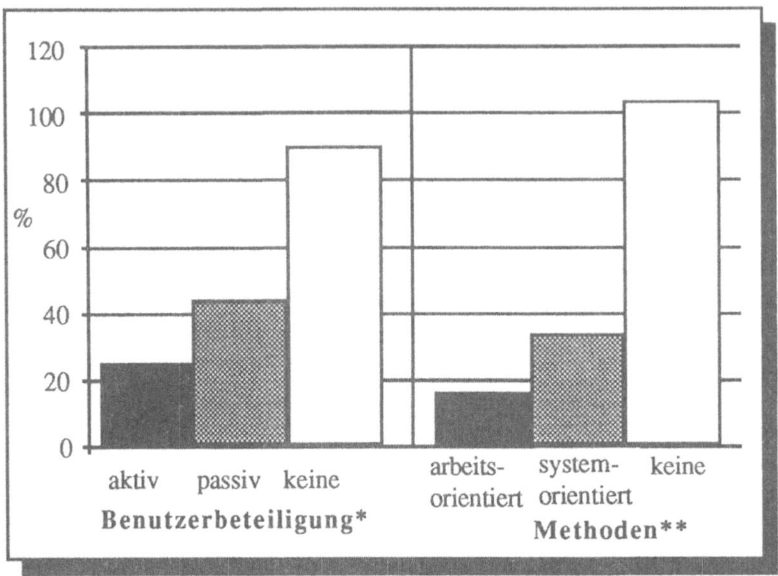

Abb. 4. Kostenüberschreitungen bei aktiver, passiver und nicht vorhandener Benutzerbeteiligung sowie dem Einsatz von arbeits-, systemorientierten und keinen Methoden zur Analyse und Anforderungsermittlung (N=70, *p<0.05, **p<0.01, Einfaktorielle Varianzanalyse).

Aus Abbildung 4 ist ersichtlich, dass bei den Projekten mit aktiver Benutzerbeteiligung und dem Einsatz von arbeitsorientierten Methoden die geringsten Kostenüberschreitungen entstanden.

4 Diskussion

Die Ergebnisse der Untersuchung geben einen Ist-Stand des arbeitsorganisatorischen, methodischen und benutzerbezogenen Vorgehens bei der Realisierung von Softwareprojekten wieder. Darüber hinaus wurden einige der zentralen Probleme transparent und dabei auch erkennbar, in welchem Zusammenhang diese mit unterschiedlichen Projektmanagementansätzen stehen. Die Ergebnisse der Untersuchung lassen den Schluß zu, dass - unabhängig von verschiedenen zu berücksichtigenden Rahmenbebedingungen - zu einem guten und effizienten Projektmanagement ganzheitliche Projektstrukturen, aktive und frühe Benutzerbeteiligung, der kombinierte Einsatz von arbeits- und systemorientierten

Methoden, der Einsatz von Prototyping sowie ein auf die frühen Entwicklungsphasen zentrierter Entwicklungsprozess gehören. Dieses Vorgehen sollte darüber hinaus in einen Prozess eingebettet sein, bei dem Kriterien benutzerorientierter Dialoggestaltung (Spinas 1987, Ulich 1991) sowie Konzepte einer arbeitsorientierten Gestaltung computerunterstützter Arbeitssysteme (Ulich 1991) als normative Zielgrössen gelten.

Dieser Anspruch erfordert einen ganzheitlich optimierten Software-Entwicklungsprozess, bei dem arbeitsorganisatorische, methodische sowie benutzerbezogene Aspekte gemeinsam in einer erweiterten Konzeption betrachtet und aufeinander abgestimmt werden. Auf die Systementwicklungsumgebung sowie die Projektaufgaben abgestimmte Arbeits- und Organisationsstrukturen in den Software-Entwicklungsabteilungen bilden dafür eine wesentliche Voraussetzung. Diese soziotechnische Konzeption der Software-Entwicklung wurde im Rahmen des Projektes entwickelt und soll im Laufe des Projektes empirisch überprüft werden.

5 Literatur

Foidl, H., Hillebrand, K. & Tavolato, P. (1986). Prototyping: die Methode- das Werkzeug- die Erfahrungen. Angewandte Informatik, 3, 95-100.

Hacker, W. (1989) Designing the designer´s Tasks´: Participative Analysis and Evaluation of Software Development Tasks. In Smith, M. & Salvendy, G. (Eds.), Work with computers: Organizational, Management, Stress and Health Aspects (p. 163-168). Elsevier: Amsterdam.

Krüger, W. (1987). Problemangepaßtes Management von Projekten. Zeitschrift Führung & Organisation, 4, 207-216.

Peschke, H. (1986). Betroffenenorientierte Systementwicklung. Frankfurt: Peter Lang.

Spinas, P. (1987). Arbeitspsychologische Aspekte der Benutzerfreundlichkeit von Bildschirmsystemen. Dissertation der Universität Bern.

Tavolato, P. & Vincenca, K. (1984). A prototyping methodology and its tool. In Budde, R., Kuhlenkamp, K., Matthiassen, L. & Züllighoven, H. (Hrsg.), Approaches to prototyping (S. 23-44). Berlin: Springer Verlag.

Wasserman (1983). Characteristics of software development methodologies. In Olle, T.W., Sol, H.G. and Tully, J.C. (Eds.), Information systems design methodologies: a feature analysis. Amsterdam: North-Holland.

Ulich, E. (1991). Arbeitspsychologie. Zürich: Verlag der Fachvereine, Stuttgart: Poeschel. (im Druck)

9 Beiträge aus Verbands- und Unternehmenssicht

Software - Probleme von gestern für die Arbeit von heute ?

Dieter Klumpp
Standard Elektrik Lorenz AG, Stuttgart

Zusammenfassung
Der Marsch in eine "Informationsgesellschaft" ist offenbar im Software-Sumpf steckengeblieben. Gesellschaftliche, wirtschaftliche und individuelle Organisationsmuster sind überfordert. Der Vortrag wirft kritische Fragen zu den Gestaltungs-Leitbildern von Software auf, um einen übergreifenden Diskurs anzustoßen.

Abstract
The march into an "information society" seems to be obstructed rather than accelerated by software production. Traditional patterns of societal, economical and individual organisations are in overload status. The speech raises critical points of view with regard to the models and visions of software production in order to encourage an interdisciplinary discourse.

1   Sind wir alle hineingeschlittert?

In der öffentlichen Diskussion wird Software international und interdisziplinär sehr intensiv unter den Gesichtspunkten des Abhängigkeitsrisikos, des Datenschutzes, des Rechts auf Informationelle Selbstbestimmung behandelt. Oft ist dabei - etwa in der Presse - die Leitfrage, was passieren könne, wenn die Software nicht funktioniert.

Viel weniger intensiv wird der Frage nachgegangen, was denn passiert, wenn die Software funktioniert. Insbesondere im Bereich von Wirtschaft und Verwaltung produziert funktionierende Software offensichtlich mehr Kosten als die nichtfunktionierende und dieser Prozeß vollzieht sich schleichend.

Es muß gefragt werden, ob hier nicht Probleme der Standortbestimmung in einem sich drehenden Karussell ein besorgliches Ausmaß erreicht haben. Allem Anschein nach sind wir in einen Vielfronten-Kampf hineingeschlittert, von dessen Verlauf nicht nur eine befriedigende Gestaltung des Zusammenwirkens von Mensch und Technik abhängt, sondern auch die internationale Wettbewerbsfähigkeit des Industriestandortes Europa.

2 Umgehen wir die Wertschöpfungsfall- gruben?

Seit Anfang der achtziger Jahre stellen Unternehmen immer dringendere Fragen an die Betriebswirtschaft, weil die Verlagerung der Wertschöpfung das tradierte System von Bilanz (z.B. bewertbare und beleihbare Güter einer Unternehmung) auf der einen und der Gewinn- und Verlustrechnung (z.B. Kosten) in der vollen Breite ins Rutschen bringt. Das Problem hat sich inzwischen - vor allem wegen der gestiegenen absoluten Einstiegspreise - bis in den Bereich der Innovationsunfähig- keit verschärft.

3 Geht uns die Software-Arbeit nie aus?

Der Übergang von Forschung über Entwicklung hin zu Produktion und Vertrieb hat nur noch künstliche Grenzen, die zunehmend weiter verschwimmen. In Einzel- fällen hat sich die Abfolge der Arbeitsteilung geradezu umgekehrt: Erst der Verkauf sichert am Ende vielleicht auch die erforderliche Forschung. Komplexe großtechno- logische Systeme, die einen Softwareanteil von über 50% erreichen, sind zu ewi- gen Baustellen geworden. Sogenannte "Effizienzsteigerungsverfahren" mit dem Ziel, Entwicklungskosten um einige Prozentpunkte zu drücken, werden dem Pro- blem von der Größenordnung her nicht gerecht. Andererseits sind die "sunk costs" in vorhandener Software der Pioniergeneration so beträchtlich, daß ein Großteil der Anwender ein vergleichsweise ineffektives Leben in diesen Software-Ruinen noch auf lange Sicht hin führen muß. Die Einsicht, daß man Software zwar spurenlos, aber nicht folgenlos fortwerfen kann, ist so trivial, daß niemand daraus praxisrele- vante Folgerungen ableiten will.

4 Gab es ein Organisationsleben vor der Software?

Ob man nun den begnadeten Programmierer nimmt, der bei der verdienten Beför- derung zum Gruppenleiter zur Hälfte mit Verwaltungsarbeit zugeschüttet wird (Aufbauorganisation) oder ob man den parallel entstehenden Festplattenmüll mit unzureichender Update-Automatisierung im Büro (Ablauforganisation) nimmt: Software-Entwicklung und Organisation bleiben eines der anschaulichsten Gegen- satzpaare im wirtschaftlichen Umfeld. Das Scheitern des Konzeptes "Papierloses

Büro" ist symptomatisch für eine Leitidee, die am Ende nicht einmal eine Gegen-Leitidee produzierte.

5 Brauchen wir mehr Software-Plomben?

Es ist absehbar, daß ein funktionierendes gesellschaftlich organisiertes Zusammen-leben unter anderem einer bindenden Verabredung darüber bedarf, welche Software nur im "verplombten" Zustand eingesetzt werden darf. Konzepte wie "elektronisches Geld" oder "dezentrale Personenspeicherung" brauchen Software auf Betriebssystem- wie Anwendungsebene, die - weil prinzipiell nicht manipulations-sicher gestaltbar - wenigstens als "neuinstallationsbedürftig" erkannt werden kön-nen müssen. Solche Systeme werden offensichtlich nur auf eine - in einem gesell-schaftlichen Diskurs festgelegte - "soziale Spezifikation" hin entwickelt werden. Der Markt ist bekanntlich imstande, auch Güter anzubieten, die ihn selbst zerstö-ren können. Es gilt mithin, das Marktfeld der Software-Plomben (und vieles mehr) aktiv zu gestalten.

6 Sind die Informatiker noch zu retten?

Im Zusammenhang mit dem "Zukunftskonzept Informationstechnik" ist bei-spielsweise von der nachrichtentechnischen Industrie die überraschende These auf-gestellt worden, daß man dort keine "Vollblut-Informatiker" mehr brauche, sondern eher Nachrichtentechniker mit Software-Kenntnissen. Obwohl (wie auch obenste-hende Beispiele zeigen) die Software-Welt drängende Aufgaben für Informatiker stellt, ist dieser These nirgendwo ernsthaft widersprochen worden und hat zum Teil in Modifikationen von Lehrplänen sogar einen ersten Widerhall gefunden. Es scheint, daß die Informatik noch immer nicht zu einem schlüssigen Selbstver-ständnis gefunden hat. Noch immer dominieren modische Peer-Group-Attitüden, die sich aus Sicht der Praxis von der vielgeschmähten Byzantinologie nur dadurch unterscheiden, daß sie millionenfach teurer sind. Es gilt zu prüfen, ob nicht eine Informatikreform, die vielleicht mehr Elemente der Informationswissenschaft auf-nimmt und die vor allem eine enge Kooperation mit der Organisationswissenschaft eingeht, doch unter dem laufenden Rad erfolgen sollte. Eine Ausdifferenzierung der Hausarchitektur in "Fensterarchitekten", "Rückfrontarchitekten" oder "Dachplattenarchitekten" wäre im Bereich des Lächerlichen praxisfern; in der Informatik droht diese Ausdifferenzierung nicht erst morgen.

7 Sind wir schon eine Software-Gesellschaft?

Es gibt viele Hinweise darauf, daß wir nicht in der "Silikon-Zeit", sondern in der "Software-Zeit" leben, ohne daß uns diese bewußt wird.

Wie mit der gesamten Technik geht es auch bei der Software nur noch bei romantischen Träumern darum, ihren Einsatz zu verzögern oder zu verhindern. Ein Point of Return ist nicht mehr in Sicht. Der Return on Sales aber bleibt ein anerkanntes Prinzip in kleinen und großen Unternehmensklassen, auch im "Unternehmen Volkswirtschaft".

Das Ausmaß des für notwendig erachteten Technikeinsatzes kann genausowenig analytisch oder normativ festgelegt werden wie das Ausmaß der jährlichen Lohnerhöhungen. Es bleibt uns nichts anderes übrig, als auch hier den mühevollen Weg des öffentlichen Diskurses zu gehen,in dem ausgehandelte verbindliche Kompromisse für eine berechenbare Zeit eben als der "state of the art" angesehen werden müssen, mit dem wir zu leben und zu wirtschaften haben.

Vielleicht gibt gerade die Tatsache, daß die Vision einer Informationsgesellschaft große Sprünge bekommen hat, uns die Kraft,die Probleme von gestern für die Arbeit von heute zu meistern.

Und was das "Morgen" betrifft: Poppers Wort, daß stets, wenn das Paradies auf Erden versprochen wurde, die Hölle auf Erden herauskam, sollten wir bedenken, wenn das nächste Software-Release das Reich der Anwenderfreiheit verkündet.

Softwaredesign ist (mehr als) Arbeitsgestaltung

Ulrich Klotz
Industriegewerkschaft Metall, Vorstandsverwaltung, Postfach 11 10 31,
D-6000 Frankfurt am Main 11

Zusammenfassung
In den vergangenen zwei Jahrzehnten haben sich verschiedene Schulen der Softwaregestaltung
herausgebildet, die von unterschiedlichen Menschenbildern ausgehen und sich im Hinblick auf
ihre arbeitsorganisatorischen, psycho-sozialen und kulturellen Implikationen stark unterscheiden. Die arbeitswissenschaftliche Diskussion ist aufgefordert, einige grundlegende Gestaltungsfragen zu reflektieren, die (hierzulande) lange Zeit ignoriert wurden.

Abstract
In the last two decades two different schools have developed in the area of software design,
which are based on different models of man. They differ greatly concerning organizational,
psycho-social and cultural questions. Human Factors Engineering will have to reflect some
basic questions of software design, which have been ignored (in Germany) for a long time.

Softwaredesign in der Schlüsselrolle

"Ist die Datenverarbeitungsanlage wie ein Auto, das gefahren, oder wie ein Aufsatz, der geschrieben werden soll? ... Der Computer ist so wandelbar, daß er als Maschine auftreten kann
oder als Sprache die gestaltet und angewendet sein will. Er ist ein Medium, der jede Einzelheit
eines anderen Mediums dynamisch simulieren kann - auch Medien, die in der dinglichen Welt
gar nicht möglich sind. Er ist kein Werkzeug, obwohl er sich wie viele Werkzeuge verhalten
kann. Er ist das erste Metamedium, und als solches besitzt er Freiheitsgrade der Darstellung und
des Ausdrucks, die es noch nie gab..." (Kay, 84).

Software als Form menschlicher Imagination verleiht dem Arbeitsmittel 'Computer'
eine in der Geschichte der Technik beispiellose Wandlungsfähigkeit, Flexibilität und
Universalität. Daher sind bei computerunterstützter Arbeit die Gestaltungsspielräume ungleich größer als bei jeder anderen Art technikunterstützter Arbeit. Der oft
behauptete technologische Determinismus (die 'technischen Sachzwänge') wird im
Fall des Computers - als einem "erstaunlich einfachen Mechanismus, der alle Mecha-
nismen zu simulieren vermag" (Turing) - widerlegt.
    Die Software enthält viele Schlüsselentscheidungen, die die Ausgestaltung des ein-
zelnen Arbeitsplatzes bzw. die Arbeitsqualität grundsätzlich beeinflussen. Durch
Software wird die Funktionsteilung zwischen Mensch und Maschine festgelegt; Pro-

grammierer bestimmen, welche Aufgaben der Computer übernimmt (und welche nicht) und wie die dem Menschen verbleibenden Arbeitsprozesse gestaltet sind. Ob vom 'Fließband im Büro', einer 'Taylorisierung der Kopfarbeit' oder einer 'persönlichkeitsförderlichen Arbeit' gesprochen werden kann, wird beim EDV-Einsatz u.a. per Software entschieden und nicht durch Bildschirme, Tastaturen oder sonstige Hardware wie die 'computergerechte' Raumausstattung.

Was für den Computereinsatz im klassischen EDV-Anwendungsfeld Büro/Verwaltung gilt, trifft unterschiedslos auch im Bereich der Produktion zu. Auch dort bestehen zwischen dem Design der Software und den Spielräumen zur Gestaltung der Mensch-Maschine- und der Mensch-Mensch-Aufgabenteilung enge Wechselwirkungen. Nicht zuletzt das vielzitierte Beispiel der Werkstattprogrammierung von CNC-Maschinen hat klar gezeigt, daß in modernen Arbeitssystemen der Softwaregestaltung eine Schlüsselrolle zukommt, wenn man arbeitsorganisatorische Veränderungen erfolgreich um- und durchsetzen will (vgl. Diekmann/Klotz 80).

Mit anderen Worten: Bei computerunterstützen Arbeitssystemen werden die Rahmenbedingungen und Gestaltungsspielräume für Arbeitsabläufe, Arbeitsinhalte, Belastungs- und Beanspruchungssituation, Arbeitsorganisation, Kommunikations- und Kooperationsbeziehungen, Handlungs- und Dispositionsspielräume, Qualifikationsstrukturen, Organisationsentwicklung usw. in hohem Maß durch Eigenschaften der verwendeten Programme abgesteckt. Software-Ergonomie kann sich deshalb nicht in der Gestaltung von Oberflächen und Bildschirm-Masken erschöpfen, sondern muß als (Teil von) Organisationsgestaltung im umfassenden Sinn begriffen werden.

Aufgrund seiner besonderen Qualität ist der Computer aber nicht nur als Arbeitsmittel zu betrachten. Denn: Menschen arbeiten mit Computern - und: Computer beeinflussen Menschen. Auch wenn man es nicht so überspitzt wie etwa Walter Volpert ("Computer programmieren Menschen", Volpert, 83) formulieren mag, so steht doch fest, daß Softwaredesign über die klassischen Felder der Arbeitsgestaltung hinaus noch in einer zweiten Dimension bedeutsam ist.

Für diese zweite Natur des Computers prägte Sherry Turkle den Begriff: 'evokatorisches Objekt' (Turkle, 84). Dabei geht es um subjektive Aspekte - um die Fragen, wie (insbesondere unerfahrene) Benutzer den Umgang mit einem Computer erleben, welche Phantasien, Bewertungen, Wünsche und Konflikte das Verhältnis zwischen Mensch und technischem Gegenstand prägen, in die Arbeit einfließen und auf den Menschen zurückwirken. Zahlreiche techniksoziologische Untersuchungen zum Themenkomplex 'Computerkultur' belegen den hohen gesellschaftspolitischen Stellenwert dieser Fragen. Nachfolgend soll beleuchtet werden, welche Rolle die Softwaregestaltung dabei spielt.

Software als Interface zwischen Mensch und Computer

Software verhält sich zur Informationsverarbeitung wie die Partitur zur Musik. Das, was für den Benutzer sinnlich als 'Computer' wahrnehmbar wird, ist im entscheidenden Teil Software. Das 'Human-Computer-Interface', wenig glücklich mit 'Benutzeroberfläche' übersetzt, ist - wie der Name sagt - das, was zwischen Mensch und Computer steht. Es kann als eher trennende 'Schnitt-Stelle', aber auch als transparente Brücke gestaltet sein. Ob der Computer als angstauslösender Mythos oder als handhabbares Werkzeug, als autoritäres Herrschaftsinstrument oder als kreativitätsförderndes

Medium wahrgenommen wird, hängt vom Softwaredesign des 'User-Interface' ab, weil für Anfänger wie für Fachleute gleichermaßen gilt: "Der Programmierer entwirft das Sprachumfeld und erzeugt damit die Welt, in der die Benutzer agieren" (Winograd, 89); "Um einen Modeausdruck aus der Psychologie zu verwenden, ist die Benutzerschnittstelle - aus der Sicht des Benutzers - die <u>Gestalt</u> des Computers" (Shore, 87).

Bei genauerer Betrachtung stellt sich deshalb regelmäßig heraus, daß die meisten Probleme, die gemeinhin der 'Computerisierung' als solcher zugeschrieben werden, Probleme sind, die durch Softwaredesign, präziser: durch bestimmte Interface-Konzepte hervorgerufen werden.

In ihrer grundlegenden Arbeit über die Neugestaltung von Computersystemen konstatierten Terry Winograd und Fernando Flores:
"Die gegenwärtig vorherrschende theoretische Auseinandersetzung über Computer beruht auf einer Mißdeutung des Wesens menschlicher Erkenntnis und Sprache. ... Computer, die auf der Grundlage dieses Mißverständnisses entworfen und gestaltet werden, bieten nur ärmliche Möglichkeiten zur Formung und Erweiterung des Gesichtsfeldes menschlichen Verstehens. Solche Computer sind nämlich in ihrem Einsatz beschränkt auf Wissensrepräsentation in Gestalt des Sammelns und Manipulierens von Fakten, und sie sind reduziert auf Kommunikation als Informationsübertragung" (Winograd, 89).

Das Mißverständis, mit dem sich Winograd und Flores beschäftigen, ist in der Tat weit verbreitet. Seine Aufklärung liefert Schlüssel zu einem gewandelten Verständnis von Computern - wie es das Eingangszitat erahnen läßt.

Läßt man die in software-ergonomischen Diskussionen häufig dominierenden Details verschiedener Programme einmal beiseite, so lassen sich die heute existierenden Softwaresysteme anhand ihrer Interaktionskonzepte grob in zwei Gruppen unterscheiden, die in ihrem Kern auf zwei verschiedenen Metaphern basieren: der Konversations-Metapher und der Werkzeug-Metapher.

Die Konversations-Metapher

Die bis dato dominierende Form der Interaktion zwischen Mensch und Computer ist im Kern ein fossiles Relikt jener Ära, in der klappernde Fernschreiber die einzigen interaktiven Computerperipheriegeräte waren. Es ist die Form des bidirektionalen Austauschs von hochgradig formalisierten Zeichenketten - eine Interaktionstechnik, die häufig als sogenannter 'Mensch-Maschine-Dialog' oder als 'Dialog'-System bezeichnet wird. Angesichts ihrer zahlreichen syntaktischen und semantischen Restriktionen, d.h. ihrer formalen Armut hat diese Interaktionsform die anthropomorphisierende Bezeichnung 'Dialog' (= Wechselrede, Zwiegespräch) eigentlich nicht verdient, da 'Dialog' (wie auch 'Konversation' oder 'Kommunikation') bekanntlich nicht nur aus dem Austausch von Worten besteht.

Bei der Arbeit mit solchen 'Dialog'-Systemen ist der Benutzer gezwungen, seine Intentionen in die formale Sprache des Systems zu übersetzen. Dabei wird ihm bis in kleinste syntaktische Details penibel und rigide vorgeschrieben, welche Aktionen zu einem bestimmten Zeitpunkt, in einer bestimmten Situation erlaubt sind. Unerlaubte Aktionen - zu denen bereits Tippfehler zählen - werden vom System unnachsichtig mit Fehlermeldungen quittiert oder mit anderen Systemreaktionen beantwortet, deren Interpretation nicht selten große Schwierigkeiten bereitet.

Die mangelhafte 'Kompatibilität' der 'Schnittstellen' von Mensch und Computer, d.h. die im allgemeinen große Kluft zwischen menschlichen Denk- bzw. Handlungsmustern und der formalen Systemsprache, in die diese übertragen werden müssen, wirft erhebliche Abbildungs- und Anpassungsprobleme auf, deren Überwindung oft umfangreiche Kenntnisse systemspezifischer schematischer Details voraussetzt.

Dies nicht zuletzt aufgrund des bekannten 'CLI-Bottlenecks' (CLI = Command Line Interface): wegen der relativ umständlichen sequentiellen Eingabe tendieren CLI-Systeme - wie es am Beispiel von UNIX oder C deutlich wird - zu sehr kurzen und damit zwangsläufig kryptischen Befehlen, da bei ihnen jeder einzelne Tastendruck zählt. Dies hat vor allem für ungeübte oder gelegentliche Benutzer mangelhafte Systemtransparenz, hohen Einarbeitungsaufwand, hohe Fehlerquoten und -risiken und insgesamt erhebliche psychische Belastungen zur Folge. Mitunter kann durch einen einzigen unbedachten Tastendruck die Arbeit eines ganzen Tages zunichte gemacht werden.

Die aus den formalen Zwängen des 'Dialogs' resultierenden Anforderungen bzw. Qualifikationen haben mit der eigentlichen Arbeitsaufgabe wenig bis nichts zu tun, sondern sind im Grunde nur lästiger (beim Systemwechsel wertlos werdender) Ballast, der die mit Hilfe des Computers zu lösenden Probleme verkompliziert und davon ablenkt - ein typisches 'Dialog'-System "...zwingt den Benutzer, sich mit Komplexitäten aus dem verkehrten Bereich herumzuschlagen" (Winograd, 89).

Aus der Entwicklung formaler Sprachen auf dem Gebiet des Software-Engineering wissen wir, daß bei wachsender Anpassung an die Aufgabe bzw. Sprachgewohnheiten des Benutzers - vom Maschinencode über Assembler und höhere Progammiersprachen bis hin zu den aufgabenspezifischen Spezial-'Sprachen' - gleichzeitig auch ein Teil der Transparenz verlorengeht. Was einerseits gerade Ziel dieser Entwicklungen ist, nämlich den Benutzer nicht mehr als nötig mit systemspezifischen Details zu belasten, führt andererseits dazu, daß der Benutzer die Einsicht in den inneren Verarbeitungsprozeß verliert, weil die sprachgebundene Oberfläche den Blick auf den inneren Mechanismus versperrt (vgl. Schönpflug, 89).

Da das für den Umgang mit Computersystemen erforderliche Wissen in der Regel nur applikationsbezogen vermittelt wird, beschränken sich die Kenntnisse von Endbenutzern meist auf das Vokabular von Anwendungs- und allenfalls Betriebssystem-Kommandosprachen. Auf dieser Basis kann ein technisch unerfahrener Benutzer kaum ein ihm angemessenes Vorstellungsbild von den systeminternen Strukturen und Prozessen entwickeln. Der Computer bleibt für ihn meist eine undurchschaubare, unnahbare Gerätschaft, die sich anthropomorph zu 'verhalten', d.h. als 'intelligente' - oder auch 'dümmliche' - jedenfalls irgendwie 'denkende Maschine' zu reagieren scheint. Wobei mitunter noch nicht einmal klar erkenntlich wird, wer eigentlich auf wessen Aufforderungen reagiert - der Mensch oder der Computer. Nicht zuletzt die animistische Umgangssprache zeigt, daß Computersysteme, mit denen Anweisungen in sprachgebundener Form ausgetauscht werden, für ihre Benutzer letztlich meist ein Mythos bleiben.

Aufgrund der vielfältigen systembedingten Restriktionen traditioneller Dialog-Systeme und der durch Masken, Menüführungen und andere Formalismen hochgradig determinierten Arbeitsabläufe werden diese Systeme häufig als stoische, gängelnde und kontrollierende Zwangssysteme empfunden, die beim Benutzer Unzulänglichkeits- und Ohnmachtsgefühle auslösen. Ben Shneiderman nannte dies sogar "terminal terror" und konstatierte: "Frustration and anxiety are a part of the daily life for many users of computerized information systems" (Shneiderman, 87).

Diese Ängste und Frustrationen werden noch dadurch erheblich verstärkt, daß der Benutzer herkömmlicher Dialog-Systeme im allgemeinen keine oder allenfalls nur sehr beschränkte Möglichkeiten hat, ein solches System seinen Fähigkeiten oder Vorstellungen anzupassen - dies bleibt den Software-Spezialisten überlassen, die die Technik (mehr oder weniger) beherrschen und dank dieser Tatsache Arbeitsmittel und -abläufe gestalten, den Benutzer in Abhängigkeit und Unmündigkeit halten, d.h. auf vielfältige Weise soziale Macht ausüben können.

'Künstliche Intelligenz' ist keine Lösung

Ganz in der Tradition der anthropomorphisierenden Konversations-Metapher steht eine Forschungsrichtung, die sich (unter anderem) zum Ziel gesetzt hat, die Probleme vieler Computerbenutzer durch eine Verbesserung des 'Dialogs' zu entschärfen. Die Rede ist von sogenannten natürlichsprachlichen Systemen und ähnlichen Entwicklungen, die der 'Artificial Intelligence' (AI) zugeordnet werden.

Mit diesen Systemen wird auf unterschiedliche Art und Weise versucht, per Software kognitive Prozesse zu modellieren, d.h. menschliches Verhalten zu simulieren. Dadurch wird der tendenziell durch jede Art von Dialog-System beim Benutzer erweckte Eindruck, mit einem scheinbar 'denkenden' Gerät zu 'kommunizieren', noch erheblich verstärkt. 'Naive' Benutzer erleben den Umgang mit derartigen Simulationsprogrammen als Plauderei bzw. den Computer insgesamt eher als 'Gesprächspartner' denn als durchschau- und beherrschbares Werkzeug.

Erich Fromm und insbesondere Joseph Weizenbaum wiesen beizeiten auf die problematischen psycho-sozialen Effekte und Gefahren der technischen Simulation anthropomorphen Verhaltens hin (vgl. Weizenbaum, 77). Besonders pointiert kritisierte der Informatiker und Philosoph Kurt Ebbinghaus (IBM) diese Entwicklungen und stellte ihnen eine alternative Schule der Softwaregestaltung gegenüber:

"Wenn es sich bei der Künstlichen Intelligenz um eine Fehlentwicklung handelt, was ist dann die Alternative? Die Antwort muß lauten: Die Datenverarbeitung als das sehen, was sie ursprünglich ist, nämlich ein Werkzeug, das es möglichst menschengerecht zu gestalten gilt, d.h. so, daß es den Menschen nicht versklavt, sondern befreit. Es gibt hier Gestaltungsspielräume. Ob sie genutzt werden, und, wenn ja, wie, hängt von dem Menschenbild ab, das den Entwicklern und Auftraggebern vorschwebt. Deshalb halte ich eine Besinnung auf das Menschenbild für praktisch wichtig und nicht nur für eine akademische Spielerei.
Das Entscheidende ist hierbei das, was man man im Fachjargon 'Mensch-Maschine-Schnittstelle' nennt. Das sind die Teile des Computer-Systems, durch die der Mensch mit der Maschine kommuniziert. Sie sind seit Jahren Gegenstand einer eigenständigen Disziplin: der Ergonomie, insbesondere der Software-Ergonomie. Hier gibt es zwei entgegengesetzte Schulen:
Die eine sieht den Benutzer als prinzipiell dumm an und versucht, das System so intelligent zu machen, daß vom Menschen nur ganz primitive Entscheidungen verlangt werden. Die andere Schule versucht, das System dem Benutzer transparent zu machen, sodaß er in der Lage ist, hinter der Benutzeroberfläche eine Struktur zu erkennen. Das gibt dem Menschen die Möglichkeit, mit einer Vielfalt von Entscheidungsmöglichkeiten intelligent umzugehen. Der Grundsatz der Ergonomie ist auch eine Frage des Menschenbildes. Was die zuerst genannte Schule immer geschafft hat, war, daß sich der Benutzer dumm und minderwertig fühlte. Im Zweifelsfalle war es immer der Mensch, der etwas falsch gemacht hat" (Ebbinghaus, 89).

Die Werkzeug-Metapher

Die Wurzeln dessen, was Ebbinghaus als zweite Schule der Software-Ergonomie bezeichnet, reichen in die sechziger Jahre zurück. Abgesehen von wichtigen Vorarbeiten - etwa von Ivan Sutherland und Douglas Engelbart - war es vor allem Alan Kay, der bereits gegen Ende der sechziger Jahre Vorstellungen entwickelte, die weit über die damaligen praktischen Grenzen der Digitaltechnik hinausgingen (vgl. Sutherland, 63; English/Engelbart, 67 und Kay, 69).

Zu einer Zeit, als noch Lochkarten das Charakteristikum der Mensch-Computer-Schnittstelle riesiger Rechenanlagen und 'Antwortzeiten' von Tagen nicht selten waren, arbeitete Kay bereits an seiner 'Dynabook'-Idee - der seinerzeit geradezu unerhörten Vision eines lediglich notizbuchgroßen Hochleistungscomputers, der auch von technischen Laien als 'dynamic medium for creative thought' universell für die Manipulation von Text, Bild, Sprache, Musik und Film einsetzbar sein sollte.

Im Rahmen vielfältiger Forschungsarbeiten zum 'Dynabook'-Projekt entwickelten Alan Kay und Lawrence Tesler im Xerox Palo Alto Research Center (PARC) während der siebziger Jahre neben dem Urahnen aller Personal Computer (dem 'Alto') insbesondere die objektorientierte Programmierumgebung 'Smalltalk' (vgl. Tesler, 81).

Paradigmenwechsel in der Softwaretechnik

Die Entwicklung von 'Smalltalk' stellt sowohl hinsichtlich ihrer Zielsetzung wie auch methodisch den Beginn eines Paradigmenwechsels in der Softwaretechnik dar.

Die im PARC tätigen Wissenschaftler hatten u.a. erkannt, daß die traditionelle - noch immer dominierende - Methode, Computer 'von innen nach außen' zu entwickeln, d.h. zuerst Hardware und Systemsoftware eines Computers zu realisieren und hiervon ausgehend dessen Schnittstelle zum Benutzer zu konzipieren bzw. aufzusetzen, in der Regel unbefriedigende Resultate zeitigt. Denn auf diese Weise werden den Benutzern Arbeitsmittel bzw. Arbeitsweisen aufgezwungen, die weit mehr an der technikzentrierten Phantasie von Hard- und Software-Entwicklern als an ihren eigenen Bedürfnissen, Fähigkeiten und Intentionen orientiert sind.

'Smalltalk' hingegen ist das Resultat eines langjährigen explorativ-iterativen Analyse- und Entwicklungsprozesses, in dessen verschiedenen Phasen immer wieder computerunerfahrene Benutzer zu Rate gezogen wurden, deren Vorschläge in immer neue Vorgaben für die Techniker mündeten. Insbesondere langjährige Experimente mit hunderten Kindern und Jugendlichen erbrachten wegweisende Aufschlüsse darüber, wie Menschen den Umgang mit einem Computer erlernen, welches Vorstellungsbild sie von den systeminternen Vorgängen entwickeln und welche Funktionalität und Anwendungsmöglichkeiten 'naive' Benutzer von einem Computer erwarten. Dabei stellte sich u. a. heraus, daß sich Kinder (im Gegensatz zu vielen Erwachsenen) nicht mit den technikzentrierten, vergleichsweise primitiven Interaktionsmöglichkeiten von (Time-Sharing-)Dialog-Systemen zufriedengaben, sondern Vorstellungen entwickelten, die ein mehrhundertfaches an Computerleistung, d.h. neue Hardware- und Softwarekonzepte erforderten.

Unter anderem war es ein Ziel der PARC-Entwickler, den Computer zu entmystifizieren. Das technische Gerät sollte nicht als mehr erscheinen, als es tatsächlich ist:

"One of the most common mistakes about computers is the impression that a machine which can calculate pi to several thousand decimal points in the twinkling of an eye must somehow be cleverer than the average toaster" (Browning, 90).

Anstelle der Bemühungen von Protagonisten der Artificial Intelligence, menschliches Verhalten programmtechnisch nachzuahmen, verfolgten Kay und Tesler deshalb ein diametral entgegengesetztes Ziel: sie wollten per Software Werkzeuge simulieren. Dabei sollte zugleich die innere Struktur des Computers in vereinfacht-transparenter Form offengelegt werden.

Smalltalk war somit der Grundstein zur Entwicklung der grafisch-objektorientierten Interaktionstechnik. An die Stelle des abstrakten Zeichenkettenaustauschs herkömmlicher 'Dialog'-Systeme traten Interaktionen auf einer benutzer- und aufgabenadäquateren Repräsentationsebene, deren Kennzeichen im Wortsinne 'handhabbare' Objekte sind. Diese Objekte repräsentieren u.a. Gegenstände und Vorgänge aus der gewohnten Arbeitsumgebung bzw. Erfahrungswelt der Benutzer in Gestalt intuitiver Metaphern.

Sinn und Zweck dieser grafischen Simulationen ist es, beim Benutzer ein Vorstellungsbild zu erzeugen. Kay, der den evokatorischen Charakter des Computers klar erkannt hatte, prägte hierfür den weitreichenden Schlüsselbegriff der 'User-Illusion': " es ist die vereinfachte anschauliche Version, die sich jeder von dem System macht, um sich dessen Tätigkeit zu erklären (und sie zu erraten) und um sich klarzumachen, was man selbst als nächstes tun muß" (Kay, 84).

Entscheidend dabei ist, daß die Benutzer direkt in der Welt dieses Vorstellungsbildes agieren können, ohne auf die abstrakte (und den Arbeitsablauf störende) Vermittlungsebene der versteckten Programme eingehen zu müssen.
"Von unmittelbarer Einwirkungsmöglichkeit spreche ich, wenn das Vorstellungsbild als Werkzeug zur Lösung eines Problems dient."..."Vielleicht der wichtigste Grundsatz ist WYSIWYG (What you see is what you get): Das Bild auf dem Schirm ist stets eine getreue Darstellung der Benutzervorstellung. Verändert man das Bild auf eine bestimmte Art, so wirkt sich das sofort in überschaubarer Weise auf den Zustand der Maschine aus (so wie es sich der Benutzer vorstellt)" (Kay, 84).

Vor allem durch dieses unmittelbare, anschauliche und sofortige Feedback entsteht beim Benutzer der Eindruck, als würde er direkt mit den Objekten des jeweiligen Gegenstandsbereichs umgehen, und nicht nur mit den (über viele Schichten komplexer Software vermittelten) symbolischen Repräsentationen dieser Objekte. In dieser simulierten Modell-Welt kann der Benutzer mit intuitiv-motorischen Aktionen (Zeigehandlungen) direkt Text-, Daten-, Grafik- oder sonstige -Objekte manipulieren bzw. Objektmetaphern handhaben, um Vorgänge unterschiedlichster Art auszulösen.

Menschenähnliche versus menschengerechte Systeme

Die beiden skizzierten Ansätze werden häufig auf der Ebene: 'grafik- versus zeichenorientierter Dialog' diskutiert. Dies ist eine im doppelten Sinn oberflächliche Betrachtungsweise, die bereits auf der instrumentellen Ebene wesentliche Aspekte nicht erfaßt und die evokatorische Dimension gar völlig ignoriert.

Ein herkömmliches System nach der Konversations-Metapher "...beantwortet die Anweisungen des Benutzers mit einer Beschreibung dessen, was passiert ist. Das Material als Arbeitsgegenstand wird nicht dargestellt" (Budde, 90). Hingegen hat bei werkzeugbasierten Systemen der Benutzer die Gegenstände seiner Arbeit und deren

Veränderung ständig vor Augen. Da an die Stelle der Aktionsvorschrift die Aktion selbst tritt, sind auch die jeweiligen Handlungsmöglichkeiten oft intuitiv klar - während bei einem traditionellen 'Dialog'-System "...der Anwender oft genug vor einem leeren Bildschirm sitzt und rätseln muß, wie er der Maschine in ihrer Sprache sagt, was sie tun soll" (Charlier, 90).

Besonders im Vergleich zu anderen Mensch-Maschine-Schnittstellen wird deutlich, welch immense Bedeutung die Möglichkeit hat, direkt (sichtbare) Objekte des jeweils interessierenden Gegenstandsbereichs manipulieren zu können, statt auf einer zwischengeschalteten Kommandosprachebene agieren zu müssen. Man stelle sich etwa vor, ein Auto per Sprache zu kommandieren, statt es zu steuern. Auch ist aufschlußreich, daß selbst Terry Winograd, bedeutsamster Pionier im Bereich natürlichsprachlicher Systeme, inzwischen frühere Positionen revidierte:
"Nun ist Transparenz der Interaktion beim Entwurf von allen Werkzeugen, auch von Computersystemen, von allergrößter Bedeutung, aber der Versuch, menschliche Fähigkeiten nachzuahmen, ist dafür keineswegs der optimale Weg" (Winograd, 89).

Daß es nicht nur um unterschiedliche Softwaretechniken, bzw. unterschiedliche Arten einen Computer zu bedienen, geht, wird aber vor allem an den Reaktionen der Benutzer deutlich. Bei traditionellen 'Dialog'-Systemen spielt das Phänomen 'Computerangst' eine zentrale Rolle, wie es etwa John Shore höchst lesenswert beschreibt (vgl. Shore, 87). Ganz anders bei werkzeugbasierten Ansätzen: "...das Gefühl der direkten Kontrolle über den Arbeitsgegenstand wirkt motivierend, oft sogar begeisternd" (v. Benda, 88). Bei direkt manipulierbaren 'End-User-Tools' kommt der Benutzer - genausowenig, wie dies bei realen Werkzeugen der Fall ist - gar nicht erst auf die Idee, mit einer 'denkenden' Maschine umzugehen. Aufgrund der quasianalogen Eingabeform und der unmittelbaren Rückmeldung werden entsprechende Softwaresimulationen viel eher als werkzeugähnlich, d.h. "als Extensionen des eigenen Körpers empfunden" (v. Benda, 88).

In der Gegensätzlichkeit dieser Reaktionen spiegelt sich wider, daß die beiden Ansätze im Kern Ausdruck unterschiedlicher Menschenbilder sind. Auf der einen Seite wird - bewußt oder unbewußt - der Mensch mechanistisch betrachtet, d.h. als zumindest partiell durch Software simulierbares Objekt. Was dabei herauskommt, sind, wie es vor allem Lewis Mumford beschrieb, Maschinen, bei denen Menschen als 'bewegliche' Teile der Maschinerie fungieren (vgl. Mumford, 77). Es sind Computersysteme, mit denen ausschließlich in Form von Anweisungen, 'Befehlen' verkehrt wird. Da "etwas Geschaffenes auf seinen Schöpfer zurückwirkt" (Ebbinghaus, 89), lassen sich weite Teile der durchaus berechtigten Kritik an der elektronischen Datenverarbeitung letztlich auf konzeptionelle Grundentscheidungen zurückführen, die bislang selten hinterfragt wurden.

Ganz anders bei den Ansätzen, die von der Zielvorstellung eines 'aktiven Mediums' (Kay) geprägt sind. Während z.B. beim Medium Fernsehen das technische System aktiv und der Benutzer passiv ist, kehrt sich bei fortgeschrittenen Implementierungen des Kay'schen Ansatzes - die in Gestalt der Kombination von Hypertextkonzepten mit DVI-Techniken (Digital Video Interactive) zu sogenannten Hypermedia-Systemen der ursprünglichen 'Dynabook'-Vision recht nahe kommen - dieses Verhältnis um. In Anlehnung an Ivan Illich könnte man bei benutzergestaltbaren Softwarekonzepten à la 'HyperCard' eher von einem 'konvivialen Medium' sprechen (vgl. Illich, 75).

Insgesamt gesehen bestätigt sich an diesen beiden Schulen der Software-Ergonomie, was schon Erich Fromm klar erkannte: "... die Programmierung der Computer beruht auf eingebauten und häufig unbewußten Wertbegriffen" (Fromm, 74).

Defizite und Innovationsbarrieren

Die Marktentwicklung läßt erkennen, daß sich die zweite Schule der objektorientierten, werkzeugbasierten Softwarekonzepte angesichts ihrer vielfältigen Vorteile allmählich durchzusetzen beginnt. Dies betrifft - trotz der bekannten Innovationsfeindlichkeit von Programmierern (vgl. Schelle, 83) - auch den Bereich des Software-Engineering. Inzwischen steht in Fachkreisen außer Frage, daß die Entwicklung von 'Smalltalk' einen der bedeutsamsten Fortschritte der letzten Jahrzehnte darstellt und "... die Idee des objektorientierten Programmierens auf die Informatik der neunziger Jahre einen ähnlich nachhaltigen Einfluß ausüben (dürfte), wie es der strukturierten Programmierung in den siebziger Jahren gelungen ist" (Kreutzer, 90). Dies vor allem deshalb, weil objektorientierte Ansätze "... eine bessere Modellierung von Phänomenen der realen Welt in Compersystemen (erlauben) als bisherige Technologien des Software-Engineering" (Nastansky, 90).

Wie skizziert, wurden die Fundamente dieses Ansatzes schon in den frühen siebziger Jahren entwickelt - d.h. zu einer Zeit, als der Begriff 'Software-Ergonomie' noch gar nicht existierte und Vokabeln wie 'Partizipation', 'Rapid Prototyping' oder 'User Centered System Design' nicht nur unter Softwareentwicklern noch weithin unbekannt waren. Insbesondere angesichts des in zwei Jahrzehnten geschaffenen reichhaltigen Fundus anglo-amerikanischer Literatur zu Fragen der menschengerechten Softwaregestaltung ist umso bemerkenswerter, daß viele der grundlegenden Arbeiten insbesondere in den Arbeitswissenschaften hierzulande bislang kaum rezipiert wurden.

Nicht selten ist mangelnde wissenschaftliche Sorgfalt die Ursache dieser Defizite. Wenn etwa konstatiert wird, daß zum "Dialog durch direkte Manipulation ... tiefergehende arbeitswissenschaftliche Untersuchungen noch fehlen" (Cornelius, 85) oder wenn behauptet wird, daß der "benutzerfreundlichen Softwaregestaltung ... in Europa mehr Gewicht beigemessen wird als in den USA" (Katz, 87) so wird klar, daß derartige wissenschaftliche Ignoranz wohl auch ihren Beitrag zu der Tatsache liefert, daß am Markt erfolgreiche Software nun einmal fast ausschließlich aus den USA kommt.

Womit andererseits keinesfalls behauptet werden soll, daß Software made in USA per se ergonomisch überlegen sei. Daß dies beileibe nicht immer der Fall ist, zeigen zahlreiche Beispiele benutzerfeindlicher Software, die noch immer dem im angloamerikanischen treffend mit 'glass-teletype' charakterisierten Interaktionskonzept folgen. Das bekannteste darunter ist sicherlich der sog. Industriestandard 'MS-DOS', dessen schwerwiegende ergonomische Mängel einerseits Millionen von unerfahrenen EDV-Benutzern Kopfzerbrechen bereiten und andererseits bei Beratern, Trainern und Verlegern für stets gefüllte Kassen sorgen. Nebenbei wird hier auch die Rolle der Marktmacht besonders deutlich, vor der sowohl Anwender wie auch Wissenschaft oft genug kapitulieren.

Daneben gibt es aber durchaus noch weitere Momente, die dazu beitragen, daß ergonomisch fortschrittliche Softwarekonzepte sich erst mit erheblicher Zeitverzögerung durchzusetzen beginnen. Zum einen tangiert die mit solchen Ansätzen einhergehende Emanzipation der Endbenutzer (vgl. Chew, 90) die Interessen der etablierten EDV-Expertokratie. Jacques Vallee schildert in seinem Kapitel: "Vernebelungslehre: Die Wissenschaft einfache Dinge kompliziert erscheinen zu lassen" anhand sehr plastischer Beispiele, wie

"...Computerfachleute versuchen, ihre Privilegien dadurch zu sichern, daß sie sich hinter ihrem eigenen Jargon verstecken ... Die von Programmierern angewandten Methoden, Computerbenutzer zu verwirren, sind Teil eines Faches, das ich Vernebelungslehre nenne, die Wissenschaft, anderen Menschen etwas zu verheimlichen." ... "Die Kompliziertheiten des Computergebrauchs sind von Spezialisten bewußt geschaffen worden ... Eine massive Anstrengung, die unnötig komplizierten Steuersprachen zu vereinfachen ... würde die ungeheuren Mengen an folkloristischem Gefasel beseitigen, die als Wissen hingestellt werden und für die Programmiererelite Sicherheit der Arbeitsplätze garantieren. Der Vernebelungs-Imperativ ist eine clevere Vermarktungsstrategie. ... Die Situation wird nicht von der Technologie selbst diktiert, sondern von sozialen, psychologischen und wirtschaftlichen Hemmnissen" (Vallee, 83).

Hand in Hand mit dieser Vernebelungsstrategie geht aber auch die Tatsache, daß in der arbeitswissenschaftlichen und gewerkschaftlichen Diskussion um die Gestaltung von computergestützter Arbeit das Thema: 'Software' oft nur eine belanglose Nebenrolle spielt oder der Software-Ergonomie sogar "Fragwürdigkeit" attestiert wird (Benz-Overhage, 87). In so mancher Anleitung zur Gestaltung dessen, was bezeichnenderweise noch immer 'Bildschirmarbeit' genannt wird, taucht der Begriff 'Software' überhaupt nicht auf. Selbst in erst kürzlich erschienenen Gestaltungsanleitungen schimmert noch immer die Vorstellung durch, daß an einem solchen Arbeitsplatz alles in Ordnung sei, wenn Sitzhöhe, Blickwinkel, Beleuchtung und all die anderen Faktoren stimmen - ein bisweilen fataler Trugschluß (vgl. Köchling, 85 und 90). Um es mit einem Vergleich zu sagen: der Standpunkt, bei der Gestaltung der 'Bildschirmarbeit' die Software auszuklammern, ist mit dem eines Literaturrezensenten zu vergleichen, der sich bei der Beurteilung von Büchern auf die Einbandgestaltung und die Typografie beschränkt.

Zwar ist weithin klar, daß 'Ergonomie' nicht nur das umfaßt, was man messen und leicht überprüfen kann - dennoch: die Diskussion computerunterstützter Arbeit ist oft noch stark den tradierten Kategorien verhaftet, wie sie von der 'alten' Industriearbeit geprägt sind - und die der neuen Qualität, vor allem den psycho-sozialen Aspekten des Umgangs mit Computern nicht gerecht werden können. Wenn etwa in einem verbreiteten Werk zur 'Bildschirmarbeit' zu lesen ist, daß "die ebenfalls erhobenen 'Ängste und Beklemmungen' wahrscheinlich Resultat der Unangepaßtheit des Menschen an die Computerarbeit sind" (Köchling, 85) so erhellt dies schlagartig das von Winograd benannte Mißverständnis über das Wesen von Computern. Zugleich wird anhand dieses verbreiteten, von der klassischen 'Maschine' geprägten, Technik- und Ergonomieverständnisses auch deutlich, warum "die gewerkschaftliche Haltung zum betrieblichen Computereinsatz ...(bislang) einige Möglichkeiten der menschengerechten Gestaltung verstellt hat" (Budde, 90).

Andererseits wird in Managementkreisen zunehmend erkannt, daß sich softwareergonomische Überlegenheit in Form deutlich geringerer Aufwendungen für Benutzerschulung und -betreuung sowie höherer Produktivität ökomisch niederschlägt. Somit wachsen die Durchsetzungschancen fortschrittlicher Softwarekonzepte, anhand derer sich übrigens in der Praxis immer wieder zeigt, daß sie aufgrund ihres emanzipatorischen Charakters oft quasi 'naturwüchsig' die Entwicklung ganzheitlicherer Formen der Arbeitsorganisation begünstigen (vgl. Klotz, 90).

Sicherlich, die menschengerechte Gestaltung von Software ist nur einer aus einer Reihe von Aspekten, die es beim Computereinsatz zu beachten gilt. Fragen der organisatorischen Einbettung oder des Datenschutzes und vieles andere, was mehrheitlich auf politischem Terrain zu behandeln ist, gehören ebenfalls dazu, wenn von sozialer Verträglichkeit die Rede ist. Andererseits ist aber auch oft beobachtbar, daß selbst die besten organisatorischen Konzepte zum Scheitern verurteilt sind, wenn sie nicht durch adäquat gestaltete Mensch-Computer-Schnittstellen unterstützt werden.

Im Zuge der wachsenden Verbreitung massenhaft vermarktbarer Standard-Software werden konsequenzenreiche Gestaltungsentscheidungen, die letztlich zigtausende von Arbeitnehmern auch hierzulande betreffen, von einigen wenigen Softwaredesignern gefällt, die weit weg in Redmond, Cupertino oder Palo Alto sitzen. Angesichts dieser Entwicklung stellt sich die Frage wirksamer Einfluß- und Gestaltungsmöglichkeiten in veränderter Form.

Da Software der Grund ist, weshalb Computer gekauft werden, sind grundlegende Fragen des Softwaredesign nicht nur arbeitsgestalterisch sondern auch marktstrategisch von Bedeutung. Die Entwicklung ergonomisch besserer Standard-Software ist humanere Arbeitsgestaltung für ungezählte Computerbenutzer. Deshalb wäre es sowohl sozial wie auch ökonomisch sinnvoll, sich forschungs- und technologiepolitisch stärker in dieser Thematik zu engagieren - anstelle beispielsweise Unsummen in mit Prestigeprojekten à la 'Suprenum' gefüllte Sandkästen zu setzen.

Literatur

Benz-Overhage, Karin: Arbeit mit Dialogsystemen aus gewerkschaftlicher Sicht, in: Nullmeier, Erhard und Rödiger, Karl-Heinz (Hrsg.): Dialogsysteme in der Arbeitswelt. Mannheim/ Wien/Zürich 1987, S. 95 - 108.

Browning, John: A Survey of Information Technology. The Economist, 1990, 16. Juni, S.9.

Budde, Reinhard und Züllighoven, Heinz: Software-Werkzeuge in einer Programmierwerkstatt. Ansätze eines hermeneutisch fundierten Werkzeug- und Maschinenbegriffs. München/Wien 1990.

Charlier, Michael: Grafische Benutzeroberflächen, in: Computer Magazin, 1990, H.8, S. 35-40.

Chew, Jane Carassco und Whiteside, John: Empowering People - CHI' 90 Conference Proceedings, ACM, New York 1990.

Cornelius, Dietrich: Arbeitsorientierte Softwaregestaltung. Düsseldorf 1985.

Diekmann, Thomas und Klotz, Ulrich: "Veränderung der Organisation des Arbeitsablaufs bei Werkzeugmaschinen durch den Einsatz von Mikrocomputern", BMFT-HdA-Forschungsbericht. Karlsruhe 1980.

Ebbinghaus, Kurt: Das Menschenbild der Künstlichen Intelligenz, in: Mensch, Natur, Gesellschaft, 1989, Heft 2, S. 38 - 45.

English, William / Engelbart, Douglas u.a.: Display-Selection Techniques for Text Manipulation, in: IEEE Transactions on Human Factors in Electronics, 1967, Nr.1, S. 21 - 31.

Fromm, Erich: Die Revolution der Hoffnung. Für eine humanisierte Technik. Reinbek 1974.

Illich, Ivan: Selbstbegrenzung. Eine politische Kritik der Technik. Reinbek 1975.

Katz, Christian, Ruch, Luzian, Betschart, Hanspeter, Ulich, Eberhard: Arbeit im Büro von morgen. Zürich, 1987.

Kay, Alan: The Reactive Engine, Ph.D. Thesis, University of Utah, 1969.

Kay, Alan: Software, in: Spektrum der Wissenschaft, 1984, Nov., S. 34 - 43.

Klotz, Ulrich: Die Wende in der Bürokommunikation - Neue Perspektiven für Ergonomie und Organisationsentwicklung, in: Office Management, 1990, Heft 6, S. 46 - 50 und Heft 7/8, S. 32 - 45.

Köchling, Annegret: Bildschirmarbeit. Köln, 1985.

Köchling, Annegret: Gestaltungswerkzeug Checkliste Bildschirmergonomie. Wiesbaden, 1990.

Kreutzer, Wolfgang: Grundkonzepte und Werkzeugsysteme objektorientierter Systementwicklung - Stand der Forschung und Anwendung, in: Wirtschaftsinformatik, 1990, Heft 3, S. 211 - 227.

Mumford, Lewis: Mythos der Maschine. Frankfurt/M. 1977.

Nastansky, Ludwig: Objektorientierte Systeme im Endbenutzercomputing, in: Wirtschaftsinformatik, 1990, Heft 3, S. 238 - 252.

Schelle, Heinz und Molzberger, Peter (Hrsg.): Psychologische Aspekte der Software-Entwicklung. München/Wien 1983.

Schönpflug, Wolfgang: Neue Technik und alter Mensch - kulturhistorische Wurzeln einiger Schwierigkeiten mit dem Computer, in: Maaß, Susanne und Oberquelle, Horst (Hrsg.): Software-Ergonomie '89. Stuttgart 1989, S. 17 - 35.

Shneiderman, Ben: Designing the User Interface: Strategies for Effective Human-Computer Interaction. Reading, (Mass.) u.a. 1987.

Shore, John: Der Sachertorte-Algorithmus und andere Mittel gegen die Computerangst. Berlin/Heidelberg/New York u.a. 1987.

Sutherland, Ivan E.: Sketchpad: A man-machine graphical communication system, Proceedings Spring Joint Computer conference 1963, S. 329 - 346.

Tesler, Larry: The Smalltalk Environment, in: BYTE, 1981, Aug., S. 90 -147.

Turkle, Sherry: Die Wunschmaschine - Vom Entstehen der Computerkultur. Reinbek 1984.

Vallee, Jacques: Computernetze. Reinbek 1983.

Volpert, Walter: Denkmaschinen und Maschinendenken: Computer programmieren Menschen, in: psychosozial, 1983, Heft 18, S. 10 - 29.

von Benda, Helmut: Neue Technologien: Mensch-Computer-Interaktion, in: Frey, Dieter, Hoyos, Carl Graf, Stahlberg, Dagmar: Angewandte Psychologie. München / Weinheim 1988, S. 169 - 186.

Weizenbaum, Joseph: Die Macht der Computer und die Ohnmacht der Vernunft. Frankfurt/M. 1977;

Winograd, Terry und Flores, Fernando: Understanding Computers and Cognition: A New Foundation for Design. Norwood, N. J. 1986. Hier zit. nach der deutschen Ausgabe: Erkenntnis Maschinen Verstehen. Berlin 1989.

Software und öffentliche Verwaltung

Franz-Josef Schmitz[1], Horst Weeland[2]

[1]Deutscher Beamtenbund, Dreizehnmorgenweg 36, D-5300 Bonn 2; [2]Akademie des Deutschen Beam-
tenbundes, Technologieberatungsstelle, Gotenstraße 27, D-5300 Bonn 2

Zusammenfassung

Über Standardisierungsbestrebungen hinaus muß die öffentliche Verwaltung angesichts neuer und
schwieriger Aufgaben und knapper Ressourcen Software als integrale Komponente eines personalen und
organisatorischen Entwicklungsprozesses mit den Hauptzielen "Dienstleistungsqualität" - "Effizienz" -
"Mitarbeitergerechtheit" begreifen.

Abstract

Beyond the goals of standardization and in the light of new and more complex tasks and limited resources, public administration must understand software as an integral component of a personnel and organizational process of development, the main goals of which being service quality, efficiency, and
humane working conditions.

1 Standards für die öffentliche Verwaltung?

Der Ausdruck "Software" mag dem, der zwar der englischen Sprache hinreichend
mächtig, auf dem Feld des Computer-Einsatzes aber weniger vorgebildet ist, nahe-
legen, es handle sich hierbei um etwas Flexibles. Die Vermutung hat ihre Berechtigung, wird aber relativiert, wenn man berücksichtigt, daß erst eine mehr oder
weniger intensive Vermählung mit "Hardware" Programme zum Laufen bringt.

Mit Runderlaß vom 26. April 1988 hat der (für "ADV-Organisation" zuständige)
Innenminister des Landes Nordrhein-Westfalen vorgeschrieben, daß auf
*Arbeitsplatzrechnern, die als Mehrplatzsystem verwendet werden, (...) ein UNIX-
Betriebssystem einzusetzen"* ist, *"das mit den Festlegungen des Portability Guide
der X/OPEN-Group übereinstimmt"*; auf *"Arbeitsplatzrechnern, die nur als Ein-
platzsystem oder als Datenendgerät verwendet werden, ist ein UNIX-Betriebssystem
oder das Betriebssystem MS-DOS einzusetzen."*

Am 22. Januar 1990 hat sich - mutatis mutandis - der Bundesminister des Innern
mit einer Empfehlung der Koordinierungs- und Beratungsstelle der Bundesregierung
für Informationstechnik in der Bundesverwaltung(KBSt) diesem Vorgehen angeschlossen: *"Auf Arbeitsplatzrechnern, die als Mehrplatzsysteme genutzt werden, ist
eine Systemsoftware einzusetzen, welche die Schnittstellendefinitionen der
X/OPEN Gruppe (in der jeweils gültigen Fassung) erfüllt."*

Zweifellos muß eine große und mittlerweile sehr gewichtige Anwendergruppe wie die öffentliche Verwaltung - bei stets knappen Haushaltsmitteln - ein Interesse daran haben, von Herstellern (d.h. heute immer noch primär: von großen Hardware-Herstellern) unabhängiger zu werden. Portabilität von Softwarelösungen auf Rechner verschiedener Hersteller, wie sie das Betriebssystem UNIX verspricht, ist daher ein wichtiger Schritt auf dem Weg zu diesem Ziel. Von einer Standardisierung erwartet man zudem

* die Möglichkeit, herstellerunabhängig aus einem größeren Angebot von Hard- und Software wählen zu können
* eine Erleichterung bei der Verfahrensentwicklung und beim Einsatz von Programmierern
* eine effizientere und wirtschaftlichere Gestaltung von Anwenderunterstützung und Schulung

Die Vernunftziele der öffentlichen Verwaltung sind jedoch mit den Marktinteressen der Produzenten nicht immer identisch. Wirtschaftlicher Pluralismus auf dem Computermarkt schafft Freiräume für ungehemmten Entwicklerdrang, individuelle Problemlösungen und ökonomischen Erfolg - ein je nach Perspektive durchaus ambivalentes Spektrum.

Neben der bereits erwähnten X/OPEN-Group gibt es mittlerweile (Stand: Oktober 1990) bekanntlich auch eine "Open Software Foundation" (OSF) und eine Gruppe, die sich "Unix International" (UI) nennt. Jeder dieser Vereinigungen gehören namhafte Hard- und Software-Hersteller an - einige (vorsichtshalber?) gleich zweien von ihnen -, und alle haben sich auf die Fahnen geschrieben, eine offene, herstellerunabhängige Software-Umgebung zu entwickeln und die Kriterien hierfür von sich aus festzulegen.

So steht denn der mit der ADV-Organisation beauftragte Beamte oder Angestellte (bis auf weiteres?) zwar nicht allein, aber immer noch mit nur mühsam aufrechterhaltener Hoffnung auf bessere Zeiten vor einem schwer durchschaubaren Wust von schätzungsweise mehr als 150 verschiedenen UNIX-Derivaten, die jeweils prozessor- bzw. herstellerspezifische Züge tragen, damit sie auf deren zahlreichen Rechnertypen lauffähig sind.

Auch die öffentliche Verwaltung ist, was Bindungen an teils liebgewordene, teils aber inzwischen auch archaisch anmutende Softwarelösungen angeht, nur noch ziemlich selten ohne Vorleben. Der Versuch eines Umstiegs auf neue Hardware, vielleicht gar Rechner eines anderen Herstellers, und der - aus organisatorischen, Personal und Kostengründen - vielfach sich aufdrängende Zwang, vorhandene Verfahren hierauf anpassen zu müssen, führt nicht selten zu erheblichen Übergangsschwierigkeiten. Flexibilität bei der Partnersuche zwischen Hard- und Software ist leider in vielen Fällen nachwie vor ein Fremdwort.

2 Zur Lage der Administration

Das sattsam bekannte Beispiel UNIX hätte keiner gesonderten Erwähnung bedurft,
wenn es nicht in vieler Hinsicht für die Gesamtsituation symptomatisch wäre. Die
Lage ist gekennzeichnet von einem Auseinanderklaffen zwischen technischen Möglichkeiten einerseits und praktischer Realisierung dieser Möglichkeiten andererseits. Zwar scheint die Kluft mitunter schmäler zu werden, sie wird aber auch
jedesmal wieder größer, wenn neue Entwicklungen die Grenze des Machbaren weiter hinausschieben.

2.1 Ziele öffentlichen Verwaltungshandelns

Angesichts dieser Situation und im Interesse positiver Veränderungen könnte es
sich lohnen, erneut auf das grundlegende Zielsystem jenes umfangreichen und viel-
gestaltigen Apparats "Öffentliche Verwaltung" zu sprechen zu kommen. Sicher
leben öffentlicher Dienst und öffentliche Verwaltung von Vorgaben, die nicht primär ökonomisch, sondern politisch bestimmt sind. Dabei sind allerdings manche
Produktionsziele zunächst durchaus vergleichbar: eine Produktionssteigerung von
Tellern in einer Porzellanfabrik ist von einer Steigerung der Menge ausgestellter
Personalausweise in einem Einwohnermeldeamt oder der Anzahl der von einem
Straßenbauamt in Auftrag gegebenen Streckenkilometer nicht von vornherein prin-
zipiell verschieden.

Aber Personalausweise und Straßen werden (zumindest hierzulande und unter
legalen Bedingungen) nicht am Markt verkauft. Sie sind vielmehr Teile eines um-
fassenderen, staatlichen Dienstleistungsangebots, das den Gesetzen der Marktwirt-
schaft von vornherein nur in beschränktem Maße unterliegen kann. Öffentliche
Leistungen sind in erster Linie am Gemeinwohl orientiert, nicht an Rentabilitäts-
erwägungen, die ein Privatunternehmer notwendigerweise berücksichtigen muß.
Der Staat muß zwar ebenfalls wirtschaftlich handeln; er muß vor allem aber seine
Leistungen auch so anbieten, daß die Bürger sie in Anspruch nehmen können. Das
bedeutet, daß in vielen Bereichen, beispielsweise im öffentlichen Nahverkehr, auf
kostendeckende Preise verzichtet werden muß.

Dazu gehört, daß die öffentliche Verwaltung im Interesse einer gleichmäßigen
und flächendeckenden Versorgung der Bürger auch in solchen Bereichen tätig wird,
in denen ein Privatunternehmer nicht mehr rentabel arbeiten kann. Das bedeutet
aber auch, daß sich die Defizite der öffentlichen Hand noch vergrößeren, wenn die
vorhandenen gewinn bringenden Bereiche Privatunternehmen überlassen werden
und beim Staat das Monopol der schlechten Risiken verbleibt.

Die Dienste des Staates garantieren Versorgungssicherheit. Öffentliche Lei-
stungsträger bieten durch den streikfreien Raum die Gewähr für den Bürger, daß
Dienste dauerhaft und flächendeckend erbracht werden. Der Staat bietet wegen der

besonderen Bindung seiner Beschäftigten Gewähr für die Neutralität, Unabhängigkeit und Uneigennützigkeit bei der Aufgabenerfüllung.

Vielleicht läßt sich das, was unter diesen Voraussetzungen das Verbesserungspotential der öffentlichen Verwaltung ausmacht, in drei Punkten zusammenfassen:

* Optimierung der Dienstleistungsqualität für den Bürger
* Steigerung der Effizienz des Verwaltungshandelns
* Verbesserung der Arbeitsbedingungen für die Mitarbeiter

2.2   Grundsätzliche Forderungen

Früher als viele andere hat der Deutsche Beamtenbund bereits in seinem Technologiekonzept für die 80er Jahre darauf aufmerksam gemacht, daß - sofern andere organisatorische Maßnahmen nicht zum gleichen Ziel führen - die weitere Einführung neuer Technologien in der öffentlichen Verwaltung zur Erreichung dieser Ziele *grundsätzlich zu befürworten* sei. Seine damals gleichzeitig erhobene Forderung nach

* einem verwaltungsübergreifenden Konzept, das die Bedingungen für die Einführung neuer Technologien klar umschreibt

und das

* Alternativen aufzeigt und die Beschäftigten vor negativen Auswirkungen (Vernichtung von Arbeitsplätzen, unangemessene Zergliederung der Arbeitsabläufe, umfangreiche Versetzungs-, Abordnungs- und Umsetzungsmaßnahmen, Abbau zwischenmenschlicher Beziehungen etc.) bewahrt,

hat auch angesichts inzwischen aufgestellter Landessystemkonzepte und mannigfacher Empfehlungen und Richtlinien der einschlägigen, leider oftmals überlasteten öffentlichen Koordinierungs- und Beratungsinstitutionen kaum etwas von seiner Aktualität verloren. Daß eine Vernichtung von Arbeitsplätzen - zumindest zahlenmäßig - nicht zum Hauptproblem der öffentlichen Verwaltung geworden ist, hängt sicher nicht nur mit deren besonderer Struktur, sondern vor allem mit der erheblich gestiegenen Aufgabenlast zusammen, die in vielen Bereichen (bei einer jährlichen Personalzuwachsrate von durchschnittlich 0,4 Prozent seit 1982) kaum noch zu bewältigen ist.

2.3   Zur Situation der öffentlich Bediensteten

Eine nicht aufgabengerechte Personalausstattung kennzeichnet beispielsweise die Lage in der Steuer- und Finanzverwaltung (Personalfehlbestand: ca. 22.000; zusätz-

licher Personalbedarf aufgrund der Steuerreform 1990: ca.5.000), an den allgemein-
bildenden Schulen (Fehlbestand: ca. 50.000) und in den öffentlichen Krankenhäu-
sern, wo rund 60.000 Schwestern und Pfleger sowie 30.000 Ärzte fehlen. Perso-
nalfehlbestände sind ferner im Auswärtigen Dienst und in den Bereichen der inneren
Sicherheit, Umweltschutz und im technischen Verwaltungsdienst festzustellen.
Durch den Verwaltungsaufbau in den neuen Bundesländern wird sich das Problem
des Personalfehlbestandes noch erheblich vergrößern.

Gerade auch am Fall der Techniker im öffentlichen Dienst, zu denen nicht zuletzt
die mit der Handhabung und dem Management neuer Informations- und Kommunikationstechniken betrauten Mitarbeiter zählen, wird deutlich, daß die oft gehörte
Rede von den "Privilegien der Beamten" bloße Vorurteile wiedergibt. Nach neuesten Zahlen des Statistischen Bundesamtes beträgt der generelle Einkommensrück-
stand der Beschäftigten des öffentlichen Dienstes gegenüber vergleichbaren Gruppen in der privaten Wirtschaft zur Zeit mehr als 17 Prozent; ein nach den bestehenden Besoldungs- bzw. Tarifregelungen nach A 13 bzw. BAT IIa einzugruppierender
dreißigjähriger Informatiker mit wissenschaftlicher Hochschulausbildung kann bei
einem Großunternehmen der Computerbranche monatlich ohne weiteres 2.000 DM
mehr verdienen.

Nimmt man hinzu, daß die Arbeitsbedingungen (Ausstattung der Arbeitsplätze
hinsichtlich Sicherheit und Komfort, Verfügbarkeit moderner Arbeitsmittel) in
vielen Bereichen der öffentlichen Verwaltung wesentlich schlechter sind als in der
Privatwirtschaft, so darf man sich, etwa bei der Post und im Flugsicherungsdienst,
über Nachwuchsmangel nicht wundern.

3 Sinnvolle Technikgestaltung

Die flächendeckende Einführung - auch standardisierter - Informations- und Kommunikationstechniken als kostensparendes Allheilmittel für alle diese Probleme
anzusehen, wäre natürlich nicht nur blauäugig, sondern geradezu irreführend. Viele
böse Erfahrungen mit mangelhaft geplanten, voreilig eingeleiteten und nachlässig
durchgeführten Projekten sollten mittlerweile allen Verantwortlichen klargemacht
haben, daß es mit der bloßen Beschaffung modernster Hard- und Software nicht
getan ist. Die Mühe, die das Abtragen oder Renovieren nutzlos herumstehender
Investitionsruinen macht, die weder von Mitarbeitern noch Bürgern akzeptiert werden, wäre an anderer Stelle besser eingesetzt gewesen.

Dienstleistungsaufgaben sind und bleiben, nimmt man den Dienst am Bürger
und das Eingehen auf dessen individuelle Situation tatsächlich ernst, personalinten-
siv und können zwar technisch unterstützt, aber in der erforderlichen persönlichen
Weise niemals von Computern geleistet werden. Die Einführung von Dialogver-
fahren am Arbeitsplatz des Sachbearbeiters ermöglicht zweifellos eine schnellere
Auskunftserteilung; wirksame Bürgerberatung allerdings kommt - auch angesichts
partiell bereits einsatzfähiger Expertensysteme - ohne den Dialog zwischen Menschen nicht aus.

Daß, wie es in einem inzwischen schon geflügelten Wort heißt, *Organisation vor Technik geht*, stellt allerdings auch komplexere Ansprüche an die Qualifikation der Projektplaner und -manager, die über rein technisches Wissen hinausgehen und Kenntnisse in Organisationslehre, Arbeitswissenschaft, Betriebswirtschaft, Recht, Pädagogik und nicht zuletzt in Psychologie verlangen. Technik-Einführungsvorhaben sind vielschichtige, mehrdimensionale Prozesse, aber sie müssen als ganzheitliche Innovationsvorhaben betrachtet und angegangen werden. Dazu gehört an erster Stelle die frühzeitige Unterrichtung und Beteiligung derer, die vom Technikeinsatz betroffen sind.

3.1   Partizipation

Ob die intensive Einbeziehung aller betroffenen Mitarbeiter bei einer Software-Entwicklung, etwa durch Prototyping, jederzeit möglich und sinnvoll ist oder nicht, sei dahingestellt. Entscheidend für die Erreichung der genannten Verwaltungsziele und das Gelingen eines Vorhabens ist, daß den Mitarbeitern und ihren Interessenvertretern, das sind in der öffentlichen Verwaltung die Personalräte, die Voraussetzungen und derRaum gewährt werden, bei entsprechenden Maßnahmen in allen Phasen des Prozesses qualifiziert mitzuwirken.

Viele der auftretenden Probleme beruhen sicherlich noch auf einem Mangel an Fachwissen in den Behörden und gewiß sind auch die Personalvertretungen bei etlichen Entscheidungen nochüberfordert. Der Deutsche Beamtenbund bemüht sich seit vielen Jahren mit Hilfe der Akademie des DBB um die Weiterqualifizierung seiner Mitglieder und insbesondere der Vertreter in den Personalräten. Das im Aufbau befindliche Personalvertreter-Erfahrungsaustausch- und Unterstützungs-System PERSEUS wird mit den Mitteln der Informations- und Kommunikationstechnik selbst (Datenbankabfrage, Mailbox) wichtiges Fach- und Gestaltungswissen für die Personalräte und alle am Technik einführungsprozeß Beteiligten zur Verfügung stellen.

Was ganz allgemein die Mitgestaltung an einer *"Software für die Arbeit von morgen"* angeht, so wird - neben dem Gesichtspunkt fortschreitender Standardisierung - aus der Sicht der Benutzer in den Dienststellen und Behörden, aber auch aus der Sicht der unmittelbar oder mittelbar betroffenen Bürger, der Aspekt der Ergonomie natürlich eine herausragende Rolle spielen. Dabei sollte übrigens nicht allein der Bildschirmdialog berücksichtigt werden: auch eine leserliche und verständliche Wasser- oder Gasrechnung ist ein Produkt erwartungskonformer Systemgestaltung. Ob eine Software benutzerfreundlich handhabbar ist, sollte gerade nicht vom Programmierer allein beurteilt werden. Die Mitarbeit interessierter und als Multiplikatoren fungierender Kollegen in Projektgruppen hat sich als probates Mittel erwiesen, Hemmschwellen abzubauen und das Know how der Praktiker gegenüber den Technik-Experten - auch denen im eigenen Haus - zur Geltung zu bringen. Inwieweit eine Bürger-Partizipation eine realisierbare Komponente im Konzert der Betroffenen darstellt, muß wohl noch geprüft werden.

3.2   Software am Arbeitsplatz

In einer großen Zahl von - nicht nur in der öffentlichen Verwaltung angesiedelten - Projekten sind die Chancen betont worden, wie sie etwa der Einsatz moderner Bürokommunikationssysteme für die Arbeitsgestaltung bietet. So bedeutet z.B. das Konzept der "Qualifizierten Mischarbeit" u.a. aufgabengerechte, ganzheitliche Tätigkeiten, mehr Entscheidungskompetenz und Handlungsautonomie, verstärkte Kooperation und soziale Kommunikation, vermehrten Belastungsausgleich, erhöhte Qualifikation und größere Duchlässigkeit des Qualifikationserwerbs und Aufstiegschancen - wenn es im geeignetenUmfeldverwirklicht wird.

Die in einigen Städten wie Unna, Bielefeld und Nordhorn bereits seit längerem in Betrieb befindlichen "Bürgerämter", die auch in anderen Kommunen aufgebaut werden sollen, stellen konkrete Modellösungen dar, in denen von geeigneter Computertechnik unterstützte "Rundum-Sachbearbeiter" den Bürgern als direkte Ansprechpartner bei vielen Fragen zur Verfügung stehen, für die sonst mehrere Beamte und Dienststellen aufgesucht werden müßten. Es darf allerdings bezweifelt werden, ob solche Lösungen tatsächlich alle kommunalen Fachämter bzw. "Wesen", die teilweise sehr komplexe Spezialkenntnisse erfordern, umfassen können: Die Belastung eines Mitarbeiters, der gleichzeitig Reisepässe ausstellt, Baugenehmigungen prüft und Sozialhilfebescheide erteilt, ist auch softwareunterstützt wohl kaum zumutbar - von datenschutzrechtlichen Problemen ganz abgesehen.

Dennoch kann angemessen gestaltete Software zweifellos die Qualität des Arbeitsplatzes und die Qualität der Arbeit steigern. Betrachtet man den Dienst am Bürger als vornehmstes Ziel des Verwaltungshandelns und den Mitarbeiter als das eigentliche Subjekt der Technikgestaltung, so ergeben sich schon im Hinblick auf die "Software von heute" und die damit verbundenen Verwaltungsverfahren u.a. die folgenden ganz konkreten Anforderungen:

* Computergestützte Maßnahmen und Verfahren müssen auf eine individuelle Auskunftserteilung und eine auf den Einzelfall bezogene Erstellung von Bescheiden hin konzipiert sein, um auf diese Weise die Verbindung zwischen der Verwaltung einerseits und dem Bürger andererseits zu verbessern.

* Auch im Interesse einer formalen Gleichbehandlung muß das jeweilige Verfahren Platz für Besonderheiten des Einzelfalles lassen. Der Sachbearbeiter muß in der Lage sein, ihm eingeräumte Ermessensspielräume voll zu nutzen und somit die Gesamtzusammenhänge besser beurteilen zu können. Der spontane und von Amts wegen erfolgende Hinweis auf Leistungsansprüche muß möglich werden.

* Medienbrüche zwischen Papier- und elektronischen Datenträgern müssen durch Schaffung bzw. geeignete Programmierung von Schnittstellen so weit wie möglich vermieden werden.

* Formalisierung und Standardisierung von Verfahren dürfen nicht in einer Weise erfolgen, die dem Bürger die Überprüfung des Verwaltungshandelns erschwert. Transparenz und Nachvollziehbarkeit müssen jederzeit gewährleistet sein.
* Programme sind so zu gestalten, daß Einwendungen des Bürgers, die einen manuellen Eingriff durch den Sachbearbeiter erfordern, sofort berücksichtigt werden können.
* Die durch die Verbilligung und Leistungssteigerung der Hardware und die zunehmende Vernetzung der Systeme begünstigte Dezentralisierung der Kapazitäten muß von der Software unterstützt werden.
* Die Leistungsfähigkeit kleiner Verwaltungen muß durch den Einsatz eigener Geräte bei verwaltungsübergreifender Bereitstellung standardisierter Programme gestärkt werden.
* Durch Beachtung bestehender und zu erwartender Schnittstellennormen muß die Portabilität von Softwarelösungen und die Möglichkeit von Rechnerkommunikation und Datenaustausch gewährleistet sein. Die datenschutzrechtlichen Vorschriften müssen dabei auch softwaremäßig auf allen Rechnerebenen realisierbar sein.
* Datensicherung muß - auch auf PC-Ebene - problemlos handhabbar und automatisierbar sein.
* Software-Fehler dürfen die Verläßlichkeit und Funktionsfähigkeit der Verwaltung nicht beeinträchtigen. Im Realbetrieb zum Einsatz kommende Programme müssen fehlerfrei und ausgereift sein.
* Bei der Dialoggestaltung sollten die Grundsätze der DIN 66234 - Aufgabenangemessenheit, Selbstbeschreibungsfähigkeit, Steuerbarkeit, Erwartungskonformität, Fehlerrobustheit - berücksichtigt werden. Verschiedene Verfahren, auch auf unterschiedlichen Rechnerebenen, sollten am Arbeitsplatz unter einer gemeinsamen Benutzeroberfläche und - falls erforderlich - gleichzeitig abzuwickeln sein.
* Klare und systematisch aufgebaute Dokumentation, ausführliche, didaktisch aufbereitete und verständlich formulierte Anwenderhandbücher, einführende, aber auch auf Spezialprobleme eingehende Benutzerschulungen und stetig verfügbare Ansprechpartner für Auskunft und Betreuung müssen zum integrierten und anerkannten Bestandteil von Software werden.
* Möglichkeiten versteckter Leistungskontrolle, etwa bei Personalinformationssystemen oder über die Protokollierung von Anschaltzeiten, sind offenzulegen.
* Mitarbeitergruppen wie behinderte und ältere Kolleginnen und Kollegen müssen auch durch spezielle Softwarelösungen in ihrer Arbeit, Kreativität und in ihren beruflichen Entfaltungsmöglichkeiten unterstützt werden.

Wenn es gelingt, die "Software von morgen" zu einem noch selbstverständlicher zu handhabenden Werkzeug zu machen, das auch für neue Dienstleistungen zur Verfügung steht, wie sie etwa im Bereich des Sozialwesens, im öffentlichen Gesundheitsdienst, in der Verkehrsplanung und nicht zuletzt im Umweltschutz denkbar oder sogar notwendig sein werden, und das zudem

* problemlos und kostengünstig zu entwickeln,
* im Kern standardisiert, aber dennoch
* individuell und flexibel anpaßbar,

* universal verknüpfbar,
* aufgabengerecht und ergonomisch gestaltbar und
* leicht erlernbar und bedienbar

ist, dann darf auch in Zukunft damit gerechnet werden, daß man klüger ist, wenn man vom Rathaus kommt.

Mobilität und Technik
- Gewerkschaftliche Beteiligung bei der Anwendung neuer Technologien in Transport und Verkehr -

Ulrich Bamberg, Norbert Vornehm
ÖTV-Hauptverwaltung, Theodor-Heuss-Straße 2, 7000 Stuttgart 1

Zusammenfassung

Über die nachbereitende Umsetzng hinaus - Aufbereitung von Projektergebnissen und möglichst große Verbreitung in der Praxis - werden durch das Projekt zusätzliche Möglichkeiten eröffnet: Erfaßt werden auch Problemlagen, für die es noch keine Vorbilder und Modelllösungen gibt. Das Projekt wird selbst initiativ und trägt dazu bei, daß sich betriebliche Modellvorhaben auch am überbetrieblichen Forschungsbedarf orietieren.

Abstract

In addition to evaluation of project results and a widepread practiacal application further possibilities become feasable: Even problem situations without precendent and typical solution are included. The projects initiative helps guiding the company's research proposals to fit into indepent research needs.

1 Programmbegleitung als innovative Chance

Forschungsergebnisse, die großenteils am Beispiel eines oder weniger Betriebe gewonnen werden, entfalten größere Praxiswirksamkeit, wenn sie für alle Betriebe der Branche bzw. für alle Betriebe mit vergleichbarer Problemlage nutzbar gemacht werden. Hierzu ist vor allem nötig, vorliegende Erkenntnisse auf ihre Übertragbarkeit hin zu überprüfen, d.h. zwischen allgemeingültigen und betriebsspezifischen Ergebnissen zu differenzieren.

Dieser Ansatz *nachbereitender* Umsetzung ist der eine Schwerpunkt im Projekt "Mobilität und Technik" (MUT: Nach Abschluß von Betriebs- oder Forschungsprojekten sollen deren Ergebnisse verallgemeinert, aufbereitet und einem breiten Adressatenkreis zugänglich gemacht werden.

Für die Ergebnisaufbereitung kann bisher zurückgegriffen werden auf die Vorstudie, die der Einrichtung des Förderschwerpunktes ÖPNV vorausgegangen ist, auf andere einschlägige Ergebnisse der Programme "Humanisierung des Arbeitslebens"

(HdA) und "Arbeit und Technik" (AuT) sowie auf die mehr technikorientierten Projekte des Programms "Nahverkehrsforschung" des BMFT.

Ein darüber hinausgehender Ansatz wird ermöglicht durch den Projektbeginn. Da das Projekt seine Arbeit nur wenig später aufgenommen hat, als der Förderschwerpunkt ÖPNV eingerichtet wurde, bieten sich zusätzliche Möglichkeiten einer *programmbegleitenden* Umsetzung: Das Projekt nimmt Anregungen aus der Praxis auf, kann Betriebsprojekte initiieren helfen, zudem auf weiteren Forschungsbedarf hinweisen.

Die betriebliche Information und Beratung wird von Beginn an durchgeführt, und zwar gerade auch in dem Sinne, daß das Fehlen erprobter Lösungen die Überlegung nahelegt, dem Problem mit einer eigenen Untersuchung zu begegnen, z.B. in Form einer modellhaften betrieblichen Beratung.

Umsetzung übernimmt im Programm AuT allgemein eine Mittlerfunktion zwischen dem Forschungsförderer, der an einer möglichst breiten Anwendung erarbeiteter Forschungsergebnisse interessiert ist, und den Betrieben und Unternehmen, die vor Technikeinsatzproblemen stehen. Das Projekt MuT erfaßt, da es programmbegleitend angelegt ist, darüber hinaus auch die Problemlagen, für die es noch keine Vorbilder oder Modellösungen gibt, trägt also dazu bei, daß sich betriebliche Modellvorhaben auch am überbetrieblichen Forschungsbedarf orientieren.

Informiert wird somit nicht nur "die Praxis" über vorliegende Erkenntnisse, die bei der Einführung und Anwendung neuer Techniken zu berücksichtigen sind, sondern umgekehrt auch das Programm-Management über "weiße Flecken" der Forschung und offene Fragen für potentielle Aufträge.

Da die Arbeiten erst am 01.10.1990 begonnen haben, stehen in diesem Beitrag Aufgabenstellungen und Arbeitsplanung des Projektes im Vordergrund.

2 Handlungsbedarf: Die Ausgangssituation im Transport und Verkehr

Seit 1974 fördert der Bundesminister für Forschung und Technologie z.B. mit dem Programm "Nahverkehrsforschung" die Entwicklung neuer Techniken für den öffentlichen Personennahverkehr. Erforscht und entwickelt wurden seither u.a.:

- völlig neuartige Verkehrssysteme wie die vollautomatisch zu betreibende Magnetbahn oder die sogenannte H-Bahn
- die Automatisierung der konventionellen Verkehrsmittel Bus und Bahn, z.B. der fahrerlose Betrieb von U- und Straßenbahnen oder die mechanische bzw. elektronische Spurführung von Omnibussen,
- Informations-, Steuerungs- und Kommunikationsinstrumente wie das rechnergesteuerte Betriebsleitsystem zur laufenden Überwachung des Fahrbetriebes,

- die Umstellung der Planung (Netz-, Linien-, Fahr- und Dienstpläne) auf rechnergestützte Verfahren,
- eine automatisierte Fahrzeugdiagnose sowie rechnergestützte Planungs-, Disposi-
  tions- und Abrechnungsverfahren für die Werkstätten.

Viele Nahverkehrsunternehmen planen oder haben bereits begonnen, solche
Systeme einzuführen. Der Einsatz neuer Techniken im ÖPNV wird sich in Zukunft in allen Einsatzbereichen beschleunigen. Der öffentliche Personennahverkehr
steht deshalb ohne Zweifel an der Schwelle einer durchgreifenden technischen und
organisatorischen Neugestaltung.

Nicht alle Systeme haben jedoch in der Praxis zu einer ausgewogenen und öko-
logisch vertretbaren Abwicklung des Verkehrsaufkommens beitragen können.
Teilweise haben sich ohnehin belastende Arbeitsbedingungen noch verschärft. Vorliegende arbeitsmedizinische und sozialwissenschaftliche Untersuchungen kommen
zu dem Ergebnis, daß vor allem die Beschäftigten im Fahrdienst auf Dauer nicht zu
verantwortenden psychomentalen und physischen Belastungen ausgesetzt sind. Die
gesundheitlichen Beeinträchtigungen sind so gravieren, daß im Durchschnitt nach
rund 20 Dienstjahren die Fahrzeuglenker fahrdienstuntauglich werden. Die
Fahrerinnen und Fahrer sind zu diesem Zeitpunkt überwiegend noch nicht einmal
50 Jahre alt. Ursache der Belastungen sind z.B. für die Fahrdienstbeschäftigten vor
allem Zeitdruck, Verantwortung und ständige hohe Konzentration. Hinzu kommen
die Belastungen durch die Dienstregelungen (Unregelmäßige Arbeitszeiten, Sonn-
und Feiertagsarbeit, geteilte Dienste) und die hohe Dauerbelastung infolge zu kurzer Pausen und zu langer Lenkzeiten.
Die bisherigen Erfahrungen mit der Einführung neuer Techniken im ÖPNV lassen nicht erwarten, daß mit Hilfe dieser rechnergestützten Verfahren per se eine
Entlastung erfolgt. Im Gegenteil, es deuten sich problematische Effekte an:

- Verlust an Erfahrungswissen z.B. für das Fahrpersonal im Falle der Einführung
  eines rechnergesteuerten Betriebsleitsystems oder für die Sachbearbeiter im Fahr-
  und Dienstplanbüro durch den EDV-Einsatz bei der Erstellung der Pläne;
- steigende Qualifikationsanforderungen für wenige Handwerkergruppen, während
  die Mehrzahl der Handwerker einschließlich der Meister und Vorhandwerker mit
  Funktionsverlusten rechnen muß;
- der ohnehin hohe psychische Druck im Fahrdienst scheint sich zu verschärfen,
  Handlungsspielräume werden begrenzt, die Fremdkontrolle verstärkt.

Genausowenig wie der Technikeinsatz die Arbeitsbedingungen automatisch verbessert, ist andererseits die diagnostizierte Verschlechterung der Arbeitsbedingungen
eine unausweichliche Folge. Es rächt sich allerdings, daß in der Vergangenheit die
Anforderungen der Benutzer (erst recht potentieller Nutzer, die für den Umstieg
vom PKW auf Bus und Bahn gewonnen werden sollen) bei der Entwicklung des
Verkehrsangebotes nur ungenügend beteiligt wurden und vor allem, daß die
Arbeitsbedingungen der Beschäftigten im Nahverkehr und deren Veränderungen
ausgeblendet bleiben.

Was hier ausführlich für den ÖPNV dargestellt wurde, ist sinngemäß auf die anderen Verkehrsmittel und -zweige übertragbar. Dies gilt auch für den darauf folgenden Gestaltungsbedarf:

- Die innerbetriebliche Planung, Disposition, Betriebssteuerung und -kontrolle muß in einer Weise neu organisiert werden, daß arbeitsorganisatorisch bedingte Belastungen, die sich nicht zwingend aus einem zeitlich und räumlich möglichst umfassenden Dienstleistungsangebot öffentlicher Personenverkehr ergeben, ausgeschaltet werden. Beispielsweise müssen Fahrzeitvorgaben auch im Hauptverkehr zu realisieren sein; es ist zu gewährleisten, daß Pausen auch eingehalten werden können; und es scheint geboten, daß die Lenkzeiten kürzer werden.
- Unzureichende verkehrliche Bedingungen, die maßgeblich den hohen Zeitdruck verursachen, müssen geändert werden. Hilfreich scheinen hierbei eigene Fahrwege für Busse (Busspuren) und Bahnen (eigener Bahnkörper), fahrzeuginduzierte Vorrangschaltungen an Lichtsignalanalgen, geeignete Haltestellen u.a.
- Dem Verlust von Erfahrungswissen, der inhaltlichen Entleerung von Arbeitsaufgaben und der Begrenzung von handlungsspielräumen infolge der Einführung neuer Techniken ist entgegenzuwirken. Vielmehr sollen Handlungs- und Entscheidungskompetenzen dezentralisiert, Kommunikationsmöglichkeiten und Aufgabenvielfalt erweitert werden.

Die Gewerkschaft ÖTV geht davon aus, daß der Schlüssel zu weniger belastenden Arbeitsbedingungen im Verkehr und zu einer humanen Entwicklung und Anwendung elektronischer Bausteine in einer möglichst umfassenden Beteiligung der betroffenen Beschäftigten und deren Interessenvertreter (Betriebs- und Personalräte) liegt.

Mit dem hier vorgestellten Projekt soll ein Beitrag geleistet werden, die Gestaltung der Arbeitsbedingungen und damit auch der Technik durch die betroffenen Beschäftigten zu fördern. Es sollen örtliche Initiativen zum Abbau von Belastungen unter Einschluß von betrieblichen Beauftragten für den Arbeitsschutz, den Datenschutz, von Betriebsärzten und externen Akteuren wie Verkehrs- und Städteplanern, Herstellern rechnergestützter Systeme und Verfahren, Forschungseinrichtungen und Ingenieurbüros in Gang gesetzt werden. Neben der Organisation dieses Prozesses soll das Projekt inhaltlich für eine möglichst umfassende Einbeziehung aller Determinanten der Arbeitsbedingungen sorgen:

Wenn es stimmt, daß die Belastungen des Fahrpersonals sowohl von der Gestaltung des Dienstplans, den Fahrzeitvorgaben und anderen betrieblichen Planvariablen als auch von den örtlichen verkehrlichen Verhältnissen und der jeweils eingesetzten Technik abhängen, bewirkt allein eine gut gemeinte Parametermodifikation eines Dienstplanprogramms noch keine nachhaltige Änderung der Fahrerbeanspruchung. Da dennoch für keine Beschäftigtengruppe gleichsam in einem "großen Wurf" alle Belastungsfelder angegangen oder gar gelöst werden können, sondern im einzelnen Betrieb nur nach und nach konkrete Verbesserungen umgesetzt werden können, kommt dem Vorhaben die wichtige Aufgabe zu, die einzelnen Verbesserungsmosaike zusammenzufügen und so einen kumulativen Prozeß einer Humanisierung der Arbeitsbedingungen zu organisieren.

Der öffentliche Personennahverkehr bietet sich für ein solches Vorhaben in besonderer Weise an, da die Belastungen des Fahrpersonals unabhängig vom Technikeinsatz besonders dringend reduziert werden müssen und der gesamte Betriebsablauf von Nahverkehrsunternehmen offensichtlich technisch weitgehend neu gestaltet werden soll, wobei das Dienstleistungsangebot ÖPNV und dessen Leistungsfähigkeit vor allem im Vergleich zum "konkurrierenden" motorisierten Individualverkehr in den nächsten Jahren von grundsätzlicher Bedeutung für die Umwelt- und Lebensbedingungen insbesondere in den Städten sein wird. So ist beabsichtigt, Möglichkeiten zu prüfen und zu nutzen, sowohl die im ÖPNV gewonnenen Erkenntnisse für andere Verkehrsbereiche nutzbar zu machen, als auch umgekehrt Erfahrungen im Transport- und Verkehrsgewerbe den Beschäftigten im Personennahverkehr zur Verfügung zu stellen.

3 Das Angebot des Projekt MuT

Das Projekt "Mobilität und Technik" soll zum Abbau von Belastungen dadurch beitragen, daß alle Beschäftigten (betroffene Arbeitnehmer, Planer, Fachkräfte für Arbeitssicherheit, Betriebsärzte, Datenschutzbeauftragte, Betriebs- und Personalräte) an der Gestaltung der Arbeitsbedingungen und der Arbeitsmittel (z.B. beim Einsatz rechnergestützter Verfahren) möglichst umfassend beteiligt werden.

3.1 Ergebnisaufbereitung

Das Projekt wertet hierzu die vorliegenden und die aus den beabsichtigten Betriebsprojekten gewonnenen Erkenntnisse über

- die Ursachen von Belastungen,
- den Zusammenhang zwischen verkehrlichen (z.B. Grad der Unabhängigkeit der ÖPNV-Verkehrswege vom motorisierten Individualverkehr) oder arbeitsorganisatorischen Bedingungen (Dienst- und Fahrplangestaltung) und der Arbeitszufriedenheit sowie
- die Auswirkungen des Einsatzes neuer Techniken

aus, bereitet sie zielgruppenspezifisch auf, erarbeitet konkrete Handlungshilfen zur Mitgestaltung der Arbeitsbedingungen und stellt sie allen Interessierten zur Verfügung.

Auch wenn der öffentliche Personennahverkehr anfangs beispielhaft im Mittelpunkt der Auswertungen stehen wird, sollen zunehmend "verwandte" Branchen des Transport- und Verkehrsgewerbes einbezogen werden.

3.2 Anforderungsprofile

Aus der Analyse und Auswertung der wissenschaftlichen und praktischen Gestaltungserfahrungen werden Anforderungen an eine Mitgestaltung der Arbeitsbedingungen gefolgert. Es geht darum, einen *normativen Zielrahmen* für die Neugestaltung von Arbeitsbedingungen im Transport- und Verkehrsgewerbe zu entwickeln. Dem Projekt kommt hierbei die Aufgabe zu, einen Prozeß zu organisieren, der Wissenschaftler, Ingenieure, Stadt- und Verkehrsplaner, die Berufsgenossenschaft und gegebenenfalls Entwickler rechnergestützter Verfahren mit den jeweils betroffenen Beschäftigtengruppen (Fahrer, Disponenten, Handwerker in den Werkstätten usw.), den betrieblich verantwortlichen Sachgebietsleitern, Meistern u.a. sowie die Beauftragten für den Arbeitsschutz und den Datenschutz zusammenführt, um unter Einbeziehung möglichst aller zu berücksichtigenden Aspekte ganzheitliche Lösungen zu finden.

Einerseits sollen die Anforderungen zielgruppenorientiert, systemspezifisch und damit möglichst konkret gemäß den jeweiligen Bedingungen formuliert werden; andererseits ist es notwendig, den zu verallgemeinernden Gehalt herauszufiltern, um Folien zu erhalten, die in möglichst vielen Branchen als Grundraster verwandt werden können.

3.3 Lehr- und Arbeitsmittel, Veröffentlichungen

Das Herzstück des Projekts sind die praktischen Folgerungen für eine umfassende Mitgestaltung der Arbeitsbedingungen einschließlich der Anwendung neuer Techniken durch die unmittelbar und mittelbar Betroffenen. Neben den methodischen, didaktischen und inhaltlichen Grundlagen (Arbeitspläne, Seminarpläne) sollen die erforderlichen Lehr-, Lern- und Arbeitsmittel erarbeitet, hergestellt und verbreitet werden. Es werden zentrale Seminare durchgeführt, genauso wie vor Ort Möglichkeiten einer unmittelbar problembezogenen Umsetzung erprobt werden sollen.

Um den Anforderungen einer sozialen und fachlichen Qualifizierung gerecht zu werden, sind Methoden der Erwachsenenbildung weiter bzw. neu zu entwickeln, die vor allem folgendem Umstand Rechnung tragen: Für die meisten Betroffenen endete der formelle Bildungsprozeß nach dem Besuch der Hauptschule und dem Abschluß einer Lehre (die allerdings ganz überwiegend schon nicht mehr in fachlich-inhaltlichem Zusammenhang mit der ausgeübten Tätigkeit z.B. als Fahrer bzw. als Fahrerin steht). Die Folgen sind: wenig entwickeltes Abstraktionsvermögen, überwiegend konkretes, bildhaftes und punktuelles Denken, Hemmungen, sich sprachlich und schriftlich zu äußern.

Soweit bisher erkennbar, dürfte ein gangbarer Weg hierzu sein, mehr noch als in der Vergangenheit auf die "Simulation" von Praxis zu setzen, d.h.. sowohl räumlich als auch bei der personellen Zusammensetzung bis hin zum Gegenstand des

Lernens den realen Bedingungen vor Ort möglichst nahe zu kommen. Konkret sollen die unterschiedlichen Personengruppen mit ihren teilweise voneinander abweichenden Interessen in ihrer gewohnten Arbeitsumgebung, gegebenenfalls anhand von vorhandener elektronischer Geräte, die erforderlichen sozialen und fachlichen Qualifikationen erwerben können.

Leitfäden zu den einzelnen Tätigkeits- und Technikbereichen sollen neben notwendigen Systembeschreibungen (soweit es sich um technische Neuerungen handelt) vor allem Gestaltungsanforderungen (arbeitswissenschaftliche, ergonomische und soziale Erkenntnisse) enthalten und Realisierungsschritte eines Gestaltungsprozesses vorschlagen. Arbeitspapiere und sonstige Arbeitsmittel wie Overhead-Folien, Video-File, Vorführmodelle werden entwickelt und hergestellt. Die Ergebnisse des Vorhabens werden regelmäßig veröffentlicht.

3.4 Veranstaltungen

Auf der Basis dieser Arbeitsmittel werden Seminare, Workshops, Arbeitstagungen durchgeführt und ausgewertet. Seminare dienen dazu, den unterschiedlichen Personen- und Beschäftigtengruppen (Handwerker, Planer, Fahrdienst, Betriebsleitung usw.) in einem interaktiven Prozeß die erforderlichen fachlichen und sozialen Kompetenzen zur Bewältigung tatsächlicher oder absehbarer Gestaltungsvorhaben zu vermitteln.

In Workshops und Arbeitstagungen werden

- den Betriebsprojekten Möglichkeiten der Kommunikation und Kooperation gegeben,
- Hersteller von rechnergestützten Systemen zur Beteiligung angeregt bzw. weitergehend Raum zur Erarbeitung und Diskussion konkreter technischer und programmäßiger Sicherung sozialer Anforderungen (z.B. Datenschutz, Ausschluß von unsinniger Leistungs- und Verhaltenskontrolle) gegeben,
- Wissenschaftlern, Ingenieuren, Stadt- und Verkehrsplanern, der Berufsgenossenschaft, den Entwicklern rechnergestützter Verfahren, Beauftragten für Arbeitsschutz und für Datenschutz, dem Verband öffentlicher Verkehrsbetriebe zusammen mit den Beschäftigten in den Verkehrsbetrieben ein Forum geboten, um gemeinsam Anforderungen zur Verbesserung der Arbeitsbedingungen zu entwickeln und zu diskutieren.

3.5 Betriebliche Beratung

Große Bedeutung kommt schließlich der unmittelbaren Unterstützung von einzelnen Gestaltungsprojekten zu. Sie bieten am ehesten die Gewähr, daß schematisierte, von den konkreten Verhältnissen abstrahierende Anwendungen der in den Materialien formulierten Anforderungen und Strategiehinweise vermieden werden. Mit anderen Worten: Die Begleitung betrieblicher Gestaltungsvorhaben ist zugleich die notwendige praktische Erprobung des Projekts MuT.

Namensverzeichnis

Namensverzeichnis